四川省农业科学院“天府农科”智库蓝皮书（2024）

四川中药材产业发展报告

主 编 牟锦毅

中国农业科学技术出版社

四川省农业科学院 SAAS 1938

图书在版编目(CIP)数据

四川中药材产业发展报告 / 牟锦毅主编. --北京：中国农业科学技术出版社, 2025.6. --ISBN 978-7-5116-7206-3

Ⅰ. F426.77

中国国家版本馆 CIP 数据核字第 20245MR773 号

责任编辑	穆玉红
责任校对	马广洋
责任印制	姜义伟　王思文

出 版 者	中国农业科学技术出版社
	北京市中关村南大街 12 号　　邮编：100081
电　　话	(010) 82106626 (编辑室)　　(010) 82106624 (发行部)
	(010) 82109709 (读者服务部)
网　　址	https://castp.caas.cn
经 销 者	各地新华书店
印 刷 者	北京建宏印刷有限公司
开　　本	185 mm×260 mm　1/16
印　　张	32.25
字　　数	668 千字
版　　次	2025 年 6 月第 1 版　2025 年 6 月第 1 次印刷
定　　价	128.00 元

◀▶ 版权所有·翻印必究 ◀▶

《四川省农业科学院"天府农科"智库蓝皮书(2024)》
编 委 会

主 任 委 员 牟锦毅

副主任委员 张 雄　丁明忠　刘永红　蒲宗君　李 晓

委　　　员（按姓氏笔画排序）

王自鹏	王 嘉	邓汉眉	叶鹏盛	朱永清
朱 宇	伍红梅	刘 强	杜红宇	何志平
何 鹏	邱云桥	杨胜廷	张 鸿	张小军
张友洪	林 珏	罗 凡	周评平	周 军
胡容平	赵黎明	侯 雪	高方远	黄 平
黄芳芳	常 伟	蒋开锋	蒋浩宏	谢红江
蒲志刚	鲜小林	雷晓葵		

编委会挂靠部门　四川省农业科学院"天府农科"智库管理委员会办公室
　　　　　　　　　四川省农业科学院农业信息与农村经济研究所

《四川中药材产业发展报告》
编 委 会

主　　编　牟锦毅
执行主编：丁明忠
副 主 编　李　晓　林正雨　陈春燕　张　超　许　轲
　　　　　张小军
编　　者　(按姓氏笔画排序)

丰先红	王刘艳	王红兰	王　丽	王罗红
王建波	王　钦	王洪苏	王　勇	王晓宇
王晓琴	王　涛	王　敏	王　辉	王　斌
王　强	扎西称措	毛常清	邓怀国	邓俊琳
邓洁琼	邓慧君	古良云	龙　飞	龙思帆
叶昌华	叶桂芝	叶　霄	田孟良	田鑫川
付　亮	代顺冬	代　瑛	冯景秋	权家成
吕光华	吕向阳	朱文涛	朱　恒	竹建惠
仲青山	华丽霞	向卓亚	庄国庆	刘小波
刘　丹	刘付彭	刘　欢	刘林秋	刘思奇
刘　圆	刘雄伟	刘　睿	刘　腾	米亚东
江美彦	许文志	孙　佩	孙小芳	孙志鹏
孙洪兵	苏志强	巫建华	李文兵	李文慧
李旭廷	李青苗	李　欧	李欣瑶	李建忠
李思聪	李　莹	李　钰	李　娟	李　堃
李　琦	李　瑞	李　臻	杨马进	杨正明

杨建华	杨鹃	肖特	吴卫	吴宇
吴佳慧	吴萍	吴新斌	邱兴芬	邱孟璐
何三健	何东海	何仕银	何孟飞	何炼
何爱坪	余鳗游	况再银	冷雪娇	沈华
张玉	张永忠	张伟	张兴国	张玥
张松林	张怡泽	张建	张绍山	张晓勇
张梅琳	张敏	张德银	陈艾萌	陈兴福
陈佑才	陈思汛	陈晨	陈稷	邵周玲
苟铭川	罗启忠	罗晓燕	罗培高	罗锦诚
罗霞	岳秀英	周小野	周郁菊	周鹏
周静	周毅	郑世刚	赵宇扬	赵若茜
钟伟萍	钟明志	侯凯	贺黎铭	秦凡非
袁灿	莫开林	夏陈	夏燕莉	晏飞利
徐皖菁	徐德	郭士涛	郭俊霞	郭莉
唐玲	唐秋香	唐莎	唐棣	陶珊
黄文娟	黄丽	黄位年	黄艳菲	黄娟
黄雯	黄勤挽	梅国富	盛华春	阎新佳
淳泽	梁思雨	梁歌	寇耀文	彭志芸
彭芳	彭杨梅	蒋合众	蒋秋平	蒋舜媛
韩华柏	童文	童凯	曾华兰	曾建威
曾艳	曾静	谢欣	赖谦	蔡凌
廖茜	廖俊波	廖海浪	谭明明	熊建勇
颜寿	潘丽	戴维		

序 言

中药材是中华民族的瑰宝，是潜力巨大的经济资源、优势独特的科技资源、传承历史的文化资源和重要的生态资源。2019 年，中共中央、国务院印发《关于促进中医药传承创新发展的意见》，明确指出要大力推动中药质量提升和产业高质量发展。2022 年，国务院办公厅印发了《"十四五"中医药发展规划》，确立了中医药产业和健康服务业高质量发展的目标。2023 年，国务院办公厅印发了《中医药振兴发展重大工程实施方案》，安排了 8 项重点工程以及 26 个建设项目。在国家政策的不断推进下，中药材产业步入了快速发展的黄金时期。四川被誉为"中国药材之乡"，得天独厚的自然条件孕育了丰富的动植物中药资源。根据全国第四次中药资源普查显示，我国常用中药材 363 种，四川有 312 种；川产道地药材 86 种，道地药材品种数量约占全国 1/4，具有品种多、分布广、产量高、质量优等特点。四川省委、省政府高度重视中药材产业发展，确立了"兴医兴药并举，事业产业双轮驱动，一二三产业联动"的总体思路，将中药材产业发展纳入全省重点产业发展规划，制定了《四川省中医药强省建设行动方案（2021—2025 年）》《四川省"十四五"中医药高质量发展规划》等规划，为中药材产业高质量发展提供了强有力的政策支持。2023 年四川中药材在地面积约 850 万亩，农业产值达 383 亿元。

四川省农业科学院是全省农业科技进步的排头兵、农业科技创新的主力军、"三农"工作的重要智库、农业发展的重要人才基地。坚持服务国家战略与推动全省农业农村发展，是省委、省政府赋予我院的重大职责使命。为了更好地服务四川农业农村发展，"天府农科"智库立足四川"1+1+8"千亿级优势特色农业产业链建圈强链要求，践行"大农业观"发展理念，依托国家现代农业产业技术体系四川创新团队和四川省"十四五"农作物及畜禽育种攻关项目支持，聚焦我省中药材产业高质量发展，系统开展种质资源保护、新品种培育、道地药材认证、标准化种植、精深加工、农业园区和标准化基地建设等关键环节研究。通过深入剖析产业发展瓶颈，提出针对性解决方案，最终形成《四川中药材产业发展报告》，旨在为政府部门制定产业政策和优化生产布局提供决策参考。该书是我院"天府农科"智库（蓝皮书）系列成果之一，是2024年的一项重大任务和成果，是围绕省委、省政府中心工作开展决策研究的生动体现，充分彰显了四川省农业科学院人的政治责任与使命担当。

2025年是"十四五"规划收官与"十五五"规划布局的关键交汇点。四川省农业科学院将始终坚持以习近平新时代中国特色社会主义思想为指导，全面贯彻落实党的二十大精神以及习近平总书记对四川工作的重要指示精神，紧跟省委、省政府决策部署，以建设"国内一流、国际知名"的农业科研强院为目标，深入推进新时期强院建设"十个以"发展战略，着力培育农业新质生产力，加快实现高水平农业科技自立自强，为打造新时代更高水平的"天府粮仓"、推进农业强省建设及农业农村现代化作出新的更大贡献。

四川省农业科学院党委书记、院长，正高级农艺师

2024 年 12 月

目 录

第一部分 总报告

四川中药材产业发展报告 …………… 许 轲 孙 佩 李欣瑶等 (3)

第二部分 优势特色中药材产业发展报告

成都平原优势特色中药材产业发展报告 ……………………………… (37)

四川川芎产业发展报告 …………… 曾华兰 孙小芳 张 超等 (38)

四川附子产业发展报告 …………… 孙小芳 曾华兰 况再银等 (48)

四川灵芝产业发展报告 …………… 罗 霞 贺黎铭 谢 欣等 (59)

四川麦冬产业发展报告 …………… 曾华兰 孙小芳 何 炼等 (67)

四川泽泻产业发展报告 …………… 彭 芳 李 欧 徐皖菁等 (80)

川中丘陵区优势特色中药材产业发展报告 …………………………… (91)

四川芍药产业发展报告 …………… 邓洁琼 李 钰 叶 霄等 (92)

四川白芷产业发展报告 …………… 吴 卫 侯 凯 江美彦 (102)

四川川明参产业发展报告 …………… 米亚东 钟伟萍 李欣瑶 (114)

四川丹参产业发展报告 …………… 陶 珊 钟明志 毛常清等 (121)

1

四川佛手产业发展报告 …………………… 童　文　许文志　孙　佩等（129）
四川赶黄草产业发展报告 …………………… 夏　陈　余鳗游　邓洁琼等（140）
四川黄精产业发展报告 ……………………… 王　辉　肖　特　杨马进等（150）
四川姜黄产业发展报告 ……………………… 李青苗　吴　萍　郭俊霞等（159）
四川栀子产业发展报告 ……………………… 许文志　童　文　孙　佩等（167）
四川天冬产业发展报告 ……………………… 吕向阳　刘　丹　陈艾萌等（175）
四川乌梅产业发展报告 ……………………… 付　亮　徐　德　黄　娟等（192）
四川枳壳产业发展报告 ……………………………………… 夏燕莉（200）

盆周山区优势特色中药材产业发展报告 ………………………………（209）

四川川牛膝产业发展报告 …………………… 田孟良　李　瑞　童　凯（210）
四川木通产业发展报告 ……………………………………… 罗培高（225）
四川重楼产业发展报告 ……………………… 叶　霄　李　钰　邓洁琼等（234）
四川黄连产业发展报告 ……………………… 廖海浪　彭　芳　陶　珊等（246）
四川金银花产业发展报告 …………………… 毛常清　彭　芳　苏志强等（260）
四川石斛产业发展报告 ……………………… 郑世刚　淳　泽　赵若茜等（268）
四川天麻产业发展报告 ……………………… 吕光华　张兴国　蒋合众等（279）
四川杜仲产业发展报告 ……………………… 莫开林　王　丽　韩华柏等（288）
四川厚朴产业发展报告 ……………………… 庄国庆　李　堃　龙思帆（299）
四川川黄柏产业发展报告 …………………………… 孙志鹏　王　勇（308）

川西高原优势特色中药材产业发展报告 ………………………………（317）

四川川贝母产业发展报告 …………………………………… 陈兴福（318）
四川大黄产业发展报告 ……………………………………… 戴　维（328）
四川羌活产业发展报告 ……………………… 蒋舜媛　王红兰　周　毅等（337）
四川甘松产业发展报告 ……………………… 李文兵　李　莹　阎新佳等（349）
四川秦艽产业发展报告 ……………………………………… 丰先红（369）

第三部分　四川中兽药产业发展报告

四川中兽药产业发展报告 …………………… 梁　歌　李旭廷　岳秀英等（381）

第四部分　地方中药材产业发展报告

川中丘陵区林下中药材产业发展报告
　…………………………………… 张怡泽　何孟飞　邓怀国等（407）
彭州市中药材产业发展报告 ………… 王　强　冷雪娇　廖俊波（415）
三台县中药材产业发展报告 ………… 邱兴芬　何爱坪　李建忠（420）
遂宁市船山区川白芷产业发展报告 ……………………… 郭士涛（425）
内江市东兴区天冬产业发展报告 …… 张晓勇　刘雄伟　黄　丽等（434）
苍溪县中药材产业发展报告 ………… 罗晓燕　仲青山　何仕银等（439）
筠连县中药材产业发展报告 ………… 廖　茜　黄　娟　潘　丽等（446）
达州市达川区乌梅产业发展报告 ……………… 何三健　梅国富（452）
宝兴县中药材产业发展报告 ………… 王晓琴　竹建惠　杨建华（456）
甘洛县中药材产业发展报告 ………… 张　建　李　琦　张永忠等（461）
德格县中药材产业发展报告 ……………………………… 扎西称措（469）

第五部分　中药材现代农业园区案例分享

峨眉山市稻药现代农业园区 ………… 曾建威　吴新斌　叶桂芝（479）

乐山市金口河区中药材现代农业园区 … 曾建威　吴新斌　周　静（484）
乐山市沙湾区中药材现代农业园区 …… 曾建威　吴新斌　罗启忠（489）
仪陇县稻药现代农业园区 ………………… 张　玉　田鑫川　谭明明等（495）
大英县中药材现代农业园区 ………………………………………… 刘　睿（499）

第一部分

总报告

四川中药材产业发展报告

许 轲[1] 孙 佩[2] 李欣瑶[1] 张 超[2]

(1. 四川省园艺总站,四川成都 610042;

2. 四川省农业科学院经济作物研究所,四川成都 610300)

摘 要:近十年来,四川省委、省政府高度重视中药材产业发展,相继出台了一系列利好政策,对推进四川中药材产业的健康、有序高质量发展起到了引领性作用。四川中药材产业涌现出一系列的成果,中药材种植面积逐年增加,产业发展势态旺盛。当前,四川中药材产业发展进入了新的阶段,面临优异资源的挖掘和利用研究不足、优质种子种苗缺乏、中药材种植基地基础薄弱、川产道地中药材品牌价值挖掘不足等一系列问题。通过梳理现状、分析问题,对未来的发展进行思考和定位,对于保障中医药事业稳健发展、推进大健康产业和乡村振兴战略的持续发展具有重要意义。

关键词:四川省;中药材;产业

中药材在中医药事业和健康服务业发展中的基础地位突出,中药材产业取得了长足的发展。四川省拥有中药材资源蕴藏量、常用中药材品种数、道地药材品种数量全国第一,在发展现代中药产业方面资源优势显著。近年来,发展中药材产业曾是脱贫攻坚的重要抓手,现在和未来也将在乡村振兴道路上发挥突出作用。

一、全国中药材产业现状

(一) 全国中药材生产与贸易

1. 中药材种植面积总体呈现逐步上升趋势

中药材种植热度多年未减,为满足日益增长的市场需求和优质中药材供给奠定了良好基础,根据国家中药材产业技术体系统计,2020年全国中药材种植面积约8 796万亩,比2019年的7 475万亩增加17.67%。2021年全国中药材种植面积

10 190.72万亩，对比2020年全国各省（自治区、直辖市）中药材种植面积（图1），2021年全国中药材种植面积增加了565.45万亩*，增幅5.87%。其中，云南、贵州、四川的种植面积超800万亩，广西、广东、河南、湖北4个省份在500万~700万亩，甘肃、湖南2个省份在400万~500万亩，山西、黑龙江、江西、山东、重庆、陕西、青海7个省份在300万~400万亩，其他省份在300万亩以下。

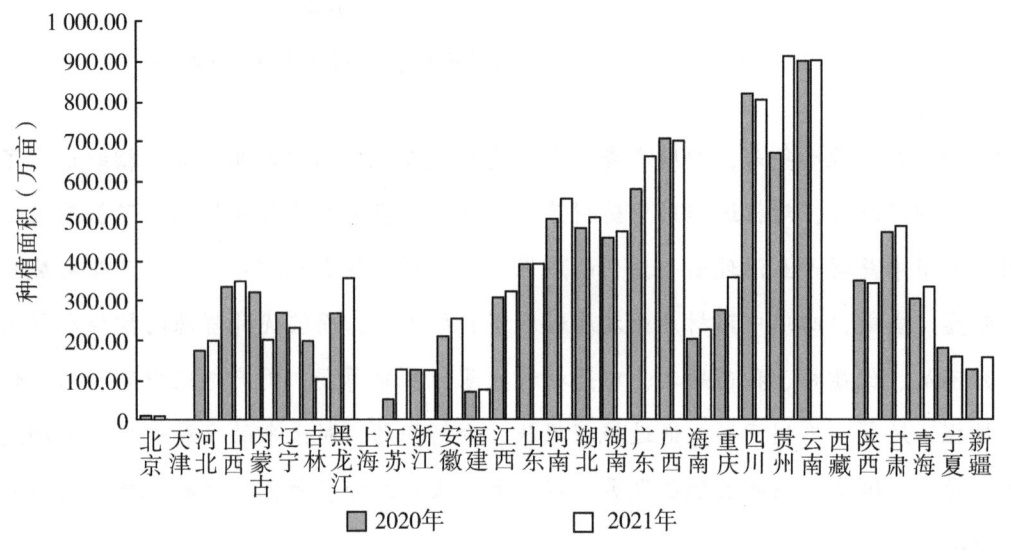

图1 全国各省份中药材种植面积

2. 全国中药材市场成交额稳步提高

我国不断扶持中医药产业，中药材市场成交额逐年增加（图2）。根据国家统计局（http：//www.stats.gov.cn/）年度数据库资料整理，2015—2021年全国中药材市场成交额，年均复合增长率为11.38%，2022年保持稳定。

3. 中药材出口呈现波动，但总体为上升趋势

查询中国海关总署（http：//www.customs.gov.cn/）统计月报——出口主要商品量值表数据（表1）。2018年全国中药材及中式成药出口量128 400t，出口金额727 338万元，2023年出口量143 803t，出口金额941 112万元，其中，出口量增长15 403t，增幅12.0%，年均增长率2.4%，出口额增长213 774万元，增幅29.4%，年均增长率5.9%。

---

* 1亩≈666.7m^2，全书同。

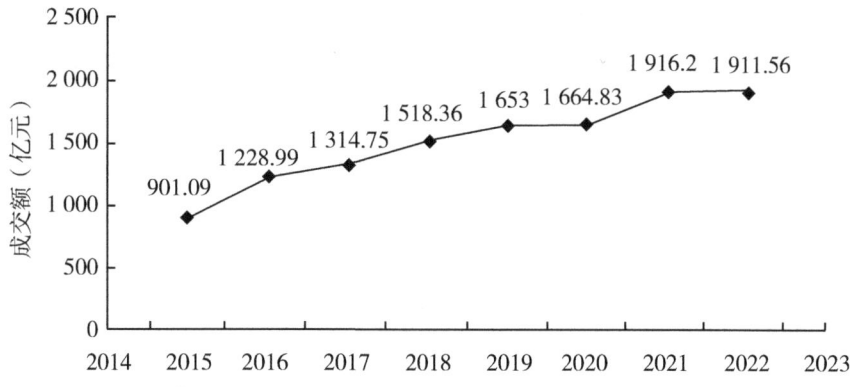

图 2　全国中药材市场成交额

数据来源：根据国家统计局"国家数据"整理而得。

表 1　全国中药材及中式成药出口中国海关数据

年度	—	1—12月		比上年±%	
		数量（t）	金额（万元）	数量（t）	金额（万元）
2018	中药材及中式成药	128 400	727 338	-17.6	-11.8
2019	中药材及中式成药	132 515	811 761	3.2	11.6
2020	中药材及中式成药	144 481	836 137	9.0	3.0
2021	中药材及中式成药	137 531	818 594	-4.8	-2.1
2022	中药材及中式成药	147 657	911 925	7.4	11.4
2023	中药材及中式成药	143 803	941 112	-2.6	3.2

数据来源：中国海关《统计月报》整理而得。

（二）全国中药材品种选育与种业现状

全国中药材品种选育取得一定进展，对推动中医药现代化起到较好的推动作用，但与大田作物相比，中药材品种选育研究起步晚，育种方法较单一，优异中药材资源未得到很好的应用。中药材优良品种选育在近十年有了长足进步，选育出新品种的种类从 20 世纪 90 年代的 10 种左右达到 2019 年的 116 种，选育出新品种共计 537 个，其中，国家中药材产业技术体系"十三五"期间选育出 30 余个。虽然在较短时间内全国选育了一批中药材新品种应用于生产，但据不完全统计，95% 以上品种是采用系统选育方法选育的新品种，仅有少品种是采用杂交等育种方法选育的新品种。

随着中药材种植面积的不断增加，中药材生产上急需优质种子种苗的稳定供应，但目前中药材种业的发展不能满足中药材产业需求。当前中药材种子主要依赖于采集野生种子、中药材生产基地自留种，仅有甘草、黄芪等少数品种实现规模制种生产。另外，通过第四次全国中药资源普查，在20个省（自治区）建设了28个种子种苗繁育基地，开展120种中药材种子种苗繁育，有效改善了区域内种子种苗的供应与质量。

中药材种业处于起步阶段。查询中国种业信息网和中国种子协会网，截至2020年10月，20个省（自治区、直辖市）共有149家企业具有中药材种子种苗经营资质。其中，最多的是甘肃省，有38家（占25.5%）；其次是黑龙江省，有18家，山西省有15家，河北省有12家，贵州省有11家，四川省有10家，其他14个省（自治区、直辖市）总共45家。在这些企业中，国药种业有限公司是国内目前唯一以中药材种子种苗生产经营、技术服务和质量分析检测为主营业务的企业，并针对中药材产业和种业的特点摸索形成了"中药材种业"的商业模式，对行业起到了较好的示范引领作用。

（三）全国中药材种植技术和模式不断完善和发展

按照传统、现代及新兴理念，可以将中药材种植模式划分为3类。一是基于作物布局的传统中药材种植模式，包括单一种植模式，如单作和连作，还包括多样性种植模式，如混作、间作、套作和轮作，其中间作包括林药间作、农药间作、果药间作和药药间作4种。二是基于现代化技术（人工干预程度）的中药材种植模式，包括无土栽培、露地栽培、设施栽培、仿野生和半野生栽培及野生抚育。三是基于新兴理念的中药材种植模式，包括规范化种植模式、绿色种植模式、有机种植模式、生态种植模式、定向培育模式等。

在中药材生态种植方面，国家中药材产业技术体系从生态景观、生态系统、生物群落、生物种群和生物个体等5个层次，在梳理出景观模式、循环模式、立体模式、生物多样性模式和良种良法模式等5种基本模式的基础上，总结了8种成熟的中药材生态种植技术，包括野生抚育技术、精细农业耕作技术、定向培育技术、土壤改良技术、测土配方施肥技术、菌根栽培技术、病虫草害绿色防治技术、设施栽培技术等。以中国中医科学院中药资源中心国家中药材产业技术体系专项为主的科研团队，已形成100余项生态种植模式和技术，推动技术在合作社、种植大户、基地大面积应用，形成以点带面的新局面，中药材质量和品质大幅提升。

林药生态种植模式在各地发展迅速，例如，湖南新化、安化、洪江三县多花黄精林下种植面积已超6.4万亩，全省有超20个黄精食品品牌。同时，由于许多道地药材对当地生环境的高度适宜性，使中药材生态种植成为种植业结构调整的重要抓手。吉林省西部地区以往以发展玉米等农作物为主要方向，在长期农耕影响下土地沙化、盐碱化，导致广种薄收加重。通过将还林还草及"三北"防护林建设与中药材生态种植相结合，取得了显著成效，如白城市1区5县充分利用沙地防护林行间发展关防风、甘草等种植，面积已达到30余万亩。

（四）中药材品牌打造持续发力，地区重点品种相继发布

全国各省高度重视中药材品种打造，一批道地药材品种和中药材地理标志产品相继发布，品牌价值不断提升。2019年中国中药协会启动"中国中药品牌行动计划"，发布8家中国道地药材品牌、2家中国生态绿色中药材品牌，并启动了中国中药品牌集群发展联盟。一批中药材地理标志保护产品先后公布，2011—2020年，中药材地理标志产品保护增加88个，累计达到227个，根据国家知识产权局公告统计，2021—2024年新增加中药材地理标志产品12个。在传统的"四大怀药""浙八味"等基础上，多省先后推出各自道地中药材品种和特色中药材品种。2020年陕西公布"秦药"品种，包括15个大宗道地中药材、10个区域特色中草药；2021年广西壮族自治区8部门联合发文公布"桂十味"中药材品种；2021年吉林遴选出首批道地药材优势品种10种，并立项启动优势品种药材的系列标准研究。2018年黑龙江省野生药材资源保护管理局公布"龙九味"中药材品种。浙江省在原有的"浙八味"基础上，2018年浙江省食药监局公布"新浙八味"中药材品种。2017年福建省中药材产业协会宣布九大品种中药材入选"福九味"。2020年江西省中医药管理局等公布"赣十味"和"赣食十味"中药材品种。2020年湖南省中药材产业协会公布"湘九味"中药材品种。此外，20余个中药材主产区入选中国特色农产品优势区第三批和第四批名单，包括山东平邑县的"平邑金银花"、河南焦作市的"怀药"、湖北麻城市的"麻城福白菊"、四川三台县的"涪城麦冬"等。

二、四川中药材产业发展现状

(一) 四川中药材生产分区发展

四川省生态气候多样,中药材资源丰富。四川省地处青藏高原向东部平原过渡地带,地势西高东低,由西北向东南倾斜,横跨青藏高原、云贵高原、秦巴山地与横断山脉,四川地貌复杂,以山地为主要特色,具有山地、丘陵、平原和高原4种地貌类型,得天独厚的地理气候孕育了丰富的动植物中药资源。根据四川省全国第四次中药资源普查最新数据,四川省中药资源数量总数为9 055种,居全国各省(自治区、直辖市)第一位。其中,药用植物8 272种,发现植物新种8个。有据可考的川产道地药材86种,川产道地药材具有品种多、分布广、产量大、质量优等特点,道地药材品种数量约占全国1/4,居全国首位。

四川地域较广,适宜种植的中药材品种多,区域特色明显,总体表现为栽培的木本药材种类少面积大;草本类中药材品种多,单品种面积不大;藤本、灌木类中药材的种类较少,面积较小。全国常用中药材有363种,四川有312种,占全国的86%;道地药材品种数量居全国第一,四川有川芎、川贝母、附子等道地药材共86种,其中国家地理标志保护的中药材产品63个。依据四川省不同行政区域的地理位置、地貌特征、气候类型、植被类型和中药资源分布特点,《四川省中药材产业发展规划(2018—2025年)》将四川省中药材产区划分为四大区域:四川盆地药材生产区、盆地边缘山地药材生产区、川西北高原及高山峡谷药材生产区和攀西地区药材生产区。

四川省中药材种植面积呈现逐年增加趋势,但地区之间差异明显。根据四川省统计局2016—2023年《统计年鉴》统计,2015—2022年,全省中药材每年播种面积总体呈现逐年增加,播种面积从2015年的112 160hm^{2}增加到2022年的158 798hm^2,增加46 629hm^2,增加41.6%,年均增长6.0%。年播种面积最大的是巴中市,2022年播种面积为22 615hm^2,其次是成都市、乐山市、绵阳市、广元市和德阳市,最少的是攀枝花市,2022年播种面积576hm^2(表2)。四川省各市州中药材产量见表3。

表2 2015—2022年四川省各市州中药材播种面积（hm²）

市（州）	2015年	2016年	2017年	2018年	2019年	2020年	2021年	2022年
全省	112 160	116 833	108 159	124 114	135 938	144 006	149 807	158 789
成都市	12 087	12 945	13 174	13 811	14 417	14 546	14 816	14 343
自贡市	979	1 121	930	971	977	1 023	1 070	1 133
攀枝花市	542	527	556	534	525	524	518	576
泸州市	3 290	3 470	2 944	3 103	4 403	4 648	4 931	5 430
德阳市	10 446	11 073	7 013	7 360	8 876	9 344	9 815	10 057
绵阳市	7 993	8 404	9 274	10 460	12 830	13 134	13 127	13 292
广元市	7 906	8 216	8 533	10 177	11 143	11 972	12 491	13 189
遂宁市	2 747	2 862	1 754	1 728	1 679	1 599	2 152	2 334
内江市	666	914	998	1 203	1 342	1 600	1 988	2 088
乐山市	11 551	11 303	11 385	11 438	12 129	12 848	13 000	14 426
南充市	11 369	11 810	7 910	8 244	9 114	10 751	11 228	11 629
眉山市	2 560	2 584	1 887	1 907	1 941	2 136	2 190	2 364
宜宾市	2 926	3 325	3 544	4 085	4 381	4 659	4 871	5 271
广安市	2 505	2 548	1 596	1 612	1 713	1 800	1 929	2 105
达州市	11 040	11 211	6 984	8 118	8 781	9 391	10 018	10 509
雅安市	8 498	9 270	6 659	7 049	7 314	7 627	8 050	8 209
巴中市	6 210	7 188	16 863	20 077	20 934	21 109	21 870	22 615
资阳市	3 182	2 215	1 419	1 529	1 731	1 760	1 190	1 641
阿坝州	3 432	2 594	1 747	2 974	2 783	3 593	3 745	4 976
甘孜州	738	1 741	1 486	1 860	2 935	3 067	3 211	3 698
凉山州	1 493	1 512	1 503	5 874	5 990	6 875	7 597	8 904

数据来源：四川省统计局2016—2023年《统计年鉴》。

表3 2015—2020年四川省各市州中药材产量（t）

市（州）	2015年	2016年	2017年	2018年	2019年	2020年
全省	438 719	460 173	398 614	448 282	490 064	527 054
成都市	55 999	58 666	58 724	60 392	65 052	65 930
自贡市	5 400	5 944	4 809	5 065	5 343	5 666
攀枝花市	1 282	1 262	1 018	936	899	877
泸州市	21 555	24 298	24 004	24 848	28 532	31 249

（续表）

市（州）	2015年	2016年	2017年	2018年	2019年	2020年
德阳市	36 313	39 267	24 806	26 310	31 975	34 035
绵阳市	28 368	30 081	31 839	41 340	53 091	55 277
广元市	42 526	44 572	49 667	55 670	59 757	62 611
遂宁市	14 911	15 064	9 388	9 742	8 754	8 720
内江市	1 875	3 737	3 412	3 836	4 281	5 203
乐山市	48 585	48 973	47 294	46 893	47 687	51 261
南充市	45 371	47 773	20 327	21 018	25 006	31 688
眉山市	9 937	9 948	7 310	7 815	8 277	8 656
宜宾市	6 232	6 956	7 467	8 081	8 196	7 979
广安市	7 468	7 569	4 699	4 797	4 969	5 147
达州市	31 854	32 076	19 980	21 419	23 391	25 012
雅安市	29 578	31 939	22 972	23 731	24 901	26 768
巴中市	19 510	22 985	40 523	46 831	49 420	50 810
资阳市	12 422	11 092	7 163	7 229	8 437	8 552
阿坝州	8 420	5 347	3 564	5 468	5 556	10 967
甘孜州	1 384	3 145	1 904	5 545	5 498	6 011
凉山州	9 729	9 479	7 744	21 316	21 042	24 635

数据来源：四川省统计局2016—2021年《统计年鉴》。

（二）四川中药材产业发展政策支持情况

四川省委、省政府高度重视中医药产业发展，深入贯彻党的十九大"坚持中西医并重，传承发展中医药事业"方针，确立了"兴医兴药并举，事业、产业双轮驱动，一二三产业联动"的中医药发展总体思路，将中药材产业发展纳入全省重点产业发展规划。2015年成立了推进中医药强省建设工作领导小组，省政府分管领导任组长，先后出台一系列规划、方案等。

2017年，四川省人民政府印发《四川省贯彻中医药发展战略规划纲要（2016—2030年）实施方案》。

2018年，四川省人民政府办公厅《关于开展"三个一批"建设推动中医药产业高质量发展的意见》，启动重点企业、重点品种、重点基地"三个一批"建设，着力培育一批龙头企业、拳头产品，打造川药品牌，助力乡村振兴。

2019年，四川省委、省政府《关于加快建设现代农业"10+3"产业体系 推进农业省向农业强省跨越的意见》，将中药材产业纳入7个千亿级产业之一，优先发展，同年四川省推进中医药强省建设工作领导小组办公室印发《四川省中药材产业发展规划（2018—2025）》。

2020年，四川省政府办公厅印发《川产道地药材全产业链管理规范及质量标准提升示范工程实施方案》，四川省药监局等11部门联合印发《川产道地药材全产业链管理规范及质量标准提升示范工程工作方案》，四川省委、省政府出台了《关于促进中医药传承创新发展的实施意见》。

2021年，四川省人民政府办公厅印发《四川省中医药强省建设行动方案（2021—2025年）》和《四川省"十四五"中医药高质量发展规划》。

2022年，四川省人民政府印发《四川省建设国家中医药综合改革示范区实施方案》，四川省农业农村厅、省发展改革委、省林草局联合印发的《四川省"十四五"现代种业发展规划》将中药材种业发展纳入该规划。

这一系列政策措施的出台为四川省中药材产业高质量发展提供了强有力的政策支持和保障。

（三）四川中药材产业取得的成效

1. 四川中药材种植品种多，种植规模稳定增长

2020—2023年四川中药材种植规模稳定增长，农业产值总体呈现逐年上升。综合分析四川省农业农村厅、四川省林草局、四川省中医药管理局等统计数据，2020年中药材在地面积817万亩，中药材总产值达325亿元；2021年中药材在地面积约830万亩，产量280.45万t，农业产值312亿元；2022年中药材在地面积约840万亩，农业产值330亿元；2023年中药材在地面积约850万亩，农业产值383亿元。2022年1—11月，成都海关共检疫出口中药材334批次，1 424t，1.3亿元，出口品种主要以冬虫夏草、川贝母、党参、半夏、羌活、当归、麦冬等川产特色药材为主。

四川中药材种植品种多。根据四川省中医药管理局统计数据，2021年四川省150个县种植中药材211种，其中种植类中药材203种，动物类中药材8种。种植面积较大的种类主要有：厚朴、杜仲、黄柏、乌梅、金银花、枳壳、黄连、川芎、黄精、银杏叶、丹参、木香、佛手、白芍、桑葚、石斛、大黄、重楼，上述18种中药材种植面积约占150个县域中药材种植面积的68.24%。种植面积10万亩以上的有川芎、金银花（含川银花）、枳壳、黄连、黄精5个品种，种植面积上万亩的单品种50种，道地药材川芎、泽泻、川贝母占全国市场份额的90%以上。

2. 中药材资源保护与利用持续发展，选育一批中药材新品种在生产上推广应用

初步形成了国家中药材种质资源库+高校科研院所中药材资源圃的中药材资源保护与利用体系。依托成都中医药大学建有国家中药种质资源库1个，形成了由长期库、中期库、短期库、种质圃、离体库及DNA库有机融合的保存体系，是目前规模最大的中药材种质资源保存中心。全面完成全国第四次中药资源普查工作，资源普查覆盖全省183个县（市、区），厘清了全省中药材资源家底，为全省中药材产业布局提供科学指导，在雅安市雨城区和广安市岳池县建立国家基本药物所需中药材种子种苗繁育基地2个。全省涉及中药材资源研究的高校和科研院所分别建有中药材资源圃，活体保存中药材资源丰富。如四川省农业科学院分别在成都和康定建有低海拔和高海拔中药材资源圃各1个，收集保存中药材资源和育种中间材料3 000余份（110余种）。

中药材新品种选育取得较好进展，选育了一批中药材新品种在生产上推广应用，从源头上为四川中药材高质量发展提供种源保障。四川省中药材新品种选育工作走在全国前列，从管理体系上四川省种子站已将中药材新品种纳入非主要农作物的品种审定（认定）中，并先后成立了农作物品种审定委员会药用植物专业委员会和非主要农作物品种认定委员会药用植物专业委员会，制定了药用植物品种审定（认定）标准，从2006年开始，四川省科技厅将川产道地药材（菌类药材）的新品种选育及其配套栽培技术研究纳入"四川省农作物育种攻关计划"，给予持续专项经费支持。通过连续18年支持，四川省中药材新品种选育研究经历了从无到有、品种由少变多的过程，科技成果显著，选育了一批通过审定或认定的优质高产中药材新品种，在生产上推广应用。"十一五"以来，选育通过审定（或）认定的中药材新品种83个，涉及34种中药材。其中，"十一五"时期审定11个，"十二五"时期审定26个，"十三五"时期审定（认定）27个，"十四五"时期认定19个（截至2023年）。

2006年启动四川省中药材育种攻关计划以来，全省中药材育种目标从单一目标向多目标转变。"十一五"主要以高产为选育目标，"十二五"以高产和优质并重，

"十三五"开始以优质高产为主,兼顾抗逆性,经过十余年发展,四川省中药材品种选育的目标已从最初单纯追求产量逐渐向产量与品质并重的方向转变。到2023年全省审定(认定)的中药材新品种83个(表4),增产幅度在3.55%~230.37%,这些新品种成功选育和推广应用对全省中药材种植面积的稳定增长和中药材产业的持续发展起到了很好的推动作用。

四川中药材新品种选育方法以系统选育为主。2006—2023年,全省审定(认定)的83个中药材新品种中,70个是通过系统选育方法选育而成,7个是通过引种驯化选育而成。

表4 2006—2023年四川省通过审定(认定)的中药材新品种(良种)

中药材名称	品种名称	选育单位	审定/认定年份	比对照增产	育种方法
白芷	川白芷1号	遂宁市银发白芷产业有限公司	2007	49.06%	系统选育
附子	中附1号	四川省中医药科学院、四川农业大学	2009	25.83%	系统选育
附子	中附2号	四川省中医药科学院、四川农业大学	2009	20.12%	系统选育
附子	川附2号	西南科技大学	2009	19.80%	系统选育
红花	川红花2号	四川省农业科学院经济作物育种栽培研究所	2009	17.67%	系统选育
灵芝	药灵芝1号	德阳市食用菌专家大院	2009	10.71%	系统选育
赶黄草	赶黄草1号	四川省农业科学院经济作物育种栽培研究所	2010	21.80%	系统选育
石斛	川科斛1号	中国科学院成都生物研究所	2010	217.70%	系统选育
麦冬	川麦冬1号	西南交通大学	2010	17.55%	系统选育
川芎	川芎1号	四川省中医药科学院	2010	12.40%	系统选育
郁金	黄丝郁金1号	四川省中医药科学院	2010	37.30%	缅甸引进姜黄选育
天麻	川天麻金乌1号	西南交通大学、乐山市金口河区森宝野生植物开发有限公司、乐山金口河区生产力促进中心	2011	73.55%	系统选育
丹参	川丹参1号	四川农业大学	2011	29.80%	系统选育

(续表)

中药材名称	品种名称	选育单位	审定/认定年份	比对照增产	育种方法
灵芝	药灵芝2号	德阳市食用菌专家大院	2011	11.83%	系统选育
紫苏	川紫1号	四川农业大学	2011	21.20%	系统选育
川芎	绿芎1号	成都中医药大学、四川农业大学	2011	22.80%	系统选育
白芷	川芷2号	四川农业大学	2012	29.98%	系统选育
川牛膝	宝膝1号	四川农业大学、雅安三九中药材科技产业化有限公司	2012	15.22%	系统选育
丹参	中丹1号	四川省中医药科学院	2012	29.24%	系统选育
天麻	川天麻金红1号	西南交通大学、乐山市金口河区森宝野生植物开发有限公司、乐山市金口河区生产力促进中心、四川千方中药饮片有限公司	2013	13.35%	系统选育
麦冬	川麦冬2号	西南交通大学、四川代代为本农业科技有限公司、四川千方中药饮片有限公司	2013	12.40%	系统选育
藁本	诚隆1号	四川诚隆药业有限责任公司	2013	22.65%	系统选育
莪术、郁金	川蓬1号	成都中医药大学、四川金土地中药材种植集团有限公司	2013	根茎（莪术）32.40% 块根（郁金）22.40%	系统选育
红花	川红花3号	四川省农业科学院经济作物育种栽培研究所	2014	16.09%	系统选育
川芎	新绿芎1号	四川新绿色药业科技发展股份有限公司	2014	21.75%	系统选育
射干	川射干1号	四川省中医药科学院	2014	230.37%	系统选育
附子	中附3号	四川省中医药科学院	2014	16.37%	系统选育
半夏	川半夏1号	成都中医药大学、成都格瑞恩勤恳农业科技开发有限公司	2015	14.10%	系统选育
赶黄草	赶黄草2号	四川省农业科学院经济作物育种栽培研究所	2015	16.12%	系统选育

（续表）

中药材名称	品种名称	选育单位	审定/认定年份	比对照增产	育种方法
柴胡	川红柴1号	四川德培源中药材科技开发有限公司、中国医学科学院药用植物研究所、四川农业大学、西南科技大学	2015	11.68%	北京引种的红柴胡
柴胡	川北柴1号	四川德培源中药材科技开发有限公司、中国医学科学院药用植物研究所、四川农业大学、西南科技大学	2015	11.34%	北京引种的北柴胡
川贝母	川贝1号	成都恩威投资（集团）有限公司、康定恩威高原药材野生抚育基地有限责任公司	2015	34.90%	系统选育
瓜蒌	川瓜蒌1号	成都理工大学、四川回春堂药业连锁有限公司	2015	10.16%	系统选育
石斛	川科斛2号	中国科学院成都生物研究所	2015	18.19%	系统选育
灵芝	宇泽灵芝	四川省中医药科学院	2015	12.48%	系统选育
灵芝	三祥灵芝	德阳市食用菌专家大院	2015	11.63%	系统选育
云芝	云芝1号	四川省中医药科学院	2015	15.19%	系统选育
姜黄、郁金	川姜黄1号	成都中医药大学、四川智佳成生物科技有限公司	2016	根茎（姜黄）20.68% 块根（郁金）56.06%	系统选育
莪术、郁金	川蓬2号	成都中医药大学、四川智佳成生物科技有限公司	2016	根茎（莪术）22.13% 块根（郁金）19.22%	系统选育
益母草	川益1号	成都中医药大学、成都壹瓶科技有限公司	2016	16.45%	系统选育
天麻	川天麻金绿1号	西南交通大学、四川金土地中药材种植集团有限公司、江油市明东生态农业开发有限公司、阿坝州九寨沟汇康中药材开发有限公司、南江县昌全中药材种植专业合作社	2016	17.60%	系统选育

(续表)

中药材名称	品种名称	选育单位	审定/认定年份	比对照增产	育种方法
附子	中附4号	四川省中医药科学院	2016	11.20%	系统选育
云芝	仙山云芝	四川省中医药科学院	2016	12.42%	系统选育
何首乌	攀首乌1号	攀枝花市农林科学研究院	2016	22.02%	系统选育
石斛	乐斛1号	乐山农业科学研究院、乐山市乐福生物科技有限责任公司	2016	13.34%	系统选育
川银花	南银1号	南江县农业局	2016	25.10%	系统选育
附子	成附1号	成都大学	2020	10.84%	系统选育
附子	绵附1号	绵阳市农业科学研究院	2020	（中附4号）11.4%	系统选育
柴胡	川北柴2号	西南科技大学、四川德培源中药科技开发有限公司、中国医学科学院药用植物研究所	2020	11.78%	系统选育
牛蒡	川大力1号	四川农业大学、眉山药科职业学院	2020	15.35%	系统选育
丹参	川丹2号	四川农业大学、中江县万生农业科技有限责任公司、四川益利源科技有限公司	2020	（中江小叶性丹参）9.75%。	系统选育
瓜蒌	川蒌2号	成都理工大学 四川回春堂药业连锁有限公司	2020	13.47%	系统选育
红花	川红1号	四川省农业科学院经济作物育种栽培研究所	2020	16.8%	未说明
云芝	川云1号	四川省中医药科学院	2020	6.98%	未说明
灵芝	川芝1号	四川省中医药科学院	2020	与对照相当	未说明
灵芝	药赤芝1号	四川省中医药科学院	2020	11.65%	系统选育
灵芝	紫芝1号	四川省中医药科学院	2020	14.1%	未说明
白芷	川芷3号	四川农业大学	2020	15.65%	未说明
赶黄草	赶黄1号	四川省农业科学院经济作物育种栽培研究所、四川新荷花中药饮片有限公司	2020	14.5%	系统选育
姜黄	姜郁1号	四川省中医药科学院	2020	21.93%	未说明

（续表）

中药材名称	品种名称	选育单位	审定/认定年份	比对照增产	育种方法
天麻	蜀箭南乌1号	西南交通大学、成都中医药大学、四川金林药业有限公司、四川省中药材育种工程技术研究中心、四川赤健中药科技有限公司、凉山州民族药物研究所、阿坝州九寨沟汇康中药材开发有限公司	2020	49.43%	未说明
川芎	蜀芎1号	四川省农业科学院经济作物育种栽培研究所	2020	11.7%	系统选育
川芎	蜀芎2号	四川省农业科学院经济作物育种栽培研究所	2020	15.0%	未说明
石斛	中科金斛1号	中国科学院成都生物研究所	2020	9.51%	系统选育
川芎	新绿芎2号	四川新绿色药业科技发展有限公司	2021	（新绿芎1号）5.91%	系统选育
芍药	川芍1号	四川农业大学	2021	18.35%（鲜重）27.62%（干重）	系统选育
芍药	川芍2号	四川农业大学	2021	11.53%（鲜重）9.52%（干重）	系统选育
瓦布贝母	瓦布1号	四川农业大学、四川松赞雪贝生物科技有限公司	2021	48.47%	未说明
瓦布贝母	瓦布2号	四川农业大学、四川松赞雪贝生物科技有限公司	2021	26.88%	未说明
白及	川及1号	西南科技大学	2021	23.0%	未说明
丹参	优丹1号	成都农业科技职业学院、电子科技大学、四川省草业技术研究推广中心	2021	40.3%	系统选育
附子	成附2号	成都大学	2022	6.89%	系统选育
川明参	成明1号	成都大学、四川省中医药科学院、四川省农业科学院植物保护研究所、成都稼积农业技术有限公司	2022	10.79%	系统选育

(续表)

中药材名称	品种名称	选育单位	审定/认定年份	比对照增产	育种方法
多花黄精	川精 1 号	四川农业大学、四川强兴腾达农业科技有限公司	2022	33.64%	未说明
灵芝	药芝 1 号	四川省中医药科学院	2022	3.55%	系统选育
柴胡	川柴 2 号	西南科技大学、中国医学科学院药用植物研究所、上海中医药大学	2023	与对照相当	系统选育
柴胡	川柴 3 号	西南科技大学、中国医学科学院药用植物研究所、中国中医科学院中药研究所	2023	17.9%	系统选育
金钗石斛	川农金斛 1 号	四川农业大学	2023	9.18%	系统选育
川牛膝	宝膝 2 号	四川农业大学	2023	6.25%	未说明
重楼	川重 1 号	达州市农业科学研究院 四川万巴农业有限公司	2023	（川西地区地方栽培种）16.8%	系统选育
麦冬	涪麦 1 号	绵阳市农业科学研究院	2023	12.9%	系统选育
附子	凉附 1 号	四川农业大学、四川佳能达攀西药业有限公司	2023	23.05%	系统选育
酸橙	蜀枳一号	四川蜀耕农业开发有限公司、成都大学	2023	5.96%（枳壳）5.52%（枳实）	系统选育

3. 种植技术与栽培模式研究不断取得新进展

（1）水稻—中药材（川芎、泽泻、车前）轮作模式。

水稻种植：选择早熟抗病中稻品种，与泽泻轮作水稻播种期为 3 月，水稻收获期在 8 月中旬；与川芎轮作水稻播种期为 4 月上旬，水稻收获期在 8 月中下旬。水稻收获后，选择光照足、排灌便利的水田进行泽泻轮作；选择光照充足、排水良好的干田进行川芎、车前轮作。泽泻种植：6 月中旬播种育苗。稻田收割后翻耕施肥，或免耕后保持 1~2cm 水层。8 月中旬至 9 月 10 日移栽苗身粗壮、真叶约 5 片的泽泻苗，行距 30cm、株距 22~28cm，苗芯露出水面。12 月下旬至翌年 2 月上旬采收地下球茎。川芎种植：稻田收割后，施用油枯和复合肥，整平后开沟作厢。苓种栽种时间为8月下旬至9月上旬。苓种经浸泡杀菌后，按行距25~30cm、株距22~25cm栽种，翌年5月采收根茎。车前种植：9月上旬采用种子育苗方式培育车前种苗，水稻收获后10月上旬移栽，翌年4月下旬至5月上旬分批采收车前子。彭州敖平镇2024年，全镇共有4万亩田地用于"稻芎轮作"，按川芎（干货）市场价18元/kg计算，每亩收成300~350kg，农户每亩地将增加5 400~6 300元收入。眉山市洪雅县柳江镇兴胜村采用"稻药"轮作模式，种植以川芎为主的道地中药材约1 300亩。2024年川芎行情稳定向好，亩产值能达到4 000元左右。

（2）套（间）作模式。

麦冬—玉米间作：利用玉米的生长为麦冬提供适宜的荫蔽弱光照条件。麦冬栽培密度为120万~180万株/hm^2，采用特制打窝工具进行栽植，行距（8~10）cm×10cm，株距7cm，每窝栽种1株，栽植深度为3~4cm。麦冬一般在4月上中旬栽植，翌年5月初收获，玉米则在麦冬行间种植，密度为4.5万~6.0万株/hm^2，收获时间为7月底至8月初。这种间作模式的经济效益显著，麦冬亩产量600~700kg，玉米约300kg，产区一般只间套作一季夏玉米。在四川省绵阳市三台县花园、永明等11个乡镇实地调研，农户种植麦冬每亩净利润可达3 845~4 570元，成本收益率超过70%。2023年麦冬市场价格上涨至130元/kg，年收入可达26 000元，去掉成本后，收益超过20 000元。

麦冬—蔬菜套作：在四川的麦冬种植区，通过一种立体种植方法实现高效种植。麦冬常与苦瓜、四季豆、豇豆等藤蔓蔬菜进行套作。栽种时间为4—8月种植苦瓜和豇豆，8—11月种植四季豆，其中第一季蔬菜在8月收获，第二季蔬菜在11月收获。为支持蔬菜生长，需搭建攀爬网，虽然这增加了种植成本，但麦冬与蔬菜的套作显著提高了单位面积的产出。亩产量方面，麦冬可达500~700kg，苦瓜1 600kg加约1 000kg四季豆，或1 300kg豇豆加约1 100kg四季豆。在经济效益上，苦瓜与四季豆的套作模式增收约1 500元，而豇豆与四季豆的组合增收可达约2 000元。

川续断—玉米间作：川续断喜温和湿润的中山和温凉潮湿的高山气候，适宜在海拔1 000m以上的山区种植。3—4月整地后做宽1m，高20cm高畦，按株行距40cm，株间距30cm点播玉米种子，点播后浇水。5—6月玉米抽穗时行间撒川续断种子。7—8月玉米收后对川续断进行间苗，行间距定为30cm×25cm。9—10月割除川续断茎叶的1/5~1/4。川续断生长到翌年11月下旬至12月中旬植株地上部分枯萎后至来年萌发前采收。一种川续断与制种玉米间作种植方法，亩产值可达到6 000~7 000元，较单一种植川续断或玉米模式增加收益2 000~3 000元。第一年在玉米行间穿林播种川续断，收获玉米，第二年川续断净作收获川续断，既保证这类高山干旱区农民养殖的粮食需求，也能有效提高单位土地面积的产值，适宜在木里县及凉山州类似的高山干旱区推广。

玉米—紫苏带状复合种植：适宜地区为海拔1 800m以下，地势较为平坦的地区。应选择排水良好、土质疏松、土壤肥沃的地块；播前深翻土地、施肥，玉米—紫苏采用2∶2带状种植，总带宽200cm，带内种植2行玉米，玉米宽行行距150cm，窄行行距50cm，株距30cm，每穴2株，每亩定植玉米4 500株左右；6月初在玉米宽行中移栽种植2行紫苏，紫苏行距60cm，株距为50~60cm，错窝种植，每窝种植1株，每亩定植紫苏1 300株左右。2019年开始，珙县农民开展玉米—紫苏带状复合种植，实现了玉米亩单产460kg，有效利用冬闲地，紫苏增收一季亩单产125kg，紫苏平均收购价20元/kg，亩产值达到2 500元。该种植模式实现农户亩纯收益达到2 000元以上。

（3）林下种植模式。

林下天麻种植：选用土层深厚、土质疏松（pH值为5.5~6.5）的阔叶林、针阔混交林等，坡度为5°~25°的阴坡或半阴坡适宜。使用柞树、桦树等阔叶树木材（直径5~10cm，长40~60cm）做菌材，菌材与蜜环菌三级菌种配合使用。春秋为最佳种植期，准备好栽培床，铺设阔叶树叶、蜜环菌棒材及种麻，并用腐殖土和树叶覆盖保湿。温度保持在20~25℃，湿度早期40%~55%，中期55%~65%。雨季防涝，冬季防寒。10月中旬进行采收。到2019年平武县林下天麻种植面积约1 300hm^2，综合产值3亿多元，农户通过种植天麻年增收2 000元以上。2024年，乐山市金口河区种植乌天麻6万余m^2，乌天麻干货年产量达7万斤[*]，年产值可达1 400万元。万源市共种植林下仿野生天麻6 000余亩，预计产量可达1.2万t，实现产值2亿元。青川县共13个乡镇从事天麻种植，总面积达2 600亩，综合产值达2.8亿元。

林下黄连种植：选择荫蔽度70%~80%的落叶混交林，树间距2.5~3m。整地

---

[*] 1斤＝0.5kg，全书同。

时深翻20~25cm，厢宽1.2m，沟宽20~30cm。在4—6月，种苗按10cm株行距栽种，深度4~6cm，种植密度每亩5万~6万株。及时除草补苗，第一至第二年施尿素、复合肥、有机肥等，第三至第六年施用有机肥等；雨季清沟排水，定期摘除花薹，逐年调节荫蔽度至20%。5~6年后于10—12月采收黄连植株。2023年，青川县黄连种植总面积突破3万亩，亩产值超过6万元，主要分布在房石、青溪等乡镇，林下种植1亩黄连成本为1万元，5~6年后采收将获利6万~13万元。2023年，绵阳平武天鹅村共种植黄连7 000余亩，总产值近7亿元，带动近200人就业增收。2023年，绵阳北川县禹里镇庙坝村，林下种植黄连面积1 200余亩，种植黄连收入首次突破1 000万元，人均增收达14 000元左右。

林下淫羊藿种植：选择海拔500~2 500m的阴坡或半阴坡，荫蔽度50%~70%的阔叶林、针叶林、灌木林，土壤厚度≥40cm，排水良好，微酸至中性偏碱砂质壤土。带状清理种植穴，施腐熟农家肥2~3kg/m^2，深翻20cm，做床宽1.2~1.5m。春、秋或冬季种植，每亩种植4 000~5 000株，株距10~15cm，行距20~25cm。每年松土除草3次，追肥2次（展叶后及幼果期），干旱时早晚浇水。病虫害遵循综合防治，秋季采收地上部分，避免伤根。青川县乔庄镇解放村建成了淫羊藿中药材林下种植基地1 000余亩，2024年亩均产量可达600斤，全村年产量预估达到60万斤，有望实现产值3 000万元。按照效益分配机制，当地群众可获得600万元收入，全村100户村民户均增收将达到6万元，而村集体收入也可实现300万元。广元昭化区射箭镇种植淫羊藿4 000亩，2024年是第一年收淫羊藿，现在已经收了30余亩淫羊藿，有2 000斤左右。预计村集体经济达到10万元以上，户均增收3 000元左右。

（4）有16项中药材种植技术先后入选四川省农业主推技术（表5）。

表5　四川省中药材农业主推技术

序号	技术名称	研制单位	入选年份	技术概述（规模效益）
1	附子提质增效规范化栽培技术	成都大学	2020—2021	本课题组筛选出抗性育种材料，有望即使在2020年度江油极端气候条件下，减产不超20%，比常规品种增产20%~60%，表现出突破性优势。配套技术的合理推广，可减轻病害发生10%左右。以亩产2万元为例，该品种或技术最低可提高亩产值2 000元以上

（续表）

序号	技术名称	研制单位	入选年份	技术概述（规模效益）
2	白芍高效栽培技术	四川农业大学、四川省园艺作物技术推广总站	2020—2021	自2015年起，该技术在四川龙泉山脉的丘陵地区、北部米仓山地区、东部秦巴山区以及西部高原藏区等地推广应用超过3万亩，实现每亩增产10%以上，栽培4年每亩收入可达到4万~5万元
3	白芍生态栽培技术	四川农业大学、四川省园艺作物技术推广总站	2022—2024	自2016年起，该技术在四川龙泉山脉的丘陵地区、北部米仓山地区、东部秦巴山区以及西部高原藏区等地推广应用超过4万亩 该技术的应用，可实现每亩增产10%以上，实现地膜回收率100%，农药施用量减少60%以上，基地主要施用中药材种植专用有机肥，化肥施用量减少30%~50%。栽培4年每亩收入可达到4.5万元以上
4	丹参高效栽培技术	四川农业大学、四川省园艺作物技术推广总站	2020—2021	2006—2020年，该技术在四川龙泉山脉的丘陵地区、米仓山地区以及东部秦巴山区累计推广50余万亩，亩均增产260~320kg，亩新增经济效益1 900~2 300元
5	丹参生态栽培技术	四川农业大学、四川省园艺作物技术推广总站	2022—2024	自2016年起，该技术在四川龙泉山脉的丘陵地区、米仓山地区以及东部秦巴山区累计推广超过15万亩 该技术的应用，实现地膜回收率100%，农药施用量减少60%以上，化肥施用量减少30%~35%；平均亩增产300kg，亩增收1 500元以上
6	川明参绿色生态种植技术	四川省中医药科学院、巴中市绿色农业创新发展研究院、阆中市农业农村局、四川省园艺作物技术推广总站	2020—2021	该技术通过配方施肥、土壤改良及主要病虫害绿色防控等川明参绿色生态种植技术，使阆中市五马镇、文成镇，广元市苍溪县、成都市金堂县等地的绿色川明参每亩经济效益达8 000余元，每亩增收600余元。四川年推广面积超过2万亩
7	川明参绿色栽培技术	成都大学、四川省园艺作物技术推广总站、四川省农业科学院、四川农业大学、四川省中医药科学院、阆中市农业农村局、成都稼积农业技术有限公司	2023	课题组前期在成都青白江小规模推广应用该技术，2019年度平均亩产川明参468.88kg，平均增产11.09%；2020年度平均亩产川明参482.57kg，平均增产10.48%。可见，通过示范推广该技术，平均亩增产46kg以上，以行情不好时的单价24元/kg计算，年亩增产值1 104元，若推广5万亩，年增产值可达5 520万元。若以行情好时的单价50元/kg计算，年亩增产值2 000元以上，推广5万亩可使年增产值超1亿元

(续表)

序号	技术名称	研制单位	入选年份	技术概述（规模效益）
8	川天麻优质高效新品种生态种植与产地加工新技术	西南交大、四川省中医药科学院、万源市蜀峰农业开发有限公司、万源市中药材行业商会	2020—2021	本项目推广应用自主研发的发明专利《一种天麻蒴果两次播种方法》，较传统一次播种方法，种子萌发率提高1倍，由0.015%提高到0.03%以上
9	高山花椒病虫害防控技术	四川省农业科学院植物保护研究所	2020—2021	在木里县开展技术示范显示，减量使用农药2~3次，对主要病虫害防效达70%，有利于保护生态环境，通过有效防控病虫害实现区域亩平均增产5%~10%
10	中药材主要病虫害绿色防控技术	四川省农业科学院经济作物育种栽培研究所	2020—2021、2024	该技术已于2016—2023年在彭州、三台等地推广应用31.165万亩，对中药材主要病虫害的防治效果在70%以上，并能促进川芎、麦冬等中药材的生长，药材增产12%以上，减少化学农药用量50%以上，示范应用31.165万亩，累计节本增效6.41亿元，每亩节本增效达2 000多元
11	川芎高效规范化栽培技术	四川省农业科学院经济作物育种栽培研究所、四川省园艺作物技术推广总站	2022	自2019年以来，该技术已先后在四川成都平原的什邡、彭州、眉山等川芎主产区累积示范展示3 600亩，辐射推广带动2.1万亩 利用本高效规范化栽培技术，可使化肥用量减少15%~30%，除草剂使用量减少10%~20%，节约成本133~166元；平均亩增产30~35kg，亩新增经济效益750~900元
12	羌活高效栽培技术	四川农业大学、四川省园艺作物技术推广总站	2022—2024	自2016年以来，该技术在四川阿坝州和甘孜州累计推广超过7万亩 该技术的使用，实现农药施用量减少50%以上，化肥施用量减少30%~40%；平均亩增产150kg，亩增收1 000元左右
13	灵芝林下栽培技术	四川省中医药科学院菌类药材研究所	2022	该技术有利于控制和提高灵芝品质，较传统栽培方式可降低生产成本，显著提升其种植效益
14	川银花提质增效栽培技术	四川省农业科学院经济作物育种栽培研究所、南江县金银花产业发展中心	2023	技术推广区比非推广区增产15%以上，亩增产21kg以上鲜花，花蕾绿原酸含量提高10%~20%，增收500元以上。每亩能收叶片27~53kg，增收243~477元。且田间长势良好，抗病性较好

（续表）

序号	技术名称	研制单位	入选年份	技术概述（规模效益）
15	川佛手种植管理技术	四川省农业科学院经济作物育种栽培研究所	2024	2017—2023年，该技术主要在合江、安州、沙湾、蓬溪、高坪、石棉等区域推广示范，其中核心示范区累计面积2 000亩，辐射带动约5 000亩，全省累计带动80 000亩 2019—2023年，通过技术示范核心区鲜果亩产量可达2 000~2 500kg，初加工后每千克佛手产地价60~65元，亩产值可达2.0万元以上，核心区累计产值3 000万元
16	水稻—中药材（泽泻、川芎）轮作生产技术	宜宾市农业科学院	2024	宜宾市于2019年开始稻—药轮作的试点工作，2019—2022年在兴文县、长宁县、翠屏区、南溪区等地示范推广水稻—中药材（泽泻、川芎）轮作生产技术年均面积达1 000亩以上。利用冬闲田增收一季中药材，平均泽泻和川芎产量分别为200kg、220kg。2022年泽泻和川芎产地产新价格分别为21元/kg、31元/kg，按此核算，泽泻、川芎亩产值分别可达4 200元、6 820元，具有显著的增产增收效果

（5）有40项中药材四川省地方标准发布实施（表6）。

表6 四川省地方标准发布实施

序号	地方标准编号	地方标准名称	发布时间	主要起草单位
1	DB51/T 2557—2018	川产道地药材种苗分级 麦冬	2018-12-25	成都中医药大学
2	DB51/T 2558—2018	川产道地药材生产技术规程 白芷	2018-12-25	成都中医药大学
3	DB51/T 2559—2018	川产道地药材认证 土壤环境质量管控	2018-12-25	四川大学
4	DB51/T 2560—2018	川产道地药材生产技术规程 附子	2018-12-25	四川省中医药科学院
5	DB51/T 2561—2018	川产道地药材认证 姜黄	2018-12-25	四川省中医药科学院
6	DB51/T 2562—2018	川产道地药材认证 川芎	2018-12-25	四川省中医药科学院
7	DB51/T 2563-2022	川产道地药材认证 党参	2022-12-27	四川省中医药科学院

（续表）

序号	地方标准编号	地方标准名称	发布时间	主要起草单位
8	DB51/T 2564—2018	川产道地药材认证 羌活	2018-12-25	四川省中医药科学院
9	DB51/T 2565-2022	川产道地药材认证 通则	2022-12-27	四川省中医药科学院
10	DB51/T 2566—2018	川产道地药材生产技术规程 丹参	2018-12-25	四川省中医药科学院
11	DB51/T 2571—2019	林下黄精种植技术规程	2019-04-16	四川省林业科学研究院
12	DB51/T 2587—2019	人工养麝饲养管理技术规范	2019-04-16	四川养麝研究所
13	DB51/T 2643—2019	油用杜仲人工林培育技术规程	2019-12-17	四川省林业科学研究院
14	DB51/T 2645—2019	矮化叶用银杏高效栽培技术规范	2019-12-17	开江县林业研究所
15	DB51/T 2648—2019	人工养麝主要疫病防治技术规范	2019-12-17	四川养麝研究所
16	DB51/T 2650—2019	川西北沙地沙棘栽培技术规程	2019-12-17	四川省林业科学研究院
17	DB51/T 2667—2019	川产道地药材生产技术规程 红花	2019-12-30	四川农业大学
18	DB51/T 2668—2019	川产道地药材生产技术规程 杜仲	2019-12-30	四川省林业科学研究院
19	DB51/T 2669—2019	川产道地药材种子种苗分级 川芎	2019-12-30	成都中医药大学
20	DB51/T 2670—2019	川产药材灵芝林下栽培技术规程	2019-12-30	四川省中医药科学院
21	DB51/T 2709—2020	川芎病虫害绿色防控技术规程	2020-10-21	四川省农业科学院经济作物育种栽培研究所
22	DB51/T 2759—2021	川产道地药材生产技术规程 川芎	2021-02-10	成都中医药大学
23	DB51/T 2760—2021	川产道地药材种子分级 川牛膝	2021-02-10	四川农业大学
24	DB51/T 2761—2021	四川省中药材分类编码规则及编码	2021-02-10	四川省中医药科学院
25	DB51/T 1065—2021	川产道地药材生产技术规程 泽泻	2021-02-10	四川农业大学

(续表)

序号	地方标准编号	地方标准名称	发布时间	主要起草单位
26	DB51/T 2958—2022	川产药材追溯通用要求	2022-12-27	四川省中医药科学院
27	DB51/T 2960—2022	黄蜀葵生产技术规程	2022-12-27	四川省农业科学院经济作物育种栽培研究所
28	DB51/T 2563—2022	川产道地药材认证 党参	2022-12-27	成都大学
29	DB51/T 2565—2022	川产道地药材认证 通则	2022-12-27	四川省中医药科学院
30	DB51/T 3002—2023	红花椒嫁接繁育技术规程	2023-02-07	四川省林业科学研究院
31	DB51/T 2031—2023	花椒生产技术规程	2023-06-19	四川农业大学
32	DB51/T 3084—2023	川芎全程机械化生产技术规范	2023-06-19	西华大学
33	DB51/T 3085—2023	川产道地药材生产技术规范 麦冬	2023-06-19	成都中医药大学
34	DB51/T 3086—2023	川产药材生产技术规程 桑椹	2023-06-19	四川黑金椹阳光农业有限公司
35	DB51/T 3162—2023	川产道地药材商品规格等级 羌活	2023-12-29	四川省中医药科学院
36	DB51/T 3169—2024	川产道地药材生产技术规程 厚朴	2024-05-08	四川省林业科学研究院
37	DB51/T 3188—2024	川产道地药材生产技术规程 川贝母（太白贝母）	2024-09-12	达州市农业科学研究院
38	DB51/T 3193—2024	川产道地药材生产技术规程 川明参	2024-10-08	成都大学
39	DB51/T 3194—2024	川产道地药材生产技术规程 乌梅	2024-10-08	成都大学
40	DB51/T 3195—2024	川产道地药材生产技术规程 枳壳	2024-10-08	成都大学

4. 药食同源产业发展

促进大健康产业链发展。支持12个四川省中医药科技产业创新团队建设，开展川产特色药材大健康产品开发。开展麦冬须根的综合利用及产品开发研究，完成多元麦冬须根固体饮料和压片糖果的研制。围绕新型保健食品和药浴产品研发，开展土茯苓功能性食品关键技术研究与开发、赶黄草总黄酮胶囊保健食品研发和中药抗菌药浴产品研发。以天麻、乌梅、黄精、石斛、桑葚等药材为原料，开发天麻发酵酒、青梅果露酒、黄精冰激淋等产品。积极推进食药物质试点工作。开展天麻、灵芝、铁皮石斛食药物质试点的食品安全企业标准备案工作，已对全省7个市的13家企业、共计20个品种类型的食品安全企业标准进行了备案，指导铁皮石斛、灵芝食药物质食品安全地方标准的制定工作。

5. 中兽药产业发展

以中药材非药用部位综合利用为方向，开展以乌梅和川明参等为主的中兽药及饲料添加剂的全产业链开发，截至2023年，四川有兽药企业121家，其中具有中兽药生产资质的企业90家，具有中药提取资质的企业78家，专业从事中药提取的大型提取企业1家。2022年四川省中兽药总产值4.86亿元，中兽药销售每年以10%的速度增长。

（四）川产道地药材种子种苗基地建设

四川省承担了2012年和2013年中医药部门公共卫生专项2批国家基本药物所需中药材种子种苗繁育基地建设任务。采用"三位一体（科研+基地+服务）"建设思路，四川省中医药科学院作为国家基本药物所需中药材种子种苗繁育基地建设指导单位，联合雅安市政府、广安市政府、四川大学、四川省农业科学院、雅安三九中药材科技产业化有限公司、四川新荷花中药饮片股份有限公司等12家科研单位及企业，共同建设了国家基本药物所需中药材种子种苗繁育四川基地和四川广安基地，包括：雅安主基地、广安基地、峨眉七里坪保种基地以及川贝母、附子、麦冬、川芎等多个川产药材的种子种苗繁育基地，基地面积达5 000余亩。系统开展了川贝母、重楼、羌活、川芎、姜黄、附子等川产中药材种子种苗繁育技术、质量评价标准研究，形成了羌活、麦冬、川贝母等川产中药材种子种苗标准和检验规程，制定种子种苗质量标准30余项，制定种子种苗繁育及生产技术规程30余项，填补了西南区多种中药材种子种苗标准的空白。

（五）示范县、园区和产业强镇建设带动中药材产业发展

2020年以来，四川省林业和草业局先后安排省级林业改革发展专项资金分别支持北川、宣汉、宝兴、广元昭化等9个省级中药材发展重点县，开展林草中药材规范化基地建设；支持"宜宾叙州油樟"国家级产业示范园区和"昭化区林下中药材""宜宾翠屏油樟"2个省级现代林业园区以及"北川厚朴现代林业园区"等5个省级培育园区建设。连续3年给予良种补贴，持续支持通江县国家重点林木良种银杏基地建设。

强化园区建设，引领标准化生产。四川省农业农村厅积极推动基地连点成线扩面打造现代农业园区。在全省四大中药材生产区，围绕大宗药材品种，制定了中药材生产技术标准，构建优质川产中药材生产规范及质量标准体系。以现代农业园区为载体，推广应用中药材产地环境、投入品管控等关键环节生产标准，推动健全中药材全产业链标准体系。2023年，全省各级建成中药材现代农业园区111个，其中国家现代农业园区1个，省星级现代农业园区10个，建成中药材农业产业强镇26个。加强溯源体系建设，到2022年完成省级溯源平台建设，全省16个溯源试点县已完成与省平台数据对接，119家中医药企业参与使用省级溯源平台，覆盖89个基地，面积达15.5万余亩。

（六）中药材与三产和中医药科普教育融合情况

开展省级中医药健康旅游示范基地遴选，涵盖成都、攀枝花、绵阳等10个基地，涌现普达阳光国际康养度假区、问花村中医药特色养生花海等旅游目的地。举办中医药大健康产业领军人才培训班，培养一批踏实创业、掌握行业动态的高素质复合型人才。促进农文旅体养融合，推广"中草药+"模式，建设"中草药+观光""中草药+养生""中草药+科普"示范园区，举办芍药花赏花节、牡丹文化节等活动，推动实现"药园变公园"。

（七）强化品牌打造，提升市场化水平

培育了"达川乌梅""中江丹参""眉山泽泻""松源贝母"等10多个区域品牌，以及川白芷、雅连、邓柯枸杞等一批地理标志保护产品。遴选金口河乌天麻、宝兴川牛膝、荥经天麻等10余个优秀品牌，编印"川字号"农业品牌宣传画册，集中展示川药品牌建设成果，培育63个地理标志保护产品（表7）。

表7 获得国家地理标志保护部分（2006—2010年）中药材产品

序号	市州	县市区	产品名称	批准	批准保护年份
1	成都	都江堰市	川芎	2006年第128号	2006
2	成都	都江堰市	都江堰厚朴	2008年第145号	2008

（续表）

序号	市州	县市区	产品名称	批准	批准保护年份
3	成都	金堂县	金堂明参	2010年第70号	2010
4	攀枝花	米易县	米易何首乌	2012年第205号	2012
5	德阳	中江县	中江丹参	2008年第133号	2008
6	德阳	中江县	中江白芍	2013年第135号	2013
7	绵阳	江油市	江油附子	2006年第41号	2006
8	绵阳	三台县	涪城麦冬	2006年第73号	2006
9	绵阳	梓潼县	梓潼桔梗	2015年第24号	2015
10	绵阳	平武县	平武天麻	2013年第134号	2013
11	绵阳	平武县	平武厚朴	2015年第24号	2015
12	绵阳	江油市	江油百合	2016年第112号	2016
13	泸州	江油市	古蔺肝苏	2003年第84号	2003
14	泸州	合江县	合江金钗石斛	2015年第162号	2015
15	乐山	金口河区	金口河乌天麻	2009年第60号	2009
16	乐山	金口河区	金口河川牛膝	2012年第217号	2012
17	乐山	夹江县	夹江叠鞘石斛	2013年第136号	2013
18	广元	旺苍县	旺苍杜仲	2007年第128号	2007
19	广元	青川县	青川天麻	2010年第112号	2010
20	广元	苍溪县	苍溪川明参	2012年第97号	2012
21	遂宁	遂宁市	川白芷	2008年第141号	2008
22	达州	渠县	渠县黄花	2009年第108号	2009
23	巴中	南江县	南江金银花	2005年第77号	2005
24	巴中	巴中市	巴州川明参	2011年第100号	2011
25	巴中	南江县	江油	2012年第111号	2012
26	巴中	南江县	南江金银花	2012年第111号	2012
27	眉山	洪雅县	雅连	2008年第104号	2008
28	雅安	宝兴县	宝兴川牛膝	2013年第153号	2013
29	阿坝	九寨沟县	刀党	2009年第107号	2009
30	阿坝	金川县	金川秦艽	2009年第103号	2009
31	阿坝	松潘县	松贝	2010年第94号	2010

（八）强化主体培育，提升产业化水平

2022年，全省中药材农业产业化国家重点龙头企业5家、省级重点龙头企业41家、农民专业合作社74家、家庭农场17家。依托现代农业园区，完善"龙头企业+农户""合作社+农户"等发展模式，创新订单生产、定制药园等经营模式，构建"订单收购十分红""农民入股+保底收益+按股分红"等新型利益联结机制。培育形成龙头企业牵头，农民专业合作社、家庭农场、专业大户跟进的中药材产业化联合体16个，实现农民人均可支配收入高出当地平均水平20%以上。2022年，在乡城县培育中药材产业化联合体1个。

三、当前四川省中药材产业发展存在的主要问题

（一）四川中药材产业发展科技支撑不足

1. 优异资源的挖掘和利用研究不足

优异资源的挖掘和利用研究不足，中药材资源优势未转化为产业优势。中药材资源收集保护取得较好进展，通过第四次中药资源普查，对全省野生中药材资源有了较全面的了解，建有国家中药种质资源库，但中药材资源圃建设分散，优异资源的挖掘和利用研究不足，野生中药材科学保护力度较弱，无序采挖导致野生资源濒临灭绝，严重影响中药材产业持续发展。

2. 突破性中药材品种创新还需要进一步提高

至2023年，全省育成通过审定（认定）的中药材品种83个，但这些新品种仅包含34种中药材，只占四川省中药材种植种类的15.8%（第四次全国中医资源普查报告2021年四川省栽培中药材215种），还有很多种植的中药材没有开展新品种选育研究，不能满足中药材生产需求。

3. 中药材化肥农药及生长调节剂使用有待规范

中药材盲目引种、中药材中化学肥料农药和植物生长调节剂过度使用，影响中药材品质。一是由于中药材产业的生产和消费信息不对称，造成中药材价格波动较大，种植户为了追求价格，盲目异地引种，造成中药材质量不稳定，影响中药材的道地性；二是由于对不同中药材的肥水需求规律和病虫害发生规律不清，不同间（套、轮）作种植模式中，不同作物与中药材间的互作效应不清，中药材种植中化学肥料、化学农药和生长调节剂过度施用，造成中药材农残超标，品质下降，因此

生产上急需中药材种植的化肥农药及生长调节剂科学施用技术。

4. 新品种新技术示范推广体系不完善，科技成果转化率低

农科教、产学研结合不够紧密，新品种新技术示范推广专业技术人员缺乏，示范培训及推广手段较为传统或缺失，科技成果转化率低。

5. 中药材种子种苗繁殖技术研究少，中药材种业发展滞后

近年来，四川省中药材种植面积不断增加，但由于不同中药材品种种子种苗繁殖特性差异大，中药材种子种苗繁殖技术研究较少，造成种子种苗供应不足，还有部分中药材依靠采挖野生资源作为种苗，野生药材资源濒临枯竭，影响到中药材产业可持续发展。与大田作物相比，专业从事中药材种子种苗繁殖的基地和企业少，中药材种业发展滞后。

（二）中药材种植基地基础薄弱，中药材种植成本高

1. 中药材种植区生产条件总体较差

中药材种植区生产条件总体较差，基础设施不足，规范化、标准化种植技术推广难，制约产业发展。四川道地药材多数分布在盆周山区及高原藏区，生产条件总体较差，基础设施不足、劳动力缺乏，加工、仓储物流等配套滞后不能满足产业发展需要。虽然全省制定了一系列的中药材种植技术规范（标准），但相较于四川省众多中药材栽培品种，还有很多品种缺少规范的栽培技术和标准。

2. 中药材种植机械化集约化程度低，龙头企业带动不明显。

根据四川省农业农村厅统计，2024年全省主要农作物耕种收综合机械化率达到70%以上，但中药材种植机械化率低，据中国中药材协会对全国各省份135个中药材种植规范基地的统计发现，中药材平均机械化率仅为16.87%，种植、田间管理、收获及初加工环节的机械化水平分别为18.48%、22.24%、14.52%、13.78%。四川中药材种植的机械化率也显著低于大田作物，中药材种植的劳动力需求大，如川芎仅采收过程中的用工成本就占到总成本的43%。从事中药材生产的龙头企业少，龙头企业带动不明显。

（三）川产道地中药材品牌价值亟须进一步挖掘

全省道地中药材品牌多而小、多而散，川产道地药材"金字招牌"不响，缺乏叫得响的大品种、大品牌。药食同源中药材的开发不够，针对大健康产业发展研发的功能性食品产品少，市场占有率低。中药材非药用部位的综合利用研究滞后，大量的非药用部位多数仅作为秸秆还田，未能得到充分利用，中药材种植综合效益提升空间大。

中药材产业的一三产业融合发展同质性倾向明显，目前全省比较成功的主要有中江芍药花节等少数一三产业融合的案例，但时间短，个别地方建立了科普基地，但规模小，社会影响力和展示度低。

四、四川省中药材产业发展对策建议

以中药材科技创新为引领，以中药材园区建设、示范基地建设和全产业链协同发展为抓手，实现中药材产业质效提升、中药材新品种覆盖度提升、中药材生产标准化生产提升、中药材生产机械化率提升、中药材品牌提升、中药材一二三产业融合提升。

（一）强化科技创新，培育中药材产业新质生产力

1. 加强资源保护、新品种培育和种子种苗繁殖技术的科技创新研究

一是持续开展中药材资源收集保护和利用研究，分级分区建设一批中药材濒危野生资源保护区，通过持续专项支持建设一批低海拔、中海拔和高海拔中药材资源圃，开展中药材资源收集保护和鉴定评价研究利用及野生中药材人工驯化栽培技术研究。二是加强对中药材优良品种选育研究支持强度，组织四川省农业科学院、四川农业大学、成都中医药大学等科研院所与企业开展联合攻关，选育一批质量稳定抗逆丰产的中药材新品种，为中药材生产提供优质种源，保障药材优质生产。三是鼓励开展中药材种子种苗繁殖技术研究，建立健全中药材良种繁育体系，在重点产区分品种建设一批标准高、规模大、质量优的中药材种子种苗繁育基地，开展优新品种扩繁和展示示范，提高优质种子种苗供应能力。四是依托国家中药材产业技术体系、国家现代农业产业体系四川省道地药材创新团队和基层农技服务推广体系，建立"省—市（州）—县"三级中药材品种推广服务体系，示范推广新品种和绿色高效规范化生产。

2. 加强农业园区和标准化基地建设，提升中药材绿色优质生产能力

一是加强中药材生产标准体系建设，以四川省地方标准为主体，团体标准为补充，建立健全中药材生产技术、产地初加工、质量安全等技术标准，构建优质川产中药材全产业链生产技术标准体系。二是加强"川药"现代农业园区建设，建设一

批产业特色鲜明、生产标准化程度高、加工水平高、产业链条完善、设施装备先进、生产方式绿色生态、品牌影响力大、带动一二三产业融合发展的中药材生产样板区。三是依托"三个一批"项目，推进中药材产业标准化基地建设，完善基地田网、路网、水网、电网、信息网"五网"设施，提升排灌能力和农机作业能力，提升物质装备水平。四是加强重大技术协同推广项目对中药材产业支持，集成推广一批"一控两减三基本"绿色生产技术，打造一批种养结合、绿色优质高效的中药材产业示范基地。

3. 加强农业园区和标准化基地建设，提升中药材绿色优质生产能力

一是以中药材重点县主导药材品种为依托，培育一批集中药材种植、加工、产品研发为一体的重点中药材产业化龙头企业，加大对农业产业化重点龙头企业培育力度，支持龙头企业牵头成立中药材产业化联合体，带动农民合作社和家庭农场发展，支持龙头企业建设中药材GAP基地和申报地理标志农产品，打造一批道地中药材GAP基地和知名品牌。二是聚集资源要素，支持川产中药材及其非药用部位的综合开发利用研究，延长中药材产业链，提升中药材价值链。

4. 加强大健康产业和"中药材+"产业发展，提升中药材产业融合发展能力

一是加强药食同源中药材的大健康产品研发、生产、宣传和销售，深入挖掘古方古籍和民间传统药食同源文化，推进"川药"与"川菜""川酒""川茶"产业融合，加快发展中药材相关的功能性食品及其衍生品。二是支持鼓励地方政府和企业挖掘民间传统食用但未列入药食同源中药材目录的四川道地中药材品种，申报新食品原料，拓展中药材消费场景，提升全产业链效益。三是推进中药材种植加工与乡村旅游、养生保健、中药材科普、中医养生、中医文化宣传融合，建设一批"中草药+观光""中草药+养生""中草药+科普""中草药+购物"等示范园区和基地。

参考文献

陈杨，康琪，瞿礼萍，等，2021. 道地药材地理标志产品保护的实证分析与发展对策研究[J]. 中草药，52（11）：3467.

方清茂，李青苗，周毅，等，2024-09-19. 基于第四次全国中药资源普查的四川省中药资源调查报告[J/OL]. 世界科学技术-中医药现代化，1-17.

郭劲松，2023. 浅议珙县玉米套种紫苏带状复合种植模式[J]. 四川农业科技（4）：48-50.

黄璐琦，张小波，2021. 全国中药材生产统计调查报告.2020年［M］. 上海：上海科学技术出版社.

锦观新闻，2024-10-27. 冬种药材 夏种水稻 彭州稻芎轮作实现"一田双收"［EB/OL］.（2024-10-09）https：//news.qq.com/rain/a/20241009A0437H00.

林娟，周霞，陈铁柱，等，2020. 川麦冬生态种植模式的现状分析与评价［J］. 华西药学杂志，35（6）：683-688. DOI：10.13375/j.cnki.wcjps.2020.06.021.

刘斌，陶珊，彭芳，等，2020. 平武县天麻繁殖技术［J］. 四川农业科技（12）：18-19，22.

帕坦姆汗·阿布杜合力克，2021. 川麦冬种植效益及影响因素研究［D］. 绵阳：西南科技大学. DOI：10.27415/d.cnki.gxngc.2021.000652.

四川新闻网，2024-10-27. 广元昭化：中药材喜迎丰收 振兴路上药香浓［EB/OL］.（2024-08-30）.http：//local.newssc.org/system/20240830/003535182.htm.

万修福，王升，康传志，等，2022. "十四五"期间中药材产业趋势与发展建议［J］. 中国中药杂志，47（5）：1144-1152. DOI：10.19540/j.cnki.cjmm.20211224.101.

王福，陈士林，刘友平，等，2023. 我国中药材种植产业进展与展望［J］. 中国现代中药，25（6）：1163-1171.

西南商报，2024-10-27. 多媒体数字报. 绵阳市北川县禹里镇庙坝村：林下种药材添绿又增收［EB/OL］.（2024-07-03）.http：//www.xnsbdzb.com/xnsb/20240703/html/content_20240703003003.htm.

张小波，2024. 全国中药材生产统计调查报告.2021年［M］. 上海：上海科学技术出版社：12.

赵丹，戴维，罗德木，等，2017. 麦冬—玉米—豇豆高效立体套作栽培技术［J］. 现代农业科技（24）：80-81.

赵军宁，田兴军，彭成，等，2020. 川产道地药材资源保障与高质量发展策略［J］. 世界中医药，15（2）：181-190.

中国绿色时报，2024-10-27. 四川青川因地制宜发展林下中药材［EB/OL］.（2023-01-04）.https：//www.forestry.gov.cn/main/102/20230104/084316608587412.html.

中国网，2024-10-27. 乐山市金口河区：林间种出"金疙瘩"乌天麻"链"起大产业［EB/OL］.（2024-07-10）http：//sc.china.com.cn/2024/leshan_0710/543182.html.

中国网，2024-10-27. 绵阳平武：大力发展林下经济"苦"黄连种出"甜"日子［EB/OL］.（2023-12-08）.https：//t.m.china.com.cn/convert/c_l6NhJovt.html.

中国网，2024-10-27. 四川万源：仿野生天麻6 000余亩开挖 预计产值2亿元［EB/OL］.（2024-09-26）http：//photo.china.com.cn/2024/09/26/content_117451733.shtml.

第二部分
优势特色中药材产业发展报告

成都平原优势特色中药材产业发展报告

四川川芎产业发展报告

曾华兰[1]　孙小芳[1]　张　超[1]　何　炼[1]　蒋秋平[1]
周小野[2]　王罗红[2]　张　超[1]　张梅琳[2]

(1. 四川省农业科学院经济作物研究所，四川成都　610300；
2. 彭州市农业农村局，四川彭州　610000)

摘　要：川芎是著名的川产道地药材，药用历史悠久，具有重要的临床价值。川芎在四川具有悠久的栽培历史，栽培规模占全国95%以上，市场流通的川芎药材80%~90%产于四川。虽然在栽培过程中道地产区已形成一系列特色适宜技术，但目前仍存在川芎苓种质量良莠不齐、种植基地标准化程度低、产业链不完整等问题，制约了川芎产业的健康发展。基于川芎产业的发展现状，从种质资源、种苗繁育、栽培技术、采收与产地加工技术、质量控制及产品开发等方面进行概述，建议从制定政策支撑、加强良种繁育基地建设、推进栽培管理的规范化、机械化进程、健全产业链、提升附加值等方面进一步整合资源、人才、企业等优势，推进川芎产业高质量发展。

关键词：四川省；川芎产业；现状；发展策略

川芎（Chuanxiong Rhizoma）为伞形科植物川芎（*Ligusticum chuangxiong* Hort.）的干燥根茎，始载于《神农本草经》，被列为上品，是常用大宗中药材，市场流通的川芎药材90%以上产于四川。自宋代以来，川芎就以川产者质优效佳，以彭州、都江堰、什邡、眉山等为主产区，是四川著名的道地药材品种。川芎临床疗效卓著，自古便有"头痛不离川芎"之说，具有活血行气、祛风止痛的功效，在中成药、中药处方中应用较多，药用价值高。此外，川芎还可用于保健品、化妆品、饲料添加剂等，是国家卫生健康委员会公布的可用于保健食品的中药之一。川芎在新药研发、大健康产品研发及现代医学临床治疗、康养等方面具有广阔的开发价值。本报告概述了四川省川芎的产业发展历史、种质资源现状、种植与生产关键技术、质量控制及产品开发现状，找出川芎产业发展中存在的主要问题，在此基础上提出川芎产业发展的对策建议，为四川省川芎产业的可持续发展提供决策参考。

一、四川川芎产业发展现状

（一）川芎资源概况

川芎素有川药"首药"之称，四川省是川芎主要栽培地，有1 000多年的栽培历史，四川产区川芎栽培规模占全国95%以上，主要集中于都江堰、彭州、什邡、眉山等地。都江堰是川芎传统道地产区，2008年"都江堰川芎"获国家地理标志产品保护，随着川芎种植区的转移，都江堰川芎种植面积逐年减少，现栽培面积约333.33hm^2，主要集中在石羊镇等地。彭州市被誉为"中国川芎之都"，2015年，"彭州川芎"获国家地理标志农产品登记保护。2022年，彭州市川芎种植达4 000hm^2，其中敖平镇拥有"中国川芎第一镇"之称，生产面积2 000hm^{2}以上，年产8 000t以上，种植面积、产量及销量均居全国第一。2021年9月，彭州、什邡共建彭什川芎现代农业产业园区，园区内种植面积6 666.67hm^2，年产量约3万t。邛崃市、眉山市彭山县是近年发展起来的新产区，川芎种植面积呈逐年增加的趋势，现达1 800hm^{2}以上，已形成一定的规模。目前，四川新绿色药业科技发展股份有限公司、四川新荷花中药饮片股份有限公司分别拥有通过全国《中药材生产质量管理规范》认证的川芎基地，提高了川芎规范化种植水平。

（二）川芎种质资源和新品种选育

1. 川芎种质资源概况

川芎，别名芎䓖、蘼芜，为伞形科藁本属多年生草本，株高40~60cm。根茎发达，成不规则结节状拳形团块，具浓烈香气。圆柱状直立茎，具纵条纹，茎节处可膨大成盘状。叶片轮廓卵状三角形，三出式羽状全裂，叶柄基部扩大成叶鞘抱茎。栽培川芎极少开花，开花后所结果实也不能成熟，故采用无性繁殖方式栽培。

川芎作为我国重要的大宗药材，其栽培历史悠久，道地性强，主产区集中在四川盆地中央丘陵平原区的成都平原亚区，包括都江堰、郫都、彭州、新都、崇州、什邡等地。按照川芎药材生长所需的气温、降水量、海拔和土壤类型等生态条件要求，除传统产区外，四川的东部地区也是川芎的适宜产区。

2. 川芎新品种选育

"芎种无性繁殖"是川芎人工栽培的主要繁殖方式。四川省中医药科学院、四川省农业科学院、成都中医药大学、四川农业大学、四川新绿色药业科技发展股份有限公司等已选育出"川芎1号""绿芎1号""新绿芎1号""新绿芎2号""蜀芎1号""蜀芎2号"等优良新品种。以上选育的川芎新品种，具有产量高、稳定性和适应性好等优势，需进行有效的示范、推广和转化。

（三）川芎种植与生产关键技术

1. 芎种繁育

川芎无性繁殖材料为地上茎节，俗称"芎子"或"芎芎子"。四川多选择海拔900~1500m的盆地边缘山区专门培育"芎子"，供平地或丘陵地区栽种，俗称"高山育芎"。12月底至翌年1月中旬，最晚不应迟于2月上旬，将平坝地区的川芎挖出，除去茎叶和须根，称"抚芎"，运到山区栽种育芎。"高山育芎"的繁育主要集中在都江堰市中兴镇、青城后山红岩镇、虹口乡、彭州市小鱼洞镇、龙门山镇、通济镇、汶川县水磨镇、三江口镇、崇州市三郎镇、什邡市冰川镇等，其中彭州小鱼洞镇的川芎芎种繁育面积较大。

近年来彭州、什邡等产区出现了坝区冷冻育芎的新方式，即就地育芎，7月上旬收芎秆，选节盘突出的芎秆，摘除叶子和嫩芎，理成小捆，放在低温干燥处窖藏20~30d后栽植。与传统"高山育芎、坝区栽培"所产山芎种相比，坝芎种所产药材产量差异不明显，具有节约成本、时间、劳动力的优点，但山芎种在抗病性、出苗情况、植株形态、药材质量等方面仍具有一定优势。"高山育芎"可能是川芎无性繁殖种源复壮的过程，二者的真实差异性及内在机制有待进一步深入研究。

2. 病虫害绿色防控技术

川芎主要病害有根腐病、菌核病、白粉病、斑枯病，在芎种阶段，以根腐病、白粉病为害最重，大田期以菌核病、根腐病为害严重。主要虫害有茎节蛾、叶螨、斜纹夜蛾、蛴螬等。中药材病虫害的防控坚持"预防为主，综合防治"的原则，从川芎生产全过程及生态系统整体出发，建立以农业生态调控、生物防治和物理防治为主，协调运用其他环境友好型防治技术的病虫害综合防治技术。生产上，采用水旱轮作减少病虫基数，川芎栽种前，利用生防菌剂进行土壤消毒及芎种处理；病虫害发生初期，使用木霉菌、芽孢杆菌、盾壳霉等生防菌剂防治病害，绿僵菌、苏云金杆菌、苦参碱等生物农药防治虫害，同时合理使用理化诱控技术；在病虫暴发期，科学合理使用矿物源农药和高效低毒低残留农药，以有效防治川芎病虫害。

3. 川芎特色适宜技术

（1）免耕稻草覆盖技术。近年来，川芎栽培产区普遍采用免耕稻草覆盖技术，该技术操作简单，不需要增加更多的投入。研究表明，川芎栽培采用稻草覆盖可显著提高土壤有机质、碱解氮、有效磷和速效钾含量，且适宜的稻草覆盖能提高川芎出苗率，提高川芎的产量以及川芎品质。

（2）川芎—水稻保护性耕种技术。川芎—水稻保护性耕种技术是指通过水稻—川芎水旱轮作、免耕技术及地表覆盖、合理种植等综合配套措施，从而减少农田土壤侵蚀，保护农田生态环境，并获得生态效益、经济效益及社会效益协调发展的可持续生态农业技术。其核心技术包括茬口安排、品种选择、免耕、沟厢耕作、稻草覆盖、适时种收。通过这些技术措施，不仅可减少农田土壤中各种有毒物质的积累和病虫草的为害，还可以调温保湿增肥，降低肥料、农药和劳动力投入，为川芎栽培提质增效。该种植模式在川芎的主产区彭州、什邡得到了广泛的应用，已发展成为种植川芎的主要耕种模式。

（3）降镉富集式栽培技术。川芎对镉有一定的富集倾向。近年来研究表明，通过降低土壤酸度，如施用生石灰、硅肥、微生物菌肥、土壤改良剂，不施用矿物性肥料如过磷酸钙，多施用有机肥料，在农药使用上少用重金属铜、锌含量高的农药，改变相应的栽培模式可降低川芎药材的重金属含量。

（4）川芎苓种处理技术。苓种是川芎大田栽培的繁殖材料，在川芎栽培生产中，若苓种处理不当，会导致川芎出苗成活率低、病虫害发生严重。因此在苓种栽种之前，采用生防菌剂或高效低毒杀菌剂处理川芎苓种，可以提高川芎种苗定植成活率，控制根腐病的发生，提高产量。

4. 采收与产地加工技术

（1）采收。川芎传统种植生长期为270~280d，一般立秋栽种，翌年小满至芒种期间采收。四川平坝栽培于第二年5月下旬至6月上旬采收（小满前后）。由于目前劳动力短缺，且为保证轮作水稻有足够的生长时间，大部分产区采取晚栽早采的方式，严重缩短了川芎正常生长期。

（2）产地初加工。川芎的产地初加工一般为炕床烘干或自然晾晒。炕床烘干法，将日晒3~4d的鲜川芎平铺在炕床上，外用鼓风机向炕床下吹入带无烟煤燃烧的热风，上下翻动。烘炕过程严格控制炕床上的温度，药材处温度不得超过70℃。烘8~10h后取出，撞去须根和泥沙。堆积发汗2~3d，再置炕床上改用小火烘炕5~6h，炕干（用刀砍开中心不软），放冷后撞去表面残留须根和泥土，用等级分离器进行分级后包装贮藏。自然晾晒，将鲜川芎平铺在竹席上或混凝土地上，日晒，遇阴雨天铺于室内通风干燥处。晾晒过程中注意上下翻动，以便尽快干燥，防止生霉。干燥后及时撞去须根和泥沙，再晒干透，包装贮藏。产地初加工的过程易造成污染和有效成分损失，进而影响川芎临床用药的安全性和有效性。

（四）川芎生产过程中的质量控制

《中国药典》（2020年版）收载了川芎的性状、显微鉴别和理化鉴别，对其醇溶性浸出物进行限定，并以阿魏酸作为川芎的质控成分，其量采用高效液相色谱法（high performance liquid chromatography，HPLC）进行测定且规定不得少于0.10%。根据全国标准信息公共服务平台查询结果，现行的国家标准《地理标志产品 都江堰川芎》GB/T 21823—2008 于2008年10月1日实施。现行的四川省地方标准有《中药材种苗川芎苓种生产技术规程》（DB51/T 773—2008）、《川产道地药材认证 川芎》（DB51/T 2565—2018）、《川产道地药材种子种苗分级 川芎》（DB51/T 2669—2019）、《川芎病虫害绿色防控技术规程》（DB51/T 2709—2020）、《川产道地药材生产技术规程 川芎》（DB51/T 2759—2021）、《川芎全程机械化生产技术规范》（DB51/T 3084—2023），四川省宜宾市地方标准《水稻—中药材（泽泻、川芎）轮作生产技术规程》（DB5115/T 99—2022）。

2024年3月15日，国际标准化组织（ISO）正式发布了《中医药—川芎》国际标准。该标准是四川主导研制的首个中医药ISO国际标准，是四川中医药领域国际标准化建设进程中的一次重要突破，是四川主动对接高标准国际经贸规则的生动实践，填补了四川省中医药国际标准制定的空白，为川芎药材国际贸易取得了规则上的主动权，对培育四川省中医药国际经济合作和竞争新优势具有积极的作用。2024年《欧洲药典增补本11.5》发布了新修订升级的川芎质量标准，于7月正式生效，此次修订与川芎特有的质量属性和特点更加吻合，符合川芎道地产区生产实际，将极大促进川芎出口，尤其是为促进欧洲贸易起到重要作用。

（五）川芎的临床研究及相关产品开发现状

1. 川芎的临床研究

川芎作为活血行气、祛风止痛的著名中药，临床常用于胸痹心痛、胸胁刺痛、跌扑肿痛、月经不调、经闭痛经、癥瘕腹痛、头痛、风湿痹痛等。目前，以川芎作为处方药味之一的中药制剂在临床应用的研究报道主要集中在治疗冠心病、心绞痛等心脑血管疾病及抗偏头痛等临床疗效方面。

川芎在《中国药典》1963—2020年版均有记载，《中国药典》2020年版收载含川芎的中成药品种245种，占所载中成药的16.8%，较《中国药典》2015年版新增12种，其中川芎处方量占比超过15%的制剂有53个，以天舒胶囊、天舒片、大川芎口服液等中成药含川芎处方量最高，其次为舒胸片、舒胸胶囊、舒胸颗粒、脑安胶囊等，以活血、化瘀、通络、调经等功效为主。川芎饮片进入《国家医保目录（2022）版》和《国家基本药物目录（2018版）》，有40种含川芎中成药品种进入《国家基本药物目录（2018版）》，占14.9%，主要在内科、妇科、骨伤科用药领域，其中内科用药22种、妇科用药6种、骨伤科用药6种、眼科用药3种、耳鼻喉科用药2种、外科用药1种。经药融云数据库查询含川芎为主的中成药大品种销售情况，从2015—2020年数据看，速效救心丸年药店零售额与医院零售额均逐年增长，是平均年销售高达5亿元的大品种，且上市26年以来累计创产值百亿元。年均销售额超5 000万元的品种分别为心脑康颗粒、通脉颗粒、益心舒片，其余年均销售额超1 000万元的品种分别为活血通脉片、乐脉颗粒、复方川芎胶囊等，其功能主治主要为心血管类疾病如冠心病、心绞痛等。

2. 川芎相关的大健康产品与其他衍生产品

（1）保健食品。川芎虽未进入药食同源品种目录，却是可用于保健食品的中药。经药智网数据库查询，含有川芎的保健食品约82个。从时间跨度来看，最早在1997年已经批准1款保健品，具有抗疲劳的保健作用。在随后的十几年，陆续出现了包括口服液、胶囊、颗粒剂、丸剂和片剂为主的几十款保健品。根据保健功效对应的产品数量，可以看出含川芎保健食品总体以增强免疫力、美容、改善睡眠、辅助调血脂为主。

（2）化妆品。川芎可抑制酪氨酸酶活性，具有润肤、美白祛斑作用，可作为天然添加剂应用于化妆品中。国家药品监督管理局关于发布《已使用化妆品原料名称目录》的通告，明确了"川芎根粉""川芎根提取物""川芎提取物""川芎油""川芎嗪"可作为化妆品原料。以"川芎"为关键词，检索国家药品监督管理局国产非特殊用途化妆品备案信息，共查询到28种现行有效备案信息，产品形态包括精油、爽肤水、精华液、花露水等。

（3）其他衍生品。川芎植株不同部位主要成分类型基本相似，虽含量有差异，但均以藁本内酯和新川芎内酯相对含量最高。其地上部位古称"蘼芜"，芳香四溢，常用作香草佩戴。川芎苗叶在川芎产区有作为蔬菜食用的习惯，还出口韩国、日本、新加坡、越南等国。此外，可泡水代茶饮、用于保健品、美容化妆品、家畜青饲料、食用香料等。四川新绿色药业公司获四川省科技厅批准建立"四川省川芎工程技术研究中心"，研制了系列大健康产品，如川芎牙膏、洗发水、面膜等。敖平镇当地也开发了川芎面、川芎香囊、川芎浓缩精华等产品，及炖品、酒饮、茶饮、拌菜等30余种川芎特色菜品。随着中医药市场的不断扩大和对中药材的需求增加，川芎在药物和大健康产品领域的开发利用逐渐增多。

二、四川川芎产业发展存在的主要问题

（一）缺乏规范化的良种繁育基地

优质苓种是川芎栽培管理的关键。四川各产区药农长期以来苓种繁育仍停留在自繁自用或不同途径购买，缺乏科学的统一的组织管理，导致川芎苓种质量参差不齐，造成同一地区所产川芎药材质量及产量稳定性、均一性较差。苓种生产的盲目性很大，生产量往往受坝区川芎药材市场价格的波动而发生巨大的变化，缺乏统一的指导。目前川芎虽有选育的新品种，但优良品种推广程度低，尚无为大面积生产提供优良种源的川芎良种繁育基地。苓种来源混杂，质量参差不齐，成为影响川芎规模化生产的重要因素。

（二）缺乏科学种植模式及提质增效生产技术

川芎产区种植模式仍以种植户为主，种植规模小且分散，机械化程度低，主要依靠人工种植采收，种植成本中人工费用占50%以上，且劳动力短缺，导致川芎栽培管理粗放。各产区栽培管理如栽培密度、肥料农药施用次数及施用量、种植采收时间等均有差异，缺乏科学有效的管理和技术指导。虽有一些种植模式和技术规

范,但是推广力度不够,模式的适应区域及模式内的结构搭配与组装,以及病虫草害绿色防控、废弃物综合利用关键配套技术关注度不够,导致复制过程中可操作性不强,推广效果较差。

现代农业技术适宜装备和设施缺乏,田间生产、采收和产地初加工环节的机械化严重滞后。因此,亟需根据四川川芎栽培特点研制相关机械,实现川芎栽培管理的提质增效。

(三)资源综合利用不足,产品开发深度和广度不够

现阶段川芎产业仍处于产业链低端,以农业种植和原料初级加工为主,产品科技含量不高、附加值低。川芎除药用价值外,在保健品、化妆品、中兽医等多个领域都有应用,但大健康产业体系不健全,研发与转化推广力度不够。针对川芎非药用部位需进一步开展系统的研究,确定合理的功能定位和保健应用。

三、四川川芎产业发展趋势与对策建议

(一)四川川芎产业发展趋势研判

1. 特色适宜种植技术已成共识,增产增收优势明显

在"不向农田抢地,不与草虫为敌,不惧山高林密,不负山青水绿"的中药生态农业"四不"宣言的指导下,愈来愈多的中药材正开展生态种植模式的研究与实践。川芎种植区域相对集中在成都平原,而成都平原作为四川打造高水平"天府粮仓"确保国家粮食安全的主场地,川芎与水稻的水旱轮作的这种种植模式,恰好协调好种药和种粮的关系。川芎与水稻的水旱轮作较常规种植增产10%~15%,年均增收6 000~9 000元/hm^2。川芎与水稻轮作增粮增效核心技术,在彭州、什邡示范和推广面积近6 667hm^2,不仅带动当地中药产业发展,保护生态环境,还给种植户带来较好的经济效益。

2. 优势产区打造各具特色,标准体系形成雏形

四川川芎产值年均超过10亿元,川芎种植业已步入规模化、基地化、标准化发展轨道。由彭州、什邡两市共同组建的彭什川芎现代农业产业园区覆盖了彭州市、什邡市两市6镇(街道)约20万人,是全国最大的川芎产业标准化种植示范基地和全国最大的川芎产销基地,核心区种植面积近6 667hm^2。2021年园区川芎产业发展势头良好,园区川芎产量近3万t,产值达8亿元。以彭州、什邡

等地为代表的道地川芎不仅仅是高品质的传统中药材,从创新标准制定到全产业链打造,川芎正在全维度提升产业发展动力,迈入生态化、标准化、高品质发展的良性循环。

(二) 促进四川省川芎产业发展的对策建议

1. 制定政策支撑,加强良种繁育基地建设

政府应就川芎苓种繁育基地建设、国家级川芎产业园区建设等出台相应的政策支持,同时充分发挥地方企业在中药材服务方面优势,健全政企社农合作模式,加强良种繁育技术推广,建设"育繁推一体化"示范基地。育繁推一体化是指育种、扩繁、推广和销售紧密结合,协同发展的模式。建议开展川芎种质资源保护、可持续利用示范区建设,保护产业发展赖以生存的道地药材种质资源,在道地产区布局建设"育繁推一体化"示范基地,配备种子种苗检测仪器,具备制种、种苗加工、质量检测的综合能力,打造稳定的制种能力。

2. 推进栽培管理的规范化、机械化进程

川芎各产区栽培管理如栽培密度、肥料农药施用次数及施用量、种植采收时间等均有差异,进一步加快川芎栽培管理的规范化、机械化进程是提升川芎生产效率并实现川芎规模化生产的关键。通过规划引导、标准建设、规模发展推进川芎种植基地建设,以标准化种植基地建设为重点,不断提高川芎标准化种植技术水平,促进川芎种植业健康发展。机械化种植是规范化、规模化种植的基础,是川芎高产种植的重要手段。加强机械化栽植技术研究和推广,以现有栽培技术为基础,加强技术的改良研究,开发新的栽植装备,形成示范应用,积极引导种植户采用新技术新装备,切实提高川芎产业的机械化生产水平。推进机械化栽植技术标准和规范建立,保证全程机械化各环节和流程的有效性。构建一支具有高素质、高专业技能水平的农机手队伍,既要保证机手的专业技能水平,具有扎实的理论知识和丰富的实践操作经验,更要对川芎的生长特性、机具作业环境等方面有深入了解,这样才能从根本上实现川芎机械化生产的工艺要求,最大限度满足种植作业机械化的基本标准。

3. 健全川芎产业链,提升附加值

川芎产业的高质量发展需要整合地方政府、企业、高校及科研机构等多方力量,对川芎全技术链、全产品链、全产业链进行综合性创新,形成以川芎种植、初

级加工为第一产业，精深加工、产品研发为第二产业，康养保健、文旅服务为第三产业的全产业链联动新型产业体系。强化川芎源头质量建设，积极推进川产道地药材川芎全产业链管理规范及质量标准提升示范工程研究，提升川芎产品品质；培育领军龙头企业，推动川芎产品工业制造的数字化转型升级，提高生产规模与质量一致性；重视精深加工，深入开展川芎趁鲜加工及饮片炮制加工技术创新研究，开发系列有市场竞争力的川芎冻干、压制等新型饮片；加强川芎配方颗粒国家、国际标准研究，促进川芎配方颗粒产业的现代化、标准化、产业化、国际化发展；组建川芎产业联盟，支持产学研结合，加快川芎大健康产品研发。加快建设川芎品牌的理论、文化、策划、交易、服务等软实力，同时增强品牌发展与知识产权保护意识。结合乡村振兴和生态康养，深化校地企合作，打造川芎农业现代化示范区；注重川芎道地产区历史文化内涵挖掘创新工作，打造川芎主题康养小镇、文旅示范园区，加快推进川芎博物馆、康养馆、主题民宿等融合项目。在政策引导、政府支持下，联合科研单位、地方企业力量，以农业为基本依托，延伸川芎产业链条、产业融合、技术创新，构建川芎现代全产业链体系，推动川芎产业高质量发展与乡村振兴。

参考文献

康传志，张燕，王升，等，2021. 基于多个利益相关方的中药生态农业经济效益分析 [J]. 中国中药杂志，46（8）：1858-1863.

李巧，何沛煜，张定堃，等，2024. 川芎产业现状与发展策略分析 [J]. 中草药，55（8）：2771-2783.

刘娟汝，刘雨诗，刘红梅，等，2020. 川芎不同部位及不同加工方法的川芎饮片中挥发油含量及化学成分对比 [J]. 中国实验方剂学杂志，26（5）：101-107.

彭芳，陈媛媛，陶珊，等，2020. 四川省川芎栽培现状调查与评价 [J]. 中国实验方剂学杂志，26（2）：181-189.

万修福，王升，康传志，等，2022. "十四五"期间中药材产业趋势与发展建议 [J]. 中国中药杂志，47（5）：1144-1152.

轩菲洋，姜丹，张佳雯，等，2022. 中药材趁鲜加工现状及发展趋势 [J]. 中国现代中药，24（10）：1840-1849.

四川附子产业发展报告

孙小芳　曾华兰　况再银　华丽霞　代顺冬

(四川省农业科学院经济作物研究所，四川成都　610300)

摘　要：附子是著名的川产道地药材，具有回阳救逆、补火助阳、散寒止痛的功效，被誉为"回阳救逆第一品"。四川江油产附子以其个大、药效好而蜚声海内外，备受中医药界所推崇。四川附子形成了"江油附子""布拖附子"国家地理标志保护产品，育成了"中附1号"等附子新品种8个，建立了从种质资源保护、标准化生产、产品开发加工与贸易一体的产业化开发模式。但是，四川附子仍存在种源混杂、机械化程度低、加工工艺相对滞后等问题，建议从加强附子规范化生产、建设良繁基地、加强科技支撑、实施品牌战略、加大政策和金融扶持力度、健全产业链等方面推进四川附子产业高质量发展。

关键词：四川省；附子产业；现状；发展策略

附子（Aconiti Lateralis Radix Praeparata）为毛茛科植物乌头（*Aconitum carmichaelii* Debx.）的子根的加工品，具有回阳救逆、补火助阳、散寒止痛的功效，用于亡阳虚脱，肢冷脉微，心阳不足，胸痹心痛，虚寒吐泻，脘腹冷痛，肾阳虚衰，阳痿宫冷，阴寒水肿，阳虚外感，寒湿痹痛等，是参附注射液、附子理中丸等著名中成药的中药原料。附子入药始载于《神农本草经》，是著名的川产道地药材，为"药中四维"之一，被誉为"回阳救逆第一品"，是40多种常用的大宗中药材之一。本报告概述了四川省附子产业发展现状，剖析当前四川附子产业存在的主要问题，并提出相应的发展对策建议。

一、四川附子产业的现状

（一）附子产业概况

四川江油为附子的道地产区，主要种植于江油的河西、青莲、彰明、西屏等乡镇，有1 300余年栽培历史。"江油附子"于2006年被列入中国地理标志产品保护。2009年国家质检总局正式颁布国家标准《地理标志产品 江油附子》（GB/T 23399—2009），并认定"江油附子"为全国精品农产品。2010年"江油附子"获得"全国中药饮片诚信品牌"的称号。并且，"江油附子"在国外亦享有很高的盛誉，素有"世界附子在中国，中国附子在四川，四川附子在江油"之说。因此，"江油附子"已经形成初步的品牌经济效应，且其品牌优势不断扩大。然而，近年来由于城市化进程加快，建设用地增多，江油附子种植面积急剧缩减。2021年道地产区四川省江油市栽培面积仅193hm²，产量1 127t，仅占全国的5.58%。目前，附子主产区已经转移到云南省和四川凉山彝族自治州，江油市则成为附子的加工生产区，年加工鲜附子近40 000t，既有继承了传统的加工工艺小企业，也有进行现代化加工工艺创新的规模企业。江油作为道地产区，附子生产、加工、销售形成了完整的产业链。

四川凉山彝族自治州布拖县处于云贵高原北部，该地区昼夜温差大、日照强、日照时数长，具备附子生产的自然资源条件与产业化开发优势。布拖县于2007年通过四川省食品药品监督局中药饮片附子加工GMP认证，2008年取得国家工商总局"附子"商标。2013年"布拖附子"获得"国家地理标志保护产品"称号。近年来布拖县附子种植面积日益扩展，种植面积约567hm²，产量占四川附子总产量的60%以上，规模及产量逐年攀升，当地生产的附子产品在市场上占有重要份额。布拖县已建成万亩附子种植基地与配套的附片生产企业——四川佳能达攀西药业有限公司，该企业生产的"炮天雄""刨附片"等产品在全国范围内已占领该类产品近60%的市场份额，并远销日本、韩国乃至东南亚等地，形成了从种质资源到产品的开发模式，建立起附子生产、产品加工与贸易一体的产业化开发模式。

（二）附子种质资源概况和新品种选育

1. 种质资源概况

乌头是我国乌头属中分布最广的种，不同的气候、土壤、生态条件孕育了丰富的乌头种质资源。自川藏高原东缘起，向东至长江中、下游以及珠江流域上游各省（自治区）的丘陵地区，从江苏向北经过山东到达辽宁南部均有分布，海拔范围100~3 000m。

由于不同地域环境差异显著，因此附子也形成了明显的种质资源特征。20世纪50—60年代，专家等对江油地区附子栽培品种进行调研，发现类型混杂，质量差异大，包括大花叶、小花叶、莓叶子、南瓜叶、鹅掌叶、油叶子和冒氏苗等，随后通过比较试验，筛选出了优良品种川药1号（南瓜叶型）、川药5号（艾叶型）和川药6号（莓叶子型）。1991年发现产区仅保留南瓜叶和花叶子两种类型，且多为混合群体。2007年研究报道表明在川乌头及川附子生产过程中，农户长期采用"高山繁种平坝栽培"的繁殖方式，造成其栽培种源频繁调换，人为促进了种质资源的交换和流动，从而产生了更多丰富的栽培品种。然而，多数栽培品种为混杂群落，影响了附子产量及品质，种源问题成了川附子产业发展的瓶颈。目前，附子栽培种质以南瓜叶混杂少量小花叶型为主。南瓜叶型附子因其单产量高，受到附农偏爱，但抗性较差，极易受到根腐病等侵染。相较于南瓜叶型，小花叶型附子虽然产量低，但抗性更强。

乌头属植物基源复杂，品种区分度差，在实际生产中大多通过无性繁殖，导致种源纯化难。不同产区所产附子在基因型、生态环境、栽种技术、生育期等各方面存在显著差异，必然导致产品外观性状、产量、指标性成分含量以及药效表现显著差异，使得目前市场流通环节附子药材及炮制品质量不稳定，成为毒性药材安全用药的瓶颈。

2. 附子新品种选育

附子长期采用无性繁殖，农户自繁自种、无序换种等行为极为普遍，种苗的品质是影响药材质量的关键因素。为进一步选育抗病性好、产量高的新品种，由四川省中医药科学院、四川农业大学、成都大学、西南科技大学、绵阳市农业科学研究院等科研院所系统选育，已选育出"中附1号""中附2号""中附3号""中附4号""成附1号""成附2号""川附2号""绵附1号"等优良新品种，具有较大的推广和生产价值。

（三）附子种植与生产关键技术

1. 种植环境及条件

附子种质资源以野生种居多，栽培种总体占比较低。栽培乌头通常在2月发芽，在四川江油于夏至开始采收，不能开花结实，在山区种源繁育基地植株于9—10月开花结实，至冬至植株枯萎。附子适应性强，喜光照充足、温暖湿润气候，有一定的耐寒性，土壤则要求肥沃疏松、土层深厚，且以灌、排水良好的砂质壤土为好。在年降水量为861.4~1 419mm、年平均气温为13.7~16.3℃及日照903.1~1 499.7h的平坝与盆地边缘的浅丘地带,如四川江油、平武、安县、布拖等地栽培。

2. 种子种苗繁育技术

栽培附子全部采用无性繁殖,繁殖材料为附子的子根,平坝区不生产附子种苗,均在江油、青川、平武、安县等地的山区,海拔在1 000~2 000m。长期无性繁殖和自由发展导致了附子品种混杂且退化十分严重,亟须利用现代生物技术对附子开展更为系统的种质资源鉴定和良种选育工作。

3. 病虫害绿色防控技术

在附子种植过程中,由于受到气候因素、重茬及修根等耕作习惯等影响,导致附子霜霉病、根腐病、白绢病等病害呈逐年加重趋势,严重影响药农的生产积极性。因此,围绕药材质量安全,遵循"预防为主、绿色防控"原则,根据附子病害发生为害规律,研制以农业防治为基础、土壤消毒为保障、种苗处理为关键、生物防治为核心的病虫害绿色防控技术。实行轮作特别是水旱轮作;修根时尽量避免伤及主根和茎基;及时排水防止田间湿度过大;拔出零星病株集中处理,病穴用生石灰消毒。在附子栽种前,将田块土壤进行深耕翻晒,结合整地,施用枯草芽孢杆菌、木霉菌等生防制剂,进行土壤消毒。种苗(乌头)处理是控制附子根腐病、白绢病等病害的关键。在种苗栽植前,选用枯草芽孢杆菌、木霉菌等生物农药浸种30~40min,晾干多余水分后再栽种,以预防病害发生。在病害发生初期,选择芽孢杆菌+木霉菌混合微生物菌剂喷雾防治霜霉病;选择芽孢杆菌+木霉菌混合微生物菌剂、大蒜素、四霉素等药剂喷淋茎基部防治根腐病;选择井冈霉素、四霉素等药剂喷雾茎基部和土表防治白绢病。在虫害发生初期,使用绿僵菌、苏云金杆菌、苦参碱等生物农药防治虫害,同时合理使用理化诱控技术。在病虫暴发期,科学合理使用矿物源农药和高效低毒低残留农药,以有效防治附子病虫害。

4. 附子特色适宜技术

(1)修根、打尖、掰芽技术。江油附子种植在千百年的发展中形成了独特的栽培技术,主要包括修根、打尖、多次除掉侧芽等。通常修根两次,第一次在清明节前后,苗高13~17cm时进行。用铲子把植株附近的土刨开,现出侧生块根附子和母根,将较小而多余的块根刨掉,每株留下母根两边较大的侧生块根各1个,产地农民叫留双绊,又叫扁担绊。第一株修后,把下1株的泥土覆盖在上1株的窝里,再修下1株,依次修完。第二次在立夏前后,方法与第一次相同,削去茎基上新的小块根，以及上次保留在块根上的部分须根。打尖和掰芽是为了控制附子地上部分的陡长，让养分集中于根部，使附子迅速膨大。在第一次修根7~8d后，开始打尖。根据品种不同和植株生长的快慢，打尖进行2~3次。用铁签或竹签轻轻挑去茎顶嫩尖，注意不要损伤顶叶和其他叶。一般每株留叶6~8片，叶小而密的可留8~9片。附子经过打尖后，叶腋最易长出腋芽，应随时掰除，以免消耗养分。一般每周掰芽1~2次，尤其是在立夏后腋芽生长最盛时，更应及时掰除。

修根、打尖、掰芽需耗费大量的人工，近年来，人工费用不断上涨，造成种植成本越来越高，传统产区也开始减少修根，仅修根一次或者不修根。修根后的附子的等级规格高，产值也较高；新产区大多不采用修根、摘尖等栽培技术，虽然总产量较传统产区高，但规格等级较低。

(2) 药—菜—粮套种技术。春套蔬菜夏套粮。头年冬季在附子畦面上撒种菠菜，畦边套种青笋，附子出苗前菠菜收完，附子还处于苗期，青笋已经成熟收获，接着点种玉米。4—6月是附子生长盛期，高温和过强的光照反而影响附子正常生长发育。这时套种的玉米已进入生长盛期，玉米高大的茎叶在附子田间形成绿色屏障，使田间小气候环境得到改善，为附子遮光降温。附子与菜、粮间作套种，增加了单位面积光合利用率，使药、菜、粮相辅相成，满足了附子和间套作物各自生长发育的生物学特性，同时对附子白绢病具有一定的防治效果，提高了单位面积产量效益。

(3) 附子—水稻轮作栽培技术。在江油道地附子产区，同时盛行附子—水稻轮作栽培，该模式能在年内实现水旱交替，具有明显的缓解连作障碍的效果，能提高种植收益，保证道地附子栽培面积的同时保证粮食生产。同时，采用该模式，附子可机收，水稻可抛秧或机插秧，降低人工成本。缺点在于水稻育苗、移栽时间较当地大面积水稻晚30~40d，需采用短生育期品种。

(4) 避雨栽培技术。避雨栽培能够通过阻断病害雨水传播途径，有效降低植物病害的发生。绵阳市农业科学院创新附子避雨栽培技术，搭建钢架避雨棚，避雨棚的走向顺着附子起厢的方向，此走向有利于附子的打尖、修根等农事操作的开展，每个避雨棚覆盖6~7厢附子，避雨棚的立柱间距为6.6m，长1.7m（埋入土层的深度0.3m），中间支撑柱1根，长3m。避雨栽培可有效降低附子霜霉病、叶斑病、白绢病等的发生。

5. 采收与产地加工技术

（1）采收。江油附子在栽种后第二年夏至到 7 月上旬采挖，布拖等高海拔地区在 10 月下旬至 11 月上旬采挖。采收时，挖出全株，摘下乌头的子根，除去泥土、须根，即为泥附子，再按大小分开，运回加工。

（2）产地初加工。附子的有效成分主要为乌头碱、次乌头碱和新乌头碱，但由于具有毒性，因此在生产加工中需要进行严格妥善的处理方能投入使用。后续根据不同的加工炮制工艺可区分为盐附子、黑顺片、白附片等。利用传统的中药材炮制加工技术，能够有效减轻附子的毒性，《中国药典》（2020 版）记载泥附子的加工方式如下。

选择个大、均匀的泥附子，洗净，浸入胆巴的水溶液中过夜，再加食盐，继续浸泡，每日取出晒晾，并逐渐延长晒晾时间，直至附子表面出现大量结晶盐粒（盐霜）、体质变硬为止，习称"盐附子"。

取泥附子，按大小分别洗净，浸入胆巴的水溶液中数日，连同浸液煮至透心，捞出，水漂，纵切成厚约 0.5cm 的片，再用水浸漂，用调色液使附片染成浓茶色，取出，蒸至出现油面、光泽后，烘至半干，再晒干或继续烘干，习称"黑顺片"。

选择大小均匀的泥附子，洗净，浸入胆巴的水溶液中数日，连同浸液煮至透心，捞出，剥去外皮，纵切成厚约 0.3cm 的片，用水浸漂，取出，蒸透，晒干，习称"白附片"。

附子传统商品规格的多样性以及附子文献名、商品名、处方名比较混乱，一度造成临床医生开方时出现附子同名异物或同物异名的现象，给中药附子的加工、销售、使用带来相当大的不便。卫生部为了简化附子商品规格，在《中国药典》（1963 年版）起仅收载了盐附子、黑顺片、白附片、淡附片、炮附片 5 种商品规格，一直延续至今；而国家中医药管理局和卫生部于 1983 年 3 月颁布的《七十六种药材商品规格标准》中，收录了盐附子、白附片、黑顺片、黄附片、卦附片、熟附片 6 种商品规格。

（四）附子生产过程中的质量控制

附子现收录于《中国药典》（2020 年版）一部中，是目前检验附子药材和饮片的主要依据，药典标准中规定了性状、双酯型生物碱限度检查、含量测定等检验项目，还规定了黑顺片、白附片、淡附片和炮附片等常用饮片的制法。该标准相对较为完善，基本能够控制附子的质量。由于附子的饮片炮制方法和规格较多，薄层鉴别项下采用苯甲酰新乌头原碱、苯甲酰乌头原碱和苯甲酰次乌头原碱3个对照品作为参照，常有部分质量尚可的样品在部分对照品对应的位置上不能显示出清晰的斑点，给检验人员的判断造成困扰；在质量标准修订时，应收集各种规格的样品，加强薄层色谱研究拟定出更合理的控制指标。

根据全国标准信息公共服务平台查询结果，现行的国家标准《地理标志产品 江油附子》GB/T 23399—2009于2009年10月1日实施。现行的四川省地方标准有《川产道地药材生产技术规程 附子》（DB51/T 2560—2018），四川省绵阳市地方标准有《江油附子主要病虫害防控技术规程》（DB5107/T 110—2022）、《附子优质种根繁育技术规程》（DB5107/T 130—2023）、《附子—水稻轮作栽培技术规程》（DB5107/T 131—2023），云南省大理白族自治州地方标准《大理州林下附子栽培技术规程》（DB5329/T 45—2019）、《大理州附子栽培技术规程》（DB5329/T 34—2019）。这些标准为附子规范化种植提供了技术支持，但不同产区附子种质、栽培模式存在较大差异，仍需要更多规范化的技术支撑。

二、四川附子产业发展存在的主要问题

（一）种源问题

附子由于栽培范围广泛，地理位置不同，生境复杂，所处的气候、环境条件之间存在明显差异，导致植物在适应不同的环境中产生了变异，形成了各具特色、遗传丰富的种质资源。然而，长期以来，农户凭借传统经验，自由选择生产种质，多种变异类型的种质混杂繁殖，造成了大田栽培中附子生产种源混乱，造成其产量降低、病害严重。同时，市场上附子良种开发程度不够，以次充好现象日益严重，影响了各地附子种质资源的高效开发。尚未在大范围内系统开展附子种质资源的调查、整理和选育工作，面对复杂多样的种质类型，尚无统一分类标准，给生产、销售和科研带来诸多不便。种质评价仅选择了产量作为依据，缺乏化学成分指标，从而导致附子药用品种的评价依据缺失。

（二）种植栽培问题

一是种植成本高。江油附子种植过程中田间管理要求严格，适用机械化操作环节少，使每公顷人工投入量较高。据调查，"江油附子"种植每公顷投入量近800

个人工。而近年来，人工费用不断上涨，造成种植成本越来越高，导致越来越多的药农放弃传统的附子种植转向其他行业发展。二是连作障碍严重。近年来，药农为追求经济利益，连年种植附子，导致附子连作障碍严重，产量大幅降低。三是种植缺乏规范化、标准化。由于目前生产上缺乏关于附子种植栽培中病虫害防控、高效施肥等技术规范，造成土壤养分失衡、病害防治不佳、农药残留量超标等问题，严重影响了附子的产量与品质。四是目前附子的栽种、采收没有专门的机械，机械研制成本相对较高，且药农机械化收获意识不强。

（三）加工工艺相对滞后

目前，附子主要加工工艺路线仍是传统的胆巴浸泡、切片、加热蒸制，但该工艺加工周期较长，生产的产品生物碱等有效成分损失大。其他加工方法因成本高而应用较少。究其原因，主要由初级加工生产设备落后、机械化率低等引起。大部分附子加工厂是以家庭作坊为主，加工手段主要靠人工完成，只能加工生产烘干、切片等初级产品，缺乏现代的生产线和加工技术。大部分中药材企业技术人员缺乏、科研能力不足、技术研究滞后，无法支撑和拓展精深加工环节。

三、四川附子产业发展趋势与对策建议

（一）四川附子产业发展趋势研判

《中药材保护和发展规划（2015—2020年）》《中医药发展战略规划纲要（2016—2030年）》《中华人民共和国中医药法》等的印发实施，为今后附子产业发展指明了方向，提供了法律保障。四川省在遵循"大中药、全产业链"发展模式的基础上，高度重视川药材的发展，将中药材作为9大重点农业产业之一，而附子作为著名的川产道地药材，在助力脱贫攻坚上已发挥巨大的作用，发展态势良好。随着人们对生活质量和健康要求的不断提高，使得天然药物的用途和需求在国际医药市场中不断扩大，中药的优势和特色愈加凸显，中药材的需求量急剧增加。同时，随着人类寿命的延长，人们对防止衰老、免疫调节等保健品需求量增加。而附子作为《中国药典》中40种基本药物之一，在日本早已成为日常保健品广泛应用，在我国也将随着保健食品、天然绿色食品的开发，成为大健康产业的重要组成原料，市场前景十分广阔。

（二）促进四川附子产业发展的对策建议

1. 建立规范化附子生产基地，培育新型农业主体

加强基地建设。一是建设优质中药材生产基地，根据资源禀赋和地理条件集中连片发展一批附子生产基地；二是建设附子良种繁育基地。要充分发挥科研机构、企业的优势，建立附子新品种研发以及附子无性系良种繁育园，建设现代化附子组织培养离体快繁技术和工厂化育苗示范园。同时，建立江油道地附子原产地保护区，保障附子基原安全。三是加快附子标准化生产按照"有标贯标、无标建标"原则，引导新型农业经营主体建立完善附子产业标准体系及技术规程，逐步提高附子标准化生产水平。

加强新型农业主体和职业农民培育。按照"扶优、扶强、扶特、扶大"的原则，培育壮大一批牵动作用大、关联度高、带动力强的附子加工龙头企业、家庭农场、专合组织、种植大户等新型农业主体，形成骨干新型农业主体梯队。着力引进一批带动力大、支撑力强、具有前瞻性的重大项目和大型企业，进行产业链上的相对集中布局，形成规模化的生产加工聚集区。

2. 加强科技支撑体系建设，加速推动附子产业升级

完善科技研发体系建设，依托科研院所，重点开展附子种质资源保护、标准化种植和病虫害防治技术及相关产品研发等，为附子产业发展提供科学技术支撑。完善科技推广体系建设，加强农业推广站、科研基地等的密切合作，加快附子信息服务体系建设，建立良好的信息传播和反馈渠道。完善人才培训体系建设，形成"高等院校+培训机构+新型职业农民"培训模式，为农民提供附子种植、炮制及其他技术知识。

3. 加强附子生态和产业融合发展，提高综合效益

推广现代生态循环农业发展模式，积极探索推广"附子—水稻"等种植模式，提高附子综合种植效益。同时，加强农业生态环境保护，实施化肥、农药减量控害行动，加大农业面源污染防治力度和产地环境管理。不断延伸产业链，在规范化生产中药饮片、中成药等传统产品基础上，积极开发药膳食疗等附子产品。推进江油附子一二三产业融合发展，充分发挥附子种植基地、企业等优势，深度挖掘附子道地文化，建设"江油附子"农艺馆、历史文化走廊等，展示附子民俗农耕文化，打造中医药附子健康旅游示范区、旅游精品线路，形成旅游品牌，吸引国内外游客，进一步提升江油附子知名度。

4. 实施品牌战略，提升"江油附子"知名度

树立品牌意识，立足江油附子道地优势，打造"江油附子"产品知名品牌。加强相关特色产品的开发，并建立独有的"江油附子"指纹图谱。加强标准建设，大力推广 GMP 生产、GSP 营销、QS 认证管理等标准化理念，加强道地附子产地及产品监管，建立药材质量安全追溯系统，不断提高"江油附子"品牌质量。

5. 加大政策和金融扶持力度，稳步提高附子产业竞争力

加大政策扶持力度，完善相关配套政策。按照"企业引导、农户自筹、政府扶持、信贷支持"的原则，根据附子产业发展的周期、风险、种植技术等特点，制定完善相关配套服务措施和扶持政策，在附子产业项目的引进和实施、基地配套设施建设、新型经营主体示范、品牌创建、专业人才引进及技术培训等方面给予长期持续、大量有序的财政资金支持和政策倾斜，不断提高道地附子特色产业整体市场竞争力和抗风险能力。加强金融支持，建立附子产业专项基金。通过政府引导、担保贴息、奖补支持等方式，积极吸纳社会民间资本，设立"附子产业发展专项基金"，为附子基地建设、附子精深加工等提供资金保障。完善附子政策保险。将附子种植纳入特色农业保险范围，以财政补贴方式引导附子价格指数保险，逐步降低药农种植和市场环节风险成本，确保药农保底收益和种植积极性。对附子农业设施、农机具等保险保费予以财政补贴。加快附子产业融资担保体系建设。制定附子专合组织、家庭农场、加工企业及有关科研单位的信贷扶持政策，鼓励开展包括土地流转经营权、销售订单合同等抵押贷款在内的多种信贷模式和融资业务，探索建立附子种植、收储、加工等环节贷款贴息补助机制。

参考文献

崔颢，景志贤，周华，2022. 基于 MaxEnt 模型附子的全国药材生态适应性区划研究［J］. 西南农业学报，35（8）：1920-1928.

邓朝晖，田孟良，2012. 生附子中次乌头碱的含量测定及其道地性研究［J］. 中国实验方剂学杂志，18（16）：61-65.

国家药典委员会，2020. 中华人民共和国药典：一部［M］. 北京：中国医药科技出版社：200-201.

季德，宫静雯，屈凌芸，等，2023. 附子加工炮制技术及质量评价沿革与研究进展［J］. 中国药品标准，24（3）：259-267.

刘强，徐钰惟，朱彦西，等，2022. 附子新品种"成附1号"选育［J］. 时珍国医国药，33（1）：202-204.

任品安，李晓林，黄晶，等，2019. 基于SWOT分析道地附子产业发展现状及策略［J］. 中草药，50（13）：3255-3260.

孙小芳，曾华兰，何炼，等，2023. 江油附子主要病虫害发生现状及防治对策［J］. 四川农业科技（4）：59-62.

叶坤浩，戴维，陈杰，等，2023. 避雨栽培模式附子病害发生规律及防治［J］. 四川农业科技（11）：51-54+59.

昝珂，过立农，马双成，等，2019. 附子质量控制研究进展［J］. 中国药事，33（7）：767-773.

四川灵芝产业发展报告

罗 霞　贺黎铭　谢 欣　刘林秋　蔡 凌

(四川省中医药科学院，四川成都 610041)

摘 要：本报告介绍了四川省灵芝产业的发展现状、面临的问题与挑战，并提出了相应的对策建议，为四川省灵芝产业高质发展提供了理论支持和发展路径。灵芝是我国传统的名贵中药材，也是86种川产道地药材之一，已纳入食药物质目录，具有重要的药用价值和经济价值。四川省具有灵芝生长得天独厚的自然条件。本研究分析了四川省灵芝种质资源保藏利用、新品种选育和种植模式等现状，剖析了四川省灵芝产业发展中存在的问题，如品种多元化不足、种植分散、缺少大企业与大品牌、机械化与智慧化不足等。针对这些问题，研判了四川省灵芝产业发展趋势，提出了一系列对策建议，包括推动品种多元化，推进种植模式多样化，提升产业智慧化，强化市场竞争力。

关键词：四川省；灵芝；发展现状；问题挑战；对策建议

一、发展现状

(一) 概述

《中华人民共和国药典》(2020版 第一部) 收载的灵芝为多孔菌科真菌赤芝 [*Ganoderma lucidum* (Leyss. ex Fr.) Karst.] 或紫芝 (*Ganoderma sinense* Zhao, Xu et Zhang) 的干燥子实体。《四川省藏药材标准》(2020版) 收载的藏灵芝为多孔菌科真菌白肉灵芝 (*Ganoderma leucocontextum* T. H. Li, Dong M. Wang & H. P. Hu.) 的干燥子实体。具有补气安神，止咳平喘的功效。用于心神不宁，失眠心悸，肺虚咳喘，虚劳短气，不思饮食。2023年，灵芝被正式纳入食药物质目录。野生灵芝大部分生于阔叶林中地下腐木上或腐木桩周围地上，常生于向阳的壳斗科等枯树桩上。四川省主要分布在四川盆地中部及盆地西南、东北边缘山区，海拔600~3 000m均有分布，集中分布区海拔多在 1 000~1 500m，山地森林覆盖率高，气候湿润。四川省适宜种植区域为省内平原、盆周山区。目前在乐山、广元、成都、德阳、绵阳、凉山等地已有人工种植，但尚无省、市级现代农业园区。

（二）种质资源保藏和利用

目前，国内外均没有专设的保藏灵芝种质资源的国家级机构、平台及数据库。国内现运行的国家药用植物种质资源库等13个药用植物/中药材资源服务平台均未收录灵芝，灵芝种质资源主要以微生物菌种方式分散保藏于微生物资源菌种保藏中心以及高校、科研院所和企业的自建小型资源库。现保藏有灵芝种质资源实物的国家级平台是国家菌种资源库中的农业、药用、工业、普通、林业、典型培养物6个微生物菌种保藏中心，省级平台主要是广东省微生物菌种保藏中心和四川省微生物资源平台菌种保藏管理中心。四川省中医药科学院菌类药材研究所、四川省食用菌研究所等机构均在开展灵芝种质资源的收集、整理、评价及保藏等相关工作。四川省中医药科学院菌类药材研究所建立基于 ISSR 技术的赤芝种内鉴定方法，率先融合功效、成分、加工性能、农艺性状等指标，构建灵芝资源（品种）多维评价策略，发掘医疗保健价值突出的赤芝和紫芝种质资源。建立"资源—栽培—品种—品质评价与分析"共享服务模式，服务省内外的灵芝相关企业、科研院所、种植户。

（三）新品种选育

目前，我国的灵芝品种选育仍以系统选育为主，杂交育种和诱变育种也均有应用，分子育种还处于研究阶段。四川是灵芝品种大省，其品种数量位列全国第一，且全国范围内仅四川拥有中药材灵芝品种，共9个（表1），均为系统选育品种。审定了全国首个中药材赤芝新品种（川审药2009005）、认定了全国首个中药材紫芝新品种（川认药2020011），填补了国内赤芝、紫芝中药材品种空白。依据《四川省非主要农作品种认定办法》和《四川省药用植物品种认定标准》，中药材品种的认定除考核产量、品质或抗性指标外，外观性状、成分含量等指标还必须符合《中华人民共和国药典》（2020版 第一部）要求。

表1 四川省灵芝中药材品种概况

序号	品种名称	品种编号	选育单位
1	药灵芝1号	川审药2009005	德阳市食用菌专家大院（未运行）

（续表）

序号	品种名称	品种编号	选育单位
2	药灵芝2号	川审药2011003	德阳市食用菌专家大院（未运行）
3	三祥灵芝	川审药2015009	德阳市食用菌专家大院（未运行）
4	宇泽灵芝	川审药2015008	四川省中医药科学院
5	紫芝1号	川认药2020011	四川省中医药科学院
6	川芝1号	川认药2020009	四川省中医药科学院
7	药赤芝1号	川认药2020010	四川省中医药科学院
8	药芝1号	川认药2022004	四川省中医药科学院
9	蜀紫1号	川认药2025013	四川省中医药科学院

数据来源：根据四川省农业农村厅公告整理而得。

（四）灵芝主要种植模式

目前，灵芝的种植模式主要有三种：袋料栽培、段木栽培和林下仿野生栽培。四川省灵芝主要种植地区分布在乐山、广元、成都、德阳、绵阳、凉山等地，这些地区灵芝的种植多以种植大户或合作社为主体，采用的主要种植模式为段木栽培，少数为林下仿野生栽培或袋料栽培，尚未形成集群化、规模化、标准化的发展。四川现有灵芝栽培主要依赖人工进行，仅制袋、发菌和干燥环节有设备应用，机械化和智能化发展明显不足。GAP（Good Agricultural Practice）认证是为确保农业产品的安全性和可持续性而设立的标准，涉及种植、管理、采收、加工等多个环节。四川作为灵芝的重要产区，截至目前，许多种植户由于资金、技术和管理水平的限制，尚未进行GAP认证。同时，现有基地尚未配备溯源所需的前端检测设备，没有与四川省中药材追溯服务平台对接，也缺乏能实现灵芝性状与品质快速检测的装备。

四川灵芝产业尚未在县域经济中形成强大的支撑，没有培育形成典型的县域经济主体，许多县域在灵芝种植、加工和销售方面缺乏系统规划和政策支持，导致灵芝产业发展仍处于初级阶段。

（五）灵芝产业支撑条件

1. 标准发布情况

四川省现行的灵芝生产技术规程共5个（表2），主要涉及5家起草单位，标准内容包含菌种鉴定及栽培技术，为四川省灵芝栽培提供了标准化的操作指南，有助于提高灵芝的产量和质量，确保产品的稳定性和安全性，从而推动灵芝产业的健康发展。

表2 四川省灵芝标准发布情况

编号	标准号	标准名称	起草单位
1	DB5133/T 64—2022	康定灵芝栽培技术规程	甘孜藏族自治州农业科学研究所
2	DB51/T 2670—2019	川产药材灵芝林下栽培技术规程	四川省中医药科学院
3	DB51/T 2483—2018	灵芝袋料栽培技术规程	四川省园艺作物技术推广总站、四川省中医药科学院
4	DB51/T 1866—2014	灵芝菌种	四川省食用菌菌种场、四川省农业科学院食用菌开发研究中心
5	DB51/T 1865—2014	段木灵芝生产技术规程	四川省食用菌菌种场、四川省农业科学院食用菌开发研究中心

数据来源：全国标准信息公共服务平台。

2. 灵芝品牌及省级园区建设情况

四川省的灵芝产业园区发展步伐相对缓慢，尚未有已认定的以灵芝栽培为主体的省市级现代农业园区。仅存在一些较为集中的灵芝种植基地，如东西部协作宁波（象山）援建项目四川省凉山州雷波县的雷波三乐灵芝产业园，占地20余hm^2；龙泉昭化东西部扶贫协作项目广元市昭化区的灵芝产业园，占地20余hm^2；四川本土乡村振兴项目广元市利州区白朝乡徐家村灵芝生产基地，占地13余hm^2。但这些种植基地均缺乏规范化的园区建设规划和发展策略。

四川省的灵芝药材尚未形成强有力的品牌影响力。当前市场流通主要为商户和基地交易，缺乏大型供应商、大型国资企业的参与，也没有建设数字化的交易平台。地理标识以及地方驰名商标均未形成，也没有成为突出的县域经济支撑，整体品牌建设相对滞后，严重影响了灵芝产业的进一步发展。

3. 灵芝产业研究的科研机构

四川省从事灵芝研究的科研机构主要包括四川省中医药科学院、四川省食用菌研究所、成都中医药大学、成都市农林科学院、甘孜藏族自治州农业科学研究所等科研院校，主研范围涉及灵芝资源评价、品种选育、栽培技术等研究与关键共性技术攻关，支撑灵芝产业高质量发展。

二、问题挑战

1. 品种多元化发展不足

尽管四川省灵芝品种数量位列全国第一,并拥有优质的灵芝中药材品种,但随着大健康产业的蓬勃发展及灵芝被正式纳入食药物志目录,市场对灵芝产品的需求日益多元化。目前,四川省灵芝种质资源评价以及品种选育主要集中于满足药用的需求,其选育指标主要为产量、品质(成分)、抗性、功效等传统指标,而对食味、营养、质构等食用指标关注不足,导致了缺乏专门针对食用用途开发的灵芝新品种。为了满足消费者对灵芝在药用、食用、化妆品用等不同应用场景下的消费需求,提升灵芝品种的多元化水平尤为迫切。

2. 规模化、标准化种植基地不足

四川省现有灵芝种植规模小且分散,尚未形成明显的集群效应和县域经济,规模化、标准化种植基地不足。种植模式主要采用段木栽培模式,该模式所需栽培原料主要为青冈段木,且需轮作,菌林矛盾、土地占用以及人口老龄化、劳动力不足等问题日益凸显。林下仿野生栽培模式因其具备高效利用闲散土地和提升土壤有机质含量等优点,符合国家关于中药材种植不与粮争地的要求,是中药材生态种植的主要发展模式,但其在四川省灵芝的种植中推广并不广泛。此外,新兴的工厂化栽培模式虽然具有品质均一、周年生产、节约人力等优点,但受到资金投入和技术支持不足的限制,尚未在四川省得到应用推广。推动灵芝栽培模式的优化与创新,对于四川省灵芝产业的长远发展至关重要。

3. 缺乏大企业、大品牌、大市场

四川灵芝种植业目前以分散的种植户为主,缺乏集中化的大型种植基地和规范化的园区建设,尚未形成明显的集群效应,产业整体缺乏规模化和标准化。同时,县域政府的关注度严重不足,缺乏大型知名企业的介入和带动,对外宣传推广力度不够,品牌建设相对滞后,缺乏具有广泛知名度和市场影响力的品牌,品牌优势未被有效挖掘,品牌知名度还有待提升,市场体系不健全。

4. 机械化、智慧化水平亟待提高

(1)育种技术体系的智慧化水平亟待提升。目前,系统选育仍是各个育种机构的主流选择,此过程需要进行大量的筛选、评价工作,不仅驯化培育周期长,而且对人工依赖性强。虽然小麦、玉米等大宗作物已经存在可实现应用大田环境作物信息传感器与表型平台以及其种质资源大数据库建立精准化、智能化的设计育种模式,但是在灵芝育种中,绝大多数育种单位缺少标准化自动化的表型采集平台,国内也尚未构建灵芝的种质资源数据库,育种技术体系的装备化、智慧化程度严重不足。

(2) 种植的机械化和智慧化水平有待加强。灵芝种植过程所涉环节复杂,包含菌种生产、发菌培养、出芝管理、采收加工等多个环节。制袋、发菌和干燥设备目前自动化、智能化水平明显不足,在其他环节多依赖于人工,速度较慢且劳动强度大,不仅导致资源的浪费和环境的负担,也导致栽培过程中易出现品质不一、产量不稳定等问题。虽然灵芝智慧化工厂可有效解决这些难题,但需要较高的技术支持和资金投入,四川暂未获得应用,其在四川省的推广和普及方面仍然步履维艰。

三、对策建议

(一) 四川灵芝产业发展趋势研判

1. 灵芝品种多元化需求趋势日益显著

灵芝已被正式纳入食药物质目录,随着大健康产业的发展和消费者对健康产品需求的提升,灵芝产业迎来前所未有的发展机遇,灵芝品种的多元化发展已成为产业升级的关键之一。消费者对灵芝产品的需求更加个性化和多元化,这不仅要求灵芝品种具备良好的药用价值,还应具备优良的食用品质,如良好的口感、营养价值等,使其在未来的大健康产业中,发挥更大的保健康复作用以及成为新兴食物源。因此,未来的灵芝品种选育工作需在现有评价指标的基础上,进一步考虑食味、营养和质构等食用指标,结合杂交育种、分子育种等方法技术,培育出能够满足药用、食用、化妆品用等多种用途的灵芝新品种,从而推动产业的升级和转型。

2. 产业的机械化、智慧化水平逐步提升

科技的快速进步为灵芝产业的装备化和智慧化提供了新的动力,这对于提高产业的新质生产力至关重要。育种方面,现代生物技术、表型采集平台、大科学数据库的建设及应用,将促进灵芝育种从经验育种向智能设计育种转变。栽培方面将向着栽培过程系统化、数字化、智慧化的方向发展。实现灵芝第一产业全环节的机械化、智慧化水平提升不仅可以实现资源优化配置,还能助力其产业实现规模化、标准化生产，对于促进我国灵芝产业的可持续发展具有深远影响。

3. 大企业、大基地、大品牌发展态势明显

随着大健康产业的不断发展以及灵芝纳入药食同源目录，四川灵芝产业有望迎来更广阔的发展前景，大企业、大基地和大品牌整体发展态势较为明显。越来越多的政府、龙头企业开始关注并陆续加大对灵芝产业科技创新的投入，强化企业投入，加强品牌培育与宣传，打造"品种布局专有化、菌种生产专业化、种植管理标准化、种植模式生态化、采收加工机械化"的灵芝种植业，推动四川省灵芝产业朝着规模化、标准化、生态化、品牌化方向发展。

（二）促进四川灵芝产业发展的对策建议

1. 推动品种多元化

针对灵芝在药用、食用、日化用等加工产品上的不同原料和品种需求，创新和综合应用系统育种、杂交育种、诱变育种、分子育种等育种方法，开展产量、抗性等通用性状和药用（品质）、食用（食味、营养）、日化用（功效）等特色重要性状的表型鉴定和综合评价，建立灵芝关键性状早期快速鉴定技术，创制和选育优质高产的药用品种、营养美味的食用品种、具有美白抗衰等功效的化妆品专用品种，形成多元化的加工专用品种选育体系和品种储备体系，服务产业的转型升级与快速发展。

2. 推进种植模式多样化

四川灵芝产业的发展方向依据国家关于耕地"非粮化"的要求，以"品质、高效、生态"为目标，结合四川的地理、气候条件和丰富的林地资源，因地制宜地发展林下仿野生栽培、粮油套种以及工厂化栽培模式等。重视标准建设工作，实施灵芝生产全过程的标准制定、修订工作，建立从菌种生产、到栽培、采收、包装、标识与贮藏等全过程环节的质量控制体系和标准操作体系，助推种植户、合作社、家庭农场依靠科学技术，宣传教育科学种植，普及新型理念和种植技术的种植模式，全方面提升灵芝种植技术。同时，加快灵芝药材快检技术和装备的研发，有效提升灵芝基地的溯源水平，建立生产有规范、来源可追溯、去向可查证的质量追溯体系，进一步提升灵芝药材的质量，保障其安全、有效、稳定、可控。

3. 提升产业智慧化

加速推进灵芝产业的机械化与智慧化建设，加大装备投资力度，全面提升其生产的机械化、智慧化水平。在育种方面，研发基于高光谱和图像识别的育种关键表型检测智能装备、建立种质资源大科学数据库、构建高质量评估模型，实现灵芝育种的数字化、精准化、智慧化。在栽培方面，不仅在菌种生产、出芝管理、采收加工等环节开展智能化升级与机械化改造，提高灵芝种植的效率和质量。还要发展智慧化工厂，实现从菌种生产到采收加工的全链条一体化、系统化、自动化的灵芝智慧化生产，实现灵芝的周年化、规模化大生产。

4. 强化市场竞争力

强化科技创新，加强机械化生产、优良品种育种等关键技术突破，夯实技术基础，推广"公司+科研机构（平台）+基地（园区）+农户"的现代化新型种植模式，形成标准流程，服务于实际生产，提升种植效益和种植质量。通过政策扶持和激励措施，引进和培育一批具有较强竞争力和影响力的灵芝龙头企业，加快推进灵芝产业数字化建设。充分运用互联网、物联网、区块链等新技术，搭建集产地初加工、质量检验、仓储物流、电子商务与追溯管理等为一体的互联网公共服务平台，畅通销售渠道、挖掘产品优势、找准品牌定位，推动灵芝县域经济发展以及生态农业产业集群形成。同时，挖掘四川灵芝的历史文化价值，加强灵芝品牌宣传推广，多途径宣讲品牌故事，提高品牌影响力和认知度，提升市场竞争力。

参考文献

黄毅, 2017. 灵芝工厂化栽培之我见［J］. 食药用菌, 25（1）: 20-23.

徐小飞, 江庆伍, 2022. 灵芝的栽培模式与技术［J］. 生命世界（4）: 20-25.

四川麦冬产业发展报告

曾华兰[1]　孙小芳[1]　何　炼[1]　何爱坪[2]

蒋秋平[1]　况再银[1]　代顺冬[1]　华丽霞[1]

(1. 四川省农业科学院经济作物研究所，四川成都　610300；

2. 三台县农业农村局，四川三台　621199)

摘　要：麦冬是川产道地大宗药材，栽种历史悠久，主要栽种在三台县等涪江流域沿线，称为"涪城麦冬"。三台是全国出口麦冬基地、中国麦冬之乡，三台麦冬占全国麦冬总产量的70%以上，出口量占全国出口总量的80%。四川育成麦冬新品种3个，研制了种苗和产品分级标准，研究出了以科学施肥技术、病虫害绿色防控技术为核心的优质栽培技术，构建了以"药—粮—菜"的复合种植模式和"猪—沼—麦"的种养循环模式，建立了科技和园区带动产业发展模式以及中国麦冬电子交易平台和结算中心，推进药食同源提升种植效益，以全链条运转模式促产业发展。"涪城麦冬"为国家地理标志保护产品，并列入中欧地理标志互认名单。但是，四川麦冬还存在种植水有待提升、产地加工不够精细、机械化程度不高等问题。建议加强突破性麦冬品种选育及高效配套技术研发、建立良繁基地、强化基地建设、加强适宜机械研发与应用、健全产业链数字化建设，推进麦冬产业的标准化、机械化和智能化进程，促进麦冬产业高质量发展。

关键词：四川省；麦冬产业；发展；对策建议

麦冬是四川省著名的道地药材，常年栽种面积4 350hm^{2}左右，产量1.6万t以上，占全国麦冬总产量的70%，出口量占全国出口总量的80%。作为常用大宗道地药材和药食同源作物，四川高度重视麦冬产业的发展，在构建麦冬产业强省方面具有鲜明的特色和亮点。本报告概述了四川在麦冬绿色高效种植技术研发、标准化基地建设、提升麦冬质量安全、药食两用传承创新等方面均取得的成效，并剖析了当前麦冬产业存在的问题，并提出相应的发展建议。

一、四川麦冬产业发展现状

四川麦冬无论是种植面积还是产量均居于全国前列,在产业方面取得了重大进展和突破,研发优质高效种植技术、创新栽培模式、强化基地建设、促进多元融合。已建立 GAP 基地 6 个,选育认定新品种 3 个,建设麦冬绿色加工中心 15 个,新建 ERP(种植溯源)基站 15 个。构建了"猪—沼—药""药—粮—菜"的高效种植模式,粮经复合基地 0.13 万 hm^2,创建省五星级现代农业园区 1 个。打造麦冬数字化管理溯源云平台 1 个,麦冬质量全程溯源面积 0.15 万余公顷,四川麦冬产区遴选为中国特色农产品优势区、国家出口食品农产品(麦冬)质量安全示范区。以大健康理念推进麦冬产业发展,开发 20 余个麦冬须根食品陆续投产上市,通过科普、康养、文化的多元融合,推动麦冬大健康产业高质量发展。

(一)麦冬产业的总体生产现状

1. 麦冬产业的生产情况

麦冬[*Ophiopogon japonicus*(L. f)Ker-Gawl.],又名麦门冬、沿阶草,为百合科沿阶草属多年生草本植物,我国传统医学中常以其干燥块根入药,具有"养阴生津,润肺清心"之功效。麦冬用途广泛,《药智网》2024 年 9 月数据表明,含有麦冬的中成药处方有 668 条、中药方剂 942 条、国产保健食品 252 条。2024 年麦冬被正式列入药食同源物资目录,麦冬相关产品的开发利用将得到更深入的挖掘。

《药材药物出产辨》中记载:"产四川绵州者俗名瓜黄,产浙江杭州名苏冬",瓜黄、苏冬皆为道地麦冬之名,以四川、浙江所产为道地药材,分别称为"川麦冬"和"浙麦冬"。四川麦冬适宜种植于年均气温 16~17℃,日照时数大于 1 260h,年降水量 850~900mm,无霜期大于 275d 的亚热带湿润季风型气候区的涪江沿岸海拔 300~500m 的冲积土壤。四川麦冬主要种植在涪江流域的三台县,邻近生态相似的绵阳游仙区、安州区、江油市等地有少量种植。麦冬在三台县具有悠久的栽培历史,可追溯到元末明初,距今约 700 年,三台是全国出口麦冬基地、中国麦冬之乡,三台麦冬占全国麦冬总产量的 70%以上,出口量占全国出口总量的 80%。

(1)四川有悠久的麦冬种植历史。麦冬在《神农本草经》就有记载,被列为上品。麦冬在四川省具有悠久的种植历史，三台县的麦冬种植历史可追溯到元末明初，距今约 700 年，在明弘治三年（1490 年）的《本草品汇精要》中有文字记载，《三台县志》记载："清嘉庆十九年（1814 年），已在园河（原花园镇，今芦溪镇）白衣庵（原光明乡，现芦溪镇）广为种植"，清同治十一年（1872 年）的《绵州志》记载："麦冬，绵州城外皆产"。

（2）麦冬种植区域及产量情况。四川麦冬常年种植面积为 0.43 万 hm^2 左右，主产于绵阳市三台县，绵阳市游仙区、涪城、安州、江油、射洪、南部、遂宁等邻近区域也有零星种植，年产量 1.6 万 t 以上。随着麦冬需求和效益的增加，麦冬的种植面积也在不断扩大。2022 年，三台县麦冬又称为"涪城麦冬"，种植面积达 0.41 万 hm^2，产量 1.82 万 t，产值 22 亿元。2023 年三台县麦冬种植面积达 0.42 万余 hm^2，产量 1.937 万 t（三台融媒）。三台麦冬种植地主要分布在涪江沿岸的芦溪镇、老马乡、刘营镇、灵兴镇、永明镇、新德镇等区域，据《中国·三台麦冬大健康产业中长期发展规划（2017—2030）》数据表明，麦冬栽种面积排名前三的乡镇分别为：芦溪镇（原芦溪镇、花园镇）、灵兴镇（原灵兴镇、争胜乡）、老马镇（原老马乡、光辉镇、里程镇），常年麦冬栽种面积分别为 $800hm^2$、$400hm^2$ 和 $333hm^2$。

（3）麦冬基本生物学特性。麦冬喜温暖、湿润、降雨充沛的气候，自然状态下，麦冬适宜生长于阴湿、温暖和水肥充足的生态环境，多野生于林下、山坡阴湿处或溪旁。麦冬在 5~30℃ 能正常生长，最适生长气温为 15~25℃。低于 0℃ 或高于 35℃ 生长停止。麦冬较耐寒，能忍受 -10℃ 的低温不受冻害，但生长发育会受到抑制。麦冬前期喜荫，宜与玉米、蔬菜等作物套作；但如过于荫蔽，易导致徒长；长时间的强光照射容易导致叶片发黄。麦冬需水量大，尤其是块根膨大期，需要大量的水且阳光充足的环境才能促进块根膨大。种植麦冬的土壤以涪江流域冲积出的颗粒大小适中、土层结构好、质地轻、土层厚的潮沙泥最为适宜，该种土壤肥力中等、碳酸钙含量高、透气性好，有利于麦冬的养分吸收。

麦冬的生育期为 330~350d，分为苗期、块根发生期和块根膨大期，各生育期有交叉与重叠，不同时期各器官的生长发育特点不同。苗期从栽种到封行前的 9 月，以生长营养根、叶为主；9 月初至 12 月中旬为麦冬的块根发生期，也称贮藏根生长期，此时从茎上陆续生长出块根，是产量形成的基础；11 月中旬后，块根进入膨大期，为产量形成的关键时期。

2. 四川麦冬育成品种情况

四川麦冬品种选育起步较晚，截至 2024 年 9 月，四川已选育出麦冬品种 3 个，分别为川麦冬 1 号、川麦冬 2 号、涪麦 1 号。

川麦冬 1 号（川审药2010003）：西南交通大学从三台川麦冬混合种质中的自然变异株经系统选育而成，2010 年通过四川省品种审定。该品种全生育期约 305d，植株深绿，株型直立紧凑，分蘖繁殖，发根早、返青快；须根粗壮，块根总数约 38 个。块根干品平均产量为 4 672kg/hm²，比对照平均增产 17.6%。

川麦冬 2 号（川审药2013002）：西南交通大学、四川代代为本农业科技有限公司、四川千方中药饮片有限公司从四川三台收集的栽培川麦冬匍匐型材料经系统选育而成，2013 年通过四川省品种审定。生育期平均 315d，株型匍匐松散。块根水浸出物 85.78%，总皂苷 0.350%，比对照川麦冬 1 号高 2.70% 和 29.35%，块根干品平均产量 5 187kg/hm²，比对照品种川麦冬 1 号增产 12.5%。

涪麦 1 号（川认药2023006）：绵阳市农业科学研究院从绵阳市三台县麦冬栽培群体中系统选育而成。生育期 360 天，茎短，叶基生成丛，块根 8~31 个。块根总皂苷含量 0.20%，水溶性浸出物 87.6%，鲜重 1.60 万~1.76 万 kg/hm²，比对照增产 12.9%。

3. 四川麦冬优质栽培技术的集成

（1）建立了麦冬优良种苗繁育技术。由于四川麦冬种子量少且发育缓慢、成熟度不高，为提高麦冬生产进程，生产上麦冬采用的均为无性繁殖方式，并建立了一套完善的优良种苗繁育技术。该技术包括品种选择、种苗培育、种苗和商品分级标准。

种苗品种：选择适宜四川生长发育的认定品种。麦冬品种有直立型、宽短叶匍匐型、细叶型和野生型品种，细叶型和野生型品种产量较低，匍匐型品种不适宜机械化和人工采挖，因此，生产上栽培的品种以直立型麦冬为宜。

种苗培育：在清明节前后，选择叶片丛生、质地坚硬、叶色深绿健壮的麦冬植株作为种苗，并将选好的种苗切去下部根状茎和须根，仅留蔓节部分和 1cm 左右的茎节，确保叶片不散，以根状茎横切面呈白色放射状花纹（俗称"菊花心"）为宜，确保栽下后早发根。若切苗后不能及时栽种，需养苗，即将苗放在阴凉湿润的土壤上，用细土护苗。

麦冬种苗分级标准：建立了四川省地方标准《川产道地药材种苗分级 麦冬》（DB51/T 2557—2018），将麦冬种苗分为三个等级（表1）。生产栽种麦冬选择一级和二级种苗。

表1 麦冬种苗分级标准

分级标准	种苗等级		
	一级	二级	三级
叶片数（片）	叶片数≥20	15≤叶片数<20	10≤叶片数<15
株高（mm）	株高≥120	株高≥120	80≤株高<120

（2）集成了麦冬科学施肥技术。针对麦冬需肥量大，不同时期的需肥不同的特点，建立了麦冬科学施肥技术。麦冬种植提倡种养循环，尽可能施用以腐熟的家畜粪肥为主的堆肥。根据麦冬的生长发育和养分需求规律，以底肥为基础，科学追肥。采用新型的环保高效生物有机肥为主，配合新型高钾水溶肥，按照"氮肥前移、钾肥后移"的原则，采用"1次底肥2次追肥3次叶面肥"施肥原则，满足麦冬块根生长充足的营养需求，保证麦冬产量，提高麦冬品质，改善土壤环境。在麦冬整地时，每公顷用腐熟的农家有机肥30~45t、腐熟饼肥750~1 500kg、氮含量在15%以上的复混肥750kg做底肥，并将肥料与土壤混合均匀。麦冬前期需要遮阴，生产上一般与玉米、苦瓜、丝瓜等高秆作物套作。第一次追肥在玉米收获后的7月中下旬，每公顷施高氮型商品有机肥450~750kg或冲施高氮有机水溶肥75~150kg；第二次追肥在9月下旬，每公顷施平衡型的复合肥450kg+黄腐酸钾60kg，或冲施高钾低氮的有机水溶肥75~150kg。3次叶面肥分别在10月底、12月上旬、1月上旬进行，叶面肥可以选择磷酸二氢钾以及市场上标注的K_2O含量在50%以上的水溶肥。

（3）研制出安全高效的麦冬病虫害防控技术。麦冬的病害主要有根腐病、根结线虫病、黑斑病，虫害主要为蛴螬。病虫害的防控坚持"预防为主，综合防治"的原则，以种苗处理为保障、生物防治为核心，确保麦冬的安全性。栽种前，用哈茨木霉菌、淡紫拟青霉等生物制剂消毒土壤，以木霉菌制剂、枯草芽孢杆菌等生物制剂开展麦冬种苗浸种预防麦冬根腐病，利用淡紫拟青霉、阿维菌素等防治根结线虫，采用静电喷雾器施用生物农药防治病虫害。

（4）创建复合种植模式，促进农业增产增效。通过多年实践，四川麦冬建立了"麦—粮—菜"复合种植模式和"猪—沼—麦"种养循环模式，实现一地多收，提高土地利用率，提升麦冬和粮经作物产量和品质，促进农业增产增效。

其中，"麦—粮—菜"模式是在麦冬栽种时，同步播种玉米或移栽玉米，玉米收获后，秋冬季在麦冬田块内套作大蒜、青菜等蔬菜，科学种植确保麦冬不减产，增收一季玉米和一季蔬菜，实现一地多收，粮药统筹。

"猪—沼—麦"模式是充分利用四川省为生猪养殖大省产生有丰富猪沼液的基础上，开展种养循环，将猪沼液发酵处理后，用于麦冬田间，开展种养循环，实现粪污肥料化利用，提升地力，提高麦冬品质。

（5）建立了麦冬适宜种植技术。通过长期的生产和研究，建立了一套适宜四川的麦冬种植技术。该技术包括选地整地、适宜栽种时间及方法、科学肥水管理、病虫害绿色防控、适时采收等具体措施。以优选地块、适时栽种为基础，科学施肥为保障，病虫害绿色防控为核心的麦冬优质生产技术，确保麦冬的优质、高产高效。

选地整地：麦冬栽种宜选择在排灌方便、疏松湿润、土层深厚、有机质含量高、pH值为6.5~8.0的微酸性至微碱性的潮沙泥土、潮泥土或潮沙土。前作作物以水稻等禾本科作物为宜。在麦冬栽种前，除净田间杂草、石块和前作根茎，翻耕土壤20~30cm，耙细整平。并结合整地，施入底肥。

栽种时间及方法：麦冬的栽种为3月下旬至4月下旬，最迟不超过5月上旬，宜阴天栽种。栽种时需将麦冬种苗切苗，分成单蘖，平地栽植。栽植深度3~4cm，苗应垂直紧靠窝壁或沟壁，栽种方式可以采用窝栽、排栽方式进行，栽种后覆盖细土，确保苗直立稳固，栽种密度每公顷120万~150万株。栽种一块地后，需淹灌2~3cm的定根水，并随时保证土壤湿润，促进返青长根。

水分管理：在麦冬生长期间，需一直保持土壤湿度。栽种浇定根水后至种苗返青期间，检查有无缺窝和枯死种苗，缺窝需选择阴天及时补植，枯死苗及时拔出并用生石灰消毒后补栽，确保全苗。

科学施肥：根据麦冬不同生育期的需肥要求，开展以底肥为基础，科学追肥为关键，叶面肥为补充的施肥技术。其中，底肥以沼液等有机肥为主，追肥至少3次，叶面肥在后期施用，确保麦冬的肥料需求。

病虫害绿色防控：在明确病虫群落演替规律的基础上，从麦冬生产全过程及生态系统整体出发，突出土壤消毒、种子种苗处理，病虫发生期对病害防控创制和利用哈茨木霉菌、枯草芽孢杆菌等高效的生物农药，对蛴螬等害虫以理化诱控为基础，在病虫发生爆发期，合理使用淡紫拟青霉、阿维菌素等高效环境友好的药剂进行防治，达到有效控制病虫危害、化学农药减施增效的目的，保障麦冬药材质量安全、降低产量损失，打造麦冬的"优质、绿色、高效"特色，全面提升麦冬的市场竞争力，促进药农增收，保障生态环境安全。

适时采收：四川麦冬的采收在翌年清明节至谷雨节采收，采收后及时除去多余泥土和须根，并冲洗干净，及时干燥。

（二）麦冬产业平台及模式构建情况

1. 科技创新带动产业蓬勃发展

以麦冬产业高质量发展为目标，2017年以来，三台县统筹科技惠民工程、农业重大技术协同推广、中医药产业重点县等建设项目，联合成都中医药大学、四川农业大学、四川省农业科学院、绵阳市农业科学研究院等科研资源，建立了四川省麦冬产业技术研究院，对麦冬进行全产业链攻关。该研究院以麦冬研究院为载体，集育才、研究、开发、推广和培训为一体，邀请了土壤、种植、药学、食品研发等相关领域的专家担任"智囊团"，围绕麦冬安全生产、综合利用等领域，开展麦冬全产业链攻关及衍生产品开发，切实解决制约麦冬科研和产业化发展的诸多问题，研究了麦冬种苗质量、投入品使用、药材等级等标准规程，编制《三台县涪城麦冬绿色生产技术指南（试行）》，引导麦冬种植经营企业和个人对标生产、按标经销，以科技创新带动麦冬产业健康蓬勃发展。

2. 园区带动产业发展模式构建

近年来，生产麦冬主产区三台县以推进农业供给侧结构性改革为主线，围绕麦冬等主导产业，加快推进现代农业产业园区建设，建立了麦冬大健康产业园，在芦溪镇建立了麦冬科研示范园，园区面积46.7 hm^2，汇集了成都中医药大学、四川省农业科学院、绵阳市农业科学研究院、四川省中医药科学院等科研院所以及开展肥料、农药研发的企业入驻，开展麦冬高效种植技术研究、新品种选育与改良、麦冬价值及产品研发。在三台县芦溪镇等地建成国家GAP认证麦冬生产基地6个，不断提升麦冬生产标准化绿色化水平。麦冬产区遴选为中国特色农产品优势区、国家出口食品农产品（麦冬）质量安全示范区，获评四川省地标产品保护示范区，正申报创建四川省农业国际贸易高质量基地，麦冬种养循环园区创建为省五星级现代农业园区，并成功入列国家级现代农业产业园。以园区为点，示范带动四川麦冬的优质高效发展，促进农业增效、农民增收、乡村振兴。

3. 开展品牌打造助力产业发展

作为全国麦冬最重要的道地产区和最大的生产种植基地，四川麦冬产业发展得到了国家、四川省、绵阳市及三台县等各级政府的高度重视。早在 2013 年"四川省三台县涪城麦冬集成技术推广与应用"就被纳入科技部科技惠民工程，2014 年，麦冬成为四川省八个省级中药材大品种之一；2015 年，麦冬纳入国家发改委加快推进新兴产业重大工程建设项目"新兴产业重大工程中药标准化项目"；麦冬也被纳入了绵阳"十三五"规划中，并成了绵阳国家农业科技园三大产业之一。"涪城麦冬"2005 年成功注册地理证明商标，2006 年被认定为国家地理标志保护产品，2020 年 7 月被列入《中欧地理标志保护与合作协定》首批地理标志互认名单。

为强化品牌打造，编制了《中国·三台涪城麦冬大健康产业总体规划（2015—2030）》，明确"一带（十万亩麦冬标准化种植带）一园（麦冬大健康产业园，涵盖百亿元麦冬食品加工园、百亿元麦冬中医药示范园、千亩中国麦冬科研示范园等）一镇（农文林旅康深度融合的麦冬特色小镇）"的发展思路，全力助推"涪城麦冬"的品牌打造与产品升级。

4. 构建产品溯源系统保障品质

为保证四川麦冬药材品质，三台县建立了种植溯源（ERP）基站 15 个，麦冬绿色加工中心 15 个，打造了麦冬数字化管理溯源云平台，麦冬质量全程溯源面积达 1 467 余 hm^2，实现产品信息的全程追溯和溯源查询，全面提高产品质量管理的效率和精准度，确保溯源区域产出麦冬重金属、多效唑等残留不超标，产品符合国家标准和质量要求，实现质量安全和麦冬产业的可持续发展。

5. 全链条运转模式促产业发展

为促进四川麦冬产业的高质量可持续发展，四川省、三台县的国有平台公司共同出资，组建国有产业投资运营平台的四川省川麦冬产业发展有限公司，引进四川天府商品交易所建成中国麦冬电子交易平台和结算中心，建成麦冬博物馆、麦冬文化创意园、科普示范园和麦冬康养中心。协同开展麦冬科研、标准化种植、加工仓储物流、线上线下交易平台、麦冬系列产品研发和营销，并联合麦冬产业化龙头企业、专业合作组织和家庭农场建立三台县道地中药材产业联合会，形成"政府政策定方向、平台公司铺渠道、龙头企业谋发展、行业联盟促自律"的产业发展联合体，大力推广"麦—粮—菜""猪—沼—麦"等复合种植模式，创新"平台公司+产业联合体+基地+农户"等经营模式，积极探索"标准化种植—检测贴牌—现代仓储—线上线下交易"等全链条运转模式，协同推进四川麦冬产业可持续健康发展。

6. 推进药食同源提升种植效益

随着 2024 年麦冬被纳入药食同源物资目录，麦冬产区与中药饮片国家工程技术中心、华西公共卫生学院等研究开发中心深度合作，开展麦冬药食同源科研和精深加工实验，引进培育太极集团、中兴药业、四川领旗食品、四川代代为本等一批食品医药企业，建立麦冬食品医药产业园，成功开发麦冬含片、麦冬糕点、麦冬饮料等 20 余个麦冬须根食品陆续投产上市。同时，积极引导龙头企业与多家科研院校合作，正在研发并试制麦冬果脯、麦冬饮品等 10 余种麦冬块根食品，有望在药食同源申报成功后迅速量产上市，延伸麦冬的产业链，提升价值链，不但提升了种植效益，也提高了种植者的信心。

二、四川麦冬产业发展问题

四川麦冬在各级政府的持续支持和培育下，在种植技术、基地建设、产地加工等方面均取得了较好的进展，麦冬产业取得了良好的综合效益，并在一定范围内树立了品牌影响。但四川麦冬生产主要以农户种植为主，导致标准化程度不足；栽种和收获也以人工为主，造成机械化水平不高。随着市场经济体制改革的不断深入，麦冬在生产组织方式、农业生态、品牌热度等方面的竞争短板日益显现，并逐渐演变为影响当前产业进一步发展壮大的重要瓶颈。

（一）种植技术水平有待提高

1. 种植设施化程度不高

四川麦冬以露地栽培为主。以三台为主的涪江流域大部分麦冬种植地具有肥沃的土壤和较好的排灌条件，但由于麦冬种植设施化改造尚在起步，大范围数字化、智能化种植管理水平尚有较大提升空间，园区内大部分还是以"小而散"的农户种植为主，基础设施薄弱，防灾抗灾能力不强，还不适应标准化生产、集约化经营和产业化发展的需要。

2. 标准化种植有提升空间

由于麦冬的种植效益高，产值可达 45 万~60 万元/hm^2，适宜种植麦冬的田地不多，麦冬以多年连作种植为主，导致土壤肥力下降，根腐病、根结线虫病等病虫害加重。麦冬的分散生产组织方式下农户、合作社的管理较为粗犷，标准化技术上执行不到位。少部分散种农户在麦冬种苗、投入品使用、麦冬产品等级等技术标准执行程度方面有一定缺位，尤其是在麦冬生产过程中会出现不注重麦冬品质，舍质逐量，过多施用化肥和生长调节剂等问题，导致生产出的药材品质不高，难以将特色资源优势转化市场竞争优势。

3. 缺少专用良种繁育基地

四川麦冬虽然有自主知识产权的麦冬新品种，但由于麦冬采用无性繁殖，生产上尚处于农户"自繁"阶段，没有建立中药材良种繁育技术规程和专业化的良种繁育基地，缺乏良种繁育技术的研究，系统的良种繁育、提纯和生产示范工作尚在起步阶段，优良种苗远不能满足生产需求。

4. 药材质量有待提升

一是由于麦冬种植的效益高，导致非道地产区盲目扩种，非道地产区产出的麦冬质量下降，品质退化。二是化学肥料和生长调节剂过度施用，造成麦冬品种降低，三是部分农户为了缓解集中采挖时的人工压力和抢早上市，提前采挖麦冬，麦冬营养成分积累不充分，药效品质下降。

（二）产地加工技术水平有待提高

1. 产地加工规范性不足

在麦冬产地，农户多以自制的工具开展摘果、拣选、清洗、采摘，采用晾晒或烘干、包装等初加工，条件较为简陋，在一定程度上影响了麦冬生产加工质量，产地加工规范性有待提高。

2. 精深加工能力有待提升

麦冬精深加工体系尚不健全，导致产业链条短；麦冬药食同源功能开发时间短，食品饮料、日化保健等开发不足，产品附加值低。同时，由于缺少能够引领产业快速发展的大型精深提取和制药企业，产业链条延伸度不足。

(三) 机械化程度低

麦冬种植密度大,一般栽培密度为 105 万~150 万株/hm^2,且需要分株栽培,为促进麦冬快速生长新根,保证栽培质量,麦冬栽种机械化难度较大,麦冬多以人工栽种为主。在收获采挖时,虽然有部分机器,但由于机械需要更大的操作空间,地块较小地方机器难以操作,同时,机械拔出根部时极易导致麦冬根部断裂,损耗较大,部分农户对机械化收获采挖意愿不强。

三、四川省麦冬产业发展对策建议

(一) 四川省麦冬产业发展趋势研判

麦冬含有皂苷、黄酮、挥发油、多糖及天冬氨酸等氨基酸,作为传统中药,功效在《神农本草经》和《本草汇言》等书中已有详细介绍,作为清肺之药,主要用于心腹结气、心气不足、健忘恍惚等症。现代药理学研究表明,麦冬具有抗心肌缺血、抗血栓、免疫调节、抗炎、抗肿瘤、降血糖、抗衰老、抗过敏和镇咳等药理活性,2020 版《中国药典》记载麦冬具有"养阴生津,润肺清心"之功效,收载的含有麦冬的复方制剂有 90 个,以麦冬为原料生产的中成药达 500 多种,如生脉胶囊、玄麦甘橘颗粒、柏子养心丸、养阴清肺合剂、养阴清肺颗粒等。随着药食同源的认定,麦冬在医药、大健康等方面的用途将得到进一步扩展,产品更为丰富,麦冬相关产品的开发利用将得到更深入的挖掘,麦冬产业也将得到更好的发展。

(二) 促进四川省麦冬产业发展的对策建议

1. 加强突破性麦冬品种选育与配套栽培技术研发力度,满足生产需求

充分利用"涪城麦冬"这一优异地方种质资源,以产业急需和解决突出问题为导向,选育麦冬新品种。重点开展宜机栽机收、产量高、抗性好、品质优的品种,有效运用现代育种技术、药材品质及药效评价技术等多维度评价技术,以创新育种技术为导向,选育突破性麦冬新品种,促进品种选育能力提升。同时,加强基础研究,挖掘麦冬有效成分代谢相关基因和抗性相关基因,开发连锁分子标记,进一步提高中药材育种工作效率和水平。

同时,针对不同麦冬种植环境,以生态富民和高质量发展为导向,研究相关品种的配套栽培技术。运用良种与良法相结合的理念,创新麦冬与玉米立体套作、麦冬蔬菜套作等药粮/菜周年种植的生态种植新模式,保障粮食安全,实现经济、社会、生态效益的有机统一,为麦冬产业高质量发展贡献品种力量。

2. 产学研联合共建麦冬良繁基地,助推麦冬种业的提质增效

政府引导,以基地为平台,项目为载体,联合四川省农业科学院、成都中医药大学、四川省中医药科学院、四川农业大学、绵阳市农业科学研究院等科研教学单位,以及中医药龙头企业、农民合作社、麦冬加工等单位形成产学研联盟,共建麦冬优良品种繁育基地,在基地内开展良种繁育、提纯复壮、种苗培育等关键技术研发与创新工作,逐步开展集中育苗、选优提纯、统繁统供,提升麦冬种业的创新能力和标准化水平,助推四川麦冬种业的提质增效。

3. 强化基地建设与技术推广,提高标准化生产水平

整合国家、省、市、区县上关于基地建设相关项目,开展麦冬产地田块整理和宜机化等硬件条件改造,提升基地抗自然灾害风险能力,为标准化生产提供基础保障。加强对种植大户、合作社、农户、龙头企业经营管理人员等的麦冬标准化栽培技术、病虫害绿色防控、科学施肥、种养循环等实用技术培训,培育一批有文化、懂技术、会经营的新型职业经理人,提高其化肥、农药等投入品施用技术,提高化肥农药利用率,保护环境安全;为种植者提供麦冬田间管理、病虫害防治及土壤保护方法,提高药农的专业技能和资源利用水平,提升他们的基层带动作用;引导农民种植合作社等开展适度规模经营,推行科学化、集中化管理。进一步推广"麦—粮—菜"复合种植模式、"猪—沼—麦"的种养循环模式、土壤测试配方施肥、病虫害生物防治、土壤修复等模式技术,用科学种植技术培育高品质药材产品,全力提升中药材种植标准化水平,保证道地药材质量。

4. 加强麦冬适宜机械的研发,助力麦冬生产机械化

针对麦冬生产中的整地、栽种、收获、分拣和干燥等关键环节,开展整地旋耕机、水肥一体化、果苗分离机、麦冬块根冲洗机、分级机等机器及设备的研发应用;针对山区或小型地块,研发小型的栽种器、采挖器、摘果机等器具。推进种植机器人、智能灌溉系统、智能风干和冷藏保鲜系统等一系列机械化设备,提升麦冬生产的机械化水平,实现生产的标准化和规模化,助力产业现代化。降低人工投入,提高生产效率,保障药材的品质,提高麦冬生产的安全性和市场竞争力。

5. 健全产业链数字化建设,提升麦冬产业智能化水平

强化数字赋能,完善数字设施,支持产业链的数字化改造,集成信息体系、电商体系、溯源质控体系等高新技术，构建智能产业链的支撑体系。全面推进物联网、大数据中心、智算中心、交易中心等建设，加快产业互联网建设应用，并将其与麦冬产业全过程、全要素深度融合，支持产区推广先进技术和自动化设备，实现数据要素的发展应用，从而为麦冬产业智能化发展提供基础支撑，提高麦冬种植的机械化、智能化水平。

参考文献

陈兴福，丁德蓉，刘岁荣，等，1998. 川麦冬生长土壤的研究［J］. 中国中药杂志，23（4）：207.

陈兴福，丁德蓉，刘岁荣，等，1998. 麦冬营养生理研究［J］. 中国中药杂志，23（3）：142.

陈兴福，杨文钰，刘文昌，2006. 麦冬生长特性及其与产量的相关性研究［J］. 中国中药杂志，31（14）：1141.

黄璐琦，陈铁柱，张美，等，2018. 麦冬生产加工适宜技术［M］. 北京：中国医药科技出版社.

金虹，王化东，何礼，等，2014. 川麦冬机器须根组织学与皂苷量的对比研究［J］. 中草药，45（7）：1002-1005.

邱佳妹，2015. 麦冬生物学特性及矿质营养调控研究［D］. 南京：南京农业大学.

石开玉，2017. 麦冬文献考证［J］. 辽宁中医药大学学报，19（10）：77-80.

吴发明，蔡晓洋，陈辉，等，2016. 麦冬块根发育过程中主要化学组分积累动态研究［J］. 中国药学杂志，51（7）：533-537.

周二付，2017. 中药材麦冬的药理作用研究［J］. 中医临床研究，9（9）：125-126.

四川泽泻产业发展报告

彭芳[1]　李欧[2]　徐皖菁[1]　杨鹃[1]　张超[1]　陶珊[1]　毛常清[1]
廖海浪[1]　钟明志[1]　吴宇[1]　张德银[3]　彭志芸[3]　刘小波[3]　赵宇扬[3]

(1. 四川省农业科学院经济作物研究所，四川成都 610300；2. 乐山职业技术学院，四川乐山 614100；3. 宜宾市农业科学院，四川宜宾 644600)

摘　要：四川是泽泻种植大省，自明代起就是泽泻的优质产区。目前眉山市彭山区、东坡区和乐山市夹江县、五通桥区为其核心道地产区，年产量占全国泽泻总产量的2/3以上。川泽泻形成了水稻—泽泻轮作模式，部分地区采用"社会化服务组织+种植大户+农户"的方式进行推广种植。目前，川泽泻的发展还存在种子质量参差不齐，缺乏品种和相关种植机械，初加工过程缺监管，产品等级缺乏等问题。建议提升种子质量，加快品种选育，提高种植过程机械化率，推进泽泻的规范化生产和管理，搭建产业联盟平台，推动泽泻产业高质量发展。

关键词：四川；泽泻；产业；发展；对策研究

一、泽泻产业发展现状

(一) 概述

1. 药材基源

《中华人民共和国药典》（2020年版）收载泽泻药材，为泽泻科植物东方泽泻 [*Alisma orientale*（Sam.）Juzep.] 或泽泻（*Alisma plantago-aquatica* Linn.）的干燥块茎。中国药典从1963年开始收录泽泻药材，其药材基源为泽泻科植物泽泻（*A. plantago-aquatica*），但从1977年开始，其基源变为泽泻科植物东方泽泻 [*A. orientale*（Sam.）]，直到2020年最新版的中国药典，将这两种基源植物均纳入药材泽泻项下。市场上常见3种泽泻商品规格：川泽泻、建泽泻、江泽泻，其中，川泽泻对应的植物基源为泽泻（*A. plantago-aquatica*）、而其他两者对应的植物基源为东方泽泻［*A. orientale*（*Sam.*）］，因三者的主产区分别在四川、福建和江西，故因此得名。泽泻性寒，味甘、淡，归肾、膀胱经，具有利水渗湿、泄热、化浊降脂的功效，用于治疗小便不利，水肿胀满，泄泻尿少，痰饮眩晕，热淋涩痛，高脂血症。

2. 品种优势特色

泽泻，是我国产销前60位的大宗中药材之一，近年来，泽泻年需求量约为7 500t；是六味地黄丸、龙胆泻肝丸、五苓散、补肾固齿丸、参芪降糖胶囊、参芪十一味颗粒、参茸固本片等著名常用中成药的重要组成部分。药智网数据查询发现，含有泽泻的中成药处方有425条，含有泽泻的中药方剂有1 064条。

3. 生物学特性

泽泻为多年水生或沼生草本，茎块大，叶通常多数，呈水叶条形或披针形，种子紫褐色。具有喜光、喜湿、喜肥特性，要求气候温和、光照充足、土壤湿润的条件，对晚秋霜寒的反应很灵敏。喜湿润、富含腐殖质、肥沃的中壤土或水稻土。质地过沙或土温低的冷浸田不宜种植。忌连作。

人工栽培多在海拔800m以下的肥沃土壤。生长区域的气候条件为：生长温度为20~26℃，年平均气温18℃，无霜期150d以上。

4. 种植面积及种植适宜区域

泽泻（*A. plantago-aquatica*）与东方泽泻［*A. orientale*（*Sam.*）］，均为多年生水生或沼生草本，生于海拔20~2 500m的湖泊、河湾、溪流、水塘的浅水带，沼泽、沟渠及低洼湿地。两者在黑龙江、吉林、辽宁、内蒙古、河北、山西、陕西、新疆、云南等省（自治区）都有分布。另外，东方泽泻在宁夏、甘肃、青海、山东、江苏、安徽、浙江、江西、福建、河南、湖北、湖南、广东、广西、四川、贵州等省区分布较多。自明代起，四川、福建、江西就已成为泽泻的优质栽培产区，其生产的泽泻药材分别被称为"川泽泻""建泽泻"和"江泽泻"。

野生泽泻分布范围广，资源总量受多种因素影响，评估其野生蕴藏量比较困难，目前没有泽泻野生蕴藏量的相关数据报道。泽泻的栽培历史悠久，泽泻药材的来源为人工栽培。近年来，我国泽泻药材生产已发生重大改变，传统主产区福建和江西的栽培面积不断萎缩，而四川的种植面积不断扩大。目前，川泽泻已成为国内外市场泽泻药材的主流商品，占全国泽泻总产量的 85%以上。四川省 2019—2021 年的泽泻栽培面积分别为 2 467hm^2、3 133hm^2 和 4 333hm^2，随着需求量增加其栽培面积呈逐年上升趋势。四川省的眉山市彭山区、东坡区和乐山市夹江县、五通桥区为核心道地产区，彭州市敖平镇、什邡市隐峰镇、都江堰市、宜宾市兴文县、泸州合江、绵阳、自贡等地区也有少量产出。

（二）资源保护和新品种选育

研究发现，建泽泻、川泽泻和江泽泻这 3 种泽泻种质间的生物学性状、植株特征及药材品质等具有显著差别。前期研究结果显示，采用 ISSR 分子标记技术对来自全国的 23 份泽泻样品进行遗传多样性分析，发现不同产地泽泻品种间多态性较高，但没有呈现明显的地域性差异。不同产地的泽泻遗传差异不太明显，可能与种质资源的相互流通有关。泽泻的遗传多样性水平较高，但遗传分化水平较低，这有利于培育新的优良品种。

泽泻目前没有通过了认定的品种。今后选育方向可考虑，在稳定泽泻的单位面积产量同时提高其有效成分含量，进而提高药材的质量，此外增强泽泻对病虫害的抵抗力也是一个重要方向。在未来的育种工作中，可通过传统的杂交选育或现代分子生物学手段来创造更多的泽泻遗传资源，利用分子标记技术辅助育种进行精准选育，提高选育效率。

（三）栽培技术

1. 种苗繁殖

（1）繁殖方式。泽泻的繁殖方式有种子繁殖和分株繁殖，生产中以种子繁殖为主。

（2）种子采收和处理。选择无病田留种，当留种植株果实变成黄褐色时，可以开始分批采摘。采摘时应连同果枝一起剪下，并放置于通风干燥处自然干燥后脱粒。泽泻种子以中等成熟度发芽率高，生长旺健为宜。

（3）种子育苗。6月下旬播种，种子用布袋装好，放入清水中浸泡24h，滤干，用 10 倍量的草木灰拌种，均匀撒播在厢面，然后用扫帚轻拍厢面，使种子贴在厢面上，保持苗床湿润。幼苗期间注意田间管理及病虫害防治。

2. 栽培管理

（1）选地整地。选光照充足、土地肥沃而略带黏性，便于灌排的田块，前作以水稻为佳。水稻收获后,就地粉碎秸秆,翻埋还田,再深耕20cm以上,耙细整平。厢面宽1.2m,沟深10~15cm,厢面成龟背形,四周开好排水沟,达到水浅、泥细、田平,以便栽植、根的生长及排灌。

(2) 施用基肥。结合整地,每亩施商品有机肥料(有机质含量≥40%)1 000~1 500kg。

(3) 移栽时间。水稻收获后,待种苗长到5~8片真叶时可移栽。起苗前约4d,育苗田要保持浅水,以利起苗。选择在晴天15:00以后或阴天,边起苗边移栽。

(4) 移栽密度。移栽密度为8 000~1 000株/亩,株距20~25cm,行距25~30cm。选择生长健壮、无病害的种苗。移栽要求浅栽,栽直,苗芯不能插入泥中。在移栽完后,可以在田边密植部分种苗,用于后期补苗。

3. 田间管理

(1) 查苗补苗。种苗移栽4d后,检查田间苗情,若有死苗应及时补苗,有浮苗应立即扶正。一般移栽后7d可返青、成活。

(2) 中耕除草与追肥。泽泻大田除草一般与追肥结合进行4次,通常先排浅田水,然后施肥,晒田约2d,再灌水加深。第一次于移栽返青后进行,拔除杂草并追肥,每亩施尿素约5kg。第二次追肥在第一次追肥后约25d进行,每亩用复合肥约10kg。第三次追肥在第二次追肥后约25d进行,每亩用复合肥约20kg。最后一次追肥应在霜降前,施复合肥约3kg/亩。追肥宜在晴天露水干后进行,肥料不能落入心叶。

(3) 排灌。移栽后,田间要保持浅水灌溉,灌水应在早、晚地温较低时进行。移栽后至9月下旬,田水深度保持在约2.5cm;9月下旬至10月下旬,田水深度保持在约4cm为宜;10月下旬以后,田内部分现泥,立冬前逐步排干水,进行适当晒田。

(4) 摘薹。泽泻抽薹和侧芽生长要消耗大量养分,影响块茎生长,影响泽泻的质量和产量。移栽后约20d可能有花薹和侧芽发出,可在二次中耕时除去侧芽,平常发现应随时摘除侧芽,如遇抽薹,应及时从茎基部摘除。

4. 病虫害防控

泽泻的常见病虫害有白斑病、莲缢管蚜、银纹夜蛾、斜纹夜蛾和福寿螺等。其防治应坚持"预防为主,综合防治"的原则,提倡农业防治、生物防治和物理防治相结合。主要病害是白斑病,俗称炭枯病。先在基部的外层叶片、叶柄上发生,逐渐向内层叶片、叶柄蔓延,但始终保持4~5片幼嫩叶不受侵染。发病初期在叶片上出现许多红褐色的小圆形病斑,后扩大。预防可实行轮作倒茬,和泽泻以外的作物实行轮作;发现病叶及时摘除,带出田外深埋;播种前,种子消毒杀菌处理,定植前苗床可喷施枯草芽孢杆菌等生物农药进行保护;发病初期可用代森锌喷洒,连续喷施2~3次,每次间隔约8d,病害流行盛期,应及时换用高效低毒的治疗性药剂。发病期如遇雨天、大雾或重露天气,及时喷药,防止病情加重。主要虫害是蚜虫和银纹夜蛾。蚜虫预防可在田间挂黄色粘虫板诱杀。银纹夜蛾的预防需及时清除田间及周边的落叶,消灭虫蛹,在田间安装黑光灯,诱杀成蛾。在虫害发生初期可选用苦参碱、印楝素等生物制剂喷施,虫害发生高峰期可用吡虫啉等高效、低毒、低残留的化学农药喷雾治疗,连续使用2~3次,每次间隔约8d。

5. 采收加工

(1) 采收。在栽种当年的12月下旬至翌年2月上旬,地上茎叶枯黄时采挖。过早采收块茎粉性不足,品质差。过迟采收块茎顶芽萌动,影响药材质量。排水晒田后,收获时用镰刀在泽泻植株附近转一下泥土,然后拔起,削去附泥和茎叶,但保留球茎中心的顶芽。

(2) 产地加工。块茎通风曝晒干或烘干。烘干温度宜温度控制在50℃以下,否则块茎容易变黄,烘干至含水量低于14%。干燥过程中,要定期翻动3~4次,每次可趁热装入机械撞笼(去皮机)撞去须根和粗皮。干燥程度以泽泻相互能敲出清脆的响声为宜。泽泻的折干率约为4:1,加工完成后,泽泻块茎光滑,呈淡黄白色。在四川主产区,收获的泽泻干重根据不同种植技术和管理条件为100~250kg/亩。

6. 生产模式

目前,在泽泻种植产区常采用水稻与泽泻轮作、莲与泽泻轮作、莲与泽泻套作三种主要模式的种植方法。其中水稻与泽泻轮作模式是泽泻最主要的生态种植,也是川产泽泻的种植的模式,泽泻与莲轮作是江西广昌、石城等莲区普遍采用的生态种植模式。从经济效益角度分析,泽泻与莲轮作比和水稻轮作增收近2倍,经济优势更明显。

7. 种子繁殖

目前主产区没有专门的种子繁殖基地,泽泻种子繁殖均在种植基地内完成。

二、四川泽泻产业发展存在的主要问题

(一) 泽泻种子繁育工作迟滞

1. 川泽泻种子质量差异大,缺乏种子质量分级标准

川泽泻种皮颜色呈黄绿色、黄褐色、褐色或黑褐色,不同地方种子在千粒重、含水量、种子净度和发芽率等都存在显著差异,其中种子的发芽率在30%~95%变动。发芽率与种子的出苗率相关,直接影响泽泻的育苗及后期的栽培生产。种子质量的影响因素众多,如遗传多样性使得泽泻种子在发芽率、生长速度、抗病性等方面存在差异,不同地区的生态条件如土壤、水分、气候等因素也会影响种子的质量,过早或过晚采收、储存条件不当等也会导致种子质量的下降,病虫害的发生会直接影响种子的质量,受损的种子发芽率和生长势都会降低。目前,泽泻种子主要由当地农户或专业合作社自繁自用,种子质量缺乏可靠的保障。

目前已有建泽泻的种子质量分级标准,但由于建泽泻与川泽泻的植物基源不同,因此此标准对川泽泻的参考价值也有限。缺乏种子质量分级标准意味着种植者无法准确评估种子品质,从而面临较高的种植风险。市场上种子质量参差不齐,缺乏明确的分级标准会导致买卖双方的信任度降低,影响正常的市场交易秩序。

2. 品种选育滞后

泽泻优良品种的选育工作相对滞后,目前还没有通过认定的品种,未能跟上市场需求的变化。调研已有的泽泻优良品种选育研究发现,经良种选育后,第一代优良植株的产量是普通农家种的约1.1倍,且收获药材的有效成分含量均显著提升,可见良种繁育对产量、质量提高效果明显,因此有必要持续加强泽泻育种方面的研究。

3. 规范化种植示范不足

目前,川泽泻还没有通过《中药材生产质量管理规范》审查的种植示范基地,规范化种植示范方面存在不足,不能有效推动泽泻种植产业向更加专业化方向发展。泽泻规范化种植可以稳定药材的质量和产量。泽泻尽管有了一套较为完善的种植技术体系,但在实际应用过程中仍存在种植技术普及不够充分的问题。各地在泽

泻种植过程中对标准执行情况存在差异，对于种植过程中的各项活动，如施肥、病虫害防治等，缺乏有效监管，导致生产过程难以追溯，不利于保障产品质量。当前乐山泽泻产业采用"社会化服务组织+种植大户+农户"的方式进行推广，专业合作社、社会化服务主体主动对接加工企业、国内外终端市场，促进产业发展。眉山市已经出现全产业链中药材专业合作社，集中药材种植、加工、仓储、销售为一体的完整产业链发展之路。可见，需要进一步推动泽泻种植的规范化进程，完善质量管理体系。

（二）泽泻种植机械化率低

1. 生长习性的制约

泽泻为水生植物，收获季节田间积水和泥泞现象严重，增加了机械化作业难度。因田间土壤黏度大，泽泻根土分离困难，对泽泻收获机的技术要求较高，需要同时实现挖掘、根土分离、集中收获等多种功能。此外，由于泽泻生长环境土壤松软，机器容易陷入，因此泽泻收获机的重量不宜过重。

2. 机械化扶持措施不足

国家对主要农作物如水稻、小麦、玉米、大豆等有较多关注，但对于泽泻等中药材的投入则不足，持续性也不够强。泽泻缺乏专项扶持措施，资金和优惠补贴措施也较为缺乏，导致生产成本居高不下，经济效益难以提高。

3. 缺乏先进技术

泽泻机械化发展缺乏先进技术，规模化生产和种植程度低，农机与农艺融合难度大。目前泽泻生产普遍依赖人工完成，加工入药等环节机械化率较低，科技支撑体系不够健全，缺乏专业研发团队和技术支持体系，不能吸引企业组建针对性研发团队和提供机械化服务，解决泽泻机械化发展的技术瓶颈。

（三）产地加工缺监管，等级划分不足

1. 产地初加工工艺不统一，质量差异大

泽泻的产地初加工在不同地区、不同企业之间存在较大的技术差异，导致产品在色泽、形状、大小等方面存在较大差异，特别是加工过程中的不同温度对指标成分含量具有明显影响，影响最终产品质量和一致性。产地调研中发现，已有产地建立了使用清洁化能源天然气的加工厂，可实现泽泻加工的集中化、规模化、清洁化，每批次烘干时间由原来的84h缩短至48h，药用成分损耗降低。这种清洁化能

源的加工费约为 1.5 元/kg，比普通煤炭加工的费用高出 1 倍，但两者目前的药材售卖价格却是一样的，因此种植泽泻的药农对到清洁能源加工厂进行泽泻加工并不积极。

2. 缺乏能体现泽泻内在质量的商品等级划分标准

现有的泽泻商品等级标准仅以外观性状作为划分指标，以"个头大小"为内核划分等级，缺乏具体的形态刻画，不同市场间及相同市场不同商家间等级划分标准不统一。从当前研究情况分析，制定一个通过理化检测手段将内在质量与外在性状进行有效关联的判断方法难度很高。在川泽泻外观性状与内在药效成分相关性研究中发现，存在现有性状指标无法完全解释内在成分变化，川泽泻单个重、长度与化学成分含量无显著性关系，总三萜含量甚至与单个重、长度呈负相关性。因此，构建优质优价的泽泻质量评价体系是有必要的。

三、促进四川泽泻产业发展的对策建议

（一）提升种子质量，加快品种选育

1. 建立种子质量分级标准

制定符合川泽泻特性的种子质量分级标准，包括种子的发芽率、净度、含水量等关键指标，确保种子质量的一致性和可靠性。

2. 加强种子质量监管

设立专门的机构或第三方认证机构，对种子质量进行检测和认证，提高种子市场的透明度和公信力。

3. 建设良种繁育基地

在主产区建立良种繁育基地，筛选生长健壮、无病害、个大优质的种子作为良种繁殖材料；收获后除去残叶，栽于肥沃的留种田。待种子大部分呈现黄褐色时，分批采收，作为大面积生产用种。每年进行筛选和提纯复壮，保证种子的优良性状。

4. 加快优良品种选育

支持科研机构和企业联合开展泽泻优良品种选育工作，重点培育产量高、品质好、抗逆性强的新品种，提高泽泻的市场竞争力。

（二）提高种植过程机械化率

1. 加大政策扶持力度

政府应加大对泽泻等大宗中药材机械化的支持力度，提供资金补助、税收减免等优惠政策，鼓励企业投资研发泽泻专用机械。

2. 研发适用机械及其配套技术

鼓励科研机构与企业合作，开发适用于泽泻种植和收获的专用机械，解决泽泻收获难的问题。

3. 推广机械化服务

推广社会化服务组织，为种植户提供机械租赁、维修保养等服务，降低机械化生产的门槛和成本。

（三）推进泽泻的规范化生产和管理

1. 推进规范化种植

加强对泽泻种植者的培训和技术指导，推广标准化种植技术，确保种植过程符合《中药材生产质量管理规范》及相关地方标准的要求。

2. 完善等级划分标准，促进加工规范

在现有外观性状标准的基础上，结合理化检测结果，建立更科学的商品等级划分标准，使优质优价得以体现。

3. 建立示范园区

创建一批高标准、高质量的泽泻种植示范基地，发挥示范带动作用，推广先进种植技术和管理模式。

（四）搭建产业联盟平台

通过建立泽泻产业联盟，整合种植、加工、销售等环节的资源，形成产业链条，增强整体竞争力。强化科技支撑，建立科研机构与产业界的长效合作机制，为泽泻产业提供持续的科技支撑。另外平台的建立也有利于提高药农种植泽泻的积极性，降低市场价格波动对种植户收益的冲击。

参考文献

蔡文国, 2007. 彭山县川泽泻栽培技术 [J]. 现代农业科技 (14)：37.

陈铁柱, 林娟, 张美, 等, 2018. 泽泻生态种植现状分析及建议 [J]. 中国现代中药, 20 (10)：1207-1211.

富蓉，王涛，郭亚宇，等，2021. 眉山道地药材川芎及泽泻产业基地建设建议［J］. 四川农业科技（9）：74-75.

葛有茂，2002. 泽泻白斑病发生影响因子及防治方法初探［J］. 植保技术与推广（12）：26.

林龙，杨吉玉，刘晓芬，等，2023. 四川道地药材泽泻采收加工现状调查与分析［J］. 中华中医药杂志，38（2）：626-629.

刘正钦，2018. 泽泻优质高产栽培技术［J］. 四川农业科技（9）：21-22.

谭杰，高新，蒋辉霞，等，2023. 四川道地药材泽泻机械化发展现状调查与分析［J］. 四川农业科技（7）：7-10.

万德光，彭成，赵军宁，2005. 四川道地中药材志［M］. 成都：四川科学技术出版社：406-418.

赵璐璐，林龙，先蕊，等，2024. 中药材泽泻的商品规格等级划分现状调查与分析［J］. 成都中医药大学学报，47（2）：75-80.

川中丘陵区优势特色中药材产业发展报告

四川芍药产业发展报告

邓洁琼 李 钰 叶 霄 黄位年 曾 静

(四川省农业科学院经济作物研究所,四川成都 610300)

摘 要:芍药,作为四川省的道地药材和药赏两用植物,占据了中药材市场中的重要位置,是四川主要的种植药材之一。但芍药产业仍面临市场波动大、标准化种植程度低、繁育效率低、基础设施不完备、机械化水平低、品牌影响力不足等多重挑战。本报告全面介绍了芍药的药材基源、品种优势特色、生物学特性、野生资源状况、现有种植情况及适宜区域、资源保护及新品种选育、栽培技术与生产模式等方面。基于这些分析,报告进一步研判了四川芍药产业的发展趋势,并提出了针对性的发展对策建议。

关键词:芍药;四川;产业报告

芍药(*Paeonia lactiflora* Pall.)是中国传统的药用和观赏植物,素有"花相"之美誉,具有深厚的历史文化底蕴。作为药赏两用的珍贵资源,芍药在中医药领域和花卉产业中都占据着重要地位。四川省凭借独特的地理环境和丰富的生物多样性,成为芍药的重要道地产区之一,对全省中药材产业的发展具有重要影响。然而,随着市场环境的变化和产业链的不断延伸,四川芍药产业面临着市场波动大、标准化种植程度低、繁育瓶颈突出、基础设施不完善、机械化水平低、品牌影响力不足等诸多挑战。这些问题制约了产业的可持续发展,亟需系统性的分析和解决方案。

本报告旨在全面介绍四川芍药的药材基源、品种优势特色、生物学特性、野生资源状况、现有种植情况及适宜区域,以及资源保护和新品种选育、栽培技术与生产模式等内容。在此基础上,深入研判四川芍药产业的发展趋势,提出切实可行的对策和建议,助力产业转型升级和健康持续发展。

一、发展现状

(一) 概述

1. 药材基源

芍药（*Paeonia lactiflora* Pall.）是芍药科芍药属多年生草本植物，是药材白芍和赤芍的基源植物。

药材白芍是芍药的干燥根，药材呈圆柱形，平直或稍弯曲，两端平截，长5~18cm，直径1~2.5cm。表面类白色或淡棕红色，光洁或有纵皱纹及细根痕，偶有残存的棕褐色外皮。质坚实，不易折断，断面较平坦，类白色或微带棕红色，形成层环明显，射线放射状。气微，味微苦、酸。

药材赤芍是芍药 *Paeonia ladiflora* Pall. 或川赤芍 *Paeonia veitchii* Lynch 的干燥根。药材呈圆柱形，稍弯曲，长5~40cm，直径0.5~3cm表面棕褐色，粗糙，有纵沟和皱纹，并有须根痕和横长的皮孔样突起，有的外皮易脱落。质硬而脆，易折断，断面粉白色或粉红色，皮部窄，木部放射状纹理明显，有的有裂隙。气微香，味微苦、酸涩。

2. 品种优势特色

芍药为药赏两用植物。

作为药用，芍药干燥根可制成赤芍与白芍两种中医临床常用中药，赤芍为清热凉血药，白芍为补血药，二者功用有别。赤芍善"清热凉血"，用于热入营血，温毒发斑，血热吐衄等，如犀角地黄汤、紫草快斑汤、赤芍煎剂等。赤芍善"散瘀止痛"，用于肝郁胁痛，经闭痛经，癥瘕腹痛等，如赤芍药散、赤芍药散、虎杖散、赤芍汤等。赤芍善"清泻肝火"，可用于肝火上攻的头痛、目赤、疮疡痈肿，如芍药清肝散、赤芍蒲公英汤等。白芍为补血药，善"养血调经"，用于血虚萎黄、月经不调者，如四物汤、保阴煎、归芍安神汤等。白芍善"柔肝止痛"，用于腹痛、胁痛、四肢挛急疼痛、头痛、痛经等，如小建中汤、痛泻要方、三痹汤、折冲汤、丹栀逍遥散等。白芍又能"养血敛阴、平抑肝阳"，为治疗肝阳上亢之常用药，如镇肝熄风汤、建瓴汤等。

芍药作为观赏植物，是我国传统名花，自古以来被广泛种植，有着"花相"的美誉。芍药所蕴含的文化价值也非常突出，常常出现在传统绘画、刺绣及陶瓷作品中，极具历史和文化内涵。芍药切花作为典型的中国情人花受到广大消费者的不断关注，已然成为我国花卉产业一个新的经济增长点。

3. 生物学特点

多年生草本。根粗壮，分枝黑褐色。茎高 40~70cm，无毛。下部茎生叶为二回三出复叶，上部茎生叶为三出复叶；小叶狭卵形，椭圆形或披针形，顶端渐尖，基部楔形或偏斜，边缘具白色骨质细齿，两面无毛，背面沿叶脉疏生短柔毛。花数朵，生茎顶和叶腋，有时仅顶端一朵开放，而近顶端叶腋处有发育不好的花芽，直径 8~11.5cm；苞片 4~5，披针形，大小不等；萼片 4，宽卵形或近圆形，长 1~1.5cm，宽 1~1.7cm；花瓣 9~13，倒卵形，长 3.5~6cm，宽 1.5~4.5cm，白色，有时基部具深紫色斑块；花丝长 0.7~1.2cm，黄色；花盘浅杯状，包裹心皮基部，顶端裂片钝圆；心皮 4~5（-2），无毛。蓇葖长 2.5~3cm，直径 1.2~1.5cm，顶端具喙。花期 4—5 月；果期 8 月。

4. 野生资源

芍药属（*Paeonia*）的物种为多年生草本植物，广泛分布于东亚、中亚、喜马拉雅地区和地中海地区，染色体数为 $2n=10$ 或 $2n=20$。由于多倍化和网状进化的影响，在地中海地区形成了许多不同的群体，导致其分类变得非常困难。

从 20 世纪 90 年代开始，研究者仔细研究了分布在欧亚大陆和地中海地区的芍药属，对芍药属的分类进行了全面而系统的修订。他们以每茎花数和根形态为主要分类指标，将该属分为三个亚组共包括 22 个种和 22 个亚种。芍药属的分子系统发育分析表明，即便是同一物种中不同亚种的亲本也可能完全不同。所有这些结果都表明，芍药属内部的关系较为复杂，其分类尚需进一步研究。

在中国，芍药通常分布于东北、华北、陕西和甘肃南部，生长在海拔 480~2 300m 的草地和森林中。芍药通常生长在温暖潮湿的地区，耐寒耐热，但不耐水涝。作为传统中药材和观赏植物，它还广泛种植于四川、贵州、安徽、山东、浙江等省的城市公园中。

5. 现有种植情况及适宜区域

芍药属植物最早在中国被驯化和栽培。18 世纪时，中国的芍药栽培品种被引入欧洲，随后传播到全球许多温带地区。随着中国芍药栽培品种的传播，芍药属的不同栽培群体逐渐在全球范围内形成。经过 100 多年的发展，芍药栽培品种在欧洲和北美已发展成芍药属中最大的栽培群体，超过4 000个品种在美国芍药协会（APS）注册。在中国，约有300个芍药栽培品种，包括开白色、粉色、红色、紫色、紫黑色、多色及其他颜色花的品种。花型包括单瓣型、半重瓣型、重瓣型、日本型和炸弹型。

四川芍药栽培面积由2019年的8万亩增长到2021年的9.3万亩，总面积增长，但在四川中药材栽种面积排名中有所下降，由2020年的前10名，降到2021年的10名开外。四川中江是芍药的道地产区，也是传统的种植区域。除中江外，成都平原及周围丘陵区均有种植。海拔最高处九龙县（3 000m）亦可种植，2024年九龙县芍药种植面积约有1 000亩。

（二）资源保护和新品种选育

芍药主要分布在东亚地区，集中分布在中国的内蒙古、东北地区、华北地区和西北地区，最北延伸到云贵高原，除中国外在朝鲜半岛、日本、蒙古国西部和俄罗斯的远东和西伯利亚地区也有分布。其主要生长在海拔低于2 300m的灌丛、草地或林下。

我国中药材新品种认定体系主要参照农作物和林木管理办法，有品种审定、品种登记、品种鉴定和品种认定等形式，芍药以品种认定为主。基于中国知网、万方数据等数据库及各省新品种公布信息，不包含园艺品种和菜用品种的情况下，芍药目前育成品种有3个，分别为浙芍1号、川芍1号和川芍2号，详细内容见表1。

表1　已通过审定芍药品种

名称	基源	牵头选育单位	特征概述
浙芍1号	地方品种大红袍	东阳市农业局	多年生草本植物，株高60~70cm，茎秆绿色，茎秆上部分枝；分枝以下的叶片为二回三出复叶，分枝以上叶片多为单生，宽披针形，叶缘细齿状，叶色淡绿；托叶5、宽披针形，萼片5、绿色；主茎花先开，花红色，花瓣3层，10~14片；雄蕊金黄色，球状密生，子房3瓣角形、淡绿色；成熟时果实裂开，种子黑褐色，结籽率低。芦头下苗根数中等，且粗壮，次生根少，种根粗，尾部分支根粗，根皮棕黄色，芍药苷含量2.87%。地上部分年生长期150h左右，3月上旬出苗，4月下旬盛花，花期10d左右。耐肥力强，对锈病、灰霉病抗性强，对红斑病抗性中等

(续表)

名称	基源	牵头选育单位	特征概述
川芍1号	中江白芍	四川农业大学	株高40~70cm，下部茎生叶为二回三出复叶，上部茎生叶为三出复叶；小叶狭卵形、椭圆形或披针形，顶端渐尖，基部楔形或偏斜。花3~4朵，生茎顶或叶腋；苞片4~5，披针形；萼片4~5，宽卵形或近圆形；外花瓣呈倒卵形，长2.0~4.5cm，宽1.5~3.0cm，白色；雄蕊完全瓣化，瓣化瓣黄白色；花盘浅杯状，包裹心皮基部，顶端裂片钝圆；心皮3~4，被毛。蓇葖长2.5~3.0cm，直径1.2~1.5cm，顶端具喙，被白色茸毛。花期4—5月
川芍2号	中江白芍	四川农业大学	株高40~90cm，下部茎生叶为二回三出复叶，上部茎生叶为三出复叶；小叶狭卵形、椭圆形或披针形，顶端渐尖，基部楔形或偏斜。花2~3朵，生茎顶和叶腋；苞片4~5，披针形；萼片3~5，宽卵形或近圆形；外花瓣呈倒卵形，长2~5cm，宽1.5~3.5cm，粉红色；雄蕊完全瓣化，瓣化瓣粉红色；花盘浅杯状，包裹心皮基部，顶端裂片钝圆；心皮2~4，无毛。蓇葖长2~3cm，直径1~1.5cm，顶端具喙，无毛。花期4—5月

目前被登记为"全国农产品地理标志"的芍药有1个，详细内容见表2。

表2 芍药地理标志品种

名称	基源	所属地	特征概述
赤城赤芍	芍药	张家口市赤城县	赤芍是赤城的道地中药材，为毛茛科芍药属多年生草本植物。属根类药材，采挖后除去茎叶、须根，晾晒时洗净泥土，晒干后切片入药。外形观感特征：赤城赤芍根条10~15条，根粗中部直径1.0~3.0cm。初出土时表皮光滑、棕褐色，晒干后外皮脱落、皱纹粗而深、断面皮部窄、白色、粉性足。气微香，味微苦、涩。内在品质：赤芍主要成分芍药苷，含有黄酮鞣制、挥发油、淀粉等成分，赤城赤芍独特指标为芍药苷（C23H28011），含量≥3.0%。功能与主治：清热凉血，散瘀止痛。用于热入营血，温毒发斑，吐血衄血，目赤肿痛，肝郁胁痛，经闭痛经，癥瘕腹痛，跌扑损伤，痈肿疮疡。质量安全要求：产品质量符合《药用植物及制剂进出口绿色行业标准》的规定和《中药材生产质量管理规范（试行）》

（三）栽培技术和生产模式

1. 繁殖技术

芍药在生产上有分株繁殖和种子繁殖两种繁殖方式。如川白芍等重瓣花品种，雄蕊瓣化，不结实，只能采用分株繁殖的方式来进行繁育。即选取粗大健康的白芍根盘，顺其生长形状切为带芽的根茎（rhizome），其亦称为"芍头"，是白芍栽培的种苗。种子繁育是最常见的繁育方法，采后随采随播，不能及时播种混入湿沙集中存放在阴凉、通风区域。

2. 田间管理技术

芍头选择：秋季（9—10月）采挖白芍根时，选择无病虫、无霉烂、无空心、无干缩的粗壮芍头作繁殖材料。先将芍头下的粗根全部切下供药用，按芍头自然生长形状分切成块，每块需带有健壮芽头2~3个，芍芽下留根3cm左右。

整地施底肥：闲地应及早深翻，茬口地需在作物抢收后及时深翻。耕地深度30cm以上，拣净杂草、石块等杂物。每亩施有机肥1 500~2 000kg作底肥，根据土壤肥力情况每亩可适当加施复合肥（15-15-15）15~25kg；施用时与有机肥充分混合均匀，撒施后整地开厢。

起垄覆膜种植：以"高厢垄作+覆膜节水防草"模式栽种。按1.2m开厢起垄，厢面宽1m，垄高30cm，垄间沟宽20cm。起垄后覆厚度≥0.008mm的可回收优质黑色地膜，覆膜要严实、平整。覆膜后在垄上按行距35cm、株距30cm、穴径20cm、穴深10cm左右开穴，三行错窝种植。将芍头芽朝上压按入穴内，盖细土3~6cm。每亩栽种5 000~5 500株。

保墒、除草：干旱时，应及时灌水抗旱保苗。白芍种植最忌草荒，特别是第1~2年，苗小，由于株行距宽，易生杂草，故应勤除。但此时芍根纤细，扎根不深，特别是芽头栽种，不宜深锄，且切忌在株旁松土以免损伤幼根，影响生长。每年中耕除草3~4次。第一次于春季齐苗后，宜浅松土，勤除草；第二次夏季杂草大量滋生时，要除尽杂草，避免草荒，中耕较前次稍深，但勿伤幼根；第三次于秋季倒苗后，除净杂草，清洁田间，将枯枝残叶集中运出田外烧毁。从第三、第四年后中耕除草次数可减少至2次，第一次春季，第二次在初夏，植株封行后杂草较难生长，可不必进行。在高温高湿的7—8月，摘除白芍枯黄叶片，调节田间通透性，减少病害发生。秋季倒苗后，除净杂草，清洁田间，将枯枝残叶集中运出田外烧毁。

追肥：采取土壤施肥与根外追肥结合的方式进行精简高效施肥。第一次5月中旬进行，每亩施用复合肥（10-15-15）15~30kg，将肥料均匀施到植株四周后培土。第二次在 6 月中旬施用，每亩施用复合肥（10-15-15）35~40kg，将肥料均匀施到植株四周后培土。第三次在 7 月中旬进行，施用微量元素肥料，每亩施用 2.0~2.5kg，兑水 200kg，喷施叶片。第四次在 11 月中旬进行，每亩施用有机肥 500kg，将肥料均匀施到植株四周后培土。

鲜切花采收：白芍种植第二年即可大量开花。花期 4 月底至 5 月初，采切时应在上午露水晾干后进行。选择紧实、显色的花蕾或选择萼片松散花蕾，即切即售。采切时，当长度达到需要标准后，应保证母株上的叶片尽可能多留，以保证植株有足够的光合叶面积，保证植株正常生长以及下一年的产量。

药材采收及初加工：白芍一般在栽后 3~4 年收获，适期采收时间在 9 月中下旬至 10 月下旬。选择晴天，割去倒伏茎叶，挖取全根，抖去泥土。留芍芽作种，切下芍根，加工成药。可选择水煮去皮和去皮水煮两种加工方式。①水煮去皮加工法将去须根及芍头后的芍根，按粗细大小不同分档，分别放入沸水中，完全浸入为宜，保持微沸，上下翻动，煮至断面透心，并发黏、有香味后立即捞出。每次煮制后将浮在水面上的油泡子捞净。将煮好的芍根迅速从锅中捞起，立即用凉水冲洗或浸泡 20min。使用脱皮机或人工刮去外皮，并挖净虫眼，不可使用铁制刀具刮皮。煮好的芍根应及时晾晒，直至含水量<14%。②去皮水煮加工法：将芍根放置清水中浸泡 1~2h 后即可去皮。去皮后的芍根应随时用清水浸没，防止暴露于空气中而发红。然后按照上述水煮去皮加工法进行煮芍和干燥。

二、问题与挑战

（一）市场波动较大，种植户对市场行情把握不明

近年来，白芍药材市场价格波动明显，种植户对行情把握程度不高。因把握不好市场信息而承受利益受损的情况普遍存在。种植户不能筛选出有价值的市场信息或者没有获取真实信息的途径，出现盲目跟风种植的情况屡见不鲜。

（二）标准化种植程度低

芍药种植区域同时存在散户和合作社种植。种植基础较为薄弱，大部分年轻人外出务工，留在家中多为缺乏种植技术的中老年人。大部分粗放耕作，田间管理松散，管理方式和技术落后。

除此之外，种植户对病虫害管理手段不当，一是种植户防治病虫害手段单一，

都会且仅会使用农药防治病虫害。查询中国农药信息网可知，没有白芍药材专用农药。农药残留问题困扰中药材产业。二是种植户对病虫害发生原因不明，不能掌握病虫害发生、发展的规律以及病虫害鉴别，无专用农药，知道是何种病害也不知道选用何种合适农药，只能挨个尝试，反复试验，进一步加重了农药残留问题。

（三）繁育瓶颈突出

由于没有芍药种子种苗质量标准，市场上种苗鱼龙混杂、质量参差不齐，质量没有保证，加大了种植户买到劣质种苗的风险。四川芍药以雄蕊瓣化的复瓣花为主，繁育方式只能以无性繁殖为主，经2~3年才可由1株分为2~3株，繁殖系数低，繁殖时间长，具有严重的繁殖瓶颈。繁育瓶颈的存在，导致了当有优质新品种培育出时，无法生产出足量的种苗进行生产和推广，也无法解决市场上种苗鱼龙混杂和长期种植地方品种导致品种退化的问题。

（四）生产基础设施不完备，机械化程度低

种植户在种植芍药时因为怕麻烦或灌溉系统不足，只在旱情严重时才进行浇水，靠天吃饭的情况比较明显。

在白芍药田间管理、采收整个种植过程中，机器的参与度低，大部分的劳作都需要依赖人工完成。采收时，大部分种植户会根据当年市场需求及价格来衡量是否采收白芍。因此造成农田中芍药根部往地下延伸，给采收带来更大的挑战。农用机器普遍参与率低，使种植白芍药材环节发展缓慢。

（五）品牌效应低

芍药缺少产业龙头企业和具有高知名度品牌。生产的药材缺乏品牌建设，以分散小规模生产为主，生产规模小，炮制技术参差不齐，大部分为初级产品，缺少深精加工，制约产业发展。

三、对策与建议

（一）四川芍药产业发展趋势研判

1. 种植面积持续增长

四川芍药的种植面积从2019年的8万亩增长到2021年的9.3万亩，表现出明显的增长趋势。尽管在四川中药材种植面积排名中有所下降，这主要可能是由于其他药材种植面积的快速增长。然而，芍药作为传统且具有高药用价值的植物，其种

植面积预计将持续增长，特别是在识别并推广新的适宜种植区域后，如九龙县的高海拔地区。这种持续增长不仅得益于其药用价值，还受到观赏用途的推动。

2. 市场潜力巨大

芍药作为药用和观赏两用植物，在两个市场上均有广泛的应用。从药用角度看，赤芍和白芍作为中医临床常用药材，市场需求稳定，并且随着人们健康意识的增强和中医药的国际推广，其市场潜力预期将进一步扩大。观赏方面，芍药的文化和历史价值，加上其美丽的花卉特性，使其在国内外花卉市场上极具吸引力。随着生活水平的提高和城市绿化需求的增加，芍药的观赏用途将带动更大的市场需求。

3. 品种创新和技术进步

目前，四川芍药的品种开发和技术革新正在逐步推进。新品种的开发如川芍1号和川芍2号，不仅有助于提高药用价值和适应性，也有助于满足市场对多样化芍药品种的需求。此外，种植技术的进步，包括无性繁殖技术的优化和生态管护方法的推广，将进一步提升芍药产业的生产效率和产品质量。

4. 生态和可持续发展

环保意识的增强以及可持续发展的全球趋势将促使芍药产业加强生态友好的种植和管理方法。这包括减少化学农药的使用，推广生物防治技术，以及改进农业基础设施以提高资源使用效率。这些措施将有助于提升产业的整体可持续性，同时保护生态环境。

（二）促进芍药产业发展的对策和建议

1. 建立合作社，提高规范化种植水平和抵御风险水平

建立合作社是一种有效的方式，可以通过集体管理和共享资源来提升芍药种植的规范化水平。合作社可以统一种植标准，采用先进的种植技术和管理方法，从而确保所有成员的种植操作符合行业最佳实践。这种统一的操作模式有助于提高整个产业的产品质量和市场竞争力。

合作社的成立还能够有效抵御市场和自然风险。通过合作社，小规模种植户可以共享风险管理资源，例如统一购买农业保险，共同应对价格波动和自然灾害带来的影响。此外，合作社可以为成员提供更好的市场信息和技术支持，帮助他们做出更为明智的种植和销售决策。

2. 加强育种与繁育研究

由于芍药种子种苗市场的不规范和繁殖效率低的问题，应加强芍药的育种与繁育研究。建议设立专门的芍药育种研究中心，集中力量进行种质资源的收集与保存，优化和创新芍药的繁殖技术。同时，应开发快速繁殖技术，如组织培养等，以解决芍药的繁殖瓶颈，加速优良品种的推广。

3. 推广生态管护病虫害方法

对于芍药的病虫害管理，推广生态友好型的管护方法是至关重要的。建议培训种植户使用生物防治、物理防治等综合病虫害管理（IPM）策略，减少对化学农药的依赖。同时，应引入和推广新型环保农药，以及通过增强芍药自身的抗病力来减少病虫害的发生。

4. 完善基础设施建设

要解决由基础设施不完善引起的种植效率低下问题，应加大投资建设灌溉系统、田间道路和现代化农用设施。推广使用自动化灌溉技术，优化田间水管理，以应对极端天气带来的影响。同时，提升农业机械化水平，减少人工依赖，提高劳动生产率。

5. 推进白芍交易平台质量溯源体系全覆盖及信息化建设

建议开发并推广使用基于区块链的白芍质量溯源系统，确保从种植到市场的每一环节都可追踪、透明。通过交易平台的信息化建设，为种植户和买家提供实时的市场信息和透明的交易环境，增强市场的公平性和效率。

6. 完善白芍品牌建设

鉴于品牌效应低下的问题，重点推广和建设区域公共品牌，提升四川芍药的品牌影响力。通过地理标志产品的认证、参与国内外展会以及通过媒体和网络平台宣传，提高消费者对四川芍药品牌的认知度。同时，加强与大型药企的合作，推动从原料到成品药的全链条发展，提升产品的附加值。

四川白芷产业发展报告

吴 卫 侯 凯 江美彦

(四川农业大学农学院，四川雅安 611130)

摘 要：白芷为著名川产道地药材，也是40种大宗常用中药材之一，其药食同源，还可作为香料。川白芷种植历史悠久，品质优良，知名度高，其中以遂宁白芷质量最为优质，是全国高品质白芷的核心产区，在全国白芷市场中具有举足轻重的地位。近十年，川白芷一度经历了种植面积萎缩，产能下滑的局面，但自2021年起，在国家政策引导，各地政府高度重视和药材市场经济调控下，其面积产能、基地建设、产地加工、产业园区、三产融合、主体培育等方面已迅速恢复，并取得较大发展，生产技术手段也不断优化。但仍存在种业基础薄弱，新产区白芷生产技术体系尚不完备，GAP基地建设面积有限，智慧化和智能化程度低，白芷生产协同体系有待优化等短板。建议四川省加强适宜新产区、适宜不同用途的白芷新品种选育，加大新产区绿色高效生产技术研发、集成和推广应用，加快GAP基地建设以及智慧化生产步伐，建立健全白芷产业协同创新和产业链协同发展机制。以新质生产力切实推动川白芷产业高质量发展，使川白芷金字招牌历久弥新。

关键词：白芷；品种；技术；对策

川白芷为著名川产道地中药材，在医药、美白护肤和食品等方面应用颇多。川白芷主产于四川省遂宁市，在全国白芷市场中具有举足轻重的地位。川白芷因种植历史悠久，品质优良，知名度高，其市场价格通常高于其他产区白芷。随着中医药行业的发展，白芷需求量日益增大，由此带来的经济效益相当可观，是发展地方经济、乡村振兴的重要抓手。历史上，川白芷年生产量曾约占全国商品白芷的70%，2020年则下滑至最低点（16.23%），后快速回升，2023年已达全国白芷总产能的29.17%，其种植面积及产能提升空间较大。为重新擦亮川白芷金字招牌，保障四川省白芷产业高质量发展，本报告概述了四川省白芷产业的发展现状，并剖析了当前白芷产业存在的主要问题并提出针对性发展建设建议。

一、四川白芷产业发展现状

（一）白芷概述

中药白芷（Angelicae Dahuricae Radix）基源为伞形科植物白芷 [Angelica dahurica (Fisch. ex Hoffm.) Benth. et Hook. f.] 或杭白芷 [Angelica dahurica (Fisch. ex Hoffm.) Benth. et Hook. f. var. formosana (Boiss.) Shan et Yuan]。其长圆锥形，长 10~25cm，直径 1.5~2.5cm。表面灰棕色或黄棕色，根头部钝四棱形或近圆形，具纵皱纹、支根痕及皮孔样的横向突起，有的排列成四纵行。顶端有凹陷的茎痕。质坚实，断面白色或灰白色，粉性，形成层环棕色，近方形或近圆形，皮部散有多数棕色油点。气芳香，味辛、微苦。可解表散寒，祛风止痛，宣通鼻窍，燥湿止带，消肿排脓。用于感冒头痛，眉棱骨痛，鼻塞流涕，鼻衄，鼻渊，牙痛，带下，疮疡肿痛等症，其主要有效化学成分为香豆素类化合物和挥发油成分。白芷药食同源，并可做香料。据统计，2020年版《中华人民共和国药典》（一部）收载中药成方制剂和单味制剂1 607种，其中含白芷的成方135个，占比8.4%。

白芷喜温暖湿润气候，怕高温，耐寒；虽对光照长短、强弱不甚敏感，但日照充足更有利于其生长，在23~26℃下生长最快；对水分要求，以湿润为度，耐旱性一般，尤其苗期不耐旱。一般地，≥10℃有效积温5 400~5 600℃，年平均气温≥17℃，年平均日照时数1 300~1 500h，年均降水量1 000~1 200mm，海拔300~600m。适宜生长于四川盆地中央丘陵平原区地势平坦，土层深厚，肥沃疏松排水良好的砂质土壤，土壤pH值7.0~8.0。种子适宜萌发温度为20℃左右，不耐贮藏。

白芷商品通常根据产地分为川白芷、杭白芷、祁白芷和禹白芷，近年来随着一些新产区的崛起，尚有亳白芷、鲁白芷和渝白芷等。川白芷为著名川产道地药材，其原植物为杭白芷（A. dahurica var. formosana）。川白芷一名出自《济生方》，产四川崇州者，称老川白芷，产四川遂宁者，称川白芷。据《遂宁县志》和《遂宁白芷志》，距今六百余年前，有遂宁人在外地为官，从浙江带回杭白芷种子，种植逐渐扩大，演变至今。四川白芷目前均为栽培种，未见野生分布。历史上，川白芷年生产量曾约占全国商品白芷的70%，但在2014年以后种植面积下滑，产能逐步下降，至2020年达到最低点，仅2 500t，仅占全国总产能的16.23%；但从2021年起，川白芷产能逐步上升，2023年达7 000t，占全国总产能的29.17%（表1），其种植面积提升空间较大。川白芷因品质好，市场上价格一直高于其他产地白芷价格1~2元/kg，尤其近几年价格曾一度攀升至34元/kg，由此带来的经济效益相当可观，是发展地方经济、乡村振兴的重要抓手（图1）。

表1 2013—2023年全国白芷年产量　　　　　　　　　　　　　　（单位：t）

产地	2013年	2014年	2015年	2016年	2017年	2018年	2019年	2020年	2021年	2022年	2023年
安徽	4 600	4 600	4 500	3 200	5 690	3 000	2 500	5 500	4 000	5 000	8 000
河北	3 100	3 100	2 000	2 000	3 420	2 500	2 500	3 000	2 000	2 000	4 000
河南	300	300	300	200	1 140	1 200	2 000	4 000	2 000	2 000	4 000
四川	6 500	7 000	5 000	2 500	3 410	4 000	3 000	2 500	4 000	5 000	7 000
其他	400	400	300	200	340	300	300	400	400	400	1 000
总计	14 900	15 400	12 100	8 100	14 000	11 000	10 300	15 400	12 400	14 400	24 000

数据来源：中药材天地网。

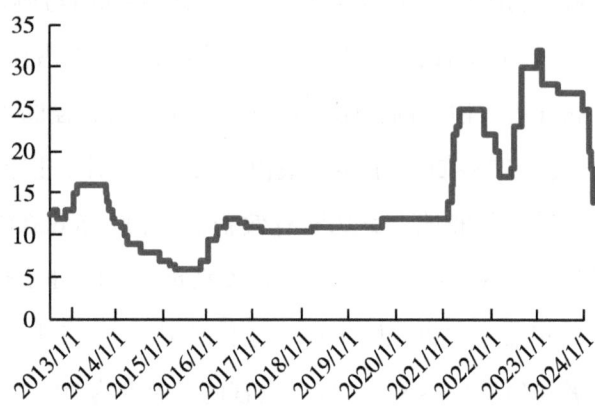

图1 四川白芷2013—2023年价格变化（单位：元/kg）

注：数据来源于中药材天地网。

根据《四川道地中药材志》，四川省80多个县均有白芷分布，以四川盆地中央丘陵平原区为适宜区，包括①盆中方山丘陵亚区：主要在遂宁、射洪、中江、岳池、内江、仪陇、阆中、盐亭、南充等地；②川东平行岭谷亚区：主要有达州、宣汉等地；③成都平原亚区：主要有崇州等地。其中遂宁、南充、达县等地的气候条件、地理环境最适宜白芷种植，为最适宜区。尤其遂宁是白芷优质产区和主产区，素有"中国白芷之乡"之美誉。遂宁白芷主产于涪江沿岸，因形优、质坚、粉多香浓、色白细腻、横切片成"菊花芯形",被誉为白芷上品。过去遂宁白芷多种植于涪江灰棕冲积物风化发育成的砂土和灰潮土土壤。在国家防止耕地"非粮化"政策下,原有的灰潮土上白芷种植面积受限,但随着白芷产业的不断壮大,原料需求量不断提升,加之地方政府对撂荒地整治力度不断加强,种植于紫色土区域的白芷面积越来越大。

(二)新品种选育和生产技术

1. 白芷产业的生产变化趋势

白芷长期以来主要是农户自选、自留。其资源收集、整理和保护工作未得到充分重视,目前由四川农业大学收集有白芷资源材料 200 余份。多种分子标记研究结果均发现白芷资源材料遗传多样性相对比较低。2000 年以来,人们开始逐渐注重白芷新品种选育工作,由四川遂宁市银发资源开发股份有限公司首次主持开展白芷新品种选育工作;自 2005 年至今,由四川农业大学长期主持承担四川省白芷育种攻关任务,主要选育品种如下。

川白芷 1 号:由四川遂宁市银发资源开发股份有限公司等单位在遂宁白芷农家类型中经系统选育而成,于 2007 年通过审定,适宜以四川遂宁为中心的涪江流域地区种植。其特点:生育期 587~617d(种子繁育 304~324d,商品生产 283~293d)。植株叶柄紫色,株型紧凑矮健,生长健壮,早期抽薹率低,适应性强。留种植株长势旺、分枝多,平均株高 1.50m 以上,秆硬,抗倒。经大田实际测产,白芷平均产量为 4 863kg/hm^2,比对照增产 14.42%;药材体重,质坚实,断面白色,粉性,气芳香、味辛、微苦;经测定,欧前胡素含量为 0.25%,醇浸出物 26.90%,总灰分 3.60%,符合《中国药典》(2005 版 一部)的要求。

川芷 2 号:四川农业大学从重庆南川收集的白芷材料中经系统选育而成,于 2012 年通过审定,适宜于四川川中平坝、丘陵等白芷主产区种植。全生育期平均 616d,其中大田生产平均 300d;种子繁育平均 316d。大田生产植株株高 87.0~96.4cm,叶柄基部紫色,叶色深绿、褪绿迟。根圆锥形,根头部钝四棱形;表皮浅黄色至黄棕色。留种开花植株长势旺、分枝多,株高 1.8m 左右,秆硬,抗倒。生产试验中,川白芷 2 号平均产量 8 679kg/hm^2,比对照"川白芷 1 号"增产 29.5%。表现出良好的丰产性、稳定性和适应性。经检测,其干燥根水分含量为 9.30%,总灰分 2.90%,欧前胡素含量为 0.28%,符合《中国药典》(2010 版 一部)的规定。

川芷 3 号：四川农业大学从四川遂宁收集的白芷材料中经系统选育而成，于 2020 年通过认定。适宜于四川盆地中部丘陵及成都平原川白芷主产区种植，尤其适宜种植于涪江两岸灰潮土。全生育期平均 630d（其中大田商品生产平均 305d；种子繁育平均 325d），大田生产植株株高平均 94.5cm，叶柄基部浅紫色，上部青色，叶片颜色深绿，叶片褪绿迟。根圆锥形，根头部钝四棱形，有分枝，上部近方形，根表皮灰棕色至黄棕色，须根数量较少。生产试验结果表明，其平均干重 11 118kg/hm^2，比对照"川芷 2 号"增产 13.3%，具很好的丰产性和区域适应性。经检测，川芷 3 号水分含量 12.3%，总灰分含量 3.10%，浸出物含量 27.50%，欧前胡素含量 0.230%，符合《中华人民共和国药典》（2015 版 一部）的规定。

目前，四川农业大学正开展适宜紫色土种植的白芷新品种，以及不同用途，如适宜做香料或美白产品开发的白芷新品种选育，其中比较适宜紫色土生长的"川芷 4 号"白芷新品种已通过四川省种子站组织的有关专家的田间技术鉴定。

2. 良种繁育情况

四川省的白芷通常于第一年秋季播种，当年为幼年期，第二年为营养生长期，7 月采挖；而采种植株第三年为生殖生长，5—6 月抽薹开花，7—8 月收种，但生产中有部分植株于种子播种翌年 4—5 月抽薹开花，俗称早抽薹，这类白芷也被称作"公白芷"，其根部木质化，香豆素成分含量减少，失去药用价值，生产中需降低早抽薹植株比例。且公白芷种子不能作为生产用种，其下一代早抽薹率最高可达 90% 以上。但实际生产中，有时会出现因为种子数量不足，一些种植者仍会将其作为生产用种的现象。

历史上，白芷种子主要由农户在房前屋后或者田边自留、自繁，没有规范性，生产的种子产量和质量没有保障。随着白芷新品种选育工作的不断推进，各川白芷新品种均在不同时期由选育单位或相关白芷生产企业设置专门的繁种田块进行集中繁殖，种子产量 900~1 800kg/hm^2。如 2020—2023 年，遂宁市的多家白芷生产企业累计建有"川芷 3 号"白芷良种繁育基地 10hm^2，为在四川省大面积推广"川芷 3 号"白芷品种提供保障。四川农业大学还建有"川芷 2"号和"川芷 3 号"白芷新品种原原种繁育基地 0.3~0.7hm^2，并协助遂宁白芷生产企业制定了《川产道地药材 白芷良种繁育技术规程》《川产道地药材 白芷种子分级》等企业标准，在对白芷繁种技术、种子采收时期和分级技术等进行详细研究的基础上，对白芷种根选留、栽种方式、种植时间和规格、施肥管理、打顶、种子采收标准、种子分级标准、种子检验方法和分级判定规则等进行了详细规定，用于科学指导白芷生产企业的良繁基地生产。

3. 生产技术

在总结白芷传统种植技术基础上，近年来四川农业大学、进一步研制和集成形成了一系列白芷高效、绿色关键生产技术，协助企业制定了《川产道地药材 白芷生产技术规程》，用于指导白芷规范化生产；成都中医药大学等科研机构和单位则在白芷产地加工和趁鲜切制工艺等方面开展了大量工作。

（1）化肥减量增效技术。针对白芷常年连作，以及响应国家化肥减量增效行动，筛选出适宜四川白芷主产区生产的简单易得并有效的有机肥种类（油枯），研制出分别适宜灰潮土和紫色土的有机肥和化肥配施方案，并利用自主从白芷根际分离纯化的具有固氮、解磷和解钾功能的根际微生物，开发了适宜的白芷根际微生物菌剂，大田条件下作为底肥施用可增产16.33%，并保障白芷品质，适宜于白芷绿色高效生产。

（2）土壤覆膜技术。白芷苗期植株生长缓慢，长期存在苗期干旱现象，为减少杂草，防止冬旱和春旱，保障土壤墒情，提高土壤有效养分可采用土壤覆膜的方式。垄沟条件下，以黑膜1.0对白芷主要农艺性状、氮、磷和钾积累量，以及欧前胡素含量及积累量促进效果最好；平地覆盖下川白芷更适宜采用有机肥+防草布方式，可减施40%化肥。因平地覆盖与地膜垄沟覆盖相比，在除草、间补苗、追肥、地膜回收和环境等方面具有较大优势，田间管理操作简便，便于将来机械化播种。因此，在生产中更推荐采用有机肥+防草布。结合前述根际促生菌，进一步探索出60%肥料+种施促生菌ZJ-17+覆膜的菌剂—覆膜技术联用的轻型简化、减肥增效种植模式。

（3）白芷防止早抽薹技术。早抽薹白芷，又名"公白芷"，其根部木质化，香豆素成分含量减少，失去药用价值，生产中需降低早抽薹植株比例。适宜的防白芷早抽薹技术如下：选用早抽薹率低的品种；禁用"公白芷"植株收获的种子；留种植株种子适时采收，以种皮由黄绿转为黄白色，周边开始略为黄褐色，4条纵缝线变黑时为最佳采收期；适期播种，以9月中下旬至10月下旬（白露至霜降）为宜，切勿过早播种，防止冬季大苗出现；底肥和苗期控氮，防止白芷幼苗旺长等。

（4）白芷间套作技术。白芷苗期植株比较矮小，可在行间间作一些其他作物。常见的间作物以大蒜、火葱、牛皮菜、莴笋、蚕豆、豌豆等为主，个别农户在春季还会在宽行或在四周边种一些玉米。经调查研究发现，以白芷间作大蒜和火葱的效益最好，且间作大蒜和火葱因植株较小，对白芷生长无显著影响，尤其大蒜还可抑菌，减少病害。由此，白芷—大蒜为一种值得在白芷产区进行大面积推广的方式，具体种植规格如下：以间作大蒜为例，一行白芷，一行大蒜，每公顷大蒜种用量1~1.3kg，白芷行间距以50cm为宜。近年来，在国家防止土地非粮化的政策下，开展了白芷—大豆间（套）作技术研究和推广，在保障粮食作物生产的情况下，通过白芷套种的方式提高经济效益和土地利用率。

（5）白芷产地加工技术。白芷以根入药，其主根粗大，不宜干透。白芷以晒干为宜，但如采挖期遇雨，则易烂根。过去产区曾推崇硫熏防止烂根，并保障色白，后发现硫熏者除存在二氧化硫残留问题，其欧前胡素含量还将下降一半甚至以上，所以将其加工工艺改为在产地建烘房，采用45~55℃烘干的方式。近期还推出了白芷产地趁鲜加工技术，采用将药材切片时间控制在白芷含水量30%~50%时，把白芷切成4cm厚片，温度控制在50~60℃进行干燥。

（三）产业发展现状

白芷药食兼用，为常用大宗中药。它是典型的川产道地药材，因其形优、质坚、色白细腻、粉多香浓、横切片成"菊花芯形"，被誉为白芷上品，历史上其商品白芷产量曾占全国的70%。2018年12月，农业农村部、国家药品监督管理局、国家中医药管理局共同颁布《全国道地药材生产基地建设规划2018—2025》，提出西南道地药材产区到2025年将建成道地药材生产基地45万 hm² 以上，明确了该地区的道地药材种类包括白芷，且提纯复壮白芷（即优良种源）为该区域主攻方向之一。该规划明确了白芷作为道地药材的地位和重要性，以及未来发展的潜力。

白芷最初的生产均为由农户根据经验各自单门独户进行种植，由一些中药材经销企业或商贩到产地进行收购和销售。1999年起，四川遂宁市银发资源开发股份有限公司与成都中医药大学合作开展对白芷规范化生产技术环节进行了比较系统研究，其位于遂宁船山区的白芷生产基地于2006年通过国家中药材GAP基地认证，并选育出"川白芷1号"白芷品种进行推广。2006—2007年期间，该公司还与四川农业大学合作推广了"川芷2号"白芷新品种，为这一时期白芷主要生产企业，并成立了白芷协会统一进行培训和指导等。自2010年后，白芷生产又逐步回到由农户自行生产，中药材经销企业或商贩到产地进行收购和销售的方式，缺乏白芷生产企业。2018年遂宁天地网川白芷产业有限公司开始在遂宁市船山区唐家乡余建村租地33hm²集中种植川白芷，并逐年扩大种植面积，后与四川全泰堂药业合作组建四川全泰堂川白芷产业有限公司，将白芷基地面积拓展至133hm²。2021年，遂宁市船山区建成白芷现代农业园区，建成标准化基地533hm²，大力开展"川芷3号"白芷的繁育和推广工作，辐射带动全区白芷种植753hm²，拥有精深加工企业4家（国家级1家、省级1家），拥有设施装备60余台套，年加工处理能力6 180t，中药材烘干率达100%，研发白芷精油、红茶等精深产品10余个，实现全产业链发展，而国药太极集团、四川省中药饮片厂等以联建、共建等方式与园区内企业共同建设白芷生产基地；在蓬溪则主要以合作社、小型白芷生产企业等方式发展白芷基地533hm²；此外在四川简阳、南充、内江、广安、达州等地尚有白芷种植，以农户自行种植或成立合作社种植，个别为中药企业合作建立基地的方式进行生产。

白芷核心主产区——遂宁市船山区建成白芷现代农业园区已被列入四川省产业强镇计划，集中生产白芷，组建了遂宁市船山区白芷产业协会，按照新版中药材GAP的"六统一、可追溯"要求组织生产，由当地农业局牵头建立了白芷生产全程可追溯系统，其中的四川全泰堂川白芷产业有限公司已被列为四川省首批新版GAP示范建设重点企业。此外，为解决白芷播种采收、施肥和农药人工花费高，劳动强度大等问题，各企业与农机公司合作进行了耕地、播种和采挖农机的改造，并采用无人机喷洒农药和肥料，基本可实现全程机械化，但紫色土适宜农机改造尚在进一步完善以提高适用性。前述的白芷化肥减量技术、覆膜技术、防止早抽薹技术、白芷—大蒜和白芷—大豆间套作技术、白芷产地烘干加工以及趁鲜切制加工技术等均在产地进行了推广，并建成100t白芷鲜切加工生产线1条，取得良好社会、生态和经济效益。此外，科研单位和企业进一步开发出白芷香囊、白芷香料、白芷面膜、白芷漱口水等产品，部分已在市场销售。

二、四川白芷产业发展存在的主要问题与挑战

(一) 白芷资源比较贫乏,育种体系不够完善

目前来看,白芷资源比较贫乏,无论从收集的数量和质量均远远不够,育种品种数量也比较少,迄今仅有3个育成品种,且"川白芷1号"目前已基本未有种植,而"川芷2号"和"川芷3号"均更适合在灰潮土上种植,新产区紫色土还有待新的白芷品种问世,也还有待选择适合做香料或其他特殊用途的白芷新品种。且目前已育成品种均为采用混合选择育种而成,有待采用更多新的育种途径开展育种工作。

(二) 白芷防止早抽薹技术和机制有待进一步研究

白芷早抽薹严重影响白芷产量和质量。尽管已针对性地研制出一些防止白芷早抽薹的技术措施,但在实际生产中仍有部分植株出现早抽薹,且部分年份早抽薹现象甚至比较严重,严重影响商品白芷药材的生产,控早薹技术尚待进一步完善和提升。此外,尽管对白芷早抽薹分子调控机制已有一些研究,但其机理尚未完全解析。

(三) 紫色土上白芷生产技术体系尚不完备

经多年研究,灰潮土上白芷种植技术体系已比较完善,但随着主产区在紫色土上大面积种植白芷,有很多问题尚待解决。如适宜紫色土的白芷品种选育;以及适合紫色土白芷生产的种植密度、施肥措施等;以及尚缺乏适宜紫色土白芷生产的机械化设备。

(四) GAP基地建设有待进一步推动

尽管在遂宁船山区白芷产业园区已启动按照新版中药材GAP要求,在生产中按照"六统一、可追溯"开展白芷生产。但不同业主推进实施情况不一,软硬件建设尚待进一步加强,且在四川省其他地区基本尚未开展白芷GAP基地建设。

(五) 智慧化和智能化程度低

目前白芷生产智慧化和智能化程度低,尽管个别企业安装了水肥一体化等设施设备,但使用很少,也没有关于白芷智慧化相关的研究报道,以及智慧化设施设备的安装。

(六) 白芷生产协同体系有待优化

第一，白芷生产中良种、良田、良法、良机和良制等各方面单项生产技术要点有待进一步集成创新，以形成综合配套生产技术。第二，产学研政过去有一定协作，但农科教和新型农业经营主体间共同协作的模式有待进一步创制。第三，如何协调好一二三产业联动也是值得进一步思考的问题。第四，目前白芷生产主要是四川遂宁一枝独秀，如何以道地产区遂宁白芷生产带动其他四川省白芷适宜区的生产也是值得思考的问题。

三、四川白芷产业发展趋势与对策建议

(一) 四川白芷产业发展趋势研判

白芷为常用大宗中药材，且药食同源，还可作香料，市场需求量大。目前年需求量约20 000t，预计市场需求量会随着产品开发力度加强而进一步增大，尤其川白芷品质好，为历代医家所赞，在市场上受欢迎程度较高，其抗肿瘤、镇痛等功效尚未充分开发利用。且除药用外，白芷还可开发大量日化用品，如面膜、化妆水、漱口水、香囊等，其利用空间还可大大拓展，产业发展趋势向好。

(二) 促进四川白芷产业发展的对策建议

1. 加强白芷资源收集整理和新品种选育工作

白芷资源收集整理和新品种选育是白芷产业发展的物质基础，选育适宜紫色生产所用的白芷品种是当前产业发展亟需，选育适宜作为美白产品原料以及香料的白芷新品种是未来白芷产业发展的趋势。

2. 加大绿色高效生产技术的研发、集成和推广应用力度

目前已有各种适合灰潮土生产白芷的绿色高效生产技术应运而生，可整合白芷生产中的良种、良田、良法、良机和良制等各方面单项生产技术要点，集成创新形成综合配套生产技术，通过试验示范、技术培训、信息传播等多种途径，形成破解白芷产业发展瓶颈问题的综合性技术解决方案，为白芷产业高质量、健康和可持续发展提供强有力的技术支撑，这必将极大推动川白芷全产业链的升级。同时随着紫色土上种植白芷的面积越来越大，还必须加强紫色土的绿色高效技术的研发，以及集成、创新和系统推广应用。

3. 加快白芷智慧化生产步伐

为保障白芷药材"稳定、可控、有效",尽快开展白芷智慧化生产是大势所趋,为此加强其智慧化相关基础研究迫在眉睫,如白芷生长模型的建立,以及适宜白芷生产的传感器和相关生产设施设备的研发等。

4. 建立健全白芷产业协同创新机制

可建立白芷产业专家大院,政府提供资金,设立首席专家制,由白芷产业相关专家负责GAP基地建设指导、品种选育优质高效种植技术和良种繁育技术研制、集成与示范、标准编制、产品研发;由地方农业农村局等负责白芷生产技术推广、人员培训,信息传播等。各参与单位要注重分工合作,统筹协调,其中院校主要负责新技术、新产品研制以及技术集成,推广单位负责集成技术的日常推广应用;还要注重相互沟通协调,及时交流经验教训,减少重复浪费,共同推进白芷产业发展。

5. 建立白芷产业链协同发展机制

努力实现白芷一二三产业联动。在大力打造白芷规范化、规模化、机械化生产基地,高效生产优质白芷药材的同时,将积极创新和拓展白芷产品种类,利用川白芷药食同源,还可作为香料的特点,开发更多适宜产品,并不断拓宽终端市场,充分延伸白芷产业链,推动白芷种植面积进一步增加;同时在核心区域农文旅融合发展,以企业为主体力争成功打造白芷产业博物馆等,讲好白芷故事。园区内大力发展"互联网+道地药材"的全新商业模式,组织各类经营主体与中药材电子商务平台"诚实通"、中药材天地网信息平台、白芷电子商务服务基地等建立良好的合作关系,并开展抖音平台网上直播带货等。

6. 统筹全省白芷产业协同发展

及时掌握和发布白芷供需矛盾,及时追踪各地白芷生产面积,建立预警机制;建立道地主产区遂宁以及其他白芷适宜生产区的关联和协同发展机制,将道地产区好的白芷生产模式复制或推广至其他四川白芷适宜生产区。

参考文献

江美彦,刘仁浪,周杨,等,2023. 白芷根际促生真菌筛选及其促生效果研究 [J]. 中国中药杂志,48(19):5172-5180.

江美彦，周杨，刘仁浪，等，2022. 白芷根际 PGPR 的筛选及其促生效应［J］. 生物技术通报，38（8）：167-178.

刘仁浪，江美彦，陈靳松，等，2024. 不同类型地膜覆盖对白芷生长发育、产量及主要有效成分的影响［J］. 核农学报，38（3）：540-550.

刘仁浪，刘思琴，张宇柔，等，2024. 氮磷钾配合施用提高白芷种子产量和质量［J］. 植物营养与肥料学报，30（4）：812-823.

刘思琴，江美彦，刘仁浪，等，2023. 黑曲霉 ZJ-17 与有机肥和化肥联用对白芷生长、产量和品质的影响［J］. 植物营养与肥料学报，29（10）：1911-1922.

遂宁市地方志编纂委员会，1992. 遂宁县志［M］. 成都：巴蜀书社：163.

万德光，彭成，赵军宁，2005. 四川道地中药志［M］. 成都：四川科学技术出版社：174.

郑利，邓聪，冯亮，等，2020. 遂宁川白芷产业发展现状与分析［J］. 农村经济与科技，31（20）：1-2.

中华人民共和国卫生部药典委员会，2020.《中国药典》第四部［M］. 北京：中国医药科技出版社.

周正，1993. 四川中药材栽培技术［M］. 重庆：重庆出版社：158.

朱兴龙，陈晓妍，周永峰，等，2023. 不同加工方法及干燥温度对白芷饮片品质的影响［J］，54（8）：2427-2436.

四川川明参产业发展报告

米亚东[1]　钟伟萍[1]　李欣瑶[2]

(1. 巴中市农林科学研究院，四川巴中 636000；2. 四川省园艺总站，四川成都 610042)

摘　要：川明参习称沙参、明参、明党参、土人参等，是中国独有品种，人工种植及食用有上百年历史，现代名字被学界确认仅40年，主产四川省，常年栽培面积超5万亩，产量占全国总产量70%以上。最适宜区主要分布于成都、巴中、南充、广元等地，种植技术及初加工较纯熟，四川4个县拥有该品种地标产品；历史产量销量都较大，产品远销广东、福建、东南亚等地区，亩产值超1万元，甚至达2万元，是增收致富产业；加工成的食品深受大众喜爱，习惯认为是药食同源物质，是四川鲜明、突出、有前景的特色中药材产业之一。随着现代社会发展，存在生产粗放、初加工技术落后、生产技术推广不完全到位、食品使用缺乏系统的安全性评价及食品标准配套等短板。

关键词：川明参；药食同源；对策建议

一、发展现状

(一) 概述

川明参为伞形科川明参植物川明参（*Chuanminshen violaceum* Sheh et Shan）的干燥根，是我国特有的伞形科单种属植物。始载于《饮片从新》明党参项下，1950年以前与明党参（*Changium smyrnioides* Wolff）同等看待，《四川中药志》以明参收载，主产区习称沙参、明参、土人参等，佘孟兰等（1980）建立了川明参属，川明参以条粗、质坚实、外皮黄白色、细致光滑、有光泽、断面半透明者为佳，若有菊花心更优。据《全国中药汇编》《四川中草药大型文献》及《四川中药材标准》（2010版）记载川明参性味甘、平、微苦，凉；归肺、肝经；具有滋阴补肺、健脾等功效；用于肺热咳嗽，热病伤阴。现多当食品使用，在民间被认为药食同源物质，常用于炖汤、泡酒、炖肉以及打粉，并且已具有较长的使用历史，市面仅九芝堂的"健儿散"将其作为原料。川明参喜温暖湿润气候，宜阳光充足、通透性良好、肥沃的砂壤土、腐殖土栽培。在四川、重庆、湖北有野生分布，宜区为川明参在四川的适生区，在 26°~33°N，102°~108°E，主要集中于东部的盆地、丘陵地区，总面积达 $21.49\times10^4 km^2$，占四川省总面积的 44.22%。其中高适生区主要位于巴中、广元、南充、成都、德阳、绵阳、遂宁、资阳、南川、宜昌及当阳等地市；最适宜区在巴中渔溪木头山、峰骆山及成都云顶山一带，周边的巴州川明参、阆中川明参、苍溪川明参、金堂川明参均获得国家地理标志产品认证。现全省已建成巴中市恩阳区道地药材、阆中市五东中药材等现代农业园区，预计全省种植面积超 5 万亩，产值达 10 亿元，川明参成为四川省中药材产业种植面积较大品种之一，具有鲜明、突出的产业特色优势产业之一。

（二）资源史料记载、使用和新品种选育

1. 川明参史料记载及使用

据南宋绍定二年（1229 年）谢周卿进士，四川恩阳人，致仕回乡，在《药性溯源》一书整理注释中，对沙参（当时恩阳县境渔溪一带沙参当属野生）的药性进行了考证、论述；同期与好友的书信中，谢周卿详细讲述了制作沙参羹的做法。据《巴州志校注》（道光十三年版 1833）《巴中县志》《成都市志·医药志》记载川明参历史可追溯至明成祖时期，并作为皇室贡品受皇帝赐名记载，人工种植川明参已有 300 年历史。根据《中国土产综览》记载"1947 年 300 吨，1949 年 100 吨"，《巴中县志》记载"沙参年产 40 万~70 万斤，最高年产 80 万斤，约占全省产量的 50%，具有质嫩、体重、粉足、不裂口等特点"。川明参经四川省食品发酵工业研究设计院及中国科学院成都生物研究所化验，含有十八种氨基酸，多种维生素，多种人体有益微量元素，以及异虎耳草素，白当归脑、氧化前胡素水合物，芸香瑞亭等药用活性香豆素和芦丁。具有补气、生津、润肺、止咳等功能，同时与各类肉食品掺和搭配成色鲜味美的川明参系列菜谱，是宾馆、饭店、酒家、家宴广泛采用的美味佳肴。川明参食用有上百年的历史，其食用味道鲜美，具有质嫩、粉足、汤鲜等特点，当地居民常用于宴席、家常煲汤、川明参泥及部分泡酒；市消费者多与鸡、鸭、猪排骨炖制、煲汤，鲜品也可直接蒸熟食用；现食用方式主要以炖汤、酿酒、饮品、沙拉酱等方式食用，开发了川明参茶、川明参酒、川明参粉、川

明参泥、川明参药膳等系列功能性食品产品,部分市场先行者已经着力于沙参的深加工:风味沙拉、含片、酿造酒、速溶粉、咀嚼片、复合饮料。随着当地对绿色生态重视及历史习用,加大对野生资源采挖力度,导致部分地区资源逐渐萎缩,川明参已列入《世界自然保护联盟红色名录》(IUCN)中,保护级别为濒危(EN)。

2. 资源保护与新品种开发

在金堂云顶山、苍溪县龙山镇、恩阳渔溪镇均建立了川明参繁育基及资源圃地,但大部分川明参种子仍是农户自留种子,种源来源有野生资源、多年仿野生、种子育苗产生的种子、移栽商品苗产生的种子,存在多种多样的种质资源,目前人工选育了基部叶片宽大、叶色浓绿、生长健壮、发薹多且病虫害少的川明参新品种"成明1号",在阆中、青白江推广栽植。

(三)生物学特性、生产技术及大田模式

1. 生物学特性

川明参5月下旬至6月上旬(小满至芒种)收获种子,8月下旬至9月上旬播种,翌年4—5月籽育苗会有种子产生,7—9月休眠时栽植,9月出苗,第三年的3—4月采收商品,喜凉爽、湿润气候,忌连作,较能耐寒,但不耐高温,适合生长于年降水量1 000mm以上的亚热带湿润性季风气候带,全生长期内最高气温平均20℃,最低气温平均5℃,且需要充足的降水。影响四川川明参适生性的主导因子为最冷月最低温、年降水量、最冷季降水量、紫外线最高月的均值和海拔高度等5个环境变量,最冷月最低温在-3.28~2.54℃时,存在概率在50%以上,当达到0.07℃,存在概率最高;年降水量达到1 028.97mm时,川明参的存在概率达到最高;最冷季降水量介于8.28~28.97mm时较敏感,存在概率呈单调递增(从0达到最高94%),随后存在概率随着降水量的增加而减少;紫外线月均值4 566.32KJ/m² 时,川明参存在概率达到最大;海拔在783.19m时存在概率达到89%。

2. 育种育苗及栽植

选播种后第三年(移栽后第二年)生长健壮、无病虫害的单株留种,在果实由绿色变为棕褐色、果实饱满、棕褐色、紫红色、轻柔时成两半,茎秆将近枯萎时,将带有果实的茎割回摊放在阴凉处,切忌在阳光下晒干,以免造成"哑种",6~7d后选晴天将种子揉下、脱粒、簸净、阴干,在阴凉干燥的环境下用透气口袋贮存;

播种时风选当年种子，种子纯度≥80%、净度≥95%、千粒重≥8g；每亩用种量10kg；将种子与细砂土反覆拌匀后均匀撒于厢面，撒适量草木灰后（以不见种子为度），依次盖1cm细土、2cm碎青草，薄盖玉米等秸秆（以保温保湿和防止表土板结），出苗时选阴天或晴天下午揭去作物部分秸秆，待到苗高3cm左右时，才揭去全部秸秆（既利于生长，又可防止烈日曝晒）。种植地块选择土层深厚、排水良好、前作未种植胡萝卜、香芹、香菜、川芎、柴胡、防风、白芷、川明参等伞形科作物或轮作2年以上的砂壤土，每亩施腐熟农家肥（农家肥1 500~2 000kg或生物有机肥300kg）和硫酸钾型复合肥30~50kg作基肥，深翻土壤，作宽130~140cm的厢，厢沟深度30~40cm，厢面垒成瓦背形；平地隔两厢开40cm深沟，山地开好背沟和环沟。阴天将带芽头的种根挖起，起苗时注意不要把根挖断、挖伤，并逐一检查，选除"乌龟头""坏老壳"机械损伤的。按长短、直径大小≥0.6cm、0.3~0.6cm、≤0.3cm的标准分级打捆，放置于阴凉湿润处，上面撒少量泥沙保湿。运输途中要避免风吹、日晒、重压、沤烂、洒水、发热和机械损伤，保持芽苞新鲜。最好是做到当天起苗，当天栽植。按行距20~25cm开横沟，沟深与种栽长度相适应，以放入种栽不致弯曲为度，分级单株栽植，株距5~7cm，每亩植种苗50 000株左右，芽头向上，根系须舒展平直，填土压实，再在芽头上覆松土3~4cm（注意不让根头露出），栽完第一沟再栽第二沟，按行距约25cm开横沟，一天栽植结束后覆盖5~8cm的草或玉米秆等作物秸秆，保持湿润，以利出苗，出苗后可揭去覆盖物。

3. 田间管理

除了防止人畜践踏、注意排水保墒外，还应加强除草和肥水，同时注重病虫害防治。苗齐后人工除去杂草，在幼苗两片真叶时追施第一次肥，12月下旬追施第二次肥，翌年2月下旬追施第三次肥，每次每亩施腐熟清淡粪水1 000~1 500kg，不宜过浓，以免伤苗，每次追肥前，拔除杂草。次年6月上旬（夏至前后），幼苗地上部分枯萎时，用沟中细泥土盖根基部约3cm厚，防止曝晒抑制杂草，以利植株正常生长，否则成"乌龟头"，不长根。栽植后及时人工除草2~3次。第一次在11—12月苗高7~10cm时，第二次在翌年2月上旬（立春前后），除草时宜用小锄浅锄，避免伤害幼苗；株间杂草用手拔除。结合除草施肥，根据苗情酌情追施清粪水肥、少量氮肥、硫酸钾型复合肥。

4. 病虫害防治

秉承"预防为主，综合防治"的方针，创造不利于病虫草等有害生物孳生和有利于各类天敌繁衍的条件，保持药园生态系统的平衡和生物的多样性，将虫害控制在允许的经济阈值以下，确保川明参产品的安全性和比较效益。主要害有根腐病、根锈病、菌核病、蚜虫、食心虫、凤蝶等，发现少量病株及时拔除，病穴用石灰粉消毒；大量病虫害需采取化学防治。

5. 推荐生产模式

考虑连作及粮食安全等因素，最好采取二年轮作、玉米—川明参套作或分带轮作方式，玉米于翌年4月移栽至川明参垄间的空行内，玉米收获后保留干枯植株，川明参移栽或育苗时，砍伐玉米秆覆盖当年川明参育苗或栽植地块，为其遮阴降温保墒。川明参—玉米套作生态种植既满足了川明参的遮阴需求，又高效利用了玉米间的闲置之地，节省了成本，减轻了工作量，实现了较好的经济效益和生态效益。

6. 采收及初加工

留作种的植株在移栽第二年后不打薹，但要除去病株、弱株、早抽薹的；不留种的在生长期间当花薹刚抽出时，从2月起就要及时打薹疏花，以促进根部生长。播种后第三年3月下旬至4月上旬，清明节前后（纬度越低采收时间越早），去茎，深挖40~50cm，将根部挖出，去掉泥沙，齐芽苞剪去叶柄，即成鲜川明参。在采后初加工主要共分为五个环节：①洗：将鲜川明参除去泥沙、粗皮等杂质，洗净、粗略分大、中、小备用（淘洗时，可将川明参齐头理顺，有序放于竹筐、竹背、滚筒式篓筐或不锈钢脱皮机内，用水边冲边摇；也可将竹折放于水中，将川明参倒在竹折上，搓洗）；②煮：将洗刮好的川明参放入沸水中煮1~2min，当颜色由白色变黄白色无白心，能盘成圆圈时，立刻捞起；③漂：将刚捞好的川明参迅速放入清水中浸漂5min，使其冷却，防止过熟；④刮：用玻片、竹片不锈钢刀片去除机械未除去的粗黄色皮（最小的可以不刮皮），使表面光滑，外形美观；⑤晒：稍晾干后，摊放在晒席上或用小绳、篾条、竹签将漂洗好的川明参穿头悬挂在阳光下晾晒。若遇阴雨天气，要立即炕干、烘干（温度由低缓慢升高，最后控制在50℃左右，温度过高容易产生油条，温度过低烘炕时间长不利于水分蒸发）至含水量≤12%时即可。以身干，无泥沙、杂质，无虫蛀、霉变为合格；以条粗大，质坚实，外皮黄白色，断面半透明，菊花心明显的为佳。

二、问题挑战

(一)生产端

在育苗生产、种子种根选择、居群生境、采收初加工、模式选择等方面有一些研究,主产区均颁布了相关生产技术规程,种植仍然多以农户自由种植为主,中药材种子种苗多是"自繁、自留、自育、自用"的繁育模式,存在各产地生产技术各异、种源退化、农药化肥不规范施用、生产栽培较粗放、土壤肥力补充各异、管理水平参差不齐、初加工加工工艺仍存在熏硫的传统工艺等现象,2024年10月发布《川产道地药材生产技术规程 川明参》,技术推广普及不完全到位,导致川明参产量不稳定、质量良莠不齐。

(二)应用端

川明参在化学成分组成、提取、毒性实验、药用价值、质量评价、食品应用等方面有一些研究,发现川明参在四川省具有较长种植、食用历史(有三十年以上作为食用历史,且曾进入工业化生产销售),具有极高的食用药用价值,食用方式多样,食用人群广泛,四川省川明参重金属含量全部符合我国《药用植物及制剂进出口绿色行业标准》,也符合美国"饮食补充剂标准"NSF/ANSI 173—2010等标准"膳食补充剂"原材料要求,各级医疗和疾病防控机构暂未从食用、药用途径发现川明参有毒性或不良反应报告,尚未发现食用川明参中毒或不良反应的报道和报告,不同背景的食品安全相关工作人员对川明参的食用安全性认可度较高,但未进入药食同源目录内,也缺乏系统的安全性评价(居民膳食、流行病学的调查,急毒实验等)及官方发布的食用标准,导致目前仅能销售农产品原材料,研发深加工产品难以投入市场,产业规模可能会被压缩。

三、对策建议

(一)四川川明参产业发展趋势研判

未来气候变化对川明参生长发育不利,未来20年产区将从高海拔地区往其他区域发展,野生资源将逐渐减少;随着经济的发展,农村老龄化,连作障碍等因素,川明参人工种植面积将缩减;中药材是特殊的商品,中药材既是以疗效为评判标准,又要以《药典》为准绳,目前没川明参的新特药出现,故做药品使用将越来越受限；食用管理将更加严格，按现在条件预计市场流通还是以农产品为主，用量变化不大但长此以往会逐渐萎缩。总之，虽然是一个富民产业，但如果不能打通食用的政策限制，该产业的发展壮大必将受到极大限制。

（二）促进四川川明参产业发展的对策建议

以最适宜区为依托，开展川明参野生种质资源保护，强化选种育苗、储存优良基因，做大川明参资源圃，推广运用《川产道地药材生产技术规程 川明参》，通过良种繁育、合理轮作、科学施肥、绿色防控、创新加工工艺以提高产量、控制品质，通过生产技术规程推广运用、试验示范，引进或选育新品种，展示新技术，有效控制生产成本，解决川明参长期以来生产技术落后导致的产量和质量低下的关键问题，提高四川道地川明参档次，实现较高的经济效益和社会效益，促进川明参产业可持续健康发展。按照食品安全标准，需要有资质的机构开展川明参安全性评价及官方发布的食用标准川明参食品使用安全性评价，制定食用相关标准，明确食品身份，突破产业限制，保障其食品产品依法依规的流通。

参考文献

陈朝霞，张梅，陈璐，等，2013. 川明参对大鼠的长期毒性实验研究［J］. 时珍国医国药，24（9）：2104-2107.

陈丹丹，彭成，2011. 川产道地药材川明参的研究进展［J］. 中国药业，20（3）：1-2.

陈志荣，梁小斌，2010. 川明参田间管理技术要点［J］. 四川农业科技（12）：31.

方清茂，胡平，张美，等，2023. 2021年四川省栽培中药材统计分析［J］. 中国现代中药，25（11）：2373-2377. DOI：10.13313/j.issn.1673-4890.20221227001.

米亚东，钟伟萍，张潇引，等，2023. 不同生境来源川明参种子种苗的差异初探［J］. 四川农业科技（7）：34-37.

彭铭泉，1999. 美味食疗汤羹180种［M］. 成都：四川科学技术出版社：57，76.

施尚泽，邱有荣，董顺文，等，2010. 川明参大田种植及加工的关键技术［J］. 四川农业科技（3）：35-36.

万德光，彭成，赵军宁，2005. 四川道地中药材志［M］. 成都：四川科学技术出版社：53-55.

杨贵旭，2010. 阆中市粮∥药、药∥药主要模式推介［J］. 四川农业科技（9）：31.

赵金鹏，王明田，罗伟，等，2023. 川明参生态适宜性及四川潜在分布区预测［J］. 中国农业气象，44（8）：664-674.

四川丹参产业发展报告

陶 珊[1] 钟明志[1] 毛常清[1] 彭 芳[1] 廖海浪[1]
吴 宇[1] 曾 艳[2] 唐秋香[2] 张 超[1]

(1. 四川省农业学院经济作物研究所,四川成都 610300;
2. 中江县农业农村局,四川中江 618100)

摘 要:丹参(*Salvia miltiorrhiza* Bge.)作为四川的道地药材,在四川中药材市场中占据重要地位。近年来,为满足日益增长的市场需求,四川省多地扩大了丹参种植面积,丹参产区出现逐渐转移的现象。当前,四川丹参产业面临一些问题,如缺乏市场需求品种、种植模式单一、产业链开发深度不足等,限制了四川丹参的产业发展。本报告从四川丹参的品种优势特点、种植模式、栽培方法、新品种选育、当前产业存在问题等多方面开展论述。在此基础上,对四川省丹参产业发展趋势进行研判,并提出相应对策建议。

关键词:丹参;四川;产业报告;栽培技术

一、发展现状

(一)概述

丹参(*Salvia miltiorrhiza* Bge.)为唇形科鼠尾草属植物,其药用部位为丹参的干燥根和根茎。其味苦,微寒,具有活血祛瘀,通经止痛,清心除烦,凉血消痈等功效,临床上主要用于胸痹心痛,热痹疼痛,心烦不眠,月经不调,痛经经闭,疮痈肿痛等疾病。丹参是一种常用的中药材,广泛应用于治疗心脑血管病等多种疾病,上市药品中含丹参的有877种,中成药配方使用丹参的有924种(药智网数据),常见的包括复方丹参滴丸、丹参注射液、复方丹参片等,这些药物在临床上被广泛用于治疗冠心病、心绞痛等心血管疾病(中国医疗网)。丹参的适应性强,很多地区都有分布,当前栽培丹参的主产区有山东临沂、河南焦作、山西万荣、陕西商洛、四川中江等地。四川丹参种植从清朝年间就有记载，至今已有300多年的历史，由胡世林主编的《中国道地药材》将其列为川产道地药材，四川丹参的种植面积常年稳定在5万亩以上，据四川省中医药管理局的统计信息，2023年底四川丹参的种植面积为5.56万亩。德阳市中江县是四川丹参的道地产区，在2020年以前，中江丹参的种植面积稳定在4万~5万亩，中江丹参也一直是我国的主要优质道地药材，以其根粗壮、色泽朱红、药味浓郁、药效高而驰名海内外。近年来，四川丹参出现产区迁移的现象，广元、绵阳、遂宁、南充和资阳等地丹参种植面积逐渐扩大，甚至出现赶超中江的趋势，丹参适应性强且种植技术简单，四川海拔1 000m以下的大部分丘陵区域都适宜种植，但丹参怕涝，四川6—8月雨水较多，要注意排水防涝，最好选择疏松透气、排水良好的砂壤土进行种植。

（二）资源保护和新品种选育

目前市场上流通的丹参药材都是人工种植而来，在人工栽培过程中，通过科学的种植技术和管理，可以确保丹参的产量和品质稳定，从而满足市场的需求。近年来，全国各地农业科研机构和高校针对丹参的遗传改良进行了大量研究，育出多个优异丹参新品种，主要以高产、抗病、优质为育种目标。四川省在丹参新品种的选育方面也取得了一些成果，主要通过改良传统栽培群体，筛选和培育出优质、高产、抗性强的品种。目前通过四川省品种认定委员会认定的丹参品种有6个（表1）。

表1 四川省已通过认定的丹参新品种

名称	来源	牵头选育单位	特征概述
川丹参1号	中江栽培群体	四川农业大学	生育期240~270d，长于对照品系10d。植株呈匍匐状，密被柔毛，高60~75cm，株型稳定。叶片卵圆形而大，顶生小叶大于侧生小叶，根粗短肥厚，质硬而脆，较易折断。比对照增产29.8%。经检测，水分3.7%，丹参酮IIA 0.25%，丹酚酸B 8.0%
川丹2号	中江栽培群体	四川农业大学	株高50~60cm，3出羽状复叶，花萼钟状，紫褐色，0.8~1.1cm；花冠浅紫色；花药紫色或黄白色，花期4—9月。丹酚酸B含量较中江本地栽培混杂群体和已审定丹参品种"川丹参1号"分别提高了24.4%和5.38%

(续表)

名称	来源	牵头选育单位	特征概述
优丹1号	陕西商洛、山东莒县引进野生居群	成都农业科技职业学院	生育期246~270d，根系发达，根条平均38条，较细长，根长34~42cm；株高40~60cm，羽状3~5（7）出复叶；花萼钟状，紫褐色；花冠浅紫色，长2.0~3.0cm。花期4—10月。丹参酮IIA、隐丹参酮、丹参酮I总量为0.56%，丹酚酸B含量为6.2%
中丹1号	中江丹参栽培	四川省中医药科学院	生育期250~270d，出苗早，齐苗快。茎直立，四棱形；叶片阔卵形或类圆形。花冠蓝紫色。根肉质，外表面呈砖红色，断面黄白色，中央有细小木心。比对照增产29.24%。经检测，药材含水量10.9%、总灰分4.2%、酸不溶性灰分0.8%、水浸出物76.2%、醇溶性浸出物15.7%、丹参酮IIA 0.43%、丹酚酸B 10.6%
蜀丹1号	山东蒙阴县引进的栽培群体	四川省农业科学院经济作物研究所	平均株高49.5cm；根条数较多，根条粗细均匀，平均根条数16.0根/株，根长30.2cm；叶片椭圆形，叶色绿色，大小中等，叶片平整；盛花期在6月下旬至7月上旬，花枝多，花冠上唇、下唇及下唇舌边缘颜色均为紫色。比对照（中江栽培种）增产9.75%。经检测，丹参酮类0.66%，丹酚酸B 8.6%
蜀丹2号	河北保定引进的栽培群体	四川省农业科学院经济作物研究所	平均株高35.5cm，冠幅59.7cm；根较粗，平均根条数13.9根/株，根长30.20cm，根直径15.13mm；叶片卵圆形、叶边缘有钝锯齿状缺刻，叶片绿色、较大，叶面皱缩程度强；盛花期在7月下旬至8月上旬；花枝较少，花中等大小，花冠浅紫色；比对照（中江栽培种）增产16.07%。经检测，丹参酮类0.87%，丹酚酸B 13.7%

（三）栽培技术/生产模式

目前，比较成熟的四川丹参种植模式为高厢覆膜生态种植模式，其主要技术要点如下。

1. 选地与整地

选择阳光充足、排水良好、灌溉方便、土层深厚、质地疏松、pH值6~8的砂质壤土。土质黏重、地势低洼易积水、周围有遮光物的地块都不宜种植。前茬作物以禾本科作物为好，不宜选择前茬作物为地下根茎类植物的地块或者病虫害严重发生的地块。土地选好后，待前茬作物收获后，及早进行整地，丹参是深根系植物，要求深耕30~40cm。可结合整地同时施入充足的底肥，可施入油枯每亩100kg，过磷酸钙每亩50kg，硫酸钾每亩20kg（或亩施50~75kg硫酸钾型复合肥），结合旋耕将肥料与土壤混匀，后进行开沟起垄，可按照垄宽70cm、沟深30cm进行起垄，将垄面平整，盖黑色地膜，周围挖好排水沟。

2. 繁殖方式

根段无性繁殖是目前四川丹参在生产中采用的主要繁殖方法。种根选择直径0.7~1.0cm，健壮、无病虫害、皮色红的一年生根为好，12月至翌年3月间随挖随栽。生产上主要采用直播方式，将选好的根条用剪切成约4cm的节段，边栽边剪最好，立放在穴内，使上端保持向上，切勿颠倒，如不能分辨上下最好采用平放的方式，然后覆土3~5cm。一般每亩地用种30~50kg。用根段繁殖的丹参，开花晚，但根部生长快，药材产量高。丹参还可以采用芦头繁殖。在丹参收获时，选取健壮、无病虫害的植株剪下粗根入药，而将细根连芦头带心叶用作种苗进行繁殖。大棵的苗，可按芽与根的自然生长情况分割成2~4株然后再种植。

3. 田间管理

中耕除草：采用根段无性繁殖的，常因盖土太厚妨碍出苗，要在3—4月出苗时进行查苗。出苗困难的，一旦发现可将板结层撬开，以利出苗。大田生产一般要中耕除草2~3次，第一次在返青后或栽种出苗后苗高约6cm时进行；第二次在6月，第三次在7—8月进行。按中药材种植质量管理规范（GAP）要求，一般情况下不要使用除草剂。

追肥浇水：根据出土后的生长情况及土壤的肥沃度决定是否追肥。追肥一般选择在6—8月进行，可施入硫酸钾型复合肥每亩30~50kg，或者追施促进丹参生长的叶面肥等。保持土壤干湿合理，如过干要勤浇水，浇水量每次要少，雨季注意排水，特别防止淹涝。特别在6—8月雨季时节要防止田间积水引起丹参烂根。

4. 病虫害防治

叶枯病：植株下部叶片开始发病，逐渐向上蔓延。发病初期叶面产生褐色、圆形小斑，病斑不断扩大，中心部呈灰褐色，最后叶片焦枯，植株死亡。防治方法：选用无病健壮的植株栽植，加强田间管理，增施磷、钾肥，及时开沟排水，降低湿度，增强抗病力。发病初期喷质量分数60%代森锌600倍液或50%多菌灵800倍液。

菌核病：病原菌先侵害植株茎基部、芽头及根茎部，侵染部位变成褐色并逐渐腐烂，在病部表面、附近土面及茎秆基部内生有灰黑色的鼠类粪状菌核和白色菌丝体。病株茎上部及叶片逐渐发黄，最后植株枯死。防止菌核病要做到合理密植，通风透光，发现病株要及时拔除，并用质量分数50%氯硝胺0.5kg加石灰10kg，撒在病株基部及周围土面，防止蔓延，或用质量分数50%利克菌1 000倍液浇灌病穴。

根腐病：感病植株细根首先发生褐色干腐，并逐渐蔓延至粗根。根部横切面可见到明显的褐色病状，即维管束病变。后期根部腐烂，植株地上部分萎蔫枯死。防治方法：实行轮作，选地势高燥的地块种植。加强管理，增施磷、钾肥，疏松土壤，促进植株生长，提高抗病能力。发病期喷质量分数50%硫菌灵800倍液，或灌根。

粉纹夜蛾：幼虫咬食叶片，咬成孔洞或缺刻，严重时叶片被吃光，5—6月为害严重。防治方法：杀虫灯和性诱剂诱杀成虫，在幼虫期用0.3%苦参碱水剂、阿维菌素防治。

5. 采收与加工

四川丹参一般种植1年即可收获，收获时间一般在翌年1—3月。四川丹参根系入土较深，质脆易断，应选晴天土壤半干时挖取。从垄的一端挖深沟，深度由根长而定，当根全部露出后，顺垄逐株小心取出全部根系，去净泥土后运回，可采用晒干或者阴干的方式干燥，丹参忌用水洗。传统的丹参干燥过程中需要晒或阴至半干后进行堆置"发汗"后再继续晒干或阴干。丹参储藏适温30℃以下，相对湿度70%~75%。由于其质脆易断，要防重压，易潮生霉，易虫蛀。储藏期间定期检查，发现受潮或温度过高，及时翻堆、摊晾。

二、问题挑战

（一）新品种推广力度不够

在中药材品种里面，丹参作为大宗药材，选育的新品种相对较多，但尽管选育出了一些优良品种，在生产上进行推广的难度还是很大。造成这种局面的原因可能还是在于新品种的研发与市场需求之间存在信息不对称，中药材新品种的选育不能完全按照大农业的思维，需要充分考虑中药材的特殊性，因为中药材的规模相对来说都不大，更应该充分考虑后端市场的需求，对于中药材来说，药效成分才是其核心价值所在。因此，在选育丹参新品种时，需要充分考虑药效成分的积累和稳定性，确保选育符合市场需求的品种，以提高中药材的市场竞争力和附加值。

(二) 种植模式相对单一

目前，多数地区依然采用粗放型的传统种植模式，缺乏科学规划和种植管理。丹参种植方式以露地为主，种植结构单一，抗风险能力较弱。这种模式易受气候、病虫害影响，由此造成的田间问题层出不穷，草害、虫害及病害日益严重，田间土地肥力下降，农药和化肥的施用量增加，导致产量和品质不稳定。尤其在当前形势下，国家对粮食安全的重视，中药材种植与粮食生产争地矛盾凸显，2015 年，郭兰萍等正式提出了中药生态农业与生态种植的理念，为当前形势下的中药材产业发展指明了方向。中药材种植应充分利用"撂荒地""林下""间/套作"资源，丹参种植中可考虑采用粮食作物间/套作，充分利用土地、光能、空气、水肥和热量等自然资源，发挥边际效应和植物间的互利作用，实现粮、药双丰收，助力丹参产业绿色健康发展。

(三) 全产业链开发深度不够

丹参产业在全产业链的开发深度方面仍显不足，制约了其更高的市场价值和更广泛的应用潜力。目前丹参的产业开发多集中于种植和初加工，主要以提取粗产品（如丹参片、丹参提取物）为主，精深加工和多样化产品开发不足，难以挖掘其更高附加值。丹参在心血管健康、抗氧化、抗炎等方面有显著功效，但相关功能性产品开发局限于传统药物领域，未能充分开发健康产品、功能性食品、化妆品等多元化市场。尤其是在国际市场的认可和应用层面，丹参产品的开发和推广还处于初级阶段，缺乏技术支持和市场拓展力度，导致产品的全球市场占有率低。丹参的栽培副产品（如茎、叶片）有潜在利用价值，但综合利用率低。通过精细加工可开发高附加值的副产品，然而产业链配套设施不足，导致资源浪费和附加值流失。

三、对策建议

(一) 四川丹参产业发展趋势研判

随着全球人口老龄化的加剧，心血管疾病等慢性病的发病率持续上升。而丹参因其显著的活血化瘀、抗炎、抗氧化等功效，在心血管健康、促进血液循环、缓解心绞痛等方面有着较好的作用，成为心血管药物和健康产品中的重要成分之一。丹参是很多中药的基础配方，随着老龄化社会的到来，丹参的市场需求将呈现稳步增长的态势，四川丹参凭借其品质优势，在国内中药市场中具有强劲的竞争力。

四川省的丹参种植模式将逐步向规模化、标准化方向转变。随着国家对中药材质量要求的提高，丹参种植将更加注重品种的标准化和种植管理的规范化。中江作为四川丹参的老产区，现在种植面积缩减严重的一个主要原因就在于其主要为小户种植模式，随着农村人口老龄化的问题凸显，丹参采挖难、种植成本高的问题凸显。因此，通过引进现代化农业技术和种植管理模式，通过实施"公司+合作社+农户"的运营模式，推动小农户联合种植，提高种植面积的集中度，形成规模化经营，提升种植质量和产量，是四川丹参产业持续发展的必然趋势。

（二）促进四川丹参产业发展的对策建议

1. 推进标准化和规模化种植

通过实施"企业+合作社+农户"的模式推进四川丹参规范化种植，推广标准化的栽培技术、规范采收与初加工，确保丹参的质量稳定。政府可以制定丹参种植的技术规程和质量标准，逐步减少农药和化肥使用，推广生物防治技术和有机肥料，改善生态种植环境，改进生态种植模式，打造符合国际市场需求的有机丹参品牌。政府可以通过补贴、技术培训等方式支持农户开展生态种植，鼓励企业、合作社加快丹参 GAP 基地建设，争取更多的有机认证和绿色认证，提高四川丹参的附加值和市场认可度。相关政府可通过制定相关的扶持政策，鼓励企业和农户进行标准化种植、深加工技术改造，以及品牌建设等方面的投入，有望促进四川丹参产业向高质量发展迈进。在政策支持下，形成丹参种植与加工的产业集群效应，通过优势资源整合和区域联动，形成产业聚集区，提高生产效率和市场竞争力。

2. 加大深加工和产业链延伸

国内市场的中药健康产品需求在增加，特别是中医药在保健和康养领域的应用日益广泛。通过精准定位消费者需求，开发适应不同市场的产品，可以开拓更广阔的市场空间。引进中药材深加工企业，延长丹参产业链条，同时扶持、培育本土加工企业，重点发展中药材深加工产业，研发相关保健品，提高四川丹参产业附加值。可以发展从种植、加工到销售的完整产业链体系，推动企业在上下游环节的布局，实现产业链的协同发展。例如，支持当地中药材加工企业与丹参种植基地合作，整合资源、降低成本，实现资源最大化利用。再依托高校和科研机构，加强对丹参主要活性成分（如丹参酮、丹酚酸）的提取技术、制剂加工和创新产品开发，推动从粗加工向深加工的转型。同时，加强物流、销售渠道建设，尤其是电商渠道，为丹参产品提供便捷、高效的市场流通途径。

3. 促进品牌化和区域特色发展

品牌化是提升丹参市场竞争力的关键。四川可以结合地域特色，推广"川丹参"品牌，做好"中江丹参"国家地理标志证明商标使用和保护工作，进一步提高四川丹参的知名度和品牌溢价能力。推广"企业+基地+农户"的产业化运作模式，结合现有各产区特色实施品牌发展战略，充分利用互联网、微信、电视、广播、广告牌等媒介，打造"中江丹参"优质品牌。通过开展产区的地域特色宣传和品牌营销，增强四川丹参在国内外市场的影响力，有助于扩大市场份额。

4. 推动数字化和智慧农业发展

利用数字化技术和智慧农业手段，可以优化种植管理，提升丹参生产的效率和品质。例如，通过大数据分析、物联网监测、远程管理等技术，实现对种植环境、气候变化、土壤养分、病虫害情况等关键因素的实时监控，确保种植的精准性和科学性。通过数字化营销手段，如电商平台、直播带货等，直接对接终端消费者，实现产销对接，也有望提高四川丹参的市场渗透率和品牌影响力。这些趋势将有助于丹参产业实现从传统模式向现代化、科技化、国际化转型，推动产业的可持续发展，提升市场竞争力和品牌价值。

参考文献

郭兰萍，康传志，周涛，等，2021. 中药生态农业最新进展及展望［J］. 中国中药杂志，46（8）.

国家药典委员会，2020. 中华人民共和国药典. 一部［M］. 北京：中国医药科技出版社：77-79.

胡世林，1997. 中国道地药材论丛［M］. 北京：中医古籍出版社.

施田田，陶珊，吴宇，等，2021. 氮磷钾配施对丹参生长和药用成分的影响［J］. 北方园艺（4）：113-117.

陶珊，吴宇，彭芳，等，2024. 四川道地药材丹参适宜干燥加工方式优选研究［J］. 现代农业科技（6）：133-136.

赵志刚，邰舒蕊，宋嬿，等，2014. 丹参主产区生产技术调查研究［J］. 中药材，37（3）：375-379.

中国科学院中国植物志编辑委员会，2004. 中国植物志［M］. 北京：科学出版社.

四川佛手产业发展报告

童 文[1] 许文志[1] 孙 佩[1] 黄 雯[1] 李欣瑶[2]

(1. 四川省农业科学院经济作物研究所,四川成都 610300;
2. 四川省园艺总站,四川成都 610042)

摘 要:佛手为药食同源类特色经济作物,随着大食物观的定义,大健康产业的延伸,佛手功能因子被不断挖掘。以佛手为原料开发的功能食品、保健食品及中成药多元化发展,四川佛手种植面积和产量居全国第一。报告从植物基源、历史沿革、功效特性、市场应用、产业分布、栽培技术及主要问题等方面阐述了川佛手的产业现状和对策建议。明确了传统药食两用植物佛手在我国从宋朝到清朝的历史沿革、人工种植品种的划分和种植基地的变迁。分析了四川省川佛手产业现状,总结了川佛手栽培技术,提出了川佛手产业发展的主要问题,最后提出了建议对策。

关键词:川佛手;产业现状;历史沿革;栽培技术;对策建议

佛手的演变史,是一部跨越时空的自然与人文交织奇迹。在漫长的历史进程中,佛手不仅经历了遗传与进化的自然洗礼,还因社会化功能的多元化,在不同地域呈现出各异的生长特性。全国各大佛手主产区,因地理环境、气候条件和种植传统的差异,佛手资源和品种在表型上逐渐展现出显著区别。

依据产地,佛手有了不同的称谓。在四川,它是川佛手;在广东,被叫作广佛手;福建产出的是建佛手;浙江的金佛手以独特风姿闻名;云南则孕育出云佛手。在众多产区中,川佛手凭借其出色的药用价值,在中医药领域占据重要地位;金佛手因造型优美,成为观赏植物中的宠儿。

近年来,沿海及两广地区人工劳务成本不断攀升,土地资源也愈发紧张,这些因素促使全国佛手人工种植产区逐步向内陆转移。四川凭借适宜的自然条件和积极的产业发展策略,在佛手种植领域成绩斐然。目前,四川佛手的种植面积和产量均位居全国榜首,持续引领着佛手产业的发展潮流。

一、四川佛手产业发展现状

(一) 概述

1. 药材基源

佛手为芸香科植物佛手（*Citrus medica* L. var. *sarcodactylis* Swingle）的干燥果实。秋季果实尚未变黄或变黄时采收，纵切成薄片，晒干或低温干燥。

2. 生物学特性

（1）生长环境。佛手喜光喜温暖，不耐寒，耐阴，耐瘠，耐涝，以雨量充足、冬季无冰冻的地区栽培为宜。适宜生长温度为 22~24℃。适宜在土层疏松肥沃、腐殖质含量高、排灌水方便的砂壤土或黏壤土中生长。

（2）生物学特性。佛手是香橼的变种，为不规则分枝的灌木或小乔木。新生嫩枝、芽及花蕾均暗紫红色，茎枝多刺，刺长达 4cm。单叶，稀兼有单身复叶，则有关节，但无翼叶；叶柄短，叶片椭圆形或卵状椭圆形，长 6~12cm，宽 3~6cm，或有更大，顶部圆或钝，稀短尖，叶缘有浅钝裂齿。总状花序有花达 12 朵，有时兼有腋生单花；花两性，有单性花趋向，则雌蕊退化；花瓣 5 片，长 1.5~2cm；雄蕊 30~50 枚；子房圆筒状，花柱粗长，柱头头状，果椭圆形、近圆形或两端狭的纺锤形，重可达 2 000g。子房在花柱脱落后即行分裂，在果的发育过程中成为手指状肉条，果皮甚厚，通常无种子。花期 4—5 月，果期 10—11 月。

（3）野生分布。佛手野生资源主要分布在热带、亚热带，中国、法国、意大利、德国和美国以及东南亚地区都有广泛分布。中国佛手野生资源主要分布在 31°N 以南，海拔 1 000m 以下的山地、河谷、平原、丘陵地区。

3. 药材特性

（1）功效。具有疏肝理气，和胃止痛，燥湿化痰的功效。用于肝胃气滞，胸胁胀痛，胃脘痞满，食少呕吐，咳嗽痰多。

（2）应用。佛手可根据古方制成保生大佛手汤、参便佛手散、佛手柑饮、佛手祛毒膏、佛手膏、佛手散、佛手汤、佛手丸、归经佛手散、加味佛手散和神效佛手散等多种药剂。还可通过浸渍、蜜制、腌制等方法加工成多种保健饮品和保健食品。佛手还是一种重要香料植物，佛手精油已应用于各种日用品、化妆品、香水等领域。园艺上佛手自古以来就是观树、观花、观果、把玩、闻香皆宜的高级清供植物,可以美化庭院,亦可作为盆景点缀环境,具有极高的观赏价值。

4. 品种优势特色

佛手又叫佛手柑,老百姓惯称佛手果、福寿果,以喻安康。最早收载于宋朝的《图经本草》,有"枸橼,如小瓜状,皮若橙而光泽可爱,肉甚厚,置衣笥中,数日香不歇"的记载。其主要药效成分为挥发油、黄酮类、多糖类等,在抗抑郁、抗炎、抗氧化、抗衰老、抑制肿瘤等方面有特殊功效。随着"卫法监发〔2002〕51号"文将佛手列为药食同源植物,其保健功能不断被深入研究,以佛手为原料开发的功能食品、保健食品及中成药越来越多,佛手种植面积也不断扩大。

5. 种植现状

(1) 四川佛手主产区。国内川佛手产区主要集中在四川的合江、安县、宜宾、石棉、沐川、洪雅、夹江、犍为、荥经等地。近年来,随着佛手种植规模不断扩大,四川主产区进一步拓展,新增了乐山、广安、南充、遂宁、自贡等地。其中,乐山沙湾的佛手种植规模最大,在新增产区中独占鳌头。

(2) 现有种植面积、产量。在深入四川产区展开全面调研,目前,四川佛手的种植规模已达 4.98 万亩,分布于省内多个地区。具体来看,合江种植面积为 6 000 亩,安州 1 000 亩,宜宾 1 000 亩,雅安 5 000 亩,泸定 1 000 亩,沐川 1 000 亩,夹江 1 000 亩,犍为 1 000 亩,沙湾 12 000 亩,五通桥 3 000 亩,广安 8 000 亩,南充 9 000 亩,蓬溪 3 000 亩,自贡 5 000 亩。

当前,川佛手的栽培技术仍较为粗放,尚未形成高度标准化的种植模式。在这样的情况下,平均每亩鲜果产量为 1 000~1 500kg,凭借这样的产量水平,全川佛手鲜果年产量约为 6.2 万 t,2024 年产值约 3 亿元。

(二) 资源保护和新品种选育

1. 全国各地资源分布

佛手按产地可分为川佛手、广佛手、建佛手、金佛手、兰佛手和云佛手等。药材市场不同规格主要分为川佛手、广佛手及金佛手。按果形分为指佛手和拳佛手。按花的颜色分为红花佛手和白花佛手;红花佛手又可分为大种、小种 2 个品系,大种又称为福建种,小种可作盆景使用;白花佛手最早从南京、江苏一带引入,又称南京种。根据枝条的颜色又可分白皮和青皮 2 个品系,其中青皮丰产稳定,为主栽培种。药用、食用佛手主要为川佛手和广佛手。金佛手植株矮小,能够提供药用商品的不多，多以栽培观赏盆景为主。以上所述资源主要分布在四川泸州、乐山、南充、广安，浙江金华、兰溪，广东的肇庆、高要，福建的莆田、福安，重庆的江津、合川。

近年来，佛手产业从单一的大宗药材销售，渐渐变为以药材、佛手茶、佛手酒、凉果、精油等产品为主的产业模式。随着需求的扩大，各地的引种栽培面积也不断扩大。因佛手在国内适宜种植范围广，在市场调控的影响下产区逐步扩大。目前，国内佛手产区主要分布在四川的合江、宜宾、雅安、石棉、荥经、洪雅、沐川、夹江、犍为、沙湾、五通桥、广安、南充、蓬溪、自贡、容县，广东的四会、潮汕、云浮、郁南，云南的昆明、玉溪、楚雄、新平、易门、峨山、普洱，广西的田林、隆林、凌乐、灌阳、大新、永福，重庆的江津、永川、云阳、开县，湖南、贵州、湖北、河南、江苏、安徽、江西等地均有种植。

2. 历史沿革

佛手又叫佛手柑，老百姓惯称佛手果、福寿果，以喻安康。最早收载于宋朝的《图经本草》，有"枸橼，如小瓜状，皮若橙而光泽可爱，肉甚厚，置衣笥中，数日香不歇"的记载。元朝的《饮食须知》，记载有佛手柑"味辛甘，性平，与香橼功用相同"，反映其认为佛手与香橼是不同的药材。明朝医术大家李时珍编著的《本草纲目》记载"枸橼木似朱栾而叶尖长，枝间有刺。其实状如人手，有指，俗呼为佛手柑"，认为枸橼是佛手。清朝《植物名实图考》记载"枸橼，详草本状，宋图经始著录，即佛手"。清朝《本经逢原》中记载佛手和香橼为两种植物，称"柑为佛手，专破滞气，橼为香橼也，兼破痰水"。后来《本草从新》中记载"佛手柑、香橼、枸橼为同一种植物，功能相同"。上述本草记载可知，在古时候枸橼就是佛手，香橼则是另外一种植物。清朝后期《本草从新》将佛手、枸橼、香橼列为同一种植物，并且功能相同。

现代研究显示，枸橼、佛手应是同属的 2 种不同植物，区别主要在于佛手子房会在花柱脱落后即行分裂，并在果的发育过程中成为手指状肉条，且无种子。据文献报道，枸橼 1753 年由林奈命名，在中国有佛手、小果香橼、枸橙、沧源香橼、大香橼、宾川香橼、橙香橼及小香橼 8 个变种或品种，以及麻屋、福州枸橼、德宏香橼 3 个杂交种。综上所述，佛手、枸橼、香橼实为同科同属不同种的 3 种植物。

3. 新品种选育

佛手，作为一种多年生木本植物，其植株形态优雅，果实形状独特，宛如纤纤玉手，故而得名。然而，在农业种植领域中，佛手的种植规模并不广泛。与小麦、水稻、玉米等我国主要农作物相比，佛手的种植面积相对较小，这也在一定程度上限制了其市场需求。由于市场规模有限，佛手相关的科研投入面临着成本回收周期长、难度大的问题。科研工作需要投入大量的人力、物力和财力，从种质资源收集、遗传特性研究，到新品种的培育和筛选，每一个环节都需要高昂的成本。但由于佛手市场需求有限，科研成果转化后所带来的经济效益相对较低，投入产出比不理想，这就使得科研机构和企业在佛手新品种选育方面的积极性受挫。

在这样的背景下，全国佛手各大主产区的新品种选育工作进展较为缓慢。尽管科研人员不懈努力，但截至目前，全国范围内选育出的佛手新品种仅10余个。这些新品种在产量、品质、抗逆性等方面各有优势，为佛手产业的发展注入了新的活力，但距离满足市场多元化需求以及推动产业快速发展仍存在一定的差距。

四川地区在佛手品种选育领域，截至目前虽尚未育成具有自主知识产权的佛手新品种，但佛手选育工作始终遵循科学流程、稳步推进。佛手作为兼具观赏价值、药用价值及经济价值的植物资源，因其独特的形态特征与多元的生物活性而受到广泛关注。佛手适宜生长于温暖湿润的气候条件，最适生长温度范围为15~30℃，其耐寒性相对较弱，当冬季气温低于0℃时，易遭受冻害。

四川省农业科学院经济作物研究所承担着推动佛手产业发展的重要使命，科研团队经过多年的持续研究与探索，在佛手选育方面取得显著进展。通过大量的田间试验、系统观察与严格筛选，于2024年成功筛选出一种具有高产潜力与耐低温特性的佛手新材料。该材料在产量性状上表现突出，同时具备较强的低温耐受性，在相对低温环境下仍能维持良好的生长势。此外，该材料还展现出良好的生态适应性，对不同土壤质地、水分条件等环境因素具有较高的耐受性。

（三）栽培技术/生产模式

1. 佛手良种繁育技术

（1）准备插穗。选择3年以上成树生长健壮、无病虫害的半木质化春梢或秋梢，剪取10~15cm且不少于5个叶芽的枝条，剪去全部叶片及刺，下端剪削成30°~45°斜面作为插穗。

(2) 苗床。选择砂质土或壤土，将土壤、蛭石、珍珠岩、草炭按照2∶0.5∶0.5∶1的比例混合作为基质，除去异物并整细，做高度15cm、宽1m的苗床，整平。

(3) 扦插时间。3—4月，或9—10月。

(4) 扦插方法。用1 000mg/L的ABT生根粉溶液浸泡插穗基部2h，按株距10~15cm，行距20~25cm扦插，插穗入土2/3，顶端有1~2个芽眼露出床面，压紧压实，浇透水。

(5) 苗床管理。保持苗床土壤湿润。待80%的梢长约10cm时，每条插穗选留1枝生长健壮、直立向上的嫩梢作主干，其余抹除。抹除后，每15d撒施复合肥28-6-6（$N-P_2O_5-K_2O$）3kg/亩，并及时浇水，肥料种类、质量和使用方法应符合GB/T 15063、NY/T 496的要求。及时除杂，及时防治病虫害。

2. 田间管理技术

(1) 灌溉。保持土壤湿润，雨季及时排水，高温干旱季节及时浇水。

(2) 施肥。施肥宜符合表1的规定。

表1 川佛手追肥方法

生长年限	施用时间	施用种类	施用量	施用方法
1~3年幼树	春、夏、秋抽梢前10d各施1次	复合肥28-6-6（$N-P_2O_5-K_2O$）	每次0.25kg/株	沿树冠滴水线开5cm浅沟，施后覆土
		商品有机肥	每次1kg/株	
3年以上成树	2月底至3月初	复合肥28-6-6（$N-P_2O_5-K_2O$）	0.5~0.75kg/株	沿树冠滴水线开5cm浅沟，施后覆土
		商品有机肥	1kg/株	
	5月下旬至6月中旬	复合肥28-6-6（$N-P_2O_5-K_2O$）	0.5~0.75kg/株	沿树冠滴水线开5cm浅沟，施后覆土
		硼肥	浓度0.2%，约1L/株	混合液叶面喷施1次
		磷酸二氢钾	浓度0.2%，约1L/株	

(续表)

生长年限	施用时间	施用种类	施用量	施用方法
3年以上成树	9月	复合肥 28-6-6（N-P$_2$O$_5$-K$_2$O）	0.5~0.75kg/株	沿树冠滴水线开5cm浅沟，施后覆土
		磷酸二氢钾	浓度0.3%，约1L/株	叶面喷施2~3次，间隔15d
	12月至次年1月	复合肥 15-15-15（N-P$_2$O$_5$-K$_2$O）	0.75kg/株	沿树冠滴水线开5cm浅沟，施后覆土
		商品有机肥	5kg/株	

注：肥料种类、质量和使用方法应符合GB/T 15063、NY/T 496及NY/T 525的要求。

(3) 整形修剪。

幼树修剪：1~3年的幼树四季均可修剪，主干保留3~4个分布均匀的健壮枝条，及时抹去多余新芽；新梢及时打顶，培育良好的开心型树冠；截短或疏剪徒长枝，剪除过密枝、交叉枝、衰弱枝、病虫枝及枯枝。

成树修剪：3年以上成树每年修剪2次，第一次在7—8月，截短或剪除夏梢及徒长枝，保留健壮结果枝及秋梢；第二次在12月至翌年1月，剪除过密枝、交叉枝、衰弱枝、病虫枝及枯枝。

(4) 疏花疏果。

疏花：1~2年的幼树应全部花蕾摘除。3年及以上成树在开花后3~5d进行疏花，每枝留2~3个雌花，其余摘除。

疏果：7月、9月分两次进行，一个枝条留1~2个果，树冠上部多留，底部少留。

3. 病虫害及防治技术

川佛手主要病虫害防治方法如表2所示。

表2 川佛手主要病虫害防治方法

名称	为害症状	防治方法
炭疽病	分为慢性病和急性病。慢性病植株叶片出现黄色小斑，多在叶片边缘或尖端出现，边缘为深褐色中央灰褐色，稍有凹陷，后转为灰褐色。急性病多发于连续阴雨时节，叶尖呈开水烫状淡青色或青褐色小斑。慢性病斑和急性病斑都分泌橘红色黏性液体。果实发病为黄褐色，在干燥时呈干疤型，潮湿时由外至内全部腐烂	物理防治：做好冬季清园 化学防治：新梢抽发期、果实成熟期喷雾预防，选用石硫合剂、溴菌腈、嘧菌酯、甲基硫菌灵、戊唑醇多菌灵等

（续表）

名称	为害症状	防治方法
溃疡病	患病植株的叶片、枝梢及果实均受到影响，形成木栓化突起。病株前期在叶片背部形成黄色或暗绿色针头大小油渍状斑点，后期扩大成圆形，叶片前后两面隆起，表皮开裂呈火山口状并在周围伴有黄色晕圈	物理防治：做好冬季清园 生物防治：新梢抽发期喷雾预防，选用中生菌素、枯草芽孢杆菌、苦参提取物、大蒜素 化学防治：选用春雷·王铜、氢氧化铜、噻菌铜、噻唑锌，轮换用药，不宜与生物药剂同时使用
疮痂病	发病初期叶片有水渍状小斑，之后病斑逐渐扩大呈蜡黄色凸起，病斑后期木栓化向叶背隆起，叶面凹陷呈漏斗状。果实小，畸形，表皮粗糙皮厚，幼果早期易脱落	物理防治：做好冬季清园 化学防治：在春季温度15～25℃期间进行喷雾预防。选用苯醚甲环唑、代森锰锌、百菌清、甲基硫菌灵、唑醚·代森联、烯肟·戊唑醇，轮换用药
红蜘蛛	幼叶受害最为严重，病害叶片呈灰白色斑点，严重时叶片失去光泽呈灰白色、布满灰尘状蜕皮壳，引起落叶	物理防治：做好冬季清园，设置粘虫板、诱虫灯等 生物防治：套播三叶草、大豆、豌豆等绿肥、作物，引入瓢虫、捕食螨等天敌，或选捕食螨制剂，按说明使用 化学防治：春、秋萌芽至叶片转绿期，选用矿物油、阿维菌素；在开花期到落果期间，选用阿维菌素、哒螨·螺螨酯、阿维·甲氰，轮换用药
潜叶蛾	幼虫进入嫩叶表皮进食，在表皮形成灰白色弯曲隧道，并在其中排泄粪便，造成受害叶片扭曲变形，并成为螨类越冬场所，引发溃疡等病症	物理防治：做好冬季清园 生物防治：低龄幼虫期施药宜选择生物防治，选用活芽孢杆菌、阿维菌素 化学防治：选用高效氯氰菊酯、溴氰菊酯、吡虫啉，轮换用药
介壳虫	寄生在叶背或枝叶繁密不通风处，以吸取植物汁液为生，导致树势衰弱、枝枯叶黄甚至全株死亡。介壳虫的分泌物还会诱发煤污病	物理防治：做好冬季清园，树干基部缠绕黄色黏虫胶带等 生物防治：引入瓢虫、寄生蜂、寄生菌等介壳虫的天敌，形成生物防治 化学防治：5月中旬至6月中旬介壳虫若虫期，选用吡虫啉、吡丙醚，轮换使用
冬季清园		
时间	方法	
12月至翌年1月第二次修剪后	整株及全园地面喷施矿物油、克螨特、代森铵及1波美度石硫合剂混合液	

注1：严格按照农药标签规范进行。

注2：如有新的高效、低毒、低残留生物农药应优先选用。

4. 采收及产地初加工技术

（1）采收。9—11月，在果实成熟至约有50%的果皮转变为黄绿色时，选择晴天从果梗处剪下果实。

（2）初加工。

切片：将果实清洗、晾干，切成厚度6~8mm的薄片。

干燥：将切好的鲜片均匀摊放在不锈钢烘盘上，单片摊开，不可堆叠。50~55℃ 干燥18~24h，含水量≤15%时取出。

5. 生产模式

目前大部分佛手种植以净作为主，通过近年试验示范和大田生产表现，总结出佛手（药）—大豆（粮）、佛手（药）—花生（油）、佛手（药）—胡豆、豌豆（粮菜）等生产模式。

二、四川佛手产业发展存在的主要问题

（一）种质资源

1. 优质种源挖掘不够

四川省佛手资源分布广，种质资源丰富，通过长期的人工种植，基源通优势特征遗传逐渐分化明显。但特色基因资源的挖掘不够充分，技术储备有限，基因挖掘利用技术不足，且各地种源无规则无计划流通，导致种源混乱。

2. 种苗质量不高

四川佛手新品种选育工作尚未成型，突破性品种匮乏，无引导产业发展的新品种，同时也没有种子管理办法。因此种子种苗市场还处于原始阶段，没有川佛手种苗标准，自由买卖导致市场混乱、种苗质量差。

（二）标准化建设

目前四川省川佛手产业暂无省级地方标准，在种苗分级、建园选址、水肥药等灌溉喷洒系统、田间管理、均无无规范化指导标准。主要以传统粗放的种植方式为主。各产区种植技术指导和产业服务不配套，中药材品质和产量难以确保稳定。人工劳务成本高，普遍以中小企业、家庭作坊为主，加工标准不统一。现代化机械化水平低，种植技术和机械化配套严重不足。药食同源推动滞后，商品化处理能力不强、处理率低，精深加工、高附加值产品少。以上生产环节均需标准化建设支撑。

（三）科研投入

科研投入支持不够，研究力量分散、薄弱。相关研究报道处于低水平状态，尚

无重大研究成果。政府对产业发展资金投入较少，规范化、标准化、规模化药材基地少、不集中。科技人员、研发人才、基层技术服务人才不足，成果转化率低，示范培训及推广效果差，不足以支撑四川省佛手产业的高质量发展。

三、四川佛手产业发展的对策建议

（一）加快川佛手标准化进程

四川省尚无川佛手地方标准，2024年8月省市场监督管理局立项《川产道地药材生产技术规程 佛手（川佛手）》尚未颁布。建议加快和丰富川佛手标准制定，包括但不限于机械化、水肥一体化、精深加工产品等标准的建设。

（二）加大科研投入

1. 加强川佛手新品种选育研究

加强川佛手新品种选育研究，通过全面开展种质资源收集与保护、加强性状鉴定与评价技术研究、创新育种技术与方法以及完善品种登记与评定体系等一系列措施的实施，选育出一批具有自主知识产权、综合性状优良的川佛手新品种，为四川省川佛手产业的可持续发展注入新的活力。

2. 加强川佛手生态种植模式和技术的研究与示范

建议开展川佛手生态种植技术标准研制，为川佛手生产提供技术支持，推动生态种植模式研究及示范。针对"藏粮于地"的战略研究方向，开展药粮—药油—药菜周年套作生产模式研究集成。

参考文献

郭天池，1993. 中国的枸橼［J］. 中国南方果树（4）：3-6.

国家药典委员会，2015. 中国药典（一部）［M］. 北京：化学工业出版社：178-179.

贺红，徐鸿华，2003. 广佛手、化橘红、广陈皮规范化栽培技术［M］. 广州：广东科技出版社：25-28.

贾铭，陶文台，1985. 饮食须知［M］. 北京：中国商业出版社：15-18.

（明）李时珍，1998. 本草纲目［M］. 北京：中国中医药出版社.

彭成，2011. 中华地道药材（上）［M］. 北京：中国中医药出版社：1260-1273.

卿玲杉，曾静，童文，等，2020. 药食两用植物佛手历史沿革及栽培技术研究进展［J］. 农学学报，10（7）：82-87.

苏颂，1988. 图经本草：辑复本［M］. 福州：福建科学技术出版社.

王婷婷，谭红军，张和平，等，2011. 佛手的研究与应用开发［J］. 重庆中草药研究（1）：38-44.

吴其浚，1959. 植物名实图考长编［M］. 北京：商务印书馆.

吴仪洛，2001. 本草从新［M］. 北京：中医古籍出版社.

肖培根，2002. 新编中药志（第2卷）［M］. 北京：化学工业出版社：304.

徐鸿华，2001. 南方药用植物栽培技术［M］. 广州：南方日报出版社：129.

许茹，钟凤林，王树彬，2017. 中药佛手的本草考证［J］. 中药材，40（8）：1975-1978.

张贵君，1993. 常用中药鉴定大全［M］. 哈尔滨：黑龙江科学技术出版社.

张桂芳，徐鸿华，2007. 佛手种质资源研究概况［J］. 广州中医药大学学报，24（1）：69-72.

张璐，赵小青，裴晓峰，2011. 本经逢原［M］. 北京：中国医药科技出版社.

张思荻，杨海燕，曾俊，等，2018. 佛手的研究进展［J］. 中华中医药杂志，33（8）：3510-3514.

周春丽，郭卫东，2005. 佛手种质资源研究进展［J］. 陕西农业科学（3）：89-92.

四川赶黄草产业发展报告

夏 陈[1] 余鳗游[1] 邓洁琼[2] 向卓亚[1] 邓俊琳[1] 赖 谦[3]

(1. 四川省农业科学院农产品加工研究所,四川成都 610066;2. 四川省农业科学院经济作物研究所,四川成都 610300;3. 古蔺县农业农村局,四川古蔺 646500)

摘 要:赶黄草,又名扯根菜、水泽兰,是虎耳草科多年生草本植物。它作为一种中药材及新资源食品,在保肝护肝、清热解毒等方面具有显著的药理作用。四川省作为赶黄草的主要产区,尤其是泸州市古蔺县已将赶黄草纳入重点特色中药材产业,形成了较大规模的种植和加工产业。近年来,随着健康产业的发展和国际中药材市场需求的扩大,赶黄草产业逐步走向规模化和产业化发展。然而,产业发展过程中仍面临资源保护不足、产品质量标准不健全、市场竞争加剧等问题。本报告旨在梳理四川省赶黄草产业的发展现状、资源保护情况和栽培技术,分析面临的主要问题,并提出针对性的对策建议,以促进赶黄草产业的可持续发展。

关键词:赶黄草;产业发展;资源保护;栽培技术;四川省

一、发展现状

(一) 概述

1. 药材基源

赶黄草(*Penthorum chinense* Pursh),属虎耳草科扯根菜属多年生草本植物,是中国传统中药材之一,该植物主要分布在我国的南部和西南部省份,尤其是四川、贵州、云南等省。根据《全国中草药汇编》,赶黄草的主要药用部分为全草,味苦,性凉,具清热解毒、利湿退黄、活血化瘀等功效。其药理作用包括治疗黄疸、利尿消肿、肝炎、肾炎、跌打损伤等,尤其在现代医学中,赶黄草被广泛研究用于保肝护肝。近年来,由于肝病的高发,赶黄草在保健品和药品中的应用逐渐增多,市场需求快速上升。

根据现代药理学研究，赶黄草富含黄酮类化合物，如槲皮素、芦丁等，这些成分具有抗氧化、抗炎、保肝护肝等作用。研究表明，赶黄草提取物可以显著降低酒精性肝损伤中的谷丙转氨酶（ALT）和谷草转氨酶（AST）水平，同时增强体内抗氧化酶的活性，因此被广泛应用于治疗酒精性肝病和脂肪肝等慢性肝病。

此外，赶黄草的根、茎、叶均可入药，应用广泛且资源丰富。尤其是在民间中草药中，赶黄草常用于调理体虚、治疗咽喉肿痛及湿热毒等症状。作为新资源食品，赶黄草的安全性较高，因此近年来在食品、保健品中的应用也在不断扩大。

2. 品种优势特色

赶黄草在中医药领域的广泛应用，不仅局限于传统的草药领域，其药用价值被逐渐发掘并扩展至现代中成药的配方中。在多个中成药方剂中，如用于治疗肝炎、肝硬化的"肝苏颗粒"是为数不多的能够以单一药材成药的中成药制剂。据统计，在中成药配方中，赶黄草的使用量稳居前列，尤其是在肝病治疗的处方药中，其地位日益重要。随着人民健康意识的提高和保健食品需求的增加，赶黄草作为"新资源食品"资源，具有广泛的市场前景。

近年来，赶黄草正逐渐成为重要的食品原料，其保肝护肝的特性使得它在功能性食品领域的应用日益增加，尤其是在护肝类保健品中，赶黄草已经成为不可或缺的成分。四川省依托赶黄草的药理优势，大力发展其保健品产业，现已有多家企业开发出以赶黄草为原料的护肝茶、护肝饮料等健康产品。通过市场化开发，赶黄草的附加值逐渐提升，形成了以药品、保健品为核心的多元化产品线。

3. 生物学特性及分布

赶黄草为多年生草本植物，主要生长在湿润的山区、河谷及水边，适宜温暖潮湿的气候。它的生长环境要求较高，特别适合在海拔500~1 500m的丘陵地带和河谷地区，常见于中国的四川、云南、贵州等省的湿地、山坡和林缘区域。根据《中国植物志》描述：赶黄草形态为：多年生草本，高40~90cm。根状茎分枝；茎不分枝，稀基部分枝，具多数叶，中下部无毛，上部疏生黑褐色腺毛。叶互生，无柄或近无柄，披针形至狭披针形，长4~10cm，宽0.4~1.2cm，先端渐尖，边缘具细重锯齿，无毛。聚伞花序具多花，长1.5~4cm；花序分枝与花梗均被褐色腺毛；苞片小，卵形至狭卵形；花梗长1~2.2mm；花小型，黄白色；萼片5，革质，三角形，长约1.5mm，宽约1.1mm，无毛，单脉；无花瓣；雄蕊10，长约2.5mm；雌蕊长约3.1mm，心皮5~6，下部合生；子房5~6室，胚珠多数，花柱5~6，较粗。蒴果红紫色，直径4~5mm；种子多数，卵状长圆形，表面具小丘状突起。染色体为$2n=16$。其花果期为每年7—10月。

四川省的气候条件，尤其是泸州市古蔺县的气候温暖湿润、土壤富含有机质，非常适合赶黄草的生长，"古蔺赶黄草"已于2012年获得国家地理标志认证，因此四川省成为赶黄草的主要产地之一。在四川境内，泸州、宜宾、乐山、雅安等地均有大量赶黄草的野生分布和人工种植。近年来，随着人工栽培技术的进步，四川赶黄草的种植面积逐年扩大，2019—2022年种植面积从0.8万亩增长到1.8万亩，形成了产业化生产的基础。

赶黄草的生物学特性决定了其适合湿润的环境，喜阴怕强光暴晒，且具有较强的抗寒能力，因此在海拔较高的地区依然能够生长良好。通过对其生长习性的研究，四川省农业科研部门进一步优化了赶黄草的栽培技术，确保其高产高质的生长环境得到有效管理。

4. 现有种植面积和产量

四川省赶黄草的种植面积逐年扩大，尤其是在泸州市古蔺县，赶黄草种植面积在2023年已经超过2.25万亩，年产量突破5 000t，因其得天独厚的气候和土壤条件，被认定为赶黄草的国家地理标志产品保护区。2023年，古蔺县赶黄草产业年产值突破5 000万元，成为当地农业经济的重要支柱产业。

四川省其他赶黄草种植集中地区还包括宜宾、乐山、雅安等地，这些地区的赶黄草种植主要依托林下经济发展模式，实现了赶黄草与林业的结合，既保护了生态环境，又提高了农民的收入。此外，四川省正在加快赶黄草种植的标准化和规范化进程，力图通过科技手段提升药材产量和品质，进一步满足市场需求。

（二）资源保护和新品种选育

1. 资源保护

随着赶黄草药用价值的提升，市场需求量的增加，野生赶黄草资源逐渐面临枯竭的风险。野生赶黄草的自然分布区域逐年减少，主要是由于过度采集和自然栖息地的破坏。为了保护赶黄草的野生资源，四川省政府已出台多项保护措施，主要包括限制野生采集，设立保护区，以及推广人工种植替代采集野生资源。

四川省的自然保护区和生态示范区是赶黄草资源保护的重要基地。例如，泸州市古蔺县已建立了多个赶黄草野生资源保护区，保护区内严格禁止商业性采集野生赶黄草，并对当地农民进行培训，推广人工种植技术，以实现资源的可持续利用。通过这种方式，既保护了野生资源，又为农民提供了新的经济收入来源。

此外，针对赶黄草的资源管理，四川省还积极开展资源普查和评估工作，建立赶黄草资源档案，掌握野生资源的分布情况和数量变化趋势，确保资源利用的可持续性。

2. 新品种选育

在资源保护的基础上，新品种选育成为提升产量的关键。赶黄草在20世纪70年代后开始人工种植，生产用种最初为采集的野生种子，其后为自留种或引种。目前已通过认定的品种有3个，详细内容见表1。

表1 已通过审定/认定品种

名称	基源	牵头选育单位	特征概述
赶黄草1号	扯根菜	四川省农业科学院经济作物研究所	川审药2010001。生育期约180d；植株较高，平均125cm，较抗倒伏；茎秆粗壮，茎淡红色，分枝多，平均15.4个，分枝节位低；叶互生，无柄或近无柄，叶片较大，披针形，长约15cm，宽2.6cm，先端渐尖，基部楔形，边缘有细锯齿，两面无毛，脉不明显，叶色浓绿，叶片数较多，平均83.4片；花期8月25日前后，果期9月20日左右，开花集中，蒴果红紫色，直径约250μm，种子数多、极小，千粒重10~11mg，卵状长圆形。药材产量高，多点试验平均亩产576.81kg
赶黄草2号	扯根菜	四川省农业科学院经济作物研究所	川审药2015002。全生育期214d，株高140.65cm，茎秆粗壮，表面绿色或淡红色，较光滑，根状茎分枝力强，平均分枝8.7个；单叶互生，披针形，长约13.6cm，宽1.6cm；聚伞花序2~3分枝，每个分枝花序6朵小花，蒴果红紫色，直径6mm，种子多数，千粒重约11.0mg，卵状长圆形。花期8月上旬，种子成熟期9月下旬
赶黄草1号	扯根菜	四川省农业科学院经济作物研究所	赶黄1号生育期226d，株高146.2cm，根状茎分枝9.2个，茎秆绿色、粗壮，主茎直径11.8mm，单叶互生，披针形，叶长14.5cm，叶宽2.5cm，成熟期叶片干物质占单株干物质的24.6%；花期7月中下旬，成熟期9月下旬。药材的总灰分5.4%、酸不溶性灰分0.57%、水溶性浸出物21.8%、槲皮素0.32%。全部指标均达到2010版《四川省中药材标准》

为了提高赶黄草的产量和药效，四川省农业科学院和多家科研机构已联合开发

了多个赶黄草的优良品种，其中以"赶黄草1号"为代表的新品种具有更强的抗病性和适应性。通过分子标记辅助育种技术和组织培养技术，赶黄草新品种的选育速度显著加快，品种的稳定性和一致性得到了显著提高。

"赶黄草1号"是经过多年实验研究选育出的高产、优质品种，其药用成分含量明显高于普通品种，且在抗病虫害方面表现出色。目前，该品种已在四川省多个赶黄草主产区推广种植，有效提升了当地的赶黄草产量和药材品质。新品种的推广不仅提高了农民的经济效益，也增强了赶黄草在市场上的竞争力。

（三）栽培技术与生产模式

1. 良种繁育与田间管理技术

赶黄草的繁殖方式分为种子繁殖与宿根繁殖两种。种子繁殖使用上一年收获的种子进行育苗移栽；宿根繁殖使用赶黄草收获后的根在田间越冬到次年春天重新发芽，宿根连续种植不得超过3年。

育苗时选择向阳、耕层深厚、肥力中等以上的水稻土作苗床地，犁耙细碎，整理平整。每亩种苗可种植6 670m^2大田。按苗床宽1.3m、沟宽30cm、沟深20cm开厢。厢面平整，沟内淹水、厢面见浸水（不淹水）为度。气温稳定达到10℃以上即可播种，一般2月底至3月初。播种前，选择晴天晒种1~2d，播前40℃温水浸种3~4h后晾干备用。每亩苗床用种5g，将处理后的种子与干细土或干草木灰拌合后均匀撒于厢面。播种后用竹片起拱，覆盖透明薄膜。苗床厢沟淹水，厢面湿而不渍水。揭膜后结合除草每亩撒施尿素2~3kg。

大田种植选择地势开阔，排灌良好、土层深厚，肥力中等以上的水稻土。冬水田，提前15d放水晒田；两季田则收获小春后及时放水泡田。按每亩施人畜粪水1 000kg、饼肥50kg、尿素10kg、过磷酸钙30kg、硫酸钾10kg施底肥，将肥料混匀后耙平。5月中下旬，当赶黄草苗高15cm左右时，选壮苗移栽到本田。按行距20cm，株距15~17cm，每窝种植1株，每亩种植2.0万~2.2万株。移栽后田间保持水深约5cm。

种子繁殖方式：移栽15d左右，亩撒施纯氮2.5kg提苗；7月上旬亩施纯氮6.0~8.0kg、P_2O_5 2.0~3.0kg、K_2SO_4 5.0~7.0kg（硫酸钾）。

宿根繁殖方式：3月上旬结合中耕除草追肥，每亩施纯氮6.0~8.0kg、P_2O_5 2.0~3.0kg、K_2SO_4 5.0~7.0kg；7月中下旬每亩施纯氮6.0~8.0kg、P_2O_5 2.0~

3.0kg、K_2SO_4 5.0~7.0kg。

移栽后15d左右，除草一次，以后一般每月除草一次，均人工中耕除草。贯彻"预防为主，综合防治"的植保方针。以农业防治为基础，提倡生物防治和物理防治，科学应用化学防治技术的原则，对病虫害进行防治。

2. 生产模式

四川省的赶黄草种植大多采用净作种植模式，复合种植模式如粮药轮作等尚未大面积普及，每年10月至翌年4月底水田处于空置状态，土地利用率偏低。

3. 种子种苗繁殖基地

近年来，四川省的多个赶黄草主产区，如泸州、宜宾等地，已建立了赶黄草的种子和种苗繁殖基地。这些基地不仅为本地赶黄草的种植提供了优质种苗，还为外地市场的赶黄草产业提供了可靠的种源保障。通过这些基地的建设，赶黄草的种植规模得到了有效扩大，农民的种植技术水平也得到了提升。

繁殖基地的建立为赶黄草的产业化提供了强有力的支撑，通过统一的种苗管理和繁育技术推广，保证了赶黄草产业的持续发展。同时，繁殖基地还承担了新品种的推广任务，将最新的育种成果快速应用于实际生产中，加快了赶黄草产业的技术升级。

4. 产地加工情况

长期以来，赶黄草多以原料的方式供给中成药生产企业用于生产"肝苏颗粒"等中成药制剂，近年来赶黄草被列为新资源食品，但仅限于应用在袋泡茶中，因此赶黄草多被分为花、茎、叶单独加工，极大地限制了赶黄草产业在食品方面的应用。2022年经国家卫健委批准，赶黄草作为新资源食品除用作袋泡茶原料外，还可以精深加工成饮品，将赶黄草在食品和饮品方面的应用进一步扩大，越来越多的企业开始涉足赶黄草的种植和加工，推动了产业链的延伸和完善，其中最具有代表性的是古萃（古蔺）生物科技有限公司，现已建成12 000m^2的标准厂房，以及日产40t智能化生产线，可实现年产能1.2万t，年产值5亿元。

二、问题与挑战

（一）资源可持续性问题

由于赶黄草的药理作用和临床应用范围不断扩大，其价值逐步被市场认可，尤其是在保健品、药品市场的需求不断增加,这直接导致赶黄草野生资源的过度开采和生态平衡的破坏,野生赶黄草资源的压力愈加明显。虽然赶黄草的人工种植面积有所扩大,但仍然难以满足市场的需求,目前赶黄草自然分布区域已出现缩减态势。虽然四川省已经采取了一系列保护措施,但仍旧缺乏有效的资源管理策略和技术,对市场需求的快速增长,赶黄草资源的可持续利用仍面临着巨大挑战。

目前,四川省的赶黄草资源管理体制尚不完善,部分地区的野生赶黄草依然存在过度采集现象,尤其是在偏远山区,缺乏有效的监管措施。资源枯竭不仅影响了赶黄草的生态平衡,也威胁到了产业的长期可持续发展。因此,如何在满足市场需求的同时,保护野生资源,已成为赶黄草产业面临的首要问题。

(二) 产品质量问题

产品质量和安全问题是赶黄草产业亟须解决的关键问题。目前,赶黄草的产品质量标准尚未完全统一,各地的监管措施也相对滞后,导致不同产区的赶黄草产品在市场上存在较大差异。由于缺乏统一的质量检测标准和规范,部分赶黄草产品的有效成分含量不达标,甚至出现了掺假和以次充好的现象。这不仅影响了赶黄草的市场声誉,也阻碍了其在国际市场的推广。

另外,人工种植赶黄草现在还有品种混杂的问题,即农户自留种种植的是一个混杂群体,植株形态差异大,品质产量不稳定;还存在农药残留和重金属污染问题,尤其是在某些地区,由于缺乏科学的种植管理,赶黄草产品的安全性难以得到保障。这一问题严重影响了赶黄草的出口能力,也限制了其在高端市场的竞争力。

(三) 市场竞争与营销问题

随着赶黄草产业的快速扩展,越来越多的企业和个人进入该领域,市场竞争日益加剧。然而,由于产品同质化严重,品牌建设不足,许多赶黄草产品在市场上缺乏差异化的竞争优势。消费者对赶黄草的认知度有限,导致市场推广面临瓶颈,部分企业为了争夺市场份额,采取低价竞争的方式,进一步加剧了行业的无序竞争。

此外,由于缺乏创新的营销策略,许多赶黄草产品在市场上难以形成规模化的品牌效应。与其他中药材相比,赶黄草的品牌认知度相对较低,市场推广的力度不够,导致产品市场占有率和消费者忠诚度较低。

(四) 法规政策与执行障碍

政府已经出台了一系列政策来规范和支持赶黄草产业的发展,但在具体执行过程中仍存在不少障碍。如赶黄草除作为药材使用外,还作为新资源食品使用,并且严格将其适用范围限制在茶饮当中,与药食两用资源相比,其应用范围受到极大的约束,直接导致其下游的精深加工产业难以发展。法规政策的更新滞后于产业发展的步伐,也制约了产业的健康发展。如何解决这些问题,确保法规政策的有效执行,是当前赶黄草产业面临的重要任务。

(五)技术和政策障碍

尽管四川省在赶黄草的种植和加工技术上取得了一定进展,但整体来看,赶黄草产业的技术创新应用仍存在不足。尤其是在深加工技术、产品的二次开发以及智能化种植技术方面,仍然缺乏系统的研发和推广。加工技术的滞后使得赶黄草的产品附加值偏低,大部分赶黄草产品仍处于初级加工阶段,无法充分发挥其药材价值。

政策执行层面,尽管四川省出台了多项支持中药材产业发展的政策,但在赶黄草产业的发展中,政策的落实力度仍显不足。例如,在农民培训、资金支持、市场推广等方面,许多政策措施的执行力度不够,导致赶黄草产业的技术推广速度较慢,影响了产业的整体竞争力。

三、对策建议

(一)四川赶黄草产业发展趋势研判

1. 市场需求增长

随着全球人口老龄化的加剧和健康意识的提升,赶黄草产业的发展前景广阔。另外,随着消费者健康意识的提升和对天然药物的认可度增加,赶黄草在保健品市场的地位也将得到进一步巩固。保健品市场的快速扩展为赶黄草提供了新的市场机遇,尤其是在肝病预防、肝脏保健方面,赶黄草的应用价值逐渐被认可。预计未来五年内,赶黄草在保健品和药品市场的需求将继续保持快速增长,特别是在功能性食品领域,赶黄草的市场潜力巨大。

2. 技术进步带来的效益

科技创新将在未来赶黄草产业的发展中发挥重要作用。通过引入基因编辑、组织培养等生物技术,可以进一步提高赶黄草的产量和有效成分含量。同时,智能化农业技术的发展将使赶黄草种植更加精准高效,减少资源浪费,提升产业效益。现代化加工技术的加持也将提高赶黄草的产品附加值，推动产业链的延伸和升级。

（二）促进四川赶黄草产业发展的对策建议

1. 加强资源保护与管理

资源保护是赶黄草产业可持续发展的关键。建议四川省政府进一步加强对赶黄草野生资源的保护力度，建立和完善赶黄草资源的保护和合理利用机制，扩大赶黄草保护区的范围，限制野外采集行为。同时，推广可持续的人工种植技术和生态农业模式，减少对野生资源的依赖，从而实现资源的可持续利用。

2. 推动良种繁育和技术创新，增强产业核心竞争力

良种繁育和技术创新是提升赶黄草产业竞争力的核心手段。建议政府加大科研投入，支持基础研究和应用技术开发，特别是良种繁育基地建设、品种改良、良种推广、病虫害防治和生态种植技术方面。通过与科研机构合作，提升赶黄草种质改良水平，确保药材的有效成分含量。同时，加快推广赶黄草的现代化种植技术和深加工技术，通过技术创新降低生产成本，提高产业链的整体附加值。

3. 完善质量标准和市场监管

制定统一的赶黄草质量标准，加强市场监管，确保产品质量的稳定性和安全性。可以通过建立质量认证体系，提高赶黄草产品的国际竞争力，确保其在国际市场上的合法性和合规性。加强对生产环节的监管，防止掺假、农药残留等问题的发生，确保消费者的健康安全。

4. 优化产业结构与布局

优化赶黄草产业结构和布局需要从产业链的各个环节入手。在上游，推动种植基地规模化、标准化建设，引导农户采用科学的种植管理方法。在中游，促进加工企业的技术升级和产能优化，提高原料利用率和产品转化率。在下游，加强品牌建设和市场营销，拓展国内外销售渠道，提升产品的市场占有率。

5. 加强品牌建设与营销创新

品牌建设是提升赶黄草市场竞争力的重要途径。建议企业加大品牌宣传力度，通过互联网营销、社交媒体等现代化手段，扩大品牌的市场影响力。同时，可以结合赶黄草的地域文化和药用价值，打造具有地方特色的品牌形象，提升消费者的认知度和忠诚度。

在市场营销方面，企业应加强创新，拓展赶黄草的多元化应用市场。除了药品和保健品外，可以尝试将赶黄草应用于食品、化妆品等领域，开拓新的市场空间。通过产品的差异化定位，增强赶黄草产品的市场竞争力，确保产业的持续发展。

6. 政策支持与风险防控

政府的政策支持对于赶黄草产业的发展至关重要。应争取政府在税收优惠、科研资金支持、市场准入等方面的政策倾斜。同时，建立健全风险预警和应对机制，包括市场风险、自然灾害风险以及政策变动风险等，确保产业的稳定发展。

参考文献

方清茂，胡平，张美，等，2023.2021年四川省栽培中药材统计分析［J］.中国现代中药，25（11）：2373-2377.

石晓，卓菊，2015.赶黄草总黄酮抗大鼠酒精性肝纤维化作用的实验研究［J］.中药材，38（7）：1485-1487.

四川省食品药品监督管理局，2010.四川省中药材标准［S］.成都：四川科学技术出版社.

覃俊媛，李梦婷，杨雪，等，2017.赶黄草总黄酮对非酒精性脂肪肝小鼠肝功能和脂质代谢的影响［J］.成都中医药大学学报，40（4）：33-36.

王嘉祥，2023.赶黄草醇提物分离纯化及大健康产品开发研究［D］.成都：西华大学.

王月，何亚聪，苏海国，等，2017.赶黄草木脂素及黄酮类成分抑制肝癌细胞增殖的作用［J］.成都中医药大学学报，40（2）：25-28.

杨晓，胡尚钦，童文，等，2010.苗药赶黄草新品种赶黄草1号［J］.中国种业（10）：94.

余蕾，2020.肝苏颗粒抑制肝星状细胞的活化作用及机制研究［D］.成都：成都中医药大学.

赵佳骏，向卓亚，朱柏雨，等，2022.赶黄草现状和发展前景［J］.四川农业科技（12）：86-88.

中国科学院中国植物志编辑委员会，1997.中国植物志［M］.北京.科学出版社.

四川黄精产业发展报告

王　辉[1]　肖　特[2]　杨马进[1]　叶昌华[1]　黄文娟[1]　李　臻[1]

(1. 四川省农业特色植物研究院，四川内江 641200；
2. 四川省中医药科学院，四川成都 610041)

摘　要：黄精为四川道地中药材，具有药食两用的功效，文化历史悠久。作为全国黄精重要产区，四川省近年来种植面积逐年增长，截至2023年，面积超10万亩，初步形成川西盆地及盆周丘陵、川南、川东、川中四大特色产区，经济效益日益增加。但全川黄精产业仍面临着野生资源流失严重、种植标准化与机械化程度低、品牌打造和产业集成滞后等诸多问题和挑战。本报告介绍了四川省黄精产业发展现状，分析了当前产业发展过程中存在的主要问题，研判了黄精产业未来发展趋势，并针对性提出了对策和建议，为四川黄精产业高质量发展提供参考。

关键词：黄精；四川；产业发展；对策建议

黄精属于百合科黄精属（*Polygonatum* Mill.）多年生草本植物，始载于《神农本草经》，在我国已有2 000多年的药食用历史，黄精性平、味甘、润肺生津、益脾胃、益肾、祛风湿等功效，久服轻身、延年、不饥，是传统经典的药食同源物质。现代研究表明，黄精根茎富含果聚糖，口感好、营养多元、食用安全，可广泛用于药品、保健品、食品和化妆品等领域。我国是黄精的重要发源地和主要产区，全球黄精产量的2/3来自中国。据统计，除港澳外，全国各地均有黄精种植。近年来，随着大健康产品需求增加，黄精需求持续增长，黄精产业的社会、生态和经济效益显著增加。四川省是黄精野生资源分布最广的地区之一，全省21个地级市（州）均有种植。截至2023年，全川种植面积超10万亩，年产量超1万t。四川省独特的自然条件和丰富的野生资源为黄精产业的可持续发展提供了坚实基础，当前为将四川黄精的资源优势转化为市场和经济优势，部分地方政府将黄精产业作为特色中药材产业进行大力发展。

一、发展现状

(一) 概述

1. 药材基源

根据 2020 年版《中华人民共和国药典》记载,黄精以干燥根茎入药,基源为黄精属植物滇黄精(*Polygonatum kingianum* Coll. et Hemsl.)、黄精(*Polygonatum sibiricum* Red.)或多花黄精(*Polygonatum cyrtonema* Hua.)。按形状不同,习称"大黄精""鸡头黄精""姜形黄精"。黄精味甘、平,归脾、肺、肾经,具有养阴润肺、补脾益气、滋肾填精的功效,主治脾胃气虚、体倦乏力、胃阴不足、口干食少、肺虚燥咳等。其主要成分包括多糖、黄酮类、甾醇等,具有抗氧化、抗炎、免疫调节等药理作用,可单独入药,也常与党参、枸杞等配伍使用,以调养身体、增强免疫力。

2. 品种优势特色

据药智网数据,黄精处方共 200 个,黄精方剂 47 个。近年来,黄精在医院中成药中的应用越来越广泛,尤其在经典方剂和新研发的中成药中更为典型。黄精在中成药配方中占据较高比例,如"黄精口服液"和"黄精胶囊"。随着我国经济的持续发展和人民群众健康意识的提高,黄精作为药食同源中药材越来越受到大众青睐,黄精的产品也逐渐从药用向多元化发展,食品、保健品、化工产品陆续走向市场,黄精的市场需求也逐年增加。预计未来 10 年内,四川省黄精相关产品的市场规模将上 10 亿元,成为中药材市场重要组成部分。

3. 生物学特性及种植现状

(1) 生物学特性。黄精喜凉爽、潮湿、隐蔽环境,怕涝,耐寒,喜阴、忌阳光直射,适应性广,野外常见于林下、林缘、灌丛或山坡阴处等湿润、阴凉的环境,海拔 100~4 300m 均有分布,通常分布在海拔 500~3 600m 区域。①滇黄精(*Polygonatum kingianum* Coll. et Hemsl.)根状茎近圆柱形或近连珠状,结节有时作不规则菱状,肥厚。茎高 1~3m,顶端作攀缘状。叶轮生,每轮 3~10 枚,条形、条状披针形或披针形,先端拳卷。总花梗下垂,通常位于花梗下部,花被粉红色或黄白色,浆果红色。花期 3—5 月,果期 5—10 月。②黄精(*Polygonatum sibiricum* Red.)根状茎圆柱状,由于结节膨大,因此"节间"一头粗、一头细,在粗的一头有短分枝。茎高50~100cm，有时呈攀缘状。叶轮生，每轮4~6枚，条状披针形，先端拳卷或弯曲成钩。花序似呈伞形状；花被乳白色至淡黄色，花被筒中部稍缢缩。浆果黑色。花期5—6月，果期8—9月。③多花黄精（Polygonatum cyrtonema Hua）根状茎肥厚，通常连珠状或结节成块，少有近圆柱形。茎高50~100cm。叶互生，椭圆形、卵状披针形至矩圆状披针形，少有稍作镰状弯曲，先端尖至渐尖。花序伞形，花被黄绿色。浆果黑色。花期3—4月，果期5—11月。

（2）野生分布。据《四川植物志》和相关文献报道，我国有黄精属植物38种，其中四川有23种1变种，自然分布于彭州、大邑、邛崃、峨眉、都江堰、名山、雅安、南川、筠连等地的林缘、林下或灌丛中。资源实地调查发现南充、甘孜、凉山、阿坝等地均亦有自然分布。

（3）种植现状。近年来，随着经济发展和市场需求增加，黄精种植面积逐渐扩大。据2023年《四川统计年鉴》和各地相关部门资料统计，四川省黄精种植面积约10万亩，年产量约1万t（图1）。四川省形成了优势突出的黄精产区，大致可分为川西盆地及盆周丘陵区、川南、川东、川中四个区域。川西南的雅安、眉山、乐山、宜宾、泸州等地，气候温暖湿润，冬无严寒，春季回暖快，黄精生长期较长江中下游地区提早10~20d，成为我国独特的黄精生产区。四川省黄精种植重点分布在凉山、雅安、成都、泸州、德阳、资阳、内江、绵阳、南充、宜宾、广元和巴中

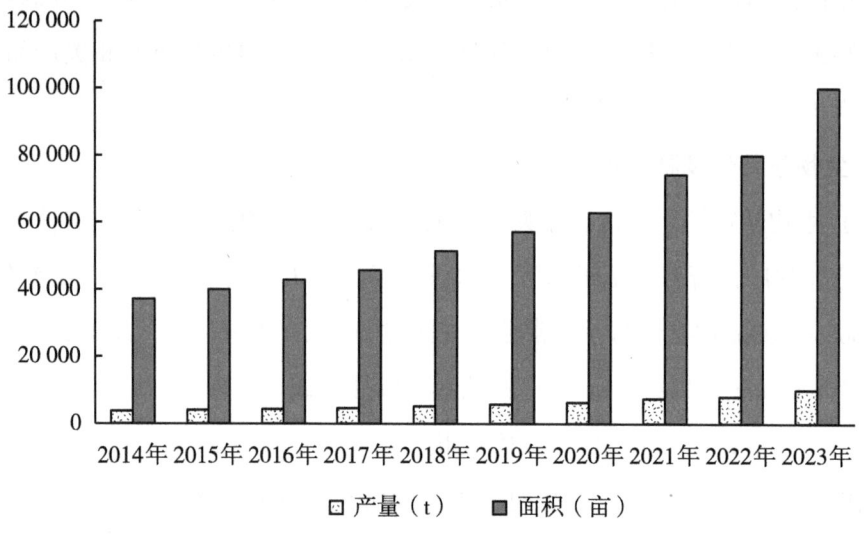

图1 2014—2023年四川黄精产量和面积趋势

等地,其中雅安、眉山、乐山和宜宾等地的生产规模大,质量优。如宜宾筠连县种植面积达1.58万亩,黄精已成为当地经济支柱产业和县域特色产品,对经济发展起重要作用。

(二) 新品种选育

近年来,四川省相关企业和科研单位通过野生资源驯化、引种等形式选育优良品种,同时结合传统育种方法与现代生物技术,在黄精资源保护和新品种选育方面取得显著进展,黄精的产量和品质得到有效提升。截至2023年,四川已选育出高产、抗病虫害的优良品种"川精1号",该品种在生长周期、根茎产量及有效成分含量方面表现出色,具有很好的适应性和抗逆性,能有效应对主要病虫害威胁。

(三) 黄精高效种植技术及生产模式研发

四川黄精种植历史悠久,各科研机构、企业、合作社和个体户结合地方特色,开展育种、肥水管理、病虫害防控、采收加工等研究,形成适宜四川的黄精种植关键技术。

1. 高效种植技术集成加快,科学管理意识增强

近年来,四川省黄精种植从传统经验向标准化转变,高效种植技术加快应用,田间管理科学化,药材品质和经济效益显著提升。

黄精良种繁育主要采用根茎和种子繁殖,同时组培快繁技术应用加快。种苗繁育时,选择3年生以上健康植株的根茎和成熟果实作繁殖材料,在具遮阴、湿润疏松、肥力强、排水良好的育苗圃播种。根茎在10—11月播种,种子在3—4月底催芽后播种。幼苗出苗期间保持土壤湿润,长叶后适时喷施叶面肥,手拔杂草。6月光照增强时开始遮阴,透光率50%~70%,四周通风。10月至翌年3月定植种苗,冬季定植时覆盖松针、稻草等保暖越冬,出苗前调整覆盖厚度。

黄精田间管理逐步向水肥一体化、病虫草害生态防控、科学荫蔽过渡。黄精生长期根据季节和土壤湿度及时补水,但忌涝。依据地下根茎的生长状态合理施肥,每年春、秋新茎萌发前追肥一次,齐苗后结合中耕除草多次追肥,配施农家肥或多元有机肥提升药材品质。整个生长周期忌用化学除草剂,依据生长习性人工除草。黄精喜阴凉,每年6—8月遮阴,透光率50%~70%,避免阳光直射,保持四周通风。开花首年摘除花蕾,后期除留种地外,均摘花打顶,提高单产和品质。

黄精病虫害防控从化学防治为主向物理和生物防治为主转变。主要病害有炭疽病、褐斑病、根腐病、病毒病等，虫害有红蜘蛛、蚜虫、螨虫、蛞蝓等。通过冬季清园、清理病残株和杂草、高温遮阳、涝季排水等减少病害传染源，采用黏虫板、杀虫灯、防虫网或诱剂植物降低虫害，配合使用生物农药和高效、低毒、低残留化学农药防治。

黄精根据播种方式不同，采收时间也有差别。根茎种植2~3年后，实生苗种植3~4年后采收，时间以秋末冬初为宜。采收时将根茎带土采出，除去须根、病疤及泥土，自然晾干。黄精采收后可鲜品销售或产地初加工。

近年来，四川黄精产品日益丰富，包括熟黄精、黄精干、黄精丸等制品，以及黄精酒、黄精茶、黄精饮料、黄精粉等。

2. 新生产模式发展迅速，复合种植成为新趋势

目前，四川省优良耕地资源紧张，为避免中药材与粮食争地，提高经济效益，种植户发展了粮、林、经济作物间套作黄精的新模式。在粮—黄精间套模式中，如玉米、高粱等高秆粮食作物间套种黄精，利用秆叶形成天然遮阴环境，利于黄精生长。在林—黄精间作模式中，如天然林、人工林、果树林等林下间作黄精，利用林下空间打造仿野生环境，提高药材品质。在经济作物—黄精间套作模式中，如猕猴桃、八月瓜等经济作物下间套作黄精，增加复种指数，提高亩产收益。总体而言，黄精与其他作物间套作是未来的发展方向，将同时实现经济、生态和社会效益。然而，目前很多种植模式尚处于起步阶段，相关配套种植技术尚需进一步完善。

3. 种子种苗繁殖基地建设步伐加快，规模化、标准化增强

截至目前，四川省尚未建成大型黄精高标准种子种苗繁殖基地，多为地方中小微企业、合作社或个体种植户自建育苗圃。近年来，黄精种苗需求增加，但市场上种苗来源混乱、质量参差，甚至有带病种苗售卖，导致企业和种植户损失严重。为改善此状况，南充、巴中、广元、宜宾、彭州、崇州、都江堰、西昌和攀枝花等地开始重视黄精标准化育苗，加快建设种子种苗繁殖基地。

二、问题与挑战

(一) 野生资源流失严重,资源评价利用有待加强

据《四川植物志》记载,我国有黄精属 38 种,其中四川有 23 种 1 变种。作为道地产区,四川拥有丰富的野生黄精资源。近年来,黄精在药品、食品、保健品和化妆品等领域的应用迅速拓展,市场需求量逐年增加,价格稳步上升,供需矛盾突出。野生资源因过度采挖和生态破坏日益减少。尽管四川省从事黄精研究的科研单位增多,但资源鉴定评价体系尚未形成,制约了产业进一步发展。

(二) 品种退化严重、新品种缺乏

四川省人工种植的黄精品种多为野生资源引种驯化,长期根茎繁殖和不合理引种导致种源混杂、品种退化、病虫害严重等问题日益突出,质量难以保证。同时资源挖掘和新品种选育滞后,影响产业高质量发展。

(三) 种植模式相对单一

目前,四川省黄精的种植模式主要为大田种植和林下种植两种,种植模式相对单一。大田种植与林下种植相比,有利于集中管理从而增加了种植户短期效益,但这种种植模式增加了农药、化肥的过度使用,也增加了质量风险。

(四) 种植标准化、规范化体系尚不完善

近年来,四川黄精种植面积面积已超 10 万亩,但种植技术相对落后,缺乏标准化体系。盲目引种和不合理种植导致病毒病、炭疽病和根腐病加重,降低产量和品质,影响产业发展。

(五) 科技支撑有待加强

四川省黄精产业高层次科研团队和人才还较为缺乏,企业为主体的产学研合作研发体系尚未完全形成,关键共性技术研究创新平台能力建设还需提升。

(六) 品牌打造和产业集成滞后

四川省黄精种植较为分散,集约化程度低。黄精产业各环节缺乏有效协作,产业链上下游脱节,特别是黄精精深加工和产品研发不足,未形成大品种、大品牌、大产业链,资源优势未转化为市场和区域经济优势。

(七) 机械化水平低

黄精种植需大量人工,整地、除草和采挖环节尤为耗工。人口老龄化导致用工

难、成本高,而四川在黄精机械化生产方面滞后,种植户效益难以保障。

三、对策建议

(一) 黄精产业发展趋势研判

1. 种植面积持续增长

黄精作为药食同源中药材,适应性强,种植门槛低,适合投资。随着健康饮食需求增加,黄精在大健康领域应用将更为广泛,且价格稳定,种植面积将持续增长。

2. 生态种植已成趋势

生态种植由于其在保护环境、保证中药材品质和安全、保持生物多样性等方面的积极作用,是实现黄精产业可持续发展的栽培模式,受到越来越广泛的关注和应用,也是中药材种植产业的大势所趋。

3. 产业链逐渐完善

黄精产业链涵盖种业、栽培、加工、仓储、物流及销售等环节。作为药食同源中药材,黄精应用广泛,尤其在大健康产品市场需求增加的趋势下,各产业链将逐步完善。

(二) 促进黄精产业发展的对策和建议

1. 加强资源保护,促进黄精产业可持续发展

结合四川实际,摸清野生黄精资源现状,提出管理措施,设立保护区、药用植物园、种质资源圃等,减少滥采滥挖现象确保资源可持续利用。开展种质资源调查和保存研究,推进人工驯化和繁育,实现资源保护与产业协同发展。

2. 生态优先,大力发展绿色栽培

坚持因地制宜和安全生产的原则,集成绿色、优质、高效的黄精生态种植技术模式,对化学肥料、化学农药、植物生长调节剂等的使用进行严格管控。坚持"预防为主、综合防治"的病虫害防治方针,加大宣传力度,大力推广农业防治、物理防治和生物防治相结合的绿色防治技术,确保黄精生产安全、生态环境安全和消费安全。创建一批优质生态种植技术集成示范区,因地制宜示范推广可操作、易推广、能复制的集成技术,建立黄精生态种植标准、模式和体系,保障环境安全,提升药材质量,引导黄精产业向产出高效、产品安全、资源节约、环境友好的方向健康可持续发展。

3. 合理规划布局，规范种植

结合四川资源、种养传统和立地条件，在不影响粮食安全和生态功能的前提下，统筹全省黄精产业布局，重点发展四川盆地及边缘山地药材生产区。推广林下种植，减轻耕地压力，遵循政府引导、市场主导原则，推进储备林、经济林下规模化种植及粮药间套作种植模式。

4. 加快黄精产业标准体系建设

全面制定四川省黄精生产技术规程、黄精种子种苗质量标准、黄精种子种苗繁育技术规程等，构建优质黄精全产业链生产技术规范与质量标准体系。

5. 科技赋能，加强全产业链应用技术研究。

加强黄精良种选育、生产、推广应用。

开展黄精林下和山地优质高效栽培技术研发。集成黄精不同种植模式的关键技术，并进一步加快示范、推广和成果转化。

高值化利用研究，一是开展非药用部位综合利用研究。二是要加强健康产品开发。三是要开展微生物发酵黄精体系构建及功效研究。

6. 规范黄精产品全过程溯源管理

一是完善黄精追溯标准体系，加强技术和管理标准研制。二是推动追溯标准应用，应用数字化管理系统，规范全省黄精产品从生产端至消费端全过程溯源管理。提升监管和质量认证，实现黄精全周期质量溯源管理，确保产品全过程可追溯。

参考文献

崔阔澍，李慧萍，肖特，等，2020. 四川黄精道地性考证［J］. 时珍国医国药，31（12）：2941-2945.

崔阔澍，肖特，李慧萍，等，2021. 我国黄精种质资源研究进展［J］. 江苏农业科学，49（11）：35-39.

邓钰文，欧阳琳，王珊，等，2024. 黄精药食同源价值研究进展［J］. 湖南中医药大学学报，44（5）：912-920.

国家药典委员会，2020. 中华人民共和国药典（一部）［S］. 北京：中国医药科技出版社.

国家中医药管理局《中华本草》编委会，1999. 中华本草（第八册）［M］. 上海：上海科学技术出版社.

（明）李时珍, 1999. 本草纲目［M］. 北京：人民卫生出版社.

邱首哲, 郑丽, 曾飞, 等, 2023. 黄精食用加工现状分析［J］. 湖北农业科学, 62（S1）：179-186.

《全国中草药汇编》编写组, 1975. 全国中草药汇编［M］. 北京：人民卫生出版社.

斯金平, 朱玉贤, 2021. 黄精———一种潜力巨大且不占农田的新兴优质杂粮［J］. 中国科学：生命科学, 51（11）：1477-1484.

宋·唐慎微, 1957. 证类本草·卷六［M］. 北京：人民卫生出版社.

汪发缵, 唐进, 1978. 中国植物志：第15卷被子植物门单子叶植物纲百合（二）［M］. 北京：科学出版社.

席洁璨, 吴美华, 黄思瑞, 等, 2024. 药食同源背景下黄精产业链现状与策略优化［J］. 商场现代化（15）：146-148.

肖特, 李军, 吴培源, 等, 2023. 黄精测土配方施肥及生态种植技术应用研究［J］. 种子科技, 41（22）：106-108.

中国科学院中国植物志编辑委员会, 1997. 中国植物志［M］. 北京：科学出版社.

朱柏雨, 向卓亚, 余鳗游, 等, 2023. 黄精研究现状及发展前景［J］. 四川农业科技（12）：107-110.

四川姜黄产业发展报告

李青苗[1] 吴 萍[1] 郭俊霞[1] 王晓宇[1] 张松林[1] 王洪苏[1]

王建波[2] 周 鹏[2] 何东海[2] 巫建华[2]

(1. 四川省中医药科学院,四川成都 610041;

2. 犍为县大兴镇人民政府,四川乐山 614400)

摘 要:四川是我国最大的中药材产地之一,享有"中医之乡,中药之库"的美誉。姜黄是川产86种道地药材之一,在四川占有重要的地位,与其他产地相比,川姜黄质优价贵。四川姜黄产业经过近10年的高速发展在新品种选育、栽培技术、产地初加工、标准体系建设等方面取得一定成效。但是,四川姜黄发展还存在标准化水平较低、企业组织性不紧密、品牌宣传不足等问题。建议四川姜黄产业从政策支持、生产标准、品牌建设、产业融合、强化科技等方面进一步整合资源,以推动姜黄产业高质量发展。

关键词:姜黄;发展;对策研究

中药姜黄来源姜科姜黄属植物姜黄(*Curcuma longa* L.)的干燥根茎,其药用之名,最先记载于《新修本草》,是著名的川产道地药材之一。姜黄为药食两用的药材,在东南亚国家被用作咖喱的主要原料之一而大量生产,在荷兰、英国等欧洲地区被用作天然香料而大量进口,在国内更多被作为传统中药材和色素使用,主产于四川、云南、广西、福建等省,其中以四川为道地产区。姜黄因其独特的药理活性,在大健康和中医药方面受到的关注度越来越高。近年来,有关姜黄护胃、保肝、降血脂、抗氧化、增强免疫力等功效已成为学术研究热点。同时,姜黄在产业应用上也表现出广阔的市场前景,以姜黄为原料可开发为药品、保健食品、食品添加剂、化妆品、染料、饲料、杀虫剂等多种产品。姜黄市场需求极大,据统计国内对姜黄的工业需求量已超过5万t,并作为原材料被出口到新西兰、日本、韩国及东南亚各国,用于提取姜黄素,而姜黄素的全球市场将超过1.3亿美元。本报告概述了四川姜黄产业建设方面取得的成效，剖析当前姜黄产业存在的主要问题，并提出了相对应的发展对策建议。

一、四川姜黄产业发展现状

（一）姜黄产业的总体生产现状

1. 四川姜黄种植区域与种植历史沿革

川产姜黄主产于四川犍为、沐川、宜宾等地，2021年全省种植面积为6.35万亩，产量约为1.73万t。姜黄在我国有1 000多年的应用历史。宋代苏颂《本草图经》描述为："姜黄，旧不载所出州郡，今江、广、蜀川多有之。"清代汪昂《本草备要》记录为："出川广。"清代吴仪洛《本草从新》记录为："出川广。"清代黄宫绣《本草求真》记录为："蜀川产者色黄质嫩。有须。折之中空有眼。切之分为两片者为片子姜黄。广生者质粗形扁如干姜。仅可染色。"表明姜黄作为药用以四川产者质量较好。清·同治《仁寿县志》与清·光绪《盐源县志》记载产姜黄。1963版《中国药典》一部收载姜黄主产于四川、福建等地。《中药材传统经验鉴别》收载姜黄主产于四川犍为、沐川、秀山、双流、新津、崇庆其他如广东、广西、福建、贵州、云南均有产，以四川产品为优，行销全国并出口。《四川道地中药材志》记载姜黄为川产道地药材。2024年8月四川犍为县被中国特产协会、中国特产之乡推荐评审活动组委会授予"中国姜黄之乡"称号。

2. 四川姜黄新品种选育

截至目前，四川姜黄新品种主要有3个，由四川省中医药科学院选育的"姜郁1号""犍郡黄1号"，成都中医药大学选育的"川姜黄1号"。姜郁1号：2020年由四川省中医药科学院选育，该品种总灰分5.3%，浸出物18.7%，挥发油7.3%，姜黄素1.2%；2014—2015年两个生长周期多点试验平均亩产644kg，较对照增产21.93%；适宜犍为、沐川等川姜黄主产区种植。犍郡黄1号：2023年由四川省中医药科学院选育，该品种总灰分4.5%；醇溶性浸出物19.2%，挥发油7.4%，姜黄素含量为1.8%；2023年度平均产量1 232.1kg/亩，较对照增产11.18%。适宜在四川姜黄主产区种植。川姜黄1号：2016年由成都中医药大学选育，该品种总灰分4.8%，浸出物14.9%，挥发油8.2%，姜黄素1.6%；2015年生产试验，根茎平均亩产312.75kg，比对照增产20.75%；块根平均亩产97.54kg，比对照增产57.53%。

适宜土壤肥沃疏松、排水良好、土层深厚的冲积土或砂壤土的成都平原地区和乐山犍为、沐川等地种植。

3. 栽培模式

姜黄栽培主要以净作为主，近年来为确保粮食安全，产地政府大力推进粮油姜现代农业园区建设，积极推广"玉米+大豆+姜黄"套作+轮作模式、"姜黄—玉米""油菜—姜黄—夏玉米""姜黄—大豆—蔬菜"等复合种植模式，以及在果树地间种或套种。

4. 四川姜黄标准化建设

围绕姜黄产业发展的实际需求，开展了姜黄准化建设，涵盖了姜黄种子种苗、种植、产地加工、商品规格等，共计发布标准7项，其中国际标准1项《ISO 9299：2024 Traditional Chinese medicine-Curcuma longa rhizome（中医药-姜黄）》，地方标准1项《川产道地药材认证 姜黄》（DB51/T 2561—2018），团体标准5项《姜黄规范化生产技术规程》（T/CACM 1374.119—2021）、《中药材种子种苗 姜黄种姜》（T/CACM 1056.79—2019）、《道地药材 川姜黄》（T/CACM1020.22—2019）、《中药材商品规格等级 姜黄》（TCACM 1021.62—2018）、《道地药材栽培及产地加工技术规范 川姜黄》（T/CACM 026.12—2017）。

5. 种植基地

近年来，产地积极探索"镇政府+科研院所""专业合作社+种植示范户+农户""姜黄协会+加工企业+专业合作社"等模式，推动建设姜黄标准化种植示范片2 800余亩，开展姜黄标准化种植技术培训20余场，培训基层干部、协会、专合成员850余人，发放《道地中药材姜黄标准化栽培技术要求》1 000份，带动大兴、九井、孝姑、龙孔等4个重点镇姜黄产业加速发展。截至目前，姜黄主产区现有姜黄种植专业合作社、家庭农场19个。在大兴镇建设粮油姜（姜黄）现代农业园区1个，九井镇建设中药材（姜黄）示范基地1个。

（二）姜黄产地初加工情况

目前，产地现有姜黄初加工企业（厂）20余户，但加工企业分散且规模较小，设备相对单一，加工方法较为传统，加工技术水平不高。近年来，随着市场对药材品质要求的提升，以及许多地区将中药材产地初加工作为推动当地经济发展、促进农民增收的重要途径，部分地区和企业积极引入先进的加工技术和设备，提高加工效率和质量。例如，沐川富民农产品投资有限公司近年来更新配备了以电为能源的全自动烘干设备，加工技术也日益成熟，能够满足姜黄药材的初加工需求，有效推动了当地产业发展，助力乡村振兴。

（三）姜黄进出口情况

从姜黄进出口数据统计（表1）可以看出，姜黄进口量常年在 10 000t 以上，出口量常年保持在 800t 左右，进口量远远大于出口量，但进口价格远远低于出口价格。以 2023 年为例，姜黄进口数量为 13 978.28t、交易金额 8 025.91 万元、交易单价 5.74 元/kg，姜黄出口数量为 783.33t、交易金额 1 855.97 万元、交易单价 23.69 元/kg。

表1 姜黄进出口数据统计

年份	进口			出口		
	数量/t	金额/万元	单价/（元/kg）	数量/t	金额/万元	单价/（元/kg）
2019	14 813.16	3 984.69	2.69	1 118.04	2 209.69	19.76
2020	9 094.84	2 393.62	2.63	1 250.95	1 939.19	15.50
2021	8 870.40	3 848.13	4.34	916.17	1 627.41	17.76
2022	20 937.69	10 561.04	5.04	662.58	1 398.06	21.10
2023	13 978.28	8 025.91	5.74	783.33	1 855.97	23.69

注：姜黄进出口数据来源海关统计数据在线查询平台。

（四）姜黄市场发展前景

姜黄为药食两用药材，主要药效成分有姜黄素类和挥发油，对肺、肝、心肌损伤具有良好的修复作用，可用于治疗肺炎、肝炎等多种急慢性炎症，还能抑制肿瘤生长等广泛的药理活性。除具有药用价值以外，姜黄还可以用作食品色素添加剂、着色剂、食用香料、化妆品原料等，促进食品工业、化工业、香料产业和医药产业的发展。在国外，姜黄市场如火如荼，多家营养食品公司推出姜黄营养食品，如日本 HWF 公司推出的姜黄粉末能量饮料、美国的 Syba 天然产品公司推出的瓶装姜黄素补充剂、美国 Bioactive 公司、Unibar 公司也都推出了姜黄素组合产品。随着姜黄产品销售量的不断飙升，促使越来越多的企业和消费者去了解姜黄。随着消费者对健康的关注度不断提高，对天然保健品和具有功能性功效的产品需求增加。姜黄具有抗炎、抗氧化、改善大脑功能等多种潜在健康功效，受到越来越多消费者的认可和青睐。因此，姜黄未来市场的需求将持续增长，具有广阔的发展前景。

二、四川姜黄产业发展存在的主要问题

近年来，随着产业链的不断发展和技术创新所带来的影响持续加大，姜黄产业也暴露出一些问题。

一是在种植、加工技术方面，姜黄种姜选育、种植、病虫害防治、烘干等技术多以传统经验为主，标准化水平较低，导致姜黄在生产品质、产量上不稳定，例如：在种植过程中未对炭疽病及时进行干预和防治，容易导致姜黄过早黄叶回苗，停止生长，影响姜黄的产量；没有统一的烘干标准要求，容易导致姜黄烘干过程中出现含硫量超标、含水量不达标、产品污染等现象。

二是组织化方面，姜黄种植企业、合作社数量少，超2/3的姜黄种植均为散户，还以中老年人为主，加工企业多为小作坊式企业，限制了产业规模化发展。

三是在品牌化方面，目前虽已成功注册"犍为姜黄"地理标志集体商标，但由于处于起步阶段，仍存在管理不严、宣传不足、用标率低等现象，产品溢价能力跟不上，导致农户生产积极性不高。

四是在社会化服务方面，如犍为县成立了犍为县姜黄协会，大兴镇、九井镇积极探索犍为姜黄社会化服务，但辐射带动示范效应有限，散户接受程度不高，无法满足下一步产业发展的需求。犍为姜黄产业中存在的问题也在一定程度上反映出我国姜黄产业的发展现状，实施姜黄产业标准化建设是解决目前问题的一个重要方法。

三、四川姜黄产业发展趋势与对策建议

（一）四川姜黄产业发展趋势研判

四川是姜黄的道地产区，历史悠久，且质优价贵。目前，市场上销售的姜黄国内外均有产出，国外主要来自印度、缅甸、越南等东南亚国家，由于这些国家种植生产成本低，所以价格也比较便宜，国内主要产于四川、云南、广西、湖南等地，川姜黄主要是指产于四川犍为、沐川、宜宾及周边的姜黄。从产量上看，姜黄国外产区的年产量很大，在数十万吨之巨，国产货年产量在2 500~3 000t，其中川姜黄近年的产量都是1 500~2 000t。从姜黄进出口数据统计可以看出，姜黄进口量常年

在10 000t以上，出口量1 000t左右，国内缺口近9 000t。因此，川姜黄在市场中的占比还有很大的提升空间。四川姜黄产业的发展具有以下几个趋势：

市场需求持续增长。由于健康意识的提高，消费者对天然、健康的产品需求不断增加。姜黄作为一种具有多种保健功能的天然植物提取物，其市场需求也将继续增长。在运动营养、个护美妆、食品添加剂和药物等多个领域，姜黄的应用将更加广泛，产品的种类和功能也将更加多样化。

技术创新和产品升级。随着科技的进步，姜黄行业在生产、加工和提纯等方面都可能取得新的进展。企业可以通过技术创新，开发出更高品质的姜黄产品，并根据市场需求进行产品升级，满足消费者对产品的多元化、高品质的需求。

产业化和规模化发展。虽然目前姜黄行业产业化程度较低，但随着市场规模的不断扩大，企业间的合作与交流将更加频繁，行业将逐渐走向产业化和规模化。通过资源整合、技术共享和资金投入等方式，企业将推动姜黄行业的快速发展，并提升整个行业的竞争力。

（二）促进四川姜黄产业发展的对策建议

1. 加大政策支持力度

资金支持：政府设立姜黄产业发展专项资金，用于支持姜黄种植基地建设、加工技术研发、品牌建设等方面。加大对姜黄产业的信贷支持，鼓励金融机构为姜黄企业提供贷款、融资等服务。

政策扶持：出台相关政策，对姜黄种植户给予补贴，降低种植成本和风险。对姜黄加工企业在税收、用地、用水、用电等方面给予优惠政策，支持企业发展壮大。

2. 强化种植管理与技术支持

优化种植布局：根据四川省不同地区的土壤、气候等条件，进行科学规划，合理布局姜黄种植区域，形成专业化、规模化的种植基地。例如，乐山等适宜地区可进一步扩大种植规模，打造姜黄产业优势产区。

推广标准化种植：制定和完善姜黄种植的标准规范，包括种植密度、施肥浇水、病虫害防治等环节，确保姜黄的产量和质量。加强对种植户的技术培训，提高他们的种植技术水平，推广先进的种植技术和经验，如绿色防控技术、测土配方施肥等。

加强品种选育：加大对姜黄优良品种的选育和推广力度，培育出产量高、品质优、抗逆性强的姜黄品种。建立姜黄种子种苗繁育基地，保障优质种子种苗的供应。

3. 提升加工水平

提高加工技术：鼓励企业加大研发投入，引进先进的加工技术和设备，提高姜黄的加工效率和产品质量。例如，采用超临界流体萃取、微波辅助提取等技术提高姜黄素等有效成分的提取率；利用纳米技术等提高姜黄产品的生物利用度。

发展精深加工：延长姜黄产业链，开发姜黄的精深加工产品，如姜黄素保健品、姜黄化妆品、姜黄药品等，提高产品的附加值。支持企业与高校、科研机构合作，开展姜黄精深加工技术的研究和应用。

加强质量监管：建立健全姜黄加工产品的质量标准和检测体系，加强对姜黄加工企业的质量监管，确保产品质量安全。严厉打击假冒伪劣产品，维护四川姜黄的品牌形象。

4. 加强品牌建设与市场推广

打造区域品牌：整合四川省的姜黄产业资源，打造具有四川特色的姜黄区域品牌，如"川姜黄"等。加强品牌宣传和推广，提高四川姜黄的知名度和美誉度。通过举办姜黄产业博览会、展销会等活动，展示四川姜黄的产品和品牌形象。

拓展市场渠道：极开拓国内外市场，加强与国内外大型药企、保健品企业、食品企业等的合作，建立稳定的销售渠道。利用电子商务平台等新兴渠道，拓展姜黄产品的销售市场，提高市场占有率。

5. 推动产业融合发展

与文旅产业融合：结合四川的旅游资源，开发姜黄主题的旅游产品和线路，如姜黄种植基地观光、姜黄养生体验等，推动姜黄产业与文旅产业的融合发展，提高产业的综合效益。

与其他产业协同发展：加强姜黄产业与中医药产业、食品产业等其他相关产业的协同发展，形成产业联动效应。例如，将姜黄与其他中药材进行配伍，开发中药复方产品；将姜黄作为食品添加剂，应用于食品加工中。

6. 强化科技支撑

加强科研合作：鼓励企业与高校、科研机构建立产学研合作关系，共同开展姜黄产业的技术研发和创新。支持高校、科研机构开展姜黄的基础研究和应用研究，为产业发展提供技术支持。

培养专业人才：加强姜黄产业相关专业人才的培养，建立人才培养体系。通过高校、职业院校等培养姜黄种植、加工、研发、营销等方面的专业人才，为产业发展提供人才保障。

参考文献

白宏，刘利兵，别蓓蓓，等，2020. 姜黄素抗肿瘤机制及其应用的研究进展［J］. 西北药学杂志，35（1）：149-153.

陈洁，殷莉丽，何金晓，等，2020. 川产道地药材姜黄、郁金新品种"川姜黄1号"选育研究［J］. 中国中药杂志，45（13）：3079-3084.

陈帅，李峰，2019. 姜黄素抗胃肠道辐射损伤机制的研究进展［J］. 湘南学院学报（医学版），21（4）：71-74.

郭芳，顾哲，贾训利，等，2022. 药用植物姜黄的研究进展［J］. 安徽农业科学，50（16）：14-19.

国家药典委员会，2015. 中华人民共和国药典：一部［M］. 北京：中国医药科技出版社：264.

姜浩，张沐棠，吴柳清，等，2025. 姜黄素药食特性及应用综述［J］. 食品与发酵工业，51（04）：363-373.

吕俊刚，翟莉，王松涛，等，2019. 姜黄素在心血管疾病治疗中的研究进展［J］. 中国医药，14（11）：1742-1746.

苏敬，辑复本．尚志钧，辑校，1981. 新修本草［M］. 合肥：安徽科学技术出版社：244.

杨长军，马云，李铁柱，等，2016. 姜黄保健功效研究及市场前景分析［J］. 食品研究与开发，37（6）：218-220.

曾亮，刘玲利，奉玉蓉，2024. 姜黄产业标准化建设思路研究——以犍为姜黄为例［J］. 中国标准化（13）：147-151.

四川栀子产业发展报告

许文志 童 文 孙 佩 黄 雯

(四川省农业科学院经济作物研究所,四川成都 610300)

摘 要:本报告从中药材栀子的本草考证入手,论证了四川省是药用栀子的传统道地产区,主栽品种黄栀子也是传统的优质药用品种,确定了四川省发展栀子产业的理论依据。在对四川省栀子产业分布、产业链构成、产业模式等进行分析的基础上,总结了全省栀子产业面临的问题,预测了四川省栀子产业规模将不断扩大、产业链将继续完善等良好的发展势头,提出了科学规划合理布局、全产业链协调发展、深入开展科技创新、联合打造区域优质品牌等产业发展建议。

关键词:栀子;栀子花;栀子黄色素;栀子精油

栀子是传统大宗中药材,也是第一批颁布的药食同源物品,在药品、食品、化妆品、观赏植物和染料行业均有广泛应用。经考证四川省是药用栀子的道地产区,且有"川产者优良"的记载。现代研究发现栀子果主要含藏花素类、苷类、多糖类以及 Fe、Mn、Zn、Cu 等 20 多种微量元素,栀子花富含合欢烯(64.86%)、罗勒烯(29.33%)、芳樟醇(2.74%)等。栀子果主要入药利用,也是天然食用色素栀子黄色素等的提取原料,所提取色素广泛应用于面制品、糖果、饮料食品着色等,产业链较为健全。栀子果油、栀子果胶等用于功能性食品、饮料的工艺成熟,市场前景较好。栀子花用于花茶等食品加工及栀子精油提取,近几年产业链不断完善,奶茶、香水等产品不断涌现。市场需求旺盛导致栀子人工种植规模不断扩大,四川眉山、雅安、乐山、自贡、内江等多地出台相应政策引领产业发展,栀子产业迅速发展将对这些地区的经济社会发展起到积极推动作用。

一、四川栀子产业发展现状

（一）栀子产业概述

1. 栀子本草考证

据《中华人民共和国药典：一部（2020 版）》（下称药典）记载：栀子，为茜草科植物栀子（*Gardenia jasminoides* Ellis）的干燥成熟果实，性味苦、寒，归心、肺、三焦经，具有泻火除烦、清热利湿、凉血解毒等功效，外用消肿止痛。常用于治疗热病心烦，湿热黄疸，淋证涩痛，血热吐衄，目赤肿痛，火毒疮疡等，外治扭挫伤痛。此外，传统认为栀子叶可消肿止痛，栀子花具有清肺止咳、凉血止血的功效，栀子根用治妇女血气不和。栀子既是大宗中药材，又是原国家卫生部颁布的第一批既是食品又是药品的物品，在药品、食品、化妆品、观赏植物和染料行业有广泛应用。

栀子始载于《神农本草经》，列为中品，《本草纲目》列入木部灌木类。《本草图经》载"栀子，生南阳川谷，今南方及西蜀州郡皆有之"，与现代栀子主产于江西、福建、浙江、四川、河南、湖北等省基本一致。典籍记载的栀子产地经历了由北到南的变迁，品种由野生到野生、家种共同入药，历代主要道地产区包括河南南阳、江西樟树、湖北荆州、福建建瓯、四川多地。清代《类经证治本草》载："川产者良"，可见四川也是当时栀子重要的产地。

近代学者本草考证认为历史上的中药栀子既山栀子，其主流品种就是我国药典记载的茜草科植物栀子。而典籍记载的水栀子药效较差，多用作染色，其始载于《福建民间草药》，《雷公炮制论》谓之伏尸栀子。考证发现山栀子和水栀子之间，仅植株高矮、果实大小不同，而花大小差别不大，且两者之间明显存在过渡类型，水栀子清热利胆抗炎功效与栀子相当，因此认为水栀子可作为栀子的生药来源加以利用。

炮制方面，有学者整理了栀子炮制方法的历史沿革、炮制现状，对不同炮制方法的传统理论与临床应用进行了深入阐述。饮片规格方面，药典规定有栀子（生栀子）、炒栀子和焦栀子 3 种，均由古代修制方法发展而来。入药方面，如解肝郁、降肝火的经典名方"化肝煎""宣郁通经汤"，以及"清金化痰汤""清肺汤""桑杏汤"等，现代药典收录的有栀子金花丸、清火栀麦丸、三子散、茵栀黄口服液、越鞠丸、越鞠保和丸、鹭鸶咯丸等都有用到栀子，可见其入药应用之广泛。

2. 种质资源及利用

栀子属多为开花植物，很多物种具有浓烈的香味，是常用的装饰物。《中国植物志》中记载约 250 种，分布于东半球的热带和亚热带地区，我国有 5 种、1 变种，产于中部以南各省区，其中栀子（*G. jasminoides* Eills）资源最为丰富，应用最为广泛。中国栽培利用栀子的历史悠久，本草著作关于药用栀子植物形态的记载较多，如《本草纲目》载"卮子（同栀子）叶如兔耳，厚而深绿，春荣秋瘁。入夏开花，大如酒杯，白瓣黄蕊，随即结实，薄皮细子有须，霜后收之"。综合其他典籍，栀子叶厚、革质、色深绿，花芳香六出、夏季开、白瓣黄蕊，栀子果实皮薄、生青熟黄、顶部宿存萼片，种子色红、细小。这些描述与现代药用栀子形态特征基本相符。

目前市场上栀子多是人工栽培产品，野生资源逐渐减少。由于基础设施建设、土地开垦、人工经济林种植等社会发展等因素，栀子野生资源的自然生境遭到干扰，加上干旱、洪涝灾害等自然条件变化的影响，许多野生资源逐渐消失。此外，随着栀子市场需求旺盛，部分商贩抬价收购导致栀子价格大幅上涨，在经济利益的驱使下，有些群众大量采收野生栀子或采挖植株人工栽植，使栀子野生资源减少加剧。

品种方面，栀子栽培群体在长期的人工栽培下，丰富的变异被固定下来形成一些特征明显、性状稳定且有一定种植规模的品种类型。如观赏品种雀舌栀子（Radicans）、单瓣雀舌（Simpliciflora）、银边雀舌（Albomarginata）、花叶栀子（Variegata）及白蟾（Fortuneana）等；色素用品种水栀子（Longicarpa）、金福水栀（Jinfu Shuizhi）等；以及专门药用的品种渝栀 2 号（Yuzhi 2）、分关 1 号（Fenguan 1）、球果栀子（Qiuguo）等。这些品种虽然都归属 *G. Jasminoides* 同一个种，但在果萼、果径、果棱、果色等果实性状以及花径、花瓣数、花期等花部性状方面都形成了各自鲜明的特点，成为栀子品种形态鉴别的重要性状指标。此外，药用栀子用种子繁育形成了大量的农家品种或类型，这些也可以作为栀子育种的材料来源，用以丰富新品种的遗传背景。

3. 主要用途

栀子主要用途有果实加工为药，果实提取色素，花提取精油及食品加工三个大方向。现代研究发现栀子果化学成分主要包括藏花素类、苷类、多糖类以及 Fe、Mn、Zn、Cu 等 20 多种微量元素。栀子果作为药食同源材料，除药用外也是天然食用色素栀子黄色素的提取原料，其京平尼苷等还是栀子蓝色素和栀子红色素的合成原料。栀子提取的色素广泛应用于面制品、糖果、饮料食品着色等，产业发展较成熟。此外，栀子果油、栀子果胶等用于功能性食品、饮料的开发工艺也比较成熟，市场前景较好。栀子花富含合欢烯（64.86%）、罗勒烯（29.33%）、芳樟醇（2.74%）等，可用于花茶等食品加工，还是提炼栀子精油的主要原料，栀子精油可作为名贵天然香精用于食品及香水等化妆品加工。

（二）栀子产业发展现状

1. 种植规模与分布

四川省栀子种植主要分布在眉山、雅安、乐山、自贡、宜宾、内江等地。近年来，随着栀子市场需求的增加，种植面积不断扩大。其中，雅安市名山区通过引进新品种、推广科学种植技术，栀子种植面积逐年增加，成为当地特色农业产业之一。资中县新桥镇清平村建成中药材栀子 500 亩，并通过了四川省林业和草原局、四川省中医药管理局联合组织的林草中药材规范化种植示范基地综合评审。

2. 产业链构成

栀子产业链构成丰富多元，主要分为种植、加工及销售三大板块。

种植环节：四川多地利用闲置土地种植栀子，逐步形成了种苗生产、种植、植保、采收等不同的产业环节。

加工环节：加工主要分产地初加工及深加工产品加工。初加工主要是采收后的烘干及仓储。深加工包括栀子果和花的加工利用，栀子果主要用于天然色素提取，以及色素类产品应用于食品、饮料、化妆品、药品等领域。栀子花主要用于精油提取，以及精油用于食品及香水等日化品的加工。特别是近几年霸王茶姬"山野栀子"系列等栀子花茶及系列茶饮产品产业不断壮大，产业链不断延伸。

销售环节：栀子花及其产品市场需求量大，价格逐年上涨，为花农和企业带来了良好的经济效益。通过农旅融合，栀子花产业还带动了乡村旅游的发展。

各环节利润来看，随着市场需求增加，销售环节尤其是品牌化、规模化销售可能带来显著利润。随着新茶饮品牌对栀子花茶的热销，精深加工环节成为提升产品附加值的关键，可能享有较高利润。此外，创新产品能够引领市场潮流，满足消费者多样化需求，因此产品研发环节也可能带来较高利润。

3. 产业模式

"党支部+合作社+业主+农户"模式：眉山市仁寿县采用"党支部+合作社+业主+村民"的模式，引导村民在"贫瘠"的砂土地上，集中发展"投资小、周期短、见效快"的栀子花种植产业，促进村民增收致富，助力乡村振兴，美化乡村环境。

"公司+基地+农户"模式：雅安市蒙阳街道上瓦村采用该模式引进企业发展重瓣大花栀子。2021年开始种植，经过三年努力，种植面积达400余亩，经济效益初显。在产业发展过程中，合作社吸纳周边村民就业，全年用工达1 300余人次。

"公司+合作社+基地+农户"模式：栀子花是内江市市花，内江市东兴区采用这种模式重点发展栀子产业，由公司负责提供技术支持和市场销售，专业合作社负责组织和管理农户，基地则提供土地和种植条件，农户则负责实际种植和日常管理。此外，自贡市荣县也是这种发展模式，并探索了"栀子+蔬菜""栀子+油茶"等复合型经营，培育栀子花主题农家乐，开发生态旅游产品。通过推行这种产业合作模式，形成新型栀子产业经营体系。预计到2025年，栀子种植面积将达到2万亩，年产值超4 200万元，农户人均增收4 000余元。

"公司+集体经济+农户"模式：自贡市贡井区长土街沙罗村引进四川沙罗中药材有限责任公司，采用该模式发展黄栀子产业，利用荒山和撂荒地种植栀子花，从单一种植发展到"黄栀子+蒲公英+大豆"套种模式。村民通过土地流转增加收入，还可参与公司种植生产获取劳务收入。同时，公司与沙罗村集体经济联合发展农旅融合，进一步带动村民增收。

二、四川栀子产业发展面临的主要问题

1. 市场价格波动影响产业稳定

四川省栀子产业缺少全省一盘棋的规划布局，除眉山、雅安、自贡、内江等地有政府引领的规模化种植外，尚有较大面积的农户自主种植。栀子果及栀子花市场价格的波动直接影响农民种植栀子的积极性，价格走高时部分农户盲目投入扩大种植规模，价格下跌时又放弃管理或者改种其他作物。供给端市场价格波动不仅影响农民收益，还涉及整个供应链的稳定性和相关企业的盈利能力。价格下跌可能导致

加工企业和贸易商库存积压，影响现金流和盈利能力。后端产业效益缩减又反过来降低供给端的收益，使整体产业链处于被动的波动状态。

2. 技术创新不足

虽然栀子苷、京尼平苷等药效成分解析取得了一定的进展，临床应用及疗效评估等方面也有突破，但是靶向药物开发方面尚有不足，需要继续研究。另一方面，除栀子果入药利用外，加工产品有栀子色素、栀子花茶、栀子油、蜜饯、果酒、糖果、液体饮料、精油、香皂、牙膏等多种类型。但由于精深加工技术创新不够，产品同质化较严重，不能满足多样化的市场需求。

3. 品牌影响力不够

目前栀子主要是药用及作为食品、日化加工的提取原料，相关产品的市场推广力度相对较小，品牌建设力度不够，导致消费者对栀子品牌的认知度不高。当地品牌"奉贵人"等的影响力也比较有限，缺乏深入人心的品牌故事，与消费者的情感连接较弱，企业发展中规中矩，对产业的引领带动作用较弱。

4. 产业链不够完善

与其他中药材产业类似，栀子种植同样缺乏种植、植保、采收、运输等专用的农机农具以及智慧化管理系统，缺乏配套的绿色低碳种植管理技术，栀子产业前端种植环节尚不完善。此外，由于栀子精深加工产品品类单一，后端产业抗风险能力较弱，产业饱和或断链都会导致产业整体下滑。

三、四川栀子产业发展趋势与对策建议

（一）四川栀子产业发展趋势

1. 种植规模将继续扩大

随着市场需求的不断增长和产业政策的支持，四川省栀子种植规模将继续扩大。未来，将有更多的地区加入栀子种植行列，种植面积将不断增加。同时，随着科研投入的不断加大，更多新技术转化落地，栀子的质量和产量将得到进一步提高，产业效益进一步提升。

2. 产业模式将更加多元化

随着产业链的提档升级及产业热度的增加，四川省栀子产业将形成更加多元化的产业模式，如"互联网+栀子产业"模式、"栀子产业+金融"模式等，这些创新

模式将为栀子产业的发展带来新的活力。

3. 技术创新更加深入

技术创新成为四川省栀子产业持续发展的关键。在种植技术方面,将加大智能化、精准化种植管理技术的研发和应用,提高种植效率和质量。在加工技术方面,将加强新产品研发,提高产品附加值。在精深加工产品研发方面,将加大对栀子提取物、保健品、化妆品等高端产品的研发力度,满足多元化及高端市场需求。

4. 品牌影响力进一步提升

霸王茶姬栀子系列产品的持续发力,奉贵人等本地栀子产业品牌的不断发展,将促进全省栀子品牌建设,打造一批地理标志产品和知名品牌,提高产品的市场竞争力,扩大市场份额。品牌的宣传和推广,将进一步提高品牌知名度和美誉度,吸引更多资本进入产业,助推产业做大做强。

5. 产业链将不断完善

除加强种植、加工、销售等基本环节的建设以外,强化环节间的有机衔接有助于实现产业链的协同发展。此外,栀子产业与旅游、文化等其他产业的融合发展,将拓展栀子产业发展空间,留存更多产业利润,扩大投资回报。

(二)促进四川栀子产业发展的对策建议

1. 科学规划合理布局,全产业链协调发展

组建栀子产业联盟,在全省尺度上科学合理规划,优先在气候、土壤等资源最适宜区域发展栀子产业,同时兼顾精深加工、市场实际等搭配种植品种及规模,避免供过于求而花、果大量集中上市,导致价格大幅下跌。深入挖掘栀子在医药、生态农业、食品加工等方面的价值,延长产业链条。拓宽销售渠道,加强品牌文化建设,提升栀子品牌知名度和影响力。结合旅游观光,推动一二三产业融合发展,提升产业附加值,实现全产业链协调发展。

2. 深入开展全产业链科技创新

由政府牵头,联合企业、科研院校等产业链主体,根据不同区域自然条件、产业基础等特点,针对性开展新品种选育、智慧化栽培管理、标准化加工等科技创新,稳定并提升栀子花果的原料产量和质量。深入开展栀子靶向药物、栀子色素、多元化功能性食品及日化品研发,丰富产品形态,提高全产业链科技含量,推动产业健康稳定发展。

3. 联合打造区域优质品牌

政府企业联动，依托本地资源。根据产业基础和当地人文、景观等旅游资源，由政府引导，企业为主体，共同推进区域公用品牌建设。制定统一的种植管理及产品质量控制标准，做到统一生产、统一品控管理，提升产品质量和市场竞争力。组建专门的品牌运营管理团队，专门负责进行栀子相关历史、文化等挖掘，提炼品牌宣发资料，讲好品牌故事，并多渠道宣传，提升品牌知名度和影响力，打造区域优势品牌，推动产业发展，实现共同建设、共同受益。

参考文献

陈峰，陈剑锋，2014. 栀子色素的复配调色研究［J］. 中国调味品，39（3）：74-77.

陈雅林，2018. 栀子属资源概况及栀子本草学研究［D］. 北京：北京协和医学院.

邓绍勇，杨欢，朱培林，等，2020. 栀子栽培品种与近缘种的数量分类［J］. 江西农业大学学报，42（1）：92-100.

国家药典委员会，2020. 中华人民共和国药典：一部（在线）［M］. 北京：中国医药科技出版社.

李明利，赵佳琛，金艳，等，2020. 经典名方中栀子的本草考证［J］. 中国现代中药，22（8）：1287-1302.

李时珍. 刘衡如，刘山永，校注，2008. 本草纲目：下册［M］. 北京：华夏出版社.

王立，李娜，李言，等，2018. 栀子果功能成分及开发应用研究进展［J］. 食品与机械，34（7）：173-178.

吴钢，2016. 类经证治本草［M］. 米鹏，刘巨海，向楠，点校. 北京：中国中医药出版社.

吴镇坤，张亚楠，王雅英，等，2017. 栀子综合开发与利用研究进展［J］. 亚太传统医药，13（24）：64-66.

杨阳，2004. 中药栀子与水栀的辨识及思考［J］. 时珍国医国药，15（5）：285.

张继，彭继烽，徐纪民，1996. 栀子本草考证雏议［J］. 中国中药杂志，21（2）：70-72.

张龙辉，章桂芝，吴佳木，等，2013. 栀子资源开发利用研究概况［J］. 亚热带农业研究，9（4）：231-234.

张学兰，程合丽，李慧芬，2005. 栀子炮制的历史沿革研究［J］. 中成药，27（11）：1281-1282.

赵淑杰，梁大哲，马双成，等，1994. 栀子炮制历史沿革及炮制现状的研究［J］. 中国中药杂志，19（2）：119-121.

四川天冬产业发展报告

吕向阳　刘　丹　陈艾萌　晏飞利　吴佳慧
张　伟　刘思奇　朱　恒　陈佑才

(四川省内江市农业科学院，四川内江 641000)

摘　要：天冬是重要的川产道地药材，由于历史上天冬主要在四川集散，故称"川天冬"，传统认为川产天冬的质量为优。天冬适宜在坡地种植，管理粗放，产量高，市场需求量大，经济效益高，因此，天冬产业为"撂荒地"整治、乡村振兴发挥了重要的作用；随着天冬被纳入"按照传统既是食品又是中药材"物质目录，将进一步推动天冬全产业链强势发展。本报告基于近年来对天冬产业的调查数据和研究结果，总结了四川天冬产业的现状，分析存在的主要问题，研判发展趋势，为推动四川天冬产业发展提供对策建议。

关键词：天冬；产业概况；问题研判；发展趋势；对策建议

天冬是川产86种道地药材之一，具有养阴润燥，清肺生津的功效。天冬在四川省有近千年的使用历史，资州、普州、遂州、利州等地均有记载；在近代，内江地区（包括内江市、资阳市、简阳市）、泸州叙永、古蔺是天冬的主要产地，其余地区以采挖野生资源为主，间或零散种植；近年来，内江市东兴区获得"中国天冬之乡"称号，"内江天冬"获得国家地理标志证明商标，入选新华社民族品牌工程、四川品牌培育工程。内江天冬是农业农村部农产品质量安全中心颁发的"名特优新"农产品。随着天冬纳入"按照传统既是食品又是中药材"物质目录，天冬产业的特色优势逐渐凸显，2022年被评为四川省十大地理标志道地药材。天冬产业对整治"撂荒地"、带动返乡人才创新创业，助力乡村振兴具有较好的示范作用。因此，正确认识四川天冬产业现状，找准问题，厘清思路，提出建议，对于准确把握四川天冬产业发展方向，促进天冬产业持续健康发展具有重要意义。

一、发展现状

(一) 概述

1. 药材概述

天冬,为百合科植物天冬 [*Asparagus cochinchinensis* (Lour.) Merr.] 的干燥块根。秋、冬二季采挖,洗净,除去茎基和须根,置沸水中煮或蒸至透心,趁热除去外皮,洗净,干燥。天冬药材中部或近末端呈长纺锤形,略弯曲,长 5~18cm,直径 0.5~2cm。表面黄白色至淡黄棕色,半透明,光滑或具深浅不等的纵皱纹,偶有残存的灰棕色外皮。质硬或柔润,有黏性,断面角质样,中柱黄白色。气微,味甜、微苦。天冬具有养阴润燥,清肺生津的功效,用于肺燥干咳,顿咳痰黏,腰膝酸痛,骨蒸潮热,内热消渴,热病津伤,咽干口渴,肠燥便秘。

2. 生物学特性

天冬为攀缘植物,根在中部或近末端成纺锤状膨大,茎平滑,常弯曲或扭曲,长 1~2m,分枝具棱或狭翅。叶状枝通常每 3 枚成簇,扁平或由于中脉龙骨状而略呈锐三棱形,稍镰刀状,长 0.5~8cm,宽 1~2mm;茎上的鳞片状叶基部延伸为长 2.5~3.5mm 的硬刺,在分枝上的刺较短或不明显。花通常每 2 朵腋生,淡绿色;花梗长 2~6mm,关节一般位于中部,有时位置有变化;雄花花被长 2.5~3mm,花丝不贴生于花被片上;雌花大小和雄花相似。浆果直径 6~7mm,有 1 颗种子。花期 5—6 月,果期 8—10 月。

3. 药典收载情况

1963 年版《中华人民共和国药典》始载天门冬,1977 年版开始定名为天冬,随后每版药典都有收载。天冬还收录入我国的《香港中药材标准第九期》《台湾中药典第二版》《台湾中药典第三版》(现行)以及《日本药典》《韩国药典》(表1)。

表1 天冬药典及标准收载情况

编号	名称	版次	收载名称	备注
1	中华人民共和国药典	1963 年版一部	天门冬	

(续表)

编号	名称	版次	收载名称	备注
2	中华人民共和国药典	1977年版一部	天冬	自1985年出版药典后每五年更新一版，均为"天冬"。未列出
3	中华人民共和国药典	2020年版一部	天冬	
4	中国香港中药材标准	第九期	天冬	
5	中国台湾中药典第三版	2018年版	天门冬	
6	日本药典	JP18	Asparagus Root、テンモンドウ	
7	韩国药典	KPX	천문동（天門冬）	
8	印度药典	2010年版	总序天冬 Shatavari	为长刺天门冬

数据来源：根据相关国家和地区发布的药典整理而得。

4. 天冬历代产地与品质

天冬始载于《神农本草经》，其产地为奉高，即今山东泰安一带，其后逐步扩展到长江流域，天冬历代产地呈现由东向西南迁移的趋势（表2）。内江天冬已有千年历史，据《新唐书》（卷四十二）记载：内江、资阳、安岳等地有天门冬煎进贡。20世纪七八十年代，天冬种植面积达到2 000hm²；20世纪90年代，东兴区建成了"川天冬生产质量管理规范试验地"。天冬产业是内江市"揭榜挂帅"项目之一，也是东兴区的"一号工程"。

5. 天冬化学成分及功效

天冬主要成分为多糖、氨基酸、甾体皂苷、苯丙素类化合物、黄酮、三萜酸、木脂酚、降碳木脂素等，其中皂苷类化合物具有抗菌、解热、镇静、抗癌等生物活性；苯丙素类化合物已成为很多领域如医药、食品、化妆品等的重要原料，在医药、生物等领域也有广阔的应用前景；蜕皮甾酮主要作用于人体，有促进蛋白质的合成、排除体内的胆固醇、降血脂、抑制血糖上升等生理活性，民间用于风湿性关节炎；黄酮类化合物有抗氧化、降低胆固醇、降血糖等多种功效；多糖类化合物在天门冬属植物中含量最多，其主要功效为免疫调节、抗病毒抗癌、降血糖、美容等。

表 2　天冬历代产地与品质

时期	出处	原文	古今地名对照及释义
东汉	神农本草经	一名颠勒，生奉高山谷	奉高：今山东泰安东
南北朝	本草经集注	奉高，太山下县名也。今处处有，以高地大根味甘者为好	奉高：今山东泰安东
唐代	新唐书	普州安岳郡，中。武德二年析资州置。土贡：双紃、葛布、柑、天门冬煎	资州：即今四川内江、资阳一带
宋代	本草图经	天门冬，生奉高山谷，今处处有之	奉高：今山东泰安东
宋代	宋史	贡葛、天门冬。县三：安岳，（中下。熙宁五年，废普康县入焉。）安居，（中）乐至。（下）	普州、安岳：今四川安岳、乐至、内江一带
明代	救荒本草	生奉高山谷及建州、汉州，今处处有之	奉高：今山东泰安东；建州：福建省建瓯市汉州：四川省广汉市
明代	药性粗评	荆、湘、川、陕、洛、浙处处有之，以肥大者为胜	荆：湖北；湘：湖南；川：四川；陕：陕西；洛：河南洛阳；浙：浙江
明代	本草原始	天门冬始生奉高山谷，今处处有之	奉高：今山东泰安东
明代	太乙仙制本草药性大全	天门冬在处有之。一名颠勒。生奉高山谷佳	奉高：今山东泰安东
明代	食物本草	天门冬生奉高山谷，今处处有之	奉高：今山东泰安东
明代	仁寿堂药镜	天门冬生兖州、温州	兖州：山东省兖州区；温州：浙江省温州
民国	增订伪药条辨	炳章按：天门冬，浙江温州、台州俱出，肥大性糯，色黄明亮者佳。四川、山东、福建、河南、陕西亦产，总要肥壮黄亮，糯润者皆佳，伪者尚少	浙江温州、台州，四川、山东、福建、河南、陕西
民国	药物出产辨	以产四川为上，云南次之，湖南、广西又次之。十一二月出新	四川、云南、广西、湖南
现代	新编中药志	天冬主产于贵州湄潭、赤水、望谟、重庆市涪陵区、泸州、乐山，广西百色、罗城，浙江平阳、景宁，云南省-巍山彝族回族自治县、宾川，以贵州产量最大，品质最佳	重庆市涪陵区、泸州、乐山，广西百色、罗城，浙江平阳，云南巍山彝族自治县、宾川，贵州湄潭、赤水、望谟
现代	中华道地药材	适宜区与最适宜区：尤以贵州仁怀、湄潭、赤水、习水，四川内江、泸州等地最为适宜	

(续表)

时期	出处	原文	古今地名对照及释义
现代	内江县志	早在清咸丰19年（即1840年）左右，即有药农种植天冬等多种大宗中药材品种	1994年版
	隆昌县志	宜宾专区确定隆昌县为家种中药材天门冬的主要产区，同年，隆昌县被定为宜宾专区天门冬种植基地	1976年版
	内江地区农业经济志	我市主要品种有红花、天冬、半夏等60余个，出口日本欧美等地	1985年版
	内江县志	引种过的30余个品种因积压、气候不宜等因素而以失败告终，唯独天冬盛产不衰。后因药用天冬需经去皮晒干、工序繁多，不如蜜饯天冬鲜收简便，以致天冬大量流入蜜饯厂，从而使得"天冬蜜饯"产业得以大力发展	1994年版

数据来源：根据有关古籍整理而得。

6. 种植面积及适宜区划

据《全国中药材生产统计报告》，天冬药材年需求量为 1 000~5 000t。天冬在四川适宜种植区广（表3），主要分为四川盆地（内江市、资阳市）、盆地边缘山地（泸州市）、川西高原及川西高山峡谷（甘孜州、凉山州木里县）和攀西地区（凉山州盐源县、喜德县）等地。据《四川省中药材产业发展规划（2018—2025年）》，到2025年，发展天冬2 000hm²。截至2023年底，全省已种植天冬约2 680hm²。

表3 天冬适宜区面积（hm²）

区县	面积	区县	面积	区县	面积	区县	面积
会东县	100	筠连县	59 100	万源市	27 400	高县	126 600
会理县	100	屏山县	63 000	龙马潭区	31 000	蓬安县	128 100
盐边县	100	南溪区	67 400	丹棱县	32 200	通江县	128 400
布拖县	200	大英县	67 700	青白江区	32 500	富顺县	128 700
东区	300	珙县	69 100	华蓥市	33 900	犍为县	131 800
宁南县	300	乐山市市中区	75 300	安县	34 000	乐至县	138 000

(续表)

区县	面积	区县	面积	区县	面积	区县	面积
美姑县	500	高坪区	75 600	新都区	34 500	梓潼县	141 300
仁和区	500	隆昌市	76 400	邛崃市	35 000	岳池县	142 500
昭觉县	500	兴文县	76 500	青神县	35 600	射洪县	143 600
金口河区	800	南江县	79 800	内江市市中区	35 900	泸县	148 900
甘洛县	1 700	开江县	81 500	大安区	36 500	雁江区	156 700
青羊区	2 200	井研县	83 300	利州区	36 700	荣县	157 800
武侯区	2 200	通川区	85 500	旺苍县	38 500	邻水县	162 700
金阳县	2 300	江安县	88 000	贡井区	38 800	营山县	162 700
锦江区	2 500	双流区	88 100	前锋区	40 400	盐亭县	163 800
绵竹市	2 500	武胜县	88 700	彭山区	41 600	资中县	168 800
峨边县	3 000	沐川县	88 800	罗江县	42 500	仪陇县	176 100
马边县	3 000	长宁县	91 400	沙湾区	43 100	大竹县	177 200
金牛区	3 200	游仙区	97 100	五通桥区	43 500	阆中市	181 000
成华区	3 400	广安区	98 300	龙泉驿区	44 300	合江县	182 500
石棉县	5 100	翠屏区	105 400	涪城区	45 400	苍溪县	186 700
郫都区	7 200	金堂县	106 100	广汉市	45 600	渠县	187 000
温江区	7 900	西充县	108 600	江油市	45 800	宣汉县	191 900
朝天区	9 700	叙永县	113 300	沿滩区	46 100	平昌县	205 900
彭州市	10 600	嘉陵区	113 400	峨眉山市	47 100	简阳市	212 100
汉源县	11 800	恩阳区	113 800	昭化区	50 700	中江县	212 200
什邡市	12 700	东兴区	114 100	洪雅县	50 800	南部县	212 300
自流井区	13 900	纳溪区	114 100	顺庆区	50 800	达川区	216 800
雷波县	17 000	巴州区	118 600	船山区	52 200	剑阁县	252 900
大邑县	19 100	蓬溪县	121 100	旌阳区	55 000	仁寿县	254 800
崇州市	21 000	东坡区	123 400	古蔺县	55 300	三台县	256 200
新津县	23 800	安居区	124 200	夹江县	58 300	安岳县	262 300
蒲江县	25 800	威远县	126 200	江阳区	58 700	叙州区	266 600

数据来源：四川省道地药材生产区划。

天冬最适种植区为海拔300~600m的丘陵地区。包括东兴区、安岳县、泸县、古蔺县等地，年平均气温17.5℃，年降水量1 300mm以上，无霜期300d以上，年均日照1 220h（图1）。

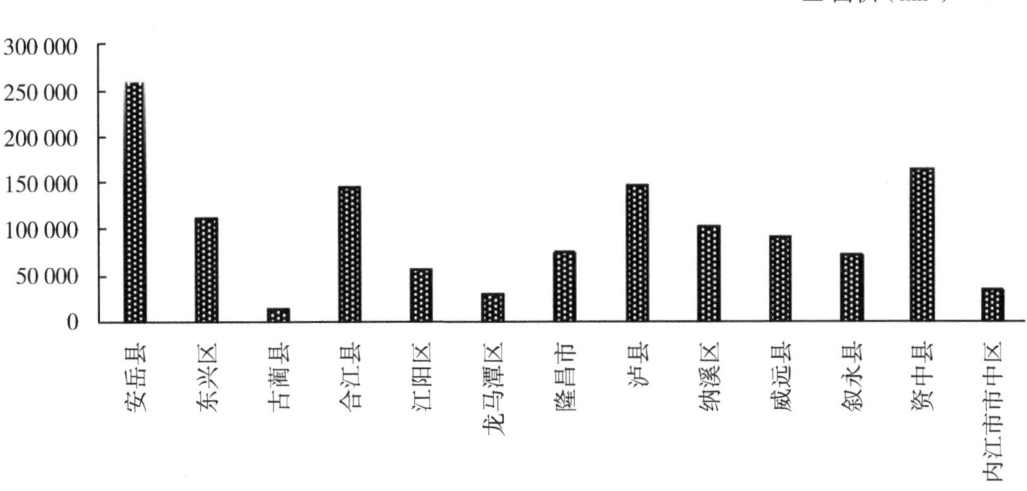

图 1 四川天冬最适种植区域及潜在面积

数据来源：四川省道地药材生产区划。

7. 品种优势及特色

内江市农业科学院根据史料考证，结合实地考察发现：传统的"川天冬"来源丰富，既有野生资源，也有人工栽培。野生资源的基原混乱，部分区域将密齿天门冬、羊齿天门冬、大理天门冬、滇南天门冬、西南天门冬等多个种和天冬混用。目前，栽培种以天冬为主，个别地区有少量种植其他品种。

川产天冬根条粗壮、色黄白、半透明，质量好，出口量大，除大量药用外，尚用于蜜饯等食品工业。《四川省中药材栽培技术》记载"四川省主产区为内江县"，内江地区天冬栽培面积大且有长期的食用历史。据内江市农科院研究：内江天冬折干率13%~22%，浸出物含量80%~96%、多糖含量5%~21%、富含19种氨基酸、总氨基酸含量3.4%~5.5%，总皂苷含量低于1%，口感清甜脆嫩、回口无苦味、有水果的清新，深受市场欢迎，因此，适宜做食品原料。

（二）资源保护和新品种选育

1. 资源保护

（1）天门冬属植物资源现状。全球天门冬属植物约有300种，我国有25种和一些外来种，其中，大别山天门冬于2024年被发现并定名，成为第25种天冬新种（表4）。

表 4　全国范围内天门冬属植物资源分布

种名	拉丁名	分布	文献报道化合物
长刺天门冬	A. racemosus	西藏	甾体皂苷、生物碱、苯丙素
羊齿天门冬	A. filicinus	甘肃、四川、贵州、云南、河南等	甾体皂苷、蜕皮甾酮
短梗天门冬	A. lycopodineus	甘肃、广西、贵州、四川等	
大理天门冬	A. taliensis	云南	
西南天门冬	A. munitus	四川、云南、贵州等	
多刺天门冬	A. myriacanthus	西藏、云南	甾体皂苷、氨基酸、多糖
滇南天门冬	A. subscandens	云南	
南玉带	A. oligoclonos	吉林、辽宁、湖北、山东等	
天门冬	A. cochinchinensis	云南、广西、贵州、四川等	甾体皂苷、木脂酚
昆明天门冬	A. mairei	云南	
密齿天门冬	A. meioclados	贵州、四川、云南等	
细枝天门冬	A. trichoclados	云南	
兴安天门冬	A. dauricus	河北、黑龙江、江西等	
戈壁天门冬	A. gobicus	甘肃、宁夏、青海、山西等	甾体皂苷、降碳木脂素
折枝天门冬	A. angulofractus	新疆	
西北天门冬	A. persicus	甘肃、宁夏、新疆	
攀缘天门冬	A. brachyphyllus	河北、辽宁、四川、山西等	
西北天门冬	A. sichuanicus	青海、新疆、甘肃、宁夏等	
西藏天门冬	A. tibeticus	西藏	
长花天门冬	A. longiflorus	甘肃、河北、河南等	
曲枝天门冬	A. trichophyllus	河北、辽宁、内蒙古、山西	
龙须菜	A. schoberioides	甘肃、河北、黑龙江、河南	黄酮、甾体皂苷、三萜酸
石刁柏	A. officinalis	新疆	
山文竹	A. acicularis	江西、湖南、湖北、广东等	
大别山天门冬	A. dabieshanensis	安徽、湖北	

数据来源：《中国植物志》及学术文件。

《中国植物志》记载四川有 6 种天门冬属植物，《四川植物志》记载四川天门冬属植物 11 种，《四川省中药资源志要》记载四川有天门冬属植物 9 种（表 5）。

表5 四川天门冬属植物资源分布

种名	别名	海拔生境	分布区县
天门冬	支毛冬（阿坝州）	3 300m以下灌木丛	全省均有分布，栽培于内江、古蔺等地
羊齿天门冬	土百部、测麦德兴、啊学梗打（藏名）	1 200~4 000m林缘灌木丛中	道孚、甘孜、巴塘、泸定、汶川、眉山等地
甘肃天门冬	业兴（藏名）	2 000~3 500m的干旱山坡、林下、谷边	白玉、得荣
短梗天门冬	三百棒、麦冬、串落珠、叶下果、花椒铁棒锤	450~3 000m的山野、灌木丛、林下	长宁、古蔺、合江、宣汉等地
密齿天门冬	业兴（藏名）	1 300~3 500m的山坡、林下、谷边、溪边	得荣、雅安、布拖、米易等地
多刺天门冬	业兴（藏名）	2 100~3 500m的干旱山坡或干热河谷	乡城、稻城、巴塘、得荣
新疆天门冬	业兴（藏名）	2 100~3 200m的干旱山坡或干热河谷	稻城
石刁柏	水伯香、小百部	1 000m的灌木丛	多栽培于洪雅、泸县
文竹	蓬莱竹	栽培	分布于全川

数据来源：四川省中药资源志要。

（2）天门冬资源现状。天冬在全国分布范围较广，主要集中在我国西南、东南地区，在黑龙江、新疆等地也有分布。

天冬生于海拔3 300m以下的灌木丛、林下。分布于全川，金阳、布拖、甘洛等凉山州各县、宜宾、屏山、古蔺、高县、青川、乡城、稻城、眉山市、德格。栽培于内江、古蔺、邛崃、彭州、什邡、南充市、绵阳市、茂县、九寨沟、汶川、金川、壤塘、理县、小金、黑水、开江、大竹、达州、渠县、宣汉、峨眉山等地。

（3）天冬资源分类与鉴定。天冬基源清晰，即天门冬（*A. cochinchinensis*）。在古代受交通、影像等条件限制，部分地区尚有将本地所产同属近缘物种作天冬［如密齿天门冬（*A. meioclados*）、羊齿天门冬（*A. filiciuns*）等入药的情况。此外，因百部根部形态与天冬相近而导致混淆的情况。四川省内江市农业科学院中药研究团队长期致力于天冬资源的收集与保存、鉴定与评价、开发与利用研究，通过形态学、细胞学、分子生药学等多种方法开展天门冬的资源鉴定工作，累计鉴定天门冬种质资源100余份。天冬主要鉴别性状，见表6。

表6 天门冬属植物主要鉴别性状比较

基源	天门冬	大理天门冬	西南天门冬
花梗长短	长	短	短
关节位置	中部	中部	上部
花丝着生部位	离生	中下部贴生	中下部贴生
花被颜色	绿色	黄色	黄绿色
叶片数	3~6	6~8	2~7
叶片形态	长、窄	较长、窄	极短、窄
叶片软硬	适中	柔软	极硬
叶片多少	多而密	较密	极密
小枝有无刺	无	无	有
块根形状	短圆柱形	长梭形	长梭形
块根长短	粗短	细长	长粗
块根石细胞有无	偶见	有	有
块根味道	甜，微苦	极苦，微甜	苦

数据来源：实际考察数据。

（4）天冬资源保护措施。一是迁地保护。内江市农业科学院已建立天冬种质资源圃2个，收集四川、贵州、广西、重庆、云南、陕西、湖南、湖北、浙江等地的天门冬属植物资源339份，制作腊叶标本200余份，浸制标本70多份，保存烘干样品186份。二是种子保存。内江市农业科学院与成都中医药大学合作，依托西南特色中药资源国家重点实验室，开展天冬资源的种子保存工作。三是离体保存。内江市农业科学院开展天冬种质资源离体保存技术研究，运用组培技术开展天冬种质资源的离体保存工作。

2. 新品种选育

天冬传统栽培种在种植过程中存在诸多问题，如同种异形、生长缓慢、品质不稳、产量不高、抗逆性差等，选育优质、高产、抗逆性强的天冬新品种，是天冬产业健康发展的迫切需求。

2006—2010年，广西壮族自治区药用植物园选育出药园天冬1号、药园天冬2号等优良品种，通过了广西种子管理总站的登记，具有优质、高产、适应性强等特点，在广西玉林、百色等地推广种植。

2016年，广西壮族自治区农业科学院选育出天冬新品种"桂冬1号"，产量显著提高，增产幅度达30%，块根肥大、色泽鲜亮、质地柔韧，具有较强的抗病虫害能力和环境适应性，能够在多种土壤和气候条件下稳定生长。

2024年，四川省内江市农业科学院选育出天冬新品种"川冬1号"。该品种来源于内江天冬农家种，遗传性状稳定、田间表现整齐一致，产量较对照平均增产17.61%，有效成分含量显著提高，具有良好的抗病性和抗逆性，于2024年4月通过田间技术鉴定，适宜四川低山、丘陵及平原地区种植。该品种口感甘甜，回口无苦味，多糖和氨基酸含量较高，适宜用作食品原料（表7）。

表7 全国天冬新品种选育情况

省份	品种名称	选育时间	登记号	选育单位	主要性状
四川	川冬1号	2024年		四川省内江市农业科学院	平均块根长9.5cm、中部直径1.59cm、根节长10cm；平均单株块根鲜重1.29kg，平均块根数284个，平均藤茎23个
广西	桂冬1号	2016年	桂审药2016003	广西壮族自治区农业科学院生物技术研究所	块根呈纺锤形，长7~18cm，中部直径1.0~2.0cm，表面浅黄色或黄白色，单株块根数234~389个
广西	药园天冬1号、药园天冬2号	2006—2010年	桂登药2010010	广西壮族自治区药用植物园	分枝较多，单株块根数332~427个，块根长72.83~101.85mm、直径8.85~19.47mm，单个重8.73~16.56g，亩产量约500kg

（三）栽培技术

1. 良种繁育

天冬种苗主要繁育方式有种子繁殖、分株繁殖、块根繁殖和组培繁殖，其中种子繁殖和分株繁殖应用广泛，块根繁殖和组培繁殖常用于繁殖系数低、提纯复壮和良种快繁的天冬品种，不同繁殖方法及其优劣势见表8。

表8 天冬繁殖方法比较

繁殖方法	繁育技术关键	优势	劣势
种子繁殖	1. 筛选杂交组合；2. 雌雄株搭配栽种，搭建支架，隔离授粉；3. 种子完全成熟后采收；4. 幼苗需遮阴；5. 加强肥水管理	1. 适宜大量繁殖；2. 育苗成本较低；3. 能够保持较强的杂种优势	1. 需隔离授粉；2. 个别天冬品种不易开花、结实率低

（续表）

繁殖方法	繁育技术关键	优势	劣势
分株繁殖	1. 每株保留1~3个幼芽、3个以上块根；2. 分割后及时消毒；3. 种苗应及时移栽	1. 生长迅速，生育期较短；2. 能保持母株的优良性状	1. 繁殖系数低；2. 材料获取、移栽时间受限
块根繁殖	1. 块根无损伤、两端须根完整；2. 选土壤肥沃、排灌方便的壤土；3. 冬季盖膜保温，夏季搭设遮阳网	1. 能够较快扩大种群规模；2. 繁殖方法简单	1. 用天冬块根做繁殖材料，降低产值；2. 繁殖周期长
组培繁殖	1. 选用茎尖或茎节做繁殖材料；2. 消毒；3. 增殖；4. 炼苗、驯化	1. 繁殖速度快；2. 种苗整齐一致	1. 技术门槛高；2. 投入大，成本高

2. 田间管理要点

整地须深翻细整，避免破坏耕作层，施入有机肥和复合肥改善土壤结构，提高土壤肥力。天冬喜肥喜湿润忌淹水，故需深沟高垄。结合中耕除草施肥2~3次/年，苗期施肥应轻施薄施、少量多次，逐年加大施肥量；春季偏施氮肥提苗、夏季用平衡肥促长、秋季用高磷钾肥壮根；采挖当年应少施或不施氮肥，早施重施磷钾肥。

3. 复合种植

为确保粮食安全、提高土地综合利用率和经济效益，应推广复合套作模式，如："玉米+天冬""高粱+天冬""玉米+天冬+蔬菜""玉米+大豆+天冬""天冬+林木（栀子/枳壳）"等（图2）。

图2 天冬—玉米套作和天冬林下种植

4. 水肥一体化

天冬在整个生长期需水需肥量较大，采用智能水肥一体化技术，能实时监测土壤湿度、养分含量等，自动调节灌溉量，既保证了天冬生长所需的水分，又避免了水资源的浪费；既能实现精准施肥，又能大大提高劳动效率（图3）。

图3　天冬水肥一体化与自动化灌溉

5. 天冬智慧种植与溯源系统

依托5G、云计算、大数据、AI等现代信息技术，建立"互联网+溯源系统"的智慧种植系统，实现从选地整地、播种育苗、田间管理到采收加工的全链条智能化、全程可追溯（图4）。

图4　内江市东兴区中药材溯源体系信息管理平台

6. 绿色防控

天冬的病虫害较少,主要为根腐病、蚜虫、红蜘蛛,偶见病毒病、地下害虫。"预防为主、综合防治"(表9)。

表9 天冬主要病虫害及防治方法

种类	为害特征	农业防治方法	化学防治方法
根腐病	从根块尾端烂起,逐渐向根头部发展,最后整条根块内成糨糊状或黑色空泡状	防止田间积水;及时拔除病株	病穴内撒施石灰粉或用多菌灵、精甲·嘧菌酯、噁霉灵或异菌·氟啶胺等
蚜虫	为害嫩藤及嫩芽	控制氮肥;挂黄板;严重时割除藤蔓并施肥	喷施阿维菌素、吡虫啉
红蜘蛛	主要为害茎、叶,表面灰斑色,并枯黄脱落	清洁田园,去除病株,减少越冬虫源数量	喷施阿维菌素、乙螨唑等

7. 生产经营新模式

内江市东兴区田家镇火花村创建的农户与村集体利益联结机制,采用"622"模式,即60%的经营成果归劳动者、20%支付土地流转费、20%归合作联合社投入再生产,有效激发了农户的种植积极性。

内江市东兴区郭北镇青台村创建的"4222"盈利模式,即总纯利润的40%用于产业升级、20%作为土地入股分红、20%用于支付村民的务工费、20%作为村集体经济统筹使用。该经营模式的创新应用,使青台村实现了资源整合、信息共享、技术共促。

内江市东兴区永福镇鲤鱼塘村按照现代农业发展理念,推广"产联式合作社"发展模式,探索形成"4321"运行机制(即投资人:管理者:村集体:农户=4:3:2:1利润分成),种植天冬千余亩,逐步实现小农户与现代农业的有机衔接,让村里的荒山变成良田,村民在家门口实现就业增收。

二、问题挑战

(一)基础研究和应用研究薄弱

一是种质资源评价不全面。不同地区栽培的天冬基原混杂,没有形成专门的形态学、生药学、分子生物学等评价鉴定体系，导致天冬原材料良莠不齐。二是良种繁育技术不成熟。天冬为多年生植物，选育新品种的周期长，传统的种苗繁育方式不能推动良种快速推广应用。三是机械化水平低。天冬为深根系药材，块根长在泥土深处，传统的人工采挖方式费时费力，成本高，现有的机械设备难以应用，导致天冬栽培、采收加工劳动强度大，效益较低。

（二）标准化多元化规模化程度低

一是技术标准不健全。天冬全产业链缺技术、缺标准、缺行业自律，缺乏栽培技术规范、药材质量标准、产品质量标准等。二是产品多元化程度低。产品形式单一，缺少拳头产品，高端产品稀缺。三是产业规模不大。目前集约化程度不高，没有形成天冬药园，天冬食品工业园、天冬交易市场等。

（三）品牌体系不健全，市场竞争力不强

一是天冬作为药材、保健品原料、药食同源物质，没有形成"川天冬"的公共品牌。二是以天冬为主业的企业少，核心产品少，生产经营规模小，没有形成区域品牌，在市场竞争中处于不利位置。

三、对策与建议

（一）发展趋势

随着天冬纳入药食同源物质目录，天冬产业迎来更大的发展机遇。一是随着天冬产业价值不断扩大，必将吸引更多的科研资源、资金资源、从业者等市场要素投入天冬产业，从而推动天冬种植、加工和销售等全产业链发展。二是随着广大消费者对天冬健康食品需求量的不断提高，必将带动天冬种植面积不断扩大，带动新品种推广和栽培技术的革新。三是天冬生产经营模式将更加优化，形成产业利益的良性分配方式，有利于调动农户、集体经济组织、企业和相关从业者的积极性，促进天冬产业发展。

（二）对策建议

1. 推动天冬农业提质增效

鼓励政产学研用相结合，解决技术难题，推动技术革新，不断提质增效。一是开展天冬资源收集、评价，厘清天冬基源；开展资源利用研究，培育天冬良种，稳定质量，提高产量，增强抗逆性。二是推广种苗繁育技术，建立种子种苗质量标

准，做到统一供种。三是开展种植模式和栽培技术研究，规范天冬生产模式、田间管理和采收技术，研制天冬全产业链专用机具，促进农机农艺结合，逐步实现机械化和智能化。四是开展天冬的溯源体系建设和GAP基地认证，促进天冬产业向最佳种植区集中，实现生产规模化、管理智能化、全程机械化。

2. 优化天冬工业空间布局

根据产业集中度规划建设天冬产地初加工基地，合理布局精深加工和食品工业园区。建设产地初加工和天冬饮片炮制一体化基地，开发优质饮片；融合现代中药园区，开发天冬中药、研发新药；加快建设食品工业园区，开发健康食品；推动产业配套，促进副产物综合利用，开展天冬非药用部位以及天冬在初加工过程中产生的须根、皮、蒸煮水等废弃物的利用研究，开发中兽药、日用品等。

3. 因势利导发展服务产业

依托天冬规范化种植基地，开发农旅药旅融合，打造文旅小镇；建设中医药文化园，宣传中医药文化；打造养生健康体验园，以药食同源为核心，以产品制作和健康食品为主导，增强消费者的体验感、获得感，促进乡村振兴。

4. 整合要素促进产业发展

一是发展新质生产力，强化科技支撑。坚持项目引领，增加科研投入，引导科研队伍开展专题攻关，集成新技术、开发新产品、开创新模式，构建新标准。二是发挥资源优势，建立专业市场。建设检验检测中心，强化质量监控；建立现代仓储、物流中心；打造"互联网+"电子交易平台，建立天冬专业交易市场。三是实施品牌战略，做强公共品牌和区域品牌。利用"中国天冬之乡""地理标志证明商标""名特优新农产品"等品牌，推动"内江天冬"走向更广大的市场和舞台，做强川天冬品牌。四是营造良好的营商环境，出台具有针对性的产业发展政策，推出资金扶持、园区建设、人才引进等激励政策，推动天冬全产业链快速、高质量发展。

参考文献

国家药典委员会, 2015. 中华人民共和国药典：一部 [M]. 北京：中国医药科技出版社：55-56.

张小波, 2021. 全国中药材生产统计报告（2020年）[M]. 上海：上海科学技术出版社.

张艳, 赵佳琛, 金艳, 等, 2020. 经典名方中天冬的本草考证 [J]. 中国现代中药, 22（8）：11. DOI：10.13313/j.issn.1673-4890.20200422011.

赵军宁，方清茂，2020. 四川省道地药材生产区划［M］. 成都：四川科学技术出版社：161-169.

赵军宁，方清茂，2020. 四川省中药资源志要［M］. 成都：四川科学技术出版社：879-880.

中国科学院中国植物志编辑委员会，1995. 中国植物志［M］. 北京：科学出版社：107-108.

四川乌梅产业发展报告

付 亮 徐 德 黄 娟 王 涛

(达州市农业科学研究院,四川达州 635000)

摘 要：乌梅是药食同源物质,具有敛肺、涩肠、生津、安蛔之功效,随着药食同源价值认可度的不断提高,除了熏制药用乌梅和制作药品外,各种饮料、蜜饯、果脯、果酒和果醋等产品也在市场上持续走俏,催生了多地大力发展乌梅产业。四川地区抓住机遇,从20世纪80年代初开始在达州、大邑、绵阳、平武、马边等地进行规模化栽培乌梅,目前栽培面积全国领先,在优良品种选育、食品加工、现代园区建设、品牌培育等方面取得了成效。但是,还存在地方特色资源挖掘不足、新品种推广应用效果较差、标准化技术体系缺乏、精深加工挖掘不够、政策"水土不服"等问题。建议从深度挖掘地方资源、系统培育特色品种；因地制宜稳定种植面积,推动产业提质增效；培育壮大龙头企业,推动科技人才赋能；加大包装宣传力度,实施品牌提升行动,加强组织领导,落实政策保障五个方面着手,推进四川乌梅产业可持续健康发展。

关键词：四川；乌梅；产业发展；问题对策

乌梅为蔷薇科植物梅 [*Prunus mume* (Sieb.) Sieb. et Zucc.] 的干燥近成熟果实。夏季果实近成熟时采收,低温烘干后闷至色变黑,呈类球形或扁球形,性酸,涩,平。归肝、脾、肺、大肠经,有敛肺、涩肠、生津、安蛔之功效,常用于肺虚久咳,久泻久痢,虚热消渴,蛔厥腹痛,崩漏下血。现代研究表明,乌梅具有抗纤维化、镇静催眠、抗惊厥、抗病毒、抗肿瘤、抗氧化等功能。除作药物使用外,乌梅还可制作果脯、饮料等,是极具开发潜力的食药两用型果品。

乌梅原植物梅为落叶乔木,春季先叶开花,花期1—2月,果期5—6月。性喜阳光充足,气候温暖而湿润的环境,对土壤要求不高,以肥沃、排水良好、土层深厚的砂质壤土为最好,土质黏重的红壤或低洼多湿之地则不利生长。我国是梅原产地，共有1个种，8个变种和1个变型，在长江以南各地均有栽培与野生分布，福建、广东、四川、浙江、均有较大规模种植，以浙江、四川产品质量较好。广东省和福建省乌梅栽培面积均在2万hm²以上，产量可达20万t，浙江省乌梅栽培面积约3 500hm²，年产量达2万t。

经过40多年发展，四川乌梅产业取得了重大的突破和进展，特别是在产业扩面、资源保护和良种培育、产品加工、产业融合创新发展、品牌培育等方面取得较大进步。本报告概述四川在乌梅产业发展方面取得的成效，剖析了制约产业发展的主要问题，并提出了相应对策建议，旨在为四川乌梅产业可持续向好发展提供参考。

一、发展现状

四川乌梅主产于达川、大邑、北川、马边等地，据不完全统计，现有栽培面积约9 000hm²，年产量达6.7万t；选育乌梅品种6个；发布地方标准3项；形成地理标志产品2个；建成乌梅良种繁育中心1个；省三星级现代农业园区1个；拥有加工企业、新型经营主体30余家，形成加工产品60余个，年产值达3亿元。

（一）产业扩面

四川乌梅经多年发展，栽培面积不断增大。其中，成都大邑县种植乌梅67hm²，鲜果年产量300~400t；马边彝族自治县种植面积3 700hm²，投产面积1 000hm²，年产量约1.5万t；崇州现有种植面积约13.33hm²，年产量约200t；平武现有种植面积约666.67hm²，投产面积约200hm²，年产量0.3万t以上；达州市达川区面积和产量均最大，现有乌梅种植面积4 100hm²，是区重点发展的五大支柱产业和五大特色农产品之一，投产面积2 200hm²，年产量约3.5万t。

（二）资源保护和新品种选育

四川是中国野生乌梅主要的分布区域之一，野生资源丰富。达川百节乌梅（中药材）现代农业园区已建成为省三星级现代农业园区，园区拥有全国面积最大的乌梅原生资源林，现存百年以上树龄的乌梅古树1 500余株，其中两株树龄达600年；园区建成了全省最大的乌梅良种繁育中心1个，年繁育种苗100万株以上，拥有采穗圃、资源收集圃、良种繁育圃80亩，收集国内优良乌梅品种13个。当前，全省已育成乌梅新品种6个（达梅1号、达梅2号、大青梅、大白梅、青皮梅、杏梅），其中"达梅1号"和"达梅2号"是达川区的主栽品种，果肉率高，枸橼酸含量达23.24%，抗病虫害能力强，耐干旱耐瘠薄；大邑培育本地品种"大青梅"和"大白梅"，"大青梅"具有果大和含酸量高的特点；另有风味独特的平武"杏梅"和知名度较高的马边"青皮梅"。其中，"青皮梅""杏梅"和"大白梅"微量元素和有机酸含量高，适合制成乌梅；"大青梅"和"达梅2号"总酚、总黄酮和柠檬酸含量高，适合精深加工；而"达梅1号"单果重大、果肉率和糖酸比高，是食用加工的优良品种。

（三）产品加工

具不完全统计，四川拥有乌梅加工企业、新型经营主体30余家，包括四川梅鹤酒业有限公司、四川宜华酒业有限公司、四川省三苏酒业有限责任公司、四川丹梅生物科技有限公司、达州市冯山林食品有限公司等龙头企业和新型农业经营主体，注册有"茶园山""乌梅山""蜀魏""德司帝康"和"巴山妹子"等商标，开发出青（乌）梅酒、梅露和梅干等产品，年加工鲜青梅约3万t，年产值达3亿元。此外，马边与中国绍兴黄酒集团建立合作关系，计划投资1亿元，分两期实施乌梅果酒生产加工项目，提高乌梅附加值，预计项目一期建成后可年产乌梅酒4 000t。

（四）产业融合创新发展

截至目前，四川共发布地方标准3项，即《果梅嫁接育苗技术规程》《果梅生产技术规程》和《乌梅低产林改造技术规程》，为乌梅的标准化生产奠定了良好基础。为充分发挥优势、提高土地利用率，全省推广有"乌梅+大豆""乌梅+茶叶""乌梅+辣椒""乌梅+黄花""乌梅+中药材"等套种方式以提升经济效益。大邑充分发挥乌梅种植的优势，建立了"农业+旅游+餐饮"的联合规划，实现一三产业互动发展，以花溪谷4A级景区公园为依托，形成"十里梅花走廊"特色产业。达川区与科研院校合作研发了"青梅调味汁""苹果乌梅复合果丹皮"等新型食用产品，推广了"乌梅+菜""乌梅+茶叶"等间套种模式，每年邀请省市相关专家对园区新型经营主体开展从业人员培训，省道地中药材创新团队成员不定期安排专业技术人员到田间进行指导，为当地梅农切实解决技术直接到田最后一公里问题；同时政府引进并扶持一大批专业户、专业合作社以及龙头企业，具备从前端种植到后端加工的完整链条，以"企业+基地+农户""专合组织+基地+农户""业主（大户）+基地+农户"等多种模式，采用股权量化、订单收购等多种利益联结方式，发动农户种植乌梅、吸纳就业等多渠道辐射带动园区农户，初步实现一二三产业融合发展。

（五）品牌培育

全省形成地标产品 2 个，即达县乌梅和邮江青梅酒，其中达县乌梅基原纯正，是乌梅 GAP 标准制标品种，2010 年被认证为国家地理标志产品，2021 年入选全国十大农作物优异种质资源，2022 年列为达州市中药材大品种培育，2023 年评为四川十大地标道地药材之一，市场影响力不断加强；达川区 2012 年被授予"四川省乌梅之乡"称号，2014 年被授予"中国乌梅之乡"称号，2016 年获全国生态原产地保护产品，2018 年百节镇蔡家坡村乌梅基地获得四川省森林食品基地认证，2023 年达川区中药材（乌梅）现代农业园区成功创建为四川省三星级现代农业园区，乌梅品牌效应不断加强。邮江青梅酒为四川省大邑县特产，以西岭雪山清澈的山泉、无公害新鲜青梅果为原料经特殊的工艺酿制而成，味香纯正，酸甜爽口，具有生津止渴、健脾开胃的功效，2004 年获中国品牌文化促进会中华文化名酒称号，2012 年获四川省人民政府四川名牌产品称号，2013 年认定为国家地理标志保护产品。

二、问题挑战

（一）地方特色资源挖掘不足，新品种推广应用效果较差

四川是中国野生乌梅主要的分布区之一，野生资源丰富但挖掘不足、资源开发利用率极低，主要表现为资源分布储量掌握不足、生境破坏、品种混乱与优良品种选育滞后、保护与利用不平衡、科研与教育投入不足等，资源优势未能转化成品种及品牌优势。目前，四川已经培育了 6 个乌梅新品种，但仅"达梅 1 号""达梅 2 号"在推广应用方面取得了相应成效，其余品种效果仍不理想。一是由于果树生长周期长，更新换代慢，目前大部分产区品种仍是多年前从日本引进的乌梅品种且占有重要比重，如大邑现种植有"白加贺"和"莺宿"，平武、马边种植有"南高"。二是品种培育完成后，配套的标准化栽培技术不完善，技术推广难度大。三是定向需求品种选育不足，当前选育的品种虽然枸橼酸含量高，但普遍存在果实不大、果肉率不高的情况，更适宜用于乌梅中药炮制，针对加工各类食品的专用品种培育不足，多为外来引进，影响产业可持续发展。

（二）标准化技术体系缺乏，劳动力水平难以满足现实需要

四川乌梅人工栽培面积虽大，但栽培管理不到位，大部分梅林处于半荒芜状态，无法保证产量。一是品种退化。乌梅异花授粉导致品种混杂，劣株比例增大，果园品种逐渐退化，更新不及时。二是标准缺失。乌梅标准化栽培体系还未有效建立，在建园、定植、肥水管理、整形修枝、保花保果、病虫害防治、采摘和采后加工等环节无法标准化、规范化生产，产业发展受阻。三是农村劳动力短缺和水平低下。随着城镇化水平的不断提高，大量的农村壮年劳动力被吸引进城，农村剩余劳动力短缺且文化素质偏低，对乌梅种植和加工技术的接受能力弱，新技术、新品种得不到很好的落实和推广，给乌梅管理技术推广和标准化生产带来一定难度。

（三）精深加工挖掘不够，文化整合宣传不足

乌梅加工企业生产和加工集约化程度低、规模小，全省龙头企业屈指可数，精深加工薄弱，产品附加值相对较低。现乌梅主要以鲜果、药用乌梅、青梅配制酒、乌梅酒和乌梅饮品为主打产品，其他品类虽有涉足，但经济附加值较高的精深加工产品严重缺乏，特别是在复方中药、院内制剂、中医药大健康产品研发生产等方面的缺失，严重制约了全产业链可持续发展。同时，大型青梅加工企业全年持续需求量大，例如作为国内青梅食品龙头企业的溜溜梅，每年销售青梅就高达20亿颗，娃哈哈集团一直有在川建设大型青梅饮料生产线和加工厂的意愿，但四川省青梅原材料还不足以支撑其全年持续生产，因此招商引资受阻。

（四）现有政策空缺或"水土不服"，产业支撑及实际落实有限

一是土地政策执行有偏差。粮食安全背景下，国家为了粮食生产稳面积、稳产量，采取了一系列有力举措防止耕地"非粮化"，要求严格落实耕地利用优先顺序，确保国家粮食安全。然而政策落实过程中，常有一刀切的情况，造成部分果园被强制砍伐，致使该发展模式沦为"应付式"，不但未能为粮食生产添砖加瓦，还造成了大量人财物的浪费，不利于乌梅产业的可持续发展。二是优惠政策也难以落地。为充分发挥中药材产业资源优势，科学规划产业布局，促进四川省中药材产业高质量发展，四川省印发《四川省中药材产业发展规划（2018—2025年）》，明确了乌梅的适宜产区，各发展区域也因地制宜出台了相应政策措施，但实际落实较为缓慢，成效不显著。

（五）产业发展有风险，群众种植积极性不高

一是自然风险。乌梅定植后生长6~7年开始普遍结果，10年左右才能进入盛果期，经济效益见效慢，土地利用较低；加之近年来高温、暴雨、持续干旱等极端天气时有发生，病虫草害等生物灾害愈加频繁，对乌梅栽培影响极大。二是市场风险。乌梅作为我国常用药食同源物质，虽然需求量大，但除四川外，云南、福建、浙江和广东等地都广有栽培，多年以后存在产能过剩风险，倘若供求关系失衡，将对乌梅生产带来严重影响。稳定的价格和收益是提高农民种植积极性的主要动力，但乌梅产业特别是种植上存在以下3个突出问题。一是价格持续偏低。据市场调研，多年来鲜梅价格为3~6元/kg，四川熏制乌梅从2019年开始整体呈现缓慢下降的趋势，2019年价格为25~30元/kg，当前价格仅有16元/kg。二是产量普遍不高。由于土地政策限制、标准化栽培体系缺乏、原有基地种植管理粗放，导致乌梅单产有限。三是人工成本较高。乌梅单果小，挂果分散，采摘费时费力。故除去各项成本没有账算，农户种植积极性不高，产业发展受阻。

三、对策建议

（一）深度挖掘地方资源，系统培育特色品种

针对地方特色资源挖掘不足和品种培育及推广不系统的问题，充分利用丰富的乌梅特色种质资源，依托已建的达川区乌梅良种繁育中心及川内相关具有研究和生产能力的机构和企业等，收集川内、国内乃至全世界的乌梅种质资源，系统梳理性能特点和优势，持续开展资源评价和利用工作。针对性开展差异化品种选育，构建高产量、高枸橼酸、抗逆性强、易采摘特别宜机采的高产优质品种、花果赏食兼用品种、炮制、泡制、发酵等各类产品加工专用品种等完整体系，拓宽乌梅种植区域和应用范围。

（二）稳定乌梅种植面积，推动乌梅提质增效

一是合理利用土地资源。寻找适宜乌梅林下种植的粮食、油、糖、蔬菜、饲草或饲料作物，加大宣传积极推广种植，提升土地附加值，在确保粮食安全的前提下，稳定乌梅种植面积。二是加大研发投入和资源整合。积极争取在国家现代农业产业体系国、省团队中增设乌梅岗位，组建整合专家团队，加大科技研发力度和规范化、技术等推广力度，加大对企业、种植业主的技术培训，推进标准化体系建设

和规范化生产。三是通过嫁接换优、复垦增肥、修枝整形、控制密度等方式对低产园进行改造，促进产业提质增效。四是积极推动政策类农业保险，最大可能地降低种植风险，提高种植积极性。

（三）培育壮大龙头企业，推动产区科技和人才赋能

一是要培育壮大龙头企业特别是精深加工企业，力争向省级或者国家级龙头方向培育，适度政策倾斜提高其创新研发能力，推动各种要素聚集，实现乌梅全产业链的形成，提高核心竞争力。如目前全国青梅酒产业发展较好，据不完全统计，2022年中国青梅酒市场规模突破10亿元，果酒厂家中产品包含青梅酒的年产值突破2 000万元的生产企业不低于15家，政府可加强该品类的招商引资，给予优惠政策，实现龙头企业入驻。二是要加强产学研深入合作。在现有药用乌梅制品、果酒、饮料等产品基础上，深度开发各类食用、日用、保健品产品，扩大乌梅使用范围，延长产品加工链，提升产业附加值。三是大力扶持人才创新创业。鉴于乌梅种植区人员综合素质偏低、劳动力低下，可从人才引进培育机制建立、返乡创业发展平台搭建、职业农民培训机制形成、"土专家"和高素质人才融合等方面培养一批有情怀、有理想、有才干的高素质人才队伍，充分发挥人才赋能效应。

（四）加大宣传力度，实施乌梅品牌战略

四川乌梅虽然有自己的品牌，但其品牌影响力没有得到充分发挥，市场占有份额不高，所以必须推行品牌战略，提升品牌价值。首先，要充分利用"互联网+"的优势，像安徽溜溜梅一般建立线上平台打造知名乌梅品牌及产品，充分利用广播电视、报刊、微信、抖音等媒介和机场、高速公路、公交站台、宾馆、展会等平台，充分做好产品宣传。其次，持续推动"乌梅+文旅"的深度融合，深度挖掘四川青梅文化资源，打造如江小白、唐宫夜宴酒这样整合分别唐朝文化与河南文化资源，形成集酒文化、盛唐文化、宫灯文化、诗文化于一身的"唐宫夜宴"般，属于四川的大IP，造就独一无二的地域文化属性，将产业融合文化，提升产业的文化价值和品牌收益。

（五）加强组织领导，落实政策保障

各发展区域政府要高度重视乌梅产业，加强组织，落实保障。如达州市大力实施中药材大品种发展战略、做大做强特色优势品牌，将乌梅作为大品种重点打造，将乌梅产业发展纳入地方经济社会发展总体规划。要充分发挥政府部门的宏观指导和服务职能，在实施良繁攻关、推进规范种植、鼓励产地加工、搭建服务平台、强化科研创新、培育龙头企业、创建区域品牌等方面给予政策支持并严格落实，加大各地交流合作，实现资源和平台共享，组团发展乌梅产业。

参考文献

邓俊琳，杨星，赵佳俊，等，2022. 四川青梅产业现状和发展前景［J］. 四川农业科技（4）：79-81.

国家药典委员会，2020. 中华人民共和国药典2020：一部［M］. 北京：中国医药科技出版社：81.

蒋维，舒晓燕，王玉霞，等，2023. 四川主产区不同品种青梅果实品质分析［J］. 食品工业科技，44（16）：321-330.

金定，黄越，包鹏程，等，2021. 浙江进化镇青梅产业发展现状、经验与建议［J］. 农业工程技术，41（20）：19-20.

《普宁年鉴》编纂委员会，2021. 普宁年鉴2021［M］. 广州：广东人民出版社.

沈红梅，乔传卓，苏中武，1994. 梅的种内分类研究［J］. 第二军医大学学报，15（4）：342-345.

许紫欣，2023. 达川乌梅产业品牌建设策略研究［D］. 绵阳：西南科技大学.

张君成，梁华，王燕，等，2021. 乌梅药理作用研究进展［J］. 辽宁中医药大学学报，23（8）：122-126.

张小琼，侯晓军，杨敏，等，2016. 乌梅的药理作用研究进展［J］. 中国药房，27（25）：3567-3570.

《漳州统计年鉴》编委会，2022. 漳州年鉴2022［M］. 北京：中国统计出版社.

四川枳壳产业发展报告

夏燕莉

(成都大学,四川成都 610106)

摘 要:川枳壳品质佳,是四川的道地药材之一,其产业发展历史悠久,资源丰富。近年来,为响应国家政策,四川省大力培育枳壳龙头企业和产业联盟,着力把枳壳产业打造成优势产业,集结省内的科研单位和高校,构建了集品种选育、栽培技术研究、病虫害防治、采收加工、产品开发于一体的现代枳壳产业体系。

通过建立标准化种植基地,推广绿色栽培技术和病虫害综合防治措施,有效提升了枳壳的产量和品质,确保枳壳产业持续稳定发展,以优势产业为乡村振兴奠定更加坚实的基础。四川枳壳产业也面临着一些挑战,如地方特色品种的挖掘和保护不足、产业分散产业链整合度不高、缺乏高端加工技术和市场品牌影响力弱等问题。为推动四川省枳壳种植、加工各环节的高质量发展,建议从政府、企业、种植户三方面的视角逐步重视。结合四川省枳壳产业的现状,发现四川枳壳产业上中下游各级分工的不足,结合相关研究分析,得出相对应的政策建议,为四川省枳壳产业发展指明方向。

关键词:枳壳;产业;现状;市场拓展

一、四川枳壳产业现状

(一)概述

枳壳为芸香科植物酸橙(*Citrus aurantium* L.)及其栽培变种的干燥未成熟果实,呈半球形,直径3~5cm。外果皮棕褐色至褐色,有颗粒状突起,突起的顶端有凹点状油室;有明显的花柱残迹或果梗痕,在7月果皮尚绿时采收,自中部横切为两半,晒干或低温干燥。枳壳性苦、辛、酸、微寒,具有理气宽中、行滞消胀的功效,主治胸胁气滞,胀满疼痛,食积不化,痰饮内停等病症,其主要应用于多种中成药配方中，药用历史悠久，是中医常用药材之一。四川省作为枳壳的主要产区之一，凭借得天独厚的自然条件，为枳壳的生长提供了良好的生态环境。

1. 品种优势特色

四川省种植的枳壳基原主要有酸橙、代代花，其中代代花作为枳壳的一种独特变种，其花朵既可药用也可食用，具有广泛的应用前景和显著的保健作用，无论是在食用、药用还是日化领域，枳壳展现出了较大的优势。

2. 生物特性与生长环境

枳壳喜温暖湿润气候，耐寒性较强，对土壤要求不严，以土层深厚、肥沃疏松、排水良好的砂质壤土为佳，生态环境在海拔1 800m以下的温暖湿润地区，适宜年平均气温15℃以上的环境，生长最适温度为20～25℃，年降水量1 500mm左右。

3. 野生分布与种植面积

枳壳主要繁殖在阳光充足、气候温暖湿润的丘陵、低山地带及江河湖泊沿岸。四川盆地亚热带季风性湿润气候，气候温和、雨量充沛，具有适宜枳壳生长的气候和土壤条件，为枳壳的生长提供了良好的自然环境。

四川省达州、巴中、苍溪、安岳、泸县等地均有大规模人工栽培，累积面积超5万亩。四川地区的枳壳种植面积正在不断扩大，成为当地乡村振兴和农民增收的重要产业。泸县太伏镇王湾村已经建立了3 000亩的枳壳枳实种植基地，通过"专业合作社+基地+农户"的模式进行经营，带动了当地村民自发种植枳壳超过1 000亩（小枳壳种成乡村振兴大产业），成为全国重要的枳壳生产基地之一。

4. 种植适宜区域

在四川省内，枳壳的适宜种植区域主要集中在盆地周边的丘陵地带和山地地区，这些区域的气候条件和土壤环境非常适合枳壳的生长，包括达州、巴中、苍溪、安岳、泸县、蓬溪等，其中安岳县1 148km^2、泸县781km^2、蓬溪县591km^2；特别是巴中市出台了《枳壳产业五年行动方案（2022—2026年）》，计划将枳壳培育为全国知名的道地药材大品种，预计到2026年，枳壳标准化种植面积超9万亩。

（二）资源保护与新品种选育

由于野生枳壳资源日益减少，四川省高度重视枳壳资源的保护工作。通过建立自然保护区、加强野生资源监测和监管等措施，有效保护了野生枳壳资源。同时，为了提升枳壳的产量和品质，四川省加大了新品种选育的力度。通过引进国内外优质品种"渝枳一号"等、开展品种选育，选育出了高产优质新品种"蜀枳一号"，已获品种认定证书，并逐步推广。为枳壳产业的持续发展提供了有力支撑。

（三）栽培技术

1. 整地

整地应选晴天进行，每亩撒施腐熟猪牛粪等 1 500～2 000kg、过磷酸钙 40～50kg、硫酸钾 12kg、饼肥 50kg、生石灰粉 60～70kg。

2. 播种、育苗

2月下旬至3月下旬播种，播种量一般为每亩 6～10kg，具体播种量依据播种密度及种子饱满程度有所调整。采用条播方式，行距 20～30cm，播种沟深度 2～3cm。种子选用上一年12月下旬采收的无病虫害的壮年酸橙树所结果实。播种前，种子需用清水浸泡12h，随后均匀撒播于播种沟内，覆盖 1～2cm 厚的土壤，并再覆盖 1～2cm 厚的稻草或谷壳，以有效抗旱及预防草害。播种完成后，进行浅耙表土处理，并在畦面覆盖稻草。若播种后 2～3d 无有效降水，应在畦面充分浇水，后期保持畦面土壤湿润。遭遇干旱时，每 5～7d 浇水或畦沟灌水一次。降水量较大时，需定期巡视田地，若发现堵沟或积水现象，应及时清理排水。当幼苗长出 2～3 片叶时，进行间苗操作，去除过密、弱小、受病虫害影响及畸形的幼苗，保持株距为 7～8cm。畦面及畦沟中出现杂草时，可采取人工除草或喷洒除草剂的方式处理。间苗后，根据幼苗生长情况，每月或每隔一个月追肥一次，每次每亩可浇施对水腐熟粪水 300～400kg，或撒施尿素 5～6kg。幼苗经过一年的培育后，可移栽至嫁接苗培育地。

3. 移栽

移栽地的整地参照前述"整地"内容。3月中旬移栽，选阴天或小雨天移栽，每畦栽 5～6 行，定植深度 30～40cm，行距 25～30cm，株距 10～15cm。移栽当天或第二天无有效降雨时，应浇定根水。幼苗移栽并长出 1～2 片新叶后，可每 1.5～2 个月追肥 1 次，8月底后不可再追肥，以免促发晚秋梢。每次每亩浇施对水腐熟粪水 400～500kg，或开浅沟施三元复合肥 7～8kg。移栽苗的排灌水参照前述相关内容。

4. 嫁接及嫁接苗管理

接穗的采集宜在阴天或早晚时段进行，随采随用。采集后，应迅速剪除接穗上的叶片，仅保留少量叶柄。接穗应来源于已进入盛果期且具有丰产、稳产及适中坐果特性的母树。所选接穗应为当年生长的春梢，要求枝条饱满、相对粗壮且无病虫害。

5. 病虫草害防控

贯彻"预防为主，综合防治"的基本原则。保护利用捕食性、寄生性天敌，选用生物农药防治病虫害。

（1）主要病害防治。

溃疡病：当发生溃疡病时，在萌枝展叶、快开花时和落花后50d，各喷药1次，可喷洒77%氢氧化铜可湿性粉剂900倍液，每次每亩喷洒60kg。

疮痂病：当发生疮痂病时，在春季刚萌芽、芽长1~2cm、落花2/3时各喷药1次，喷洒30%王铜悬浮液700倍液，或用50%甲基硫菌灵可湿性粉剂800~900倍液等，每次每亩喷洒60kg。

炭疽病：当发生炭疽病时，于每次抽梢和幼果期各用药1~2次，每次喷药间隔15~20d。可用30%王铜悬浮剂600~700倍液，或50%肼锌福美双可湿性粉剂800~900倍液等，每次每亩喷洒60kg。

（2）主要虫害防治。

红蜘蛛或黄蜘蛛：当发生红蜘蛛或黄蜘蛛时，重点抓好春季萌芽和开花期的防治，可用73%炔螨特乳油3 000倍液，每次每亩喷60kg。

锈壁虱：当发生锈壁虱时，要抓好春季萌芽、开花和幼果期防治，可用20%哒螨灵可湿性粉剂2 700~3 000倍液，或用40%乐果乳油1 500~2 000倍液等，每次每亩喷60kg。

介壳虫：当发生各种介壳虫时，选在若虫期用药，防治重点是4—6月，每隔10~15d用药1次，可用50%稻丰散乳油1 000~1 500倍液，或用25%亚胺硫磷乳油600~700倍液等，每次每亩喷60kg。

潜叶蛾：当发生潜叶蛾时，于抽生新梢、叶长1cm以下时开始用药，新梢停止生长后不再用药，每隔7~10d用药1次，可用20%除虫脲悬乳剂3 000~3 500倍液，或用20%甲氰菊酯乳油5 000~6 000倍液等，每次每亩喷60kg。

(3) 草害防除。大田一年生和多年生杂草混生时，用10%草甘膦水剂等防治，每亩用药800~1 000mL，兑水60kg喷洒。喷药时避免将药液喷于枳壳的枝、叶上，以防产生药害。发生禾本科杂草危害时，可用15%精吡氟禾草灵乳油等防治，每亩用药70~100mL，兑水60kg喷洒。

6. 科学采收

枳壳适宜采收期位于6月下旬至8月上旬，此阶段果实尚未完全成熟，表现为果皮呈青绿色，果肉厚实而瓤肉相对较少。在此时期，1.5~1.75kg的鲜果能够晒制出0.5kg的干品，不仅成品率较高，而且品质优良。若采收时机过晚，则会导致果皮变薄、瓤肉增大以及水分含量上升，需要超过2kg的鲜果才能晒出0.5kg的干品，且所得成品的品质会明显下降。在采收后，应将果实对半切开，并将切面朝上放置于阳光下进行摊晒。晒至瓤肉不再黏附灰尘后，再翻转晒制果皮面，直至完全晒干。在整个晒干过程中，必须确保枳壳不接触水和灰土，以防止瓤肉发生变黑或霉变。枳壳的晒干过程通常需要大约10d的时间，直至用手捏压不变形，且两片枳壳相互撞击时能发出清脆的响声为止。若采收后遭遇连续多日的阴雨天气，应及时采取烘干措施，以防止枳壳发生腐烂和变质。

二、问题挑战

四川枳壳产业拥有悠久的种植历史和丰富的自然资源优势，然而在其发展过程中依然面临不少问题和挑战。主要表现在以下几个方面。

（一）产业发展不够成熟

随着国家、地方扶持中药材产业政策的相继出台，众多社会资本和农户看到了广阔商机。然而，缺乏专业调研和技术指导，社会资本和农户盲目扩大种植规模缺乏宏观的产业布局，老果园普遍零散分布，管理粗放，缺乏专业嫁接等技术，产量差异较大。同时，果树品种逐渐退化，病虫害问题日益严峻。这些问题共同导致单位面积产量低下，经济效益波动大。大部分产区缺少高效率的规范的加工车间，精深加工缺乏，销售链条不齐备。因此，枳壳产业链条相对薄弱，从种植、加工到销售环节尚不够完善，总体发展水平相对落后。

（二）市场竞争与价格波动

近5年来，四川种植枳壳的面积快速增加，随着部分产区逐渐进入果树盛产期，枳壳产量的增加导致市场竞争日益激烈，价格波动较大。值得注意的是，同产地、不同基源的枳壳价格差距明显，不同产区价格差异明显，市场价格波动较大。

（三）质量问题

四川枳壳质量控制机制不完善，标准不统一且不规范，全程质量控制存在困难，导致枳壳质量参差不齐。核心问题在于产区分散、生态环境差异大。加工流程不规范与初加工技术的滞后，这些都显著地影响了产品质量。此外，市场上还存在一种现象，即利用非正宗枳壳所属的芸香科其他植物幼果进行加工，以此冒充枳壳，进一步加剧了市场混淆与品质下降。部分不合格的枳壳产品对市场形象和消费者信任度造成了负面影响。

（四）科技创新不足

现代化种植技术和生产工艺的推广不足，导致生产效率和产品品质仍有待提高。目前从四川省情况来看，虽然产区基本可以实现初级加工，但深、精细加工较为薄弱，缺乏大企业引领。此外，中药材产业链衔接不够紧密，缺乏生产、经营、管理、技术、销售、研发等信息与服务共享平台。高端的功能产品研发创新滞后，科研合作不足，有效成分提取和分离技术需要进一步提升。

三、对策建议

（一）四川枳壳产业发展趋势

枳壳是四川主产药材之一，作为一味历史悠久的中药材，其市场需求一直保持稳定增长态势。此外，随着消费者对健康食品需求的增加和绿色天然产品迎来发展机遇，枳壳的市场需求有望进一步扩大。四川省的枳壳产业在面临广阔市场机遇的同时，也面临着激烈的竞争态势。一方面，省内各地争相发展枳壳产业，形成了一定的区域竞争；另一方面，国内其他枳壳主产区也在不断扩大种植规模和提高产品质量，加剧了市场竞争。此外，国际市场的复杂多变也对四川省的枳壳产业提出了更高的挑战。

目前四川省内枳壳产业发展较为分散，各地都有一定规模的种植。但部分地区的枳壳种植存在规模较小、技术水平参差不齐等问题。随着市场需求的增长和产业竞争的加剧，四川省枳壳产业将趋向规模化发展。一些大型企业将通过土地流转、合作社等方式，扩大种植面积，提高产业集中度，实现规模化标准。四川省将加强枳壳种植、加工等环节的标准制定和推广，规范生产流程，确保产品质量稳定。品牌是产品竞争力的核心体现，四川省枳壳产业将更加注重品牌建设，通过打造知名品牌和加强品牌宣传和推广力度，提高产品的知名度和美誉度。这将有助于扩大市场份额和提高销售效益。未来，四川省政府将继续出台相关扶持政策，为枳壳产业的发展提供有力保障。同时，加强行业监管和规范市场秩序，促进枳壳产业的健康发展。在推动枳壳产业发展的同时，四川省还将注重可持续发展问题。通过推广绿色种植技术、加强资源循环利用等措施，降低对环境的负面影响，实现经济、社会和环境的协调发展。

（二）四川枳壳产业发展的对策建议

1. 加大政策扶持与资金投入

设立枳壳产业发展专项资金，对枳壳种植户给予相应的补贴，如种苗补贴、种植面积补贴等，降低种植成本与风险，提高农户种植积极性；对加工企业的设备购置、技术研发、厂房建设等给予贷款贴息或资金补助，扶持企业发展壮大，并出台税收优惠政策，对从事枳壳产业的企业，在一定期限内减免企业所得税、增值税等相关税费，减轻企业负担。

2. 统筹区域产业特点，制定科学发展规划

结合四川省的地理环境、气候条件、土壤特质等，科学规划枳壳种植区域，打造枳壳产业优势产区与特色种植带，引导种植户合理布局、适度规模种植，避免盲目跟风恶性竞争导致市场供需失衡。统筹规划枳壳产业的上下游产业链，合理布局种植、加工、仓储、物流、销售等环节，形成产业集群效应，提高产业整体效益。

3. 强化科技研发与人才培养

加大对枳壳产业科研项目的支持力度，鼓励科研院校、企业等开展枳壳新品种种植技术、病虫害防治、质量控制、加工工艺、多用途产品研发等方面的研究，提高产业的科技含量。建立枳壳产业技术培训体系，定期组织种植户参加技术培训，邀请专家讲解种植、管理、采摘等技术要点，提高农户的种植技术水平；加强与高校、职业院校的合作，培养枳壳产业相关的专业技术人才和管理人才。制定优惠政策，吸引和留住科技人才投身枳壳产业，如提供住房补贴、科研启动资金、子女教育优惠等，为产业发展提供人才支撑。

4. 塑造地区特色品牌，打响市场知名度

鼓励企业创建自主品牌，培育一批具有四川特色、市场知名度高、竞争力强的枳壳品牌，对获得知名品牌称号的企业给予奖励，牵头组织枳壳企业参加国内外的农产品展销会、博览会、推介会等，提升四川枳壳的品牌知名度和市场影响力；利用互联网、电视、报纸等媒体进行广泛宣传，提高消费者对四川枳壳的认知度，并加强市场调研，了解市场需求动态，搭建枳壳产业电商平台，拓展线上销售渠道，实现线上线下融合销售。

5. 完善质量标准体系，提高产品价值

建立健全枳壳种植、加工、销售等环节的质量标准体系，并加强质量监管和检测，以确保产品质量安全稳定，加大市场监管力度，严厉打击假冒伪劣枳壳产品的生产和销售行为，维护市场秩序和消费者权益。

参考文献

陈建真，袁华，陈彬，2015. 枳实和枳壳中黄酮苷类成分的比较研究 [J]. 中国中医药科技，22（5）：529-530.

方清茂，李青苗，周毅，等，2024. 基于第四次全国中药资源普查的四川省中药资源调查报告 [J]. 世界科学技术-中医药现代化，26（8）：1946-1958.

方清茂，彭文甫，吴萍，等，2020. 川产道地药材生产区划研究进展 [J]. 中国中药杂志，45（4）：720-731.

江丽洁，田晓黎，袁强，等，2022. 常山胡柚栽培技术及衢枳壳化学成分和药理作用的研究进展 [J]. 浙江林业科技，42（5）：129-136.

四川省药品监督管理局. 川产道地药材生产技术规范 枳壳：DB51/T 2024—2024 [S]. 成都：四川省药品监督管理局，2024-10-8.

涂任平，2018. 枳壳的栽培与管理 [J]. 现代园艺（19）：85-87. DOI：10.14051/j.cnki.xdyy.2018.19.047.

曾彦铭，2013. 枳壳栽培技术 [J]. 农村新技术（12）：7-8.

朱培林，2011. 枳壳优质栽培技术 [J]. 农家科技（1）：19.

盆周山区优势特色中药材产业发展报告

四川川牛膝产业发展报告

田孟良[1]　李　瑞[1]　童　凯[2]　陈　稷[1]

(1. 四川农业大学，四川成都　611130；2. 四川轻化工大学，四川自贡　643000)

摘　要：四川是川牛膝主要产区和道地产区，栽培历史悠久，产业优势突出。在品牌建设和育种工作方面取得重要进展，拥有"宝兴川牛膝"和"金口河川牛膝"2个国家地理标志产品，1个全国农产品地理标志产品；成功选育川牛膝新品种2个，制定省级地方标准5项；荣获首个"全国川牛膝标准化示范区"和"中国川牛膝之乡"特殊荣誉。但是，四川省川牛膝产业仍存在种质资源混杂、基础研究滞后、产品开发不足、各类标准不健全等主要问题。建议聚焦川牛膝产业发展关键核心问题，从产业源头正本清源；加大研发投入和科技赋能，提升基础水平和产业价值；加大产品研发力度，形成产业价值链条和集群效应；完善质量标准体系，加强品质监督管理，推动四川省川牛膝产业高质量发展。

关键词：川牛膝；产业；发展问题；对策建议

川牛膝是冠以"川"字命名的典型川产道地药材，为86种最典型的川产道地药材之一，在我国中医药行业中占有重要地位，其传统道地产区为雅安市天全县。以根入药，具有逐瘀通经，通利关节，利尿通淋的功效，在传统药用领域有着重要地位。据中成药处方数据库统计表明，川牛膝是我国120多个中成药的主要配方原料。近现代大量相关研究表明，川牛膝在改善血液循环、增强免疫活性、减轻炎症反应、雌激素样活性、抑制肿瘤增生等方面具有明确的药理活性，在与其他药材配伍组成复方后（腰痛宁、左归丸、独活寄生汤等），对于治疗骨关节炎、骨质疏松、前列腺炎、高血压等临床疾病具有显著疗效。四川作为川牛膝的主要产区和道地产区，应高度重视川牛膝产业的高质量可持续发展。本报告概述了四川省川牛膝产业发展的主要成效，剖析了制约产业发展的主要问题，并提出相应的对策建议。

一、四川川牛膝产业发展现状

(一) 概述

1. 历史沿革

川牛膝来自苋科杯苋属植物川牛膝（*Cyathula officinalis* Kuan.），以根入药，系 1976 年由我国科学家关克俭等人首先发现并命名的药用植物新种，为 1977 年以后的各版《中国药典》收载。其模式标本采集地位于四川省雅安市宝兴县，宝兴及其周边区亦是川牛膝的传统道地产区，川牛膝最初与怀牛膝（*Achyranthes bidentata* Blume.）合用，始载于《神农本草经》，列上品，迄今已逾 2 000 年应用历史。其名首见于唐·蔺道人《仙授理伤续断秘方》记载的"大活血丹""活血丹""乌丸子"等配方。四川是川牛膝的正宗产地，依据《本草纲目》所说"牛膝处处有之，谓之土牛膝，不堪服用，唯北土及川中人家栽莳者为良"、明·缪希雍《神农本草经疏》记载："怀庆产者，补益功多，四川产者，下行祛湿，在用者之运筹耳"，其栽培历史可追溯到明代。

自唐朝以来，川牛膝虽然在方书中频频出现，但由于古籍中关于川牛膝原植物的记载缺乏详细描述，也没有参考图例，很难考证其原植物。因而在川牛膝的使用过程中一直存在着基原不清、种质混杂现象。各家对其性味、功效特点的载述也有较大差异，到明、清时期，才开始将川牛膝与怀牛膝分开使用。

2. 来源

川牛膝为苋科（Amaranthaceae）植物川牛膝（*Cyathula officinalis* Kuan.）的干燥根。

3. 药材性状

本品呈近圆柱形，微扭曲，向下略细或有少数分枝，长 30~60cm，直径 0.5~3cm。表面黄棕色或灰褐色，具纵皱纹、支根痕和多数横长的皮孔样突起。质韧，不易折断，断面浅黄色或棕黄色，维管束点状，排列成数轮同心环。气微，味甜。

4. 生物学特性

喜冷凉、湿润气候。一般生长在海拔 1 200~2 500m 的高寒地区。以海拔 1 500~1 800m 的山区最好。川牛膝耐旱能力差，宜生长在较湿润环境。产区常年多雨雾，一般年降水量在1 500mm以上，尤其在种子萌发期间，干旱易致脱窝少苗。以土层深厚，富含腐殖质，湿润而排水良好，略带黏性的重壤土至中壤土为好，忌连作。

5. 产地分布与适宜区域

川牛膝野生于林缘、草丛中或栽培，分布于我国四川、重庆、湖北、湖南、云南、贵州等地。四川产区的川牛膝主要采取直播方式栽种，周期一般3年，最长不超过5年，农户根据当年川牛膝的价格，决定是否采挖。而湖北、湖南、重庆等产区的栽培方式有所不同，第一年冬季挖出药苗窖藏，第二年春季移栽、秋季采挖，较四川传统生产周期要短。

四川是我国川牛膝的道地产区和主要产区，其适宜生产区主要包括洪雅县、峨眉山市、峨边县、金口河区、天全县、宝兴县、芦山县、荥经县、石棉县、汉源县、甘洛县、越西县、喜德县、冕宁县、西昌市、盐边县等地。尤以天全、宝兴、金口河最为适宜。

6. 性味功能

川牛膝性平，味甘，微苦，归肝、肾经。具有逐瘀通经，通利关节，利尿通淋等功效。用于经闭症瘕，胞衣不下，跌打损伤，风湿痹痛，足痿筋挛，尿血血淋等证。根供药用，生品有下降破血行瘀作用，熟品补肝肾，强腰膝。在临床处方牛膝散、三秒丸、三痹汤等药剂中，川牛膝与其他中药配伍使用；在中成药貂骨壮筋丸、天麻杜仲胶囊等中，川牛膝作为重要添加原料。川牛膝作为常规大宗药材，含有多种药效活性成分，如：甾酮类、多糖类、皂苷类、黄酮类和多肽类等，在抗炎镇痛、抗肿瘤、抗生育、治疗骨关节炎等方面发挥重要作用。

（二）四川川牛膝产业发展变化趋势

1. 四川川牛膝产业发展现状

四川是我国川牛膝的主产区，产量占全国总产量70%以上。近年来，川牛膝野生资源受过度采挖、气候变化等原因呈逐年减少趋势，人工栽培面积略有增长，川牛膝现有种植面积约3 000hm^2[①]，主要分布在宝兴、金口河、天全等地。

四川川牛膝享誉国内盛名，2010年批准对"天全川牛膝"实施全国农产品地

[①] 资料来源：中医药管理局

理标志保护，2012年、2013年"金口河川牛膝"和"宝兴川牛膝"分别被评为国家地理标志保护产品，2024年"金口河川牛膝"成功申报全国名特优新产品。此外，2013年宝兴县建成全国首个"川牛膝国家级农业标准化示范区"；2022年金口河区被中国经济林协会授予"中国川牛膝之乡"荣誉称号。

目前，川牛膝制定有四川省地方标准2项：《川牛膝生产技术规程（DB51/T 2207—2016）》《川产道地药材种子分级 川牛膝（DB51/T 2760—2021）》，区域性地方标准3项：《宝兴川牛膝标准化生产技术操作规程（DB511827/T 001—2013）》《宝兴川牛膝药材质量标准与检验规程（DB511827/T 002—2013）》《宝兴川牛膝标准化生产种子质量标准（DB511827/T 003—2013）》。

近年来，受耕地"非粮化"政策影响，林下套种川牛膝及川牛膝与粮食间套作种植模式成为川牛膝产业发展的新模式。如宝兴县大池沟村在李子树下套种川牛膝及发展"川牛膝+玉米"间作种植模式；宝兴县中岗村发展"川牛膝+黄精"套种模式；汉源富庄镇发展"川牛膝+大豆"复合种植模式。

2. 四川川牛膝主要产区发展情况

雅安市天全县是传统的、公认的川牛膝道地产区，种植历史悠久。但1976年为了扩大种植规模，从西昌调进一大批种子，种植后发现引种为同属植物麻牛膝，受自然杂交影响，产区出现大量杂牛膝。受伪品影响，该产区正品川牛膝种植面积大幅减少，且由于长期种植导致的土地贫乏，生产的川牛膝品质变差，产区现基本为半野生状态。

雅安市宝兴县是川牛膝模式标本采集地，也是四川川牛膝第一大产区，现有川牛膝种植面积约1 330hm^2，产量2 850t，产值3 680万元[①]。2012年宝兴引进川牛膝新品种"宝膝1号"在当地推广转化，2024年又引进新品种"宝膝2号"在当地推广转化。目前产区川牛膝混杂情况得到一定改善，但仍存在混杂群体作为商品川牛膝流通现象。目前在川牛膝模式标本采集地宝兴县蜂桶寨乡建有良种繁育示范基地1个，面积约13hm^2[②]，主要提供"宝膝1号""宝膝2号"优质川牛膝种子种苗。

金口河是四川省川牛膝品种最纯正产区，当地在发现麻牛膝之初就进行筛

[①][②] 资料来源：雅安市农业农村局

选、除杂，通过人工把控遏制了麻牛膝的发展，并一直保持延续留种种植习惯，生产的川牛膝品种纯正，品质优良，已逐步替代天全成为新的川牛膝道地产区。目前在永胜乡建有川牛膝中药材现代农业园区1个，园区总面积800hm²，核心区面积300hm²，辐射带动周边种植500hm²，是全省规模最大的川牛膝生产基地。截至2022年，园区川牛膝干货产量1 800t，约占全国供应量的45%，产值4 500万元①。园区2019年被评为市级现代农业园区，2022年被评为四川省三星级现代农业园区。产区现有川牛膝加工线2条，配套初加工企业4家，精深加工企业3家。

3. 川牛膝资源保护和新品种选育情况

四川省高度重视川牛膝资源保护和产业发展工作，在雅安市宝兴县建立全国首家县级川牛膝产业研究院，积极落实种质资源收集及保护工作。在宝兴县农业农村局及陇东镇人民政府的支持下，联合四川农业大学在宝兴县陇东镇赶羊沟村建立药用资源圃0.67hm²，其中川牛膝种质资源圃0.33hm²②，保存地方及野生优质川牛膝种质资源20余份。

截至目前，全国成功选育4个川牛膝新品种，其中四川省成功选育"宝膝1号""宝膝2号"2个川牛膝新品种，重庆选育"渝膝1号""渝膝2号"2个川牛膝新品种。

（1）宝膝1号。宝膝1号选育工作历时6年，于2012年通过四川省非主要农作物品种审定委员会审定，其亲本为四川省雅安市宝兴县蜂桶寨乡川牛膝半野生种群。其主要性状特征为株高80~95cm，分枝数4~6个，叶片数36~65片，茎干中下部呈紫红色，株型好。成株叶色浓绿，持绿期长，生长旺盛，群体整齐性、一致性较好，倒苗后回苗率高且回苗期一致，耐寒性强，对黑头病有较好抗性；平均亩产干品576.30kg，比对照增产18.42%，表现出良好的丰产性；药材呈圆柱形，微扭曲，主根明显，向下略细或有少数分枝，长30~60cm，直径0.5~3cm，表面黄棕色，质韧，味甜。有效成分杯苋甾酮含量为0.052%，浸出物为68.7%。目前在四川宝兴、天全等川牛膝主产区累计推广应用3 500hm²。

（2）宝膝2号。宝膝2号选育工作历时10年，于2023年通过四川省非主要农

---

①② 资料来源：金口河区人民政府

作物品种认定委员会认定，其亲本来自四川省雅安市宝兴县半野生群体。其主要性状特征表现为植株较高，种子发芽率高达 92.67%，发芽势为 75.33%；平均亩产干品达到 634.35kg，较宝膝 1 号增产 6.25%。药材杯苋甾酮含量为 0.070%，水分 6.31%，总灰分 6.53%，醇溶性浸出物 62.50%。目前正在宝兴及周边基地示范推广。

4. 川牛膝市场变化及产品研发情况

2011 年之前川牛膝历史价格波动较少，2011—2018 年，川牛膝价格维持在 16 元/kg 上下，市场进入疲软局面，川牛膝种植户积极性下降，种植面积缩减，产量随之减少。2018 年 11 月川牛膝市场库存削弱之后产业行情进入新局面。以亳州药市为例（图 1），四川统货川牛膝和湖北统货川牛膝价格走势一致，从 2019 年开始均持续上涨，5 月进入快速增长期，随着川牛膝市场货源缺少，到 2020 年 10 月产

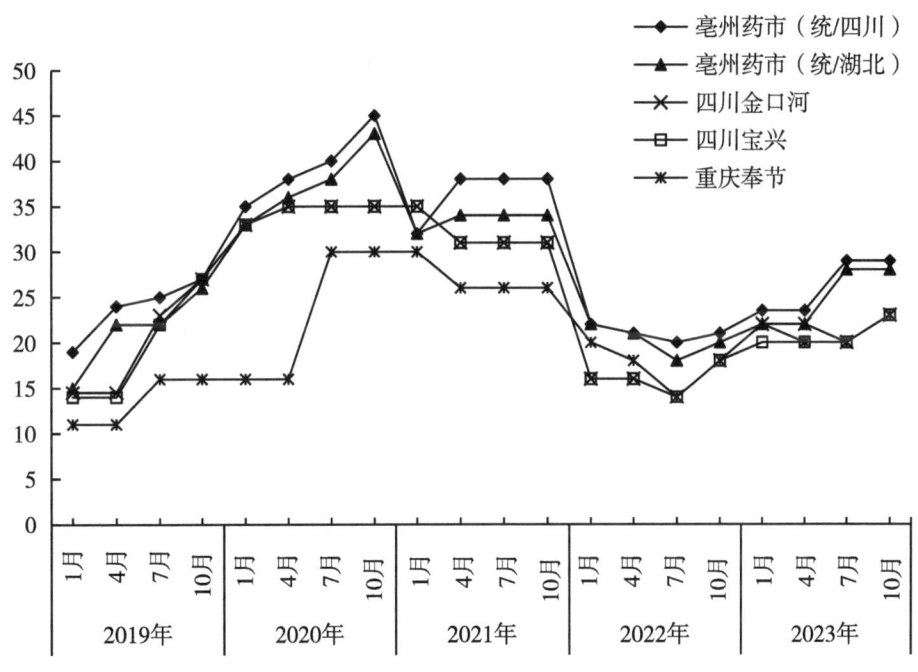

图 1　2019—2022 年川牛膝历史价格走势

数据来源：根据中药材行业信息门户网站"康美中药网"和中药材产业信息门户"中药材天地网"整理而得。

新前川牛膝价格升至45元/kg和43元/kg，两年时间价格翻至2倍，整体而言湖北统货川牛膝价格略低于四川统货。四川宝兴和金口河产地的川牛膝价格走势与市场价格走势基本一致，重庆川牛膝价格则低于市场价格，其增长要比市场价格上涨期晚一年，最高价格也低于市场价格，略处于滞后状态。2020年年底，受市场高价影响，川牛膝消耗受到抑制，产量又大幅增加，川牛膝产地价格开始不断下滑，进入两年产新下跌阶段，2022年下半年行情逐步抬升，进入两年积累涨幅阶段。可见川牛膝市场行情变化受供需影响基本维持在三年一波动。

产品研发方面，目前国内经过正式审批的含川牛膝的保健食品一共10种（表1），其中4种具有缓解疲劳功能，4种具有增强免疫功能，1种可用于辅助降血压，1种可提高缺氧耐受力，1种可用于通便。每种保健品均由3~7种中药材配伍而成，根据中医组方的君臣佐使原则，从最终复方的主要功效上看川牛膝并未承担"君药"地位，以发挥其通经活络、强筋壮骨的优势作用。川牛膝定名于四川也主产于四川，但是上述10个含川牛膝的保健品开发均由外省单位申报注册。

表1 含川牛膝的保健品

序号	产品名称	生产企业	保健功能	主要原料
1	十杰牌人参枸杞子丹参胶囊	北京圣天方医药科技研究院	增强免疫力、缓解体力疲劳	丹参、枸杞子、淫羊藿、川牛膝、益智仁、人参
2	正忠堂牌针叶樱桃三七胶囊	安徽百里生物科技有限公司	增强免疫力	针叶樱桃果粉、三七提取物、川牛膝提取物、淀粉、硬脂酸镁
3	同仁堂牌同仁茶	北京同仁堂兴安保健科技有限责任公司	辅助降血压	川牛膝、丹参、菊花、桑叶
4	沐德源牌三七牛蒡子胶囊	北京沐德源生物技术有限公司	增强免疫力	三七提取物、知母提取物、川牛膝提取物、牛蒡子提取物、微晶纤维素、硬脂酸镁
5	善尔牌红花当归丹参胶囊	上海金好尔保健食品有限公司	增强免疫力	红花提取物、当归提取物、丹参提取物、川牛膝提取物

(续表)

序号	产品名称	生产企业	保健功能	主要原料
6	拾春堂牌黄芪当归茶	郑州济生医药科技有限公司	通便	绿茶、黄芪提取物（经辐照）、桑葚提取物（经辐照）、当归提取物（经辐照）、川牛膝提取物（经辐照）、火麻仁提取物（经辐照）、绿茶提取物（经辐照）
7	劲元康牌菟丝子淫羊藿五味子片	郑州清森科技有限公司	缓解体力疲劳	菟丝子、枸杞子、覆盆子、五味子、淫羊藿、川牛膝、淀粉、硬脂酸镁
8	德佳牌福鹿丸	陕西咸阳康源医药保健有限公司	抗疲劳	黄芪、西洋参、马鹿茸、川牛膝、香橼、玉竹
9	元康牌元康胶囊	福建永生活力生物工程有限公司	缓解体力疲劳	西洋参、蝙蝠蛾拟青霉菌丝粉、巴戟天、黄精、川牛膝、补骨脂、蜂王浆冻干粉
10	长惠牌舒克胶囊	邯郸市长惠生物科技有限公司	提高缺氧耐受力	丹参、山楂、当归、葛根、泽泻、牡蛎、川牛膝

数据来源：根据药智网中成药处方数据库（http：//db.yaozh.com/chufang/）查询结果而得。

（三）川牛膝栽培技术

1. 育种技术

川牛膝主要采用种子繁殖。在留种时宜选取海拔高度在1 500~1 800m 的植株留种。播种时宜选用3 年生以上川牛膝所结黑小的种子为佳。

2. 栽培技术

（1）整地。选择向阳、土层深厚、肥沃、排水良好且略带黏性的壤土栽培。种植前深翻 30~40cm 土地，经冬季熟化后，翌年清明前后再翻 1 次，拣去石块和未腐烂草根，耙细整平，易积水平地作畦 120~130cm，坡地及排水良好之地可不作畦。

（2）播种。川牛膝在清明、谷雨前后（整地后约 10d）进行播种。播种前要拌种，即按种子：草木灰：清粪水（1：200：50）的比例充分混合拌匀后播种。播种有穴播和条播，以穴播为好。穴播按株行距 20cm×30cm 开穴，穴深 3~5cm，每公顷施人畜粪水 100kg 后撒入拌好的种子一撮，约含种子10 粒，不覆土。条播按株行距 25~30cm，沟宽 10cm，沟深 3~5cm 开横沟，均匀撒入拌好的种子，不覆土。

每公顷用种量 7.5~11.25kg。

(3) 间种。与玉米间种，可使粮药双收。方法：整地时作平，谷雨前后先播玉米，株行距 50cm×100cm，随即在玉米行间播 2 行川牛膝，株行距 20cm×33cm，玉米定苗时每窝留 2 株，中耕除草与川牛膝结合进行，并在拔节前和孕穗后各施肥一次。在川牛膝生长的第二、第三年可继续间作玉米，第四年不能再间种。

3. 田间管理

(1) 间苗补苗。第一次间苗在苗高 5~6cm 时进行，每窝留 4~6 株，条播者每隔 4~5cm 留 1 株。在苗高约 10cm 时进行定苗，每窝留 2~4 株，条播者每隔 8~10cm 留 1 株。

(2) 中耕除草。每年中耕除草 3~4 次。播种当年 5 月中下旬苗高 3cm 左右时进行第一次中耕除草，此时幼苗细小，宜浅锄或用手拔。第一次除草很重要，宜早宜净，否则杂草滋生会严重影响幼苗生长。第二次在 6 月中下旬苗高 10cm 左右时进行，第三次在 8 月上中旬苗高约 35cm 时进行。第二、第三年也应中耕除草 3~4 次，时间与第一年相同。收获年只进行前两次中耕除草即可。

(3) 追肥培土。每次中耕除草都应结合追肥。每年第一次和第二次中耕后，每公顷追施人畜粪水 100~150kg，或施入腐熟饼肥 3~7kg 加水 70~100kg，同时施入尿素 0.2~0.3kg。每年第三次在 8 月中耕前追施人畜粪和草木灰，施后培土。培土厚度以覆盖住根头幼芽 5cm 为宜，培土时间宜早不宜迟。

(4) 去杂。发现田间混杂有杂交牛膝、麻牛膝等植株时，要及时拔除，以免产生自然杂交影响川牛膝质量。

4. 病虫害防治

(1) 白锈病。春、秋阴雨连绵天气及排水不良田块容易发生此病。一般 1~2 年生植株发病率高，可达 60% 以上。6—8 月发病时，叶背面生白色疱状病斑、稍隆起，当病斑破裂会散出白色粉状物。防治方法：发病初期喷洒 1∶1∶12 倍波尔多液或 50% 可湿性甲基硫菌灵粉剂 1 000 倍液。

(2) 根结线虫病。多发生在低海拔山区，高海拔山区尚未发现此病。多于 5 月初发病，线虫侵入根部吸取汁液，形成许多根瘤，发病时植株发黄、萎蔫，影响生长，甚至全株死亡。防治方法：提高种植的海拔高度；整地时选用爱福丁、米乐尔等进行土壤消毒。

（3）大猿叶虫。5—6月发生，将叶咬成小孔。防治方法：40%氧化乐果1 000倍液或90%美曲膦酯1 000倍液喷杀。

5. 采收加工

播种后3~4年收获。于10—11月植株枯萎后挖掘根部，去掉泥土、芦头和须根，割下侧根，使主根、侧根成单支，扎成小把用微火烘炕或曝晒，半干时堆积回润后，再烘或晒至全干。

6. 储藏

川牛膝宜储藏于阴凉干燥处，水分低于16.0%。库房注意防潮、防霉变、防虫蛀。

二、四川川牛膝产业发展存在的主要问题

（一）种质混杂现象严重

该问题主要起因于20世纪70年代误将川牛膝的近缘物种头花杯苋［*Cyathula capitata*（Wall.）Moq.，习称麻牛膝］引种至产区，在长期混合种植过程中川牛膝的遗传背景受到伪品药材头花杯苋污染，正品川牛膝被伪品麻牛膝和杂牛膝（川牛膝与头花杯苋的自然杂交种）取代，导致川牛膝种性下降，产量降低，田间表现良莠不齐，口尝之味由甘甜转而酸麻，主要药效成分杯苋甾酮的含量明显下降，药材质量不再符合中医用药中关于药性等方面的要求，成为川牛膝产业发展的关键核心问题。

（二）基础研究严重滞后

与其他类似川产大宗道地中药材相比，有关川牛膝的研究程度较低，相关的研究成果也较少。从中国科学引文数据库（CSCD）中发表的科技论文来看，近十年来（2013—2023）以川牛膝为题名或关键词的科技论文数量仅41篇，仅为同期川贝母发表数量的41.8%（98篇），泽泻的20.9%（196篇），附子的7.6%（540篇），川芎的4.3%（954篇），在49种典型川产道地药材中仅位列43位。在英文论文方面，从ScienceDirect、Springer、Wiley等几大国际文献数据库中共检索到含川牛膝的文献仅十余篇。就研究内容而言，主要集中于药效评价和资源鉴定，活性机制和分子代谢研究处于起步阶段，复方制剂和成药开发等研究内容几乎未涉及，总体的研究深度还较浅，可利用的信息比较少，大量数据仍处于空白状态。

（三）产品研发明显乏力

川牛膝作为四川省道地特色资源，其模式种发现于四川省，商品药材也主产于四川省，川牛膝更是冠以"川"字命名。但目前四川省对于资源开发工作的重视程度不足，功能价值发掘不够充分、不够深入，在川牛膝复方制剂、大健康产品和成药开发方面明显乏力，至今既无当家成药配伍，也无知名保健产品，未能实现对川牛膝药材资源的有效带动。目前市场上经过正式审批的含川牛膝的 10 种保健食品均由外省单位开发申报注册，且这 10 种保健食品从主要功效上看，均未体现川牛膝通经活络、强筋壮骨的优势作用。

（四）标准制度严重落后

目前《中国药典》2020 年版中将化合物杯苋甾酮作为川牛膝的唯一活性成分指标纳入质量控制。虽然杯苋甾酮属于蛋白同化类，具有促进肌肉细胞生长，加速骨钙化等作用，可以部分解释川牛膝"强筋壮骨"的功效，将其作为川牛膝药理成分之一具有合理性。但是仅以杯苋甾酮作为质控指标既无法直接解释，也无法综合代表川牛膝的广泛药理作用，施崇精等人通过 HPLC-DAD 多波长切换指纹图谱结合化学计量学对不同产地的川牛膝药材质量进行了评价，结果发现不同产地的川牛膝综合排名与杯苋甾酮含量排名并不成正比，证实并不能以杯苋甾酮作为评价川牛膝质量好坏的唯一质控指标，甚至于其"不低于 0.03%"的限量标准也无法将常见伪品头花杯苋鉴定为非合格药材之列。因此必须针对川牛膝做更加细致的化学剖析研究，寻找能够全面代表最道地川牛膝的质量标志物，进一步完善药典标准。

三、四川川牛膝产业发展趋势与对策建议

（一）四川川牛膝产业发展趋势研判

刘维等对川牛膝现有产区四川、重庆、湖南、湖北等地的生态环境因子作了比较，结果发现川牛膝现有产区的气候、土壤、海拔等环境因子均比较接近，大致是海拔 1 400~2 400m、年均气温在 14~18℃、年均日照在 1 000h 以上、年降水量在 1 000mm 以上的亚热带或中亚热带季风性湿润气候区域。巫明焱等利用 3S 技术和 MaxEnt 对川牛膝在中国的潜在分布及种植空缺进行了分析研究，结果发现影响川牛膝生长最关键的因素是降水量，其次是海拔和最冷月极低温度。刘维等在川牛膝

品种与品质的灰色关联度分析研究中也发现生态环境中对川牛膝杯苋甾酮含量影响最大的是海拔和年降水量。说明川牛膝质量与地域没有明显关系，受降水量和海拔影响更大，在川牛膝产区未来的迁移中应该更倾向于降水量丰富，海拔适宜的地区。

对目前川牛膝产区进行分析，湖北产区和重庆产区川牛膝在育苗移栽后再生长一年就必须采挖出，无论质量好坏和产量高低，原因是当地最低气温较低，川牛膝如果不及时挖出会受到冻害，容易引发黑头病，甚至直接冻坏。而湖南隆回海拔在1 200m左右，相对其他产区种植的川牛膝表现出更严重的病虫害现象。且在实际种植中发现根结线虫病多发生在低海拔山区，高海拔山区基本未见。加之丁刚等在对不同产地川牛膝的田间海拔实验中发现，海拔1 400m 以下生长的川牛膝其杯苋甾酮含量明显降低，说明1 400m以上的海拔更有利于杯苋甾酮含量的积累。结合巫明焱等研究结果，考虑到川牛膝的产量，未来川牛膝产区应该更倾向于迁移至海拔1 400m以上、最低气温在-1℃以上的地区。

综合以上信息可知，未来川牛膝产区的迁移更趋向于海拔1 400~2 400m、年均气温在14~18℃、最低气温-1℃以上、年均日照在1 000h以上、年降水量在1 000mm以上的亚热带或中亚热带季风性湿润气候区域。

针对川牛膝市场行情进行分析，发现川牛膝市场主要受价格和需求量影响。目前四川产区的川牛膝主要是直播方式种植，种植年限为3~5年，虽然种植两年也可以采挖，但川牛膝产量和成分指标都远不及3年及以上采挖的川牛膝，会大大影响川牛膝的质量保障和种植户的利益。因此相对于其他川牛膝产区，四川产区的川牛膝采挖受市场行情影响更大，遇到当年行情不好川牛膝种植户会选择延后1~2年采挖，种植年限会比其他产区更久。且即使延后采挖也无法保证未来一两年川牛膝行情会变好，有可能会遭受更大的损失，大大影响当地川牛膝种植户的积极性，进而选择放弃种植川牛膝而选择种植生育期短的作物，这种充满不确定性的行业变动会引发川牛膝市场的供需矛盾。且受近些年国家耕地政策影响，四川川牛膝产业的发展模式逐步转向复合种植模式和林下种植模式，因此未来四川省川牛膝的种植面积将会维持稳定或不断减少。为了更好地保障四川川牛膝产业的稳定，未来应该考虑参考其他产区川牛膝种植模式，逐步转为"分段式"移栽种植，通过降低种植年限更好地保护种植户的积极性，应对市场的不确定性。

(二) 促进四川川牛膝产业发展的对策建议

1. 聚焦产业关键核心问题，解决资源混杂现象

聚焦川牛膝产业发展关键核心问题，一是建立川牛膝种质资源圃和保护区，收集保存各地优质川牛膝种质资源，进一步选育适宜各地的优良品种，推动川牛膝种业可持续发展。二是在川牛膝各产区建立标准化良种繁育示范基地，引进纯正川牛膝优良品种"宝膝1号""宝膝2号"及各地优质种质资源，实现川牛膝产区种子种苗量化优化供应，从源头保障川牛膝种业良性发展。三是对现有川牛膝混杂产区开展规模化引种替换，实时做好资源筛选、除杂工作，着力保证产区资源的纯正性，恢复四川川牛膝产业健康发展。四是在产区建立全产业链追溯服务平台，实现川牛膝全产业链的数字化监管和追溯，保障川牛膝药材来源可溯，基原可追。

2. 扩大科技赋能力度，提升基础研究水平

一是针对川牛膝科研专业人才匮乏现状，强化人才奖励扶持政策，充分利用区域高校、各级学会、专家团队等智力资源，培养和引进一批专业领军骨干和复合型人才，提升四川省川牛膝从业人员科技含量。二是集聚政府、科研、企业资本，联合组建川产道地医药健康产业科创中心和高能级科技开放平台，加强产学研深度融合，开展产业科技联合攻关，探索川牛膝产业发展新模式，以科技创新推动川牛膝产业转型升级。三是鼓励企业融资，加大对川牛膝产业的科技扶持力度，针对川牛膝产业活性机制、分子代谢、复方制剂、成药开发等研究短板，联合开展技术攻关，提升川牛膝产业基础研究水平。

3. 加大产品研发力度，形成大健康产业集群

紧抓"中医养生、中药保健"核心理念，以川牛膝被国家列入"可用于保健食品的物品名单"之一为突破，形成川牛膝药食两用大健康产品产业集群。一是充分利用现有川牛膝功能活性药理研究成果，围绕广大群众健康需求，研发一批以川牛膝为主导的大健康产品。如利用杯苋甾酮保护软骨的作用功效研制川牛膝药酒，利用川牛膝中葛根素和大豆苷元改善血液循环和干预骨细胞生长的作用研发川牛膝口服液等，构建川牛膝产业新赛道。二是培育壮大一批龙头企业，投建高水平健康产品生产车间，加快大健康产品加工能力建设，通过合作、联盟等方式丰富川牛膝大健康产品生产线，形成川牛膝大健康产品产业集群。三是依托四川道地产区优势和资源优势，建设区域品牌形象，通过申报商标注册、社交媒体营销、举办中医药

文化活动、多业态融合发展等多元化经营模式提升品牌知名度，扩大产品市场认可度，打响"四川川牛膝"品牌保卫战。

4. 完善质量标准体系，加强品质监督管理

优质中药材是推动中医药高质量发展的重要物质保障。一是强化川牛膝全链条质量管理。建立中药材质量标准统一管理部门，统筹川牛膝产业相关单位协作，形成合力，共同建立"种子+繁育+种植+采收+加工+炮制+分级"的川牛膝全产业链质量标准体系，保障四川川牛膝产业规范化、标准化发展。二是构建"质—量"双标药材质量标准。通过高效液相色谱构建多波长指纹图谱辨别药材真伪，即"质"；通过保留杯苋甾酮、多糖、皂苷、根素、大豆苷等主要质量标志物作为定量评价指标，计算供试药材特征峰化学成分相对含量，即"量"。这种评价标准既可以将真伪鉴定加入标价标准中，同时可以实现"成分与药效"相关联评价药材质量。克服当前以单一指标杯苋甾酮评价川牛膝质量的弊端。三是建立信息服务监管平台，确保川牛膝生产企业及市场销售商入驻，实现川牛膝药材的全程化监管。

参考文献

DB511827/T001-2013，2014. 宝兴川牛膝标准化生产技术操作规程 [S]. 雅安：四川省雅安市宝兴质量技术监督局.

丁刚，李隆云，宋旭红，2020. 川牛膝不同产地药材质量综合评价研究 [J]. 天然产物研究与开发，32：851-859.

关克俭，谢宗万，毛华训，1976. 中药川牛膝与麻牛膝原植物的研究 [J]. 植物分类学报，14（1）：60-64.

国家药典委员会，2020. 中华人民共和国药典 [S]. 北京：中国医药科技出版社.

赖鑫，2019. 川牛膝潜在质量标志物（Q-Marker）初步筛选 [D]. 雅安：四川农业大学.

刘维，裴瑾，杨梅，等，2016. 川产道地药材川牛膝产地变迁探讨 [J]. 中药学，47（9）：756-766.

刘维，张祎楠，裴瑾，2014. 川牛膝品种与品质的灰色关联度分析研究 [J]. 中国药学杂志，49（20）：1796-1801.

明·李时珍，1991. 本草纲目（点校本上册）[M]. 北京：人民卫生出版社：10281.

施崇精，李雨珂，刘小妹，2019. HPLC-DAD多波长切换指纹图谱结合化学计量学评价不同产地川牛膝的药材质量 [J]. 中华中医药杂志，34（6）：2431-2436.

唐·蔺道人，1957. 仙授理伤续断秘方 [M]. 北京：人民卫生出版社：78.

童凯，2017. 川牛膝质量控制与华重楼资源利用的代谢组特征分析 [D]. 雅安：四川农业大学.

万德光，彭成，赵军宁，2005. 四川道地中药材志 [M]. 1版. 成都：四川科学技术出版社.

巫明焱，何兰，陈佳丽，2017. 基于3S技术和MaxEnt的川牛膝在中国的潜在分布及种植空缺分析 [J]. 中国中药杂志，42（22）：4395.

袁秀荣，常章富，2002. 怀牛膝、川牛膝本草考证 [J]. 中国中药杂志，27（7）：545.

四川木通产业发展报告

罗培高

(四川农业大学农学院,四川成都 611130)

摘　要:木通是一种缠绕木质藤本植物,以其藤茎为药,在四川中药材市场有着悠久的历史。三叶木通作为木通家族的重要成员,在四川具有分布范围广、适生性强、开发利用价值高等特点,是四川省中高山地区产业发展的重要选择之一。截至 2023 年底,四川省针对三叶木通,制定了省级食品安全地方标准,获得了 3 项实用新型专利,发表了 28 篇研究论文,辐射带动了全省 10 余个市(州),栽培种植面积达到约 1.5 万 hm^2,实现了经济效益、社会效益与生态效益的显著提升。在品种创新与技术研发方面,四川省选育出 5 个新品种(系),并运用染色体工程技术创造了同源四倍体新材料,构建了产业化开发利用的关键技术体系,涵盖优质种苗繁育、林下标准化栽培及仿野生栽培等先进种植技术。此外,通过深加工技术的研发,推出了包括中药饮片、果皮茶和籽油等 10 余种深加工产品,有效促进了农林产业结构的优化与升级,为三叶木通产业的可持续发展奠定了坚实基础。

关键词:木通;种质资源;药食同源;产品开发

根据中国药典记载,木通包含植物木通、三叶木通或白木通。其中三叶木通是四川省木通种植的主要成员,其作为传统中药材与现代经济作物相结合的典范,不仅承载着丰富的药用价值,果实在水果市场、食品加工、保健品开发等领域亦展现出广阔的市场潜力。在探索中国西部农业特色产业的过程中,四川省三叶木通产业的发展无疑成了一道亮丽的风景线。本报告旨在全面剖析四川省三叶木通产业建设取得的成效、面临的挑战与机遇,并提出相应的发展对策建议。通过实地调研与数据分析,力图勾勒出这一绿色产业未来发展的蓝图,为促进乡村振兴、农民增收及地方经济可持续发展提供决策参考与智力支持。

一、发展现状

三叶木通是一种药用价值极高的植物，其根、茎、叶和果实皆可入药，已正式收录于《中国药典》及地方标准之中。其独特的药理特性，在医院配方用药中占有重要地位，被收录在多种中成药配方使用。同时，三叶木通的果实还能作为一种水果开发，是一种优良的药食两用植物。随着农业向健康导向转型的加速推进，三叶木通有望成为"药食同源"的新资源。经 10 多年的努力，四川省三叶木通产业取得了重大的突破和进展，涵盖种质资源收集、生物学研究、品种培育和产业开发等多方面，实现了真正意义上的全产业链融合发展。

（一）概述

1. 木通来源

木通是木通科木通属（*Akebia* Decne.）植物木通 [*Akebia quinata*（Thunb.）Decne.]、三叶木通 [*Akebia trifoliata*（Thunb.）Koidz.] 或白木通 [*Akebia trifoliata*（Thunb.）Koidz. var. *australis*（Diels）Rehd.] 的干燥藤茎。2003 年国家药品监督管理局印发了《取消关木通药用标准的通知》，随后很快将木通科的三叶木通作为以马兜铃科关木通的替代品写入《中国药典》，成为我国法定木通药材的重要来源。2019 年四川省注册了石棉八月瓜（三叶木通）的地理标志证明商标，研究也表明三叶木通可能起源于青藏高原东部沿着河流自西向东进行长距离传播。据全国第四次中药资源普查的四川省中药调查报告得出三叶木通在 2021 年的蕴藏量有 90.17 万 t，位于四川省所有中药材的前十当中。由此可见，四川省三叶木通具有渊源的历史以及重要的作用。

2. 三叶木通药用价值

作为一种传统中药材，三叶木通含有丰富的次生代谢产物，如萜类、黄酮、生物碱以及其他生物活性物质。三叶木通根、茎、叶、果均可入药，具有清热解毒、利尿通淋、通经下乳等功效，在治疗淋证，水肿，心烦尿赤，口舌生疮，经闭乳少，湿热痹痛等方面有着显著疗效。临床数据表明，预知子（三叶木通果实）是行气活血的重要配伍药，在随机抽取的 1 257 张抗肿瘤的处方中配有预知子的有 598 张，占比 47.57%；在治疗原发性肝癌的 207 张处方中，预知子入药 182 次，占比 87.92%。化学成分研究表明，三叶木通的药效成分主要为齐墩果酸和 α-常春藤皂苷，后者是三叶木通的特征性成分之一，在对胃癌、肺癌、肝癌等众多肿瘤细胞都具有很好的抑制作用，其作用机理分为抑制肿瘤细胞的增殖、迁徙、黏附和侵袭，促进肿瘤细胞的凋亡以及降低化疗药物的耐药性。

不同部位的提取物作用的对象和机制均有所不同。藤茎提取物能够抑制胃癌细胞（SGC-7901）的增殖，但其作用机制暂不清楚。干燥近成熟的果实（预知子）入药，具有疏肝理气、活血止痛、软坚散结的功效，果实提取物则能通过改善体内氧自由基代谢并与环磷酰胺产生协同作用抑制肝癌细胞的生长。种子提取物则通过诱导内质网应激反应、调节MDM2-P53信号通路和促进E-cadherin蛋白表达等分别达到抑制肝癌细胞SMMC-7721、HepG2和Huh7的增殖、阻滞HepG2的扩散和黏附，并抑制SMMC-7721、HepG2和Huh7的转移与侵袭。叶子中提取出来的五环三萜皂苷类化合物在体外能对α-葡萄糖苷酶的活性产生强烈的抑制作用，效果为阿卡波糖抑制剂的10倍。

3. 三叶木通生物学特性

三叶木通俗称八月炸（扎）、八月瓜、合欢果、木通子、牛腰子果、野香蕉等。茎皮多为灰褐色，伴有稀疏的皮孔及小疣点，分为地上和地下两部分，地上为攀缘结果型，地下为匍匐生长型。叶为掌状复叶，多为3片复叶互生或在短枝上的簇生，少数出现4~6片复叶互生；叶形多为卵形、卵圆形或披针形，极少数出现矩圆形或菱形；叶缘多为浅波或全缘，叶片整体伴有不同程度的角质化，具有较强的抗寒和抗旱能力。花期在2—3月，花序为总状花序，多从短枝的簇生叶中抽出，成熟时多为紫红色，极少部分为白色，一般雌花位于形态位置的下端，雄花位于上端，雌花与雄花的开花期不一致，具有自交不亲和性。果实4月开始挂果，8—9月成熟，成串簇生、对生或者单独结实，多为肾形或长圆形，直或稍弯，成熟时多为紫色和棕色，少部分呈现白色、淡紫色和粉色等，并沿着白色腹缝线自然开裂；果肉透明至乳白，极少数呈现紫色或红色，味道清甜、口感细腻。种子数量极多，单果种子数量50~300粒，主要以卵形或肾形为主，种皮色泽多为褐黑混合，少数为黑色或褐色，属于脱水敏感型种子。

4. 三叶木通的分布

三叶木通无主根，属于浅根性植物，性喜凉爽湿润且郁闭的环境，耐寒性较强，常生于海拔250~2 500m的山坡、沟谷边疏林或丘陵灌丛中，偏好富含腐殖质或土层深厚的土壤，在微酸至中性土壤中均能良好生长，展现出高度的生态适应性。四川省是典型的中高山地区，其山地面积占全省比例高达77.1%，拥有丰富的野生资源和适宜的种植环境，是三叶木通的重要产区，主要分布于四川省雅安、凉山、达州、绵阳、泸州、乐山、眉山、广元、南充、成都等10余个市（州）约1.5万 hm^2。四川省通过实施科技计划项目，支持开展三叶木通创新成果中试熟化与产业化示范，在成都崇州、雅安石棉、凉山甘洛、广元昭化等地建立示范基地，集成推广标准化、景观化和仿野生等不同栽培模式的田间管理技术，有效促进了三叶木通产业的发展，为农民增收致富开辟了新的途径。由此可见，三叶木通产业是当前国内新兴起的朝阳产业，具有投入低、见效快、效率高、前景广、市场需求量大等特点，对中高山地区的乡村振兴具有重要作用。

（二）资源保护和新品种选育

1. 三叶木通种质资源库建设

四川省首次建立了覆盖全国主要生态区域的三叶木通种质资源库，并授予了平台——崇州三叶木通种质资源开发省级长期科研基地，该平台现已成功列入四川省林业长期科研基地。该种质资源库通过从全国三叶木通野生分布区采集2 131份材料，来源范围涵盖99°57′~120°11′E，24°49′~34°42′N，海拔范围为201~2 341m，此外还通过杂交创制2 538份材料，最终通过形态标记和分子标记对种质资源进行评价，筛选出1 356份核心种质资源，将其用于异地活体保存平台的构建。该种质资源库的建立不仅有助于保护和利用三叶木通的遗传资源，也为三叶木通的科研、开发和种植提供了重要的科学依据和资源支撑。

2. 三叶木通基础生物学研究

近年来，三叶木通作为一种具有重要药用价值的植物，受到了越来越多的关注。截至2023年底，四川省已授权与三叶木通相关的实用新型发明专利3项，已在 *Plant Journal*、*Frontiers in Plant Science* 等期刊发表关于三叶木通的研究论文有28篇，包括16篇SCI收录论文，12篇中文核心期刊收录论文（图1）。四川省对三叶木通的研究始于2005年，但在接下来的12年里研究相对较少。直到2017年，四川省的科研机构才开始逐步加大对三叶木通的研究力度，四川农业大学成为四川省这一领域的领头羊。这些研究揭示了三叶木通的染色体组数目及倍性水平（$2n = 2x = 32$），完成了三叶木通全基因组测定组装并发布了高质量的参考基因组，挖掘了与果肉营养、种子油脂和果皮药用成分等重要经济性状相关的功能基因并开发了相关的分子标记,为分子育种奠定了基础。

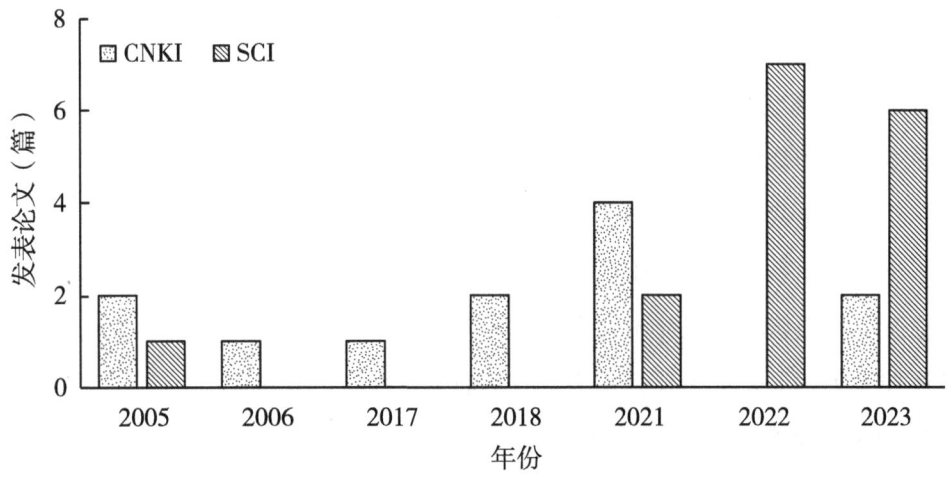

图1 四川历年来论文发表情况

数据来源于中国知网检索。

3. 三叶木通新品种选育

目前四川省基于平台—崇州三叶木通种质资源开发省级长期科研基地,已成功选育出4个优良新品种,分别为"蜀森11号""蜀森13号""蜀森14号"和"蜀森17号",这些品种具有抗病性好、皮薄、单果重高、芳香族氨基酸和黄酮含量高等优点,为促进种植业效益提供了有力支持。同时,成功选育出品系"蜀森543",含油率高达50.48%,种子数量为225粒/果、百粒重11.27g,具有极高的油料产量潜力。此外四川省还通过染色体工程技术创制了三叶木通同源四倍体材料,为突破果用型新品种的选育提供了重要保障。

(三)栽培技术/生产模式

1. 三叶木通繁殖技术

三叶木通的栽培技术正在不断革新,从传统经验积累向现代化高效生产模式转变,以期实现节本提质增效的目标。三叶木通主要采用种子繁殖、嫁接繁殖及扦插繁殖等多种方式。种子繁殖成本低、易获得大量种苗,但生长周期长、幼苗生长缓慢,由于三叶木通具有自交不亲和性,因此优良亲本性状难以保持。嫁接繁殖以其高成活率和快速繁殖的优势成为首选,选择生长健壮、无病虫害的1~2年生枝蔓作为插穗，嫁接到另一株植物的主茎上，1~1.5年后便可开花结果，实现快速扩繁。扦插繁殖截取三叶木通树体中部的半木质化枝为插穗，通过GGR6号生根粉处理后，将插穗插入沙床或营养土中，保持土壤湿润，并进行遮阴，其操作简便能保持亲本优良性状但生长周期长，适合少量繁殖。

2. 三叶木通栽培管理技术

科学合理的栽培管理技术是提高产量的关键。目前四川省三叶木通主要的生产模式包括仿野生栽培、林下种畜结合栽培以及野生抚育等栽培方式，这些方式有效提高了土地利用率，降低了生产成本，实现了农业可持续发展。以林下种畜结合为例，通过高陇栽培种植三叶木通，在林下同时养殖鸡、鸭和鹅，既有效利用土地资源，还控制了林下杂草生长，并为三叶木通生长提供了有机肥。

3. 食品安全标准制定与产品研发

目前三叶木通不仅作为中药材而流通，也被作为水果开发成系列产品。四川省牵头制定了全国首个三叶木通食用安全地方标准《四川省食品安全地方标准——八月瓜》，该标准于2018年6月发布，并基于此获得了全国首个三叶木通食用产品的生产许可，为产业的发展奠定了坚实基础。此外，四川省还利用三叶木通的皮、籽、肉和茎等多个部位，开发了一系列深加工产品，包含中药饮片、果皮茶、籽油（食用油）、果肉冻干、果酱、护肤精油、面膜、盆景等系列产品，扩展了产业链。

二、问题挑战

尽管近年来四川省三叶木通产业在基础研究、育种栽培、资源收集调查等方面取得了进展，但总体来说起步较晚，可供借鉴的经验较少，市场认知度和科技含量较低，且缺乏产品的深加工生产线乃至产品的初加工生产线，直接影响着三叶木通的产业化、规模化发展。

（一）国外种质资源收集仍需完善

依据全球范围的文献报道，三叶木通种质资源在东亚地区有广泛分布，同时在欧洲、北美、南美部分地区有区域性分布。目前，国外种质资源的收集尚未启动。

（二）基础理论研究还需加强

基础理论研究的深度限制着物种产业化开发的深度，三叶木通作为新型食药油赏兼用型植物资源，目前在相关基础理论研究的广度和深度都有巨大的提升空间。

（三）产业化程度相对较低

尽管三叶木通是我国本土植物资源，但由于其产业化程度相对较低，故消费者、投资者、行业主管部门及其各级领导对该产业的认识程度都不高。即使经常生活在靠近野生三叶木通分布区域的群众认识该物种，他们对其潜在利用价值的认识也不足。

三、对策建议

大力发展三叶木通产业，系统地发掘三叶木通的药用价值、食用价值、观赏价值和生态价值，最大限度地开发其经济价值和市场潜力，为加快中高山地区乡村振兴提供产业支撑。

（一）四川木通产业发展趋势研判

四川省三叶木通产业正步入快速发展的新阶段，展现出强劲的增长潜力。依托其丰富的野生资源和日益成熟的人工种植技术，三叶木通产业逐步实现了规模化、标准化生产。未来，随着市场对健康养生产品需求的不断增长，以及国家对中药材产业支持力度的加大，四川省三叶木通产业将迎来更为广阔的发展空间。特别是在政府引导、企业主体、科研支撑的多方努力下，其深加工、品牌建设及市场拓展等方面将取得显著成效，为四川地方经济发展注入新的活力。同时，还需警惕产业快速发展中的风险挑战，通过技术创新、市场细分等手段，实现三叶木通产业的可持续发展。

（二）促进四川木通产业发展的对策建议

1. 完善种质资源调查，扩大种植规模

广泛收集国内外三叶木通种质资源，丰富现有种质资源库遗传多样性，对现有成果在理论研究和应用研究上都可以产生有益帮助。一方面，可进一步对三叶木通物种的起源地区和物种迁移路线等论断提供补充性证据；另一方面，可提供更丰富的遗传变异，提升聚合新优良性状的可能性。

2. 加快产业科技攻关，抢占科技市场高地

加快产业基础研究，抢占三叶木通产业发展的科技制高点和市场先机。首先，加强生物学特性研究，如发育特征、形态特征等，为高效栽培方案的制定提供依据。其次，深化活性成分的鉴定和分离，以阐明其药效和机理，为药物和美妆产品的开发提供理论基础。最后，揭示关键经济性状的形成机理，发掘新基因资源，为分子育种打下基础。

3. 深度挖掘产业价值，展示产业发展前景

大力发展三叶木通产业，系统地发掘三叶木通的药用价值、食用价值、观赏价值和生态价值，最大限度地开发其经济价值和市场潜力，为加快中高山地区乡村振兴提供产业支撑。建议充分调动中高山的农户盘活荒废的林地，带动相应地区的经济发展，力求全方面、立体化地开发该物种的经济价值，深度挖掘其潜在的市场，实现经济利益最大化。

参考文献

白雪，关宝生，魏晓东，2010. 八月札水提物对H22荷瘤鼠血清总抗氧化能力、超氧化物歧化酶活性和丙二醛含量的影响［J］. 社区医学杂志，8（11）：4-5.

曹琳娜，彭佩克，潘志强，2022. 木通属植物提取物抗肿瘤作用的研究进展［J］. 中草药，53（13）：4187-97.

国家药典委员会，2000. 中华人民共和国药典［S］. 北京：化学工业出版社：114-154.

黄杰，陈月，邓宏，2020. 刘伟胜治疗原发性肝癌用药规律的数据挖掘分析［J］. 广州中医药大学学报，37（12）：2441-5.

王纯，2021. 预知子标准汤剂与配方颗粒的制备工艺及质量标准研究［D］. 宜昌：三峡大学.

王家明，2006. 中药预知子化学成分与质量评价的研究［D］. 北京：中国中医科学院.

奚燕，杨铭，许丽雯，2015. 我院抗肿瘤中药处方分析［J］. 中国医药导刊，17（1）：61-2+4.

张铮，王喆之，2005. 三叶木通不同部位有效成分含量比较研究［J］. 中药材（11）：9-18.

CHEN W, YANG H, YANG H, et al., 2023. Genome-wide SSR marker analysis to understand the genetic diversity and population sub-structure in *Akebia trifoliata*［J］. Genetic Resources and Crop Evolution, 70: 2741-2754.

CHEN W, YANG H, ZHONG SF, et al., 2022. Expression profiles of microsatellites in fruit tissues of *Akebia trifoliata* and development of efficient EST-SSR markers［J］. Genes, 13 (8): 1451.

DONG Q, ZHANG YL, ZHONG SF, et al., 2024. Conserved DNA sequence analysis reveals the phylogeography and evolutionary events of *Akebia trifoliata* in the region across the eastern edge of the Tibetan Plateau and subtropical China［J］. BMC ecology and evolution, 24 (1): 52.

GUAN J, ZHU J, LIU H, et al., 2024. Arogenate dehydratase isoforms strategically deregulate phenylalanine biosynthesis in *Akebia trifoliata*［J］. International journal of biological macromolecules, 271

(Pt 1): 132587.

LU YZ, YE HM, ZENG HZ, et al., 2013. A study on the extraction process of active ingredients from *Akebia* Stem and an analysis of their anti-gastric cancer activity [J]. African Journal of Traditional Complementary and Alternative Medicines, 10 (5): 313-317.

XU QL, WANG J, DONG LM, et al., 2016. Two new pentacyclic triterpene saponins from the leaves of *Akebia trifoliata* [J]. Molecules, 21 (7): 962.

YANG H, ZHONG SF, CHEN C, et al., 2024. Expression profiling and putative biosynthetic network of flavonoids by global analysis with simplified omics data elucidating the large potential of *Akebia trifoliata* as an herbal industrial plant [J]. Industrial Crops and Products, 212: 118360.

ZHANG YL, FU P, LI J, et al., 2024. Production of autotetraploids in augmelon (*Akebia trifoliata*) via colchicine induction [J]. HortScience, 59 (10): 1563-1568.

ZHONG SF, GUAN J, CHEN C, et al., 2022c. Multiomics analysis elucidated molecular mechanism of aromatic amino acid biosynthesis in *Akebia trifoliata* fruit [J]. Frontiers in plant science, 13: 1039550.

ZHONG SF, LI B, CHEN W, et al., 2022a. The chromosome-level genome of *Akebia trifoliata* as an important resource to study plant evolution and environmental adaptation in the Cretaceous [J]. The Plant journal, 112 (5): 1316-1330.

ZHONG SF, YANG H, GUAN J, et al., 2022b. Characterization of the MADS-Box gene family in *Akebia trifoliata* and their evolutionary events in angiosperms [J]. Genes, 13 (10): 1777.

四川重楼产业发展报告

叶 霄　李 钰　邓洁琼　黄位年　曾 静

（四川省农业科学院经济作物研究所，四川成都 610300）

摘　要：重楼作为具有重要药用价值的传统中药材，在四川中药材市场中占据重要地位，近年来逐步发展成规模化种植。然而，由于市场波动较大、药材质量不稳定、缺乏引领型龙头企业等因素，其产业链仍面临诸多挑战。本报告系统介绍了重楼的药材基源、品种优势特色、生物学特性、产业概述、适宜种植区域、资源保护和新品种选育、栽培技术与生产模式等内容。在此基础上，对四川省重楼产业发展趋势进行研判，并提出相应对策建议。

关键词：重楼；四川；产业报告

四川省的重楼产业在经济、社会和产业发展中具有重要意义，特别是在推动四川中药材产业链完善和特色化方面发挥着关键作用。重楼以其显著的药用价值广泛应用于中成药中，带动了地方农业和相关企业的发展。随着市场对中药材需求的不断增长，四川的重楼产业不仅增加了农民收入，还为农业经济注入了新动力。政策支持下，重楼种植逐步规模化，并形成了一定的种植、加工和销售规模。在社会效益方面，重楼种植业在偏远山区已成为农户增收的重要途径，促进了农村经济发展和脱贫工作。此外，重楼产业的稳步发展也推动了四川省中药产业在全国的影响力，为打造"川字号"品牌奠定了基础。未来，通过产学研结合和龙头企业的培育，四川重楼产业将进一步提高市场竞争力，实现可持续发展的长远目标。

一、发展现状

（一）概述

1. 药材基源

重楼为藜芦科植物滇重楼（*Paris polyphylla* var. *yunnanensis*）或华重楼（*Paris polyphylla* var. *chinensis*）的干燥根茎。本品呈结节状扁圆柱形，略弯曲，长 5～12cm，直径 1.0～4.5cm。表面黄棕色或灰棕色，外皮脱落处呈白色；密具层状突起的粗环纹，一面结节明显，结节上具椭圆形凹陷茎痕，另一面有疏生的须根或疣状须根痕。顶端具鳞叶和茎的残基。质坚实，断面平坦，白色至浅棕色，粉性或角质。气微，味微苦、麻。

2. 品种优势特色

在中医体系中，重楼被称为"蚤休"，最早见于东汉时期的《神农本草经》，在治疗蛇虫咬伤和感染方面的应用尤为突出。在现代临床应用中，重楼在治疗炎症性疾病和皮肤病方面效果显著。例如，妇炎灵栓（国药准字 Z20050367）联合重楼参柏洗剂（重楼 50g，苦参 50g，大黄 30g 等）能够有效治疗急性阴道炎；对于早期肛周脓肿患者，重楼解毒汤（重楼 25g，鱼腥草 20g，臭灵丹 20g 等）配合保留灌肠能够有效减轻肛门疼痛，并且复发率较低；重楼解毒酊（国药准字 Z20025808）用于新生儿中毒性红斑，效果良好，使用便捷，还可与维 A 酸乳膏联合用于治疗扁平疣；剖宫产术后服用重楼生化汤（重楼 25g，当归 24g，川芎 9g 等）可以有效减少持续性恶露的发生，且安全性良好。

重楼已被用于超过 106 种经典配方，例如，宫血宁胶囊用于治疗月经过多、产后出血及其他妇科疾病；云南白药气雾剂则用于治疗瘀伤、挫伤、肌肉酸痛及相关症状；骨风宁胶囊主要用于治疗类风湿性关节炎和强直性脊柱炎；季德胜蛇药片对毒蛇和毒虫咬伤有较好的疗效。

3. 生物学特性

滇重楼植株高 30～200cm；根状茎粗厚，外面棕褐色，密生多数环节和许多须根；茎通常带紫红色；叶 4～12 枚，厚纸质、披针形、卵状矩圆形或倒卵状披针形，叶柄长 0.5～2cm；外轮花被片披针形或狭披针形，内轮花被片条形，长为外轮的 1/2 或近等长；雄蕊 5～12 枚，花药长 1～1.5cm，花丝极短，药隔突出部分长 1～3mm；子房球形，顶端具一盘状花柱基，花柱粗短，具 5～12 分枝。蒴果紫绿色，直径 1.5～2.5cm，3～6 瓣裂开。种子多数，具鲜红色多浆汁的外种皮。花期 5—7 月，果期 8—10 月。华重楼与滇重楼的区别为叶倒卵状披针形、矩圆状披针形或倒披针形，基部通常楔形，内轮花被片狭条形，中部以上变宽，长为外轮的 1/3 至近等长或稍超过，通常反折。

滇重楼和华重楼是多年生草本植物，具有地下根状茎，作为植物的主要营养储存器官。根状茎的顶端通常具备一个顶芽，有时还会有多个不定芽。在自然生长条件下，这两种植物的种子发芽率较低，生长周期较长，从种子阶段到首次开花通常需要至少4~5年的时间。这一现象部分是由于种子的胚发育不完全，以及种子具有一定的休眠特性，需要经历两个冬季的低温阶段才能打破休眠并萌发。在种子萌发的第一个生长季节，植株通常仅形成一片心形叶片；到第二年，叶片数量增加至3~4片；而在第三年，叶片数量会增至4片以上。通常情况下，植株在第四年进入生殖发育阶段，少数个体在此时开花。大部分植株则在第五至第七年间开始开花和结果，从而完成一个完整的生长周期。

重楼在中国大部分省份均有分布，其多样性中心位于中国西南的云南、四川、贵州及重庆一带，覆盖了从云贵高原到四川的邛崃山脉等中高海拔地区。滇重楼主要分布在中国西南及缅甸、泰国、老挝、越南等邻国，而华重楼广布于中国中南部及台湾地区，并延伸至相邻的如缅甸、泰国、老挝和越南。重楼适宜生长在海拔1 400~3 100m、年平均气温12~15℃、年降水量1 100~1 400mm的偏冷凉山区，常生长于常绿阔叶林、云南松林、竹林或灌木丛下，腐殖质丰富的酸性或微酸性砂壤土中。

4. 产业概述

重楼的人工栽培历史悠久，早在汉末《名医别录》中便有"而茎叶亦可爱，多植庭院间"的记载。然而，由于历史上重楼的用量较小，栽培规模始终未能发展。直至20世纪80年代末，随着野生重楼资源的日益稀缺，人工栽培才逐步起步。进入90年代，以重楼为主要原料的中成药，如"云南白药""宫血宁胶囊"以及"抗病毒颗粒"等的开发进一步加剧了资源紧张，云南白药等企业开始研究重楼的人工栽培技术，但进展较为缓慢。21世纪初，云南白药集团在武定县建立了云南重楼种植基地，推动了重楼人工栽培的产业化进程。随着重楼药材价格的飞涨，越来越多的农户开始关注其种植，但受限于重楼种苗繁育周期较长，种苗供应一直未能满足需求。如今，随着栽培技术的逐渐成熟，云南省的重楼种植面积已突破1万 hm^2。2018年数据显示，重楼市场价格达到每千克1 200元，超过大多数中药材的价格。每年重楼销售量在500~1 050t，相关药品的年市场总值已超过100亿元。

5. 种植适宜区域

云南省是全国最大的重楼产区，其次是四川、贵州、广西、江西、湖南等省份。滇重楼分布于四川省凉山州、雅安市等900~2 500m林下地区，最适宜种植区域为石棉、九龙、泸定、康定、西昌、会理、会东、甘洛等海拔相对较高的地区。华重楼分布于四川省凉山州、甘孜州、阿坝州、雅安市、绵阳市、广元市、巴中市、达州市、成都市等多地海拔400~1 500m林下地区，最适宜种植区域为成都、绵阳、遂宁、巴中、广元、达州、雅安等海拔相对较低的地区。

（二）资源保护和新品种选育

现今的重楼野生种群大多呈小而分散的状态，数量相对较少。自2013年以来，由于重楼的价格在中国急剧上涨，农民开始大规模采挖野生重楼。这种过度采挖行为严重破坏了重楼野生资源的多样性，并且还波及形态相似的其他植物（如延龄草等）。为应对野生重楼种群的减少，中国出台了一系列保护措施，将44个重楼物种和变种列为国家二级保护植物。在这些物种中，有7种被列为易危（VU），8种为濒危（EN），4种为极危（CR），包括独龙重楼（*Paris dulongensis*）、禄劝花叶重楼（*Paris luquanensis*）、卷瓣重楼（*Paris undulatis*）和文县重楼（*Paris wenxianensis*）。根据国际自然保护联盟（IUCN）红色名录网站的信息，长柱重楼（*Paris forrestii*）被评估为无危（LC），而多叶重楼（*Paris polyphylla*）则被评为易危（VU）。

重楼人工驯化的时间不长，目前已通过审定的品种有5个，详细内容见表1。

表1 已通过审定重楼品种

名称	基源	牵头选育单位	特征概述
滇重楼1号	滇重楼	云南省农业科学院	6年生以上植株根茎重为62.3~109.2g，平均为82.06g（鲜品），根茎长5.9~11.8cm，平均为8.31cm，根茎粗4.1~6.0cm，平均为4.95cm，有效成分含量较高达1.80%，6年生以上亩产180~220kg（干品），抗病性显著，感病率低仅为10%，尤其抗叶斑病；有效成分重楼皂苷Ⅰ和重楼皂苷Ⅱ的总量高达1.80%
滇重楼2号	滇重楼	云南省农业科学院	6年生植株根茎重208.04g（鲜品），根茎长14.68cm，根茎有效成分重楼皂苷Ⅰ和重楼皂苷Ⅱ总量为1.43%±0.23%，高于药典达78.8%；6年生产量高达4 500~6 000kg/hm²（干品）；对叶斑病表现良好抗性

(续表)

名称	基源	牵头选育单位	特征概述
滇重楼3号	滇重楼	云南省农业科学院	重楼皂苷Ⅰ、重楼皂苷Ⅱ、重楼皂苷Ⅵ和重楼皂苷Ⅶ的总量达到1.98%以上，6年生以上植株根茎重198.93g（鲜品），根茎长11.1cm，根茎粗5.92cm；产量达5 200~6 000kg/hm²（干品），对叶斑病和茎腐病有良好的抗性，性状稳定
云全1号	滇重楼	云南省药物研究所	每年每个茎的顶端或侧芽顶端可分化两个芽，株芽粗壮，茎株发育生长整齐，壮实不易倒伏，结籽率与饱满率较高；有效成分含量为2.43%，平均重楼商品亩产达到710.5kg
川重1号	华重楼	四川省达州市农业科学研究院	植株高大、茎秆粗壮、根茎粗厚、蒴果大、种子数量多、遗传性状稳定、产量高、品相佳、品质优、繁殖系数大、适应性强

目前被登记为"全国农产品地理标志"的重楼有2个，详细内容见表2。

表2 重楼地理标志品种

名称	基源	所属地	特征概述
崇州重楼	华重楼	四川省成都市崇州市	呈结节状扁圆柱形，略弯曲；表面黄棕色或灰棕色，外皮脱落处呈白色；密具层状突起的粗环纹；顶端具鳞叶和茎的残基；质坚实，断面平坦；气微，味微苦、麻。崇州重楼药用成分皂苷总含量高于其他产区
玉龙滇重楼	滇重楼	云南省丽江市玉龙纳西族自治县	呈结节状扁圆柱形，略弯曲，长5~12cm，直径1.0~4.5cm。表面黄棕色或灰棕色，外皮脱落处呈白色；密具层状突起的粗环纹，一面结节明显，结节上具椭圆形凹陷茎痕，另一面有疏生的须根或疣状须根痕。顶端具鳞片和茎的残基。质坚实，断面平坦，白色至浅棕色，粉色或角质。气微，味微苦、麻

（三）栽培技术/生产模式

1. 繁育模式

重楼在生产上主要有根茎切段繁殖与种子繁殖两种繁育模式。根茎切段繁殖一般把重楼根茎进行三段切段，分为带顶芽的切段、中间部分带须根带茎痕的若干段以及尾部切段。带顶芽的切段出芽率最高，在顶芽没有损坏的情况下一般种植后第一年就出苗、开花结果，沿着繁殖体的原生方向继续增殖新根茎，地上茎为单株；无顶芽切段（中间）种下后一般第二年才会出芽，但不开花，第三年有极少概率开花，这种材料繁殖效率较低，但可形成多株的地上丛茎。一般结合药材采收用带顶芽的前段播种。每年11月至翌年3月，当地上茎枯萎倒苗时，收取根茎，不加清洗，稍加通风清凉后可按需求切段。切面力求平滑，边切边在切面上黏附煤灰或草木灰，切割后置于阴凉通风处。切段和种植时间不宜相隔太长，应该随切随栽。根据根茎大小采用行栽，20g左右种苗按株距20cm，行距25cm算。移栽时开沟或者打穴种植，深度为6~7cm，种植后用细土覆盖，再覆盖一层松针或秸秆，保持环境阴湿，切忌积水。

如果以种子繁育，将种子和细沙以2∶1混合，磋磨除去橙红色的肉质假种皮，洗净，埋入湿沙中，采用变温层积法缩短1年种子生长周期：置于5~10℃温度下2~3个月，然后将温度调至18~20℃放置3个月，再置于5~10℃温度下1.5~2个月，置于20~22℃温度下1.5~2个月。播种前还可以将重楼种子放置在500mg/L的赤霉素中进行催芽处理。有些特殊的重楼，比如云南大理某些多芽滇重楼的种子没有休眠期，冬天播种后第二年春天会直接发芽。一级重楼种子的生活力≥95%，千粒重≥40g，含水量≤61%。

另外，在生产上可采用林下立体栽培模式，仿野生栽培模式等。

2. 田间管理技术

选地整地：重楼对土壤条件要求较高，需选择土层深厚肥沃、富含腐殖质的腐殖土或砂质山基土的林荫地块做种植地。为充分利用土地，建议林下仿野生种植或是与果树、高干作物套种，另外长期耕作的菜园熟土不适宜栽培重楼。栽种前要将种植地土壤深翻，结合整地每亩施腐熟的农家肥、油饼等2~3t作基肥，再浅耕细耙平地起垄，起垄一般宽100~120cm，垄高20~30cm；如为坡地，则起垄方向顺着斜坡方向，便于排水。

育苗移栽：重楼可以点播、行播，大面积可撒播。播种后覆土厚度要保持在1.5~2cm，且再覆盖一层松叶或秸秆保水，最后覆以黑色塑料膜。这种避光措施可以提高出苗率，也有利于根茎的生长。一定要避免出苗后土壤板结、干燥和过度日照。重楼种子出苗后第一年为一片心形叶，第二年一般为2~4片，第三年一般为4片以上。出苗3~4年后可在7—8月进行移栽，一般选4个叶片以上、植株健壮种苗移栽。

遮阴防晒：选择透光率50%~60%的遮阳网，遮阳网要在植株出苗或者移栽之前要搭建好。在条件允许的情况下可建成半自动式遮阳网,在强光下遮阴,雨天、阴天或早晨、傍晚光照不强的时候移开,保证重楼对光照的需要。

水肥管理:充足的水分有利于重楼生长,出苗或者移栽后每10~15d应浇水一次。有条件的地方可采用喷灌,增加空气湿度。田块四周应开好排水沟,雨季需及时排水,田间积水会导致病虫害的发生,并影响滇重楼根茎膨大。

一般每年春天和冬天施肥各一次。冬肥一般在11月下旬至12月上旬施用,首先将表土轻轻中耕一次,选晴天,每亩地施复合肥15~20kg。在苗出齐后结合除草松土施春肥,每亩地施腐熟农家肥1 000~1 500kg。苗高3cm左右时,每亩地追施复合肥20kg。施肥时应注意施人畜粪水要大量掺水稀释,以防浓度过大造成烧苗。

杂草控制:杂草非常影响重楼正常生长,尤其在小苗期。苗出齐后,每月松土除草1次。在9—10月地下茎生长初期,用小锄轻轻中耕,不能过深,以免伤害地下茎。端午前后苗逐渐长出,发现杂草应及时人工拔除。

3. 病虫害防治

重楼主要病虫害及防治措施见表3。

表3 重楼主要病虫害及防治措施

病虫害	为害部位	为害特点	发生规律	防控措施
根腐病	根茎	根茎腐烂,地上植株枯死	高温高湿	播种时用草木灰拌种苗;出苗后用农用链霉素加多菌灵混合喷雾预防;发病初期可用草木灰或生石灰灌根
猝倒病	全株	植株在叶片还为绿色时突然倒伏,并向四周扩散	高湿	发病初期用敌克松、甲霜灵或银法利灌根或泼浇,每7d一次,连续2~3次;发病后及时拔除病株,用生石灰水浇灌病区
白霉病	叶	叶片上产生褐色病斑,后期变成黑褐色,中心灰白色	7—8月出现,9—10月最严重	清洁重楼栽培区,消除病残体,少浇水。发病初期用百菌清、甲基硫菌灵等喷雾控制中心病株
褐斑病	叶	叶缘或叶尖变黄枯萎,病斑呈褐色,具轮纹	高湿	

（续表）

病虫害	为害部位	为害特点	发生规律	防控措施
炭疽病	叶	叶片上产生不规则褐色病斑，严重时病斑连成片，植株枯黄死亡	种植密度大、排水不良、多年连作田块易发病	清洁重楼栽培区，与禾本科或豆科植物轮作；发病处用退菌特、百菌清、炭疽福美等喷雾控制中心病株
红斑病	叶	叶片上产生点状或不规则锈红色病斑，严重时病斑连成片，植株枯黄死亡		
蛴螬、地老虎、金针虫等地下害虫	根茎、茎基部	破坏根茎与茎基部，造成植物死亡	5月下旬出现成虫，8月下旬为害最大	秋冬季深翻土壤；施用腐熟有机肥，防止成虫产卵；在成虫大量发生初期选用辛硫磷、吡虫啉等喷施防治
潜叶蝇类	叶	叶片枯萎早落，植株产量下降	初春出现幼虫，夏初为害最大，温度过高无法存活	播种前翻耕土壤，清除杂草和摘除有虫叶烧掉或深埋；成虫盛发期用黄色黏虫卡或红糖液加少量敌百虫晶体喷洒诱杀成虫
红蜘蛛	叶	叶片出现黄色针尖样斑点，引起植株长势衰弱	春天出现幼虫，6月下旬到7月上旬为害最大	清洁重楼栽培区；发生初期用倍乐霸、吡虫啉或杀螨威乳等叶片正、反面喷雾防治

4. 采收加工

采收：以种子繁殖的重楼8年、以根茎切块繁殖的重楼一般3年以后可以采挖入药。在10月种子成熟后至翌年出苗前，至翌年3月间采挖。采收应选择晴朗天气，先清除表面枯枝、杂物，从低端开挖，尽量不损伤根茎。为了使重楼可持续栽培，一般将最顶端带芽段切下作留种，后端剩余的部分用于加工入药，采挖及加工过程注意保护顶芽。采挖后去除泥土和地上部分。

加工：重楼个子加工方法：先清除根茎上残留的地上茎和大块泥土，然后用清水将根茎刷洗干净，于35℃左右烘或晒，至须根易于折断时，在麻袋或竹筐中撞去须根后，继续烘晒至全干。该方法可以省去去除须根的人工，且成品外观光洁卖相较好，同时成品易于储藏运输。

重楼片加工方法：先清除根茎上残留的地上茎和大块泥土，然后用清水将根茎刷洗干净，剪去须根，切成2~3mm厚片，迅速于35℃左右烘干或自然晒干。该方法干燥迅速，但需要一定人工再去除须根，同时成品易碎，储存运输需要注意。

二、问题挑战

（一）市场波动较大

近年来，重楼市场价格的不稳定性愈发显著，受到多重因素的共同作用。重楼作为中药材中广泛应用的植物资源，其供需关系在过去 10 年内经历了剧烈变化。2010 年以来，重楼因其广泛应用于中成药如云南白药等产品，导致需求大幅增加。2013 年滇重楼干品价格为 600 元/kg，但到 2018 年飙升至 1 000 元/kg 以上。然而，随着市场供应逐步增加，重楼价格开始急速下跌，2021 年已经跌至 500 元/kg，2024 年在 300 元/kg 左右徘徊。

导致价格波动的一个重要原因是家种重楼的推广和规模化种植的发展。云南、四川等主要产区大幅增加了种植面积，以满足中药行业对重楼原料日益增长的需求。种植面积增加虽满足了部分市场需求，但也带来过剩的风险。由于重楼的种植周期长达 3~5 年，许多新种植的重楼尚未进入市场时价格已处于高位，而当这些家种重楼集中上市后，导致市场供应过剩，加剧了价格的下滑。此外，市场的价格波动也受到囤积与惜售现象的影响。面对价格下跌，部分药材商和农户选择将货物囤积，期待未来价格反弹。然而，这种做法虽然能暂时稳定市场，但长期来看却加大了价格波动性，因为一旦市场需求降低或供给恢复，囤积货物集中上市会进一步拉低价格，形成"跳崖式"下跌的风险。

（二）药材质量不稳定

近年来，重楼市场频繁出现"以次充好"和"掺假"等质量问题，源自药企与商家追求高额利润的需求和监管漏洞的存在。一方面，由于重楼皂苷含量的地域性差异，收购商倾向于选择价格较低、皂苷含量偏低的低海拔地区重楼，以此降低成本，再与高质量的重楼掺混以达到国家标准。这种掺假现象不仅扰乱市场，也直接影响了高质量重楼的销售，使得消费者在辨别时难以识别品质差异，产生了"劣币驱逐良币"的现象。

此外，市场监管的不足也使得掺假行为难以得到有效遏制。中药材生产与交易的质量管理规范相对薄弱，部分药材在运输、贮存和销售各个环节缺乏全程监督，导致质量难以保障。比如成都荷花池中药材集散地虽尝试推进生产质量管理规范，但仍存在执行不力的现象。部分不合格批次的中药材流入市场,影响患者安全,损害了中药材的整体信誉。

(三) 缺乏引领型龙头企业

重楼种植户在产品销售方面的困难和产业龙头企业带动能力的不足是当前产业链的显著问题。四川省的重楼产业种植规模较大,估计为3 000hm²左右,种植企业多达百余家,但缺乏完善的加工和精深加工企业。目前仅有具备重楼收购、初步加工和销售的能力的大多为小微企业,带动能力和市场竞争力较弱。并且由于云南白药集团正在积极推进重楼种植自给自足,许多中小种植户面临市场压缩的问题。此外,四川省多数重楼种植户和企业缺乏深加工和创新研发能力,产品附加值较低,导致收入有限,难以适应当前的产业发展需求。当地政府虽然实施了相关政策促进重楼等中药材的产业化发展,如鼓励"企业+合作社+农户"模式和推动"生态林+药"的创新种植方式,但在龙头企业的带动下,实现规模化、标准化和品牌化发展依旧任重道远。

三、对策建议

(一) 四川重楼产业发展趋势

现代药理研究已证实,重楼及其主要活性成分具有显著的抗癌、止血、抗炎、抗菌、免疫调节等药理活性,尤其是其对癌细胞增殖的抑制作用极为突出。此外,重楼的皂苷和多糖类成分还展现出抗氧化和保护心血管的潜力,增加了其在治疗多种疾病中的应用前景。随着中医药科研的深入,重楼的复杂化学成分和多样性药理活性有望进一步挖掘。预计未来10年内,重楼的年需求量将达2 000~3 000t,其市场价格有望维持或略有上升,以满足日益增长的中药和现代医学需求。

四川省的重楼产业发展趋势显示出显著的市场潜力。疫情之后,中药材需求日益增加。四川作为重楼的主要种植区域之一,已逐步形成了集中化的栽培基地。由于重楼种植的周期较长、种子育苗技术尚未完全成熟,市场供需关系仍然紧张。生物技术的应用,如组织培养,成为未来发展的重要方向,通过快速繁育优质重楼种苗,缩短栽培周期,提高产量。在政策层面,四川省政府将重楼作为特色中药材产业,纳入区域扶贫与经济发展战略中。政策支持不仅体现在种植补贴和技术培训上,还包括产业链上下游的延伸布局,例如加工基地的建设和销售渠道的扩展。尤其是伴随重楼价格的上涨，该产业对地方经济的拉动作用更加显著。此外，政府还鼓励企业与科研院所合作，推动栽培技术的标准化和重楼资源的可持续利。

总之，四川重楼产业前景广阔，但面临产量提升的技术瓶颈和种植环境的挑战。未来，随着技术的进步、政策支持的强化以及市场需求的增长，四川重楼产业将逐步实现现代化、规模化和可持续发展。

（二）促进四川重楼产业发展的对策建议

1. 强化科学种植，制定技术标准

为提升四川省重楼产业的质量和竞争力，强化科学种植并制定技术标准至关重要。首先，应加大重楼的良种选育及示范推广，优化品种的提纯复壮，确保优质种源的广泛覆盖。同时，通过加深与科研院校的联系合作，围绕种植管理中的难点，强化技术试验研究和示范推广，以提供科学可靠的种植方案。为全面提升种植技术水平，还应开展重楼种植的专题培训和现场指导服务，帮助种植企业及农户掌握先进的科技手段，推动产业的科技含量提升。此外，研究并制定科学、严谨的滇重楼种植管理技术标准，并在全省范围内推行，以提高重楼的单产和质量，从而增强其市场竞争力和品牌影响力。通过这些系统性举措，四川重楼产业将更好地满足市场需求，开创可持续发展之路。

2. 提升品牌效应，加强品牌价值

四川省拥有的重楼品牌，如全国农产品地理标志"崇州重楼"和省级品种"川重1号"，已成为本地特色。然而，要进一步强化四川重楼的品牌效应和市场影响力，需持续加大品牌推广力度，形成立体化、多层次的品牌体系。推动"川字号"品牌的价值提升，四川省应鼓励重楼相关企业积极申请国家和省级地理标志、驰名商标和名牌产品认证，助力产品的品牌化、标准化与市场认可度。通过结合地方的产业特色优势，四川可以加强重楼品牌的宣传覆盖，深化品牌影响，提升品牌附加值。

3. 培育龙头企业，增强产业影响

在确保高产与高品质的基础上，加大对县域内企业的支持力度，帮助现有的重楼生产企业做大做强，提升收购、加工与销售一体化的能力。通过政策引导和财政扶持，鼓励中药企业与种植企业合作拓展业务链，特别是在精深加工领域，推动产业链延伸，提升产品的附加值和市场竞争力。此外，应加强产学研合作，将科研成果转化为种植和加工实践,推动企业与科研院所联合建立技术创新和品牌培育平台,从而形成更具竞争力的重楼品牌,增强四川重楼在国内外市场的影响力和品牌价值。

参考文献

蔡晓政,汪明华,2022. 重楼解毒酊联合维A酸乳膏外用治疗扁平疣临床疗效观察 [J]. 感染、炎症、修复,23(3):164-165.

龚丽梅,2024. 持续推动玉龙滇重楼产业健康发展 [J]. 云南农业(9):40-42.

国家药典委员会,2020. 中华人民共和国药典:一部 [S]. 北京:中国医药科技出版社:271.

黄璐琦,肖培根,王永炎,2011. 中国珍稀濒危药用植物资源调查 [M]. 上海:上海科学技术出版社:30-31.

江延姣,黄益平,叶慧君,等,2014. 重楼生化汤预防剖宫产术后恶露不绝的临床研究 [J]. 中国临床药理学与治疗学,19(4):437-441.

李恒,1998. 重楼属植物 [M]. 北京:科学出版社:12-139.

杨蕾,2020. 重楼解毒酊外涂治疗新生儿毒性红斑50例临床观察 [J]. 中医儿科杂志,16(1):73-75.

袁秋云,2022. 重楼参柏洗剂联合妇炎灵栓治疗急性阴道炎的临床观察 [J]. 中国民间疗法,30(23):94-96.

张金渝,杨美权,2018. 重楼生产加工适宜技术 [M]. 北京:中国医药科技出版社:20-45.

CUNNINGHAM AB, BRINCKMANN JA, BI YF, et al., 2018. *Paris* in the spring:A review of the trade, conservation and opportunities in the shift from wild harvest to cultivation of *Paris polyphylla* (Trilliaceae) [J]. J Ethnopharmacol, 222:208-216.

JI YH, 2021. A Monograph of *Paris* (Melanthiaceae) [M]. Springer and Science Press, Beijing:2-10.

四川黄连产业发展报告

廖海浪 彭 芳 陶 珊 毛常清 袁 灿

钟明志 陈思汛 吴 宇 张 超

(四川省农业科学院经济作物研究所,四川成都 610300)

摘 要:本报告全面阐述了四川省黄连产业的发展现状、面临问题及未来发展策略,涵盖了从药材基源到栽培技术,从产业挑战到应对建议等多方面内容,为推动四川省黄连产业的持续健康发展提供了有力参考。

关键词:四川黄连;产业发展;栽培技术;问题挑战;对策建议

一、发展现状

我国黄连行业在经历 2010—2016 年的低迷期后,因价格持续低迷和生产成本较高,多数种植户减少种植面积,导致 2020—2021 年黄连总产量不足,市场供不应求。随着库存的消化和需求的持续增长,黄连价格逐渐回升。目前重庆石柱县和湖北利川市是黄连的主要产区,但种植面积在过去几年中经历了显著的波动。尽管如此,近年来种植面积有所恢复,预计未来产量将保持稳定增长。到 2023 年,我国黄连产量已达到 2 965t,显示出行业的复苏和增长趋势。增长主要得益于市场需求的增加以及种植户对黄连经济价值的重新认识,同时 2022 年主要产区遭遇罕见的极端高温,黄连作物受损严重。然而资金的积极介入推动了黄连市场货源流通,黄连价格行情明显上涨。

(一) 概述

1. 药材基源及特性

我国历版《中国药典》收载的黄连药材均为毛茛科植物黄连(*Coptis chinensis* Franch.)、三角叶黄连(*C. deltoidea* C. Y. Cheng et Hsiao)或云连(*C. teeta* Wall.)的干燥根茎。四川主产前两种,其药材名分别习称"味连""雅连",具有清热燥湿、泻火解毒等功效，广泛应用于中医临床治疗。其药材特点表现为根状茎黄色，常分枝，密生多数须根。另外，四川峨眉、峨边及洪雅一带还分布有少量峨眉野连（Coptis omeiensis），由于大量采挖及生态环境变劣，已处于濒临绝种状态，已被列为国家二级保护植物。

2. 品种优势特色

黄连药效显著，用途极广，不但是中医处方最常用的品种，也是中成药的重要原料。其根茎目前主要用作处方调配和中成药的原料，如黄连上清丸，复方黄连素片等。据《全国中成药品种目录》统计，以黄连作原料生产的中成药有黄连上清丸、香连丸等108种之多。宋代以前一些医书3.2万多方剂中，含有黄连的方剂有1 760个，现代医学研究黄连具有抗癌和降血糖等新疗效，引起人们广泛的关注．黄连用途不断扩大，市场前景广阔。

黄连须根及叶可作兽药，用于防治猪、兔等动物的痢疾病，与其他中药配伍用于家禽以及水产病害的防治。用黄连喂鲢鱼，可增加其解毒功能，提高生存能力。黄连止痢散按2%的药料比拌入食物内让鸡自食，治愈率达96.7%。黄连可作为绿色饲料添加剂，用于防治多种动物的痢疾病，减少使用抗生素带来的危害，而且主要通过提高动物自身对病害的免疫力，达到抗病目的。黄连及其副产物可作伴药的植物抗生素，具有抗菌、抗病毒、减少抗生素残留的特点，保证食品安全，具有广阔的应用前景。

3. 生物学特性

生长环境：黄连适宜生长在高海拔的山地，喜冷凉、湿润气候，忌高温和强光直射。黄连喜凉爽、潮湿环境，忌高温和强光。苗期耐光能力特别弱，栽培需要搭棚遮阴。随着生产年限的增加，其耐光能力逐渐增强。根浅，分布于5~10cm的土层，适宜表土疏松肥沃、有丰富的腐殖质、土层深厚的微酸性土壤，pH值5.5~6.5。黄连栽过之地，土性已寒，不得连作，连作之后黄连病害发生严重，造成减产甚至绝收。

雅连生长发育对海拔的要求较严，一般分布在海拔1 400~2 500m的高山区，最佳生长海拔为1 700~2 000m。海拔1 400m以下栽培的雅连根茎组织较松软，植株易早衰。海拔800m以下地区栽培因夏炎热，植株不能安全越夏。在海拔2 000m以上高寒山区栽培，植株生长缓慢、年限长，需5年才能收获。由于雅连连作障碍极为严重，凡种过雅连之地10年内不能再种，否则烂根，加之产值低，因而当地种植积极性不高。

4. 地理分布于适宜区

根据第四次全国中药资源普查最新数据统计，黄连主要分布在重庆、四川、湖北、湖南等地的大部分地区，及山西、江西、河南等地的少部分地区，目前主要依靠栽培生产。三角叶黄连主要分布于四川峨眉、洪雅峨边、马边、金口河、雅安、雷波等地，在洪雅和峨眉有人工栽培；峨眉野连分布于四川峨眉山一带，尚无大面积人工栽培。根据《四川省道地药材生产区划》黄连的适宜区为四川省海拔1 000~2 500m的凉爽、湿润的山区，适宜面积超过16 000km^2，包括峨眉、洪雅、峨边、金口河、平武、北川、青川、彭州、沙湾、雷波、雅安、芦山、马边等地。

由四川省中医药科学院作为技术支撑单位收集的150个县区农业农村局、林业和草原局填报的中药材统计表显示四川黄连2019—2021年四川黄连种植面积逐年递减，分别为17.8万亩，17.6万亩，9.3万亩。据四川省中医药管理局的信息显示，截至2023年底，四川黄连的种植面积达到10.87万亩，年产量约为4 000t。

黄连经过多年低价，其生产在前几年已经得到一定程度调减，每年新货产出量不能满足当年需求，靠陈货库存进行补充，但由于库存量大，2022年前黄连行情依然没有好的表现，直到2022年黄连各产区遭受了50年未见的极端高温天气，干旱天气导致在地黄连一定面积受损枯萎，其中2~3年生的受灾较为严重，在此背景下，黄连货源走畅，行情也真正开启了周期上涨之路。药农纷纷开始扩繁种植黄连，未来几年四川黄连种植面积将有所上升。

（二）资源保护和新品种选育

1. 资源保护措施

毛茛科黄连属植物主要分布千北半球温带，我国境内分布在97°~122E°，22°~33°N区域，海拔1 000~2 500m，集中分布在西南和中南地区的山地丘陵。黄连属植物天然种群数少，自然更新速度慢，加上种间遗传变异小，适应环境的能力差，致其濒危系数高，因而我国将大部分黄连属植物纳入植物保护名录。

黄连（味连）野生居群十分少见，仅在重庆市金佛山、巫溪尖山，湖北神农架，甘肃太行山、贵州梵净山等局部地区发现少批野生的黄连。目前，全国黄连药材均来自栽培品，味连为黄连药材的主流。三角叶黄连（雅连）分布狭窄，无性繁殖限制野生居群发展，因而野生种群也难觅踪迹。在四川洪雅一带有栽培，雅连在药材市场难觅。峨眉黄连（野连）只限于四川峨眉山，当地建立保护区。

2. 新品种选育进展

因为黄连属于多年生草本植物，从种子繁殖到采收需要7~8年时间，从事黄连新品种选育工作严重滞后。目前，仅陕西有"黄连1号""黄连2号"2个品种，湖北有"楚连1号"1个品种。四川尚未开展黄连新品种选育研究。

（三）栽培技术/生产模式

传统黄连栽培是砍山搭棚，需要砍伐约种植面积3倍量的林地，对森林资源消耗较大，且四川大部分适合黄连种植地区被列为自然保护区，砍山栽连逐渐退出历史。近年来，林间栽连、客土栽连、水泥桩代替木桩以及一桩一树等生态栽连技术，结合优良品种选育、优质种苗培育、科学的施肥技术和病虫害综合防治技术，建立了黄连高效生态栽培技术体系，对生态环境保护起着积极的作用。目前，四川黄连药材主要以味连为主，雅连只占很少一部分。黄连的繁殖分为有性繁殖和分蘖繁殖，以有性繁殖为主，即主要靠种子繁殖；雅连由于无种子，主要靠匍匐茎分蘖繁殖。

1. 黄连选种

黄连：选移栽后3~4年生植株所结的种子作种用，在5月上旬当果实由绿变黄，种子变黄绿色时及时采收，将果序摘下装入布袋，在室内堆放2d即可脱粒。

三角叶黄连：选移栽后3~4年生植株所生长的匍匐茎形成的新植株（秧子）进行繁殖，即采即栽。

2. 黄连种子保存

将脱粒后的种子用冷水选种，去掉皮壳、渣滓和瘪子，沥干的种子与3~5倍的细湿河沙和干净的腐殖质土拌匀，放在室外树阴下穴内，种子摊开厚1~2cm，上面盖约3cm的湿沙，加盖并留气孔，经常检查，防止发霉。

3. 黄连育苗技术

10—11月用经过贮藏的种子播种。先清除选好地上的杂物，挖出树根和草根。在晴天，将枯枝草根等杂物堆积成堆，用火烧熏，然后粗挖翻土。翻土深度20~23cm，并拣去树根、草根和石块等物，再进行细挖，将土块打碎以备开厢作畦。土地整平后，按厢宽120cm，沟宽15cm，深10~12cm开沟作厢，厢长依势而定，以不超过10m为宜，厢面泥块务求打细平整。厢做好后施基肥，每亩施腐熟的厩肥400~500kg或100kg磷肥，均匀铺于厢面，与表土拌匀后再盖上3cm左右厚的熏土即可播种。

用种子体积20~30倍的细腐殖质土与种子拌匀，撒播于畦面，轻轻镇压，使种子与土壤紧贴，盖薄细土。每亩播种量为2.5~3kg。播后搭80cm的矮棚或170cm的高棚遮阴，保持荫蔽度80%以上。当幼苗长出2片真叶时，按株距1cm间苗，每亩施稀薄人畜粪水1 000kg或尿素3kg；第二年3—4月追施1次人畜粪水或腐熟厩肥、草木灰等混合肥。第三年春季苗长出5~7片叶和细小根茎时即可移植。

黄连幼苗生长缓慢，杂草容易滋生，必须勤除草，做到除早、除小、除净。除草后可以配合施入氮肥8~12kg/亩。后期如苗过密，应拔除部分弱苗，使株距保持1cm左右。黄连幼苗小，生长缓慢，根少而浅，大雨过后，幼苗根部被雨水冲毁；夏季干旱炎热，常把扎根不稳的幼苗晒死，应及时将细腐殖质土或厢沟土撒于厢面，覆根稳苗，以保护黄连幼苗正常生长。

4. 黄连栽培技术

（1）选地。黄连选择海拔1 000~1 800m的高寒冷凉地区，三角叶黄连选择海拔1 400~2 500m的高寒冷凉地区，土壤以土层深厚、肥沃、疏松、排水良好、富含腐殖质的壤土或沙壤土为好，且以半阴半阳的坡地为宜，忌连作。

（2）整地。在选好连地后，将地面杂草除净，砍去多余的小灌木，在荫蔽过大的地方，剔修部分树枝，保证林内荫蔽适当。均匀修林后，用锄将林下土翻挖，除净枯枝、树根、杂草，把土地整细，用耙将地耙平，拾去草头及石块等，并做好排水沟。在整地翻挖时均匀施入基肥。

（3）移栽。在5—6月移栽最佳，一般应选择具有4片真叶、株高6cm以上的壮苗，栽前将须根剪短，留2~3cm长，可采用生根粉浸根后定植。栽植株行距8~11cm，每穴1株，亩植6万株左右。栽植深度以不压心叶为准，压紧，使根与土壤充分接触，若栽植过深，影响生长。

（4）田间管理。

补苗：黄连移栽后，一般在第一、第二年，每年死苗率达10%~12%，应及时补苗，应在当年秋季和第2年新叶萌发前，采用同龄苗补栽，确保植株生长一致。

除草松土：黄连在移栽后的一、二年内，因苗小，地表空隙较大，再加上土地肥沃，特别是熟土、轮作土栽培黄连，最容易滋生杂草。此外，黄连棚内阴湿，往往生长很多苔藓植物，铺盖黄连地，这些杂草、苔藓与黄连争夺养分，使黄连植株瘦弱、叶子发黄、营养不良，严重影响黄连的生长发育，所以应做到及时除草。"松一次土，长一批叶"，在拔草的同时，必须结合撬松表土，以利新叶再生，但应注意不能把连苗撬松，避免造成黄连苗的死亡。

追肥培土：黄连是喜肥作物，开始一、二年生长较慢，直到第三、第四年才进入旺长期。根据这一特点，故除在移栽前施足基肥外，每年都需要大批追肥，更应追肥重于基肥，才能提高黄连产量和质量。黄连根茎具有向上生长而又不长出土面的特性，必须逐年培土（习惯称"上泥"），以促进根茎生长（伸长）。"面泥"可以是腐殖土、熏土或者是生土。撒"面泥"时必须撒均匀，不能厚薄不一，也不能一次上得过多，以免引起根茎节间突然迅速伸长，形成细长的"过桥"，反而降低黄连的产量和质量。施面泥可与施肥结合，即施肥后，即时上面泥。

拦棚边：刚栽好的秧苗幼嫩，最怕强光照射，极易被晒死。为保证黄连棚内有足够的荫蔽度，保持一定的湿度以及防止牛、马、羊进入践踏黄连，在黄连栽秧苗后，立即用竹子、树枝插于棚周，或者用编好的篱笆栏在四周，以利荫蔽。在栏棚时，依照棚的大小和进出方便，需留1~4个门，在平时门应关闭，进棚内作业时将门打开，出棚后即关门。

摘花薹：在移栽后的第一、第二年的黄连所结的种子不可作种，所以在花薹开始直立时，可以除去花薹。第三、第四、第五年的黄连，若不需要留种子的棚块，也可以摘除花薹，以免因开花、结实消耗大批养分，而影响根茎生长。经对除去花薹和未除去花薹的黄连产量进行比较，去花薹的黄连可以增产15%左右。

5. 采收加工

黄连属于多年生药材，一般移栽后5年采收黄连，选晴天挖连，抖落泥沙，用剪刀将须根、叶子连同叶柄一起剪掉，就地搭建黄连炕或者运回烘干房，烘干后撞掉并筛出石子、泥土、须根和叶柄。

二、四川黄连产业发展存在的主要问题

1. 四川黄连产业面临劳动力困境

随着农村剩余劳动力转移及二三产业兴起，四川黄连产业面临诸多问题。年轻

人多进城务工，从事黄连生产的人群以中老年人为主且文化程度低。外出务工人数增加使农村劳动力结构变化，种植人员减少，不利于黄连生产发展。同时，原种植人员转向服务业致劳动力成本增高，农资价格上升，造成田间管理粗放、产量下降。此外，现有超六成人员表示会减少种植面积，仅一成人员根据价格行情考虑增加，主要原因是从业人员劳力变弱。这些问题严重影响四川黄连产业的持续发展，如何解决劳动力短缺、提高种植意愿、降低成本成为当务之急。

2. 四川黄连产业受自然资源与环境因素制约

四川黄连产业发展面临诸多自然资源与环境方面的挑战。首先，野生黄连品种繁多但缺乏统一分类，连农缺乏培育优良品种意识，导致黄连资源发展滞后。同时，随着种植面积扩大，山场资源过度开发，占用大量造林面积，土壤资源枯竭，甚至占用田地、砍伐树木毁林耕作，过度耗用自然资源影响生态平衡与可持续发展，一旦资源耗尽将加速黄连产业衰退。其次，黄连种植对地理位置、气候、土壤条件要求严苛，新进入者需花费大量时间精力和资金进行土地整理等工作，且随着环保政策加强，面临更严格环保要求，投入成本增加。这些因素共同制约着四川黄连产业的发展。

3. 四川黄连产业受技术与人才因素制约

四川黄连产业在技术与人才方面存在问题。一方面，农民受教育程度低，缺乏专业技术指导，在施肥、选地、收获后加工处理等方面存在不足，如施肥过度致育苗死亡、在不合适土地栽植影响生长、加工不到位致产量减少。另一方面，黄连种植过程艰辛，环境恶劣、工序繁多、劳动强度大，对连农经验和身体素质要求高。随着城镇化推进，青年群体从事黄连生产意愿减弱，黄连生产主要靠技术娴熟的连农手工作业，导致连农平均年龄偏大，熟练掌握生产技术的人少之又少，传统黄连生产面临后继无人的尴尬境遇，人才壁垒深厚，严重制约了四川黄连产业的发展。

4. 四川黄连产业存在资金壁垒

黄连种植和加工需要投入大量的资金用于购买土地、种子、农药、化肥等生产资料，同时还需要建设厂房、购买设备、支付人员工资等费用。并且黄连属于多年生药材，需要多年持续的投入。这些资金投入对于新进入者而言是巨大的负担，如果没有足够的资金支持，新进入者很难在行业中立足。

5. 四川黄连产业存在渠道壁垒

黄连的销售渠道相对固定,主要依赖于传统的中药材市场和医疗机构等渠道。新进入者需要花费大量的时间和精力去建立自己的销售渠道,与已有的企业竞争市场份额。同时,还需要面对中药材价格波动、市场需求变化等风险,需要具备较强的市场洞察力和风险管理能力。

6. 四川黄连产业受市场因素困扰

四川黄连产业在市场方面面临诸多问题。黄连主要由个体经营采购商采购后转卖制药公司,连农收入低。黄连市场需求呈间断性增减变化,价格不稳定,如1995—2010年价格在70~100元/kg,后市场低迷价格降低,2018年才回转,2019—2024年出现一个持续上扬的趋势,截至2024年10月,黄连的价位维持在350~400元/kg。不稳定的市场需求和价格导致连农收入变动,遇到行情低迷的时期,严重降低种植积极性。同时,黄连交易市场制度不完善、交易不透明、恶意竞争等行为严重影响市场平衡发展,损害连农收益。此外,黄连市场价格受供求关系、政策法规等多种因素影响波动大,给种植户和企业带来较大风险和不确定性。这些市场因素严重困扰着四川黄连产业的发展,亟待解决,以稳定市场、保障连农和企业利益,促进产业健康发展。

7. 四川黄连品牌建设亟须加强

虽然四川黄连在品质上有一定的优势,但品牌知名度却不高,品种混杂、没有特定的黄连品种,在市场上缺乏具有强大影响力的品牌。由于对品牌建设的投入不足,使得四川黄连在市场竞争中处于劣势。缺乏品牌效应不仅难以吸引更多的消费者,也难以在众多同类产品中脱颖而出。这严重影响了四川黄连的市场竞争力,不利于其在市场上的长期发展。因此,加大品牌建设投入,提升四川黄连的品牌知名度迫在眉睫。

三、对策建议

(一)四川黄连产业发展趋势

黄连为我国常用中药材,具有清热燥湿、泻火解毒的功效。是治疗急慢性胃肠炎、胃溃疡、痈肿疮疡等病的常用药物,是清热燥湿解毒的代表药,被人们称为植物抗生素,对引起疾病的多种细菌、真菌有较好的杀灭或抑制作用。历代医家对黄连应用较多，据不完全统计，13 部宋代以前的古代方书中有 3.2 万多方剂，含黄连的方剂有 1 760 个，约占 5%。随着的我国疾病谱的变化，胃肠道疾病、糖尿病患者不断增多，以及黄连的应用范畴不断拓宽，人们对黄连药材的需求也随之旺盛。

除处方用药外，黄连还是许多中成药的原料药，据《全国中成药品种目录》统计，以黄连作原料的中成药有 108 种。黄连上清丸、复方黄连素、香连片等以黄连为主药的中成药在市场畅销。此外，黄连可开发成降血压、血糖、血脂类药物及防治心脑血管疾病和动脉硬化药物。以黄连为主要原料的新品种中成药被不断开发，黄连产业具有广阔的市场前景。

黄连也是传统的出口商品。据海关统计数据，2023 年中国黄连出口量超 253 t，销售额达 1 073 万美元，主要销往中国台湾、韩国、日本及中国香港地区。随着国际植物药市场的持续增长和中医药不断被其他国家所承认，对黄连的需求量将会持续增加。

对黄连药效成分（如盐酸小檗碱等）的提取分离、分析鉴定、综合利用都已取得不少成果，为其深度开发和发展前景开拓了新路。例如，针对黄连及其主要有效成分小檗碱、黄连碱、巴马汀、药根碱及阿魏酸等进行的新黄连复方制剂的研究；以黄连为主药治疗糖尿病的新药开发，已进入二期临床研究阶段，新药的上市将促进市场对黄连药材的需求。此外，黄连须根、黄连叶等副产物均可作为植物抗生素，用于防治畜禽动物的病害，如兔、鸡的痢疾防治、鱼的烂皮病等。黄连类植物抗生素，除治疗疾病外，还可增强其体质，从而保证人们的食品安全。

1. 黄连市场热度提升

黄连市场热度提升，叠加前几年供给下降和库存减少的态势，为我国黄连后市注入了强劲的发展动力。不仅反映了市场对黄连药用价值的认可，也体现了中药材行业规范化、专业化发展的成果。随着消费者健康意识的提高和中医药市场的不断扩大，黄连等优质中药材的需求将持续增长。同时，供给端的调整和优化，将进一步稳定市场价格，提升黄连的市场竞争力。

2. 中药材需求持续增长

随着人们对健康生活的追求和对中医药疗效的认可，中药材市场需求持续增长。黄连作为一种具有显著药用价值的中药材，其市场需求也在不断增加。特别是在新冠疫情期间，中医药在防治疫情方面发挥了重要作用，进一步提升了中药材市场的地位。黄连等中药材的市场需求将持续增长，为种植户带来更多的收益。

3. 产业融合发展加速

黄连产业正以迅猛之势与旅游、文化等诸多产业紧密相拥，不断加速融合的进程，逐步构建起多元化的蓬勃发展格局。

在旅游领域，积极开拓黄连生态旅游项目。利用黄连种植基地那郁郁葱葱、充满生机的自然景观，打造出一片片可供游客漫步其中、亲身感受大自然美妙与独特黄连种植氛围的生态游览区域。游客们可以沿着精心设计的游览路线，穿梭于黄连田间地头，近距离观赏黄连的生长状态，了解其独特的生态特征和种植过程中的点点滴滴。

而在文化方面，大力发展黄连文化体验项目。深入挖掘黄连背后所蕴含的丰富文化内涵，通过建设黄连文化博物馆、举办黄连文化节等多种形式，让人们有机会全方位地接触和了解黄连文化。在黄连文化博物馆中，展示着黄连的历史渊源、药用价值演变历程以及在传统民俗文化中所占据的独特地位等各类珍贵资料和文物。黄连文化节期间，则开展丰富多彩的活动，如黄连传统炮制技艺展示、黄连文化主题文艺演出等，让人们在欢声笑语中深刻领略黄连文化的独特魅力。

4. 绿色发展成为主流

如今，随着人们环保意识的日益增强以及对健康生活品质的不懈追求，消费者对于绿色、有机农产品的需求正呈现出持续攀升的强劲态势。在这样的大背景下，黄连产业也积极顺应时代潮流，将发展的目光牢牢聚焦在生态环境保护和可持续发展上。

在生态环境保护方面，黄连产业的从业者们深刻认识到良好的生态环境是产业得以长久发展的根基。他们积极采取一系列行之有效的措施，例如采用更加环保的种植技术和方法，减少化学农药和化肥的使用，转而大力推广生物防治病虫害手段以及施用有机肥料，以降低对土壤、水源和空气等自然环境要素的不良影响。同时，还注重对黄连种植区域周边生态环境的修复和保护，通过植树造林、建设生态缓冲带等方式，为黄连的生长营造一个优质的生态小气候。

在可持续发展领域，黄连产业不断探索创新发展路径。一方面，加强与科研机构的合作，加大对黄连优良品种的研发和培育力度，提高黄连的产量和品质，增强产业的核心竞争力。另一方面，积极拓展产业链条，不仅局限于黄连的种植和初级加工，还向深加工领域迈进，开发出一系列具有高附加值的黄连衍生产品，如黄连保健品、黄连化妆品等。此外，还应注重产业发展与当地社区的协同共进，通过提供就业机会、开展技术培训等方式，带动当地居民增收致富，实现产业发展与社会福祉的良性互动。

5. 政策利好驱动

政府对中药材市场的重视和支持，特别是对黄连等具有显著药用价值的中药材给予了更多的关注。政府出台了一系列优惠政策，如资金补贴、税收减免等，降低了黄连种植户的经营成本，激发了他们的种植热情。此外，政府还加强了对中药材市场的监管，打击了假冒伪劣产品的流通，保障了黄连等中药材的市场秩序，提高了种植户的收入水平。

6. 严峻的劳动力挑战

随着农村剩余劳动力向城市转移以及二三产业的蓬勃发展，越来越多的年轻劳动力选择进城务工，追求更高的工资收入，导致从事黄连生产的年轻劳动力严重不足。当前黄连种植的主力军主要集中在40~60岁的中年及老年人群中，普遍文化程度较低，劳动力老龄化现象明显。随着外出务工人员的不断增加，农村劳动力结构正在发生深刻变化，加之其他行业对剩余劳动力的吸纳，黄连产业的种植人员数量逐渐减少，这极大地制约了黄连产业的持续发展和生产效率的提升。

7. 自然资源过度索取

由于野生黄连品种繁多且缺乏统一的品种分类标准，加上连农对新型优良品种培育意识的缺乏，黄连资源的发展受到严重制约。同时随着黄连种植面积的扩大，山场资源被过度开发，不仅占用了大量造林面积，还导致土壤资源枯竭，使得可用于种植黄连的自然资源日益减少。且人们将田地用于种植黄连，无节制的砍伐树木和毁林耕作，进一步加剧了自然资源的耗用。这种对自然资源的过度索取不仅破坏了生态平衡，还威胁着黄连产业的可持续发展。

8. 农户收入不高影响种植积极性

由于农户在黄连种植过程中缺乏统一的品种分类和优良品种培育意识，导致黄连产量和品质参差不齐，市场竞争力不足。同时由于野生黄连资源的过度开发和不合理利用，以及土壤资源的枯竭，黄连种植成本逐年上升，而市场价格却未能同步提升，叠加下游中药市场拓展和需求存在不稳定因素，使得农户的种植收益难以保证，综合来看，不稳定的市场需求和市场价格是导致连农收入变动的重要原因之一，同时黄连交易市场的制度不完善、交易不透明、恶意竞争等行为也严重影响到黄连市场的平衡发展，对连农的收益造成了严重的影响。

(二) 促进四川黄连产业发展的对策建议

1. 重视特色产业文化，加强黄连资源保护

（1）将黄连产业同民族文化相结合。四川黄连产业可通过举办黄连文化节，结合当地丰富的历史文化，吸引专家学者、农民和消费者共同参与。传统技艺表演和黄连健康知识讲座等形式能有效增强黄连文化的传播效果，同时将黄连融入地方传统医药和饮食文化，推出特色菜肴和保健品，提升黄连在消费市场的吸引力。

（2）培育优良品种，保障黄连资源的多样性。加强与农业科研机构合作，利用现代生物技术选育优良黄连品种，确保其抗病虫害能力和高产量。定期举办品种发布会，宣传优质品种优势。建立国家级黄连种质资源库，收集保存不同种类黄连，进行系统分类研究，保障种质资源可持续利用与多样性。

2. 保护山场土地资源，追求生态发展

（1）合理规划黄连产业，避免盲目毁林造地。制定黄连产业发展规划，合理划分种植区域，严守生态敏感区和保护区生态红线。引入土地利用监测系统，定期评估种植活动对生态环境的影响，以便及时调整产业布局。

（2）同畜牧业、林业相结合，提高资源利用率。推动黄连与畜牧业、林业结合，发展生态友好的复合农业模式。如在黄连种植区间隔种植经济林或饲料作物，实现资源优化配置。发展"林下经济"，鼓励农民在黄连种植间隙种植其他作物，提升土地资源利用率和农民经济收益。

（3）发掘农田及荒地资源。通过技术指导，推广在农田和荒地种植黄连的新模式，充分利用土地资源，提高农业生产效益。开展土壤适宜性分析，结合气候条件和土壤特性，科学选择种植区域，为黄连生长提供最佳环境。

（4）改变传统耕作模式，转变生产加工方式。引入精准农业技术，利用物联网和大数据监测土壤湿度、光照等因素，实现精准灌溉和施肥，提高生产效率与产品质量。倡导环保生产加工方法，推广生物农药和有机肥料，减少化学农药依赖，降低对环境的负面影响。

3. 优化黄连产业的经营管理水平

（1）合理利用投入资金。制定详细资金使用计划，确保资金投入黄连产业关键领域，实现资源高效配置。创设专项资金，支持技术研发与基础设施建设，吸引社会资本参与，形成多元化投资结构。

（2）加快对黄连产业的再研发工作。加强与高校、科研机构合作，设立黄连产业研究中心，进行药效成分研究和病虫害防治技术开发，推动科技成果转化与应用。设立研发奖励机制，鼓励企业和个人进行科研创新，推动市场化技术成果转化。

4. 完善黄连市场贸易状况

（1）制定黄连价格相关政策，设置黄连监督管理员。黄连市场可以由政府牵头，龙头企业作为代表，制定不损害连农利益但又能获得认可的黄连种植、黄连交易的相关政策。对于黄连市场价格，可以将黄连产品按照干湿程度分等级，每个等级对应相应的价格，政府根据市场状况规定市场最低价和市场最高价，任何人不得以任何名义哄抬黄连价格或欺骗连农进行黄连交易，一旦发现，将给予相应的处罚。

（2）建立国际贸易的良好销售渠道。积极参与国际展会，宣传四川黄连独特性与优势，提高国际市场知名度。黄连虽然出口到近 50 个国家和地区，但每个国家或地区的黄连消费市场都还有很大的发展潜力，因此要同其他国家或地区建立良好的关系，保证黄连的进出口贸易。在国内黄连市场上打造属于四川特色的黄连知名品牌，并进行相关宣传，利用现有技术将黄连加工成便于携带、保存的加工品，同时利于出口，通过与跨国企业合作，提升黄连产品在国际市场的竞争力，开发符合国际市场需求的加工产品。

5. 加强技术培训和推广

定期组织种植户参加栽培及管理技术培训，邀请专家现场指导，提高种植技术水平。建立黄连种植科技示范基地，展示先进种植和管理经验，通过实践活动提高农民参与度和学习效果。

6. 完善病虫害防治体系

建立病虫害监测和预警机制，利用信息技术及时发布防治信息，提高防治时效性和科学性。推广绿色防控技术，减少化学农药使用，促进生态平衡。

7. 加强品牌建设

制定黄连品牌发展战略，设计具有四川特色的品牌形象，提升品牌市场知名度和美誉度。运用现代传播手段，通过社交媒体、电子商务平台进行品牌宣传，建立良好公众形象。

8. 延伸产业链条

支持黄连深加工企业，提高加工水平，推动产品多样化，增强产品附加值和竞争力。建立多元化销售渠道，发展线上线下结合的市场营销策略，扩大市场覆盖面。

9. 加大科技创新投入

鼓励企业与科研机构联手，开展黄连产业技术创新，研发新技术、新产品，提升产业科技含量。建立产学研紧密合作机制，加速科技成果转化与应用，推动产业持续升级。

参考文献

方清茂，胡平，张美，等，2023. 2021年四川省栽培中药材统计分析［J］. 中国现代中药，25（11）：2373-2377. DOI：10.13313/j.issn.1673-4890.20221227001.

四川金银花产业发展报告

毛常清[1] 彭 芳[1] 苏志强[2] 张 超[1]
陶 珊[1] 吴 宇[1] 李文慧[2] 刘 欢[2]

(1. 四川省农业科学院经济作物研究所,四川成都 610300;
2. 南江县金银花产业发展中心,四川巴中 636600)

摘 要:金银花是我国传统药食两用大宗中药材,四川金银花野生资源较为丰富,亦为四川省86种道地药材之一,是适宜四川盆地边缘丘陵山区发展种植的经济产业,根据历史种植习惯,四川大面积种植的金银花类药材包括金银花、山银花、川银花三个种类,目前四川金银花产业面临良种选育滞后、种质选择混乱、产品开发不足、链条延伸不长等主要问题挑战;建议四川从多手段结合开展新品种选育、多渠道联合推动新产品开发等2个方面进一步整合各方资源、加大科技投入推动金银花产业高质量发展。

关键词:金银花;问题挑战;对策建议

金银花类药材是我国常用大宗中药材,药用历史悠久,从1963年版《中国药典》开始,就正式将金银花收载其中,是四川省86种道地药材之一,是适宜四川盆地边缘丘陵山区发展种植的经济产业。种植金银花类药材的地区多为革命老区,也是集中连片贫困地区,种植金银花类药材已经成为这些地区贫困群众脱贫增收的主要产业,是为脱贫"造血"的有效举措。近年来,随着流行性感冒病毒或其他新型病毒引发感染的人群增多,特别是新冠疫情发生以来,金银花作为抗病毒药在中医治疗用药上普遍选用,其使用量将越来越大。本报告概述了四川省金银花产业的发展现状、面临的问题挑战和对策建议。

一、四川金银花产业的发展现状

(一) 概述

1. 不同基源植物的金银花类药材

忍冬属植物中可入药的品种较多,其中典型的代表是忍冬(*Lonicera japonica* Thunb.),从 1963 年版《中国药典》开始,就正式将忍冬进行收载,其干燥花蕾或带初开的花,夏初花开放前采收并干燥,被称作为"金银花"。1977 年版《中国药典》中,又增添了华南忍冬(*Lonicera confusa* DC.)、红腺忍冬(*Lonicera hypoglauca* Miq.)和毛花柱忍冬(*Lonicera dasystyla* Rehd.)3 个药用品种,该标准一直沿袭到 2000 年版《中国药典》。但在 2005 年版《中国药典》中将灰毡毛忍冬(*Lonicera macranthoides* Hand.-Mazz)、华南忍冬和红腺忍冬的干燥花蕾或带初开的花,单独列为"山银花"。2020 年版《中国药典》,增添黄褐毛忍冬(*Lonicera fulvotomentosa* Hsu et S. C. Cheng.)为"山银花"的基源植物。

由于历史种植和用药习惯,在四川省地方标准中,收载有其他 2 种忍冬属植物作金银花类药材使用,即细毡毛忍冬(*Lonicera similis* Hemsl.)和淡红忍冬(*Lonicera acuminata* Wall.),其干燥花蕾或带初开的花,被称作"川银花"。川银花在 1987 年版《四川省中药材标准》中标明为金银花,后为区别于《中国药典》收载的金银花,故 2010 年版《四川省中药材标准》将其更名川银花。据 2020 版《中国药典》及 2010 版《四川省中药材标准》记载,山银花、川银花与金银花性味与归经、功能与主治完全相同,皆为"性寒,归肺、心、胃经",具有清热解毒,凉散风热之功效,临床被用于痈肿疔疮,喉痹,丹毒,热毒血痢,风热感冒,温病发热等证。属于临床上典型的"异原同效"中药,不同金银花类药材来源于忍冬属不同基源植物,因亲缘关系相近,它们具有相似或者相同的生物合成途径,而产生相同或相近的代谢物质,但必然也会产生不同代谢产物,因此在有效成分上有细微差异,在《中国药典》中被收载为不同的药材。

2. 金银花类药材的研究应用

金银花类药材的化学成分复杂,主要包括黄酮类、有机酸类、挥发油类、三萜皂苷类、环烯醚萜类等主要活性成分。因此,具有抗菌、抗病毒、解热抗炎、利肝保肝、降血脂、抗氧化、免疫功能调节及抗肿瘤等作用。金银花药用途径主要有四个：一是作为饮片用于中医临床配方，据统计全国有 1/3 以上的中医处方（500多个临床组方）用到金银花；二是作为原料用于金银花提取物生产，全国有多个金银花产品生产制药厂，仅襄阳葵花药业有限公司年需求金银花的量就达 600t。三是作为原料用于中成药生产，200 多种中成药中均含有金银花，临床应用的感冒类中成药中有 70% 都有应用金银花，通过药智网数据库（db.yaozh.com）查询得到含金银花的常见药物主要有：小儿柴芩清解颗粒、银翘片、银花感冒冲剂、金银花颗粒、双黄连口服液、健脾止泻宁颗粒等。四是作为保健食品的原料，我国含有金银花的保健食品共 171 种，其中"国食健字"71 种、"国食健注"64 种、"卫食健字"36 种，通过国家市场监督管理总局保健食品选项下的金银花，查询得到含金银花的保健食品，其主要产品有罗汉果金银花胶囊、金银花麦冬青果含片、川贝雪梨膏、银桑茶、金石颗粒、清咽片等。新冠疫情期间，在国家中医药管理局公布的《新型冠状病毒感染诊疗方案（试行第六版）》中推荐使用的 16 个中药复方制剂中，就有 6 个处方中含有金银花，在各省发布的《新型冠状病毒感染中医药防控技术方案》推荐处方中，很多选用了金银花。

全球忍冬属植物约有 200 种，我国有 98 种，其中曾作为金银花商品来源的植物包括亚种和变种在内不下 17 种，四川省种植主要有忍冬、灰毡毛忍冬、细毡毛忍冬、淡红忍冬，以下统称金银花类药材，其野生资源广泛分布于我国大部分省区，四川省主要分布在四川盆地及盆地周围边缘海拔 1 800m 以下的山区，包括巴中、广元、南充、绵阳、乐山、宜宾、泸州、雅安等地。根据《四川省中药材产业发展规划（2018—2025 年）》，金银花类药材适宜在四川盆地及盆地周边边缘山地种植，主要包括南充、绵阳、乐山、宜宾、泸州、巴中、雅安等市。据目前统计，金银花类药材人工大面积种植于四川省海拔 300~700m 的山区、丘陵地区，2019 年全省金银花种植面积 12 200hm^2、2020 年 14 200hm^2、2021 年 10 000hm^2，目前在南江县依托南江县国家现代农业产业园区建成有四川省最大的金银花栽培示范基地。

（二）资源保护和新品种培育

1. 资源保护

四川省内的金银花类药材资源保护工作开展较晚，全省并未建有金银花类药材种质资源库，目前南江同星中药材种植专业合作社在位于南江县公山镇卫星村的试验基地收集有 13 种类忍冬类资源，共 25 个品种，四川省农业科学院经济作物研究所在青白江区姚渡镇光明村试验基地收集保存有 10 种类忍冬类资源，共 13 个品种。

2. 新品种选育

目前四川省栽培忍冬品种多为"北花 1 号"，引种自山东；栽培灰毡毛忍冬品种包括"湘蕾 5 号""渝蕾 1 号"，引种自湖南、重庆等地，未育有自主知识产权的新品种；淡红忍冬栽培多沿用历史自繁种；唯细毡毛忍冬在新品种选育上有了突破。

南江县农业农村局通过对南江金银花资源进行调查和综合评价，采用系统选育方法，选育出第一个通过省级审定的高产优质川银花（细毡毛忍冬）新品种（南银 1 号）。该品种产量高，栽种 3 年的植株亩产鲜花 317.9kg，比对照增产 27.2%，生产试验示范平均亩产鲜花 306.0kg，比对照增产 23.0%；品质优，其绿原酸含量达 10.2%，比对照高 21.4%，是《中国药典》中金银花绿原酸（1.5%）含量标准的 6.8 倍，是山银花绿原酸（2.0%）含量标准的 5.1 倍；南银 1 号 2017—2023 年累计推广 89.1 万亩，2023 年投产面积占四川省川银花面积的 90%以上，占四川省金银花类药材面积 65%以上。

（三）栽培技术及生产模式

1. 栽培技术

金银花的根系发达、生根能力强、适应性广，对土壤和气候的选择并不严格，山坡、梯田、地堰、贫瘠的都可栽种。可采用播种、扦插等方式进行繁殖，移栽当年可在新生枝条上孕蕾开花。

整地：坡台地坡耕地开厢种植：厢宽 2~4m，沟宽 0.5m，沟深 0.5m，栽植 1~2 行川银花，窝距 1.5m，行距 2m，亩植 200 株；利用田边、地边、沟边、路边和房前屋后大窝栽植：按株距 1.5m 打窝，窝规格 50cm×50cm×50cm，深坑浅栽。

育苗移栽：苗床宽 1~1.5m，厢高 15cm，疏松厢土后，浇透底水足墒覆膜，选用 2~3 年生健壮枝条作穗条，穗条长 20~25cm、2~3 个节位，用 100~300mg/L ABT 生根剂浸泡穗条基部 2~4h 后，打孔扦插覆细土压实，插后穗条节位露出膜面，1 个月左右即可生根发芽。移栽一般在翌年 3—4 月进行，将窝内土块整细，刨平坦浅窝，用手将种苗根系舒展置于窝内，然后掩土并踏实，掩土高度不露出根茎为标准，并饱灌定根水。

水肥管理：遵循以有机肥为主，重施底肥。栽种前，每窝施用有机肥 2~3kg；成活后，每年追肥 3~4 次，第一次在早春萌芽前进行，第二次在夏季初花时，第三次在秋季初花时，最后一次在 11 月，采用环沟施肥，用量为有机肥 1~1.5kg 或化肥 0.4~0.7kg。金银花苗移栽后要浇足定根水，如遇天气干旱则应适当引水浸灌厢沟，使厢面保持湿润。

病虫草害防治：四川地区金银花种植区域夏季高温多雨，潮湿区域的植株易染褐斑病和叶斑病，可结合冬季修剪整枝，将病枝落叶集中烧毁，雨后要及时排出积水，保证通风透光，可用阿米西达、苯醚甲环唑、多菌灵、甲基硫菌灵等进行喷施。虫害为川银花减产的主要原因。主要有中华忍冬原尾蚜：除了保持通风透光外，可配合使用黄板诱杀，利用并保护瓢虫、草蛉等天敌，可施用噻虫嗪、吡虫啉等进行杀灭；金银花尺蠖：安装频振灯，可使用青虫菌或苏云金杆菌稀释 100 倍液喷洒；咖啡虎天牛：及时清理枯枝，并注意捕捉幼虫，在天气晴朗时，田间释放管氏肿腿蜂。及时中耕除草，保持田间清洁，在草害较为严重的区域可考虑使用防草地布有效防除杂草。

摘叶提质增收：于每年 10—12 月晴天配合枝条修剪进行叶片采摘，选择生长三年及以上、优质健康细毡毛忍冬叶片；从枝条基部处开始摘除叶片，避开枝条幼嫩的顶尖，每根枝条上采摘量为总叶量的 20%~40%。摘叶的同时并未减低花的产量，对花中主要活性成分含量有一定的提高，比常规只利用花的生产模式提高了效益，农民只需在冬季农闲时进行，操作简单易行。

采收及产地初加工：夏初和秋初在花蕾由绿变白、上白下绿、顶部膨大、含苞待放时的二白期和大白期为最佳采收期。采收时间应尽量在 9:00 前或 16:00 后，盛装容器应具有通风透气性，尽量减少翻动和挤压。采后做药花的要及时晾晒或烘干，做茶花的要立即用蒸汽或微波杀青后烘干。

四川省农业科学院经济作物研究所、南江县金银花产业发展中心合作，以提质增效为目标，研究集成了以改进扦插方法、改进修枝摘叶和增施有机肥、增加地膜覆盖为核心的"二改二增"川银花提质增效栽培技术，该技术入选 2023 年四川省农业主推技术。

2. 药—粮（菜）套种生产模式

目前，在金银花种植产地，金银花—小麦套种、金银花与豌豆、蚕豆、小葱的套种也成为一种种植趋势。药—粮（菜）套种生产模式下，最后一茬花采完，金银花秋季管护结束后，可充分利用行间秋冬空闲在行间种植小麦、豌豆、蚕豆、小葱等，一方面增加土地增产附加值，另一方面有效遏制杂草生长，以短养长，夏初采花期之前套种作物全部收获，夏初开始采花。

二、四川金银花产业面临的问题挑战

（一）良种选育滞后、种质选择混乱

"一粒良种　万担好粮"，良种的选育和推广对于产业的可持续发展至关重要。纵观国内的金银花类药材品种选育，包括农家品种、系统选育、杂交选育、多倍体育种和诱变育种等方式选育出的品种多达46个，但是四川省仅有"南银1号"一个品种。相较于山东、河南、湖南等省，四川省金银花类药材品种选育严重滞后，缺乏适合四川气候的本地品种。而在经济利益的驱动下，部分地方政府、各地药农盲目从外地引种，往往引种者自己也说不清引种品种具体叫什么，是属于哪个种的金银花，使得品种混乱，栽种后的田间管理也无法配套引种品种的高效栽培技术，使得产品质量和产量良莠不齐。且因金银花品种众多，未考虑当时实际土壤、气候等实际条件，盲目引种，如果选择了不适合的品种，就容易导致金银花的产量低、品质低、采摘难。

（二）产品开发不足、链条延伸不长

全省金银花类整体深加工工艺较落后，生产、加工、应用等环节联系不紧密，没有形成完整的产业链，研究开发的附加产品不多，使大部分区域仍以销售原料为主，使得产业发展被动，受市场环境影响较大。其中，尤其指出的是主产于南江的川银花（细毡毛忍冬），因其未收录进《中国药典》，不被药企作为原材料采购，仅在四川、湖南等地作为"金银花"流通，但其每年产量占四川金银花类药材产量的一半以上，精深加工产品的缺乏，产业链条的不完整这一问题更加凸显。

三、四川金银花产业发展的对策建议

（一）四川金银花产业发展趋势

金银花作类药材富含有机酸类、挥发油类及黄酮类成分，在制药、保健食品、香料、化妆品等许多领域市场前景广阔，金银花类药材种植成本并不高，对生长环

境也不苛刻，综合开发利用逐渐深入形成完整的产业链条后，在调整丘陵山区农村产业结构和发展当地经济中能起到重要的作用，随着国际市场的开放和种植的规范化，预计未来市场需求量会大幅度提升。与此同时，金银花老根被作为根雕作品艺术品，各种根雕作品惟妙惟肖、栩栩如生。经过艺术加工，金银花树变成了价格不菲的艺术品，一个笔架，一盆盆景，少则几百元，多则上千、上万元，金银花树变成了"金银树"。

（二）促进四川金银花产业发展的对策建议

1. 多手段结合开展新品种选育

四川省金银花类新品种选育工作起步较晚，在种质资源调查收集、鉴定评价、保存利用等方面还较为落后。因此，应加大科技投入，加快种质资源的保护与收集，建立具有品种特色的金银花种质资源库，并加强种质资源的鉴定评价和优良种质筛选力度，为金银花的品种选育提供基础材料。并在常规育种手段的基础上，有机结合杂交育种、诱变育种、分子育种等现代育种技术，通过多元化的育种方法，建立高效的育种技术体系，选育更多的金银花优良品种服务于生产。同时，新品种的选育要保证基原准确和品质为先，综合考量丰产、抗逆、抗病虫害等综合性状，优选植株直立性强、花蕾大、花蕾期长、产量高、抗病虫性强的选育出优良品种，从源头上保障金银花类中药材品质。

2. 多渠道联合推动新产品开发

金银花是食药两用药材，富含挥发油类、有机酸类、黄酮类及三萜皂苷类等多种有效成分，具有广阔的开发空间。应鼓励和吸引省内外科研机构、医疗机构、医药企业以及社会力量参与金银花加工和综合利用等方面的研究和开发，开发多元化的金银花深加工产品，特别是针对四川省主要种植的4种金银花类药材的不同特性，因种而异，优势结合，开发推出新产品和新配方，进行产品差异化，以满足不同消费者的需求，通过科技创新实现金银花生产和效益的新突破，进一步拓展金银花市场空间。

参考文献

管仁伟，郭瑞齐，郭凤丹，等，2022. 金银花品种选育研究现状［J］. 中药材，45（10）：2522-2529.

国家药典委员会, 2020. 中华人民共和国药典: 一部 [M]. 北京: 中国医药科技出版社: 32-33, 230-232.

四川省食品药品监督管理局, 2010. 四川省中药材标准 [M]. 成都: 四川科学技术出版社: 84-90.

四川石斛产业发展报告

郑世刚[1] 淳 泽[1] 赵若茜[1] 颜 寿[2]

权家成[3] 古良云[4] 代 瑛[5] 王 钦[6]

(1. 中国科学院成都生物研究所,四川成都 610213;2. 合江县公共检验检测中心,四川泸州 646299;3. 合江县森福种植专业合作社,四川泸州 646299;4. 四川联华农业科技开发有限公司,四川自贡 643200;5. 合江妙灵中药材开发有限公司,四川泸州 646299;6. 广元市恒昌生物科技有限责任公司,四川广元 628003)

摘 要:本报告从四川省石斛主栽品种、生长环境、种植情况、资源保护、新品种选育以及相关的栽培技术等方面对四川省石斛产业发展现状进行了总结。石斛中药材为兰科植物金钗石斛等的茎,具有益胃生津、滋阴清热等功效,被广泛用于多种中成药制造。四川石斛以金钗石斛和叠鞘石斛为代表,拥有悠久的药用历史和人工种植历史,分别在泸州市合江县和乐山市夹江县具有一定规模的种植面积和产量。四川省石斛育种攻关团队及相关的科研院所在新品种选育、高效种苗繁育和仿野生栽培等方面开展了技术创新,这些新品种和新技术带动并扩大了石斛的种植面积。同时,报告也指出了四川石斛产业发展面临的挑战和问题,并提出了加强政策引导和产业促进以及加大科研创新和产学研合作等对策建议。

关键词:石斛;品种;技术;种植;发展;保护

一、发展现状

(一)概述

按 2020 年版《中国药典》(一部)记载,石斛为兰科植物金钗石斛(*Dendrobium nobile* Lindi.)、霍山石斛(*Dendrobium huoshanense* C. Z. Tang et S. J. Cheng)、鼓槌石斛(*Dendrobium chrysotoxum* Lindi.)或流苏石斛(*Dendrobium fimbriatum* Hook.）的栽培品及其同属植物近似种的新鲜或干燥茎。药材鲜品呈圆柱形或扁圆柱形，表面黄绿色，光滑或有纵纹，节明显，色较深，节上有膜质叶鞘，肉质多汁，易折断，气微、味微苦而回甜，嚼之有黏性。具有益胃生津、滋阴清热等功效。用于热病津伤、口干烦渴、胃阴不足、食少干呕、病后虚热不退、阴虚火旺、骨蒸劳热、目暗不明、筋骨痿软等症状。

1. 四川石斛品种的优势特色

石斛品种繁多，全球有1 500余种，我国先后发现有将近100种。四川因其独特的地理位置和气候条件，适宜大部分石斛的生长，但以金钗石斛和叠鞘石斛为典型代表。早在宋代医学名著中就有川石斛的记载。宋代《本草图经》中记载："石斛，……，今荆湖、川、光州郡及温、台州有之"（"川"即指今四川）。而明代李时珍的著作《本草纲目》则更为详细地记载了川产金钗石斛的特征特性，"石斛名义未详。其茎状如金钗之股，故古有金钗石斛之称，今蜀人栽之，呼为金钗花"。又"石斛开红花，短而中实；处处有之，以蜀中者为胜"。另一品种叠鞘石斛，在清代《本草思辨录》中已有入药记载，"叠鞘石斛，为肾药，为肺药，为肠胃药"。《四川省中药材标准》对叠鞘石斛进行了专门的收录。新中国成立前后，川南各县设有专业的石斛交易市场，生产的金钗石斛和叠鞘石斛等多销往沿海各大城市。川石斛源远流长至今，作为川产特色中药材的代表品种之一，其发展与保护应当得到高度重视。

据统计，石斛入药的方剂约有230首，多以石斛汤、石斛散、石斛丸、石斛酒等命名。现今，石斛中药材在石斛夜光丸、复方石斛片、芪斛楂颗粒、复方鲜石斛颗粒、阴虚胃痛颗粒、坤宝丸等中成药中广泛使用[①]。因此，入药历史和栽培历史悠久的四川石斛对于整个石斛产业发展具有举足轻重的作用。

2. 四川石斛生长环境及生物学特性

石斛属植物属于附生草本植物，广泛分布于亚洲热带和亚热带地区至大洋洲等地。四川金钗石斛和叠鞘石斛喜温暖湿润、半阴半阳、通风良好的环境，海拔100～1 000m，年平均温度在18℃左右，无霜期大于250d，年降水量大于1 000mm，湿度大于60%。

---

① 数据来源于国家药品监督管理局数据查询 https：//www.nmpa.gov.cn/datasearch/home-index.html

金钗石斛：丛生，茎直立，肉质状肥厚，稍扁的圆柱形，上部多少回折状弯曲，基部明显收狭，不分枝，具多节，干后金黄色；叶革质，长圆形，基部具抱茎的鞘；总状花序从具叶或落了叶的老茎中部以上部分发出，花苞片膜质，卵状披针形，花梗和子房淡紫色，花大，白色带淡紫色，少数全体淡紫红色或白色，萼片长圆形，萼囊圆锥形，花瓣多少斜宽卵形，唇瓣宽卵形，唇盘中央具1个紫红色大斑块，蕊柱绿色，药帽紫红色，圆锥形，花期4—5月。

叠鞘石斛：茎纤细（但较线叶石斛粗壮），圆柱形，不分枝，具多节，干后淡黄色或黄褐色；叶革质，线形或狭长圆形，基部具鞘，叶鞘紧抱于茎；总状花序侧生于去年生落了叶的茎上端，花序柄近直立，基部套迭鞘，鞘纸质，浅白色，杯状或筒状，花苞片膜质，浅白色，舟状，花橘黄色，萼片长圆状椭圆形，萼囊圆锥形，花瓣椭圆形或宽椭圆状倒卵形，唇瓣近圆形，唇瓣上面具一个大的紫色斑块，药帽狭圆锥形，花期5—6月。

3. 四川石斛适宜种植区域以及现有面积和产量

四川盆地及其周边地区属于中亚热带季风气候，海拔、年降水量、湿度、无霜期和日照时长等都较为适合石斛的生长。综合品质和产量等因素，川南各县更为适宜人工种植金钗石斛和叠鞘石斛等石斛品种。

目前，四川金钗石斛主要产区在泸州市合江县，该县从2019年前后开始布局5万亩金钗石斛林下种植基地，近几年种植面积没有显著变化。截至2024年6月，全县石斛栽种以福宝镇、凤鸣镇、先滩镇为核心，金钗石斛种植面积达5万亩，其中连片种植达3万亩，年产量达8 000t[①]。四川叠鞘石斛主要产区在乐山市夹江县，近几年该县石斛种植面积也趋于稳定。截至2024年7月，以华头镇为中心，以叠鞘石斛、金钗石斛、马鞭石斛和铁皮石斛为主要品种，全县石斛种植面积达2.3万亩，其中叠鞘石斛种植面积约1.4万亩，年产量达3 800t。

（二）四川石斛资源保护和新品种选育

1. 石斛资源保护

由于盲目采收和生态环境破坏等因素，石斛野生资源受到了严重的破坏，石斛

---

① 数据来源于合江县农业农村局。

野生资源在四川乃至全国已濒临枯竭。为了更好地可持续利用这一重要的中药材资源，国家相关部门和四川省等地方政府均出台了一系列法规和文件对石斛等中药材资源进行有效的保护。首先，多种石斛被列入了《中国珍稀濒危保护植物目录》。然后，国务院《中药材保护和发展规划（2015—2020年）》和《中医药发展战略规划纲要（2016—2030年）》等对石斛等中药材资源的发展与保护提出了明确规划。国家中医药管理局把石斛列入重点推荐发展的39种中药材之一。四川省发布了《四川省中医药条例》，出台了《关于促进中医药传承创新发展的实施意见》和《四川省中医药强省建设行动方案（2021—2025年）》等系列文件，全面支持石斛等中药材资源的可持续利用。

目前，四川境内有2个石斛地理标志保护产品通过了审批。2013年9月，夹江叠鞘石斛经国家质量监督检验检疫总局评定为中国"国家地理标志保护产品"（2013年第136号），对四川省乐山市夹江县歇马、麻柳、华头、吴场等地的叠鞘石斛产品实施地理标志产品保护。2015年12月，合江金钗石斛经国家质量监督检验检疫总局评定为中国"国家地理标志保护产品"，对四川省泸州市合江县福宝、凤鸣、先滩、甘雨等地的金钗石斛产品实施地理标志产品保护。

2. 石斛新品种选育

为了更好地保护石斛资源和可持续利用，以及解决人工种植过程中的种源混杂和质量不稳定等生产问题，四川省科技厅和四川省畜禽和农作物育种攻关办等组织了相关的科研团队对石斛等中药材的育种方法和配套技术等进行了长期攻关。石斛中药材育种攻关从"十一五"开始，一直持续到现在"十四五"，开发了新的育种方法，选育了一系列优异的品种，建立了对应的种苗繁育和仿野生栽培基地，带动农户和合作社等扩大了石斛种植面积，在规范化和规模化等方面起到了较好地示范推广作用。

石斛传统育种方法主要以系统选育法从自然变异群体中选择优异材料稳定成新品系，具有变异范围小、候选材料少、育种周期长等缺点，难以取得突破性新品种。因此将普通作物育种中广泛使用的分子标记辅助育种方法等引入石斛遗传育种尤为必要。首先，依据石斛基因组序列，设计开发了一系列新的基因组简单重复序列（SSR）标记。这些新基因组SSR标记在铁皮石斛、迭鞘石斛和金钗石斛等石斛种内表现出良好的多态性。新基因组SSR标记的电泳图清晰可辨、条带间差异明显且易于区分，既适用于软件自动基因型分型，也适宜于人工快速观察结果。进一步在一个包含 96 份金钗石斛种内材料的遗传分析中，筛选出 161 对在表现出良好多态性的基因组 SSR 标记（图 1）。通过关联分析，筛选到一些与石斛茎叶指标等农艺性状以及多糖含量和石斛碱含量等品质指标密切相关的分子标记。利用这些标记可以在石斛种内杂交后代中加快选育一些产量或品质突出的新品系，为突破性石斛新品种选育提供技术支撑。

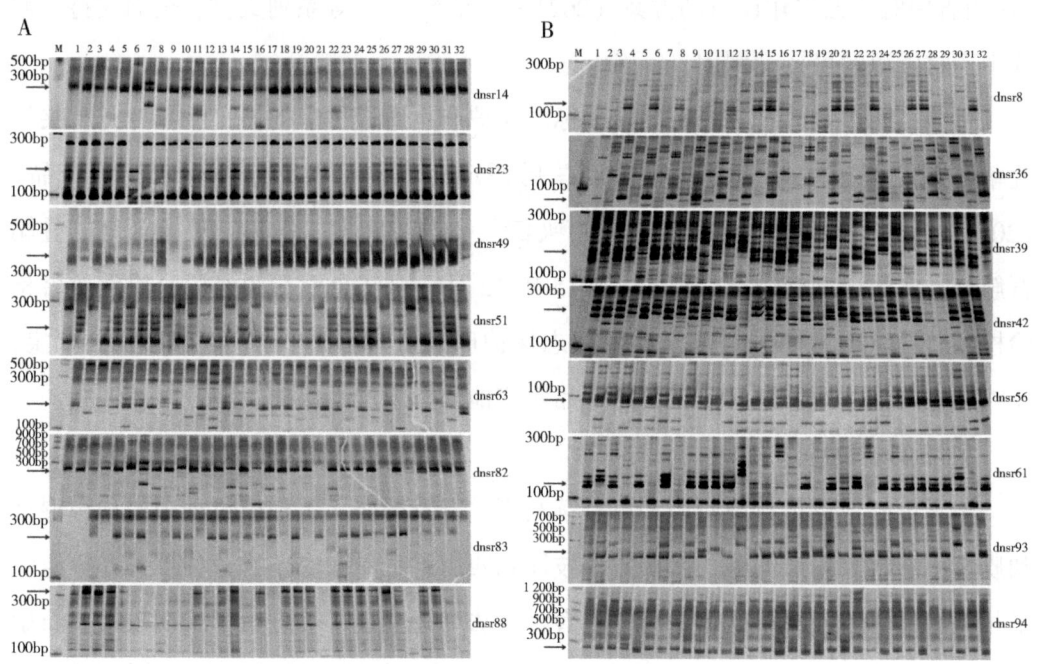

图 1　基因组 SSR 标记在石斛种内材料中的检测

A. 叠鞘石斛　B. 金钗石斛

目前，通过四川省农作物品种审定委员会和四川省非主要农作物认定委员会审/认定的石斛新品种有 6 个，包括川科斛 1 号（川审药 2010002），川科斛 2 号（川审药 2015007），乐斛 1 号（川审药 2016008），中科金斛 1 号（川认药 2020018），川农金斛 1 号（川认药 2023003）和中科金斛 2 号（暂未获得编号），详细信息见表 1。

表1 四川省审/认定的石斛新品种

序号	名称	审/认定编号	育种单位	基原植物	主要特征	适宜区域
1	川科斛1号	川审药2010002	中国科学院成都生物研究所	Dendrobium denneanum Kerr.	较对照栽培群体增产200%以上	石斛道地产区
2	川科斛2号	川审药2015007	中国科学院成都生物研究所	Dendrobium denneanum Kerr.	总多糖含量比对照提高18%以上	石斛道地产区
3	乐斛1号	川审药2016008	乐山市农业科学研究院	Dendrobium denneanum Kerr.	较对照增产12%以上	四川叠鞘石斛主产区
4	中科金斛1号	川认药2020018	中国科学院成都生物研究所	Dendrobium nobile Lindl.	较对照增产近10%	四川合江等石斛道地产区
5	川农金斛1号	川认药2023003	四川农业大学	Dendrobium nobile Lindl.	较对照增产9%以上	四川合江县石斛产区
6	中科金斛2号	未公示	中国科学院成都生物研究所	Dendrobium nobile Lindl.	可溶性多糖含量比对照高30%以上	四川合江等石斛道地产区

（三）四川石斛配套栽培技术

1. 石斛高效种苗繁育技术

石斛传统育苗方法主要是扦插繁殖，周期长，效率低，难以满足较大规模的种苗供给。利用组培育苗手段进行石斛种苗快速繁殖，以石斛果荚为原材料，通过播种、增殖培养、生根培养和阳光驯化4个阶段，最后得到可移栽的组培苗。针对不同品种、不同生长阶段石斛组培苗的营养需求，在MS培养基的基础上，通过不同种类和浓度的植物生长调节剂配比试验，筛选石斛组培苗适宜的培养基。

组培阶段主要参数：金钗石斛种子萌发最适培养基为MS+6-苄基腺嘌呤（6-BA）0.2mg/L+土豆泥50g/L；金钗石斛增殖培养最适培养基为MS+6-苄基腺嘌呤（6-BA）0.5mg/L+萘乙酸（NAA）0.2mg/L+香蕉泥50g/L；金钗石斛生根培养最适培养基为1/2 MS+萘乙酸（NAA）0.2mg/L+香蕉泥150g/L。

驯化阶段主要参数：金钗石斛阳光驯化最适合光照强度为40 000~100 000lx；瓶苗经阳光驯化3d，将组培苗从瓶中取出，用清水洗去培养基，再放入800倍多菌灵溶液中浸泡5min，晾干后待移栽；用粗锯末作为组培苗栽培基质，锯末厚度10~12cm，基质湿度保持70%~90%；移栽后3d喷施1次多菌灵1 000倍液，7d后每周施用磷酸二氢钾1 000倍液1次，1月后开始施用N∶P∶K=20∶20∶20水溶性复合肥 800~1 000 倍液。石斛组培苗移栽 3 个月成活率在 95% 以上。

采用组织培养方法进行石斛的快速繁殖，具有萌发率高、繁殖速度快、种苗质量好的优势，为规模化种植示范推广提供了坚实保障。相关研究结果已申请发明专利，并获授权（ZL201710938303.1，ZL201810706999.X）。四川联华农业科技开发有限公司运用该技术在四川省自贡市富顺县建立的石斛工厂化组培育苗生产线，年产石斛组培苗可达 100 万丛。

2. 石斛林下仿野生栽培技术

金钗石斛等喜阴，林下区域正好具备这样的天然条件。四川山区面积较大，林下空间充足，发展林下经济有很大的潜力。因此，石斛林下仿野生栽培技术的发展和完善对于石斛种植面积的推广和产业化发展均具有重要意义。

通过林下贴石栽培模式、林下贴树栽培模式和普通遮阳网大棚栽培模式等地进行比较，从石斛的成活率、新芽数、新芽的茎长、茎粗、叶长、叶宽、叶片数、游离脯氨酸和总叶绿素含量等生长指标，以及石斛折干率、可溶性多糖含量、石斛碱含量、重金属含量和农药残留等品质相关指标等多个方面分析发现，林下栽培模式下的石斛长势良好，且主要品质指标石斛碱含量等有显著提升，可以推广应用，特别适宜四川亚热带湿润气候的阔叶林林下地区推广种植。

进一步，对林下仿野生栽培金钗石斛进行连续地按月采样，对其折干率、可溶性多糖含量和石斛碱含量等主要品质指标进行周期性动态化的监测（图2）。金钗石斛折干率和多糖含量均在春夏季呈逐渐降低的趋势，在秋冬季呈逐渐上升的趋势。折干率和多糖含量在4—5月达到最大值，在10月前后处于最小值。而石斛碱含量与多糖含量存在较强的负相关性，在10月至翌年1月，石斛碱含量呈逐渐上升的趋势。综合考虑折干率、多糖含量与石斛碱含量，合江林下仿野生栽培金钗石斛的最佳采收期为生长第二年的12月至第三年的1月（最晚应在第三年开花前采收）。

石斛林下仿野生栽培技术仍在不断的试验和完善中，更多的气候因素、生态因子和质量指标等需要加入其中。目前，已有企业或合作社等运用该技术大面积推广种植石斛。例如，合江县福森种养专业合作社成在位于泸州市合江县福宝国家森林公园内的福宝镇渡口村等山区林下，带动发展金钗石斛种植基地 6 000 余亩，其中核心示范基地约 1 500 亩，其"权家成"牌金钗石斛列入"中华人民共和国生态原

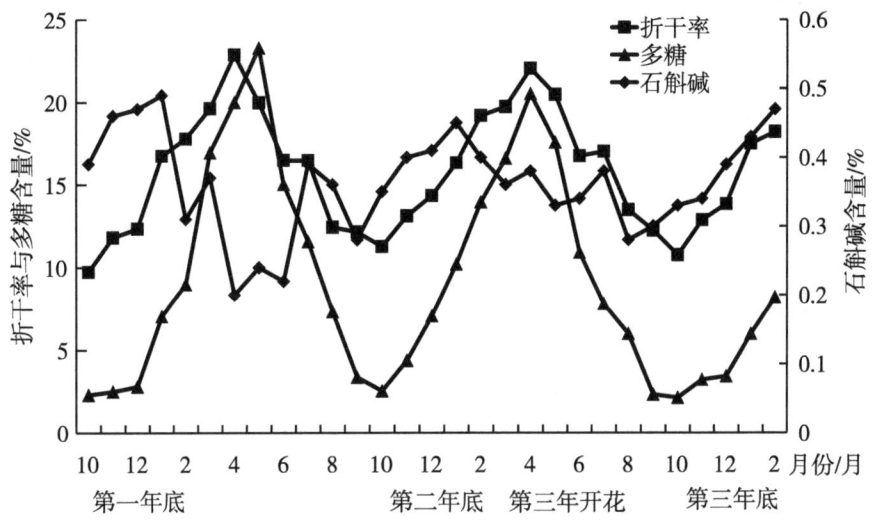

图 2　林下仿野生栽培金钗石斛主要指标的跟踪监测

产地保护产品（PEOP）"名单。合江妙灵中药材开发有限公司在合江县凤鸣镇等地打造万余亩金钗石斛仿野生栽培基地。

二、问题挑战

（一）石斛中药材质量控制难题

中药材质量控制直接关系到药材的安全性和有效性，但这也是植物类中药材普遍面临的一个难题。石斛等药用植物的次生代谢途径繁多，次生代谢产物种类和数量庞杂，既受到植物本身的基因调控，也被众多外界环境因素干扰，使得生产的石斛药材质量差异较大。亟需通过现代人工智能技术和高通量分析方法等建立一套稳定的质量监督和评价技术体系，从石斛育种、栽培、管理到加工等全产业链进行质量控制，保障石斛药材的质量稳定。

（二）技术创新与成本控制难题

石斛在育种技术、栽培技术、病虫害防治技术、产地加工技术、溯源技术、销售方式、基础设施建设等方面都较为落后，离现代化农业生产和管理差距较大，亟须在以上各方面进行技术创新和应用，但是技术创新成本相对较高，前期投入较大，是普通合作社或者一般企业承受不了的，这就形成了技术创新需求与成本控制之间的难题。

（三）区域竞争问题

同四川相似，具备亚热带湿润气候类型和石斛适宜种植区域的云南和贵州等地，近年来大力发展了许多石斛种植基地，且同江浙沪广等地的生产销售厂家建立了合作关系，在政策和资金等方面都得到了大力支持，在市场上对川产石斛的生产和销售等形成了较大威胁。

三、对策建议

（一）加强政策引导与产业促进

响应国家政策号召，加大地方性政策扶持，根据四川地方特色，出台相应的扶持政策，通过专项补贴、税收减免、项目支持等方式帮助石斛相关企业发展壮大。鼓励石斛相关企业在规范化和规模化等方面加大投入，打造一批石斛相关的龙头企业，推动产业链上下游协同发展。通过建立石斛育种基地、种植基地、研发中心、加工基地以及销售渠道，形成一体化运营模式，提高市场竞争力。鼓励些企业打造高端石斛产品和品牌，开拓国内和国际市场。同时，鼓励石斛等大健康产业与大数据和人工智能等新兴技术全面融合，结合现代健康管理理念，通过大数据、人工智能等技术，推出个性化、精准化的石斛医疗和健康产品，保障石斛产品在未来大健康产业中扮演重要角色。综合提升石斛产业的核心竞争力，保障石斛产业的可持续发展。

（二）加强科研创新推动与产学研合作

高校和科研院所是中药材新品种选育与配套技术研究、功能性成分分析和药理药效研究等的主体。企业是石斛中药材新品种成果转化、配套技术应用推广以及石斛功能性产品开发等的重要产业化基地。建议持续加大产学研合作的范围和力度，让更多市场主体参与进来，发挥各自的优势，构建利益共同体，加快技术攻关，加快建立统一的质量标准，加速成果转化和推广应用。立足国内市场，建立国际化销售网络，推进石斛产业在海外市场的布局，提升川石斛在国内和国际市场的占有率和影响力。进而通过产业发展促进石斛资源保护和可持续利用。

参考文献

国家药典委员会, 2020. 中华人民共和国药典：一部 [M]. 北京：中国医药科技出版社.

合江县农业农村局，2024-06-03. 县农业农村局：林下"金钗石斛"开出美丽"致富经"[N]. 合江县人民政府新闻中心.

何涛，淳泽，罗傲雪，等，2008. 四川石斛野生资源及其保护研究[J]. 应用与环境生物学报，14（5）：710-715.

侯跃飞，高燕，周莉江，李欧，2024. 夹江县叠鞘石斛产业发展现状、存在问题及对策[J]. 食品科技，179-182.

孔繁福，2018. 从退伍军人到致富能手——优秀共产党员权家成谱写大悲岩上好汉歌[J]. 中国农民合作社，11：57-58.

李晨芹，王福楷，任梦星，等，2019. 合江县金钗石斛产业发展的SWOT分析[J]. 南方农业，13（16）：25-27，33.

李红杰，陈尧易，卢茜，等，2020. 川北引种金钗石斛的初步评价[J]. 时珍国医国药，31（11）：2745-2748.

（明）李时珍，1993. 本草纲目[M]. 上海：上海科学技术出版社.

毛源，2021. 贵州省石斛产业发展中存在的问题及其对策分析[J]. 南方农业，15（6）：167-168.

苗婷婷，2018. 石斛古今功效及运用文献研究[D]. 南京：南京中医药大学.

饶丹，郑世刚，赵庭梅，等，2021. 金钗石斛农艺性状与品质指标的相关性分析及育种应用[J]. 中国中药杂志，46（13）：3330-3336.

任青峰，许弋，曾晓珊，等，2023. 中国不同地区金钗石斛气候品质对比分析[J]. 中低纬山地气象，47（6）：91-95.

四川省食品药品监督管理局，2010. 四川省中药材标准[M]. 成都：四川科学技术出版社.

苏颂，1994. 本草图经[M]. 合肥：安徽科学技术出版社.

王全春，张榆琴，李明辉，等，2015. 云南石斛产业发展中存在的问题与对策建议[J]. 安徽农业科学，43（5）：70-72.

颜寿，2018. 金钗石斛新品系选育和栽培模式研究[D]. 成都：中国科学院成都生物研究所.

赵庭梅，郑世刚，胡亚东，等，2020. 基因组SSR应用于铁皮、迭鞘和金钗石斛种内的遗传分析[J]. 分子植物育种，11：3673-3682.

郑世刚，颜寿，胡亚东，等，2018. 川北金钗石斛引种及仿野生栽培试验[J]. 四川大学学报（自然科学版），55（3）：649-654.

中国科学院中国植物志编辑委员会，1993. 中国植物志[M]. 北京：科学出版社.

周岩，1960. 本草思辨录[M]. 北京：人民卫生出版社.

SHIGANG ZHENG, YADONG HU, RUO XIZHAO, et al., 2020. Quantitative assessment of secondary metabolites and cancer cell inhibiting activity by high performance liquid chromatography fingerprinting in *Dendrobium nobile* [J]. Journal of Chromatography B, 1140: 122017.

ZHAO TINGMEI, ZHENG SHIGANG, HU YADONG, et al., 2019. Classification of interspecific and intraspecific speices by genome-wide SSR markers on *Dendrobium* [J]. South African Journal of Botany, 127: 136-146.

四川天麻产业发展报告

吕光华[1]　张兴国[2]　蒋合众[2]　龙　飞[1]

（1. 成都中医药大学，四川成都　611137；2. 西南交通大学，四川成都　610031）

摘　要：四川是优质天麻的传统道地主产区；天麻野生资源丰富，栽培历史悠久，是我国最早的天麻产区之一。四川盆地地质气候复杂造就了天麻品种的多样性；审定/认定的天麻新品种数量居全国前列。四川省天麻栽培较规范，现有天麻 GAP 认证基地 1 个，GAP 备案基地预备申报 1~2 个，有机产品认证以及有机产品转换认证基地 3 个；天麻标准基地数量居全国之首。栽培天麻的产量和质量均显著提高，品种资源保护、利用和培育已取得了突破性进展。但是四川存在天麻野生资源减少，栽培及加工技术水平不高，萌发菌和蜜环菌生产技术落后，药食同源产品种类少和生产量小，产业科技薄弱等主要问题。建议加强天麻野生资源的保护及可持续利用，推进天麻栽培和加工技术规范化、规模化及现代化，提高天麻萌发菌和蜜环菌的生产水平和规模；大力开发天麻药食同源产品，延长天麻产业链；加大科技投入，促进天麻产业高质量发展，助推乡村振兴。

关键词：天麻；产业发展；对策研究

一、天麻产业的发展现状

（一）概述

天麻是我国传统常用的名贵药材，来源于兰科植物天麻（*Gastrodia elata* Bl.）的干燥块茎，具有息风止痉，平抑肝阳，祛风通络之功效；用于小儿惊风，癫痫抽搐，破伤风，头痛眩晕，手足不遂，肢体麻木等症。2020 年版《中国药典》收录的含天麻的成方制剂达 58 种，天麻用量为 27~533g，占中成药总量的 2.54%~25.00%。除中医外，藏医等民族医药也使用天麻（藏药名：རྩ་སྒོག་ཆེན།，音译名：热莫夏仟）。同时，我国人民长期有食用天麻的习惯，2023 年 11 月国家正式将天麻纳入了"按照传统既是食品又是中药材的物质目录"（简称：药食同源物质），促进了天麻产业的发展。

天麻与蜜环菌共生，在生长过程中具有避光性、向湿性和向气性，喜阴凉、潮湿的环境，多生长于森林或竹林下等阴湿地带。我国是天麻的主要分布区之一，全国大多数省/自治区都有天麻自然分布，主要分布于黄河、长江、金沙江、汉水及其支流等流域，如云南（昭通、镇雄、永善等）、贵州（毕节、赫章、纳雍、黔西等）、四川盆周山地等。人工栽培天麻的主产区有云南（昭通、丽江）、四川、贵州（大方、赫章、德江）、陕西（汉中）、湖南（怀化）等省；全国天麻生产总量逐年增加（图1）。其中，以云南、四川、贵州、陕西、湖北等省的产量较大（图2），四川、云南产天麻的品质品相最佳。

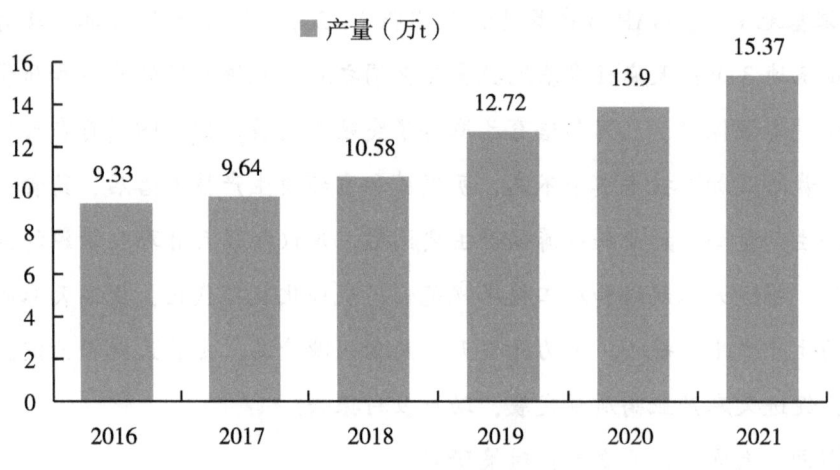

图1 中国天麻2016—2021年产量情况

（来源：华经产业研究院）

四川省天麻野生资源丰富，主要分布在海拔700~3 500m，101°41′~105°29′E，29°01′~32°26′N的范围内。达州、巴中、广元、绵阳、凉山、乐山、雅安、阿坝等盆周山地适宜天麻生长。四川是天麻传统的道地产区，是国内天麻最早的产区之一，天麻产量高、品质优。野生天麻已无法满足市场需求，人工栽培天麻的规模日益扩大，栽培技术显著提高。近年来，四川天麻的产量和质量都有大的飞跃，亩产由1 140.9kg增加到1 695.7kg，增产49.4%；有效成分天麻素含量由0.47%提升至0.97%。四川省拥有"青川天麻""金口河乌天麻""平武天麻""荥经天麻"4个国家地理标志保护产品，占全国天麻总数（9个）近半。此外，已列入地方名产特

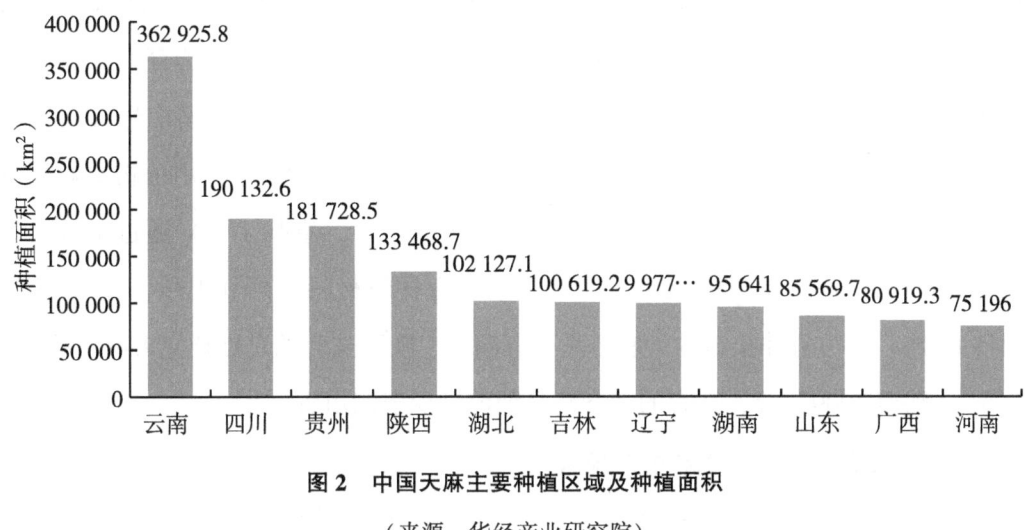

图 2 中国天麻主要种植区域及种植面积

（来源：华经产业研究院）

产的天麻有峨眉山天麻、万源天麻、通江天麻、南江天麻、宜宾天麻、木里天麻、旺苍天麻、越西天麻、小金天麻等。

（二）天麻的资源保护和新品种选育

1. 资源保护利用

在天麻栽培、提质增效等方面，我国尚处于探索阶段。为了规范管理天麻品种来源，通过蜜环菌菌棒杀青、温湿度控制、通风调控以及病虫害防控等工作，减少了资源浪费。同时，借助循环栽培、仿野生栽培，有效降低了连作障碍，提高了土地利用率和栽培天麻的经济效益。同时，政府部门根据野生天麻生长状况，建立天麻自然保护区和种质资源圃等方式，促进天麻资源保护和利用。

针对天麻栽培过程中存在的树棒资源利用问题，即丢弃小直径木材，木材用量大于木材生产量，生产用木材匮乏等问题，四川省通过扩大人工植树造林和抚育林，研究人工栽培天麻的树棒替代品等，在一定程度上缓解木材资源短缺的问题，促进了资源的可持续利用。

2. 新品种选育

四川复杂的地质气候造就了天麻品种多样性，拥有红天麻、乌天麻、绿天麻和黄天麻等4个生态型野生种质资源。四川省天麻新品种选育工作始于20世纪80年代初，是全国最早开展天麻新品种选育的省份。在"十一五"期间，四川省在国内率先成立了省级中药材新品种审定委员会。四川省科技计划设立了中药材新品种育种攻关项目，连续资助了天麻新品种选育。2010年由西南交通大学、成都中医药大学等单位系统选育、审定了天麻新品种"金乌1号"；此后，系统选育并审定了天麻新品种"金红1号""金绿1号"，认定了天麻新品种"蜀箭南乌1号"。目前，已有3个天麻新品种（高红1号、万绿1号、万红1号）通过了药用植物专业委员会评审，4个新品种（青乌1号、巴乌1号、万乌1号、宣乌1号）通过了省级专家组田间技术鉴定。此外，还鉴定了3个天麻育种新材料（阿红1号、青乌1号、通乌1号）。四川省外报道的天麻新品种有湖北、陕西选育的乌红杂交天麻"略麻-1号""陕蜜2009"等，选育的天麻新品种数量少于四川省。

（三）天麻的栽培技术和生产模式

四川省是栽培天麻的主产区之一。目前，天麻有多种栽培方式（窖栽、钵栽、袋栽等）；栽培环境（林下、坡地、大棚下、室内设施栽培等）和栽培规模（几平方米零星栽培和上百亩连片栽培）也不同。建有集中连片天麻栽培基地的有达州万源市、宣汉县，巴中市通江县、南江县，凉山州雷波县、美姑县，广元市青川县、旺苍县、利州区、朝天区，乐山市峨眉山市、金口河区、峨边县，绵阳市江油市、平武县、北川县，阿坝州九寨沟县、理县、茂县，雅安市荥经县、天全县，宜宾市叙州区、屏山县，眉山市洪雅县等。全省现有GAP认证基地1个，GAP备案基地预备申报1~2个，有机产品认证以及有机产品转换认证基地3个。天麻标准基地数量为全国最多。2013年发布了四川省农业地方标准《天麻生产技术规程》（DB51/T1640—2013），在四川省天麻道地主产区累计推广应用10万亩以上，提高了天麻栽培的产量和质量。目前，全省天麻栽培规模为3 300~6 600 hm^2，鲜天麻产量25 000t以上，种植产值10多亿元，经济效益、社会效益和生态效益显著。

（四）天麻的加工及产品开发

采收后的天麻一部分直接销售作为鲜品食用，另一部分经过产地加工成药材，或再由药材加工成中药饮片。2023年11月国家将天麻纳入药食同源物质管理以来，四川赤健中药科技有限公司等企业开发了天麻片、天麻粉、天麻口服液、天麻酒、天麻面、天麻饼干等多种普通人群食用的健康产品，延长了天麻产业链，促进了天麻产业的发展。达州市万源市、乐山市峨边县等将天麻产业作为重点产业发展。

二、天麻产业发展存在的主要问题

(一) 天麻野生资源减少

由于天麻的生长方式独特,野生天麻资源日益匮乏,已濒于灭绝,列入国家珍稀濒危保护植物名录。近年来,本已稀缺的野生天麻种源被天麻药农大量无序采挖,药用或有性繁殖,加剧了天麻野生种质资源数量锐减,导致天麻野生资源濒临灭绝,优良天麻种质资源保护的形势日趋严峻。

(二) 天麻栽培生产规范化程度低

天麻栽培过程中片面追求产量的现象较突出,缺乏科学栽培模式和提质增效生产技术。天麻栽培的农业基础设施相对落后,天麻栽培几乎是靠天吃饭,制约了栽培天麻的规范化和规模化。

1. 无性繁殖方面

天麻种栽、菌种、栽培时间及采收时间等均无标准。经过多代无性繁殖的天麻连续种植后,其种性退化、病害严重、产量大幅度下降、质量降低。特别突出的是出现了一些新的病虫害,已经导致天麻产量下降,甚至绝收。

2. 有性繁殖方面

有些麻农不懂杂交优势,随意选择父本和母本进行杂交育种;而培育的新品系缺少质量分析与评价体系,后代分化严重,出现畸形、花粉败育等现象,导致天麻有效成分含量降低、品系不纯,甚至天麻只开花不结果。同时,天麻有性繁殖播种时间、播种方式均无标准;导致有性繁殖天麻的产量过低,种栽生长年限过长,品质不佳。

3. 栽培的规模化程度低

除少数公司集中栽培和统一管理外,较多的是一家一户零散栽培,导致天麻的产量、品相、质量参差不齐,天麻栽培和加工的规范化、规模化程度较低。同时,天麻栽培多为人工劳作,机械化程度低,生产效率低。

(三) 天麻"两菌"生产落后

天麻是一种特殊的兰科植物,生长发育过程中需要萌发菌和蜜环菌提供营养才能完成生活史。萌发菌的优劣直接影响天麻种子的萌发率和原球茎的生长。蜜环菌的优劣则直接影响天麻原球茎的后期生长和商品天麻的产量及质量。

1. "两菌"来源混乱

目前,"两菌"生产及销售市场种类繁多,麻农不知道哪家菌好,购买使用"两菌"全靠运气。如果栽培失败也无处申诉,栽培天麻没有得到应有的保障。购买"两菌"母种的转接代数不详,退化现象严重,严重影响了菌种厂生产"两菌"质量。

2. "两菌"生产不规范

目前,四川省没有规范化和规模较大的两菌生产企业,落后于陕西省、贵州省等。省内的"两菌"生产多是家庭式小作坊,生产场所简陋,生产设备差,生产技术落后,导致杂菌污染率高,成品率低,生产规模小、成本高,"两菌"的质量不稳定。

(四)天麻加工及产品开发能力弱

四川省天麻产地加工水平落后,多处于原料初级加工阶段,大多属于家庭作坊式加工,生产方式粗放、落后,技术水平低,加工的天麻质量差异大;还未形成产销关系,农户分散销售与大户收购并存。同时,仓储物流等配套基础设施极度匮乏,产品质量难追溯。2023年国家将天麻正式纳入药食同源物质管理后,四川省虽然已开发、生产了天麻片、天麻粉、天麻面等一些产品,但是总体上看,加工的产品仍处于初级阶段,科技含量不高,附加值低;产品种类少,还未形成规模效益和优势名牌,产业优势还未真正凸显出来。

(五)科技产业薄弱

天麻产业研发投入少,缺乏自主研发技术平台及专业人才。天麻栽培加工的科研基础薄弱,科技支撑不够,专业技术人才不足。天麻相关标准较少或推广应用不够,导致相关产品的质量不高,科技附加值低;而且安全有效的研究数据缺乏,不能满足不同层次消费者的需求,不利于天麻产业发展。

三、天麻产业发展的对策建议

(一)加强天麻野生资源的保护及可持续利用

1. 加大天麻野生资源的保护

野生资源的减少导致天麻种质资源和遗传多样性的减少和退化。政府部门应加强天麻野生资源保护,对麻农进行野生天麻资源保护的普及教育;通过在各种传媒上宣传，提高麻农保护天麻野生种质资源的意识，为培育天麻优良新品种提供充足种源。

2. 建立野生天麻保护区

开展天麻的保育遗传学、保护生物学等研究，实施天麻野生抚育，建立野生天麻自然保护区，制定野生天麻规范化管理制度，严厉打击滥采滥挖、破坏资源行为，实现天麻资源的可持续利用。

（二）推进天麻规范化和规模化栽培

天麻栽培和加工应以"安全、有效、稳定、可控"为目标，实行天麻规范化、规模化和现代化生产。

1. 提高天麻规范化栽培技术

开展天麻无性繁殖规范化栽培技术的研究，包括天麻播种期、田间管理、采收期等，建立规范的天麻栽培的生产技术标准操作规程，并予以推广、应用。特别需要控制天麻无性繁殖种植的代数。当出现病虫害时，应及时采用生物方法防治；如果不能防控，则应隔离并销毁。严禁带病菌、虫害的种栽等进入商品流通领域，杜绝病虫害蔓延。应开展生态栽培天麻研究，特别是推广天麻林下仿野生栽培。

规范天麻有性繁殖播种时间、播种方式。制定天麻有性繁殖生产技术标准化操作规程，制定天麻种子标准。禁止随意进行杂交育种，禁止将未经质量分析与评价确认的天麻"新品系"进行推广栽培，更不能进入商品流通市场。

2. 扩大天麻的栽培规模

加快天麻栽培规范化示范基地的建设，辐射带动周边的天麻规范化生产，提高天麻的产量和质量。扩大天麻的栽培规模，提高生产管理水平，保证产品的质量。着力推行天麻栽培和加工的机械化，提高劳动生产效率，做大做强天麻产业。

3. 持续加强天麻新品种选育及其应用推广

建立天麻种质资源圃，建设天麻物种保护基地，加强优良天麻新品种的选育和示范推广。推动优质天麻良种繁育基地建设，并建立天麻种质的质量标准。

（三）提高天麻"两菌"生产技术和生产规模

筛选、扩繁优质萌发菌和蜜环菌；建立现代化、规范化和一定规模的"两菌"生产厂；制定天麻"两菌"的规范化生产技术规程和质量标准，提高"两菌"生产的产量和质量。同时，应建立菌种保障制度，规范天麻"两菌"菌种来源和销售，切实保障天麻生产企业和麻农栽培天麻的菌种需求。

（四）开发天麻药食同源产品，延长天麻产业链

1. 提升天麻初加工水平

加强天麻初加工技术研究，提升一批初加工企业产能、技术和装备水平，改变原始、落后的天麻加工环节，提高天麻的质量，实现天麻加工的规模化、现代化，保证天麻产品的质量稳定、可控。

2. 大力开发天麻相关产品

开发以天麻为原料的药品、保健品、食品、预制菜、日用品等，延长天麻产业链，提高天麻产品的科技含量和技术水平，推动生产的规模化和产业化。

3. 培育龙头企业和品牌产品

培育一批天麻产地精深加工企业，鼓励企业申报国药准字号或健字号批文生产的产品，造就知名度高、覆盖面广、市场占有率高的天麻龙头企业和品牌，形成集天麻栽培、加工、研发和销售等完整产业链的天麻龙头企业，塑造品牌产品。

4. 建立天麻商业流通体系

通过配套建设相关的基础设施如仓储物流等，建立集约化经营、规范化的天麻商业流通体系。利用互联网技术，建立电子商务平台，健全天麻销售渠道，为天麻全产业链提供信息服务，实现全方位商务交流。

（五）持续加大科技投入

继续加大天麻产业研发的资金投入，创建自主研发技术平台。充分利用和发挥科研单位的优势，提高天麻栽培的技术含量，加大天麻栽培的"两菌"生产、天麻加工及产业化的科技攻关力度，通过科研攻关促进天麻产业发展。鼓励高端人才开展天麻相关的科学研究，鼓励有相关专业背景的大学生到天麻产区从事天麻相关的工作。定期培训具有一定天麻专业知识和技能的高素质农民，培养一批高素质的基地及产业管理者，支撑天麻产业的发展。

（六）促进天麻产业成为助推乡村振兴的支柱产业

栽培天麻的生产周期短，见效快，经济效益显著，已成为林下经济、高效农业以及乡村振兴的有效产业。应加强天麻产业的发展，将天麻产业与乡村振兴有效衔接，实现户户有增收；充分发挥天麻产业特色，构建"天麻+"产业体系，创立天麻产业乡村振兴新模式。

参考文献

国家药典委员会,2020. 中华人民共和国药典(2020版,一部)[M]. 北京:中国医药科技出版社:59-60.

刘慧娟,白明,苗明三,2019. 含天麻中成药的应用与分析[J]. 神经药理学报,9(6):26-30.

孙莹,马丹,2024. 天麻栽培技术与品种选育研究进展[J]. 种子科技,42(1):22-24.

王春阳,2020. 药食两用植物天麻的研究现状及应用前景[J]. 当代农机(5):78-80.

王海峰,李晓东,付玉平,等,2022. 天麻新品系"略麻-1号"选育及质量评价[J]. 中国现代中药,24(8):1506-1512.

谢海彬,叶彦慧,解修超,等,2022. 蜜环菌新品种"陕蜜2009"的选育[J]. 北方园艺(5):155-160.

徐博,吴翠,李卓俊,等,2021. 天麻的资源分布及采后现状调研[J]. 中国中医药信息杂志,28(7):11-16.

四川杜仲产业发展报告

莫开林[1]　王　丽[1]　韩华柏[2]　黄勤挽[3]

(1. 四川省林业科学研究院，四川成都 610081；2. 四川省林业和草原科学技术推广总站，四川成都 610081；3. 成都中医药大学，四川成都 610075)

摘　要：杜仲（*Eucommia ulmoides* Oliver），又名胶木，为杜仲科杜仲属植物。杜仲皮、叶可入药，具有降血压、补肾、安胎等作用。杜仲是我国特有的名贵中药材树种，也是世界上极具发展潜力的优质天然橡胶资源和木本油料树种，是维护生态安全、增加碳汇、国家储备林建设的重要树种，广泛应用于航空航天、国防、交通、电力、通讯、化工、水利、医疗、体育、农林等领域。杜仲是四川著名药用乡土树种和道地木本药材，全省杜仲栽种面积约150万亩，仅旺苍县就有50余万亩，是全国闻名的"杜仲之乡"，也是我国三大杜仲中心之一，已成为山丘区经济发展的重要支柱。

关键词：杜仲产业；发展；对策研究

一、产业发展现状

（一）概述

1. 药材基源

杜仲为杜仲科植物杜仲（*Eucommia ulmoides* Oliv.）的干燥树皮。本品呈板片状或两边稍向内卷，大小不一，厚 3~7mm。外表面淡棕色或灰褐色，有明显的皱纹或纵裂槽纹，有的树皮较薄，未去粗皮，可见明显的皮孔。内表面暗紫色，光滑。质脆，易折断，断面有细密、银白色、富弹性的橡胶丝相连。气微，味稍苦。主治补肝肾，强筋骨，安胎。用于肝肾不足，腰膝酸痛，筋骨无力，头晕目眩，妊娠漏血，胎动不安。

2. 品种优势特色

药理学研究表明，杜仲具有降血压、抗菌抗病毒、抗衰老、抗氧化、抗肿瘤、抗疲劳和调节免疫功能，并具有补益肝肾、强筋壮骨及安胎等功效。临床应用主要在杜仲丸、青蛾丸、独活寄生汤、温胞饮等复方中，被广泛应用到心血管、肿瘤、妇产科、骨伤科等多学科的疾病防治中，并取得良好的临床疗效。2018年，我国批准杜仲叶作为新食品原料，国家食品药品监督管理局已批准通过杜仲叶、杜仲雄花、杜仲食用菌、杜仲晶等32种与杜仲有关的食物，并开发出了系列功能性食品和保健营养品。

3. 生态生物学特性

杜仲喜光，在荫蔽处生长不良，喜温暖气候，但有较强的耐寒性，在-20℃也可安全越冬。对土壤条件要求不严，但最宜生长在土层深厚、土质疏松、排水良好、pH值5.0~7.5的壤土。

杜仲为落叶乔木，高达20m，胸径约50cm；树皮灰褐色，粗糙，内含橡胶，折断拉开有多数细丝。嫩枝有黄褐色毛，不久变秃净，老枝有明显的皮孔。芽体卵圆形，外面发亮，红褐色，有鳞片6~8片，边缘有微毛。叶椭圆形、卵形或矩圆形，薄革质，长6~15cm，宽3.5~6.5cm；基部圆形或阔楔形，先端渐尖；上面暗绿色，初时有褐色柔毛，不久变秃净，老叶略有皱纹，下面淡绿，初时有褐毛，以后仅在脉上有毛；侧脉6~9对，与网脉在上面下陷，在下面稍突起；边缘有锯齿；叶柄长1~2cm，上面有槽，被散生长毛。花生于当年枝基部，雄花无花被；花梗长约3mm，无毛；苞片倒卵状匙形，长6~8mm，顶端圆形，边缘有睫毛，早落；雄蕊长约1cm，无毛，花丝长约1mm，药隔突出，花粉囊细长，无退化雌蕊。雌花单生，苞片倒卵形，花梗长8mm，子房无毛，1室，扁而长，先端2裂，子房柄极短。翅果扁平，长椭圆形，长3~3.5cm，宽1~1.3cm，先端2裂，基部楔形，周围具薄翅；坚果位于中央，稍突起，子房柄长2~3mm，与果梗相接处有关节。种子扁平，线形，长1.4~1.5cm，宽3mm，两端圆形。早春开花，秋后果实成熟。

4. 面积及产量

杜仲分布于陕西、甘肃、河南、湖北、四川、云南、贵州、湖南及浙江等省区，现各地广泛栽种。在自然状态下，生长于海拔300~500m的低山、谷地或低坡的疏林里。

据调查，2022年，四川省杜仲栽培面积约3.35万hm²，产量约5.6万t。

5. 适宜种植区域

四川是杜仲的主产区之一，在巴中、绵阳、广元、达州、成都等地广泛种植，其中旺苍被誉为"杜仲之乡"。

（二）资源保护和新品种选育

1. 种质资源情况

四川拥有"旺苍杜仲""南江杜仲"等国家地理标志产品，现有省级培育园区1个（通江县杜仲现代林业产业园区）。

2. 良种与新品种

中国林业科学研究院经济林研究所定向选育并审定果用、叶用、雄花用、果材药兼用等不同用途的杜仲良种27个（其中国审良种14个），获得植物新品种权8个（"华仲11号""华仲12号""华仲13号""华仲14号""华仲15号""华仲29号""仲林4号""仲林5号"）。

华仲11号：雄花用杜仲良种，早花、高产、稳产，雄花量大，盛花期每公顷产鲜雄花4.3~4.8t。加工性能好、雄花茶加工品质高。适于建立杜仲雄花茶园和叶用林兼用基地。

华仲12号：观赏型和叶用杜仲良种，叶红色，叶片绿原酸含量高，高可达4.9%。适于营建雄花、叶兼用丰产园及作为城市、乡村绿化树种。

华仲13号：观赏型杜仲良种，树冠呈圆头形，冠形紧凑，树叶稠密，分枝角度小。材质硬、抗风能力强。适于营建叶用密植园及作为城市、乡村绿化树种。

华仲14号：果用杜仲良种，果实单果重超过普通杜仲1倍左右。早实、高产，盛果期每公顷产果量2.9~3.8t，果皮含胶率和种仁亚麻酸含量高，其中亚麻酸含量达60%~65%。适于营建杜仲高产果园和果药兼用丰产林。

华仲15号：枝条半木质化后木材逐渐变红，成材后木材呈红色或浅红色，是生产高档家具的上佳材料。速生、嫁接苗当年苗高可达3.8m，年胸径生长量可达1.5~2.5cm，主干通直，材质硬，抗风能力强。是优质用材林基地建立，以及城市绿化和农田林网的良好树种。

华仲29号：萌芽力强、成枝力强、结果早。嫁接苗或高接换雌后2~3年开花，4~6年进入盛果期，成熟果实千粒质量90.4g，盛果期每亩年产果量170~220kg。

果皮杜仲橡胶含量20.5%~24.0%，种仁粗脂肪含量29%~31%，其中亚麻酸含量62%~65%。

仲林4号：树形独特，枝条扭曲程度高；叶椭圆形，芽圆形。2月下旬萌动，雄花期3月下旬至4月上旬，雄花簇生于当年生枝条基部，每芽雄蕊数80~93个，雄花先端呈紫红色，花叶同放。

仲林5号：成枝力强，芽长圆锥形，3月中上旬萌动。叶片狭长，内卷明显，果实倒披针形，成熟果实千粒质量95.8g。果皮杜仲橡胶含量16.0%~18.4%，种仁粗脂肪含量27%~30%，其中亚麻酸含量60%~62%。

西北农林科技大学选育的杜仲良种有秦仲1号、秦仲2号、秦仲3号和秦仲4号。

（三）栽培技术/生产模式

1. 苗木繁育技术

杜仲繁育包括种子繁殖、嫩枝扦插繁殖、压条繁殖、根插繁殖、嫁接繁殖等。

（1）种子繁殖。选择运输便捷、水源充足，土壤疏松、湿润、肥沃、沙质壤土，pH值在5.5~6.0，供水和排水良好，向阳、坡度为5°左右的平缓坡地作为圃地。苗床深翻20~30cm，耙细整平，进行土壤消毒杀菌、杀虫。整地时每亩施入有机肥800~1 500kg、饼肥50~100kg。苗圃地按宽1.0~1.2m，高15~20cm的规格作床。

以15年以上的壮龄雌树作为采种树，选择新鲜、饱满、黄褐色且有光泽的种子。播种前，用40℃温水浸种1~2d，每天换水1~2次，待种子膨胀后取出，稍晒干后播种，可提高发芽率。若到了播种期，种子仍未露白点，可用20℃温水浸种36h，每12h换水1次，然后捞出晾干，第二天即可播种。春季2—3月，月均温达10℃以上时播种。播种采用条播，行距30cm，横向开沟，深3~5cm，播幅宽20cm，每公顷播种量100~150kg。播后覆盖细土，厚2~3cm，也可畦面盖草。保持土壤湿润，以利于种子萌发。

当种子发芽出土后20~25d，揭去盖草，进行松土除草。当幼苗长有2~4片真叶时，进行间苗，株距保持10cm左右。此时进行第一次追肥。以尿素为主，每公顷15~20kg。4—8月为杜仲追肥期，少量多次，随苗木长大用量增加，每公顷施有机肥总量为750~1 500kg。少雨、干旱季节勤灌溉，保持土壤湿润；多雨、洪涝季节应及时疏通，避免苗圃积水。

（2）嫩枝扦插繁殖。春夏之交，剪取一年生嫩枝，剪成长5~6cm的插条，插入苗床，入土深2~3cm，在土温21~25℃下，经15~30d即可生根。

（3）根插繁殖。在苗木出圃时，修剪苗根，取径粗1~2cm的根，剪成10~15cm长的根段，进行扦插，粗的一端微露地表，在断面下方可萌发新梢，成苗率可达95%以上。

（4）压条繁殖。春季选强壮枝条压入土中，深15cm，待萌蘖抽生高达7~10cm时，培土压实。经15~30d，萌蘖基部可发生新根。深秋或翌春挖起，将萌蘖一一分开即可定植。

（5）嫁接繁殖。用二年生苗作砧木，选优良母本树上一年生枝作接穗，于早春切接于砧木上，成活率可达90%以上。

2. 栽培技术

（1）选地与整地。选土层深厚、疏松肥沃、土壤酸性至微碱性、排水良好的向阳缓坡地。

挖置大穴，置穴规格为60cm×60cm×40cm，每穴施入农家肥10~20kg，饼肥3~5kg。

（2）苗木选择。定植苗选用Ⅱ级以上的苗木。

（3）栽植时间。于秋季落叶后至翌年早春萌发前均可进行。

（4）栽植密度。根据培育的目的不同，可采到不同的密度。以收获杜仲树皮为目的的乔林，宜选用（2~2.5）m×3m密度为宜。以采叶为目的的矮林及丛林可采取每亩666~1 332株密植。

（5）栽植技术。栽时要求根系舒展，分层覆土压实，浇透定根水，覆土略高于地面。

（6）抚育管理。

定干：在造林后3~5年的幼林期，应根据不同的培育目的与方式进行反复修剪整形，直至形成所需树形。

修枝打杈，留直去弯，绑缚扶正。对1~3年生主干扭曲或生长衰弱的幼树，在春季萌动前进行平茬，平茬高度以高于地面1~3cm为宜，平茬后及时除萌，保留一个旺盛的萌条向上生长。对3~5年生顶梢生长差或受损的幼树，在主干木质化程度较高的壮芽上方进行截干，截干后对伤口涂抹油漆等进行保护，并及时除去壮芽下方萌生的竞争枝，截干时间宜于春季萌动前进行。

矮化截干，在截面附近选留 4~5 个均匀健壮主枝，形成头状树形，保留树体高度 2m 左右。

冬季于 1.5m 以下截干，矮化平茬，促进分枝，使其尽早郁闭，大量产叶。截干后及时施肥、培土。

除草松土：除草幼林在生长季节每年宜进行 2 次；成林每年应于冬季或早春进行 1 次松土和林地清理。

灌溉施肥：春秋宜各 1 次。春天在 4 月初至 5 月初，秋季在 11 月进行，也可与冬季施肥相结合。夏季遇连续干旱应及时灌溉。在造林后第三年开始施肥。

基肥。每年施基肥 1 次，施肥时间宜初冬树叶刚落完时。基肥以有机肥为主，3~6 年生幼树每株可施基肥 5~10kg，7 年生以上每株施 10~15kg，施肥时每株宜加入过磷酸钙 0.5~1.0kg。随着树龄增加，施肥量也增加。

追肥。每年 4 月以氮肥为主，宜加入少量磷肥。3~6 年生幼树每株施氮肥 0.5~1.0kg，7 年生以上每株施 1.0~1.5kg。5—7 月增施 1 次速效磷肥，也可结合根外追肥（0.5%的尿素和 0.3%的磷酸二氢钾混合液）喷施。

修枝整形：每年冬季剪除下垂枝、病虫枝及枯枝，使树冠通风透光。

以收获杜仲树皮为目的的乔林，适当修剪侧枝，剪除当年生萌蘖苗，以促进树干及主枝健壮生长。以采叶为目的的矮林及丛林，剪除过密的细弱枝，保留和培育萌蘖苗，形成自然的圆头形树冠，以增加杜仲叶产量。

对采收后的萌生林，可选留和培育方位好、粗壮、生长旺盛的萌蘖苗，建成新的杜仲园。

划皮增厚：在春季萌动之前，对乔林作业中胸径 3~10cm 的杜仲树，用刀对树皮进行纵向划割，深度以割至木质部为宜，长度 50~80cm 为宜，上下交错，间断进行，划割间距以 2.0~2.5cm 为宜。纵割每隔 2 年进行 1 次。

抚育间伐：林分郁闭度＞0.8 时，应及时抚育间伐。伐掉衰弱树、被压树和病虫树，或按比例隔株隔行间伐，保持杜仲林郁闭度为 0.6~0.8。

病虫害防治：杜仲的主要病害有根腐病、苗木立枯病、叶枯病、褐斑病、枝枯病等。主要虫害有地老虎、金龟子、刺蛾、蟥象、木蠹蛾等。

防治病害的主要方法是选择好的圃地，土壤做到充分消毒。加强抚育管理，增强树势，及时剪除病弱枝，消除侵染源。

防治虫害结合冬季抚育，消灭越冬害虫。利用灯光诱杀，投放寄生蜂招引有益生物等手段控制虫害发生。

病虫害大面积发生时选择无公害的生物制剂和化学药物进行防治。

3. 采收与加工技术

（1）采收。

剥皮：杜仲栽植后15~20年开始采收剥皮。5—7月高温高湿季节，杜仲植株生长旺盛，此时采收剥皮最为适宜。密度过大需要间伐的纯林。砍树剥皮时间宜于4—5月进行。

剥皮选择阴天或晴天16:00后进行。若遇下雨，在下雨后1周左右最佳；若遇干旱，在剥皮前1周浇水。剥皮选择长势旺盛、枝叶繁茂、叶色深绿、皮孔多、皮厚3~5mm、无病虫害的植株。

全树剥皮长度不得超过4m。再生环剥。先用锋利的刀在干基离地面15~20cm处环割1刀（切割不宜太深），以此为起点向上取一定高度，割第二道切口，在两切口间纵割一切口，用洁净的竹片沿切口将整张树皮剥下，再依次向上剥第二筒、第三筒。每筒长度以85cm左右为宜。剥皮后，注意留下木质部外的白膜形成层，不要触摸剥皮后树干。

剥皮后处理：用透明塑料薄膜保护剥皮部位，上下用绳捆扎，上紧下松，1个月后，剥皮部位已形成灰绿色的再生皮，可以去掉薄膜。

再次剥皮：3~5年后，环状剥皮处已全部愈合，树木恢复正常生长后，可以再次剥皮。

部分剥皮：在树干离地面10~20cm部位，交错地剥落树干周围1/3~1/2的树皮，每年可更换部位，年年剥皮。

采叶：在树苗定植后3~4年便可采摘，1年内可采叶2次。药用叶8月采叶，胶用叶10月初至11月中旬采叶。每次采叶量以全树50%左右。

（2）加工。将剥下的树皮刮去粗皮后叠层平放，每叠放1层洒少量水，叠放后覆盖稻草或麻袋，加压重物使其平整，再覆盖稻草使其"发汗"。7d后，抽中间一块检查，若树皮内面已呈紫褐色时，再翻晒或烘烤至全干。

杜仲皮以皮宽大、肉厚、完整、去尽粗皮、断丝多，含水率低于8%，内面色呈紫褐色为佳。

采下的杜仲叶除去叶柄和枯叶杂质，晒干即成。

杜仲叶以身干、色绿、无杂质为佳。

二、问题与挑战

1. 良种选育进度滞后，可推广品种不多

杜仲种质资源未进行系统调查，缺少良种选育的基因库。杜仲良种选育应在广泛收集和保存不同类型杜仲种质资源、营建杜仲种质基因库的基础上，深入对半野生杜仲群体的遗传研究，挖掘利用优良的杜仲种质资源。四川尚无一个杜仲良种或新品种，现有杜仲基地良种使用率极低。

2. 栽培技术粗放

杜仲栽培技术创新不足，缺乏统一规程标准和专业的栽培管理人才。虽然全省资源总量较大，但是早期的杜仲栽植多存在良种缺乏、栽培技术落后、管理粗放等缺陷，因此现存的一些杜仲林已成为残次林或低效林。

3. 缺乏精深加工

杜仲加工企业大部分还处于初级加工阶段，企业数量少、新品种研发滞后、产品种类单一，这些都成为制约企业发展的重要因素。

4. 技术支持力度不够

科技投入仍是杜仲产业发展的薄弱环节，技术水平不过关、良种选育不规范、产品技术含量低、品种单一，栽培模式不科学、生产成本过高、机械化程度低等，仍是制约杜仲产业发展的重要因素。

5. 产学研合作不足

目前杜仲产品市场开发程度不高。杜仲主要种植区的产品开发并无优势，说明目前杜仲种植区还是以输出原料为主，因此需加大科研力度，提升产品附加值。杜仲相关企业间缺乏协作，科研成果转化率较低，还没有形成杜仲资源综合利用的市场机制。杜仲产品开发缺乏龙头企业引领，致使品牌建设滞后及消费者对产品认知不足，使其很难在市场上形成有效竞争力。

三、对策建议

(一) 四川杜仲产业发展趋势

目前我国杜仲产业的宏观政策、资源与储量、加工与科研、市场供需、经济配置等稍具完备雏形。随着国内外专家学者长期科研攻关，选育出一批高产杜仲橡胶良种，在高效栽培、资源综合利用、关键加工技术和装备、产品研发等方面，特别是近几年来在杜仲橡胶提取与应用方面的研究成果取得突破性进展，为杜仲的产业化、规模化、集约化、可持续健康发展奠定了坚实基础。

杜仲行业的产品类型丰富多样，包括杜仲茶、杜仲粉、杜仲胶囊等多种形式，满足了不同消费者的需求。尤其是杜仲茶，以其独特的口感和保健功效，深受消费者喜爱。此外，随着科技的不断进步和创新，杜仲行业还将不断推出更多具有创新性和竞争力的产品，为创业者提供更多选择。随着生活水平的提高和健康意识的增强，杜仲作为一种具有悠久历史和丰富药用价值的中药材，其市场需求量呈现出稳步增长的趋势。预计到未来几年，这一趋势仍将持续。

(二) 促进四川杜仲产业发展的对策建议

1. 种质资源的收集与利用，建立种质资源与信息共享平台

继续对国内优良的杜仲种质资源进行收集保存，建立杜仲种质资源收集保存库；对收集的资源基于表型和分子标记的基础上进行鉴定与评价；系统对资源的遗传多样性、生态适应性和利用价值进行评价并建立资源信息共享平台。

2. 加强种苗繁育基地建设，建立现代高效育种技术体系

依托国家基本药物所需的中药材种子种苗繁育基地、科研院所、种子种苗企业等，建设区域杜仲种子种苗繁育基地，制定种子种苗生产技术标准、技术规程，确保药材种源纯正、品质优良，确保优良种子种苗供应能力。在种质资源与信息共享平台基础上，利用高产、优质和高抗的优良个体，运用常规的选择育种、杂交育种、诱变育种、倍性育种，结合现代的分子标记辅助选择、细胞工程育种及新一代转基因育种，构建现代高效育种技术体系，培育专用型（油用、药用、胶用）品种。

3. 建立高水平的林木良种繁育与推广技术保障体系

开展采穗圃经营管理技术研究、良种壮苗轻基质规模化快繁技术研究；以农林废弃物为原料，开展资源节约型、环境友好型的轻基质容器育苗技术研究，建立高效的种苗生产技术体系。同时构建种苗质量控制、安全储藏、种苗去向可追溯系统等技术，开展新品种区域化试验与环境适应性研究，提出配套栽培技术。

4. 建立健康经营关键技术体系

（1）主要良种生态区划研究。运用植物学、气象学、土壤学的手段对杜仲不同品种开展适生品种区划研究，建立品种区划方案。

（2）省力高效安全栽培技术体系研究。开展基于杜仲皮、杜仲叶与土壤的营养诊断配方施肥技术研究；创新省力化建园与整形修剪技术体系；开展平衡施肥技术研究，促进杜仲丰产稳产；研发营养监测、省力高效管理的农机器具，集成以"省力、高效、绿色、安全"为核心的现代化健康经营技术体系。

（3）重大病虫害预测预报与防控技术研究。研发地老虎、金龟子、刺蛾、蝽象、木蠹蛾等杜仲重大病虫害预测预报系统，掌握四川不同区域主要病虫害发生发展规律，筛选高效、低毒、低残留防控药剂，集成以物理防控、生物防控为主，化学防控为辅的病虫害绿色安全控制技术体系。

（4）社会化服务创新体系构建。建立杜仲优质种质资源、良种资源共享与技术服务平台，广泛开展技术培训，培养一批一线技术骨干，探索产业可持续发展模式，创新经营管理模式和机制，培育种植大户、龙头企业等新型农村经营主体。

5. 建立杜仲精深加工技术体系

（1）高端杜仲籽油加工工艺研究。以杜仲种子为原料，采用丁烷亚临界流体进行萃取获得毛油，研究料溶比、萃取温度、萃取时间、萃取压力等主要因素对出油率、油脂成分的影响，确立杜仲种子毛油的亚临界流体提取的工艺条件。对获得的亚临界萃取毛油采用添加抗氧化剂预保护，经脱酸脱臭精制，获得杜仲食用油；对毛油采用超临界CO_2流体萃取进行脱酸、脱臭，获得杜仲保健油。

（2）杜仲粉体茶加工工艺研究。以杜仲叶为原料，采用变频超声快速提取，使杜仲原料中的亲水和亲脂性活性成分得以有效溶出，对料液比、提取时间、提取溶剂、提取温度、超声频率等工艺参数进行优化，提高提取效率，缩短提取时间。浓缩后，通过对微粉化工艺的多种参数进行优化，制得杜仲全价提取物的水溶性微粉。

参考文献

国家林业局. 全国杜仲产业发展规划（2016—2030年）[R]. 林规发［2016］175号.

贾国夫，韩华柏，赵文吉等，2024. 四川省林草重点中药材种植与产地加工［M］. 成都：四川科学技术出版社：40-46.

四川厚朴产业发展报告

庄国庆 李 堃 龙思帆

(四川省林业科学研究院,四川成都 610084)

摘 要:本报告从厚朴产业的生产变化趋势、厚朴品种及产区、厚朴栽培管理技术、厚朴产业的市场状况、市场规模与结构以及供需状况等方面对四川省厚朴产业的生产现状和市场现状进行了综述,分析了当前四川省厚朴产业发展存在的主要问题,并根据现状对厚朴产业发展趋势进行了研判,提出了厚朴产业发展的建议,为厚朴产业的发展和生产提供依据。

关键词:厚朴;生产;市场;产业开发

厚朴是我国特有的树种,野生厚朴被列为国家二级保护植物。厚朴入药历史悠久,是我国传统中药材之一,具有温中下气、燥湿、消痰的功效。我国各大产区厚朴质量以"川朴"最优,四川是我国实际种植面积最大、产量最高的"川朴"主产区,川产厚朴道地品质已得到普遍的认可。当代,厚朴还兼具生态、建材、食用、日化等多种用途,逐渐成为中医药带动乡村振兴的重要抓手之一。随着后疫情时代的到来,大健康理念普及,加之中医药振兴发展重大工程和森林粮库等重大决策的实施,为四川省厚朴产业的发展创造了良好的环境。

一、四川厚朴产业发展现状

(一) 厚朴产业的总体生产现状

1. 厚朴种植面积和产量

厚朴为喜光的中生性树种,生于海拔 300~1 500m 的山地林间,幼龄期需荫蔽;喜凉爽、湿润、多云雾、相对湿度大的气候环境。在土层深厚、肥沃、疏松、腐殖质丰富、排水良好的微酸性或中性土壤上生长较好。常混生于落叶阔叶林内,或生于常绿阔叶林缘。四川省厚朴多为单一种植模式,现大力发展林下经济,例如:厚朴林下种植羊肚菌、白及、贝母等复合生产经营模式。四川省厚朴种植面积最大，产量也最高。2012年，四川省种植面积和总产量分别达92 459hm² 和46 404t，分别占全国的54.39%和27.99%。

2. 厚朴产业主要品种及产区

我国厚朴种质资源丰富，有厚朴、凹叶厚朴（*M. officinalis* Rehd. et Wils. var. *bilobaRehd.* et Wils.）、长喙厚朴（*Magnolia rostrata* W. W. Smith.）、日本厚朴（*Magnolia hypoleuca* Sieb. et Zucc.）和无毛厚朴（*Magnolia officinalis* Rehd. &Wils. var. *glabra* D. L. Fu, T. B. Zhaoet H. T. Dai, var. *nov.*）。人工种植的厚朴和凹叶厚朴分布于西起四川东至浙江，北起陕西南至广西的广大地区，其中产于湖北、四川的厚朴商品习称"川厚朴"，传统上被认为是厚朴的道地药材。两者的主要差别在于叶片先端的形状，叶片先端圆钝呈小凸尖状为厚朴；先端凹缺二裂者为凹叶厚朴。四川省多种植厚朴、凹叶厚朴以及小凸尖叶型厚朴，其中都江堰种植的主要小凸尖叶型厚朴药材产品已通过中国医药保健品进出口商会的质量认证，并获得"药用植物及制剂进出口绿色行业标准品质证书"。四川省厚朴种植分布于150余个县（市、区），其中，种植面积大于3 332hm² 的有都江堰市、北川羌族自治县、宝兴县、平武县、成都市辖区。

3. 厚朴栽培及管理技术

（1）厚朴栽培技术。厚朴因其较高的经济价值和药用优势在资源匮乏的现状下一般大量进行人工栽培繁育。一般采用种子繁殖的方法比较多，压条繁殖、扦插繁殖也可以进行培育。厚朴种植繁殖栽培分为以下几步：选地整地—选种—播种—移栽。选地：选向阳、避风地带，土层深厚、疏松、排水良好、含腐殖质较多的酸性至中性土壤。一般在山地黄壤、黄红壤地上均能生长。育苗地应选择海拔250~800m，坡度10°~15°，坡向朝东的新开荒地或土质肥沃的稻田为宜，菜地或地瓜地不宜种植。整地：采用全垦、带状或穴（块）状整地，其中25°以上坡度的山地因地制宜开垦。整地前清理采伐剩余物或杂草、灌木等，适当保留山顶、山脊植被，或沿一定的等高线保留2~3m宽植被。整地过程中应避免土壤污染和水土流失。耕深25cm，每亩施腐熟有机肥4 000~5 000kg、尿素15~20kg、磷肥40~50kg作底肥。选种与种子处理：选择15~20年生皮厚油多的优良母树留种。一般选籽粒饱满、无病虫害、成熟的种子。厚朴种子外皮富含蜡质，水分难以渗入，不易发芽，必须进行脱脂处理：9—10月采摘成熟的聚合果，置通风干燥处，待聚合果开裂，露出红色种子时，剥离种子，浸入浅水中，脚踩、手搓至种子红色蜡质全部去掉后摊开晾干。将种子与湿沙按1:3的比例混合贮藏，贮藏期间保持湿润，防止干燥，一般含水量在20%左右，次年春天播种时，用0.2%的高锰酸钾溶液浸泡2h，洗干净后捞出待播。播种：厚朴播种育苗可秋播，也可春播。秋播在11月中下旬进行，春播在2月下旬至3月上旬进行。在整好的苗床上条播，条距30cm，深3cm，将处理好的种子均匀的播入沟内，覆土3cm，每亩用种量为15kg左右。移栽：在低海拔地区育苗，1年即可移栽。如在海拔1 600m以上的高山地区育苗，则需2年才能出圃移栽定植。移栽一般在秋末落叶后进行成活率较高。在事先准备好的穴内每穴栽种苗木1株，先将苗木放直栽入穴内，将穴底土摊平，苗木放直，回填部分表土，踩紧后，再回表土，再提苗、踩紧，再覆一次土，即三埋、二踩、一提苗；浇透水后，再盖上一层松土即可。

(2) 厚朴田间管理技术。根据厚朴生长规律，结合其生物学特性，以植株开花为标志，开花当年以前的营养生长期，包括"恢复生长期"和"快速生长期"的田间管理称为"前期管理"；开花当年以后的营养生长与生殖生长共进的"成年期"，包括"稳定生长期"和"缓慢生长期"的田间管理称为"后期管理"。

前期管理：定植后10年内（开花前），为了加速幼林生长，经济利用土地，可套种药材如：菊花、桔梗、续断、党参以及玉米、花生及蔬菜、豆类等粮食、经济类矮秆作物。与套种作物同时进行中耕除草、追肥，定植约3年后，每年修剪枝条1次，定植10年后，可将主干顶削截除，使其养分集中供应主干和主枝生长。树冠封林后必须停止套种。定植密度较大的，可进行间伐。

后期管理：开花后，每年于夏季中耕1次，把杂草翻入土中作肥料，并于冬季培土时再施堆肥或厩肥1次，亩用量为1 500kg。进入"缓慢生长期"的厚朴林，除作为种质资源或生态林、风景林保留的以外，可及时采收，进行林地更新以提高经济效益。

厚朴采收：采收时间宜在4—7月。采收方法一般采用砍树剥皮法采收，先在树干基部离地面5~10cm环切树皮一圈，深至木质部，再按照每个40~80cm的距离复切一环，在两环之间用立刀顺树高纵切一刀，挑开皮口，将皮剥下，切剥时尽量保持皮块完整。需要继续抚育的植株不要挖根，不再继续抚育的植株挖根后剥皮。

(3) 厚朴病虫害管理技术。厚朴苗期的主要病害有根腐病、立枯病、叶枯病。移栽后主要病害是煤污病；主要虫害是褐天牛、金龟子、白蚁等。应以预防为主，生物防治、物理防治和化学防治相结合的综合防治原则。苗期病害主要通过用生石灰浸泡种子杀菌、育苗圃轮作和搞好清沟排渍等农业综合防治措施进行控制。移栽后主要是加强抚育管理、清理病虫枝等营林措施，改善林分卫生状况进行预防。再利用各种捕食性和寄生性天敌昆虫进行的生物防治措施。

（二）厚朴产业的市场基本现状

1. 厚朴产业的市场概况

据《中国药典》记载，厚朴性味苦、辛，温。归脾、胃、肺、大肠经，具有燥湿消痰，下气除满的功能，可用于治疗湿滞伤中，脘痞吐泻，食积气滞，腹胀便秘，痰饮喘咳等症。现代生物技术研究发现厚朴中的次级代谢产物主要有酚类（厚朴酚及其异构体和厚朴酚）、生物碱、黄酮和挥发油等成分，其中发挥药用价值的主要是厚朴酚与和厚朴酚。我国厚朴的用药历史已有2 000多年，现代医学对厚朴的应用更为广泛，以《中华医方精选辞典》为据，收集含厚朴的方剂815首。在"药智数据库"可查到以厚朴为中药方剂的数据多达1 748条，以厚朴作为中成药处方的数据则多达325条，常见藿香正气水、半夏厚朴丸、厚朴温中丸、保济丸等都含有厚朴组分。

除了用于临床治疗外，厚朴制品也被用于保健品、化妆品、日用品、木材加工等领域。厚朴干材通直，质地轻韧，纹理致密，其原木是加工高档家具板材的重要材料。厚朴中提取的芳香油等成分用于沐浴露、香皂、洗发水等产品的制作及化妆品香料。此外还有厚朴美食、厚朴花茶等产品，延伸了厚朴产业链。

2. 厚朴产业的市场规模和结构

据统计，2012年，我国从事厚朴储藏、加工的大型企业共有4家，厚朴加工总量达到2 050t，年加工产值达5 900万元，有从事厚朴营销人员1.24万人，年销售额达5亿元。2019年全球厚朴酚市场规模约10亿美元，亚太地区作为厚朴酚市场的最大消费地区，占全球市场份额的40%以上，厚朴酚的年均复合增长率保持在10%左右，我国厚朴市场也处于相对平稳的发展阶段。随着后疫情时代的到来，人们对中医药的认可度不断提高，我国厚朴提取物行业的市场规模呈现稳定增长的态势。在2020—2021年，我国市场增长率达到了35.9%，进入2022年后，厚朴提取物行业增速放缓至26.4%，到2023年，市场需求复合年增长率达到28.1%，总规模突破41.2亿元。

四川作为我国最大的中药材产地之一，川厚朴资源储量巨大，省内150余个县市区有厚朴生产，种植面积超120万亩，药材储量达500万t，全省厚朴加工作坊、合作社、企业单位超过800家，富饶的厚朴资源蕴藏着百亿级产业体系。川厚朴现代品牌优势显著。四川省拥有"都江堰厚朴""平武厚朴""南江厚朴"等国家地理标志产品，获评"中国厚朴之乡"品牌2个、北川厚朴现代林业园区成功创建第二批省级现代林业园区，成了四川首个省级以木本中药材为主导产业的现代林业园区，还有众多"有机厚朴"商标，品牌数量居全国前列。

3. 厚朴的供需状况

据四川省中医药管理局信息显示，截至2023年底，四川省中药材种植面积达850万亩，"川药"年综合产值突破1 200亿元，代表品种有川芎、川贝、川乌、川牛膝、麦冬、泽泻、黄连、黄精、黄柏、杜仲、厚朴、附子、天麻等。四川省适宜厚朴生长的气候区面积居全国首位，是我国实际种植面积最大、产量最高的"川朴"主产区。2012—2018年，四川省厚朴年均产量达3 500t以上，占我国四大川朴主产区总产量的一半以上（图1），占全国厚朴年均总产量的15%~24%。据统计，我国厚朴年均需求量在7 000t上下，而四川的销量可达到近一半，随着人们对健康需求的日益增加，厚朴及其提取物的市场需求量加大。

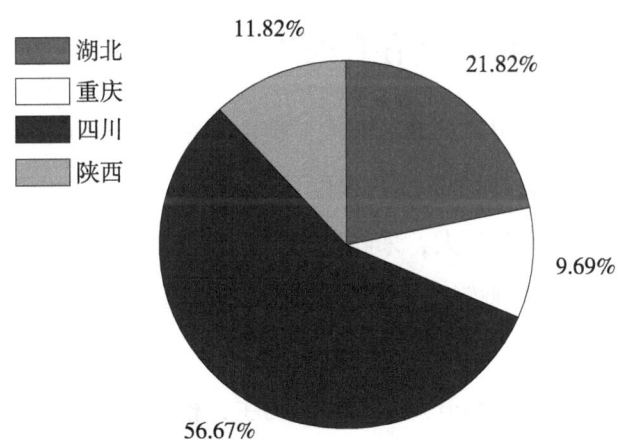

图1 2012—2018年我国四大川朴主产区年均产量

受市场影响，厚朴市场价格总体变化平稳，近两年略有上升（表1）。中药材天地网数据显示，2018—2022 年，四川产地厚朴市场整体交易平缓，成交价格基本稳定，市场板皮统货售价为 10~12 元/kg。安国药市、亳州药市、荷花池药市、玉林药市厚朴板皮统货售价分别为 11.28 元/kg、10.68 元/kg、11.60 元/kg、11.58 元/kg，玉林药市更是将 11.5 元/kg 的价格自 2018 年 1 月起维持了 51 个月。

2023 年初，《中医药振兴发展重大工程实施方案》正式出台，国家对中医药发展的支持和促进力度持续加大，再加上疫情后人们对健康需求的增加，中药产业市场持续升温，使得厚朴的市场价格在经济复苏的过渡之年实现了上涨。统计数据显示，2023 年 1 月至今，四大药市厚朴板皮统货平均售价均保持在 14 元/kg 以上，较 2018—2022 年增加了 26%~40%。其中，亳州药市、荷花池药市、玉林药市更是在 2023 年下半年一度增涨至 18 元/kg 以上，较五年内最低点涨幅达到 65%~90%，价格上涨持续至 2023 年底稍有回落后保持平稳（图 2）。

表 1　2018—2024 年厚朴市场板皮统货平均价格（元/kg）

市场	2018 年	2019 年	2020 年	2021 年	2022 年	2023 年	2024 年
安国药市	11.50	11.25	11.00	11.67	11.00	13.92	14.50
亳州药市	11.00	10.33	10.00	10.79	11.29	15.33	14.44
荷花池药市	12.00	12.00	11.08	11.50	11.42	15.46	15.44
玉林药市	11.50	11.50	11.50	11.50	11.88	15.00	15.11

数据来源：根据中药材天地网整理而得。

二、四川厚朴产业发展存在的主要问题

良种化程度不高。四川厚朴储量较大，但由于全川厚朴优良品种较少，且存在管理粗放，林龄结构不合理，规模化程度低等问题，导致全川厚朴低效林面积较大，厚朴低产、低质的规模较大，采收期集中且成本高，提取率低，资源存在巨大浪费。四川厚朴产业存在规模大、资源储量多，与高品质厚朴药材原料相对短缺共存的现象。

综合利用率低。厚朴产品开发以厚朴皮为主，根、叶、花等利用率低。一般来说，厚朴种植 8~15 年才见效益，年均效益较低，成本回收缓慢，这对于经济基础薄弱，缺乏融资渠道的农民来说，无疑是一个巨大的困难。

产业链尚未形成。厚朴产业集中在种植环节，产前优质种苗、农资供应，产中

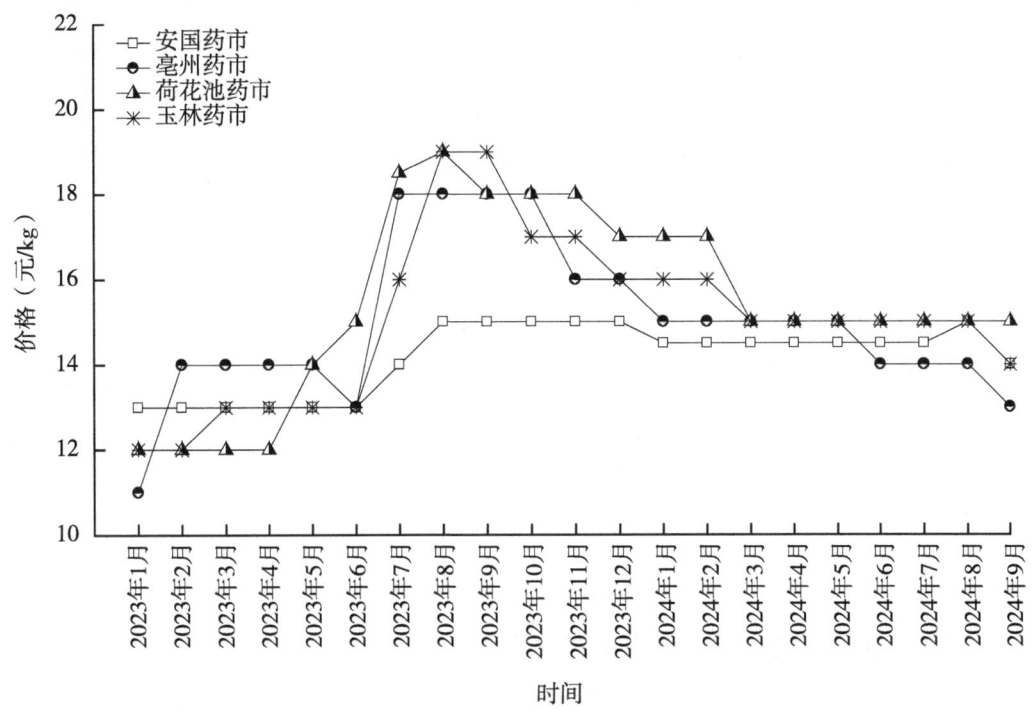

图 2　2023 年和 2024 年厚朴市场板皮统货价格

数据来源：根据中药材天地网整理而得。

的各种技术服务，产后收购、销售、初加工、深加工，贯穿整个产业各环节，资金、信息、技术、市场等要素发育程度低。另外，从整体讲，种植环节属于小户经营、粗放管理，与现代产业发展所需要的规模化生产、集约化经营、社会化组织差距非常大，这急需要改变，以促进产业快速、健康发展。

野生资源缺乏管护，人工林培育盲目。厚朴野生资源遭到破坏，大部分分布区缺乏有效的管护措施，天然林资源破坏状况没有得到有效遏制。随着社会对厚朴资源需求的增加，野生资源无法满足生产实践开发，现多将厚朴资源作为长防林、退耕还林等林业工程的重要树种，未进行适生种源实验，蜂拥而上发展人工林。

三、四川厚朴产业发展趋势与对策建议

（一）四川厚朴产业发展趋势

政策形势，近年来，国家高度重视中医药行业的发展，《中医药发展战略规划

纲要（2016—2030年）》和《中华人民共和国中医药法》等一系列战略政策的颁布为医药产业持续发展奠定良好的基础。国家药监局发布的《中药标准管理专门规定》将于2025年1月1日起施行，《规定》实施后将进一步加强中药标准管理，建立符合中医药特点的中药标准管理体系，推动中药产业高质量发展。随着新药典的深入实施，优质货源行情仍将会优质优价。

经济形势，随着厚朴行业的发展，相关产业链也在不断延伸，可为相关地区农民提供大量工作岗位，有效拉动就业。

社会形势，随着人们对健康和天然产品的关注度不断提高，厚朴及其提取物受到了消费者的青睐。尤其厚朴酚与和厚朴酚在保健品、日化等领域的需求将持续增长。

技术形势，随着科技的不断发展，对厚朴加工以及厚朴酚与和厚朴酚等物质的提取技术已经取得了一定的突破。这将进一步促进市场发展。

（二）促进四川厚朴产业发展的对策建议

加强资源保护。进一步强化现有厚朴资源的管理和保护，建立规范的种源基地，加强濒危机制研究。建立野生资源就地保护区，合理保护种群栖息地，减少人为干扰和破坏。

加强基地建设。扩大厚朴适生区的造林规模并进行统一规划。以林业重点工程以及"森林粮库"建设为动力推动基地建设，建设规范化、规模化的厚朴种植基地。对于交通困难的地区给予相应的政策和资金扶持，打破运输瓶颈。

加强技术保障。积极开展示范区建设，聚集专项资金和科技人才。推动成立厚朴产业协会，开展厚朴栽培及生产加工技术培训，加强与科研院所及高校的合作，开展优良品种的选育和审定，加快标准规范、生产管理规程的制定，深化技术创新、科技创新，推进厚朴产业科技成果转化。

加强产业优势。加强资源全方位开发，提高资源利用率。提升厚朴精深加工水平，深入推进厚朴一二三产业融合发展，构建厚朴全产业链。将厚朴产业与现代林业产业相结合，发掘厚朴林的生态价值和文化内涵，创新健康产品与应用形式，拓展应用领域，打造厚朴产业品牌，进一步提升厚朴产业对乡村振兴的贡献率。

参考文献

傅大立，赵天榜，戴惠堂，等，2007. 厚朴一新变种［J］. 植物研究（4）：388-389.

国家林业局，2012—2018. 中国林业统计年鉴（2012—2018）［M］. 北京：中国林业出版社.

国家药典委员会，2020. 中华人民共和国药典（一部）［S］. 北京：中国医药科技出版社：263.

胡士英，李小平，周洪岩，等，2020. 厚朴的药用价值及产业现状分析［J］. 林业调查规划，45
    （5）：175-179，184.

林先明，唐春梓，郭杰，2008. 湖北地道药材厚朴规范化种植研究及其他建设进展［J］. 世界科
    学技术—中医药现代化，10（6），90-95.

王生荣，2014. 绿化良种厚朴实生播种育苗技术［J］. 特种经济动植物，17（1），29-30.

王有为，何敬胜，陈玲. 厚朴资源评价及其保护与利用［J］. 药用植物化学与中药有效成分分析
    研讨会论文集（上），48-53.

熊璇，于晓英，魏湘萍，等，2009. 厚朴资源综合应用研究进展［J］. 林业调查规划，34（2）：
    88-92.

薛珍珍，张瑞贤，杨滨，2019. 厚朴道地性研究进展［J］. 中国中药杂志，44（17），3601-
    3607.

四川川黄柏产业发展报告

孙志鹏[1]　王　勇[2]

(1. 四川省林业科学研究院，四川成都　610081；2. 四川农业大学，四川成都　611800)

摘　要：川黄柏是集药用、材用、防护、康养于一体的多功能树种，广泛用于生物制药、化工、健康食品、森林康养等多个领域。川黄柏产业是集种植、加工、服务于一体，一二三产业高度融合的大健康产业，更是聚生态、经济、社会效益于一体的朝阳产业，在促进生态保护、推动乡村振兴、增加农民收入等方面具有重要价值。当前，我国川黄柏产业市场超过100亿元，市场前景广阔。川黄柏作为一种具有高经济价值和生态价值的植物，其种植和利用不仅有助于生态平衡的维护，还能带动当地经济的发展，提高农民的收入，满足人们对中药材和保健品的需求，对农民增收有着显著的促进作用。川黄柏适应性强，四川、贵州、湖南、湖北、重庆等地均有种植，其中以四川所产为优，为川产道地药材，盆地边缘山区、丘陵、平坝等地区均适宜种植，主产于四川雅安（荥经县、汉源县、天全县、石棉县、芦山县、宝兴县）、乐山、绵阳、广元、成都等地区，其中雅安种植面积20万亩以上，是四川省乃至全国目前最大的川黄柏栽植区。作为川黄柏的道地产区之一雅安（荥经）地区所产的川黄柏品种规格齐全，皮厚、色黄，历史上一直是调供全国和出口的传统产品，远销多个国家和地区，在国内外享有盛誉。川黄柏产业在中医药国际化、天然药物需求增加、保健品市场增长等多重因素的推动下，面临着重大的机遇，应加快四川地区川黄柏产业结构调整和转型升级，促进四川地区川黄柏种植业、加工业、森林康养业的快速发展，带动农民增收、企业增效、社会受益，为高水平建设天府森林粮库以及乡村振兴做出新的贡献。

关键词：川黄柏；中药产业发展；对策建议

引言

川黄柏为芸香科（Rutaceae）黄檗属（*Phellodendron* Rupr.）植物，是中国有名的传统大宗中药材，是重要的医药原料，在《神农本草经》列为中品，在《本草纲目》《医学启源》《本草衍义补遗》和《汤液本草》等历代本草及医学文献均有记载，《中华人民共和国药典》历次版本也均有收载，因炮制加工方法不同而有不同的功效，可以制成不同的产品，如：生用能够清热燥湿、解毒疗疮用于湿热泻痢、疮疡肿毒、湿疹瘙痒；盐制可以入肾能够滋阴，用于阴虚火旺、盗汗骨蒸；黄柏炭又可以止血。随着现代人对健康和预防疾病的重视程度日益提高，以及中医药在全球的影响力不断扩大，作为传统中药的重要组成部分，川黄柏凭借其多种功效，不仅在天然药物领域受到青睐，也在保健品、化妆品和个人护理品市场也展现出强劲的需求增长趋势，推动了整个川黄柏产业的发展。

一、川黄柏产业发展现状

（一）川黄柏产业种植面积

四川作为川黄柏的主要产区之一，人工种植面积达38万余亩，约占全国川黄柏种植面积的25%以上。川黄柏在四川的种植范围广泛，主产于以雅安、乐山、宜宾、绵阳、巴中为核心的四川盆地边缘山地，以及与四川盆地接壤的中亚热带、北亚热带、高原气候区域交接的湿润山区，其中雅安市（荥经、芦山、宝兴）现有种植面积20余万亩。在近几年行情较好的背景下，很大程度上也刺激了四川产区种植川黄柏的积极性，每年都出现不同程度补种、扩种，种植区面积逐渐增加。

（二）川黄柏优良品种

川黄柏课题组选育出皮厚、树皮产量大和盐酸小檗碱含量高的川黄柏优良品种——"川荥"川黄柏（S-SV-PCH-003-2023，四川省目前唯一川黄柏审定良种），造林8年可采收，树皮平均厚度7mm，树皮产量25kg/株以上，盐酸小檗碱含量6.0%以上。

目前，已建立种苗生产基地200余亩，年产苗木350多万株，造林5.0万余亩。加快了良种化进程，也为四川省"天府森林粮库"和国家储备林建设提供了优异的种植材料，实现了良好的经济、社会与生态效益。

（三）川黄柏市场

川黄柏药用价值很高，运用非常广泛，人们对川黄柏的需求日益增长。川黄柏作为传统中药材在中医药领域中的重要地位被进一步巩固和强化，加之川黄柏的广泛应用于中药配方领域，使得市场规模不断扩大。据统计，我国每年川黄柏产量为8万t左右，市场规模已超百亿元，每年呈现稳步增长的趋势（图1）。

图1 2018—2023我国川黄柏市场规模变化

四川是我国川黄柏的主要产区之一，每年川黄柏产量2.5万t以上。自2008年起，川黄柏价格开始上涨，2022年以来川黄柏价格出现了加速上涨的迹象，2023年价格再次快速上涨（图2）。从鲜货价格上来讲，川黄柏鲜货的收购价逐年抬升（2019年7元/kg→2020年8元/kg→2021年9元/kg→2022年12元/kg→2023年20元/kg→2024年26~28元/kg），且加工好的货源也在市场需求以及人气的加持下不断迈上新台阶。

二、川黄柏产业发展存在的主要问题

（一）种质资源保护、开发和利用

四川地区川黄柏资源丰富，并存在各种各样的自然变异类型，其中不乏大量品质优良、药用成分含量高、综合性状好的种质资源。但四川省对川黄柏资源的收集、挖掘力度不够，川黄柏种质资源库至今未能建成，加之评价体系不完善、评价指标不统一，优良资源未被有效利用。如何有效挖掘、整理、研究、开发和利用四

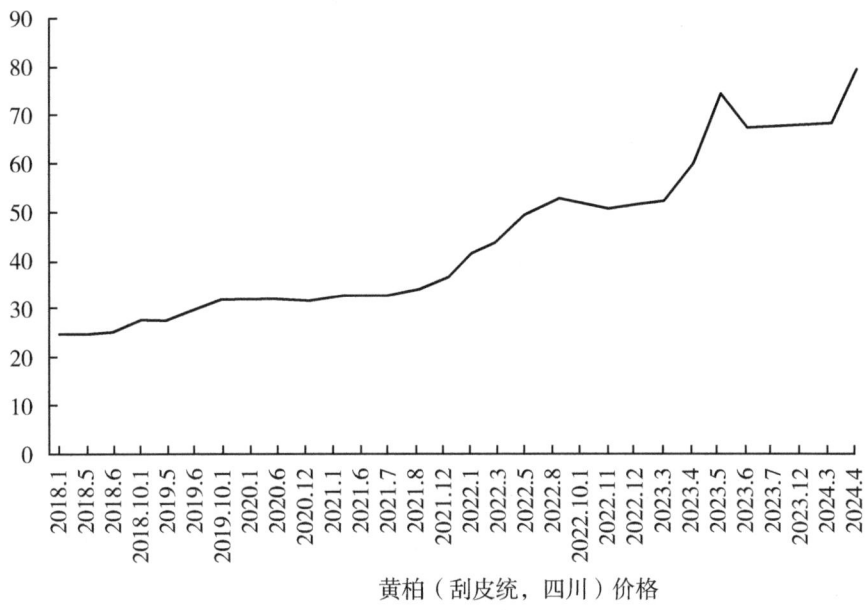

图 2　2018—2023 年川黄柏皮价格走势

川省川黄柏种质资源，科学、合理地建立川黄柏资源综合评价体系，包括种质资源的分子评价技术，如遗传多样性分析技术、遗传关系分析技术、DNA 指纹图谱构建技术等和品质分析技术，是当前川黄柏种质资源保护、开发和利用方面迫切需要解决的技术问题。

（二）标准化、规模化川黄柏药用原料林不足

四川地区川黄柏目前仍以自由化栽培为主，许多川黄柏种植者存在重数量、轻质量，对川黄柏药用原料林建设标准化、规范化的重要性认识不足，加之资金投入少，各种经营管理措施无法到位，管理粗放，导致成活率低、长势差，树皮原料品质差、产量低，标准化、规范化川黄柏药用原料林严重不足，竞争力低，致使四川地区大多数川黄柏种植企业经营面临困境。当前，川黄柏药用原料林建设多以个人、私有企业为主，缺乏高效种植技术、管理方法、质量控制技术，加之规模小，管理粗放，原料质量差、产量低、成本高，难以参与市场竞争。

（三）产业链不完整，现代林业产业园区缺失

川黄柏第二产业还处于初级生产加工阶段，没有构建成"生产、加工和销售一体化"完整产业链，生产和加工仍然处于剥皮、烘干、切片等初级加工阶段。川黄柏产业缺乏"现代林业产业园区"的示范引领，一二三产业未能有机融合，川黄柏产业的高质量发展受阻。

（四）适合我国国情的工业化制备工艺缺乏

目前，四川地区多数川黄柏加工企业多为中小微企业，缺技术、缺人才，不具备持续不断地为规模化生产提供成熟的先进技术、工艺和装备，沿用过去的川黄柏树皮制备盐酸小檗碱工艺，导致枝叶提取分离盐酸小檗碱时效率低、成本高，加之多数企业缺规范化生产，产品竞争力低，难以进入市场。川黄柏树皮提炼盐酸小檗碱的专有工艺至今还未达到工厂化生产及环境保护的要求，致使国内许多盐酸小檗碱生产厂家因环保问题而不能开工生产。

（五）成果转化机制不成熟，研发成果与市场需求脱节

川黄柏产业是融种植和加工于一体，以种植为基础的产业。产业见效慢、周期长。川黄柏企业多为中小微企业，虽然有对解决技术难题的迫切愿望，但无法承担高额的技术开发费用，而国家缺乏相应的配套政策，未形成有效的补偿机制。同时，政府、高校、科研院所、企业等，没有完全形成"政产学研用"融合互动和利益分配的有效激励机制。我国川黄柏的开发研究起步较晚，研究力量弱，研发人员大多分散在一些小型实验室、研究所等相对封闭的场所，或依附在以研发为主的重点实验室内。研发设备不足、资金短缺，各自相对独立研究开发，重复性工作较多，相互间缺乏必要的交流与合作，缺少面向种植基地、生产企业的产学研协同合作和以市场或企业需求为导向的靶向研发，导致实际应用于川黄柏产业发展亟需的关键技术缺乏，一定程度上影响了川黄柏产业技术成果转化。

（六）康养产业推进缓慢

"川黄柏康养"是以川黄柏森林资源为依托，发挥黄柏特有的生态价值，融入旅游、休闲、医疗、度假、娱乐、运动、养生、养老等健康服务新理念，形成多种业态融合发展的新模式，进而推动川黄柏大健康产业。但是，川黄柏康养是一个新兴产业，其康养的作用机理尚未探明，成片人工林释放"精气"及川黄柏花蜜蜂对人体健康影响等相关研究都是空白，无法科学支撑川黄柏人工林的森林康养、林旅融合、川黄柏文化元素的深度挖掘，极大限制了川黄柏在康养中的推广与应用，产业推进缓慢。因此，揭示川黄柏森林康养机理，构建康养功效评价体系，制定康养标准，是亟待解决的关键技术问题。

三、川黄柏产业对策建议

(一) 加快川黄柏种质资源普查和收集保护工作

丰富的种质资源是决定育种效率和成败的关键因素之一。川黄柏良种选育目标的实现，很大程度上取决于手中掌握的种质资源的数量，以及对其优异性状和遗传规律的研究深度。因此，摸清四川省川黄柏资源的数量、分布和性状等家底，收集保护优异种质资源，进而对品种（品系）或类型展开研究，以进一步创造川黄柏新种质、新材料以及改良现有品系或品种，从源头规范川产道地药材川黄柏的生产，保证川黄柏质量的"安全、有效、稳定、可控"，促进农业产业结构调整，实现农业生产高质量发展，建立川黄柏种苗繁育基地，积极组织开展林木良种推广工作，加快优良品种示范和推广。

(二) 加强种植基地建设和科学管理

系统开展与川黄柏良种相配套的高效培育技术研究，推广标准化生态种植技术，建设川黄柏标准化种植基地，使基地生产逐步由分散生产向适度规模生产、由粗放经营向集约化经营、由兼业生产向专业生产转变，使基地建设真正步入以市场定品种的良性轨道。加强专合组织的建设和龙头企业的培育，构建"市场引龙头、龙头带基地、基地连农户"的发展格局，将川黄柏产业的产前、产中、产后有机融为一体，把一家一户分散经营的林农凝聚为一体，与龙头企业或专合组织结成利益共同体，促进中药材规范化种植和规模化发展，增强抵御市场风险的能力，减少林农的种植技术和产品销路等后顾之忧，有效推动中药材的产业化经营。

(三) 提升加工技术和产品质量

研发工艺简单，生产成本低，产品收率高，质量稳定且环保（无废水、废渣、废气排放）的制备盐酸小檗碱的新工艺。引进先进加工设备，鼓励企业引进先进的黄柏加工设备和技术，提高加工效率和产品质量。依托科研机构和高校，开展川黄柏产品的研发和创新工作，开发更多具有市场竞争力的产品。加强对川黄柏有效成分的研究和利用，提高产品的附加值。建立完善的质量管理体系，确保产品的质量和安全。

(四) 构建完整产业体系，推进产业深度融合

逐步建立川黄柏良种繁育体系、标准化种植体系、精深加工体系、仓储流通体

系、质量安全管理与追溯体系、品牌创建及中医药一体化的综合服务体系，构建质量效益和生态效益同步提升、区域布局和产业规模整体推进、品种结构和产品品牌协调优化的全产业链协调发展新格局。

（五）推动产业融合和可持续发展，建立现代林业产业园区

开展川黄柏在功能性食品、大健康产品深加工利用的研究，开发系列功能食品和大健康产品；推广川黄柏养生休闲观光、生态旅游、康养小镇田园综合体等新型发展模式，推进三产融合发展，延长产业链，提高川黄柏产业的经济效益。依托龙头产业聚集和企业带动，形成上中下游完整的产业链条，进而带动人文旅游、生态休闲等诸多下游产业，形成链网式互动，使之成为集研、产、销于一身，融产业、科技、生态于一体的现代林业产业园区。

（六）拓展销售渠道和市场空间

加强对川黄柏市场的调研和预测工作，了解市场需求和竞争态势。根据市场需求和竞争态势，制定科学合理的销售策略和计划。加强与中药材市场、保健品市场、化妆品市场等领域的合作，拓展销售渠道和市场空间。积极参加国内外的中药材展会和交流活动，展示四川川黄柏产业的成果和优势，推动川黄柏产业的国际化发展。

（七）加强政策扶持和监管力度

政府应加大对川黄柏产业的政策扶持力度，包括提供资金支持、市场准入等方面的政策优惠。加强对川黄柏产业的政策宣传和推广工作，提高政策的知晓度和执行力。加强对种植、加工、销售等环节的监管和管理，加强对川黄柏市场的监管和执法力度，打击假冒伪劣产品和不正当竞争行为。

参考文献

顾健，罗秋林，王楠，等，2023. 基于专利视角的黄柏产业链SWOT分析［J］. 西南民族大学学报（自然科学版），2023，49（1）：40-52.

何周建，叶萌，浣杰，等，2023. 基于CiteSpace的黄柏研究热点和趋势分析［J］. 四川林业科技，44（6）：1-6.

乔路苹，刘偲，康良，等，2022. 黄柏主要成分及其鉴定技术研究进展［J］. 四川林业科技，43（5）：126-131.

杨俐，孟祥霄，李洪运，等，2019. 川黄柏和关黄柏全球产地生态适宜性分析［J］. 中国实验方剂学杂志, 25 (4): 167-174.

杨俐, 叶萌, 高顺, 2018. 基于《中华人民共和国药典》修订对黄柏主要有效成分研究的思考 [J]. 中华中医药杂志, 33 (9): 3905-3908.

中华人民共和国国家药典委员会, 2020. 中国药典: 一部 [S], 北京: 化学工业出版社: 318.

川西高原优势特色中药材产业发展报告

四川川贝母产业发展报告

陈兴福

（四川农业大学 611130）

摘　要：川贝母为著名的川产地道药材，药用历史悠久，为止咳化痰之要药。川贝母药材有6个基原植物，已有4个基原植物人工种植成功并建立起生产基地。川贝母药材的基原植物野生分布在青藏高原、陕西秦岭及其以南、甘肃东南部、四川东北部、湖北西北部。川贝母药材的基原植物适宜生长在气候冷凉环境，适宜种植的地区处于高原或高山地带，生长年限长、种植过程中劳动力成本高，造成川贝母生产发展缓慢。建议加强川贝母产业化发展关键技术研究与示范推广，完善川贝母产业发展规划与政策引导，推动川贝母产业化发展。

关键词：川贝母；产业；现状；发展

一、发展现状

（一）概述

川贝母为最具代表性的川产地道药材之一。川贝母为著名的川产地道药材，药用历史悠久，具有多个基原植物。秦汉时期的《神农本草经》是最早记载贝母药材的本草著作，此后历代本草书籍多有记载。明朝李中立《本草原始》将川贝母归为贝母药材中的一类。1963年版《中国药典》起收载川贝母药材，基原植物有罗氏贝母（*Fritillaria roylei*）、川贝母（卷叶贝母）（*Fritillaria cirrhosa* D. Don），1977年版《中国药典》收载川贝母（*Fritillaria cirrhosa* D. Don）、暗紫贝母（*Fritillaria unibracteata* Hsiao et K. C. Hsia）、甘肃贝母（*Fritillaria przevalskii* Maxim.）、梭砂贝母（*Fritillaria delavayi* Franch.），2010年起历版《中国药典》川贝母项下收载川贝母（*Fritillaria cirrhosa* D. Don）、暗紫贝母（*Fritillaria unibracteata* Hsiao et K. C. Hsia）、甘肃贝母（*Fritillaria przevalskii* Maxim.）、梭砂贝母（*Fritillaria* delavayi Franch.)、太白贝母（*Fritillaria taipaiensis* P. Y. Li）和瓦布贝母［*Fritillaria unibracteata* Hsiao et K. C. Hsia var. *wabuensis*（S. Y. Tang et S. C. Yue）Z. D. Liu, S. Wang et S. C. Chen］等6个基源植物。

川贝母药材的基源植物野生分布范围较大。川贝母药材的基源植物野生分布在青藏高原为主，川贝母（*Fritillaria cirrhosa* D. Don）主要分布在西藏的南部和东部、云南西北部、四川西部，暗紫贝母（*Fritillaria unibracteata* Hsiao et K. C. Hsia）主要分布在四川西北部和青海东南部，甘肃贝母（*Fritillaria przevalskii* Maxim.）主要分布在甘肃南部、青海东部和南部、四川西部，梭砂贝母（*Fritillaria delavayi* Franch.）主要分布在云南西北部、四川西部、青海与西藏的南部，太白贝母（*Fritillaria taipaiensis* P. Y. Li）主要分布在陕西秦岭及其以南、甘肃东南部、四川东北部、湖北西北部，瓦布贝母［*Fritillaria unibracteata* Hsiao et K. C. Hsia var. *wabuensis*（S. Y. Tang et S. C. Yue）Z. D. Liu, S. Wang et S. C. Chen］瓦布贝母主要分布在四川的西北部。

药材川贝母的基原植物适宜生长在气候冷凉环境。药材川贝母中的川贝母、暗紫贝母、甘肃贝母、梭砂贝母、瓦布贝母适宜生长地区的年平均气温4.5~17.8℃，1月平均气温-16.2~3.5℃，7月平均气温5.0~20.6℃，≥10℃积温1 071.1~3 942℃；年均降水量329~1 116mm，年均相对湿度51.2%~72.9%；年均日照时数1 441~3 000h；该地的地带性土壤主要有黄壤、黄棕壤、暗棕壤、草甸土、褐土、栗钙土等。太白贝母适宜生长地区的年平均气温10.5~18.5℃，1月平均气温-7.5~1.5℃，7月平均气温14.5~22.5℃，≥10℃积温1 045~3 375℃；年均降水量420~1 110mm，年均相对湿度60.4%~74.6%；年均日照时数1 528~2 519h；该地的地带性土壤主要有黄壤、黄棕壤、暗棕壤、棕壤等。

川贝母基源植物均为多年生草本植物，不同年限植株的形态差异大。一年生植株一片叶，常称"一根针"，叶片长3.5~6cm，须根2~4条，鳞茎高0.2~0.4cm、直径0.2~0.3cm。二年生植株一片叶，呈披针形，常称"一支箭"，叶片长5~8cm，须根4~6条，鳞茎高0.4~0.6cm、直径0.3~0.5cm。三年生植株多数一片叶，极少数二片叶，叶片披针形，叶片长7~10cm，须根5~6条，鳞茎高0.5~0.7cm、直径0.4~0.6cm。四年生植株多长出地上茎，基生叶、茎生叶，常称为"树儿子"，单株叶片4~7片，叶片披针形，常称为"大飘带叶"，须根5~8条，鳞茎高 0.7~1.2cm、直径 0.6~1cm。五年生植株均长出地上茎，多数植株为单个茎，少数有 2 个茎；叶片均为茎生叶，披针形，叶片数 5~10 片，须根 6~9 条；鳞茎高 0.8~1.5cm、直径 0.8~1.5cm。六年生及以上植株，茎、叶片有增多，须根与五年生植株差异不大，鳞茎增大。

川贝母人工种植发展缓慢。药材川贝母一直靠野生资源供药用，直到 20 世纪 70 年代先后在四川若尔盖、巫溪开展了暗紫贝母、太白贝母野生变家种研究取得成功后，有零星的人工种植。进入 21 世纪后，随着川贝母野生资源的减少，人工种植规模有所扩大。目前，四川、重庆、云南等地川贝母、暗紫贝母、瓦布贝母、太白贝母有人工种植基地。按照当地农业农村部门报道进行统计，目前药材川贝母种植面积约 171.3hm²（表1），其中重庆市种植面积最大为 70hm²，其次为四川省为 54.7hm²；种植面积最大的品种为太白贝母为 104.7hm²，其次为川贝母、36.6hm²；农户种植面积 94.7hm²、公司种植 76.6hm²，农户种植的川贝母药材中太白贝母占 73.94%。

表1　川贝母药材人工种植面积统计（hm²）

基地地点	品种	面积	种植模式
四川省康定市	川贝母	3.3	公司种植
四川省茂县	瓦布贝母	20.0	农户种植
四川省松潘县	暗紫贝母	4.0	公司种植
四川省松潘县	瓦布贝母	1.33	公司种植
四川省万源市	太白贝母	8.0	公司种植
四川省阿坝县	暗紫贝母	4.7	农户种植
四川省冕宁县	川贝母	13.3	公司种植
重庆市巫溪县	太白贝母	33.3	农户种植
重庆市城口县	太白贝母	16.7	农户种植
重庆市巫山县	太白贝母	13.3	农户种植
重庆市奉节县	太白贝母	6.7	农户种植
陕西省太白县	太白贝母	26.7	公司种植
云南省香格里拉市	川贝母	20.0	公司种植
合计		171.3	

川贝母适宜种植区因品种不同而不同。从目前人工种植中出现的生产问题、种植的比较效益及发展潜力分析，药材川贝母的基原植物中太白贝母是最适宜规模化种植的川贝母药材基原植物，适宜种植区域为大巴山山脉中段太平山、化龙山一带，包括四川省万源市、陕西省镇坪县至重庆市的城口县、开州区、巫溪县、奉节县、巫山县。其次是瓦布贝母，适宜在邛崃山脉的四川省平武县、茂县、黑水县、理县、小金县一带。川贝母适宜在四川松潘县、红原县、阿坝县至康定市一带的川西高原种植。

（二）资源保护和新品种选育

川贝母主要按照国家野生植物资源保护法律法规进行相应保护。川贝母药材的基原植物野生分布于西藏、四川、云南、青海、甘肃、陕西、湖北等地的高海拔地区，我国于1989年1月14日首次发布的《国家重点保护野生动物名录》将川贝母的基原植物列为三级野生保护植物，2021年1月4日国家林业和草原局、农业农村部公告的新版《国家重点保护野生动物名录》将贝母属所有种列为二级野生保护植物。各地按《国家重点保护野生动物名录》规定开展药材川贝母基原植物保护工作，没有建立针对川贝母基原植物的保护区。有一些国家自然保护区内有川贝母基原植物野生资源分布，如2007年4月6日国务院批准的《四川花萼山国家级自然保护区总体规划（2023—2032年）》，该自然保护区位于四川省万源市境内，总面积48 203.39hm^2，该自然保护区有效保护了野生太白贝母资源。

四川开展了川贝母新品种选育研究工作。2011年四川省科技支撑计划将川贝母新品种选育列为"十二五"育种攻关项目"突破性川产道地药材（菌类药材）新品种选育"，选育出四川第一个川贝母新品种"川贝1号"，该新品种的基原植物为川贝母（*Fritillaria cirrhosa* D. Don），适宜在海拔3 000m以上气候冷凉地区种植。2021年3月26日四川省非主要农作物认定委员会通过了"瓦布1号""瓦布2号"川贝母新品种，这两个新品种的基原植物为瓦布贝母 [*Fritillaria unibracteata* Hsiao et K. C. Hsia var. *wabuensis*（S. Y. Tang et S. C. Yue）Z. D. Liu, S. Wang et S. C. Chen]，适宜在四川西部高原海拔2 600~3 600m的平缓地带或平地种植。

（三）栽培技术

1. 川贝母种子繁育与贮藏技术

选择四年生及以上川贝母鳞茎培育种子。7—8月，选用土层深厚、肥沃疏松、富含腐殖质的砂壤土，pH值弱酸性，3年内未种植过川贝母的地块作川贝母种子繁育地。清洁田园，施用腐熟有机肥15 000~20 000kg/hm²或商品有机肥4 500~6 000kg/hm²做底肥，深翻25~35cm，耙细整平，做畦或厢，畦或厢面宽1.2~1.5m，沟宽20~25cm，沟深15cm。在畦或厢面上间距15~20cm横向开沟，沟深8~10cm。采挖四年生至六年生川贝母，选出较大、无病虫害侵染的鳞茎，按间距约10cm放入种茎，种茎芽朝上，覆盖细土8~10cm。按大田栽培方法进行田间管理。

翌年6—7月，蒴果由青变黄时，分批采摘蒴果。在洁净、干燥的室内地面上铺含水约25%新鲜细土或黄沙约10cm，将蒴果均匀放在细土或黄沙上，如此再盖细土或黄沙、放蒴果至60~80cm。室温保持在25℃以下。堆面表土过干，喷湿表土，不可大量喷水。堆放蒴果时通过称量，记录单位面积存放蒴果的数量。

2. 选地整地

选择适宜川贝母种植海拔的高山平地或缓坡地，要求光照充足、通风良好、有水源、地形开阔的地带种植。适宜土层深厚、结构疏松、透水性好、富含腐殖质的砂质微酸性土壤。

川贝母分露地种植与大棚种植。根据种植地的情况进行整地。

露地种植地整地。提前半个月除净杂草，深耕40cm，清除杂草、树根、石块等杂物。按厢面宽1.2m左右开厢，厢沟宽0.3m左右、深5cm左右。栽种前按腐熟干厩肥15 000kg/hm²或商品有机肥3 000kg/hm²，复合肥（N-P$_2$O$_5$-K$_2$O含量为15-15-15）300kg/hm²，与1:1比例的腐殖土和砂壤土混匀后作为栽培基质，在整理好的厢面上铺设15cm厚，喷洒50%甲基硫菌灵800倍液。栽培地四周挖排水沟，避免积水。

大棚种植地整地。播种或栽种头年冻土前，将棚内表层土壤挖起，运到室外，按大棚土与腐殖土等比例混合均匀，堆沤在露地环境发酵，清除四周杂草，在四周叠放两层空心砖，防止雨水冲走土壤。播种或栽种前，在大棚内用空心砖做成内宽1.2m、高0.2m左右的厢。将厢内的表面5cm的土壤刮掉后，在厢内均匀填放混合好的基质土壤。厢内填放土壤至低于砖平面约2cm，厢面平整、厢内四周填满土壤。

3. 播种或栽种

川贝母在秋季霜冻前播种或栽种。用种子繁育鳞茎，种子繁育的鳞茎通常3年或4年进行翻栽，翻栽后1~2年均可采收鳞茎加工成药材。

种子播种采用撒播。将堆放的种子与细土抖合均匀，将种子灰均匀播撒在处理好的厢面上，播种果数180 000~195 000个/hm^2。播种后覆盖约0.5cm厚的育苗基质土，然后用喷雾器喷水至基质湿润。

鳞茎栽种。9月中下旬采挖3年生或4年生的川贝母鳞茎进行翻栽。按照行株距各10~12cm栽种。栽种深度3~4cm，顶部向上摆正，栽后抚平表层土壤，喷灌或用喷雾器喷水至表土层湿润。

4. 田间管理

（1）适时遮阴。播种或栽种次年出苗后，根据川贝母生长年限搭设遮光度不同的遮阳网。第1年遮光率达60%~75%，第2年50%，第3年及以后遮阳网遮光率30%左右。为便于遮阴棚下进行田间管理，根据地块坡度，棚高宜在2m。

（2）中耕除草。川贝母幼苗生长受杂草影响较大，应勤除杂草。采用人工拔草，拔草时注意勿将贝母苗带出，若带出直接栽回，并适当浇水。

（3）灌溉。川贝母喜湿润，怕干旱，春季久晴无雨需及时补水。生长季中根据土壤水分情况及时进行灌溉，以保证土壤湿润，以取一把土捏紧时稍成团、放开时土团松散为宜。夏季久雨或暴雨后应注意排水防涝。

（4）施肥。适期追肥管理。播种的前3年多不进行追肥管理。栽种的鳞茎齐苗时，施复合肥（15-15-15）150~225kg/hm^2；初花期施复合肥（15-15-15）300~375kg/hm^2；8月下旬倒苗后每亩施腐熟有机肥12 000~15 000kg/hm^{2}或商品有机肥3 000~3 750kg/hm^{2}和复合肥（15-15-15）150~225kg/hm^2，再进行培土2cm。施肥时，可将肥料按等比例与腐熟的腐殖土混合均匀撒在厢面上，及时喷水，使肥料全部溶化。

（5）病虫害防治。根腐病防治。初夏多雨季节，川贝母易发生根腐病。采用综合防治措施进行防治，雨季加强清沟排水，适当降低荫蔽度，减少根腐病发生。及时拔除发病株，用5%石灰水淋灌发病植株生长土壤，防治病菌扩散。

锈病防治。川贝母锈病多发生于5—6月。在远离麦类作物种植区可有效降低锈病发生；整地时清除田园中的作物病残组织，减少越冬病源。发病初期，用15%

可湿性粉剂1 000~1 500倍液喷湿发病植株叶片及周边植株，每隔5d喷施1次，连续喷施3次。

蛴螬防治。蛴螬咬食川贝母须根、鳞茎，造成植株枯黄，甚至死亡。整地时清除杂草，集中销毁，消灭越冬虫卵。发生后用90%晶体敌百虫1 000~1 500倍液，或用50%辛硫磷1 000倍液灌窝，每隔5~7d用药1次，连续2~3次。

5 采收与加工

采收时选择晴天，顺着倒苗后的干枯地上茎逐一挖起地下鳞茎，清除残茎、泥土。将采挖的太白贝母鳞茎放入水池中，用清水冲洗干净，除去须根和杂质，沥干。

将清洗后的太白贝母鳞茎摊开在竹篱或竹席上直接晾晒至鳞茎完全干燥，晾晒过程中及时进行翻晒避免鳞茎腐烂。

二、问题挑战

川贝母为代表性的川产名贵道地药材之一，其产业化开发面临一些问题。川贝母药材药用历史悠久、药效好，市场需求量不断增加，价格逐年上涨，主要面临分布与种植区生态环境特殊、生产周期长、种植成本高、栽培技术等问题。

川贝母药材分布与适宜种植区气候恶劣。药材川贝母的基原植物分布在海拔1 500m以上的高山、高原区，长冬无夏短春秋的气候特点，造成人工种植环境恶劣，限制了生产规模；药材川贝母基原植物旺盛生长期，高山与高原气候变化大，常出现暴雨、冰雹等灾害性气候，也给川贝母药材生产造成较大影响。目前人工种植的川贝母药材基原植物中的川贝母、暗紫贝母、瓦布贝母，在海拔2 800~3 000m地区，其年生长期比海拔3 300~3 500m地区短15d左右、单产低5%~8%。川贝母药材基原植物中的太白贝母，在海拔1 500m左右地区种植的病虫害比海拔2 000m左右地区的多，单产低10%左右。

川贝母药材生产周期长，是规模化生产的又一问题。川贝母药材从种子播种到商品药材需要4年时间，且四年生川贝母药材形态与传统的近球形、类扁球形存在显著差异，只能用作中成药投料，至少播种5年，才能符合相关标准的形态要求，造成川贝母药材投产周期长、见效慢。公司发展川贝母药材生产，需要长线投入；农户种植川贝母药材，需要解决种源、技术等问题。

川贝母药材种植成本高，效益难保证，尝试种植多、放弃种植多。川贝母药材的基原植物生长缓慢，种子播种后前3年人工除草成本较高；生产基地均处高原的牧业为主地区或高山地区，川贝母种植精细管理的劳动力缺乏且工价高，也是川贝母种植效益低的主要原因之一。川贝母类药材生产上缺乏优质高产高效栽培技术，也是产量不稳定、效益得不到保障的一个重要原因。进入21世纪来就开展川贝母药材规模化生产的企业，已基本放弃川贝母种植；第一代人工种植川贝母的农户，基本无青壮年从事川贝母人工种植。

川贝母药材生产的关键技术缺乏，影响了生产的稳定性与优质高产高效。川贝母种植过程的病虫害防治、杂草防控、基质土壤配制与营养调控等生产的关键技术都是空白。适宜低海拔规模化种植的太白贝母，块茎腐烂病是生产上普遍发生的主要病害，有病理性病害、生理性病害，也由虫害引起的病害。川贝母人工种植的基质土壤、盖土，是除种源外最大的生产资料投入，占生产资料成本的25%左右，对种子播种后前3年川贝母植株生长有较大影响。

三、对策建议

（一）四川川贝母产业发展趋势研判

1. 川贝母产业发展仍将受到广泛关注

川贝母作为止咳化痰要药，在新冠疫情过后的肺病中医药防治中越来越受到重视。肺病疾病防治中的刚需，野生资源逐年减少与禁止采集，供需矛盾引起各方关注。行业管理部门关注医疗卫生所需川贝母药材的供给，医药企业关注原料的来源与成本，具有资源优势的地区关注发展川贝母生产。

2. 四川川贝母产业发展的机遇与挑战并存

四川具有川贝母产业发展的文化与资源优势。四川最早开展川贝母资源调查与评价、药理药化与临床应用、人工种植等研究的地方，川贝母产业的文化底蕴最丰厚。四川也是川贝母基原植物分布最多、人工种植的生态气候最丰富的地区，目前可人工种植的川贝母基原植物，都可在四川找到适宜种植的地方。随着川贝母市场需求量不断增加、川贝母野生资源保护加强，川贝母具有较好的种植前景与产业化发展机遇。

四川川贝母产业发展面临较大的竞争。近年随着川贝母市场价格不断上涨，云南、西藏、青海、重庆等适宜川贝母基原植物生长地区，都在开展川贝母人工种植与生产基地建设，云南已有川贝母规模化生产基地，重庆太白贝母生产基地建设发展迅速。2024年10月17日，《国家药监局 国家中医药局关于支持珍稀濒危中药材替代品研制有关事项的公告》指出，加强珍稀濒危野生药用动植物资源保护，支持珍稀濒危中药材野生抚育、人工繁育和替代品研制，将在川贝母基原植物分布区大力发展川贝母药材生产，也会给四川发展川贝母产业带来挑战。

（二）促进四川川贝母产业发展的对策建议

加强川贝母资源保护。根据2021年1月4日国家林业和草原局、农业农村部公告的新版《国家重点保护野生动物名录》要求，在川西高原川贝母野生资源分布区设置保护区，禁止采集川贝母野生资源。加强对中药材流通企业、中成药企业的监督，禁止野生川贝母药用。

制定川贝母产业发展的规划。根据川贝母基原植物资源分布情况、适宜生态气候条件要求，制定包括川贝母产业发展区域、措施、支持政策等产业发展规划。明确川贝母人工种植适宜发展区、限制人工种植区，以减少资源浪费与劣质川贝母药材流入市场。通过川贝母适宜发展区的产业规划、支持政策，引导川贝母产业的持续健康发展。

引导川贝母产业发展。以政府支持为牵引，引导中药企业、产地农业企业、专业合作社及农户发展川贝母药材生产、产地加工。通过特色产业建设、产业园区建设等政策引导中药企业、产地农业企业发展川贝母生产基地、产地加工。支持中药企业、农业产业化龙头企业，采取公司加农户等形式，发展川贝母适宜发展区的农户开展川贝母人工种植，通过中药企业、农业产业化龙头企业等的集约化加工、经营，形成川贝母产业化开发模式。

加强川贝母产业化发展关键技术研究。开展川贝母病虫草害绿色防控技术、配方施肥技术、种植基质土壤配制技术、产地加工技术等试验研究与集成示范，提高川贝母人工种植的技术水平，实现川贝母种植业的优质高产。开展川贝母播（栽）种、田间管理、采收加工等主要环节的机械化、智能化、智慧化技术研究，推进川贝母设施栽培技术升级与标准化发展，实现川贝母种植业的优质高产高效，推进川贝母产业的持续健康发展。

参考文献

段宝忠，黄林芳，林余霖，等，2010. 太白贝母生产数值区划研究［J］. 世界科学技术—中医药现代化，12（3）：486-488.

方清茂，彭文甫，董永波，等，2020. 基于遥感与GIS技术的川产道地药材川贝母适宜区研究——以暗紫贝母为例［J］. 世界中医药，15（2）：214-218.

付绍智，陈洪源，袁定明，等，2016. 重庆太白贝母资源调查［J］. 中国中医药信息，23（9）：1-4.

付绍智，袁定明，欧阳崠，等，2014. 重庆太白贝母种植业发展历史现状及对策探讨［J］. 时珍国医国药，25（2）：476-477.

国家药典委员会，2020. 中国药典（2020年版，一部）［M］. 北京：中国医药科技出版社.

刘先齐，1994. 暗紫贝母与太白贝母的引种比较试验［J］. 中国中药杂志，19（2）：81-82.

石岩，王晓伟，刘薇，等，2023. 川贝母药材研究进展［J］. 中国药事，37（3）：304-311.

宋奕辰，车朋，赵鑫磊，等，2021. 青藏高原及其毗邻地区川贝母类药材的资源调查［J］. 中国现代中药，23（4）：611-618.

向获定，郑良敏，申明亮，等，1991. 太白贝母野生变家种研究［J］. 中草药，22（8）：128-131.

谢俊杰，谭鹏，郝露，等，2022. 基于广义中药学探讨川贝母产业发展现状、策略与方法［J］. 中草药，53（7）：2150-2163.

熊浩荣，马朝旭，国慧，等，2020. 川贝母野生基原植物资源分布和保育研究进展［J］. 中草药，51（9）：2573-2579.

张国燕，陈志，尚军，2016. 药材川贝母种源探讨［J］. 亚太传统医药，12（21）：34-37.

赵文龙，陈红刚，林丽，等，2018. 不同基原的中药川贝母生境适宜性分布［J］. 生态学杂志，37（4）：1037-1042.

周晶，2020. 产业链视角下四川省藏药产业发展现状及对策研究［J］. 亚太传统医药，16（5）：12-14.

周先建，杨玉霞，胡平，等，2015. 太白贝母资源调查研究［J］. 安徽农业科学，43（17）：84-85.

邹萌，蒋瑞平，李佳伦，等，2021. 基于最大熵模型预测太白贝母的潜在分布［J］. 中国中医药信息杂志，28（9）：1-5.

四川大黄产业发展报告

戴 维

(绵阳市农业科学研究院,四川绵阳 621000)

摘 要:四川是大黄的道地产区,在大黄的适宜生境分析中,四川是药典中大黄三种基源植物适宜性最高的省份,且其分布面积最广。四川省已在成都中医药大学建立起国家级的大规模中药种质库,并建立起中药资源动态监测平台,但大黄的新品种选育工作仍需加强。大黄目前有种子繁殖和子芽(母株根茎上的芽)繁殖两种繁殖方式,田间管理主要包括移栽定植、中耕施肥壅土、掰侧芽和去顶芽、病虫害防治和采收加工五部分。目前四川省的大黄产业仍面临野生资源匮乏、种质退化和规模化种子种苗繁育滞后、规范化集约化发展程度不高、加工能力不足和高素质复合人才短缺等主要问题;建议四川省紧抓促进野生资源的保护利用、持续推进标准化种植基地建设、培育壮大市场主体并加强市场信息的收集处理和预测分析、推进农机农艺的研发运用、强化干燥技术研究,提升加工能力、提升质量安全水平以及推动药农向高素质人才迈进等方面,进一步推动大黄产业高质量发展。

关键词:四川省;大黄产业;发展;对策研究

一、发展现状

(一)概述

1. 药材基源

中药大黄为蓼科植物掌叶大黄(*Rheum palmatum* L.)、唐古特大黄(*Rheum tanguticum* Maxim. ex Regel)或药用大黄(*Rheum officinale* Baill.)的干燥根和根茎。

2. 品种优势

大黄味苦,性寒,归脾、胃、大肠、肝、心包经,具有泻下攻积,清热泻火,凉血解毒,逐瘀通经,利湿退黄的功效,主治泻下攻积,清热泻火,凉血解毒,逐瘀通经，利湿退黄。用于实热积滞便秘，血热吐衄，目赤咽肿等症；外用可治烧烫伤，药用价值巨大。截至 2024 年 9 月，中国知网专利查询到包含大黄在内的发明专利中成药共 124 种、中药制剂共 636 种、中药配方共 247 种，国家药品监督管理局数据库查询到共有 200 条在生产大黄中成药的批准文号。

3. 生物学特性

大黄为多年生高大草本，性喜冷凉，耐寒，忌高温。冬季最低气温在 -10℃ 以下，夏季气温不超过 30℃，无霜期 150~180d。掌叶大黄宜生长在海拔 1 500~4 400m 的山坡或山谷湿地，唐古特大黄宜生长在海拔 1 600~4 000m 的高山沟谷中，药用大黄宜生长在海拔 1 200~4 000m 的山沟或林下。年平均日照时数 1 000h 以上，其中年生育期日照时数大于 400h，以阴坡或有其他遮阴为宜。喜水忌涝，适宜年平均降水量 500~1 000mm。喜肥，适宜于土层深厚、富含腐殖质、排水良好的壤土或砂壤土。多栽培于山地半阴坡林缘，地势以干燥、排泄良好的平地或缓坡为宜。

4. 资源现状

在四川，目前掌叶大黄主要分布于炉霍，石渠、色达，理塘、康定、新龙等甘孜州和阿坝州各县，木里、越西，冕宁等凉山州各县及石棉县等四川西部高山峡谷、西北高原及盆地边缘山区；唐古特大黄主要分布于川西北高原区的甘孜州石渠、德格、色达、巴塘、理塘等各县和阿坝州若尔盖、松潘、马尔康、九寨沟等各县；药用大黄主要分布于北川、青川、平武、万源、雅安、宣汉等盆地边缘山区。由于野生大黄资源的逐年减少，栽培大黄已成为市场大黄药材的重要来源。目前，四川省的药用大黄种植面积共约为 4.65 万亩，年产量约 2 万 t（数据来源于《大黄栽培技术规程》国家标准编制说明）；唐古特大黄种植面积约 1.01 万亩，年产量约 0.4 万 t（根据公开资料估算）。掌叶大黄和唐古特大黄的适宜生境主要分布在我国西藏、青海、四川和甘肃四省交界处，云南和陕西也有一些分布；药用大黄适宜生境的地理分布较其他两种基原植物有所东移，集中在四川中东部、甘肃和陕西南部以及重庆大部分地区。三种基原植物都以四川省生境适宜性最高，且分布面积最广。

（二）资源保护和新品种选育

近年来，大黄野生基原植物资源蕴藏量下降严重，目前我国掌叶大黄和唐古特大黄的道地产区（甘肃、四川、青海、宁夏、陕西）的野生资源分布总面积约为

54 701.17km², 蕴藏量约为 5 061.62t。为保护大黄等中药材的野生资源，四川省已在成都中医药大学建立起国家级的大规模中药种质库，并建立起中药资源动态监测平台。在大黄新品种选育方面，中国知网可查到的新品种选育报告仅有 3 种，其中 2 种为食用大黄品种，1 种为掌叶大黄新品种。

（三）栽培技术/生产模式

1. 良种繁育技术

选择水肥条件好，生长整齐的大黄田块；留种母株要求生长健壮，无病虫害的 3 年生大黄优良种株。于 4 月下旬至 5 月上旬抽薹时，剔除长势较弱的薹芽和花蕾，每株仅留 1 个较大花蕾留种。5 月中旬喷施磷酸二氢钾 0.05kg/亩。6 月下旬至 7 月上旬，大部分种子呈褐色时采收。待种子成熟后及时分批采收，忌黄绿一起割，保证种子质量。采收晾干后应尽量抖落，避免伤种，采好的种子应置于干燥通风处，防止霉变。

2. 播种技术

大黄有种子繁殖和子芽（母株根茎上的芽）繁殖两种繁殖方式。

（1）种子繁殖。种子繁殖使用上述良种繁育技术得来的种子用育苗移栽、直播法两种方式进行繁殖。生产上常用育苗移栽方式播种，播种时间分为秋播和春播。春播在 3—4 月土壤解冻后，秋播在 7 月下旬采种后立即进行。春播宜早不宜晚。春播种子要经过浸种催芽处理，即将种子放入 18~20℃的温水中浸 12~24h，浸后用湿布覆盖，每隔 6~8h 翻动 1 次，当大部分种尖露白即可播种。播种可分条播和撒播 2 种。条播行距为 25~30cm，33~75kg/hm²，撒播 75~105kg/hm²。直播的播种时间分为早春和初秋。按株行距 55cm×55cm 开穴，穴深 3~4cm 为宜，每个穴播种 8~10 粒种子，播后覆土厚度 3cm 左右，播种量约 30kg/hm²。凡是种子繁殖的播种后都应盖以粉碎的小麦草。种子发芽后，去除盖草，并注意浇水和施稀薄的粪水，促进幼苗生长。

（2）子芽繁殖。子芽繁殖在收获大黄时，将母株根茎上的萌生健壮而较大子芽摘下，按行株距 100cm×（70~90）cm 挖穴，每穴放 1 子芽，芽眼向上，覆土 6~7cm，踏实。栽种时，在切割伤口涂上草木灰，以防腐烂。用芽茎繁殖可以缩短种植时间，且品质优良，不易变种，但因种芽数量有限很难大面积栽培。

3. 田间管理技术

大黄的田间管理包括移栽定植、中期施肥壅土、掰侧芽和去顶芽以及病虫害防治几个部分。

（1）移栽定植。移栽定植秋播于翌年10月移栽，春播秋季移栽或翌年3月下旬至4月上旬移栽。秋季移栽比春季移栽好。移栽时边挖边栽，将苗挖出后，抖掉泥土，剪去侧根，只留1个主根，并剪去细长部分，除去病株，按苗大小分类栽植，便于日后管理，在整好的土地上按株行距100cm×（70~90）cm挖穴，穴深30cm，每穴施入土杂肥1~2kg，与穴土拌和，每穴栽苗1株，栽后覆土，边覆边压，使根条与土壤紧密结合。一般春季移栽的覆土高出芽嘴2~3cm，秋季移栽的覆土高出芽嘴5~7cm，覆土后穴内较地面低10cm左右，以便追肥培土。大田栽植的大黄第一年在大行内可以套种其他作物。

（2）中耕施肥壅土。大黄栽后容易滋生杂草，每年中耕除草2次。大黄为耐肥植物，施肥是提高大黄产量的重要条件之一，而且能增强有效成分的含量，一般在移栽时施草木灰7 500~10 500kg/hm²，或施人粪尿3 000kg/hm²，堆肥15 000~22 500kg/hm²。"立秋"前后追肥1次，施尿素300kg/hm²、磷酸二氢钾150kg/hm²，并壅土于植株四周，逐渐做成土堆状，既能促进块根生长，又利排水，再将杂草落叶堆于根际，既有肥效，又可防冻。

（3）掰侧芽、去顶芽。在大黄栽植后的第二年初，大黄开始发新叶、大黄根头部一周有侧芽，必须除去，否则将影响大黄根茎及根的生长，降低产量；方法是除去侧芽后立即用细土涂瘢痕处。在大黄生长到第三年，要去顶芽（即花薹），除留作种外，其余应全部去顶芽打花薹，及时用刀割去，不使其开花，减少养分消耗，增加产量，所打花茎花薹可作饲料用。

（4）病虫害防治。大黄的病害有根腐病、轮纹病、疮痂病、炭疽病、霜霉病等，可采取综合防治，实行轮作，保持土壤排水良好；及早拔除病株烧毁，病株处的土壤用石灰消毒；清除枯枝落叶及杂草，消灭过冬病源；发病前或发病时用1∶1∶（100~120）波尔多液喷雾或浇灌。虫害有金龟子和蚜虫，可用化学药剂毒饵杀诱，金龟子亦可在早晨捕杀或夜晚诱杀成虫。蚜虫用90%敌百虫800倍液喷雾防治。

（5）采收加工。一般定植后2~3年即可收获，在秋末冬初大黄叶片枯萎时进行采收。采收时先割去地上茎叶，用锄头挖出根块，勿使其受伤，之后削去粗皮切除侧根，将采挖的鲜大黄在晴天、气温较高时，抖净泥土，削去头部残茎，用木制刀具刮去主根外皮，切除侧根另行干燥加工。将刮去外皮的大黄主根用刀具切成8~15cm厚的段或块，切开的大黄段或块晾晒在清洁的木板或者竹胶板上，将切口面向太阳，晒至切口水气干后，翻转晾晒另一个切面。干燥经过晾晒的大黄块、段放置在太阳能烘干房晾晒架或者穿串悬挂，慢慢晾干至含水量15%以下。处理好的大黄应贮藏于阴凉、通风干燥处，注意防潮、防霉、防蛀。

4. 生产模式

目前大黄存在与豆科牧草轮作、厚朴林下玄参、大黄轮作的生产模式。轮作牧草后，大黄土壤主要理化性质有不同程度的变化，种植土壤有一定改良作用。比如唐古特大黄对土壤有机质含量和氮、磷元素要求较高，轮作豆科牧草紫花苜蓿、箭筈豌豆后土壤含氮量上升；轮作箭筈豌豆后，土壤中有机质和其他大量元素含量均上升，其中全氮、全磷均提高10%以上，有效氮、磷、钾含量也有一定程度提高。厚朴林下轮作玄参、大黄种植模式不仅有利于厚朴的生长，而且还能增加药材产量及收入。厚朴林下轮作玄参、大黄种植模式的每个轮作期内每亩比对照增产大黄药材520kg、玄参药材3 320kg。

二、问题挑战

（一）大黄野生资源破坏严重已经濒临枯竭

大黄为高海拔区域植物，其为直根性，根茎不发达，主要靠种子繁殖，若遭采挖恢复困难。目前大黄分布范围在不断收紧，在雅江，久治等地原来县城周边就能见到大黄而现在必须要深入到数十公里或更远的深山才能采集到野生大黄，甚至有的地方要采集野生大黄必须要骑马几天到山里才能实现，而且野生大黄也多数分布于乱石滩中或是悬崖峭壁等难以采挖的地方。调查发现收购量变化，四川省石棉县中药收购店1988—1996年收购50t/年，1997—2003年收购10t/年，2003—2006年收购2~3t/年；四川省木里县中药收购店2000年前收购30~40t/年，2011年收购2~3t/年。前几年甚至没有收购；四川省冕宁县泸沽镇中药收购店2000年前收购100t/年，2011收购20~30t/年（大黄主要来源于九龙县）；四川省越西县普雄镇中药收购店1990年左右收购40~50t/年，2011年收购2~3t/年。

（二）大黄种质退化和规模化种子种苗繁育滞后

大黄栽培品种主要是掌叶大黄、唐古特大黄和药用大黄，但在多年的人工栽培过程中，由于没有进行品种提纯壮，造成抽薹率高、肉质差、药用成分蒽醌苷及游离蒽醌类衍生物含量下降，严重影响了产业的发展。另外，大黄种子种苗的繁育以种植农户自繁自育占绝大部分，质量差异大，与GAP要求差距较大。

（三）人工优质大黄栽培技术有待进一步向规范化集约化发展

由于大黄野生资源的严重减少，人工栽培产业已经兴起。四川的主要栽培区域为阿坝州、若尔盖县，主要栽培品种为唐古特大黄。但由于大黄栽培周期长且市场价格不高，经济效益不佳，产区种植积极性不高。因此，有必要加强大黄栽培的机械化程度和规范化程度，本着保证药材质量，降低药材栽培成本的原则发展种植产业。目前已有较为成功的案例，四川若尔盖县大黄种植形成了对外订单生产，当地开发了使用小型挖掘机采收大黄的机械化，效益良好。

（四）加工能力不足

在主产区大黄的干燥以各家各户熏干和自然晾干为主。大黄加工目前仍是粗加工，以原料销售为主，以大黄为原料生产保健品、饮料等高附加值产品处于开发试验阶段，制约了大黄产业价值链的提高。

（五）高素质人才短缺

目前与大黄产业发展相匹配的人才培育体系亟待建立。复合型人才培育力度不足，如缺少既懂种植、又善经营、还会管理的复合型人才，而这并已日渐成为制约产业发展的瓶颈。

三、对策建议

（一）四川大黄产业发展趋势研判

四川省大黄产业增长趋势强劲，产区大黄种植基地种植面积增长迅速，比如阿坝县从2011年的650亩增加到2021的8 000余亩，若尔盖县从2011年的1 000亩增加到2024年的近1万亩。科技创新持续增加，为支持产区的大黄产业发展，四川省科技下乡万里行、国家科技特派团和省、市农业科研单位多次派遣专家下沉一线给予指导。但产业自主创新基础能力有待提升，产业集群式发展基础仍显薄弱，且人才结构尚有不足。

（二）促进四川大黄产业发展的对策建议

1. 促进野生资源的保护利用

开展野生大黄资源的调查、保护和抚育，禁止不合理的采挖。加强野生掌叶大黄、唐古特大黄的人工种植驯化技术研究。支持农业科研院所广泛开展品种选育和提纯复壮，引导企业和农民专业合作社扩大种子种苗繁育和展示示范，增强优质种子种苗供应能力。

2. 持续推进标准化种植基地建设

大黄主产区进一步优化区域布局，建设集中连片的标准化种植基地，开展测土配方施肥、有机肥替代化肥行动，引导农户增施农家肥，建设田间生产道路，提高农业机械通行便利水平。开展绿色防控技术，减少农药用量。加强GAP种植示范基地建设，集成农机农艺、绿色高质高效技术模式示范及推广，带动农户标准化种植。在大黄种植专业村鼓励农民专业合作社、种植大户进行种子种苗规模化繁育，提高种子种苗质量，限定3~4年的采挖生长期，实现大黄"真实、优质、稳定、可控"的生产。

3. 培育壮大市场主体并加强市场信息的收集处理和预测分析

采取引进、培育提升及与药企联合等方式，培育壮大大黄主产区的加工销售企业，构建"龙头企业+合作社+基地""龙头企业+种植大户+基地"的生产经营模式，促进大黄种植和精深加工，延长产业链条，让高附加值的精深加工环节留在主产区，提升大黄产业价值链，增加药农收入。鼓励和支持农民专业合作社加强绿色标准化种植基地建设，广泛开展大黄高质高效栽培、干燥技术的示范、培训和指导。促进土地有序流转，扩大农民专业合作社适度规模种植，提高产业收益。运用大数据加强大黄种植、流通及加工需求市场信息的搜集、价格动态监测分析和预测，适时发布信息，引导企业、合作社和农户合理安排大黄种植、流通和销售，促进产销衔接，实现优质优价，促进农民增收。

4. 推进农机农艺的研发运用

鼓励和支持科研院所加大农艺农机技术的研发及集成运用，加强适应机械、畜力采挖的栽培技术试验和推广，如大黄坑种垄作技术。改造、研发和推广节劳省工的大黄采挖机械，减轻劳动强度，提高采挖效率，降低采挖成本，节本增效。

5. 强化干燥技术研究，提升加工能力

加强大黄干燥技术创新研发，在减少药效损失的前提下，研究和筛选能实现连续化、自动化、标准化及节能的干燥工艺设备，改善大黄主产区干燥环节的制约。鼓励和支持企业、合作社在产地建设加工基地和贮藏设施。另外加强大黄深加工产品的研发投入。

6. 提升质量安全水平

大黄主产区行业管理部门在加强基地标准化建设的同时，需加强质量管理体系建设，制定大黄种子种苗质量标准和商品规格等级标准。健全检测机构，提升检测能力，完善检测制度，加大抽样检测力度，构建质量检测体系。实现全程可追溯，确保产品质量安全，构建可追溯体系，为大黄产业高质量发展提供强有力的质量安全保障。

7. 推动药农向高素质人才迈进，提升药材科技支撑能力

中药材作为特殊用途的经济作物，其种植是具有严格的技术要求和质量控制标准的，这就需要高素质专业人员在中药材耕、种、管、收等生产方面做到科学、精准、高效。《全国道地药材生产基地建设规划（2018—2025年）》指出要培育一批新型经营主体，重点培育种植大户、农民合作社、龙头企业等新型经营主体，推进规模化经营，引领标准化生产。在此背景下，需要着力培养一批综合素质过硬的中药材科技人才。紧密围绕中药材种植业发展需求，加强高素质中药材科技人才培训。结合"善经营、会管理"，始终坚持"应培尽培""愿培则培""需培就培"，不断拓宽培养途径，重点突出技能培训，加大培养力度，不断提高素质水平。

参考文献

包会存，2021. 甘肃大黄产业现状与高质量发展对策［J］. 农业科技与信息（22）：52-54.

陈继富，龙入海，谭立斌，等，2016. 大黄特征特性及人工栽培技术［J］. 中国农业信息（11）：146-147.

"国家队"赴若尔盖县开展科技帮扶技物配套力促中药材产业提质增效［N］. 四川农村信息网，2024.6.19.

黄建军，2020. 大黄优质高产栽培技术［J］. 农业科技与信息（12）：16-17.

姜学仕，赵桂敏，张瀚文，等，2017. 大黄新品种——"抚育大黄"的选育报告［J］. 中国林副特产（1）：37-38.

李莉，2014. 不同道地产区大黄资源现状与药材质量特征及其形成机制研究［D］. 长春：长春中医药大学.

林孝培，侯义梅，谭勋桃，等，2012. 厚朴林下轮作玄参、大黄种植技术研究［J］. 湖北林业科技（4）：14-17.

马杰，2016. 华亭大黄良种繁育技术试验研究［J］. 甘肃农业（5）：36-37.

马玉萍，马回真，蒋小娟，2022. 临夏州大黄高产高效栽培技术要点及建议［J］. 农业科技与信息（15）：14-16.

田呈玲，戴维，陈杰，等，2022. 若尔盖地区唐古特大黄轮作牧草初步筛选［J］. 农业科技通讯（9）：106-109.

赵文龙，景志贤，张娟，等，2020. 中药大黄生境适宜性分布研究［J］. 中国现代中药，22（11）：1787-1792.

四川羌活产业发展报告

蒋舜媛　王红兰　周　毅　朱文涛　孙洪兵　刘　腾

（四川省中医药科学院，四川成都 610041）

摘　要：随着中药材产业快速发展，以羌活为主的青藏高原川产道地中药材种植业已成为民族地区助农增收的支柱产业之一。本报告提炼了羌活栽培技术及生产模式，阐述了羌活产业发展现状，总结并分析发展中存在的问题，并提出相应的对策及建议。

关键词：羌活；栽培技术；生产模式；发展现状；对策建议

一、发展现状

（一）概述

羌活（Notopterygii Rhizoma et Radix），来源于我国特有植物羌活（*Notopterygium incisum* Ting ex H. T. Chang）和宽叶羌活（*N. franchetii* Boiss.）的干燥根茎及根，为历版中国药典收载。羌活作为药材始载于《神农本草经》，因产羌地而得名，在我国有多年应用历史，是中医药常用药材，也是藏、羌、维吾尔、蒙古等民族医药的重要药材，以根状茎及根入药，主治感冒风湿、发热头痛、皮肤瘙痒、风水浮肿、痈疽疮毒等症，是九味羌活丸、羌活胜湿汤、疏风定痛丸等诸多著名中成药主要原料药。羌活单味药及复方制剂涉及 28 种剂型，262 个成方，280 个品种（313 个条目），年需求量 3 000t 以上。

1. 植物学和生物学特性

羌活（*N. incisum*）为多年生草本，高 60~120cm，根茎块状或长圆柱状，茎直立，表面淡紫色，具有纵直条纹。基生叶基茎下部叶具柄，下部具膜质叶鞘；叶为二至三回羽状复叶。小叶长圆状卵形至披针形，边缘缺刻状浅裂至羽状深裂；茎上部也常无柄。复伞形花序，伞幅 11~18cm，小花多数，白色，双悬果长圆形，背棱基侧棱有翅，花期6月，果期8—9月。主要分布在亚高山暗针叶林（云杉、冷杉）以及更高海拔的高山杜鹃灌丛、高山灌丛草甸，亚高山暗针叶林是其适生生境。

宽叶羌活（*N. franchetii*），多年生草本，高 80~100cm，根和根茎块状或圆柱状；茎无毛．基生叶及下部叶二至三回三出式羽状复叶，最终裂片卵状披针形，长 2~4cm，宽 1~2cm，边缘成不规则羽状深裂，有尖锐锯齿，下面脉上稍有毛；叶柄长 7~9cm；茎生叶简化成三出叶、单叶或成膨大的紫色叶鞘。复伞形花序顶生和侧生；无总苞；伞幅多数；小总苞片多数，条形；花梗多数，长 2~3mm；花淡黄色。双悬果卵形，长 3~4mm，背棱和中棱有翅，侧棱无翅。花期6月，果期8—9月。

羌活属高寒短日照植物，喜冷凉、耐寒、怕强光、喜肥，适宜于寒冷湿润气候，生长环境特殊，年生长周期短，生长缓慢，一般四年生羌活才能达到药用标准。

2. 生长环境及区域

目前羌活分布区主要集中在川、甘、青、藏邻接区域，即川西高原和横断山脉北段、甘肃南部和东南部、青海东南部、西藏东部和东北部边缘地带；宽叶羌活分布范围较羌活广，海拔也较低，主要分布在川西高原川藏交界的一些河流及其支流的河谷、甘南和青海等省区。主要在甘肃南部、青海、西藏东南部等省区。其中，四川省甘孜州、阿坝全州、凉山州西北毗邻甘孜州的几个县，及绵阳紧邻阿坝州的北川、平武等县，两个种都有分布；青海省玉树州、果洛州与四川省甘孜州、阿坝州及甘肃接壤的地区，及海西州以外高海拔山地林丛，两个种都有，以宽叶羌活（*N. franchetii*）为主；甘肃省的甘南州、临夏州，陇南、定西地区及张掖、天祝等紧邻四川阿坝、青海的高原山地，以宽叶羌活（*N. franchetii*）为主；西藏昌都、江达有少量出产，调查发现在八一地区的原始森林也有分布，主要也为宽叶羌活（*N. franchetii*）；云南省出产药材经产地考证及样品收集鉴定为伪品，乃棱子芹属、当归属之一至几种。文献及标本记载的陕西、山西、内蒙古和湖北等地有羌活分布，迄今为止调查均未发现，其物种野生分布状况尚待进一步调查。

3. 野生分布区域及现有种植面积

根据野外考察发现，羌活在四川的分布海拔基本在 3 000m 以上，上限可至 4 200~4 300m，主要分布在 3 400~4 000m；青海和甘肃可低至 2 500m 左右。宽叶羌活在四川分布海拔在2 500~3 500m，高山峡谷地区，如巴朗山、红原刷经寺、德格柯洛洞一线天等地，可高达3 600m以上；青海和甘肃的宽叶羌活分布海拔可低至2 000m左右，分布范围比羌活广。

2005年前后的青海（海东地区和西宁市）、甘肃（甘南、陇南、临夏、定西）产地实现小规模人工种植，主要发展家种宽叶羌活；2011年前后，四川（阿坝州小金县、松潘、九寨沟）等地家种羌活也开始发展，也是以宽叶羌活为主。2018年后，四川省阿坝州、甘孜州等地弃种宽叶羌活，开始大量种植羌活。据不完全统计，2023年四川省阿坝州、甘孜州家种羌活在地面积约9 000亩，其中羌活占73.68%。2023年家种羌活产量不足1 000t，较高峰的2 000t下降一半多（数据来源天地云图大数据）。

2023年野生羌活年产量为300~400t，市场上统货160~180元/kg，蚕羌270~300元/kg。2024年，因为不挖红景天，农牧民采挖羌活的时间提前1个月，8月上旬开始产新的羌活，鲜货成交价56元/kg（折合干品168元/kg），8月中旬羌活收购平均量就达到了2 500 kg/d，8月下旬平均收购量达到了恐怖的6 000 kg/d，最高一天超10 000kg的量。往年羌活收购量高峰期也不过2 500~3 000 kg/d，羌活收购量暴涨。预计2024年野生羌活的产量能增产30%。现野生羌活市场价格180元/kg，大蚕羌320元/kg，小蚕羌270元/kg。

4. 适宜生长区域

羌活野生种群的生境主要是亚高山针叶林上沿、林线、林窗、树线交错带及高山灌丛草地，生境特征主要是林地（前期羌活生理生态的相关研究也表明羌活是森林成分而非草地成分），因此野生抚育区域应该以林地为主，灌丛草地因为及生境脆弱和难以到达性而难以成为野生抚育的区域；羌活人工栽培主要是在高寒山区耕地上进行，高寒区域因生态保护而严禁垦殖林地和草地，因此人工栽培区域的土地利用方式主要是耕地。以此为依据，羌活的生产区划按功能性可划分为适宜羌活野生抚育的林地生产区划和适宜人工栽培的耕地生产区划。

羌活人工栽培高适宜区主要分布在四川省阿坝州和甘孜州—该区域因为环境的空间异质性高而且高海拔适宜区域的耕地面积相对较大，因而有一定面积的适宜耕地；中适宜区分布在甘肃省陇南地区、青海省东部地区以及两省交界处——该区域尽管海拔普遍较甘孜、阿坝低但因为纬度偏北而且耕地面积较大，因而有较大面积的适宜耕地（甘肃省和青海省）；低适宜区分布在西藏昌都地区以及与青海省交界处，这部分面积较小，一是因为海拔高、寒旱问题严重、土壤质量不高。二是因为该区域以草地为主而耕地面积非常有限。适合羌活野生抚育林地也大致划分为三个区段：高适宜区段、中适宜区段和低适宜区段。高适宜区段主要分布在四川省阿坝州境内；中适宜区段分布在青海以及四川省甘孜州境内；低适宜区段主要分布在甘肃省陇南地区和西藏自治区的昌都地区。

四川省、西藏自治区和云南省适合羌活野生抚育种植区划（林地）面积高于规模化人工种植区划（耕地）面积。据考查，该区域多为羌活（N. incisum）的历史产区，种质资源较佳，因此可在该区域大力扶持羌活野生抚育种植，以保障药材质量，并提高当地农民收入。甘肃省和青海省适宜羌活种植的耕地面积较为宽广，交通相对便利，可合理扶持羌活规模化人工种植（表1）。

由表1可知，四川境内适宜羌活种植的区域主要有阿坝县、九寨沟县、松潘县、道孚县、壤塘县、马尔康县、红原县、丹巴县、黑水县、金川县、小金县、康定县等。

表1 羌活功能型区划的区域统计分析

| 分布地区 | 适宜区类型 | 分布面积/km² | | 主要分布县 |
		耕地（人工栽培）	林地（野生抚育）	
四川	高度适宜区段	$4.53×10^3$	$6.64×10^4$	阿坝县、九寨沟县、松潘县、道孚县、壤塘县、马尔康县、红原县、丹巴县、黑水县、金川县、小金县、康定县等
	中度适宜区段	$1.05×10^4$	$8.32×10^4$	
	低度适宜区段	$1.53×10^4$	$7.19×10^4$	
甘肃	高度适宜区段	$5.28×10^3$	$9.07×10^3$	文县、武都县、舟曲县、成县、康县、西和县、礼县、岷县、漳县、临潭县、清水县、通渭县、渭源县等
	中度适宜区段	$1.28×10^4$	$2.20×10^4$	
	低度适宜区段	$3.73×10^4$	$3.01×10^4$	
青海	高度适宜区段	$5.03×10^3$	$8.73×10^3$	玉树县、囊谦县、称多县、门源县、互助县、湟中县、湟源县、乐都县、同仁县等
	中度适宜区段	$1.17×10^4$	$3.53×10^4$	
	低度适宜区段	$3.06×10^4$	$7.81×10^4$	
西藏	高度适宜区段	$2.98×10^2$	$5.96×10^3$	比如县、波密县、林芝县、米林县、妥坝县、八宿县、贡觉县、察雅县等
	中度适宜区段	$5.03×10^3$	$3.20×10^4$	
	低度适宜区段	$9.56×10^3$	$7.79×10^4$	

(续表)

分布地区	适宜区类型	分布面积/km²		主要分布县
		耕地（人工栽培）	林地（野生抚育）	
云南	高度适宜区段	3.32×10^{0}	5.04×10^{2}	德钦县、贡山县、中甸县、福贡县、丽江县、宁蒗县、洱源县、漾濞县等
	中度适宜区段	8.95×10^{1}	4.27×10^{3}	
	低度适宜区段	1.23×10^{3}	1.09×10^{4}	

（二）资源保护和新品种选育

1. 资源保护

羌活主要分布于青藏高原横断山脉以东的川、甘、青、藏、滇等省区的高寒山区，其商品药材历来依赖采挖野生资源，近几十年随着栖息地环境破坏、需求量增加等问题导致基原植物野生资源日益枯竭，尤其是高海拔分布羌活，1987 年已被国务院《中国野生药材资源保护管理条例》列为三级保护植物，《中国生物多样性红色名录》（高等植物卷）收录为近危（NT）物种。虽然羌活野生变家种关键技术瓶颈已突破，规范化生产基地也逐渐建立，但市场上商品药材仍以野生资源为主。

对于羌活野生种群的保护，与其他大多数濒危植物的保护不同，羌活是一种高寒地带多年生药用草本植物，原生环境严酷、生长期短、繁殖困难和更新周期长，日益上升的经济价值和日益退化和破坏的生境，严重加剧野生资源种群枯竭与消亡。就前期调查和普查工作来看，羌活的野生种群主要残存于四川甘孜和阿坝州的高山峡谷针叶林林线上下、灌丛草地等地带交通极不方便的偏远区域，以及一些神山（如德格竹庆）和自然保护区（如黄龙自然保护区），应该加大这些区域的保护巡查力度，设立严格管控的禁采区域。对于有一定规模的资源种群，按照野生资源更新周期 8 年的前提条件下，分布区各县林业部门应严格管控每年的羌活药材采挖规模，同时保留一定量的野生种子采摘种群，严禁采挖药材。

2. 新品种选育

部分高校、科研院所的科研团队正在开展羌活品种选育工作，但尚无审定的新品种。袁宏等人通过分析栽培羌活植株地上表型性状与地下药用部位指标性成分的关系，发现羌活植株基生叶片颜色和叶柄颜色可作为羌活药材指标成分羌活醇及异欧前胡素高含量品种的定向选育表型性状。该研究结果为解决人工栽培羌活药源危机提供了有效途径，为优良种质的定向选育提供了参考依据。

(三) 栽培技术/生产模式

1. 种苗繁育技术

种子采收：在7月中旬至8月下旬，选择两年生以上健壮生长植株，采收浅黄褐色的饱满果实，截取果序，脱粒阴干至10%含水量以下，置于阴凉干燥处储藏，储藏时间不超过2年。

种子处理：将种子用流水浸泡24h，浸泡后的种子与干燥的珍珠岩等基质按体积比1:1.5混合均匀，将含水量调节至60%~70%，捏之成团、松开即散。先将混匀基质的种子置于10~25℃培养箱中层积3个月，定期翻动并检查层积的温度与水分状况，然后置于0~5℃培养箱存放30d以上，用于春播或冬播。

选地、整地：（选地）选择阴山或阴坡，要求水源方便，排水良好、耕作层深厚、腐殖质丰富且旁边未种植宽叶羌活及其他近缘种属的地块。（整地）施腐熟农家肥3 000~5 000kg/亩；翻耕混匀，整细耙平，拣去杂草、石块，清除多年生杂草繁殖根茎、宿根等。沿坡向起垄，按厢面宽1.2m、沟宽30cm、沟深20cm开厢。

播种时间：分为春播和冬播。春播一般在4月中旬前、土壤解冻后进行，冬播在10月下旬至12月中旬之间、土壤冻结之前完成。

种子用量：育苗用种量600~1 000粒/m^2（按干种子重量计，1.7~2.8g/m^2）。

播种方法：连同珍珠岩等基质一起撒播或条播。撒播时将种子和珍珠岩均匀撒播于厢面；条播的沟距15cm，沟深2~3cm。播后覆土厚度为1~2cm，土面上浇洒适量水。冬播时应覆盖草垫或遮阳网。

苗期管理：若冬播，应在土壤解冻后揭去覆盖的草垫或遮阳网。出苗后，苗床上方支起遮阴度60%~80%的遮阳网。出苗后1~2个月叶面喷施磷酸二氢钾0.063kg/亩（以P_2O_5计）、尿素0.09kg/亩（以纯N计）。及时浇水除草。

起苗：倒苗后或萌芽前用钉耙等农具采挖一年生或两年生种苗进行移栽。

2. 栽培技术

选地、整地：选地、整地方法同种苗繁育技术。

定植：于3月下旬至4月下旬或10月开穴或开沟定植。行株距20cm×20cm，种苗芽应低于土面3cm。栽后覆土压实，施定根水。可间作蚕豆或大蒜等作物。

田间管理：（查苗补苗）齐苗后，检查有无缺窝和枯死种苗，选择阴天及时补植,确保全苗。(中耕除草)定植后从第二年开始,每年羌活返青之后中耕松土1次,封行前及时去除杂草。(追肥)每年施肥2~3次,施复合肥60kg/亩(N 13%、P_2O_5 2.6%、K_2O 4.8%)。(摘薹)移栽定植后需在抽薹初期及时去掉花薹,留种植株除外。(水分管理)根据土壤墒情适时浇水,雨季及时排水。

3. 病虫害防治

防治原则:预防为主,综合防治。农业防治、物理防治和生物防治为主,化学防治遵循安全、高效、减量的原则。

农业防治:选用抗病虫品种、实行轮作、培育壮苗、合理密植、清洁田园;使用优质商品有机肥或经充分腐熟的农家肥,减少化肥用量。

物理防治:频振杀虫灯诱杀鞘翅目等害虫,用网围栏防止草食动物危害。

生物防治:采用昆虫性诱剂诱杀害虫,或昆虫病原微生物、白僵菌等微生物制剂、芽孢杆菌等拮抗微生物及其制剂进行防治,或种植诱集植物进行防治。

化学防治:选用高效、低毒、低残留农药并交替使用。严禁施用高毒、高残留农药,严格按照规定的浓度和安全间隔期要求进行,农药使用应符合NY/T 1276的规定,主要病虫害与部分推荐农药参见四川省地方标准《川产道地药材生产技术规程 羌活》。

4. 采收与产地加工

采收:以羌活栽培4年生以上采收为宜。10月下旬至11月,地上部分完全枯萎后、土壤冻结之前采挖药材;或在春季3月下旬至4月,土壤解冻后、出苗前采挖。将羌活根及根茎全部挖出,摘除残余茎叶,抖掉泥土后,放入箩筐等透气的容器运回。

产地初加工:晾晒药材过程中边晒边抖净泥土。晾至根部坚硬,易折断,断面呈孔状即可。晾晒过程中需堆放时,应堆放在通风阴凉处,避免发热腐烂。有条件时,可采用低温烘干法进行干燥。将干燥好的药材按照羌活不同商品规格等级进行分拣,羌活药材商品规格等级应符合DB51/T 3162的要求。

5. 生产模式

生态种植模式是目前中药材种植中较为常用的模式,包括基于生态景观、生态系统、生物群落、生态种群及生物个体等多种生物层次,基本模式有景观模式、循环模式、立体模式、生物多样性模式和良种良法模式,具体类型包含仿野生栽培模式、野生抚育模式、道路景观设置模式、药谷模式、林药间作模式、中药材林下种植模式、药粮间作模式、药粮套作模式、药粮水旱轮作、药禽立体种养、药用植物—家畜混养模式等。目前羌活一般采用单一种植模式，也有部分区域采用药粮间作模式，如羌活—大蒜间作，羌活—胡豆间作，羌活—莴笋间作等。

以四川小金产区为例，该产区 2018—2020 年采用该模式种植羌活，对于二年生羌活，间作 4 种作物，分别为大蒜、蚕豆、莴苣、油菜，羌活的株高分别为（18.00±2.65）cm、（21.78±6.22）cm、（20.44±2.07）cm、（15.11±4.17）cm，显著高于羌活单作对照（12.67±3.46）cm，单株根鲜重分别为（15.04±8.06）g、（12.05±6.65）g、（10.62±4.45）g、（7.11±0.40）g，显著高于羌活单作对照（5.49±3.94）g。对于三年生羌活，羌活—大蒜、羌活—蚕豆、羌活—莴笋间作模式下羌活的地下根茎鲜重（平均单株产量）分别为（60.58±31.07）g、（27.35±1.99）g、（36.13±16.04）g，显著高于羌活单作对照（23.87±2.56）g。另外羌活—蚕豆间作的羌活存苗率为 64.33%，高于羌活单作对照 54.67%；对于一年生羌活，羌活—蚕豆间作对羌活醇、异欧前胡素产生了显著促进作用，并且 2 种有效成分之和大于对照，这可能与蚕豆茎秆高大，为羌活提供了部分遮阴，促进了羌活醇和异欧前胡素的生物合成。

二、问题挑战

（一）栽培药材的形态变化

虽然羌活野生变家种关键技术瓶颈已突破，种子种苗繁育基地已建立，家种羌活种子 200~600 元/kg，育苗成本大幅下降，成苗率可达 50%以上。羌活规范化生产基地也逐渐建立。经测试，家种羌活 3 年以上挥发油、羌活醇和异欧前胡素均合格。但其药材形态与野生的差异较大。栽培后羌活须根大量形成而主根消失或弱化，因此需要对羌活植株形态发育特别是根系发育的影响因子进行深入研究，寻求药材形态调控因子。

羌活实生苗移栽后 3 年后药材中挥发油、羌活醇与异欧前胡素含量均可达到药典标准（一些地点的样品甚至只需要 2 年含量即可达到标准）。有意思的是，人工栽培的羌活药材的须根中挥发油、羌活醇与异欧前胡素含量还高于主根。按照传统商品形态来进行羌活商品药材的市场定价，须根多的羌活药材等级和价格最差，这对家种羌活药材明显不利也不合理。因此，对于羌活药材的人工栽培，需要从两个方面来解决药材目前面临的问题才能实现产业化生产，一是通过品种选育和栽培技术攻关途径，研究能否通过育种和栽培解决药材商品形态的问题；二是在保证药典标准的前提下，研究和制定羌活栽培药材的相关质量和等级标准。

（二）综合开发有待加强

羌活药材传统上只用主根（根茎），须根和大量地上部分生物量直接抛弃。作为高寒植物，羌活生长季短、生物量积累有限，这种使用方法造成资源的极大浪费。同时，在羌活规模化栽培中，还需去花薹等，这些生物量或者废弃物可能有药用价值或其他用途（如当地牧民鲜食幼嫩的羌活花薹或将羌活地上部分喂食给牛羊麝等动物）。因此，需要对羌活各部部位开展综合利用的研究，如前所述，须根中挥发油和羌活醇含量甚高，这不但提高人工栽培的经济效益，且促进生物质资源综合利用。

（三）种源基地和种苗量产易受气候影响

经过多年研究和产业化栽培工作的推进，种子生产、种苗生产、原产地人工栽培等工作，栽培的关键环节技术已解决。用羌活实生苗定植或野生植物集中移栽，建设羌活种源基地，3~4年可进入产种期，4年生植株每亩产种量6~10kg（干重）。但是，羌活种源繁育受扬花期气候的严重影响，阴雨严重影响羌活植株的授粉、结实。另外，羌活在生长6年后会陆续出现植株老化和长势衰退现象，影响开花结实。为避免扬花期气候异常、种源地自然灾害和地质灾害等影响羌活的规模化人工栽培所需种子种苗，客观上要求在产地不同区域和生境建设多个备用种源基地，才能有效解决产业化栽培所需种源，避免自然风险。

三、对策建议

（一）四川羌活产业发展趋势研判

1. 羌活收益较高，农户种植积极性较高

四川地区种植羌活一般需要种植4年，三年种子种苗：5 600元，化肥：1 000元，土地：1 800元，人工：4 000元，合计：12 400元左右，亩产250~350kg，平均按照300kg计算。2023年农户卖价100元/kg，三年净收益17 600元，平均每

年收益4 400元，收益还是不错，当地种植户积极性较高，羌活种植面积也在扩增。

2. 野生羌活资源萎缩，产量下降

因为不挖红景天，当地农牧民上山采挖野生羌活的时间基本提前了一个月，有些区域没有采挖野生羌活习惯的农牧民也加入采挖行列。据调研，2024年8月上旬野生羌活收购平均量就达到了1 250kg/d，8月下旬收购平均量达到了0.6万 kg/d，最高一天超1万 kg 的量。往年羌活收购量高峰期也不过2 500~3 000kg/d，羌活收购量暴涨。预计2024年野生羌活的产量能增产30%，未来几年羌活产量可能会呈现小高峰，但地毯式采挖必将会导致羌活野生资源萎缩，产量下降。

（二）促进四川羌活产业发展的对策建议

1. 优化种源基地和育苗基地空间布局

羌活种源基地和育苗基地应该从气候与环境异质性、经济效益优化、资源共享和资源安全的角度，合理安排种源基地和育苗基地空间区域布局，满足产业化栽培需要。

2. 加强羌活生态种植基地建设

中药材长期单一化种植不仅会导致土壤肥力下降、生物多样性会消失，还会加重病虫害。同时，单一化种植还存在产能过剩，品质低劣，大面积减产，单位面积土地经济效益较低等风险。生态种植是提高中药材质量和安全性、缓解耕地"非粮化"紧张局面、精准扶贫效果显著的一种中药生态农业。结合羌活原生境，建立采用药粮间作、林下野生抚育、野生栽培等模式，加强生态种植基地建设，提高药材产量和品质。

3. 加强羌活野生种群及栖息地保护

羌活是一种高寒地带多年生药用草本植物，原生环境严酷、生长期短、繁殖困难和更新周期长，日益上升的经济价值，加剧野生资源种群枯竭与消亡。就前期调查和普查工作来看，羌活主要的野生种群残存于四川甘孜和阿坝州的高山峡谷针叶林林线上下、灌丛草地等地带交通极不方便的偏远区域，以及一些神山（如德格竹庆）和自然保护区（如黄龙自然保护区），应该加大这些区域的保护巡查力度，设立严格管控的禁采区域。对于有一定规模的资源种群，按照野生资源更新周期8年的前提条件下，分布区各县林业主管部门应严格管控每年的羌活药材采挖规模，同时保留一定量的野生种子采摘种群，严禁采挖药材。

4. 加强羌活种质资源收集保存和野生抚育

中药种质资源是中医药产业发展的战略性基础资源，是我国最具特色和优势的生物资源，具有巨大的经济价值和商业开发潜力，是我国生物遗传资源产业化的首选对象。根据前期研究，羌活野生种群中有很多形态特征分化较为稳定的种质，如茎秆颜色有绿色和紫色，叶片羽列特征也有分化，这些种质特征可能是对不同生境条件的长期适应的结果。当前亟需在野生种质资源尚未消失之前，全面收集和保存各种野生种质资源，为进一步品种选育、药材品种定向培育方面进行准备遗传材料。如果不及时收集野生种质和加以保护，一旦野生种群消亡，造成的潜在损失不可估量。

同时，在实现人工栽培的量产之前，应该大力加强羌活原产地和原生境衰退种群的野生抚育，通过补栽补种、抚育管理、生态环境管理、人为干扰管理等措施，促进野生种群的发展壮大，恢复资源储量和自我更新，恢复种群的抗干扰能力，特别是土地利用格局、高寒生境急剧变化的背景下，恢复种群的数量显得尤为关键。在保护优先、合理开发的原则下发展野生抚育产业和林下经济，发展资源型现代中药原料科技产业基地，增加农林业增值途径，实现区域产业特色化与多元化，不仅可以成为高寒地区少数民族脱贫致富的一个重要途径，还可以在一定程度上优化当地种养业品种结构和产品结构，促进区域经济协调发展。

参考文献

国家药典委员会，2020，中华人民共和国药典 2020 版（一部）[M]. 北京：中国中医药科技出版社，190.

江苏新医学院，1977. 中药大辞典上册 [M]. 上海：上海科学技术出版社：1172.

蒋舜媛，孙辉，等，2024. 羌活研究 [M]. 北京：科学出版社：15.

蒋舜媛，孙辉，王红兰，等，2017. 羌活产业现状及发展对策 [J]. 中国中药杂志，42（14）：2627-2632.

单锋，袁媛，郝近大，等，2014. 独活、羌活的本草源流考 [J]. 中国中药杂志，39（17）：3399.

孙洪兵，蒋舜媛，孙辉，等，2017. 基于 3S 技术的羌活区划研究Ⅲ. 基于生长适宜性和品质适宜性的羌活功能型生产区划研究 [J]. 中国中药杂志，42（14）：2639-2644.

王琪，王红兰，孙辉，等，2022.蚕豆间作对羌活次生代谢产物及根际土壤微生物多样性的影响[J].中国中药杂志，47（10）：2597-2604.

袁宏，王红兰，朱文涛，等，2023.四川栽培羌活表型性状与品质相关性分析[J].核农学报，37（12）：2469-2477.

四川甘松产业发展报告

李文兵 李 莹 阎新佳 张绍山 陈 晨 冯景秋
李 娟 杨正明 盛华春 黄艳菲 刘 圆

（西南民族大学，四川成都 610225）

摘 要：甘松为败酱科植物甘松 [Nardostachys jatamansi（D. Don）DC.] 的干燥根及根茎，历版《中国药典》收载，为青藏高原地区的川产道地药材；为古印度阿育吠陀（Ayurveda）和尤纳尼医（Unani）学体系的常用药材，我国藏、蒙古、维吾尔、傈僳、纳西等传统民族医临床常用品种；藏香的重要原材料；是步长稳心颗粒、参松养心胶囊、松补力口服液、伤痛凝胶囊等中成药重要原料；已被列入《濒危野生动植物物种国际贸易公约》《世界自然保护联盟濒危物种红色名录》和《国家重点保护野生植物名录》（2021 年版）二级保护植物。本文通过对甘松野生资源限制使用困境、资源保护和品种（系）选育、栽培技术/生产模式、产品开发等方面进行分析，并提出相应对策建议，以期为四川省甘松全产业链可持续发展提供参考。

关键词：四川省；甘松产业；发展；对策研究

甘松为败酱科甘松属植物甘松 [Nardostachys jatamansi（D. Don）DC.] 的干燥根及根茎，为历版《中国药典》收载"理气止痛、开郁醒脾，外用祛湿消肿；用于脘腹胀满、食欲不振、呕吐，外用治牙痛、脚气肿毒"。甘松是山东步长制药"稳心颗粒""稳心胶囊"，石家庄以岭药业"参松养心胶囊"，维药"松补力口服液"，丽彩甘肃西峰制药有限公司"伤痛宁胶囊"等中成药大品种的重要原料；甘松在藏医临床作"榜贝（帮贝）"入药，乃治"旧热症，热毒证"与"瘟疫症"的核心原料，其干药材国内需求量超 5 000t/年。随着甘松在药品藏香及日化品类的需求量增加，印度、尼泊尔等国对"穗甘松油"进口需求激增，导致甘松野生资源濒临枯竭。目前该物种已被列入 1979 年、2007 年、2013 年、

2023年版《濒危野生动植物物种国际贸易公约》附录Ⅱ中，《世界自然保护联盟濒危物种红色名录》（IUCN 2020年）以及《国家重点保护野生植物名录》（2021年）二级保护植物，全面限制野生资源利用，因此，推进甘松人工种植技术研发与示范基地建设，在保护野生资源种群的同时建立可持续种质资源体系，已成为行业发展的战略要务。

一、四川甘松产业发展现状

（一）甘松资源概况

1. 野生资源

（1）基原。甘松为败酱科甘松属植物甘松［*Nardostachys jatamansi* (D. Don) DC.］的干燥根及根茎。

（2）生物学特性。甘松为多年生草本。全株有烈香。年均生长期约160d。株高5~50cm。根状茎木质、粗短，直立或斜升，根茎密被片状老叶鞘或叶鞘纤维；下面有粗长主根或分枝。叶丛生，线状披针形或狭倒卵形、长匙形，长3~25cm，宽0.5~2.5cm；主脉平行3~5出，无毛或微被毛，全缘，先端钝渐尖，基部渐窄成叶柄，叶柄与叶近等长；茎生叶1~2对，下部的椭圆形或倒卵形，基部下延成叶柄，上部的倒披针形或披针形，有时具疏齿，无柄。花茎旁出，花序为聚伞形头状，顶生，直径1.5~2cm，有时开展至更大；花后花序主轴和侧轴多数明显伸长或者不伸长。花粉红色至粉紫色或淡紫色至紫红色、钟形，基部略偏突，长4.5~11mm，裂片5；雄蕊4，花瓣内壁无毛或有毛，与花冠裂片近等长，花丝具毛；子房下位，花柱与雄蕊近等长。瘦果倒卵形，长约4mm，无毛或被毛。花期6—8月，果期8—9月。

（3）分布。本项目组调查四川、青海、甘肃、西藏、云南等藏区，横跨8个纬度（26°10′~34°31′），纵跨20个经度（83°12′~103°35′），调查结果表明：甘松野生资源主要分布于喜马拉雅山区，在我国分布于四川、青海、甘肃、西藏、云南（表1），印度、尼泊尔、不丹也有分布。

表1 甘松中国野生分布

省	市/州	县/区
四川省	阿坝藏族羌族自治州	阿坝县、若尔盖县、红原县、壤塘县、松潘县
	甘孜藏族自治州	康定市、九龙县、雅江县、道孚县、炉霍县、甘孜县、新龙县、德格县、白玉县、石渠县、色达县、理塘县、巴塘县、乡城县、稻城县、得荣县
	凉山彝族自治州	木里县、昭觉县
甘肃省	甘南藏族自治州	玛曲县、碌曲县、卓尼县
青海省	果洛藏族自治州	玛沁县、班玛县、久治县、玛多县、达日县
西藏自治区	昌都市	昌都市、江达县、察雅县、类乌齐县、左贡县、贡觉县、芒康县
	拉萨市	拉萨市、林周县
	日喀则市	萨嘎县、昂仁县、仲巴县、吉隆县、聂拉木县、定结县、定日县、亚东县
	山南市	扎囊县、错那县、隆子县、浪卡子县
	林芝市	林芝市巴宜区
云南省	迪庆藏族自治州	香格里拉市、德钦县、维西县
	丽江市	丽江市古城区、玉龙县
	怒江傈僳族自治州	碧江县、贡山县

甘松生长于海拔3 000~5 000m的高山和亚高山地区的冷杉林下、杜鹃灌丛、高山裸露草地、滩涂等地。群落盖度多在60%~70%及以上，黄帚橐吾、圆穗蓼、紫菀、金莲花、草玉梅、火绒草、棘豆、绿绒蒿、雪灵芝等草本类常成为甘松的草本伴生物种，杜鹃、鲜卑花、金露梅小灌木类物种中也多有分布。甘松在灌木群落中处于伴生种地位，在草地群落中常发展为建群种，个体密度更大。其生长发育主要与生长环境遮光度、土壤湿度和海拔相关。

本项目组在调查中发现：野生甘松在四川10个县、西藏3个县、青海5个县、甘肃3个县分布数量较多，具体分布密集点如下（表2）。

表2 甘松中国野生分布密集点

省	市/州	县/区
四川省	阿坝藏族羌族自治州	阿坝县、若尔盖县、红原县、壤塘县
	甘孜藏族自治州	雅江县、德格县、理塘县、乡城县、炉霍县、稻城县

(续表)

省	市/州	县/区
甘肃省	甘南藏族自治州	玛曲县、碌曲县、卓尼县
青海省	果洛藏族自治州	玛沁县、班玛县、久治县、玛多县、达日县
西藏自治区	昌都市	昌都市、江达县
	日喀则市	亚东县

2. 人工种植资源

甘松喜冷凉、湿润的气候，选择排灌方便、含腐殖质丰富、中性或微碱性的砂质土种植。一般播种方式为种子繁殖或分株繁殖。

四川甘松种植刚起步，目前四川省阿坝州有少量甘松种植，总计约 $13hm^2$（195 亩），具体种植情况（表3）。然而，四川省川西北地区适宜甘松种植的县较多，例如四川省阿坝州红原县、若尔盖县、壤塘县等，四川省甘孜州雅江县、稻城县、理塘县等海拔 3 000～4 500m 适宜甘松的人工种植，这为甘松规模化人工种植提供了可能和前提条件。

表 3 甘松种植情况

地点	时间	面积	种子采收
红原县邛溪镇西南民族大学青藏基地	2013 至今	$3.3hm^2$	2023：10kg/2024：30kg
壤塘县岗木达镇达日村	2023.5 至今	$1.3hm^2$	—
若尔盖县唐克镇	2024.5 至今	$6.7hm^2$	—
马尔康市	2024.5 至今	$1.7hm^2$	—
合计	—	$13hm^2$	—

（二）甘松资源保护和品种（系）选育

自 2011 年开始，西南民族大学青藏高原民族医药创新团队在青藏高原研究基地，围绕甘松的野生资源调查、质量评价、育种育苗、人工种植、新品种选育等开展了系统研究，完成了国家级学会—中华中医药学会团体标准"甘松仿野生生态种植技术规程（T/CACM 1375.10—2021）"；选育了 2 个经省级认定的甘松新品种——民松 1 号（川认药 2025012）、民匙松 1 号（川认药 2025011）。生物特征描述见表4。

表 4 甘松农业新品种生物特征

新品种	拉丁文	特征特性	年平均生长期	来源
民松 1 号	*Nardostachys jatamansi*	叶片长线形，无毛，凋零物呈片状；根茎被片状叶鞘残基；花后花序主轴和侧轴多数明显伸长，花粉红色到粉紫色，花瓣内壁无毛，果实无毛	150d	阿坝州若尔盖县巴西乡混杂甘松群体中经系统选育而成
民匙松 1 号		叶片长匙形或线状倒卵形，微被毛或无毛，凋零物呈片状；根茎被纤维状叶鞘残基；花后花序主轴和侧轴多数不明显伸长，花色稍深、显紫红色，花瓣内壁有毛；果实被毛	168d	四川省甘孜州理塘县禾泥乡野生甘松混杂群体中分离纯化并经系统选育而成

（三）甘松栽培技术/生产模式

1. 栽培技术

（1）常规种植栽培技术要点如下（表5）。

表 5 甘松常规种植栽培技术要点

栽培项目	技术要点
土质	壤土/砂质壤土，质地疏松，保水性透水性好，富含腐殖质有机质
土地整理	种植当年 7—8 月翻耕、旋耕 40cm 左右；清除杂草；暴晒 1 个月
育苗	种子（当年采收）30℃温水浸泡 24h，与熟土按 1∶1 比例混匀，苗床 80cm 开厢，厢面 60cm，按 5cm 开沟条播，覆土厚约 1cm，浇水；苗床保持水分适度；二叶期前后每亩追施 1 000kg 有机肥；适时间苗和除草
移栽定植	第三个自然年 5 月种苗返青后及时移栽
采收	移栽后第二年 9 月初采收

（2）生态种植技术要点如下（表6）。

表 6 甘松生态种植栽培技术要点

栽培项目	技术要点
确认植物种源	败酱草科甘松属植物甘松（*Nardostachys jatamansi*）

(续表)

栽培项目		技术要点
种植区域选择	地点	青藏高原东南缘海拔 3 000~4 500m，年无霜期 180d 以上，年降水量 500~1 000mm 的亚温带湿润高原气候
	环境空气	符合《GB 3095 空气质量标准》
	灌溉水	符合《GB 5084 农田灌溉水质量标准》
	土壤	质地疏松，保水性、透水性好，含腐殖质多、有机质含量较高、疏松肥沃的壤土或砂质壤土 符合《GB 15618 土壤质量标准》 黏重，易积水和板结的土壤不宜种植
催芽播种		当年采收的种子阴干，除去夹杂物、空壳、秕粒和破损种子，留下整齐饱满，形状大小，色泽一致的种子，备用。播种时 30℃ 温水浸泡 24h 催芽，与熟土按 1：1 比例混匀播种。
中耕除草		全生育期均需及时除草。先人工拔除植株周围杂草，再用专用小锄轻轻除去其他杂草，锄草时确保不能伤及甘松的地上下部分与须根，减少侧根及根毛的形成，使发育集中于根茎。严禁使用除草剂
种子采收		每年 8 月中上旬，甘松果序轴变黄，果实稍触碰就会脱落、种子由绿色转棕色时采收种子
根茎采收		播种后的第三年 7 月采收。过早采收，根茎生长不足，药用价值不足；过晚采收，结果后养分集中供应种子发育，药用价值打折

2. 生产加工（产地加工方式）

甘松为根及根茎入药；每年青藏高原地区大雪融化 5 月初至 6 月初，甘松刚生长出新苗时采收全株；分拣、清洗、低温烘干/阴干、储存。

3. 市场贸易

甘松在国内的年需求约 5 000t，目前四川省阿坝州红原县、若尔盖县、壤塘县、阿坝县为国内甘松野生药材收购的集散地，预计年销售约 500t，按市场平均价格 55 元/kg 计（图1），年销售额约 2 750 万元。

（四）甘松相关产品开发现状

1. 药用（饮片、中成药等）

甘松为历版《中国药典》收载品种，目前有 80 个中成药处方（表7）和 167 个中药方剂涉及用甘松药材。通过专利网站检索与四川省甘松与药物相关的专利有 57 件（表8）。

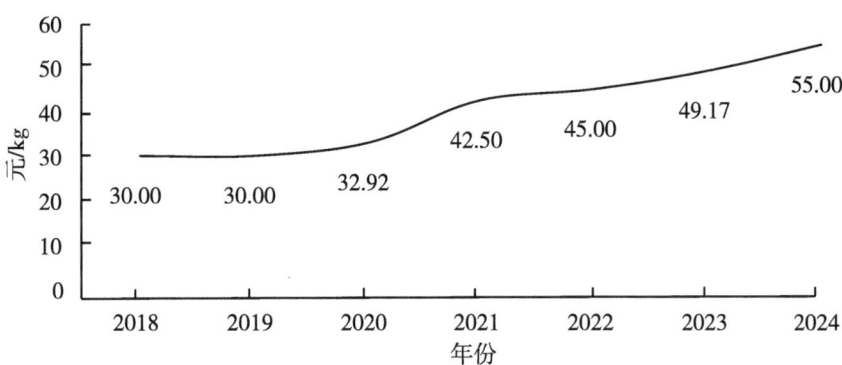

图 1　甘松 2018—2024 年价格变化趋势

表 7　甘松中成药处方名录

序号	中成药处方	序号	中成药处方
1	青果豉	22	鸿茅药酒
2	白脉软膏	23	胡日查六味丸
3	宝珍橡胶膏	24	混元丸
4	避瘟胶囊	25	混元丸（混元丹）
5	避瘟散	26	活血解痛膏
6	参三七伤药（散）	27	活血止痛膏
7	参三七伤药片	28	解毒胶囊
8	参三七伤药散	29	救急行军胶囊
9	蟾乌巴布膏	30	救急行军散
10	癫痫宁片	31	凉血退热排毒丸
11	丁香烂饭丸	32	灵源万应茶
12	二十五味冰片散	33	脉络通
13	风伤止痛膏	34	脉络通片
14	风湿塞隆胶囊	35	闽东建曲
15	风湿止痛丸	36	木香分气丸
16	复方虫草口服液	37	木香理气片
17	固精麦斯哈胶囊	38	木香理气丸
18	固精麦斯哈片	39	宁心益智胶囊
19	哈敦海鲁木勒九味丸	40	牛黄降压胶囊
20	哈敦海鲁木勒十三味丸	41	牛黄降压片
21	哈日十二味散	42	牛黄降压丸

（续表）

序号	中成药处方	序号	中成药处方
43	七味诃子散	62	稳心颗粒
44	蕲蛇追风酒	63	稳心片
45	强身壮骨酒	64	无烟灸条
46	清热二十五味丸	65	香桂活血膏
47	清瘟消肿九味丸	66	药酒丸
48	祛风湿止痛散	67	药用灸条
49	三鞭补酒	68	药制橄榄盐
50	十三味草果散	69	药制橄榄盐（青果豉）
51	十九味草果散	70	至宝三鞭胶囊
52	伤湿宝珍膏	71	追风透骨胶囊
53	伤痛宁胶囊	72	追风透骨片
54	伤痛宁片	73	追风透骨丸
55	伤痛舒	74	棕色清凉油
56	麝香解痛膏	75	参三七伤药胶囊
57	透骨镇风丸（透骨镇风丹）	76	蟾乌凝胶膏
58	外用万应膏	77	荆芥地肤止痒搽剂
59	万宝油	78	罗珍胶囊
60	胃热清胶囊	79	宁心益智口服液
61	稳心胶囊	80	双金胃肠胶囊

表8 四川省甘松与药物相关的专利

编号	公开号	专利名称	用途
1	CN101890062B	甘松及其提取物在制备治疗胃溃疡的药物中的用途	药品
2	CN101007068A	一种治疗癫痫的药物组合物及其制备方法	药品
3	CN1055015C	胃疾散	药品
4	CN114246273A	一种提高老龄蛋鸡免疫功能和蛋品质的中药提取物	药品
5	CN111617168A	一种含有中药成分的艾灸组合物	药品
6	CN106266574A	一种治疗心脉瘀阻所致的心悸不宁的中药组合物	药品

(续表)

编号	公开号	专利名称	用途
7	CN1350867A	复方牡蛎液	药品
8	CN109464546A	一种抗牙齿敏感的中药组合物及其制备方法和应用	药品
9	CN1957972B	一种用于补元气、益丹田的组合物及其制备方法和用途	药品
10	CN107823534A	一种治疗口臭的新型中药组合物及制备方法	药品
11	CN107596261A	一种治疗胃、十二指肠溃疡的中药组合物及其制备方法	药品
12	CN107375572A	一种治疗胃火炽盛型牙龈炎的涂抹剂及制备方法	药品
13	CN106237260A	一种可有效驱寒化瘀的中药组合物及其制备方法	药品
14	CN105396018A	一种去斑药物组合物及其制备方法	药品
15	CN105194116A	治疗风湿的中药配方	药品
16	CN1957980B	一种用于养身益气的药物组合物及其制备方法	药品
17	CN101057944A	一种治疗狐臭病的药物组合物及其生产方法	药品
18	CN1883677A	脚气粉及其制备方法	药品
19	CN1628730A	一种药物组合物及其制备方法和用途	药品
20	CN117482152A	一种解酒保肝的组合物及其制备方法和用途	药品
21	CN116531448A	一种芳香防疫中药组合物及其用途	药品
22	CN114569690A	一种治疗幽门螺旋杆菌感染性胃炎的中药组合物	药品
23	CN111166811A	一种通脉益心康的中药丸剂	药品
24	CN107596155A	一种治疗胃火炽盛型牙龈炎的含漱液药物及制备方法	药品
25	CN107320603A	一种可有效治疗颈、腰、腿痛的丸剂药物及制备方法	药品
26	CN106310131A	一种用于治疗白脉病的丸剂药物及制备方法	药品
27	CN106267016A	一种用于治疗血瘀型产后腹痛的中药组合物及制备方法	药品
28	CN105727138A	一种治疗肝郁脾虚型脂肪肝的中药组合物及其制备方法	药品
29	CN105688072A	一种治疗肝胆湿热型胁痛的汤剂药物及其制备方法	药品
30	CN105079442A	一种应用于参松养心胶囊试生产中的提取工艺	药品

(续表)

编号	公开号	专利名称	用途
31	CN100571768C	一种药物组合物及其制备方法和用途	药品
32	CN1478523A	药粒子热疗剂外用药	药品
33	CN114984156B	一种治疗黄褐斑的药物组合物	药品
34	CN111150780A	一种通脉益心康的中药丸剂	药品
35	CN111135237A	一种通脉益心康的中药丸剂	药品
36	CN109663080A	一种熏洗强直性脊柱炎的药剂及其使用方法	药品
37	CN107823421A	一种用于治疗胃癌的汤剂药物及制备方法	药品
38	CN107753827A	一种治疗口臭的中药制剂及制备方法	药品
39	CN107496716A	一种治疗胃阴不足型慢性胃炎的汤剂药物及其制备方法	药品
40	CN107184761A	一种温经通络止痛的药物组合物及其制备方法和用途	药品
41	CN106902313A	一种治疗急性胰腺炎的汤剂药物及其制备方法	药品
42	CN106334146A	一种用于治疗痰湿型癥瘕的散剂药物及其制备方法	药品
43	CN106267113A	一种治疗白脉病的中药组合物及其制备方法	药品
44	CN106267021A	一种治疗气血两虚型褥疮的中药组合物及其制备方法	药品
45	CN105943980A	一种止痒膏药	药品
46	CN104323965A	一种美容护肤用中药组合物	药品
47	CN110841020A	一种灸疗用中药组合物	药品
48	CN106552239A	一种有效解决损伤后关节冷痛的外敷药膏及其使用方法	药品
49	CN106389993A	一种治疗慢性萎缩性胃炎的中药组合物	药品
50	CN103860970A	一种治疗消化不良的中药组合物	药品
51	CN101229355A	风湿汤	药品
52	CN113413430A	一种骨科海红花药酒配方及其制备方法	药品
53	CN110522842A	利于药浴防治体外寄生虫的药剂制备方法	药品
54	CN107637720A	一种安全使用抗生素的鲶鱼饵料及其制备方法	药品
55	CN107320688A	一种用于治疗气血两虚型褥疮的中药组合物及制备方法	药品
56	CN114028482A	一种祛内风湿的中药组合物及其制备方法	药品
57	CN106266899A	一种治疗慢性萎缩性胃炎的中药组合物的制备方法	药品

2. 非药用（香料、化妆品、保健品等）

通过"中华人民共和国国家知识产权局"专利网（http://www.pss-system.gov.cn/）以"甘松"为关键词检索，共检索到四川省与食品香料、日用品和保健品相关的发明专利分别是20项、26项和6项（表9）。

表9　四川省甘松香料、日化品等相关专利

编号	公开号	专利名称	用途
1	CN112167603A	中和特产窝油配方及其酿造方法	食品
2	CN106281717A	一种植物源养生香料及其制作方法	食品、香料
3	CN110477276A	一种健脾开胃保健米及其制备方法	食品
4	CN109043461A	一种卤汁调味品	食品、香料
5	CN106387833A	一种提振食欲的花椒香辛料组合物	食品、香料
6	CN1242692C	一种卤料及其卤制食品的方法	食品、香料
7	CN112401145A	一种钵钵鸡制作用的调料及其制备方法	食品、香料
8	CN105533621A	一种提振食欲的香辛料组合物	食品、香料
9	CN102224857B	香辣卤油及其制备方法	食品、香料
10	CN1398542A	一种卤料及其卤制食品的方法	食品、香料
11	CN109865057A	一种预防老年病的米糠调和油	食品、油
12	CN115568576A	一种养生滋补酱及其制备方法	食品
13	CN113892524A	一种燃面红油及其制备方法	食品、香料
14	CN107811057A	一种提高辣椒红油抗氧化及香气的制作方法	食品、香料
15	CN1961695B	一种绿颜色食用油的制备方法	食品、香料
16	CN1119936C	皮蛋的制备方法	食品
17	CN1389147A	卤制肉类食品的加工方法	食品
18	CN115281327A	一种红茶火锅底料及其制备方法	食品、香料
19	CN113951490A	一种火锅底料及其制备方法	食品、香料
20	CN108371318A	一种辣椒酱及其制备方法	食品、香料
21	CN109105393A	一种甘松味藏香及其制备方法	日化品

(续表)

编号	公开号	专利名称	用途
22	CN102327308A	一种无烟灸条及其制备方法和质量控制方法	日化品
23	CN107737089A	防止皮肤衰老的纯中药美容面膜	日化品
24	CN103655421A	植物染发剂	日化品
25	CN100337692C	中药香水及其制备方法	日化品
26	CN102085031A	一种中药香囊及其制备方法	日化品
27	CN115400180A	一种防治脚气的中药组合物	日化品
28	CN102247492A	一种防脱生发组合物	日化品
29	CN113797295A	一种藏香及其制备方法	日化品
30	CN111821357A	一种无烟艾条及其制备方法	日化品
31	CN110575426A	具有美白功能的中药护肤膏	日化品
32	CN100404062C	脚气粉及其制备方法	日化品
33	CN100402094C	一种液体藏香及其制备方法	日化品
34	CN1310634C	由中药提取的香水及其制备方法	日化品
35	CN1903379A	一种液体藏香及其制备方法	日化品
36	CN113144143A	一种用于缓解失眠的藏香组合物及其制备方法	日化品
37	CN106635537A	具有美白嫩肤作用的中药玉容皂及其制备方法	日化品
38	CN1252271A	保健沐浴护肤美容中草药制剂	日化品
39	CN1102578A	强力消核保健胸罩药物	日化品
40	CN107252410A	一种美白牙膏	日化品
41	CN1682687A	由中药提取的香水及其制备方法	日化品
42	CN1152401A	多功能中药驱蚊盘香及其制作方法	日化品
43	CN114832077A	二十五味避瘟藏香	日化品
44	CN114377065A	一种复方中药艾条及其制备方法和应用	日化品
45	CN106691903A	治疗化学性牙损害的中药牙膏	日化品
46	CN1919168A	治疗化学性牙损害的中药牙膏	日化品
47	CN102492554A	一种以甘松为原料提取精油的方法	精油

（续表）

编号	公开号	专利名称	用途
48	CN103393854B	一种神灸植物精油及制备方法及应用	精油
49	CN112402569A	一种抗疲劳保健品及其制备方法	保健品
50	CN116196375B	一种用于预防和/或治疗失眠的复方精油	精油
51	CN113018398A	一种抗疲劳保健品及其制备方法	保健品
52	CN116196375A	一种用于预防和/或治疗失眠的复方精油	精油
53	CN104381311A	含甘松和白花败酱草提取物的农药及其制备方法和应用	农药
54	CN105724746A	一种生长育猪后期浓缩饲料	饲料

二、四川甘松产业存在的主要瓶颈性问题

（一）甘松资源存在的瓶颈性问题和挑战

甘松对生长环境要求较为苛刻，主要生长在海拔3 000～5 000m的高山草地或疏林中。随着甘松在藏、蒙、维医等临床，以及中（民族）成药、精油、日化品、大健康产品、藏香等需求量不断增加，导致牧农过度采挖，极大地破坏了甘松的自然生长环境，削弱了甘松的自我繁育能力，加剧了野生资源的枯竭，导致甘松被列入《国家重点保护野生植物名录》（2021年，二级）；同时，由于甘松适宜生长的高寒地区生态环境增大了规模化人工种植甘松的成本和可实现难度，甘松人工种子/种苗资源投放市场的可获得性，短时间内难以替代野生资源，因此，甘松资源——源头的可持续利用性，是目前甘松全产业链的瓶颈性问题和挑战。

（二）甘松种植存在的瓶颈性问题和挑战

1. 优良种质资源缺乏

野生甘松植物遗传多样性丰富，在形态、生理、生化上表现出各种差异，也会导致药材质量的差异。甘松繁殖方式主要集中在种子育苗和分株苗。目前，市场上有牧民自采甘松种子售卖，价格在400～800元，但是由于种子成熟度得不到保障，基本上不能萌发；西南民族大学青藏基地甘松保障萌发率的种子和种子种苗能满足种子育苗基地所需和少量投放市场，但是体量和覆盖区域远不能满足全国甘松产业

发展的需要。

2. 配套种植技术、方法有待完善

甘松主要依靠野生资源，因其对生态环境要求更为苛刻，尚无规模化和标准化种植基地。国内甘松的人工栽培种植研究与实践仅 11 年尚处于起步阶段。目前，仅"甘松仿野生生态种植技术规程（T/CACM 1375.10—2021）"制定了甘松仿野生生态种植的产地环境、基肥施用、土地整理、播种、田间管理等种植技术。有关甘松栽培的基地环境、栽培制度、选种、育种、种子处理、播种和移栽、种子种苗、田间管理、病虫防治等技术环节还有待更深入的研究与实践。

3. 种子苗、分株苗有待规模化

甘松在国内的年需求超 5 000t。目前，仅在四川省阿坝州红原县、若尔盖县、阿坝县等地的野生药材收购的集散地有收售，难以满足市场需求。现阶段，仅西南民族大学青藏基地（红原县邛溪镇）具有稳定的甘松种源基地约 3.34hm^2（50亩），可短期实现甘松种子育种苗、分株苗的种源和技术储备。从 2023 年起开始陆续收集种子，至 2024 年实现 30kg 的种子收集，仍然远达不到甘松大规模种植的种子需求量。甘松分株苗移栽技术的建立，增加了甘松无性繁殖的栽培方式，但现阶段的分株苗仅能满足约 34hm^2 的人工种植。

可见，急需提高甘松种子结实率，建立甘松种子高效育苗技术；促进甘松的分蘖，实现更多的分株苗，以满足甘松规模化种植所需的种源储藏量。

（三）甘松生产存在的瓶颈性问题和挑战

1. 产地加工不规范

目前，甘松药材完全依赖野生资源，每年 5—6 月，甘松出芽返青后，牧民上山采挖，出售给当地药材收购商。药材收购商对甘松进行初加工，除去泥沙杂质或水洗后自然晾晒、阴干或阳光棚晒干。受经营规模、场地等限制，产地初加工条件、方法不一，缺乏规范产地加工技术规程，导致药材质量良莠不齐。据 2017—2021 年全国中药饮片抽检质量状况分析，全国甘松饮片抽检不合格率达 64.95%，不合格项目主要为杂质，包括茎、叶等非药用部位及泥沙等。

2. 药材生产缺乏集约化、规模化

甘松药材由于依赖野生，牧民采挖后出售给当地药材收购商，产地加工均为小工作坊式，缺乏集约化、规模化。如红原县隆顺药材收购有限公司、若尔盖县伟麟

高原药业有限公司每年从牧民收购甘松全草,再经过筛除泥沙、水洗、干燥等简单工序处理,加工成甘松药材,存在产地加工简单、粗放,人力成本高等缺点,由于缺乏规范化操作规程,导致生产出来药材挥发油含量显著降低、非药用部位及泥沙等杂质超标,严重影响甘松药材品质。

3. 药材资源综合利用率不高

历版《中国药典》收载甘松的药用部位为根及根茎,作为配方、制剂投料或精油提取等使用,而占生物产量40%~50%的茎叶、花等则为非药用部位未得到合理利用和开发。西南民族大学青藏高原民族医药创新团队基于甘松"一体多用"的思路,通过对甘松地上部分和地下部分的"化学成分"和"药理作用"比较,深入挖掘甘松地上部分的药用价值,在国内首次制定"甘松叶"药材标准,并纳入《四川省藏药材标准》2020年版,为甘松药材资源的综合利用提供了法定依据。

三、四川甘松产业发展趋势与对策建议

(一)四川甘松产业发展趋势研判

1. 甘松资源紧缺将在短期内逐渐加剧

甘松在中藏药、精油、香料等领域应用广泛,据国内市场调研,山东步长制药、石家庄以岭药业、奇正藏药、红原天然产物有限责任公司等制药和精油提取公司以及香料和饮片市场对甘松需求总量超5 250t/年(图2);同时甘松在新疆维吾尔医学特色专科——皮肤科维成药、维药"松补力口服液",丽彩甘肃西峰制药有限公司"伤痛宁胶囊"等中成药中也有广泛使用。

由此可见,甘松药材在国内外有着庞大且稳定的需求。受限于甘松生长环境和自身生理特性的限制,甘松野生资源自我再生非常缓慢;目前甘松药材的市场供给仍然依靠采挖野生资源,而四川乃至全国的甘松人工种植产业仍然停留在小规模试验阶段,可以预计在甘松的1~2个生长周期内(3~6年),来源人工种植的甘松药材很难供给市场。因此,甘松药材的供给与市场需求间的矛盾将在未来几年逐渐加剧。

2. 甘松人工种植将替代采挖野生资源

借鉴白及、石斛、重楼等大宗药材的种植产业发展路径,甘松由目前的采挖野生资源到人工种植替代将是必然趋势。主要有以下几点原因。

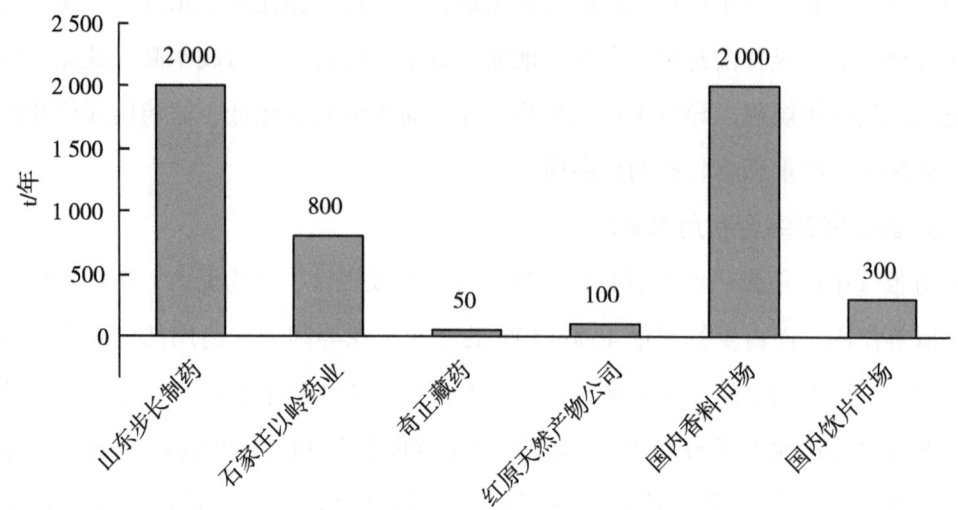

图 2　国内涉及甘松主要产业需求量

（1）甘松已列入世界自然保护联盟濒危物种红色名录和国家二级保护植物，大规模采挖其野生资源不符合法律法规。

（2）甘松药材市场需求庞大，采挖野生资源不可持续。

（3）在西南民族大学、四川省国投现代农牧业产业有限公司等努力下，甘松人工种植的前期田间试验已经成熟，具备了规模化推广的技术条件。

（4）四川省政府已将中医药产业发展定位四川省支柱产业，甘松作为川产道地药材将是支撑该产业的基石之一。

（二）促进四川甘松产业发展的对策建议

1. 解决甘松资源的瓶颈性问题

在现有甘松种子播种、分株苗移栽的人工种植技术基础上，寻求制药企业（需求方）、种植企业、种植大户的参与，推动甘松的规模化人工种植，解决甘松资源的瓶颈。策略如下：

需求方参与：需要制药企业等需求方的积极参与，提供市场导向和资金支持，确保人工种植的甘松有稳定的市场需求和经济回报。

种植企业与大户：有经验的种植企业及种植大户，基于前期的专业知识和资源积累，规模化种植。

技术研发与优化：持续进行技术研发，优化甘松的种子播种和分株苗移栽技术，涉及改良种子处理方法、改进育苗技术、开发适合当地环境的种植方案等。

政策支持与资金投入：争取政府相关部门的支持，如四川省科技厅、四川省农业农村厅、四川省中医药管理局等，获取政策和资金上的支持，包括申请育种攻关专项、获取科研经费、享受税收优惠等。

建立合作平台：建立一个多方参与的合作平台，包括制药企业、种植企业、科研机构、政府部门等，共同讨论和解决种植过程中遇到的瓶颈性问题。

通过上述策略，可以有效推动甘松的规模化人工种植，解决野生资源日益枯竭的瓶颈性问题，同时为种植者带来经济效益，为制药企业提供可持续性的原料来源。

2. 解决甘松种植的瓶颈性问题

（1）政策引领为甘松种植业发展保驾护航。将甘松（川西北高原片区）纳入四川省科技厅、四川省农业农村厅、四川省中医药管理局等川产道地药材育种攻关专项，实现政策和经费上可持续性。在甘松适生区的贫困地区，制定扶贫政策，科技助农，振兴乡村。

（2）深入开展甘松农业新品种培育工作，加快优质高产良种培育进程。广泛搜集甘松资源。全面覆盖甘松分布区域，包括甘肃、青海、四川、云南、西藏等省区，建成丰富的资源圃，丰富甘松性状资源。

加快新资源创制脚步。利用化学诱变、物理诱变、分子生物学等多种技术手段，创制新性状、新资源，为品种选育提供基础。

通过杂交等育种手段，整合优良性质，培育优质高产、商品性好的新品种。

扩大甘松适生区域的探索，解决因适生地的局限，导致甘松产量完全不能满足市场需求的瓶颈性问题。

（3）完善良种生产标准技术规程，推动甘松种植产业发展。通过栽培试验，明确良种生产标准技术规程，在现有甘松人工种植的种子量基础上，提高甘松种子的产量和品质。

通过校企合作，扶持甘松良种的生产企业，确保种植企业用上放心种子，保障甘松种植业开好局、起好步。

（4）基于人工种植甘松试验，系统研究并解决甘松根及根茎的分枝多等不利性状，提高甘松商品性。明确优质高产甘松新品种配套栽培措施，达到优质高产的效果，提高商品性。

通过合理轮作、合理密植、科学施肥、适时灌溉与排水、适时收获等栽培措施，提高甘松有效成分含量及产量，形成主根粗大、分支少等商品性好的产品。

（5）制定甘松标准化人工种植技术规程，以良种、良田、良法保障甘松优质高产栽培。

制定甘松栽培、种子生产等相关标准技术规程，可以为甘松产业发展提供优质种子，是保证高产、稳产的重要措施。

配合良种、适宜的栽培地及相应的技术规程，实现优质高产、商品性佳的田间生产。

（6）扩大栽培规模，满足市场需求。通过标准化生产、加工等环节提升甘松的附加值和市场竞争力，提高产品的商品化率。

3. 解决甘松生产的瓶颈性问题

（1）基于人工种植甘松，制定人工种植甘松的采收、加工、贮藏等规程。

采收规程：确定采收时间为青藏高原地区大雪融化，甘松新苗刚生长的5月初至6月初。制定采收操作指南，包括采收工具的使用、采收方法和避免污染的措施。

加工规程：标准化加工流程，确保药材在清洗、干燥、切片等环节中保持其药效成分不受损失。采用适宜的干燥技术，如热风干燥或阴干，以保持药材品质。

贮藏规程：设定科学的贮藏条件，如适宜的温度、湿度、防虫、防霉措施，确保药材长期储存不变质。

（2）基于人工种植的甘松药材，制定人工种植甘松商品规格等级。

质量评价体系：建立基于药效成分含量、外观特征、纯净度等指标的质量评价体系。

等级标准：根据甘松药材的不同特性，如大小、形状、色泽和药效成分含量，设定不同的商品等级标准。

认证和标签系统：实施认证和标签系统，为不同等级的甘松提供认证标志和详细标签，增强消费者对产品质量的信心。

（3）加强甘松的基础科研，甘松的非药用部位（须根、花、叶）资源综合利用。

基础研究加强：加大对甘松化学成分、药理作用和安全性的研究力度，为甘松的深入开发和应用提供科学支持。

活性成分提取技术：研究和开发从甘松非药用部位提取活性成分的有效方法，提高资源的利用效率。

多领域应用开发：探索甘松非药用部位在其他领域的应用潜力，如作为香料、化妆品原料或保健品成分，开发新产品。

通过实施这些措施，可以有效提升甘松的生产质量，确保药材的安全性和有效性，同时通过提高资源的综合利用率，促进甘松产业的可持续发展。

参考文献

昌维，2022. 高原药用植物甘松的生态学研究［D］. 重庆：重庆大学.

崔琪，俸明康，陈晨，等，2024. 甘松属资源遗传多样性及其ITS二级结构系统发育信息分析［J］. 中草药，55（1）：249-257.

崔琪，2024. 甘松属的生物学特性及其遗传分析［D］. 成都：西南民族大学.

海来约布，2023. 甘松精油品质评价及抑菌活性研究［D］. 成都：西南民族大学.

何斌，曲别阿香，张绍山，等，2024. 调控甘松中倍半萜类化合物积累的转录因子分析［J］. 中草药，55（15）：5222-5229.

姜程曦，洪涛，熊伟，2015. 黄精产业发展存在的问题及对策研究［J］. 中草药，46（8）：1247-1250.

金乾，2019. 藏药植物甘松的生药学研究［D］. 成都：西南民族大学.

金乾，李莹，刘圆，等，2018. 多维统计分析法综合评价濒危药用植物甘松的根及根茎和全草药材质量［J］. 中草药，49（4）：919-927.

荆文光，程显隆，张萍，等，2023. 2017—2021年全国中药饮片抽检质量状况分析［J］. 中国现代中药，25（5）：969-976.

李吉莹，黄凤娇，2024. 基于中药材种植中存在的问题及解决方法探析［J］. 农业开发与装备，29（6）：83-85.

李艳忙，胡峻，刘勇，等，2015. 甘松和匙叶甘松的比较研究［J］. 中国现代中药，17（6）：540-543.

李莹，金乾，刘圆，等，2017. 传统药用植物甘松的植物学名考［J］. 中药材，40（6）：1377-1474.

李莹，钟海蓉，刘圆，等，2023. 基于LC-MS和GC-MS的仿野生栽培与野生甘松药材的主要成分分析［J］. 中国中药杂志，48（5）：1218-1228.

李莹，钟海蓉，刘圆，等，2022. 基于高通量测序研究甘松根际细菌及药用部位内生细菌群落结构及多样性 [J]. 中草药，53（3）：835-837.

刘国林，2015. 甘松药材的质量评价研究 [D]. 北京：北京中医药大学.

刘凯凯，田国庆，任振丽，等，2024. 中药甘松的基原考证 [J]. 中药材，47（3）：761-766.

刘凯凯，田国庆，任振丽，等，2022. 中药甘松种子的萌发特性 [J]. 耕作与栽培，42（2）：50-54.

马丽霞，杨怀瑾，张佳，等，2021. 中药制剂质量与临床疗效的保障：中药品质传递过程控制 [J]. 中国实验方剂学杂志，27（14）：222-228.

马铃，胡涛，熊伟，等，2023. 盐析辅助水蒸气蒸馏法提取甘松精油及其挥发性香气成分分析 [J]. 中国酿造，42（3）：235-240.

万新，石晋丽，刘勇，等，2007. 甘松属植物化学成分与药理作用 [J]. 国外医药（植物药分册），22（1）：1-6.

王福，陈士林，刘友平，等，2023. 我国中药材种植产业进展与展望 [J]. 中国现代中药，25（6）：1163-1171.

王姿杨，邢耀莹，邵晶，等，2024. HPLC指纹图谱结合化学模式识别和多成分定量不同产地甘松的质量评价 [J]. 中草药，55（3）：956-968.

武姣姣，石晋丽，刘云召，等，2011. 甘松的本草考证 [J]. 中药材，34（9）：1459-1461.

曾军秀，胡廷武，杨玉霞，等，2010. 种茎和播期对甘松出苗的影响 [J]. 资源开发与市场，26（5）：395-396.

张丽，赵文吉，贾国夫，等，2023. 野生甘松药材不同干燥加工方法的研究 [J]. 成都医学院学报，18（1）：45-48.

四川秦艽产业发展报告

丰先红

(甘孜藏族自治州农业科学研究所，四川康定 626000)

摘 要：秦艽是传统常用中药材，已有 2 000 多年的药用历史，具有祛风除湿、和血舒筋、清热利尿的功能。本报告主要介绍了秦艽特性、资源保护和新品种繁育情况，以及秦艽栽培技术、病虫害防治、采收、加工及留种等技术要点，分析了四川秦艽产业发展面临的问题和挑战，提出了秦艽产业发展的建议。以期在秦艽野生资源日益减少的形势下，为四川秦艽产业发展提供参考。

关键词：中药材产业；秦艽；栽培；资源

一、发展现状

（一）概述

1. 药材基源

秦艽是我国重要的常用传统中药材，始载于《神农本草经》，被列为中品，也是中医学和蒙、藏、彝等多民族医学的重要用药。2015 年版和 2020 年版《中国药典》均规定秦艽为龙胆科植物秦艽（*Gentiana macrophylla* Pall.）、麻花秦艽（*Gentiana straminea* Maxim.）、粗茎秦艽（*Gentiana crassicaulis* Duthie ex Burk.）或小秦艽（*Gentiana dahurica* Fisch.）的干燥根。前三种按性状不同分别习称"秦艽"和"麻花艽"，后一种习称"小秦艽"。秦艽花是我国藏族地区常用的民族药，已被《国家藏药标准全书》《中华人民共和国卫生部药品标准（藏药分册）》《中华人民共和国卫生部药品标准（蒙药分册）》《藏药标准》等收载。

目前发现秦艽药材中化学成分主要有环烯醚萜类、三萜、木脂素、黄酮、生物碱、甾体、多糖等类型成分，药理作用主要有抗炎、镇痛、抗菌、抗病毒、抗肿瘤、免疫调节、保护肝脏、抗氧化等药理活性。秦艽具有祛风除湿，和血舒筋，清热利尿的功效；主要用于风湿痹痛，筋脉拘挛，黄疸，骨节酸痛，便血，小便不利，小儿疳积发热等症，是生产金毛狗脊丸、独活寄生丸、关节炎丸、祛风舒筋丸、腰椎痹痛丸等中成药的主要原料。在藏族临床应用上，秦艽花常用来治疗四肢肿胀、腑热胆热等症。

2. 生物学特性

秦艽系高山药用植物，常生长于海拔 2 000~4 000m，气候冷凉、雨量较多、日照充足的高山草甸、灌丛、林下、林间空地、山沟、山坡及河滩地，生态环境适应幅度较宽，喜湿润、肥沃、腐殖质丰富的土壤。秦艽为多年生草本植物，春天返青时植株呈莲座丛，7—9月夏秋之交抽薹开花，9—10月蒴果成熟，11月地上部分逐渐枯萎。秦艽主要靠种子进行繁殖，种子在20℃下萌发率可达95%。野生秦艽种子萌发当年仅生长2对对生叶，一般种子萌发2~3年后，植物即可开花、结果。在气候温暖、土壤条件较好的地区，植株生长较快，从种子萌发到形成商品，一般需3~5年。而生长在高寒地区的植株，由于夏季气温低，无霜期短，生长缓慢，从种子萌发到形成商品需6~8年。

野生秦艽主要分布于我国西南、西北、华北、东北和内蒙古等省区。从生态地理分布看：秦艽的分布北自大兴安岭经内蒙古草原，沿祁连山北麓到天山一线；东界太行山脉，向南分布到云贵高原西北缘；西达青藏高原东部。其中，秦艽主要分布于黄土高原及青藏高原东缘，甘肃、陕西、四川和山西等省是主要产区；小秦艽主要分布在陕西、甘肃、宁夏、内蒙古、山西、新疆和河北等省份；麻花秦艽集中分布在我国西北地区，如甘肃、青海、宁夏、四川、新疆等省份；粗茎秦艽主要分布在我国西南地区，如西藏、四川、云南、贵州和甘肃等省。从资源分布的常见度来看，黄土高原及青藏高原东缘是我国秦艽资源分布中心，位于该区的甘肃、陕西、四川、山西等省是秦艽的主要产区。四川省秦艽主要分布在甘孜、阿坝、凉山三州，甘孜州18个县均有秦艽分布。

3. 种植适宜区域

我国秦艽栽培是新中国成立后才发展起来的，栽培时间最长的是云南省玉龙县，栽培品种为粗茎秦艽，有50多年的栽培历史，栽培技术在全国以云南省鲁甸镇最为成熟。进入21世纪后甘肃、青海、宁夏、陕西、四川等都有栽培，但主要集中在云南和甘肃的部分地区。品种多为粗茎秦艽、秦艽与麻花艽。云南迪庆、大理、丽江等地采用薄膜技术，秦艽生长年限可缩短至1年，产量可达每亩200kg以上，但成分含量没有四川甘孜、阿坝，甘肃等地的高。四川省主要在道孚、康定、炉霍、稻城、丹巴、壤塘、松潘、金川、冕宁等县有人工种植，在2015—2020年，甘孜州康定、丹巴、道孚、雅江、稻城等县人工种植面积较大，2017年道孚县秦艽种植面积达到6 000多亩，2023年道孚县7 800亩，雅江县300亩，得荣县300亩（数据来源于2023年甘孜州中药材种植情况统计表）。

四川省适合秦艽种植地区主要在气候冷凉、土壤肥沃，海拔2 400～3 900m区域，包括阿坝州的松潘、若尔盖、金川，甘孜州的康定、道孚、炉霍、甘孜、理塘、稻城、色达、石渠以及凉山州的冕宁等地区。

（二）资源保护和新品种选育

秦艽为较常用的根类药材，是四川省大宗药材之一。在中成药方面，目前上市销售的37个中成药中含有秦艽。据天地云图中药产业大数据平台统计，10年前秦艽用量600t左右，2020年需求量为2 850t，2000年前后需求量增长40%以上。随着市场需求量的增加，野生秦艽无序采挖现象十分严重，秦艽资源逐渐减少。目前在自然产区已很难看到成片分布的秦艽。在资源保护方面，只有四川省金川县的秦艽在2010年8月取得了国家地理标志产品保护，就全国范围来说，保护力度不够，青海省、甘肃省、云南省等依靠草场保护条例进行保护，取得了一定效果。资源的保护有利于新品种选育，在新品种选育方面，2018年甘肃省农业科学院在广泛收集种质资源的基础上，筛选出形态特征明显、品质优良、丰产性好、抗病性好、药用成分高的品种"陇秦1号""陇秦2号"，并制定了相应的《秦艽种子繁育技术规程》（DB62/T 4193—2020）。四川省未选育出新品种，但四川省农业科学院和甘孜州农业科学研究所联合制定了《秦艽生产技术规程》（DB5133/T 27—2019）、《秦艽种苗生产技术规程》（DB51/T 1766—2014），为秦艽栽培和种苗繁育提供了技术参考。

（三）栽培技术/生产模式

1. 留种

种子播种后的第三年植株可开花结实。可选择生长好的田块，去除病株作为留种田块，也可选择野外自然生长的健壮植株为留种株。在留种田块中，于开花期，选择植株形状，花冠形态、色泽与原品种标准一致的健壮植株作为留种株。做好标记,于种子成熟期剪下单株花茎,晒干、脱粒、收藏备用。注意不用陈年种子。

2. 选地与整地

要求种植地周围不得有大气污染,种植地距公路主干线500m以上,上风口10km之内不得有污染源,不得有有毒有害气体和烟尘及粉尘排放。选择排水良好,土层深厚、疏松,有机质含量≥2.0%,全氮≥1.0g/kg,碱解氮≥100mg/kg,速效磷≥20mg/kg,速效钾≥100mg/kg,pH值呈中性或微碱性的轻壤、中壤或砂壤土。于春季或秋季进行翻耕,深耕30cm左右,拣去石块、树根;每亩撒施优质腐熟农家肥2 000kg,过磷酸钙80kg,草木炭500kg;整平耙细待种。

3. 栽培方式

(1) 育苗移栽。

土地整理与施肥:海拔较低(1 000m以下)或温度较高的地区10月中下旬育苗,高海拔或气候冷凉地区4月中下旬育苗。选择避风向阳,土层深厚,土质肥沃,便于管理的砂壤土。采用开厢育苗,厢宽1.5m,厢沟深20cm。厢面撒施基肥,每亩育苗地施尿素10~15kg,过磷酸钙80~100kg,或用磷酸二铵15kg。

播前种子处理:用8mg/L赤霉素溶液浸泡24h,倒去溶液,用清洁水冲洗2至3遍,再用清洁水浸泡12h;或直接用清水浸泡至充分吸涨,然后晾干水气。

播种:播种前厢面用清水浇透。每亩用种量800~900g。将处理后的种子与细砂土拌匀(种子:细砂土=1:3),均匀撒在厢面,盖土,厚度1.0~1.5cm,厢面搭小拱棚盖膜保温保湿。苗长到3~4片真叶时,揭膜炼苗。

幼苗长到6片真叶时喷施磷酸二氢钾0.2%~0.3%溶液30~50kg/亩,可喷2~3次。

移栽:育苗1~2年后移栽。移栽时每亩撒施优质有机肥2 000~2 500kg、磷酸二铵15~20kg,或用尿素10~15kg加过磷酸钙80~100kg,用0.5%辛硫磷颗粒剂(或乳油)进行土壤处理,耕翻耙平,开宽1.5m,深20cm的厢,在厢面按行距25cm,株距18cm规格移栽,亩植12 500株。

(2) 种子直播。直播时间选择在5月底雨季来临前。播前每亩撒施优质有机肥2 000~3 000kg、磷酸二铵15~20kg,或用尿素10~15kg加过磷酸钙80~100kg,再用0.5%辛硫磷颗粒剂(或乳油)进行土壤处理后耕翻耙平。按行距20~30cm用开沟器开沟,沟深3cm。每亩用种量为500~600g,将种子用干净细砂土拌匀,均匀撒入沟内，覆浅土。土表可用秸秆覆盖。

（3）仿野生栽培。可在田边、地埂，房前屋后，荒地、空地，草场牧场进行秦艽仿野生栽培。时间选择在6月雨季之前，田边、地埂，房前屋后、荒地，可随地势挖小窝，空地、草场牧场按行距50cm，株40cm（每亩挖3 340窝）开小窝。每窝播种子5粒。出苗后，3片真叶定苗，每窝保留1~2株健壮植株。生长5年后采收。

4. 田间管理

（1）生长期管理。移栽的注意补苗，保证全苗；直播的注意匀苗，把生长过密和瘦弱的幼苗拔除，使幼苗健壮、整齐。移栽后7—8月进行第一次松土除草，第二次宜在10月进行。每年在封行前后，选雨后于行间撒施复合肥（$N:P_2O_5=1:1$），每亩施35kg。7月叶面喷施磷酸二氢钾，10d喷1次，连喷3次。入冬前每亩施农家肥2 000kg。植株现蕾期及时剪摘花茎、花蕾，促进根生长。剪摘时，用剪刀分期分批剪花茎和花蕾，勿伤叶片及根。

（2）病虫害防治。

叶斑病：一般多在6月或7月发生，为害叶片，严重时植株枯萎死亡。防治方法：①清除病叶并集中烧毁；②发病初期可喷1:1.5:150的波尔多液，10d喷1次，连续3次，或用65%代森铵可湿性粉剂800倍液，每7d 1次，喷洒2~3次。

锈病：8—10月发生，多雨季节发生严重。选择排水良好田块种植，发病田块可用75%百菌清粉剂600倍液或三唑酮可湿性粉剂50~100g兑水50~70kg喷雾，7~10d 1次，连续3次。

根腐病：根腐病是由真菌、线虫、细菌引起的植物病害。根腐病是土传病害，主要通过土壤内水分、地下昆虫和线虫传播。主要为害幼苗，成株期也能发病。发病初期可用甲基硫菌灵、多菌灵800~1 000倍液灌根，雨后及时排水。

蚜虫：多于春末夏初发生，为害根部。防治方法：发病期用2.5%吡虫啉粉剂1 000~1 500倍液喷雾。

5. 采收加工

秦艽生长缓慢，种子播种和仿野生栽培5年，人工栽培3年以上，于秋季采挖。把挖出的根除掉茎叶、根须和泥土，然后用清水洗净，使根呈乳白色，于专用场地或架子上晾晒，待根变软时，继续堆放 3~7d 进行"发汗"，至颜色呈灰黄色或黄色时，再摊开晒干即可。小秦艽采挖后先趁鲜搓去黑皮，然后晒干即可。

二、问题挑战

（一）秦艽资源破坏严重，保护力度不够

长期以来秦艽供应一直以野生药材为主。到 21 世纪后才开始人工栽培，但人工栽培和野生秦艽价格差异大，多数药农不愿意大规模种植，野生秦艽滥采乱挖现象十分严重。加之野生秦艽种子自然繁殖率低、生长周期长，导致野生秦艽资源逐渐减少。再者森林砍伐、垦荒、放牧、修建等人类活动，使得秦艽种群生境遭到严重破坏；原生地的植被毁坏，导致水土流失与沙漠化进程加剧，使秦艽资源受到进一步威胁。就全国范围来说，保护力度不够，虽然青海省、甘肃省、云南省等依靠草场保护条例进行保护，取得了一定效果。但在四川省、西藏自治区、贵州省等地仍没有基本的保护措施，滥采乱挖现象十分严重，秦艽资源恢复困难，秦艽资源保护有待进一步加强。

（二）新品种选育落后，栽培秦艽经济价值低

中药材育种工作起步晚，资源和育种材料积累有限，大多数药材处于种质资源收集、评价阶段。秦艽属于高原药材，更是因技术力量薄弱、资源收集难等原因在品种选育方面落后其他品种，目前仅甘肃省选育出两个秦艽品种，秦艽没有良种、良苗生产基地。产区药农种植秦艽品种大多是野生种子繁育的秦艽，产量低，种植两年每亩产量平均 150kg，如果以 2024 年产地价格 50 元/kg 出售，年亩毛收益也才 3 750 元。这个收入相比产区其他经济收入比如虫草、野生菌的收益相差甚远。

（三）人工栽培技术落后，技术培训力度低

种植秦艽的地区属于高原地区，种植户的文化水平低，大部分药农习惯性地靠天吃饭，粗放管理。同时秦艽药材基原多，采收部位（根和花）的不同，导致在栽培中的管理方法有差异，对种植户的生产技术水平要求较高。虽然国家在近年实施了"科技扶贫""科技下乡"等一系列扶农、助农政策，加强了技术培训和指导，但种植户普遍以留守老人或妇女为主，文化水平低，接受能力差，致使投入产出比悬殊，影响农户收入。

三、对策建议

(一) 四川秦艽产业发展趋势研判

四川省秦艽栽培比云南、甘肃发展慢，栽培规模远落后于两省，但四川产区的秦艽质量优于传统产区。云南秦艽传统产区耕地面积有限且土壤环境不断恶化，同时也是云南省重要的中药材种植生产基地，狭窄的空间挤满了当归、附子、续断、党参、木香、草乌、重楼、白及、黄精、大黄、紫金龙、前胡、白术、桔梗、珠子参、滇紫丹参等20余种药材，秦艽要获得较大的发展空间实在困难重重。相对而言，四川秦艽产区还是一个未开发的区域，四川产区秦艽主要以野生为主，适宜人工种植的土壤和栽培环境无污染，质量优于传统产区。若以"生态产业化、产业生态化"的指导思想发展四川秦艽，相信未来四川秦艽在全国会占有较大的市场份额。

(二) 促进四川秦艽产业发展的对策建议

1. 加强资源保护，选育新品种

四川省秦艽资源丰富，但资源破坏严重，特别是以野生采挖为主的高原地区。保护秦艽资源需要从几方面入手。一是要在秦艽集中分布区建立自然保护区或保护点，并制定保护政策和保护规划，同时加强立法，提高保护秦艽资源的权威性和科学性。二是要合理采挖，严禁乱采滥挖。采用边挖边育、挖大留小、挖密留疏等采收方法；采收季节应在果实成熟以后，这样可保证种子的成熟、散落，使资源长期利用；合理的采收量应控制在资源再生量之内，要保证药材常采常存、永续利用。三是要集中技术力量，选育新品种，建立良种良苗繁育基地，在适宜区域建立秦艽中药材规范化种植基地，既保证了用药需求和药材质量，又保护了野生资源不致枯竭。

2. 提高栽培技术，推广新的栽培模式

目前秦艽栽培主要以一年生种苗，覆膜栽培1~2年的标准化栽培为主，传统的种植会造成土壤环境破坏、药材产量质量下降。四川高原地区种植秦艽应因地制宜，结合种植区地理、地形条件，开展适宜于秦艽的种植模式—秦艽的仿生态栽培或者林下栽培。这种模式不仅可以节约耕地面积，提高中药材质量，还可以保持生态平衡，又能改善中药材种植占用耕地问题。四川康定、道孚、丹巴等县大面积种植秦艽采取仿生态栽培模式，在荒地、灌木地、林地边缘以种子直播、撒播的方式种植，其管理技术简单，深受种植户喜欢。

3. 加强技术培训，提升药材科技支撑能力

中药材作为特殊用途的经济作物，其种植有严格的技术要求和质量控制标准，中药材的生产涉及耕、种、管、收等生产方面，秦艽生产区的农户文化水平低，其掌握栽培技术的能力弱，应反复、多次组织专家在生产关键时刻手把手的指导农户生产，不能仅局限于一个电话、一个PPT来教授种植户。主产区应配备专业技术人员，指导种植户提高种植技术，增产增收，规范化、标准化采收、加工储存等，切实保证秦艽品质，提升药材的科技支撑能力。

4. 加强政府引导，培育新型经营主体

四川秦艽种植一直是自我发展为主，高原地区秦艽种植年限长、经济效益低，农户种植意愿不强，秦艽产业发展缓慢。政府在资金、政策等方面支持少，政府应加大资金、政策扶持力度，培育种植大户、农民合作社、龙头企业等新型经营主体，培养一批现代中药材种植技术人才。采取规范化种植和仿生态种植模式，采用"专家+龙头企业+大户+农户"模式，重点扶植龙头企业和种植大户，发展农户、贫困户种植秦艽，形成秦艽种植、加工、销售一体的一二三产业融合发展模式。

参考文献

宝钢，图诺木拉，朝格巴达拉夫，等，2024. 龙胆属秦艽组植物化学成分及药理作用研究进展 [J]. 中成药，46（8）：2689-2697.

郭伟娜，熊文勇，魏朔南，2009. 秦艽及其近缘种植物资源在我国的分布 [J]. 中国野生植物资源，28（2）：21-23，28.

梁国成，段文贵陈，舒茵，2024. 秦艽化学成分及药理活性研究进展 [J]. 中草药，55（7）：2472-2490.

聂燕琼，李海彦，孙娜，等，2012. 粗茎秦艽资源研究进展 [J]. 中国现代中药，14（5）：37-40.

王红阳，康传志，张文晋，等，2020. 中药生态农业发展的土地利用策略 [J]. 中国中药杂志，45（9）：1990-1995.

魏莉霞，王国祥，漆燕玲，等，2018. 秦艽新品种'陇秦1号'和'陇秦2号' [J]. 园艺学报，

45(3): 609-610.

张美, 方清茂, 周先建, 2014. 青藏高原粗茎秦艽资源调查[J]. 资源开发与市场, 30(4): 448-450.

第三部分

四川中兽药产业发展报告

四川中兽药产业发展报告

梁 歌[1] 李旭廷[1] 岳秀英[2] 郭 莉[2] 李思聪[1] 王 斌[1]
张 敏[1] 唐 棣[2] 秦凡非[2] 王 敏[2]

(1. 四川省畜牧科学研究院,四川成都 610066;
2. 四川省兽药监察所,四川成都 610041)

摘 要:中兽药是中兽医理论指导下用于动物疾病防治的兽药,具有绿色天然、低毒无残留、不易产生耐药性的特点,长期以来为保障我国畜牧业健康发展和肉蛋奶食品安全做出重大贡献。四川作为中药材产业大省和畜牧业大省,中兽药产业起步较早、发展较好。截至2022年,四川省共有各类中兽药生产企业90家,中兽药总产值约4.86亿元,占全国总产值的9.45%。形成以散剂和注射剂为优势剂型,颗粒剂、口服液、片剂等全面发展的产业格局,有着"全国针剂看四川"的美誉。但同时四川省中兽药产业发展也面临激励性政策措施不多、企业成本高创新发展动力不足、产学研结合不够紧密、科技对产业支撑还需强化、中兽药推广缺乏规范性等问题。建议加快推出激励四川省中兽药产业发展相关政策措施,将中兽药产业作为绿色产业重点扶持;推动企业从原料端、生产端和管理端强化"提质降本增效"能力;完善创新体系,促进产学研融合;转变推广方式,加强品牌培育等四个方面"政产学研用"共同发力,推进四川中兽药产业高质量发展。

关键词:中兽药;发展;对策研究

中兽医药作为中华传统医药文化的重要组成部分,与中医药一样都是源于古人对自然界认知和对人畜疾病斗争过程中发展完善的经验总结,遵循着共同的传统医学理论体系,有着悠久的历史和丰富的实践,是中华传统医药文化瑰宝。中兽药是指中兽医理论指导下用于动物疾病防治的兽药,中兽药在中兽医理论指导下,在几千年中华文明发展进程中为保障畜牧业健康发展做出了重大贡献。兽医一词最早记载于《周礼·天官》"掌疗兽病,疗兽疡。""凡疗兽病,灌而行之,以节之,以动其气,观其所发而养之。凡疗兽疡,灌而劇之,以发其恶,然后药之,养之,食之。凡兽之有病者,有疡者,使疗之。"这是世界上最早有关兽医及其诊疗用药的文字记载,也是使用中兽药最早的文字记载。其后上千年的历史长河中,中兽医药理论体系不断丰富发展,汉代《神农本草经》收载药物365种,记载着"牛扁杀牛虱小虫,又疗牛病""梓叶付猪疮"等中兽医药内容,是我国最早的人兽通用的药学专著。唐代的《司牧安骥集》《新修本草》、明代的《元亨疗马集》等中兽医药经典著作推动中兽医药理论体系完善和实践应用,至明清时期,我国已建立完整的中兽医药理论体系,有着成熟的应用实践。改革开放以后,随着养殖规模急剧扩大,形成以疫苗、抗菌药防治为主的动物疫病防控模式,中兽医药逐步成为辅助防控手段。但随着畜牧业规模化进程加快,养殖过程过度使用抗菌药等兽用化学药物造成耐药性增加、药物残留等食品安全问题时有发生,引起全社会高度关注。在养殖过程中限制兽用抗菌药物等化学药物使用,推广应用绿色安全的新型投入品成为畜牧业高质量发展的迫切需求。中兽药因其绿色、无残、毒副作用低、不易产生耐药性等特点再次成为研究的热点和关注的焦点。2019年农业农村部发布194号公告,决定自2020年1月1日起,退出除中药外的所有促生长类药物饲料添加剂品种,2020年7月1日起,饲料生产企业停止生产含有促生长类药物饲料添加剂(中药类除外)的商品饲料,自2020年7月1日起,原农业部公告第168号和第220号废止,同时按照《遏制细菌耐药国家行动计划(2016—2020年)》和《全国遏制动物源细菌耐药行动计划(2017—2020年)》部署,出台"推进兽用抗菌药物使用减量化行动"方案,有效遏制兽用抗菌药物的滥用趋势,促进了中兽药的推广应用。中兽药的应用领域也从大家畜向中小畜禽、宠物等领域发展,并从个体治疗转向了群体治疗,从治已病转向治未病,这给中兽药产业发展带来了前所未有的契机。

一、发展现状

(一) 全国中兽药产业发展现状

1. 全国中兽药产值产量情况

截至2022年,全国中兽药总产值51.43亿元,占兽药总产值507.78亿元(不含生物制品,以下同)的10.15%,产量折合中药材超过5万t,产业链从业人员近

14万人。

按产品剂型分类，合剂（口服液）产量4 348.12t，产值19.1亿元，占中兽药总产值37.14%，散剂产量38 274.52t，产值17.51亿元，占中兽药总产值34.05%，颗粒剂10 821.89t，产值9.12亿元，占中兽药总产值17.73%，注射剂产量755.03万升，产值4.58亿元，占中兽药总产值8.91%，片剂111 345.21万片，产值0.33亿元，占中兽药总产值0.64%，其他类型0.81亿元，占中兽药总产值1.57%。

产业集中度分析，前10位企业产值为16.36亿元，占总产值31.81%；前30位企业产值为26.64亿元，占总产值51.80%；前50位企业产值为30.68亿元，占总产值59.65%。上千家企业年产值不足500万元，产业规模整体呈现小而分散特点。

2. 全国中兽药研发创新情况

2014—2023年，全国共批准新中兽药113个（表1），其中：一类3个，均为紫锥菊相关产品，二类14个，三类及以下96个。批准的新兽药中以散剂、颗粒剂和口服液为主（图1）。

表1 近10年（2014—2023年）新兽药批准品种数

年度	中药	化学药	生物制品	小计
2014	9	24	21	54
2015	15	25	25	65
2016	16	17	39	72
2017	10	19	30	59
2018	9	31	31	71
2019	14	22	41	77
2020	11	25	34	70
2021	13	12	49	74
2022	5	31	42	78
2023	11	25	40	76
总计	113	231	352	696

数据来源：中国兽药监察所。

3. 政策支持中兽药产业发展和创新情况

国家鼓励支持中兽药产业发展和新型中兽药研发创制，农业农村部先后印发

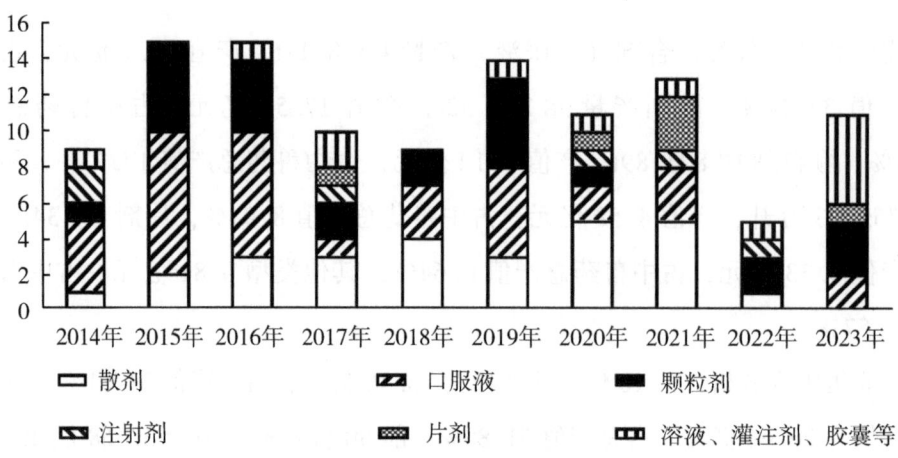

图 1　近 10 年（2014—2023 年）新兽药剂型分布

数据来源：中国兽药监察所。

《关于促进兽药产业健康发展的指导意见》和《全国兽用抗菌药使用减量化行动方案（2021—2025 年），发布了兽用中药研制相关技术指导原则，部署创新完善兽用中药准入政策、支持对疗效确切的传统兽用中药进行"二次开发"等具体支持措施，促进兽用中药产业健康发展，引导养殖场（户）使用兽用中药等抗菌药替代产品，提高养殖绿色发展水平。农业农村部在"关于政协第十四届全国委员会第二次会议第 01335 号（医疗卫生类 090 号）提案答复的函摘要"中提到，将加强与相关部门沟通协作，推动中兽医药产业更好融入国家中医药产业发展体系，调整完善促进兽药产业高质量发展支持政策，继续加强对兽用中药等兽药技术和产品研发支持，提升全行业研发创新水平。目前我国已有将中兽药产业纳入中医药产业支持政策范畴，明确对包括中兽药在内的新兽药创制给予资助和奖励，进入新兽药临床的新中兽药给予 200 万～500 万元奖励。

据不完全统计，截至 2024 年，全国中兽药研发创新领域共有省部级以上研发平台 18 个（表 2），包括国家级工程技术中心 2 个、农业农村部重点实验室 1 个、省级重点实验室 3 个，全国中药资源大省均设有中兽药相关的省级研发平台，主要开展中兽医药基础理论研究和关键技术突破等产业化相关研究，研究方向涵盖天然药物提取制剂关键技术、针灸作用机理研究、中药方剂防治动物传染性疾病的机理及有效成分研究、中药饲料添加剂研究等。

表2　全国中兽药产业研发创新平台*

省区市	平台名称	类型	成立时间	依托单位	国家级/省部级
安徽	安徽亳州中兽药科技小院	科技小院	2024年	安徽农业大学、亳州市乾元动物药业有限责任公司	—
北京	农业农村部中兽医生物学重点实验室	重点实验室	2022年	中国农业大学、中国兽医药品监察所	省部级
山西	中兽医药现代化山西省重点实验室	重点实验室	2021年	山西农业大学	省部级
河北	河北省中兽药产业技术研究院	产业技术研究院	2020年	河北维尔利动物药业集团有限公司	省部级
河南	河南省中兽药经典名方传承与创新工程技术研究中心	工程技术研究中心	2018年	河南牧业经济学院	省部级
广东	广东省中兽药工程技术研究中心	工程技术研究中心	2017年	广东省农业科学院	省部级
内蒙古	内蒙古自治区中蒙药材良种育繁工程技术研究中心	工程技术研究中心	2017年	内蒙古农业大学	省部级
湖南	中兽药湖南省重点实验室	重点实验室	2017年	湖南农业大学动物医学院	省部级
贵州	民族中兽药制造技术协同创新中心	创新中心	2016年	贵州省教育厅	省部级
贵州	贵州省民族中兽药工程技术研究中心	工程技术研究中心	2015年	贵州启程生物科技有限责任公司、贵州大学药学院、贵州省畜牧兽医研究所	省部级
福建	福建省兽医中药与动物保健重点实验室	重点实验室	2015年	福建农林大学	省部级
湖南	兽用中药资源与中兽药创制国家地方联合工程研究中心	工程技术研究中心	2014年	湖南农业大学动物医学院	国家级
北京	北京市中兽药工程技术研究中心	工程技术研究中心	2013年	北京生泰尔科技股份有限公司和北京农学院联合组建	省部级
贵州	民族中兽药研发创新国家级工程研究中心	工程技术中心	2013年	铜仁职业技术学院	国家级

(续表)

省区市	平台名称	类型	成立时间	依托单位	国家级/省部级
广东	广东省兽用中药与天然药物工程技术研究中心	工程技术研究中心	2013年	华南农业大学兽医学院、华南农业大学药用植物研究中心、华南农业大学国际中兽医研究所、广州华农大实验兽药有限公司	省部级
山东	山东省中兽药研究所	研究所	2013年	山东省畜牧兽医职业学院，潍坊瑞力生药业有限公司	省部级
贵州	贵州省中兽药工程研究中心	工程技术研究中心	2010年	铜仁职业技术学院民族兽药研究所、铜仁民族兽药厂	省部级
天津	天津市中兽药技术工程中心	工程技术研究中心	2010年	天津生机集团股份有限公司	省部级

注：*不包含四川省。

4. 全国中兽药人才培养情况

随着畜牧业发展，疾病防控模式由传统中兽医药防治转变为西兽医药防治为主，中兽医药人才培养出现明显断层。近年来为加快培养中兽医人才队伍，农业农村部印发《关于做好执业兽医和乡村兽医继续教育工作的通知》，部署建立执业兽医继续教育服务平台，单独设立中兽医板块和内容，将中兽医课程纳入全国乡村兽医师资培训，提升中兽医在基层兽医中的影响力。教育部支持涉农高校加大动物医学类专门人才培养，设置了中兽医学等相关专业，发布《普通高等学校本科专业类教学质量国家标准》，对动物医学类专业的人才培训提出明确规定，要求设置中兽医学等相关实践能力培养科目；制定高职"中兽医专业教学标准"，统一人才培养目标、培养规格、课程设置、教学条件、质量保障等要求，引导职业院校提升人才培养质量。2019年起中国农业大学、河北农业大学、西南大学、河南牧业经济学院、河南农业大学、辽宁中医药大学，共6所高校设立中兽医学本科专业，学制分为4年制、5年制两类。

随着我国畜牧业的快速发展和养殖规模的持续扩大，兽药市场需求不断增长。中兽药作为兽药行业的重要组成部分，以其绿色天然、低毒无残、不易产生耐药性等优势，成为重点发展方向。2018—2022年，我国中兽药市场规模从36.84亿元快速上升至 51.43 亿元，年复合增长率超过 10%，预计到 2030 年中兽药市场将突破 100 亿元。

（二）四川中兽药产业的重要地位和特色

四川是全国中药资源大省，也是中药产业大省，同时也是畜牧业大省，生猪养殖量长期位居全国第一，畜牧养殖应用中兽药有着悠久的历史。依托四川中药资源开发畜禽用中兽药产品具有得天独厚的条件，中兽药为保障四川省畜牧业健康发展和稳定畜产品供应做出了重大贡献！

四川中兽药产业起步于 20 世纪 80 年代，我国规模化养殖刚刚起步，家庭散养户是畜牧养殖的主要形式，针对散养户的疫病防控用药需求，规格小、使用方便快捷的注射剂和小规格粉散剂需求量旺盛，加上四川兽药行业工业化程度起步较早，从事兽药生产的技术力量较强，对养殖端用户需求和市场反馈有较高的敏锐度，在注射液、注射用粉针等俗称针剂的研发、生产和推广方面走在全国前列，在市场上有"全国针剂看四川"的美誉，水针、小规格散剂逐渐成为早期四川省中兽药产业发展的特色剂型。随着我国养殖业态由传统散养快速发展为规模化养殖占主体的养殖结构，动物疫病防控模式逐渐转变为预防为主的模式，治疗类中兽药需求日渐萎缩，适合规模化养殖群体投药使用的中兽药颗粒剂、合剂（口服液）等剂型产品不断涌现，市场份额逐年增加。

（三）四川中兽药产业现状和趋势

1. 四川中兽药产能、产量与产值

截至 2023 年，四川有兽药企业 121 家，其中具有中兽药生产资质的企业 90 家，具有中药提取资质的企业 78 家，专业从事中药提取的大型提取企业 1 家。

生产企业主要分布于成都片区（20 家）、遂宁片区（22 家）、川北片区（绵阳、广元 24 家）、川南片区（内江、自贡 17 家），其他地区（7 家）。

2019—2022 年，四川省中兽药总产值（不含中药提取，下同）分别为 4.70 亿元、5.72 亿元、5.82 亿元、4.86 亿元，整体保持基本稳定，产值规模与养殖规模、养殖效益以及非洲猪瘟等重大动物疫病防控有较强关联。2022 年四川省中兽药总产值 4.86 亿元，5 000 万～9 999 万元企业 2 家，1 000 万～4 999 万元企业 10 家，500 万～999 万元企业 11 家，500 万元以下企业 67 家。全省中兽药总产值占同期全国中兽药总产值的 9.45%，中兽药年产值 200 万元以上全国总计 100 家企业，四川省 43 家，占比 43%，其中：中兽药年产值 0.12 亿元以上总计 50 家企业，四川省占 10

家，占比20%。从生产规模看，四川省缺乏国内领先的头部企业，主要集中在年产值200万~5 000万元中小规模，没有一家企业产值超过7 000万元进入国内前十。

按产品剂型分类，合剂（口服液）产量350.81t，产值0.83亿元，占四川省中兽药总产值17.20%，占全国合剂（口服液）产值的4.37%；散剂产量6 680.65t，产值1.95亿元，占四川省中兽药总产值40.01%，占全国散剂产值的11.12%；颗粒剂590.86t，产值0.63亿元，占四川省中兽药总产值12.90%，占全国颗粒剂产值的6.87%；注射剂产量487.55t，产值1.43亿元，占四川省中兽药总产值29.53%，占全国注射剂产值的31.33%；片剂5.39万件，产值0.16亿元，占四川省中兽药总产值3.32%，占全国片剂产值的48.93%；其他剂型0.04亿元，占四川省中兽药总产值0.93%，占全国其他类型产值的26.63%（表3）。

表3 四川省中兽药产量、产值及所占比例

剂型	产量（t）	产值（亿元）	产值占四川省中兽药总产值比例（%）	产值占全国该剂型产值比例（%）
合剂（口服液）	350.81	0.83	17.20	4.37
散剂	6 680.65	1.95	40.01	11.12
颗粒剂	590.86	0.63	12.90	6.87
注射剂	487.55	1.43	29.53	31.33
片剂	5.39	0.16	3.32	48.93
其他剂型	—	0.04	0.93	26.63

随着畜牧业规模化进程加快，疫病防控模式和用药模式从个体治疗为主转变为群体预防为主，防控模式的转变深刻影响中兽药各剂型的发展。四川省散剂产值占四川中兽药总产值的40.01%，高于全国整体水平的34.05%，片剂等个体防治用药需求急剧萎缩，产值仅占四川中兽药总产值3.32%，但却占全国片剂总产值的48.93%。注射剂产值占四川中兽药总产值的29.53%，远高于全国整体水平的8.91%。注射剂工艺要求高、制剂难度大，体现出四川在传统注射剂领域的技术积累和市场优势，同时与颗粒剂、口服液等剂型相比，注射剂适用于畜禽个体治疗，在规模化集约化养殖模式下，缺乏市场增长潜力。值得注意的是，具有较高科技含量，适合规模化群体防控的颗粒剂、合剂（口服液）分别占比12.90%和17.20%，与国内整体水平的17.73%和37.14%还有较大差距。

在单品产值方面，2023年四川省散剂产值前三的产品分别是肝胆利康散937.14万元、黄连解毒散703.15万元、麻杏石甘散696.26万元；注射剂产值前三的产品分别是鱼腥草注射液2 907.56万元、板蓝根注射液1 419.68万元、黄芪多糖注射液1 088.10万元；颗粒剂产值前三的产品分别是板青颗粒1 067.48万元、四黄止痢颗粒732.56万元、甘草颗粒468.82万元；合剂（口服液）产值前三的产品分别是杨树花口服液1 217.29万元、双黄连口服液1 097.42万元、麻杏石甘口服液980.87万元。主要单品产值占全国相同产品总产值比例见表4。

表4 四川中兽药主要产品产值与全国同类产品比较

产品名称	四川产值（万元）	全国产值（万元）	占比（%）
黄连解毒散	703.15	6 000	11.71
麻杏石甘散	696.26	—	—
清瘟败毒散	630.29	7 200	8.75
板青颗粒	1 067.48	22 900	4.66
四黄止痢颗粒	732.56	5 600	13.08
甘草颗粒	468.82	6 400	7.32
鱼腥草注射液	2 907.56	10700	27.17
板蓝根注射液	1 607.48	4 400	36.53
黄芪多糖注射液	1 088.10	6 500	16.74
杨树花口服液	1 217.29	7 300	16.67
双黄连口服液	1 097.42	42 700	2.57
麻杏石甘口服液	980.87	—	—
清瘟败毒片	194.17	500	38.83

注："—"表示全国无该产品产值统计。

四川中兽药缺乏具有市场影响力的大单品，双黄连口服液全省总产值仅千万元水平，与外省某知名企业生产的双黄连口服液产值销量上亿元比较具有较大差距。中兽药注射剂是四川传统优势剂型，总产值1.43亿元，占全国注射剂总产值31.33%，产值最大的鱼腥草注射液和板蓝根注射在国内同类产品占比达27.17%和36.53%，说明四川在中兽药注射剂领域仍然处于领先地位，但从具体产品来看，在高度市场占有率的背景下，四川省中兽药注射剂产品没有产值超过3 000万元的单品，说明中兽药注射剂的市场份额已经饱和，后续难以突破。四川片剂产值

1 600余万元，占全国片剂总产值3 300万元的48.93%，一方面说明四川在中兽药片剂市场占据绝对优势，另一方面也看出片剂等传统畜禽个体防治用药的市场需求在急剧萎缩，与其他剂型市场相比几乎可以忽略不计。

剂型和单品情况反映出四川省在高品质中兽药开发推广方面力度不足，中兽药产品附加值低，缺乏进入大型养殖集团的代表性产品，特别是缺乏具有市场影响力的单品。

2. 四川中兽药产业化程度

新版GMP实施后，四川中兽药生产企业工业化自动化程度整体水平达到国内先进水平，但在中兽药制剂生产型企业中，由于各剂型产品产能严重不饱和，难以实现从原材料入厂到成品出库全过程自动化连续生产，主要环节仍依赖人工操作和转运，未能充分发挥设备自动化潜能。在中药提取方面由于产能相对集中，自动化程度较高，普遍具备单罐3t以上提取规模和全自动投料提取系统，以四川恒瑞通达生物科技有限公司为代表，在四川省都江堰、雅安、新都以及山西等地建有提取基地，国内率先将低温提取浓缩干燥机组应用于中兽药生产工艺，比常规蒸汽加热生产设备节能30%以上，已具备日提取各类中药材300t的生产能力，提取物供应全国90%以上中兽药企业和大型人药保健食品企业，产值规模、设备自动化信息化和智能化程度均居国内领先水平。

3. 四川中兽药产业科技创新情况

（1）研发单位和平台。四川省从事新中兽药研发创新的单位主要有四川省畜牧科学研究院、四川农业大学、西南民族大学、成都农业科技职业学院等科研院所和成都中牧生物药业有限公司、成都乾坤动物药业有限公司、四川育强科技有限公司等部分具有创新能力的科技型企业。建有各类型中兽药研发创新平台10个，见表5。

表5　四川中兽药产业研发创新平台

平台名称	依托单位	批准单位	成立时间
兽用天然药物研发与GCP试验动物中心	四川省畜牧科学研究院	四川省畜牧科学研究院（自建）	2024年

(续表)

平台名称	依托单位	批准单位	成立时间
四川省企业技术中心	成都中牧生物药业有限公司	四川省经济和信息化厅、四川省发展改革委、四川省科技厅、四川省财政厅、四川省税务局、成都海关	2021年
兽药非临床研究质量管理规范（GLP）认证资质	四川农业大学	农业农村部	2020年
国家民委中兽药重点开放实验室（成都中牧分部）	成都中牧生物药业有限公司	国家民委	2020年
成都农业科技职业学院中兽药研究所	成都农业科技职业学院	成都农业科技职业学院（自建）	2019年
成都市企业技术中心	成都中牧生物药业有限公司	成都市经济和信息化委员会	2019年
成都兽药制剂工艺工程技术研究中心	成都中牧生物药业有限公司	成都市科技局	2017年
四川省新兽药工程技术研究中心	成都乾坤动物药业股份有限公司	四川省科技厅	2014年
兽用药物与兽医生物技术四川科学观测实验站	四川农业大学	农业农村部	2011年
成都市经开区博士后工作站	四川鼎尖动物药业有限责任公司	四川省人社厅	2006年

2018年在四川省农业农村厅和四川省兽药监察所支持下，国家现代农业产业技术体系四川兽药创新团队成立，设置有包括兽用中药资源与制剂研究、兽药工艺制造研究、兽药质量控制与标准研究等9个岗位，面向四川省兽药产业关键技术问题开展研究和示范指导。2024年在四川省动保协会牵头下，四川省畜牧科学研究院、四川省中医药科学院等单位联合省内20家科研单位、兽药企业成立四川省兽药创制联盟，聚焦产业发展难点，整合产学研优质资源集中开展包括中兽药创新在内的产业创新。

（2）科技成果与新兽药情况。2010年至今，四川省兽药企业和科研院所在中兽药领域获得各类省部级以上成果奖励11项，其中省部级一等奖2项、二等奖2项、三等奖7项。详见表6。

表6 2010年—2023年四川科研院所与企业获得的省部级科技奖励

年份	奖种	奖励等级	成果名称	四川省完成单位
2011	四川省科技进步奖	三等	中兽药产业化技术研究与示范	四川省畜牧科学研究院、四川鼎尖动物药业有限责任公司
2012	四川省科技进步奖	三等	印楝的生物活性及其生物防治技术研究与应用	四川农业大学、四川省畜牧科学研究院、四川大学等
2016	四川省科技进步奖	三等	常用中兽药生产关键技术提升及过程控制研究与应用	成都大学、四川德成动物保健品有限公司
2017	四川省科技进步奖	三等	猪用中兽药新产品研发及应用	四川农业大学、成都乾坤动物药业股份有限公司、成都农业科技职业学院
2017	中华农业科技奖	二等	防治畜禽感染性疾病的中兽药创制与应用	*四川农业大学（4）
2018	甘肃省科技进步奖	一等	新型安全畜禽呼吸道感染性疾病防治药物的研究与应用	*成都中牧生物药业有限公司（3）
2019	四川省科技进步奖	三等	中（成）药再评价研究技术的建立与应用	成都大学、四川中方制药有限公司、四川德成动物保健品有限公司等
2020	四川省科技进步奖	二等	禽用新型中兽药创制与关键技术研究及产业化应用	四川省畜牧科学研究院、四川鼎尖动物药业有限责任公司、成都中牧生物药业有限公司
2020	四川省科技进步奖	三等	畜禽用抗菌中药复方和单体的筛选研究与应用	四川农业大学、成都农业科技职业学院、成都乾坤动物药业股份有限公司等
2021	甘肃省科技进步奖	一等	治疗仔畜腹泻中兽药的创制与应用	*成都中牧生物药业有限公司（2）
2023	四川省科技进步奖	三等	中兽药现代化制剂工艺提升与高效中兽药产品研发及应用	四川省畜牧科学研究院、成都中牧生物药业有限公司、四川德成动物保健品有限公司等

注：*表示该成果为四川省单位参与成果，括弧内为排名。

2010年至今，四川省兽药企业和科研院所参与研发各类新中兽药33个，占全国同期新中兽药总量的28.2%。其中二类新兽药7个，三类新兽药25个，四类新兽药1个。详见图2。

从新兽药剂型上看，排名前三的分别为颗粒剂、粉散剂和口服液，分别为10

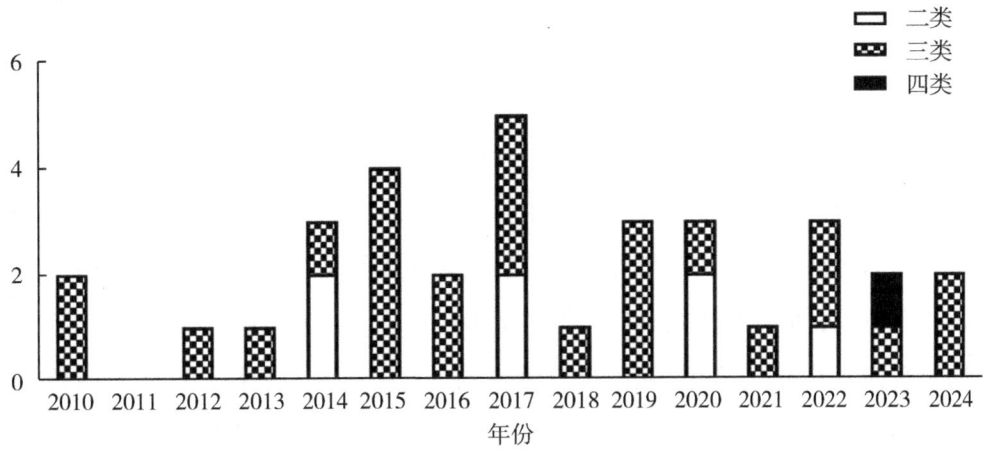

图 2 2010—2024 年四川新中兽药证书情况

项，7 项和 6 项，占比分别为 30.3%，21.2% 和 18.2%。其中根黄分散片是国内外首个中兽药分散片剂型，该药的研发上市填补了我国在中兽药分散片领域的空白。

从靶动物来看，30 项新中兽药制剂中（不包含 3 项原料药），靶动物为猪的 14 项，鸡 9 项，牛/羊 3 项，犬 1 项，靶动物既包含猪又包含鸡的 3 项。

所有新中兽药组方中，共有 6 项新中兽药制剂含有黄芩，5 项含有甘草，4 项含有黄连和白头翁，另外 3 项含有板蓝根、厚朴、苦参和苍术。新中兽药以清热解毒、清热燥湿和清热凉血类中药为主。

从各单位取得新中兽药证书数量看，成都乾坤动物药业股份有限公司共获得 11 项新中兽药证书，其中二类 6 项，三类 5 项；成都中牧生物药业有限公司获得 7 项三类新中兽药证书；四川省畜牧科学研究院和四川鼎尖动物药业有限责任公司（四川省畜牧科学研究院原下属企业）获得 5 项三类新中兽药证书；四川育强科技有限公司获得 3 项新中兽药证书。

目前四川省新中兽药的研发主要采取企业与科研院校联合研发的形式，也有企业与企业联合研发申报，少部分有较强研发实力的企业则采取独立研发的形式。四川省作为新中兽药主持单位获得新兽药证书 9 项，其中成都乾坤动物药业股份有限公司共主持获得 4 项，通威股份有限公司和四川育强科技有限公司分别主持获得 2 项，四川省兽药监察所主持获得 1 项。参与新兽药研发并获得新兽药证书的企业 10 家，其中具有中兽药生产资质企业 9 家，占全省中兽药企业总数的 7.82%，体现出四川省头部企业具有较强的中兽药研发意识和能力，普通企业参与中兽药创新意识不强、参与度不高。

4. 四川中兽药推广应用情况

在企业端，由于缺乏中兽医药人才，中兽药推广应用没有专门的人才队伍，完全依赖化药营销体系，推广应用途径主要通过各地兽药经销商线下推广模式，推广对象主要为小规模养殖户和散养户。个别企业为降低渠道费用，尝试电话直销、网络营销等方式，但效果不及预期，推广量占比很小。在养殖应用端，生猪养殖由于长期接受西方养殖模式和疫病防控思维影响，对中兽医药的接受度不及西兽医药，加之国内极个别企业在中兽药生产和推广应用中投机取巧、以次充好，损害中兽药声誉，导致省内规模化养殖场整体应用中兽药程度不高。牛羊和蛋鸡产业相对生猪而言对中兽药接受程度要高一些，在川西高原牧区，牧民有使用中藏兽药防治牛羊疾病的习惯，近年来，四川省畜牧科学研究院、西南民族大学、阿坝州畜牧科学技术研究所等单位积极推广防治牛羊疾病中藏兽药产品和技术，取得了较好效果。蛋鸡产业规模化相对成熟，减抗养殖实践较丰富，鸡蛋产品对无抗要求较高，属于较早接受并大规模使用中兽药防控技术的养殖产业。省内圣迪乐等知名蛋鸡养殖企业已在蛋鸡生产全过程应用中兽药，取得很好的防控效果和经济社会效益。水产养殖方面以芳草生物为代表的专业渔药生产企业经过长期的市场培育和推广，取得了一定进展，水产类中兽药基本覆盖主要淡水养殖区域，但销售金额不大。在市场竞争端，目前省内大型养殖集团使用的中兽药产品主要是省外国内头部企业品牌，四川省内企业与国内头部企业相比由于缺乏推广渠道在进入大型养殖集团时困难较大。散养户因其用药习惯和成本考量，喜欢小规格、低价值产品，是四川省中兽药注射液、散剂推广应用的主要市场，同时也是省内外企业价格竞争非常激烈的市场。

二、问题挑战

（一）促进中兽药产业高质量发展的政策措施还需完善

四川省委、省政府高度重视中医药产业发展，中药材产业作为四川省委、省政府确定的7个优先发展千亿级产业之一。省政府印发《四川省贯彻中医药发展战略规划纲要（2016—2030年）实施方案》《四川省中医药大健康产业"十三五"发展规划》，省中医药局会同省经信委等11个部门印发了《关于贯彻落实国家中药材保护和发展规划（2015—2020年）的实施意见》，2018年12月四川省人民政府办公厅印发了《关于开展"三个一批"建设推动中医药产业高质量发展的意见》，系列政策措施的出台为四川省中药材产业高质量发展提供了强有力的政策支持和保障。但直接针对中兽药高质量发展的政策措施不多，缺乏引导产业的指导性政策、鼓励创新的激励性政策。

产业定位方面，中兽药产业作为原材料和产品两头在农的涉农产业，长期以来作为绿色农业健康养殖配套产业看待，未提升至生物医药、中医药产业层面重点支持。税收政策无优惠，既没有参照饲料、农药等农业生产投入品执行增值税减免，也未参照疫苗等生物医药按3%征收增值税。鼓励创新方面，缺乏具体激励措施，省级层面没有针对中兽药创新的专项资金奖励和专项项目资助，中兽药创新主要依靠企业和科研院所自有经费支持，四川省企业和研发单位取得的33个新中兽药和在研的新中兽药也缺乏相应财政经费奖励和资助。人才引育缺乏配套措施，没有针对中兽医药领域人才扶持政策。

（二）企业面临成本高、人才少双重压力，产业发展瓶颈难以突破

企业在推动中兽药高质量发展上面临成本过高和人才匮乏两方面制约。

中兽药成本过高是制约产业发展的最大障碍。与人药不同，兽药作为畜牧业生产投入品，其应用价值受到成本约束，中兽药成本中药材成本占50%以上，散剂等剂型甚至可达80%，四川省虽然是中药材资源大省，但在中兽药供应链上没有发挥应有优势。一方面中兽药产业缺少中药材定价权和议价权。全国年产中药材500万t以上，用于中兽药的不足2%，与庞大的中医药和保健品市场相比，目前中兽药产业不具备左右中药材整体市场价格的影响力，只能被动跟随和接受价格波动。受人才、技术、资金等资源限制，省内除个别中药提取企业外，大部分企业没有自己的中药材基地，药材来源均为外购且以企业单独采购为主，没形成企业联合体集中采购的模式，进一步削弱采购议价权，分散采购也导致原材料质量和来源难以保障。另一方面中兽药用量较大的产品主要集中在清热解毒类和扶正祛邪类，涉及的大宗原材料如黄连、黄芩、穿心莲、黄芪等，除黄连外，多数药材主产区在省外，省内种植面积和产量难以满足四川省中兽药发展需求。近年来中药材市场受多方面因素影响，价格涨幅较大，代表性品种如黄连从2019年120元/kg上涨至2023年近400元/kg，涨幅达330%，但同期养殖业经济效益大幅下滑，生猪亏损周期为历史之最，养殖业普遍处于深度亏损状态，养殖端不能接受中兽药提价销售，导致企业无法将上游增加的成本传导给养殖端，进一步压缩企业利润，打击企业发展中兽药的信心和意愿。

人才匮乏是制约中兽药产业发展的根本原因。20 世纪 80 年代四川畜牧兽医学院（现西南大学荣昌校区）设有中兽医本科专业，为西南地区输送了大量中兽医药人才，但随着养殖模式的改变和就业需求的萎缩，于 1998 年取消该专业设置。同时期四川省各涉农高校均开设有中兽医或民族兽医药专业课程，西南民族大学和四川农业大学设有中兽医方向研究生培养点，支撑四川省中兽医药领域人才培养。中兽医药人才的断层导致从研发到生产到推广应用整个产业链人才稀缺，制约产业发展。十四届全国人大代表唐利军在调研中发现四川、江苏、湖北三省 18 个县在乡镇从事畜牧兽医工作的 2 004 人中，学过中兽医课程或参加过 40 学时中兽医培训的专业技术人员仅 18 人，各地引进的中兽医专业高层次人才多以中药药理方向研究为主，缺乏理、法、方、药、术全科人才。目前在企业从事中兽药研发、生产和推广的技术人员中，中兽医药专业本科以上人员不足 10%，中兽医药传承创新和指导生产应用方面人才缺口巨大。

（三）科技支撑中兽药高质量发展的强度不够

四川省中兽药领域科研工作取得了显著成果，但离中兽药产业高质量发展的需求还有差距，主要存在以下不足。

产学研结合不够紧密，科研对急需解决的生产关键问题支撑不够。四川省中兽药企业建有企业研发平台的不到 20%，普遍缺乏规范的自主科研能力，企业研发部门主要负责解决日常生产问题和质量问题，对质量标准提升、可见异物控制、生物利用度提升、药效学验证等产业关键共性问题仅依靠企业力量难以解决，科研单位以完成科研项目为主要任务，与生产实践结合不够紧密，对产业需求支撑不足。

基础研究缺乏深度，中兽药作用机制解析不够充分，高水平研究论文和成果不足，未能形成支撑中兽药应用的系统理论成果。应用研究缺乏宽度，四川省中兽药应用研究集中在生猪和鸡养殖领域，33 项新兽药中 25 项靶动物为猪和鸡，牛羊占 3 项，宠物仅占 1 项，满足牛羊养殖和宠物经济蓬勃发展对绿色兽药的需求还有差距。

中兽药创新研发平台较少，主要依靠企业和科研单位自建研发平台，全省目前还没有农业农村部认定的具有开展新中兽药临床研究 GCP 资质的平台，在中兽药领域没有省部级重点实验室。

新中兽药创新转化不足，新中兽药创新需要大量资金和人才投入，四川省新药研发主要集中在头部几家企业，多数企业作为创新主体投入不足，意愿不强。

（四）中兽药推广缺乏规范性，品牌培育不充分

中兽药的应用要在中兽医理论的指导下进行，只有弄清病因、病位和病症的阴阳表里寒热虚实，才能做到药证相应，药到病除。辨证论治是中兽医理、法、方、药、术在临床上的具体运用，通过四诊（望、闻、问、切）认识和判断疾病，根据病情确定标、本、缓、急的治疗原则，并根据疾病情况选取汗、吐、下、和、温、清、补、消等正确的治疗方法。由于缺少熟练掌握中兽医理论和中兽药临床应用的专业人才，在中兽药应用推广上以西兽医的防治思路指导中兽药临床应用，临床用药首先考虑中兽药药理成分、有效物质以及这些成分抗炎、抗病毒、抗菌、抗腹泻等的药理药效作用，试图通过其某种药理作用而达到某种治疗效果，而忽略了病变发生的背景及其病机过程，也没有按中兽医君臣佐使的合理组方。由于缺乏规范性的指导用药，不能充分发挥中兽药临床效果，导致养殖户对中兽药信心不足。另一方面，养殖端对中兽药认知存在偏差，认为中兽药主要用来"治未病"、调节动物机能，有效果但作用慢等。为了迎合养殖户希望快速防控疾病的心态，极个别企业投机取巧非法添加一些对症治疗药物体现所谓中兽药产品效果显著；个别企业为了体现竞争优势，降低生产成本，以满足国家检测标准为最低限度，在原材料选用上放松质量控制，没有体现出"药材好药才好"发展理念；在宣传上浮夸中兽药主治功能、用法用量，或以天然植物饲料添加剂等形式推广所谓"中兽药"。这些不规范的市场推广行为，短期看取得一些小规模养殖户信任获得蝇头小利，长期看这种不规范行为严重扰乱正常市场环境、损害中兽医药形象，加剧了养殖应用端对中兽医药的不信任。在中兽药品牌培育方面，四川省与先进省份相比还有较大差距，缺少全国知名中兽药品牌。以双黄连口服液为例，河北某品牌深耕该产品 10 余年，利用蛋鸡产业规模化程度高，鸡蛋无抗要求高，较早开展"限抗"行动而选择中兽药防控的现实需求，从药材选择、质量控制到临床实效精心打造用于防治蛋鸡呼吸道疾病的双黄连口服液，得到市场认可成为年产值上亿元的大单品。但四川省同类产品销量仅千万元水平，这种差距主要在于四川省中兽药企业不注重品牌打造，从产品内在质量高标准提升到市场宣传应用的聚焦打造都存在不小的短板。

三、对策建议

（一）四川中兽药产业发展趋势

兽药产业是促进养殖业健康发展的基础性产业，在保障动物源性食品安全和公共卫生安全等方面具有重要作用。但在一段时期以来，部分养殖户为提高养殖效益，在养殖过程中乱用滥用包括抗生素在内的兽药产品，导致药物残留、耐药性增加等问题频发，危害食品安全和人民群众身体健康，引发环境残留污染等一系列问题，引起全社会高度关注，发展绿色安全的兽药产业成为畜牧业"减抗减排"高质量发展的必然要求。当前中兽药产业正处于市场培育与刚性需求叠加的快速发展阶段，按2019—2022年平均增幅推算，到2030年，中兽药产值规模将突破100亿元，形成20家以上产值过亿的龙头企业，市场前景广阔。养殖模式的改变也影响中兽药剂型市场份额，针对个体用药的需求快速萎缩，传统注射液、片剂市场趋于饱和，适合规模化养殖群体用药的高附加值中兽药产品如颗粒剂、口服液等市场份额越来越大。在创新发展方面，更加注重产学研联合，形成区域性创新联合体，以产业需求为导向，开展"提质降本增效"生产关键技术研究、中西药联用减毒增效及耐药性逆转研究、以质量标准提升为核心竞争力的产品护城河研究。在靶动物应用方面，更加注重奶牛用药、宠物用药高附加值个体用药产品开发，更加注重蛋鸡等群体用药替抗产品开发，发挥中兽药保障食品安全的优势。

（二）促进四川中兽药产业发展的对策建议

1. 加强中兽医药文化宣传，提高对中兽药产业重要性的认识

发展中兽药产业是畜牧业绿色发展高质量发展的必然选择。畜牧业高质量发展要坚持绿色发展、产品安全和资源节约，目的是更好地满足人民群众多元化的畜禽产品消费需求。

促进中兽药产业发展有助于培育绿色畜产品品牌，提供优质安全畜产品。人民群众对肉蛋奶等畜产品的需求已从数量保障转变为质量满足，对绿色、安全、优质、健康的畜禽产品需求日益增长，绿色有机畜产品市场潜力巨大，在养殖全过程应用中兽药防病治病，发挥中兽药绿色、安全、低毒、无残的优势，为打造高品质、绿色有机畜禽产品品牌，推动我国畜产品积极参与国际竞争，增加绿色、优质畜产品消费具有重要意义。

促进中兽药产业发展有助于推动兽用抗菌药物使用减量化行动。引导畜牧业加大中兽药推广应用，减少兽用抗菌药物等化学药品使用量，既从源头降低化学药物生产中毒害物质排放，又可减少化学药物在生态环境和畜禽食品中残留，为畜牧业绿色低碳可持续发展提供支撑。

促进中兽药产业发展有助于传承弘扬中华传统医学文化。中兽医药与中医药同属中华传统医学文化，均源自我国先民认识自然、适应自然、改造自然和与人畜疾病做斗争的生产实践，两者同源同流，有着共同共通的传统医学理论，在中华民族几千年发展史中相互借鉴、相辅相成、共同发展，分别为保障畜牧业发展和人类健康做出了不可替代的作用。近现代以来，科学技术日新月异，以分子生物学为代表的现代技术促进了现代医学的发展进步，借助新技术推动中兽医学发展，以动物为模型开展疾病新理论、新机制、新疗法研究，为丰富中兽医学理论和实践提供支撑，为人医药研究提供借鉴，实现中兽医学与中医学在新的时代背景下融合发展。传播弘扬传统医学文化方面，唐宋以来，以《司牧安骥集》《元亨疗马集》为代表的中兽医学经典著作广泛传播到东亚、阿拉伯半岛和欧洲，深刻影响了亚洲兽医文化发展，为世界兽医学发展和畜牧业健康做出了重要贡献。新的历史背景下，促进中兽药产业发展，必将带动中兽医学的二次繁荣和广泛传播，为全球畜牧业绿色低碳可持续发展贡献更多的中国智慧和中国方案。

2. 加快推出促进四川省中兽药产业发展的政策措施

产业定位方面将中兽药产业作为重点扶持的绿色产业，从税收、人才、科技、建设各个方面给予支持。税收方面将中兽药产品比照饲料、农药等农业生产投入品免于征收增值税，或归入先进生物医药范畴像疫苗一样给予3%增值税优惠增收。

人才培养方面鼓励涉农高校探索多途径中兽医药人才培养方式，有条件的设置相应本硕博专业，鼓励高职院校和科研单位开展中兽医药教学创新实践，与产业结合开展各类培训，为基层畜牧兽医人员和企业相关人员举办中兽医药短期集训班，普及中兽医药基础知识。

科技创新方面支持产学研联合，增加中兽药创新相关科研立项数量，支持先进仪器设备购置，挖掘中兽药经典名方，持续加强中兽药基础理论研究，加强中兽药防治常见多发病、重大传染病关键技术研究。在省现代农业产业技术体系涉牧创新团队中设置中兽医药相关岗位,研究临床疾病的症候表现、中医证型与中兽药防控方案。大力宣传弘扬中兽医药文化,促进中兽药的普及应用。

激励措施方面参照国内有关省份奖励政策,在新药研发不同阶段给予资金奖励,进入临床试验研究的奖励50万~100万元,获得新药证书的奖励100万~300万元。

平台建设方面支持有条件的单位建设各类中兽药创新实践平台,支持在中兽医药领域设置省级重点实验室和工程技术研发中心,支持企业中兽药生产线现代化提升。

"放管服"改革方面,争取国家政策支持中兽药提取物委托生产模式在川先行先试,引导企业根据生产能力、技术水平、产品特色等,调整现有生产线和产品品种,减少产能重复建设和中药材资源浪费,支持有资质、产能大、信誉好的企业承接委托加工。

3. 推动企业在原料端、生产端和管理端同时发力实现"提质降本增效"

(1) 自建药材基地与联合采购相结合,向原料要效益。鼓励中兽药企业建设"人药兽药兼用"的优质中药材GAP基地,重点发展黄连、黄柏、当归、枳壳、金银花等中兽药所需大宗四川道地药材。支持中兽药企业采用"公司+基地+合作社+养殖场(户)"等合作模式,集中建设成方连片的自有优质中药材种养基地,符合要求的给予建设资金补助。引导中药材传统种植区有序流转土地承包经营权,培育一批经营规模大、运作机制新、带动能力强的种植大户、家庭农场、专业合作社,大力发展适度规模经营;对标中兽药产品标准,完善中药材种养标准,倒逼种养主体按标生产,为中兽药企业提供高品质药源。鼓励企业组建采购联合体,集中采购大宗原料和药材,减少中间环节费用,增强企业议价能力,稳定农户种植收益,统一药材入厂质量。

(2) 提高中兽药生产自动化水平,向生产要效益。鼓励企业加快中兽药生产线自动化提质升级改造,从原料入场清洗、选拣、烘干、投料到提取、制剂、包装、入库全过程自动化操作和控制,减少人工干预和人力成本,提高生产效率和产品品质,降低生产成本。

(3) 提升中兽药企业管理水平,向管理要效益。依托信息化技术建设企业资源计划(ERP)系统,进行物质资源、资金资源和信息资源集成一体化管理,提供跨地区、跨部门甚至跨公司整合实时信息的软件能力。对采购、生产、技术、质控、营销服务等各部门进行能力提升培训，适应中兽药现代化企业管理体制机制，提高管理效率、降低管理内耗、节约管理成本。

4. 完善创新体系，加快产学研融合，筑牢科技支撑底板

突出企业创新主体地位。加快中兽药领域科技型企业培育，推动企业成为技术创新决策、科研投入、组织科研和成果转化的主体。提升企业创新能力，支持企业设立研究开发机构，支持企业科研院所、高校等组建创新联合体，共同开展关键核心技术攻关。支持企业技术创新，引导资金流、人才流向企业聚集，鼓励企业增加研究开发投入，探索揭榜挂帅、定向委托等模式，组织科研力量专项研发方式集中力量攻关制约产业发展的重大技术瓶颈。推动高校科研与企业生产、市场需求相结合，定期发布关键核心技术攻关、科技成果转化和企业技术需求"三张清单"，实现供需精准对接，加速成果转移转化。

坚持新发展理念加强协调创新。坚持创新、协调、绿色、开放、共享的新发展理念，用好"泛金三角川鲁粤动保发展论坛""川优动保发展联盟""四川兽药创制联盟"等形式引导川内企业积极对接国内兽药创新先进单位，推动区域协同创新。

强化中兽药基础研究能力建设。建立与中兽药现代化发展相适应的基础研究投入机制，以政府投入为主，引导企业资金、风险投资参与原始创新，推进科技金融深度融合。加强中兽药基础研究规划与布局，条件成熟时在中兽药领域建设省级重点实验室。在省自然科学基金中增加中兽药基础研究和应用基础研究项目占比。拓展中兽药应用研究领域，加快宠物药品和牛羊用中兽药研发，扩大中兽药在水产养殖的应用。发挥中兽药对慢性病治疗的特殊优势，针对宠物老年疾病、代谢疾病、营养疾病等疾病，针对严重影响牛羊生产的牛羊腹泻、呼吸道疾病等重大疾病，深入挖掘《元亨疗马集》等中兽医经典名著名方，开展二次研发。针对四川水产养殖主要疾病，开展中兽药防控技术研究，形成以中兽药防控为主的水产疾病防治新技术。

鼓励新型药用资源开发利用。探索川产大宗道地药材枝叶副产物、柑橘等大宗农副产品畜牧养殖资源化利用研究，为饲料添加或中兽药开发挖掘药用价值，开发新的兽用药用资源。

加强中兽药质量标准提升研究。鼓励企业参与制定高于国家标准的企业质量标准或团体标准，以高标准构筑产品护城河，以高标准打破产品同质化认知。鼓励参与中兽药提取物标准制定、配方颗粒质量标准制定、国家兽药质量标准制修订等。

加快中兽药创新高能级平台建设。培育新型研发机构、共性技术平台和GLP/GCP试验平台等创新主体，构建"基础研究—试验验证—产业化"全链条创新体系，鼓励创新平台开展中兽药药效学验证和临床比对试验，为生产企业和养殖企业提供临床验证，为优质中兽药筛选提供支撑，支撑四川乃至西南新中兽药研发和产业创新。

丰富中兽药人才引育体系。鼓励企业与科研院所联合培养工程硕士、工程博士等产业类科技人才，探索企业和科研院所人才双向流动机制，推动建立中兽药传统技能实训基地和教学实践基地，鼓励科研院所科研人员和高校师生到企业开展生产实践和培训，鼓励企业技术人员到科研单位接受在职教育和培训。形成人才培养、引进、使用、合理流动的良性循环，打造高水平创新型人才队伍。

5. 转变推广方式，加强品牌培育，重塑绿色"川药"金字招牌

加快经销商推广模式向养殖场直销模式转变。中兽药推广应用需要中兽医理论指导和实践服务，是一项高度专业性的工作，传统经销商推广模式针对小型散养户，缺乏技术力量支撑，难以辐射规模化养殖场，企业成立中兽药应用技术服务团队，以专业的团队从事专业的技术服务，为养殖企业提供"一条龙""菜单式"服务，更有利于进入规模化养殖场，打开更大的市场空间。注重信息技术的综合利用，充分利用网络平台开展宣传推广和信息互联互通，为客户提供最快捷、最高效、最优质的服务，同时抓住兽药是特殊商品，既需要专业技术指导和服务也需要政府刚性监管的商品属性，审慎对待电商营销。

加强市场引导和用户体验。用好中兽药"绿色、安全、有效"的名片，引导用户以性价比代替单一用药成本核算，依托科研平台或企业示范场打造用户可感知的中兽药示范应用场景，鼓励用户参与临床试验验证，亲自感受和体验中兽药在防控动物疾病、调节动物机能、保健促生长和提供优质畜产品方面的优势。

加快产品线转型，从传统片剂、散剂、注射剂为主的低附加值、个体用药产品线转向颗粒剂、合剂（口服液）、高标准散剂高附加值、群体用药产品线建设，对标国内一线品牌打造大单品。坚持"药材好药才好"生产标准，从药材来源、质量标准、药效验证、技术方案各个方面打造产品差异化，将差异化用可视化方式展示，凸显"看得见的不一样"品牌形象。

围绕高标准质量提升打造核心产品护城河，在同类产品同质化竞争中大幅提升产品门槛，抓住有效成分定量检测、靶标成分定性检测、多组分指纹图谱等核心指标大幅提升含量和组分标准，以远高于国家标准的企业标准或团体标准打造产品护城河。同时联合大型养殖企业和科研院所开展不同质量、不同品牌产品药效学比对和临床验证，以实证实效筑牢品牌价值和市场信心。

重视品牌培育，从品牌定位、品牌形象、品牌传播和品牌维护等全方位培育。积极培育中兽药"专精特新"科创企业、高新技术企业，重塑绿色"川药"金字招牌与培育优质企业品牌相结合，部省联动发布产品质量"红黑榜"，大力宣传表彰高品质好口碑川药企业。加速培育一批具有核心竞争力的大单品，对中兽药单品年销售收入首次突破1 000万元、5 000万元和1亿元的企业，分别给予一次性资金奖励。

挖掘中兽医药文化资源，推广中兽医药文化，支持创作一批具有四川特色的中兽医药纪录片、文化科普图书等文创产品，开展中兽医药应用技术培训和示范，结合"兽用抗菌药使用减量化行动"建设中兽药应用示范养殖场。

参考文献

王鹤佳，秦玉明，安洪泽，等，2018. 我国中兽药供给侧结构调整调查分析简 [J]. 中国兽药杂志，52（2）：7-11.

第四部分

地方中药材产业发展报告

川中丘陵区林下中药材产业发展报告

张怡泽[1] 何孟飞[1] 邓怀国[1] 罗锦诚[1] 李 晓[2]

(1. 四川比尔投资咨询有限公司,四川成都 610066;
2. 四川省农业科学院农业信息与农村经济研究所,四川成都 610066)

中药是我国独特的卫生、经济、文化和生态资源,大力发展中药材产业是大健康产业发展的重要抓手,是四川省"10+3"现代农业产业体系的重要内容。党中央先后提出"坚持中西医并重,传承发展中医药事业""促进中医药传承创新发展"。在当前耕地"双非"政策约束下,因地制宜发展林下套种、粮药套种、粮药轮作,是发展农业新质生产力的重要途径,是推进中药材产业高质量发展的有力举措。内江市属于典型的四川盆中浅丘地形,中医药历史底蕴深厚,综合区位优越,自然条件适宜,林下资源丰富,具备发展中药材产业的巨大潜力。以资中县为例探索中药材复合高效种植模式,对内江市,乃至川中丘陵地区助农增收具有突出的示范作用,对川药振兴意义重大。

一、调研背景

(一)多重政策强力支持

传承创新中医药事业已上升为国家战略,《中华人民共和国中医药法》《关于促进中医药传承创新发展的意见》《"十四五"中医药发展规划》等重要文件为中药材产业高质量发展奠定政策基石;在耕地"双非"政策背景下,因地制宜发展林下中药材种植,既呼应乡村振兴与农业转型升级方向,又契合生态农业与林下经济发展思路。国家林草局先后印发《林草产业发展规划(2021—2025年)》《全国林下经济发展指南(2021—2030年)》,鼓励规范有序、科学合理发展林下经济,重点发展林下中药材等。四川省作为中医药资源大省,将中药材产业纳入"10+3"现代农业体系,通过《四川省中医药条例》《四川省中医药强省建设行动方案》等省级政策明确产业定位、优化资源配置、鼓励科技创新与品牌打造。内江、自贡、遂宁、资阳等市均出台了相关支持政策与扶持文件，如内江市出台了《内江市中医药产业发展规划（2019—2030）》《内江市促进中医药传承创新发展二十条措施》。多层次、多维度的政策保障体系，为川中丘陵区林下中药材产业高质量发展创造了有利条件。

（二）市场需求稳步增长

从中药行业整体看，增长态势明显。据中国中药协会数据，2018—2023年，中药行业产值从6 370亿元增长至8 332亿元。全国75家中药上市企业营收同比增长14.3%，根据2023年中药市场前瞻初步测算，到2024年全国中药行业规模或将达1.1万亿元。从前端中药材市场看，市场规模稳步扩大。据《2023—2024年中国中药材行业大数据及商业趋势研究报告》显示，2017—2022年，全国中药材市场由1 018亿元增加到1 708亿元，年平均复合增长率接近10%。预计到2024年，市场规模将超过2 000亿元。从药材品类需求看，多种林下宜种药材收益可观。黄精、金银花、丹参、鱼腥草等适宜林下种植的品种均备受市场青睐，尤其是药食同源的黄精、鱼腥草等极为畅销。据课题组在太平镇小琳种植场调研时了解，当前我国黄精（干货）市场需求量超过10万t，市场缺口在5万t以上，而资中县全年供给量仅有10t。

（三）产业发展潜力较大

以资中县为例，一是中药材产业有基础。全县种植中药材品种20余个，种植面积4 400余亩，其中新桥镇栀子种植基地被列为2023年全省中药材种植基地名单。拥有中药材精深加工厂2座、4个国药准字批文、150个在产中药饮片，兽药产品销售全国各地。建成中药材产地初加工基地3个，取得省级医疗机构制剂许可证、注册制剂品种13个。拥有各类中药材种植、加工经营主体20余家，其中企业2家。成功打造兼具观光、中药材种植、教育等功能为一体的五指山农旅康养生态公园，据调研，该公园目前正大力发展林下套种玫瑰、芍药、麦冬，综合效益显著。二是宜药森林耕地资源丰富。全县拥有国储林约11万亩、公益林约4.7万亩，主要集中在新桥、龙结、鱼溪、双河等镇，适宜开展林下套种；拥有果园30余万亩，据初步摸底，有条件、有意愿开展林下中药材套种的基地约0.5万亩；还有适宜开展粮药套种的耕地不低于10万亩。

二、调研目的、范围及方法

(一) 调研目的

评估内江市林下中药材产业现状与潜力,识别挑战与机遇。深入分析土地资源、种植模式、经济效益及政策环境,探讨林下中药材复合高效种植模式和产业链延伸路径。评估"双非"政策对中药材产业的影响,了解农户的种植意愿与需求,结合市场需求趋势,提出切实可行的政策建议与发展对策。最终为川中丘陵地区推动林下中药材产业高质量发展、实现乡村振兴提供科学依据和决策支持。

(二) 调研范围

本调研以内江市资中县为主要研究对象,覆盖其下辖的新桥、双河、罗泉、铁佛、渔溪等五个镇,重点考察这些地区的林下中药材种植现状、资源分布、产业链条及发展潜力。同时,还包括资中县内具有代表性的中药材种植基地、加工企业及相关农业合作社,旨在全面了解区域内林下中药材产业的发展基础与存在的问题。

(三) 调研方法

围绕中药材产业发展现状问题、适宜性、经济效益、销售渠道等方面,主要采用文献研究、资料收集、GIS 分析、现场访谈、实地考察及专家咨询等方法开展调研研究。

三、现状分析

(一) 自然条件得天独厚

课题组针对资中县林下中药材种植开展了适宜性分析,选择了适宜林下种植的 5 大类共计 20 余个品种作为标地,结合中药材生物学特性、生长习性,利用地理信息系统软件平台(ARCGIS),对中药材适宜性分析结果进行处理,综合考虑全县林下中药材总体发展规模和布局得出以下结论:全县林下中药材宜种规模共计达 20.69 万亩,其中基础条件较好、集中连片的适宜产业化发展面积达 10 万亩。

(二) 群众种植意愿较强

全县拥有各类中药材种植、加工经营主体 20 余家,已有多家主体探索开展林下中药材种植,目前成效突出、效益显著。如红莲山生态农业公司已开展林下中药材种植已有 3 年,主要林下种植玫瑰、芍药、麦冬等,总规模约 300 亩,平均每年亩产值在 5 000 元以上，毛利不低于 3 000 元；据公司负责人所述，如果能有相关扶持政策，将计划在 5 年内将规模扩大至 500 亩以上。

（三）招商引资已有眉目

经双河镇对接联系仁寿创新农业开发公司拟在其林区和撂荒地投资 1 000 万元种植中药材，目前流转林地 100 亩种植天冬；公民镇与清华大学建筑设计研究院西南林草中心、中国科学院成都生物研究所等单位对接，拟在公民镇开展林下种植中药材；小琳种植场依托浙江省御济控股集团有限公司在太平、龙江流转土地 500 亩种植黄精、白芷。由县政协联络的安徽国信集团拟到资中投资，开展中药材种植加工，初期种植规模将不低于 1 000 亩。

（四）有广泛的销售渠道

目前，县内中药材种植户以鲜销为主，部分建有初加工房，均建有稳定的销售渠道。弘升药业加工生产饮片、曲剂等产品与云南白药集团、四川新绿色药业、仲景宛西药业等原料供应商及全国省区各大药品经营企业的长期供货商建立了稳定的销售渠道。国药集团拟采取国药基地+农户模式或政府基地+国药基地+农户实行全链条管理产销一体化。

四、调研区域产业现状

（一）竞争能力不强

资中县在中药材产销市场中缺少话语权，在面临市场波动时显得尤为脆弱。据市场调查，2021—2023 年栀子产地收购价格波动明显，2021 年鲜栀子约 20 元/kg，2023 年跌至 1.6 元/kg，2024 年回升至 6 元/kg。由于中药基地基础设施配套欠缺，在面对气候变化等不利自然因素时，也显得较为无力；其中，2022 年太平镇小琳种植场由于天气干旱，300 亩黄精—玉米套种基地灌溉困难，因干旱缺水导致黄精脱叶死亡超过 30 亩，损失达 100 万元以上。另一方面，原材料本地化率低。据了解，弘升药业每年从县外购买中药材达 2 000t 以上，永久畜牧公司每年从县外购买中药材 191 种、2 000t 左右。

（二）经济效益不高

一是产业链条短。据了解，全县中药材产地初加工点位仅有 4 处，规上加工企业仅 1 户，药旅融合点位仅有 1 处。县中医院取得的 13 个制剂品种中只使用了两个。在五指山生态公园、太平镇小琳种植场了解到,由于加工能力难以满足本地需求,本地药材主要以原材料形式对外销售,本地加工率不足20%。据估算,全县中药材产业农产品加工业与农业总产值比不到1.5,远低于全省2.52的平均值。二是本地产销关联度低。调研发现,弘升药业每年药材原材料需求达2 000t以上,本地小规模散种药材品质难以符合公司要求,因此,公司除自有的栀子基地外,基本不从本地采购药材,90%以上需要从外地购入。本地药材则主要通过药材贩子销往东南沿海等地。三是单位效益较差。2023年,全县中药材种植总面积5 916亩,总产值1 167万元,平均亩产值仅1 970元,低于全省平均亩产值1.4万元。

(三)经营主体不强

全县中药材产业发展组织化程度较低,生产加工主体以村集体经济组织、专合社、家庭农场以及小农户为主,尚未形成整体合力。一是村集体经济组织缺乏带动力。在涉及中药材的村集体经济组织中,收入超过10万元的屈指可数。二是农民专业合作社培育乏力。全县涉及中药材产业的专合社仅6家,经营主体80%以上为家庭农场和小农户,适度规模经营占比仅50%。三是龙头企业培育严重滞后。全县涉及中药材产业的企业有2家,其中省级以上龙头企业仅弘升药业1家,且该企业与本地基地缺少联动,对全县中药材产业发展的示范引领作用不够突出。

(四)发展要素不齐

中药材产业发展所需的劳动力、资金、土地、科技等要素都存在短缺的现象。一是乡村空心化突出。以栀子基地为例,调研组在新桥镇栀子基地调研时了解到,2023年栀子采摘季节用工紧张,人工费高达1.2元/kg,而当年栀子出售价仅为1.6元/kg。二是财政投入乏力。调研中多数主体反映上级财政投入少、地方配套难,栀子基地、太平小琳种植场、茯苓艾草基地经营主体均表示未曾获得过财政支持。三是科技支撑薄弱。全县中药材行业科技、技术人才队伍建设较为滞后。在栀子基地了解到,基地栀子有设备而无人才,栀子烘干需要专业人才操作,但由于人才缺乏,基地每年仍不得不在外地烘干。同时,资中县现有农业科技推广人才数量少,年龄结构老龄化严重,后备人才欠缺。

五、对策建议

(一) 强化组织保障,设专班、设经费

成立由市政府主要领导牵头的工作专班,负责统筹协调林下中药材产业发展的各项工作。工作专班应包括科创中心、农业、林业、科技、财政、市场监督管理等部门,各部门设置专职人员,定岗定责,合力推进中药材产业发展的良好局面。设立专项经费,用于招商引资、考察学习,推动内江林下中药材发展快速成势见效。

(二) 抓好顶层设计,先示范、再推广

相比传统规模化种植中药材,林下种植中药材需要考虑品种、地域、环境等更多要素,技术难度较大。从资源投入的有效性和长期效益可持续性考虑,建议把握"先做示范、再行推广"的原则,尽快启动《内江市中药材产业发展规划》编制工作。近期先试点,由市林业局、平台公司牵头,将国储林项目中明确的林下种植中药材种植任务,在重点林区分镇分村科学布局数个示范种植点位,首批种植500~1 000亩予以实施,以点带面促进中药材种植业快速发展。

(三) 加强招商引资,筑好巢、引凤来

积极引进具有较强原料需求、研发能力和市场影响力的中药材龙头企业,如四川百胜、安徽国信健康、重庆桐君阁、四川好医生、四川新荷花、雅安三九等省内外知名药企。完善配套基础设施,针对林下种植中药材对水资源的高度依赖,建议在国储林项目中,对成片布局林下中药材的区域,依托农业、林业项目资金科学规划并建设提灌站、喷淋等设施,切实解决中药材种植水源缺乏的瓶颈问题。在基地产业道路配套方面,建议整合行业资金,完善产业道路网络,确保中药材种植区交通畅通无阻,便于物资运输、技术指导和市场对接。

(四) 出台扶持政策,保好驾、护好航

林下种植中药材难度大、周期较长,为了推动林下中药材产业发展与创新,政府还需在多个维度上深化扶持政策,确保来资企业都能稳健前行。在资金方面,建议参照耕地找回的补助标准,采取以奖代补模式,对林下种植中药材区域按800元/亩标准给予一次性土地培育补助,前3年对中药材种苗种植人工费给予总共600元/亩补助,根据中药材品类的种苗价格进行测算后给予一次性补助。8月2日专家咨询会上百胜药业董事长罗明提到,2019年,在威远县每年每亩1 000元的补助支

持下,百胜药材投资建设中药材基地 5 000 余亩,在公司辐射带动下,目前已建成总规模 2 万余亩,年产值达 3 亿元的市级现代农业园区。该案例值得借鉴。

(五)强化科技支撑,育良种、提品质

加大与成都中医药大学、安徽国信集团等单位合作,充分利用专业机构的科技优势,建立中药材良种繁育基地,培育适应内江市林下环境的优质中药材品种。引进新品种、新技术,提高中药材的抗病性、抗逆性和产量。依托头部主体对中药材种植进行统一种苗、统一种植、统一施药、统一采收、统一销售,确保中药材种得好、产量高、品质优、销路畅。

(六)坚持市场主导,企定品、销定产

在品种选择上,由企业基于自身发展战略、产业布局以及对行业的分析和预测,确定种植品种,减少盲目跟风带来的市场风险。在种植规模上,由企业先落实销售渠道,再拟定生产计划,确定种植规模,确保生产出来的农产品能够顺利销售出去。如拟来资发展的安徽国信集团与国际中药材销售平台已有稳定合作关系,签订了长期供货协议,可实现订单式生产。在 8 月 2 日的专家咨询中,专家针对资中林下中药材产业化发展品种选择上提出了很多建议。一是出于品质考虑,建议优先选择四川道地药材品种。二是出于抗风险考虑,建议优先选择大宗品种,如麦冬、枳子、半夏等。三是出于管理方便考虑,建议在基础条件相对较差、人力资源不足的区域,优先选择粗放生长类,如薄荷、紫苏、苍耳子等,其用量大,售价相对较低,但易管理,且基本不长杂草。四是出于市场销售考虑,建议优先选择药食用源,如鱼腥草、黄精,这类产品易获批,市场波动相对较小。五是针对如资中目前已退化的血橙基地,建议可发展陈皮产业,目前高品质陈皮售价达 1 万元/kg 以上,陈皮还具有易存放、越久越贵等优点。六是建议林区可以发展黄柏等产业,既可作为国家战略储备,也能产生巨大经济效益。

(七)延伸产业链条,强产业、创税收

鼓励企业搭建中药材仓储物流体系,建立和完善本地中药材销售网络;扶持中药材深加工企业及中药饮片生产企业,促进传统加工向现代化加工的转变;支持企业创新加工技术和产品类型,增强标准化加工能力,提升加工增值水平。在专家咨询会上天府农科智库首席科学家提到,当前中兽药产业潜力巨大,建议可以适当开展探索。发展精深加工,在提升产品竞争力同时,还将为地方经济带来可观的税收

收入，是内江实现林下中药材产业可持续发展的重要途径。

（八）组建产业联盟，建标准、促增收

集成各类政策培育壮大龙头企业，引导企业向联合体注入市场化理念，利用加工、物流、营销等环节资源优势，主动与科研单位合作，结合市场需求和产业需要制定行业标准，通过"企业+合作社+基地+农户"合作模式带动合作社和家庭农场从事中药材标准化生产。建立健全联合体经营机制，明确业务范围、成员资格、经费管理等机制，规范联合体的组织和行为，建立农户与新型经营主体共同致富的利益联结模式，妥善处理好联合体各成员之间的利益分配关系，促进成员之间长期稳定合作，保障各联合体实现良好运行。

彭州市中药材产业发展报告

王 强[1] 冷雪娇[2] 廖俊波[2]

(1. 成都市农业技术推广总站,四川成都 610041;
2. 彭州市农业技术推广中心,四川彭州 611930)

摘 要:本报告分析了彭州市中药材产业发展现状,描述了彭州市川芎产业具体举措。对彭州市当前川芎产业发展过程中存在的问题进行分析,结合实际情况提出有针对性的对策措施,为川芎产业的可持续发展打下坚实基础。

关键词:彭州;中药材;川芎

一、发展现状

彭州自然资源丰富,境内有动植物药材1 183种,其中动物药材40种,矿物药材7种,植物药材1 136种,以川芎、黄连、"三木药材"为代表。现已形成道地川芎、优质黄连、"三木药材"(黄柏、杜仲、厚朴)、珍稀药材(重楼、石斛、白及、黄精、灵芝等)四个区域结构明显、品种多样、特色突出的中药材生产基地。川芎种植以敖平镇为核心,辐射葛仙山镇、隆丰街道、濛阳街道、九尺镇、丹景山镇等镇(街道),龙门山镇、通济镇、白鹿镇为川芎苓种繁育基地。2015年7月22日,农业部正式批准对"彭州川芎"实施农产品地理标志登记保护,预计2024年道地川芎种植面积6.2万亩,产量1.8万t。黄连种植主要分布在白鹿镇及周边区域,种植面积2.3万亩,产量0.26万t。"三木药材"种植主要分布于龙门山镇、通济镇、桂花镇等区域,种植面积4.8万余亩,产量1.16万t。珍稀药材主要分布于龙门山镇、通济镇、桂花镇、白鹿镇等龙门山脉区域,种植面积约0.7万亩,产量0.13万t。

彭州市是享誉全国的"川芎之乡",彭州川芎肉实、质优、效佳,是川芎中的"上品",药用川芎产量约占全国的3/4,彭州市川芎现代农业园获评成都市五星级现代农业园区。川芎种植主要采取"公司+基地""合作社+基地""公司+专合组织+基地"等产业化经营形式，敖平镇域内现有与主导产业紧密相关的家庭农场158家，农民合作社122个，社会化服务组织16个，其中国家级农民合作社1个，省级农民合作社1个，市级农民合作社1个，新型职业农民180多人。现有川芎初加工企业11家，精深加工企业7家，其中国家级农业龙头企业1家，省级农业龙头企业1家、成都市级农业龙头企业1家，年加工川芎6 000余吨，包含川芎饮片、切片等产品。建有冷藏冷冻库4处，其中冷藏容量2 000t、冷冻容量17 000t；川芎烘干中心1处，川芎产品烘干率达到100%。

二、主要做法

（一）加快园区建设，做强产业支撑

一是统筹规划空间布局。编制《川芎产业园区总体规划（2020—2023年）》，坚持因地制宜、产城互动、农商文旅体融合发展的原则，统筹规划布局中医药农商文旅体融合发展产业空间格局，科学落地种植基地、孵化园区、文化旅游等相关联动发展项目。二是突出抓好园区建设。以敖平镇为核心，按照"整体设计、系统谋划、分步建设"工作思路，构建敖平镇城镇发展核、山地中医药康养区、中医药农业种植区、中医药农业产业孵化区"一核三区"的川芎产业发展空间格局，着力打造集川芎科研、标准化种植、精深加工、商贸流通、品牌创建、农旅融合于一体的川芎全产业链发展模式。三是加大招商引资力度。引进新绿色药业入驻川芎产地孵化园，布局投资2.2亿元的川芎科创物流加工组团，全面建成后，将具备16条30t/d的初加工生产线、5万t容量冻库、3个重点实验室（川芎育种、衍生品研发和质量检测）和1个电子商贸中心。完成总面积1 100m²的川芎烘干中心建设，设计烘干能力为100t/d。切实做好川芎的深度开发工作，扩大加工量，促进川芎由初级加工向精深加工转变，延长产业链条，努力提升川芎附加值。

（二）提升川芎品质，筑牢产业基础

一是建好生产基地。加快提升农田基础设施水平，完成敖家场社区、白塔店等村社区1.3万亩高标准农田改造、成功取得成都市农业农村局3 300万元高标准农田专项债批复、启动2024年高标准农田建设项目工程量核定有关工作。大力开展乡村振兴项目建设，全年共计修建沟渠3 920m、产业道路（黑化）提升1 300m、

灌溉机井2口。争取成都市移民后扶资金整治川芎种植核心区产业沟渠8km，改建灌区便桥47座。二是培育优良品种。加强校地合作，同成都中医药大学结对推进"百校联百县兴千村"建设。建成10亩川芎种质资源圃，收集40余个川芎品种。联合成都中医药大学、四川省农业科学院、四川农业大学等科研院所，协同建立彭州川芎良种母本园，选育出"川芎1号""绿芎1号""新绿芎1号""新绿芎2号"等优良新品种。制定发布《川芎苓种培育技术规范》，以龙门山镇、白鹿镇、通济镇为核心，在海拔1000m左右的田块建设川芎苓种繁育基地，大力推广正山系川芎苓种。三是推广绿色良法。开展课题研究，成立彭州川芎科技小院技术服务团队，以何冬梅教授为首席专家，专家团队共9人，开展苓种微生物分析、山苓种与坝区苓种质量差异、降镉增产专用配方肥等技术研究。完成《川产道地药材川芎高质量发展调研报告》，在《中草药》杂志发表学术论文《川芎产业现状与发展策略分析》。制定《川芎栽培管理技术规范》，推广应用"稻—芎"轮作种植模式，指导中药材种植大户和新型经营主体实施机械深耕、底肥深施、微肥穴施等科学施肥技术，推广川芎深沟高厢种植技术，水稻秸秆覆盖还田种植技术。在川芎种植核心示范基地，推广使用频振式太阳能杀虫灯、黄板、生物农药制剂、性诱剂诱等绿色综合防控技术和无人机喷药防治川芎病虫害新技术。四是建设质量溯源体系。依托省级溯源平台，配备溯源硬件配套设备9套，对川芎种植环境、气候条件、生长情况进行监测，搭建服务川芎全产业链发展的"PC端+移动端"的信息平台，实现川芎田间环境的信息化监管。

（三）健全标准体系，树立行业权威

制定行业标准，搭建"彭州川芎全产业链标准体系"，共收集与制定标准145项，其中新制定标准33项，编制《川芎苓种培育技术规范》《川芎栽培管理技术规范》《川芎采收技术规范》《川芎产品质量等级》团体标准。2024年3月由国际标准化组（ISO）正式发布《中医药—川芎》国际标准。

（四）延伸产业链条，创新价值转换

一是借智借力成都中医药大学等科研院所，培优塑强"一村一品"，加速川芎精油、川芎菜、川芎芽苗面等衍生产品开发和市场推广。二是依托山水林泉田原生资源，开发布局"七星泉村""川芎公社"等项目，以"药养+农业"体验丰富乡村消费场景，推进产业融合发展。三是深度挖掘中医药文化，举办川芎节、川芎烹饪大赛等系列活动，对中医药发展历史、药理知识、川芎药剂、保健品、药膳以及制作工艺等进行全方位展示，并通过抖音、微博等媒体广泛开展宣传，持续提升川芎药泉特色小镇知名度和影响力。

三、问题挑战

（一）川芎标准化建设需持续推进

虽已发布川芎国际标准，但是川产道地川芎"三标准、五规范、二体系"建设需持续推进，川芎品牌附加值较低。

（二）农业基础设施有待进一步提升

川芎宜栽区高标准农田覆盖率不足50%，部分田块未进行网格化改造，不利于川芎全程机械化种植。

（三）川芎经营组织化程度不高

由于川芎种植亩投入成本大，生产用工量较大，加之农村劳动力以"60后""70后"为主，劳动力短缺等因素，造成彭州川芎经营仍以小农户为主，经营组织范围较为分散，整体实力不强，对市场销售信息收集和定价影响力范围有限，导致农业技术服务覆盖面窄、带动力弱、服务功能不强。

（四）初加工短板明显

川芎采收后干燥方法以晾晒为主，设备烘干为辅，因晾晒场所有限、烘干设施设备配套不足，阻碍了川芎产业发展壮大。

四、对策措施

（一）继续构建川芎标准化发展体系

联动"政学研企"等主体以《川芎ISO国际标准》为引领合力攻坚，以标准为引领，形成"科研平台+企业平台+川芎工程技术中心"的川芎产品研发体系。选派首席专家开展川芎"三标准、五规范、二体系"研究，重点开展彭州川芎地方标准、川芎全产业链管理规范及质量标准提升示范工程研究，大力开展川芎苓种繁育、配方施肥、病虫害防治等方面技术研究，系统建立川芎"三标准、五规范、二体系"，提升川芎产品品质与质量，解决产业关键技术瓶颈，推进彭州川芎绿色高质可持续发展。推动川芎饮片、中药配方颗粒、中成药及制剂研发，开发川芎保健品、功能型食品、日化产品等健康衍生品,切实提升彭州川芎质效。

(二) 推进川芎产业提质增效

聚焦川芎产业发展和园区建设短板,以标准化、数字化、机械化为抓手助推产业提质增效,持续推进产业链条延伸、一三产业融合、基础设施完善、集体经济壮大四个方面重点工作,积极争创省级现代农业产业园。在敖平镇布局建设千亩"千斤粮万元钱"示范区,实施测土配方施肥、绿色防控(实施诱捕器、智能虫情测报系统等生产决策技术)及生物农药统防统治等技术,集成推广川芎规范化绿色高产栽培技术,建设"全程机械化+综合农事"服务中心和川芎苓种繁育基地。

(三) 培养川芎产业人才

一是培养科技人才。围绕彭州川芎种质易退化、重金属镉超标、资源开发等生产关键难题,组建川芎全产业链关键突破性技术创新群体。二是培养田间人才。集聚成都中医药大学等科研院所核心技术力量,联合川芎种植、加工企业成立四川省彭州川芎科技小院,将教书与育人、田间与课堂、理论与实践、创新与服务紧密结合。结合川芎关键生长环节如育种、栽培、田间管理、采收加工等,到乡镇、村庄开展川芎产业实用技术培训服务,切实培养川芎产业实用人才,实地解决川芎生产实际问题。

(四) 加强川芎品牌建设

强化川芎品牌建设,以公共品牌建设为支撑,鼓励各类龙头企业高质量创建企业品牌,引导产区内文创、旅游、康养等经营主体联合打造公用品牌。打造"彭什川芎"区域性优质品牌,支持培育区域性、综合性、特色化的川芎企业名优品牌,引导龙头企业开展商标注册和专利申请,鼓励各文创工坊、主题村落、康养基地联合打造本领域公用品牌,形成市场品牌推广合力。

(五) 延长川芎产业链条

开展川芎全产业链补短板行动,建设烘干冷链仓储配套设施。在川芎种植核心区,依托龙头企业、专业种植合作社开展烘干冷链仓储配套设施建设。积极探索川芎精油、川芎菜、川芎芽苗面、川芎牙膏等衍生产品开发和市场推广,提升产业附加值。

三台县中药材产业发展报告

邱兴芬[1]　何爱坪[2]　李建忠[2]

(1. 绵阳市蚕业站，四川绵阳 621050；2. 三台县农业农村局，四川绵阳 621100)

摘　要：麦冬 [Ophiopogon japonicus（Linn. f.）Ker-Gawl.] 是百合科沿阶草属多年生常绿草本植物，其块根具有生津解渴、润肺止咳之效。绵阳市三台县麦冬的栽培历史已近400年，其产量约占全国产量70%以上，出口量占全国总量的80%以上，是川麦冬的道地产区。本报告总结了三台县麦冬产业的发展现状、主要发展举措、目前面临的诸多现实困境与挑战以及后续的对策措施。

关键词：麦冬产业；涪城麦冬；三台县；中药材

一、发展现状

三台县位于四川盆地中北部，辖区面积 2 659 km²，户籍总人口 139.12 万，辖 33 个乡镇。其毗邻涪江沿岸，水源充足、灌水方便，沙泥质土壤潮湿且肥沃，十分利于麦冬的生长，是中国麦冬之乡。全县宜种麦冬土壤面积达 11 万余亩，已建成麦冬种植基地 6 万余亩，产量 1.5 万余 t，总产值近 40 亿元，麦冬产量占全国 70% 以上、出口量占全国 80% 以上，"涪城麦冬"成功入列《中欧地理标志保护与合作协定》首批地理标志互认名单，麦冬产区遴选为中国特色农产品优势区、国家出口食品农产品（麦冬）质量安全示范区，麦冬种养循环园区创建为省五星级现代农业园区，并成功进入国家级现代农业产业园创建管理体系。关于全县麦冬产业基本现状叙述如下。

（一）近两年种植面积、涉及镇乡总产量

2023 年全县 30 个镇种植麦冬，种植面积 63 593 亩，产鲜果 6.4230 万 t，按 1 斤（1 斤=500g）鲜果烘 3 两（1 两=50g）干果计算，2023 年麦冬（干果）产出 1.9269 万 t，干果总产值 29.86 亿元（去年均价 155 元/kg）。

2024 年全县 31 个镇种植麦冬,种植面积 73 720.86 亩,按照每亩 300kg 干果计算,预计 2024 年麦冬(干果)产出 2.212 万 t,预估总产值 30.97 亿元(预估平均价 140 元/kg)。

(二) 全县从事麦冬初加工烘干企业

麦冬初加工烘干企业(个体)共计 177 家,拥有年烘干能力 2.5 万 t(麦冬干果),产区麦冬烘干率达 100%。

(三) 全县从事麦冬精深加工企业

全县已有企业共计 3 家。年原材料需求量 450t,产值 1.7 亿余元。太极集团四川天诚制药有限公司,主要产品有:百咳静糖浆、川贝清肺糖浆、太极生脉饮。年原材料需求量 100t,总产值 1 亿余元。四川代代为本农业有限公司,主要产品有:麦冬旺饮料、本源生清润茶、本源生麦冬饮片、本源生炖料包。年原材料需求量 50t,总产值 2 000 余万元。四川省中兴药业有限公司,主要产品有:精麦皇保健品、金脉煌饮料、麦冬饮片。年原材料需求量 300t(中兴药业需求量相对较多是因为企业拥有中药饮片厂),总产值 5 000 余万元。

(四) 麦冬主要销路

除部分药企、药贩在三台直接收购外,剩余每年 1 万余吨麦冬主要流向广州、安徽、河北、广西、上海、北京、成都等大型中药材批发交易市场,后分销至全国各地制药厂。

二、主要做法

(一) 申报麦冬药食同源

2020 正式开启麦冬全品种药食同源申报工作,完成了麦冬成分分析报告,300 倍毒理性实验等涉及麦冬品种微量元素和有效成分的基础资料,形成《麦冬药食同源可行性研究报告》,并通过层层评审,国家级现场验收。2024 年 8 月 26 日,麦冬正式纳入药食同源。

(二) 制定"涪城麦冬"标准

2020 年开启"涪城麦冬"地方区域性系列标准编制工作,结合 2006 版国标和已废止的省标,通过省市县镇村 5 级评议,反复磋商修订。2023 年 6 月,发布《涪城麦冬区域性系列地方标准》10 个,麦冬种植有标可依。

（三）建立麦冬安全生产工作监管机制

县政府发布质量安全监管《通告》，成立麦冬联合执法队，近3年处置了山麦冬冒充"涪城麦冬"销售案件，开展"多效唑"禁施工作，有效防止产业负面舆情发生。

（四）进行麦冬新品种研发推广

为解决现有麦冬种苗品种稀少，且多年使用易发生"根腐病""红锈病"问题，联合绵阳市农科院研发新品种种苗"涪麦一号"并开展中产试验。新品种具有高多糖高皂苷无植物生长调节剂耐药性特点，有利于产业提质增效。

（五）建立检验检测机制

推行"田间、加工、入市、外调"四步检测机制，对每一个村民小组麦冬田的土壤和植株选取2个样本进行检测，对全县所有加工点每批次麦冬进行1次抽样检测，对进入麦冬交易市场的麦冬100%快速检测，对批量外运销售麦冬100%全面检测，依据检测结果建立麦冬质量"红黑名单"，并对合格品提供"涪城麦冬"证明商标，实行统一包装和定点物流，全面保障麦冬产品质量安全。

（六）培育行业协会

指导涪城麦冬协会顺利完成法人变更，指导三台县道地中药材产业联合会进行民政年审和重组，重新塑造政府与企业，政府与农户，企业与农户之间的桥梁纽带。建立行业协会公信力，发挥行业协会自律作用，引导产区农户按标生产，规范麦冬市场交易行为，共同维护并提升"涪城麦冬"品牌形象。

（七）建设省五星级园区并持续培育

2019年建成中国麦冬博物馆，成功创建省五星级麦冬种养循环园区。2021年建成中国麦冬科研示范园，2022年落地川西北道地中药材集散中心。2023年通过省五星级园区"回头看"。麦冬园区按国家级产业园标准进行建设，基础条件远超普通省级园区。因政策原因，一个县仅能申报一个国家级产业园，故未能升级。

（八）提升巩固产业发展基础

2024年新指导企业申报国家级GAP基地6个。推动麦冬"352"饮片计划。成都中医药大学已完成技术储备，本地已有5家企业愿意配合建设专用厂房并配合申报。

三、问题挑战

一是初加工不规范,环保、安全隐患加重。三台县有麦冬淘洗点位78家,大部分淘洗点位按环保要求建有废水沉淀池,但仍有个别点位未修建沉淀池或修建不规范,废水排放不符合标准。有麦冬烘干企业(个体)共计177家,使用无烟煤烘干的59家,使用电的26家,使用生物燃料的92家。有废气处理设施的84家,无废气处理设施的93家。燃料烘干和无废气处理设施的点位容易造成安全隐患和环保压力。二是种苗退化影响产量、品质。产区仅拥有川麦冬1号和川麦冬2号两个审定品种,目前使用的几乎全部为川麦冬1号品种。近年来,麦冬根腐病、根结线虫、红锈病发病率高,严重影响麦冬产量和品质,品种退化呈现加快趋势,虽依托绵阳市农科院已研发新品种涪麦1号,但还处于中试阶段,全面推广尚需时日。三是综合开发利用不够。麦冬块根、须根的开发运用已达到一定程度,但麦冬苗的利用率较低,仅作为绿化及青贮饲料,当前三台县仅有凯亿吉公司将麦冬苗作为青贮饲料原料进行研发和生产,产能覆盖能力弱。

四、对策措施

(一)设立麦冬产业发展工作专班

建议以县委县政府名义成立麦冬产业发展工作专班,专班设在农业农村局,分管常委任班长,对产业进行综合协调,规划布局,资金匹配。抽调相关人员组成工作组,专人专职推动各项工作落实落地,其他涉及麦冬产业发展的单位配合,形成麦冬产业发展合力。研究出台麦冬招商引资和主体扶持系列政策,引导县内龙头企业积极投入"GAP"基地认证和"352"体系建设,招引全国用药企业到三台落地项目进行麦冬和其他川产道地药材综合利用,推动麦冬产业由优向强发展,力争2030年实现全产业链产值超过150亿元(一产含初加工产值40亿元,精深加工制药制饮片产值50亿元,食品及衍生产品产值60亿元)。

(二)设立"涪城麦冬"指数

建议聘请中医方面有影响力咨询机构为"涪城麦冬"指数编制牵头单位,联合国内其他院校参与编制并提供持续技术支持。编制"涪城麦冬"指数应根据麦冬全产业链发展要素决定,具体包括:制定包括麦冬种子(种苗)、麦冬生产、麦冬加工、麦冬仓储、麦冬交易、麦冬使用等环节的系列价格指数,成为引导麦冬价格形成机制的新工具,使"涪城麦冬"指数成为世界麦冬产业的风向标。麦冬的各个指数根据实际情况定期更新,为麦冬产业从业人员提供价格指导。

(三) 建立麦冬国内国际标准体系

建议根据产区实际需求,不断完善绵阳市《地理标志产品 涪城麦冬 地方区域性系列标准》(DB5107/T 120—2023),进一步申报成为省级、国家级标准,形成中药材品种—麦冬行业权威标准。与中国中医科学院合作,研究制订中药材品种—麦冬国际通用标准,掌握中药材品种出口定价权和商品等级要求。

(四) 大力开发麦冬食用属性

根据国家卫生健康委、市场监管总局《关于地黄等4种按照传统既是食品又是中药材的物质的公告》,麦冬品种已正式纳入药食同源目录,建议加快推动三台县领旗食品、代代为本、太极集团等重点龙头企业前期研发成果转化,麦冬饼干、麦冬糕点、麦冬饮料、麦冬酒等产品尽快落地生产线,出台一批食用麦冬产品进入市场,进一步在原产地转化麦冬产业产值。根据食用、药用麦冬属性在产区探索分区种植。

(五) 整合涪城麦冬协会

建议整合涪城麦冬协会和三台县道地中药材产业联合会。根据历史沿革各级各部门和群众对涪城麦冬协会的认可程度,以及三台县道地中药材产业联合会未实际运行的情况,由工投公司携带"涪城麦冬"证明商标并入涪城麦冬协会。工投公司推选人员任涪城麦冬协会党委书记,重新修订协会章程,让工投公司派出代表取得"涪城麦冬"证明使用"一票否决权",取得在特定情况对涪城麦冬协会班子成员的罢免权,促进涪城麦冬协会在县委县政府领导下持续发展壮大,建立行业公信力。

遂宁市船山区川白芷产业发展报告

郭士涛

(遂宁市船山区农业农村局,四川遂宁 629000)

摘 要:船山区作为中国"白芷之乡",以其优质的川白芷在全国中药材产业中占据重要地位。川白芷的质量优于其他产地,具有显著的药用价值,被誉为"道地药材"。船山区积极推动白芷产业的发展,依托现代农业园区和技术创新,已取得了显著成效。通过政府、企业和农户的合作模式,白芷种植和精深加工实现了规模化发展,并建设了全国首个白芷GAP认证基地。产值不断增长,地方经济得到促进,白芷产业的品牌和市场影响力也不断提升。船山区充分利用数字化技术,推动智慧农业管理,建立了白芷大数据中心和现代化加工设施。随着标准化和绿色生产体系的逐步落实,川白芷的品质得到保障,产业链逐步延伸,推动川白芷产品向更高附加值方向发展。尽管面临一些挑战,如产业链短和品牌建设不足,但船山区仍通过制定标准、加强资源整合、提升品牌价值等措施应对问题,致力于实现川白芷产业的持续健康发展。

关键词:川白芷;产业发展;中药材

一、发展现状

遂宁素称"中国白芷之乡",是川白芷的道地产区,栽培历史悠久。船山区是全国中药材的重要产区之一,药材资源丰富,具有700多年"川白芷"种植历史。川白芷方头圆尾、个大质坚、内呈菊花心纹路,粉多香浓、色白细腻、药效上乘,誉为上品。主要功效有发散风寒、通窍止痛、燥湿止带、消肿排脓等。四川白芷(川白芷)、安徽白芷(亳白芷)、河南产白芷(禹白芷)、河北白芷(祁白芷)四大产地中尤以遂宁白芷质量最好,经检测,川白芷欧前胡素含量为0.25%,醇浸出物26.90%(药典为15%),远高于《中国药典》标准和其他产区白芷,素有"道地药材"美誉,是首批进入药食两用名单的中药材,成为唯一一个被国家工商总局颁发"商标注册证"和国家质量监督检验检疫总局批准使用的中国"地理标志保护产品专用标识"的品牌,具有优良的产业发展基础和品牌基础。

2019年以来船山区以白芷现代农业园区为抓手,累计投入各类资金6 100万元,其中整合各级财政涉农资金2 500万余元,带动社会资本投入3 600万余元,白芷产业总产值达1.67亿元,主导产业白芷实现总产量7 778万t,产值1.4亿元。引进全泰堂、回春堂、腾辉盛、景恒农业等白芷种植及精深加工企业5家(其中国家级1家,省级2家),招引了重庆太极药业等合作发展产业。通过"龙头公司+科研院所+专合社+种植大户+村集体+个体农户"的"六位一体"共同发展模式,探索龙头企业规模化流转农户土地种植(目前主要模式)、企业农户合作种植(企业提供种子、技术指导、全程种植规范、农户提供土地和劳力负责按标准种植,企业保底收购)、农户自发种植(政府提供种子、农户自发种植、政府联系企业组织收购)、村集体组织农户入股种植(村集体为单位,对农户进行入股和量化股权,农户撂荒地、单纯劳力、闲置宅基地等均可入股,由村集体负责种植和销售,年底入股农户按股权分红)等多种方式,形成联农带农新模式,发挥财政资金效益。建成白芷标准化种植基地12 000亩、仓储加工中心10 270m^2,是全国首个白芷GAP认证基地。带动当地农户获得土地流转租金收益350万元以上,解决就业人口2 000多人,带动当地农户年均增收4 000元以上。在良种繁育和品种引进上,与四川农业大学、成都中医药大学等科研院校合作,建立川白芷专家大院、良种繁育基地和科研实验室,建设全国白芷种质资源圃,培育引进川芷2号、川芷3号良种,培育川芷4号良种已进入鉴定阶段。长期开展白芷种植起垄、覆膜、田间兼作、粮菜药套作等不同栽培模式,推进白芷品种选育和质量提升。在品牌打造上充分利用"中国地理标志保护产品""中国白芷之乡"名片价值,深度挖掘、整理、研究、推广白芷历史文化、功效用途,深化行业内"白芷正宗在遂宁"的统一认识。依托"遂宁白芷欧前胡素含量达到国家标准1.5倍"独特优势,建立白芷质量追溯监管体系,打响"效果最好"质量品牌。编印《川白芷——传承创新与高质量发展》专著,与中省市媒体积极合作推出白芷系列宣传报道,2023年与省气象局合作创成"巴蜀气候好产品",2024年船山川白芷通过"名优特新"认证。不断提高川白芷全国知名度。

建成川白芷大数据中心，部署服务器、存储、交换机、网络安全等设备，应用卫星遥感反演数据、无人机低空遥感、倾斜摄影和地面物联网智能设备等方式获取基地各类生产信息和数据，和气象、墒情、病虫情、苗情等信息相互融合，最终与水肥一体化、绿色防控等智慧决策控制系统对接，实现白芷产业管理调度的智慧化，数字农业信息覆盖率100%。建成集烘干、冷藏、加工、科研于一体的"川白芷仓储加工中心"，配套国内先进空气能烘干房3套，热循环烘干库25间，500m^3冷藏库30余间，1 000t仓储能力的常温库1个，先进切片机20余台/套，鲜白芷处理能力每批次达150t，年加工成品白芷5 000余吨。正规划建设集白芷仓储、精细加工、电子商务、物流配送于一体的功能区，实现年加工能力1万t左右，打造全国川白芷产品集散中心。

2021年，船山区获批创建白芷种植省级农业标准化示范项目，以"构建白芷生产全产业链标准化"为目标，从"补链、强链、延链"入手，系统开展标准化示范项目建设，加快白芷产业提质升级。2022年船山区白芷现代农业园区成功晋升市五星级园区，目前正积极申创省三星级现代农业园区。

二、主要做法

（一）坚持适度规模，突出质量效益

以中药材产业标准体系为抓手，以道地、大宗药材产业发展为重点，围绕"稳面积、保质量、提效益"，实现船山区川白芷产业科学规划、合理布局和准确定位。深入实施藏粮于地、藏粮于技战略，扛牢党政同责共抓粮食安全的政治责任，压实粮食生产责任。围绕保障粮食安全的基本任务，即稳定提升粮食面积产量，确保农产品有效供给。注重粮经统筹，探索粮经复合高效种植、粮药套种等模式，既保粮食安全，又保农民增收。培育川白芷种植大户，充分发挥龙头种植企业带动作用，鼓励发展"龙头企业+合作社（家庭农场）"等合作模式，推进集约化规模化生产，坚持川白芷全产业链的产业形态协同、产销过程协同、产品质量与产品效益协同，实现企业和药农共同发展、城市和乡村共同发展，推动健康需求与社会经济共同发展，全面提升船山区川白芷的市场竞争力和质量效益。

（二）坚持标准引领，突出绿色发展

遵循中医药与医疗规律，促进川白芷生产与现代农业发展相一致，以川白芷产

品标准为目标，建立健全川白芷生产标准、产品标准、加工标准、贮藏标准。强化尊重自然、顺应自然、保护自然的理念，强化野生川白芷资源保护与抚育，保障川白芷有序开发、永续利用；综合运用生态技术、物理技术、信息技术、绿色防控等措施，节约资源，种养结合，保护环境和生物多样性，促进川白芷生产与生态协调发展。

（三）坚持资源优势，突出科技创新

立足船山区区位、生态环境、文化资源、消费市场等优势，以川产道地品种综合开发为核心，突破一批全产业链中的关键技术、共性技术；抓好川白芷研发和产业发展在大时空尺度上的战略布局，建立一批企业主导、科研院校与企业联合共建的中药材产业交叉技术研发平台；开展技术创新、研究产业品牌提升，有益于延伸产业链，提升附加值；开发药物、功能食品、化妆品等精深加工新产品，生产饮片、食用调料、美容护肤等加工产品，配套发展本土白芷饮料产业，满足消费多样化需求。培养和引进高层次中药材产业人才和标准化人才，加强培养中药材产业专家团队，完善中药材产业从业人员科技培训机制与体系，全面提升科技支撑对川白芷产业创新发展的贡献率。

（四）坚持药食同源，突出融合发展

充分发挥川白芷医疗健康，食品配料，香料产品的多元化功能优势，推进川药产业与川菜、川酒、川茶产业融合发展，开发药膳、药酒和药茶产品，加快发展白芷保健品和白芷功能型食品，实施从规范化种植、提取物到药品生产及其衍生品的全产业链开发。弘扬中医药传统文化，大力发展川白芷休闲、康养、科普、教育等产业，促进中药材一二三产业融合发展。

（五）坚持现代装备，突出数字管理

以科技为核心，围绕船山区川白芷优势产业的体系建设，强化联合高校、科研单位开展深度合作协作攻关，要不断研发高效的优良品种栽培技术、病虫害绿色防控技术、水肥高效利用技术、"两个替代"技术和生产装备设施机械化、智能化配套技术，从生产到加工，都要应用现代装备来提高劳动生产率和土地产出率。

树立信息化助推现代化的理念，将信息技术作为农业生产要素、以"信息技术+智能装备"为特征，应用农业云计算/大数据、农业区块链、农业智能物联等原理和方法，对园区内农业、农村、农民等"三农"工作各维度之间，园区农业生

产、经营、管理和服务"四大领域"的产前、产中、产后全产业链的全过程各环节，进行数字化设计、可视化表达、智能化管理。通过顶层设计、统一规划、先易后难、分步实施，打造园区多元功能服务平台、园区数字农业智慧平台，逐步实现信息新技术在现代农业园区"三农"工作和"四大领域"的数字化生产、网络化经营、网格化管理和在线化服务，以数字药园建设为引领，全面推进船山区数字农业建设、助力全区乡村全面振兴，用信息化擦亮船山区白芷产品的金字招牌、用数字化完善川白芷产业体系，生产体系和经营体系。

（六）坚持政府引领、突出市场主体

坚持总体规划先行，中药材产业全区一盘棋，着眼长远，宏观把握中药材产业和医药大健康产业协同发展，制定发展产业的措施政策，促进中药材产业链成型壮大。以市场为导向，充分发挥市场在资源配置中的决定性作用，通过联合兼并，重组做大做强龙头企业，打造白芷产业联合体，突出企业在川白芷产业发展中的主体地位和功能，跟踪市场变化，促进供给侧结构性改革，促进产品和产业结构的调整优化和升级转型。

三、问题挑战

（一）生产不规范，种植标准示范欠缺

在川白芷种植生产过程中，存在种植分散，品种混乱和老化、生产技术落后以及种植、加工技术不规范等问题，导致产品质量良莠不齐，亟待建立标准的生产技术规程或标准，建立规范的良种繁育基地和生产示范基地。对川白芷生产全过程加以规范，提高产品质量，提升产品品牌。

（二）产业链条短，产品附加值较低

目前遂宁白芷市场主要以药材及饮片在市场中流通，产品体系停留在低端层次，可获利润也较低，这极大地影响生产者种植的积极性，且造成较多药农退出白芷种植行业。川白芷就地转化为优势产品不足为产业发展关键难题。

（三）品牌建设欠缺，需提高影响力

遂宁白芷产品虽多，但有影响的大品牌少，缺乏在中药企业发挥有影响的带动作用。药品生产企业生产的拳头产品、特色产品虽多，但低水平、重复生产现象严重，同一产品，有多家企业同时生产，缺少市场认知度高的单品种产品，有影响的

大品种少。

四、对策措施

(一) 坚持标准引领,绿色发展

按照川白芷 GAP 标准,采取"统一规划生产、统一育苗供苗、统一种植栽培、统一田间管理、统一加工烘干、统一包装储存",以川白芷产品标准为依据,建立健全川白芷生产标准、产品标准、加工标准、贮藏标准、质量标准。按照绿色高效发展理念,综合运用安全投入、物理技术、信息技术、绿色防控等措施,以节约资源,保护环境和生物多样性为基本原则,促进川白芷中药材生产与生态协调发展。通过建立川白芷标准化生产管理制度和标准化生产体系,进一步强化产地环境综合治理,推进农产品质量安全追溯。

1. 绿色安全高标准生产

深入推进有机肥资源利用,大量降低氮质肥料的使用、减少不合理施肥。目前化肥农药平均使用量 0.04t/亩,船山区化肥农药平均使用量 0.05t/亩,化肥农药使用量比当地平均水平低 20%。

2. 生产准入制度严格落实

建立农业生产准入负面清单制度,加强对农业投入品的监管,不断加大执法检查力度,严厉查处生产、经营和使用国家明令禁止使用的高毒、高残留农业投入品行为,净化农业投入品市场,规范农业投入品使用,从源头上确保农产品质量安全。

3. 安全追溯体系不断健全

龙头企业、专合社、家庭农场、种植大户等农业生产经营主体严格按照绿色生产规程建立农业生产档案,全面建立了生产档案管理制度。依据《船山区农产品质量安全可追溯制度》,制定和完善了质量追溯管理制度规范,将川白芷等三品一标产品纳入"川白芷全程追溯平台",鼓励农业新型经营主体开展追溯平台使用,以点带面,全面实现白芷产业的生产、收购、贮藏、运输全程可追溯。

(二) 坚持布局优化,持续发展

作为船山区白芷园区的核心区域,永兴镇立足园区的发展定位,围绕品种做优、基地做大、产业做强、品牌做响,系统规划"一园区·三基地·四中心·两平台"的"1342"总体布局。

一园区：川白芷数字农业示范园。规划建设面积 200 亩。配置星天地一体化的物联网设施设备，精准种植；水肥管控；测土配方；环境预警；产量预测；长势监测；全链条追溯；病虫害监控预警；电商销售；白芷生长模型。

三基地：川白芷良种繁育基地、川白芷标准化生产基地、有机川白芷示范基地。一是建设川白芷良种繁育基地。规划建设面积 500 亩。大力推广川白芷的商用新品种，减少或杜绝自留种，以避免种子退化或杂化带来的白芷产量不高，品质不好的不利影响。对收集的品种评价后，围绕优质、高产、分支少、多籽、抽薹率低或晚抽薹等目标性状，细化白芷良种评价体系。二是建设川白芷标准化生产基地。规划建设面积 1.8 万亩。以 GAP 标准化种植技术和规程为标准。按照川白芷良种繁育技术规程，进行土壤改良、土地整理设施装备配套，水肥管理。优良品种栽培、种养循环、绿色农业、有机肥替代化肥、生物防治替代化学防治、产地初加工、质量检验等措施，生产优质高产的川白芷。三是建设有机川白芷示范基地。规划建设面积 1 000 亩。以改良土壤，改善水源，控制栽培、基地环节、两个替代（有机肥替代化肥，生物防治替代化学防治），重点是进行仿野生栽培，通过三年进行有机论证，实现高品质有机川白芷产品，构建生产高效、产品安全、资源节约、环境友好的中药材绿色生产模式。

四中心：川白芷加工中心、川白芷科创中心、川白芷产业文化博览中心、川白芷交易中心。一是建设川白芷加工中心。建设川白芷产地加工中心 35 亩，完善相关装备设施，进一步提高加工的清洁化，自动化和智能化水平，加强数字化工厂的建设，实现产品可追溯，保证产品质量的优质性和一致性。满足多元化产品生产的需求。二是建设川白芷科创中心。以建设白芷产业研究院为载体，强化产、教、学、研、用五结合，创新白芷产业的发展，突出种植技术研发和白芷产品研发两个重点，以创新链、产业链、人才链推进白芷产业集群发展。同时开展川白芷质量标准和质量控制体系的研发和建立。三是建设川白芷产业文化博览中心。以数字博物馆（VR、AR、沉浸式）、标准化白芷生产基地为重点，以白芷产业为基础，创意农业为手段，中医药文化为灵魂，打造川白芷产业文化博览中心。四是建设川白芷交易中心。着力发展线上交易，电商开展新零售，对接生产企业、种植大户与药企等渠道。线下以"全泰堂""回春堂"等龙头企业为载体，设立产业融合实体店。

线上线下结合，线上主攻交易，线下主攻体验宣传。

两平台：船山川白芷现代农业园区社会化服务平台、全国川白芷产业信息化平台。一是建设船山川白芷现代农业园区社会化服务平台。培育一批专业性强、服务性好的社会化服务专业组织和企业，建立社会化农事服务中心积极推动农资、技术、品牌、营销"四统一"和社会化服务。二是建设全国川白芷产业信息化平台。发挥川白芷产业设施装备先进、人才资源丰富、组织管理高效的优势，构建起农业专家、农技人员和农民有机联系、直接沟通的新型信息传播网络，为培养有文化、懂技术、会经营的新型职业农民打造实训基地，通过开展形成多样的培训活动，提高船山区白芷文化素质、科技水平和市场开拓能力，促进白芷高质量发展和农民持续增收。

（三）坚持开发保护、融合发展

永兴镇坚持创新引领、融合发展的原则，大力推进川白芷科研繁育、高效生产、加工仓储、电商物流、农业旅游等产业融合的新产业新业态项目建设。集成科技资源，加强科技创新，积极搭建公共技术服务平台，突出技术和产品创新，用科技创新引领和支撑川白芷产业做大做强。围绕产业融合发展，助推农业经营体制、融资体制、科技体制等领域的改革创新。坚持川白芷良种繁育增效发展，构建川白芷规范化生产建设体系，强化优质川白芷品种纯化推广，提质增效良种繁育基地。构建川白芷品种选育、良种扩繁、生产基地建设体系，保障川白芷发展可持续、增效可持续。按照"大地景观化、庭院果蔬化、农田田园化、产业特色化、城乡一体化"的要求，促进药材生产、加工、开发，为一二三产业融合发展提供动力。

（四）坚持政府引领、市场主体

借助政府引领作用，强化市场行为规范。积极引导社会资本和争取中省资金投入，通过四川全泰堂白芷产业有限公司、四川兴川白芷科技发展有限公司、四川回春堂医药产业集团和国药重庆太极实业集团共同打造船山区川白芷现代农业园区。以已经组建的遂宁市船山区中药材农业产业化联合体为主要平台，引导更多的农户参与川白芷产业。在川白芷原产地保护、良种繁育、规范化种植、标准化加工、产业化经营、新产品研发、产品溯源、种植农户技术培训等方面持续加力，实行标准化生产，产业化经营，品牌化营销。

加强数字化建设，科学应用大数据，重点打造"川白芷产品交易中心"，着力发展线上交易，充分利用天地网、电商开展新零售，对接生产企业、种植大户与药企等渠道。线下以"全泰堂""回春堂"等药堂为载体，设立产业融合实体店。线上线下结合，线上主攻交易，线下主攻体验宣传。组织企业参加世界农业博览会、全国各大药交会、全国基地共建共享联盟会议、中药行业等展销会和行业论坛，不断向外界宣传川白芷。依托"遂宁川白芷"地理标志以及天地网品牌，川白芷深受市场青睐，通过品牌推荐，销售额占总销售额85%以上。

内江市东兴区天冬产业发展报告

张晓勇 刘雄伟 黄 丽 张 玥 彭杨梅 梁思雨 王刘艳 唐 玲

(内江市东兴区中医药大健康产业推进中心,四川内江 641100)

摘 要:内江天冬历史悠久、品质优良,2020 年以来,内江市东兴区积极贯彻执行中央精神,发展以天冬为主的中医药大健康产业,依托打造"中国天冬之乡"推动农业产业升级,振兴革命老区,助力乡村振兴。在国家、省、市、区政策的支持下,积极推动育苗、种植、加工、交易、产品研发、品牌营销、康养旅游"七位一体"协同发展。东兴区逐步形成中医药大健康产业链,取得了阶段性成果。同时,天冬产业发展面临缺少龙头企业、资金和项目,科技应用程度不足等问题,东兴区积极研究对策措施,助力天冬产业健康发展。

关键词:中医药;大健康;天冬;全产业链

一、发展现状

内江市东兴区原名内江县,位于四川盆地东南部,地处沱江中游,迄今已有 1 800 多年历史,是"成渝之心、大千故里、甜城内江"的主城区,是内江市唯一的四川省革命老区。东兴区是道地药材天冬的主产区,《证类本草》《药物出产辨》明确记载,天冬"以产四川为上",主产在内江县(现东兴区)。内江天冬历史悠久、品质优良,据《新唐书》记载,内江天冬种植历史已有 1 400 余年。内江地区食用天冬的历史近 200 年,天冬煲汤、熬制天冬膏、酿天冬酒、天冬蜜饯广受欢迎、视为佳品。天冬在药用、食用、保健、外用方面开发价值极大。

随着国家层面一系列鼓励新质生产力发展的政策陆续颁布实施,为地方中医药特色产业的发展指明了方向,并提供了坚强的政策支持。东兴区认真贯彻习近平总书记"把人民健康放在优先发展战略地位"的要求,牢牢把握国家、省、市推动中医药振兴发展契机,充分挖掘道地药材资源,发展以天冬为主的中医药大健康产业，推动县域经济可持续健康发展。

（一）育苗

建成天冬种质资源圃、天冬种苗选育繁育基地。目前，已获得了全国第一张天冬的高质量基因组草图，并开展了全省第一个天冬新品种"川冬1号"田间技术鉴定。

（二）种植

东兴区已建成50余个天冬生态种植基地，核心区2.5万亩，辐射带动周边2.5万亩，约占全国天冬种植总面积的60%，形成了规模化的种植格局。打造中药材现代农业园区7个，开展天冬技术培训13场1 000余人次参训；建设中药材溯源应用平台，实施严格的田间管护；创新探索"622""4222""4321"等联农带农机制和"企业+合作社+农户"模式。全区超5 000户农户参与中药材种植，户年均纯收入超过1.5万元；天冬种植基地综合利用撂荒地1万余亩，吸纳本地脱贫群众等6 000余人就近务工，核心村外出务工群体回流比例达到20%左右。

（三）加工

建成中药材产地初加工基地7个，其中天冬产地初加工基地3座。规划占地3km^{2}的成渝双圈东兴食品加工集中区一期建设有序推进，已引进培育了迈赫精酿啤酒、海南中葚投资控股有限公司等5家企业。

（四）交易

建成3个天冬品牌形象旗舰馆，受省中医药管理局、农业农村厅、商务厅、省外事办邀请参加消博会、进博会、农博会及中国香港、中国澳门、越南、土耳其等地展会50余场。转化的天冬系列产品陆续上市，累计销售额500余万元。

（五）产品研发

与多个科研院校合作，广泛开展天冬基础性和应用性研究。目前，已研发出40余种天冬大健康产品，涵盖了食品、护肤品、洗护用品等多个领域。2024年上半年新研发天冬原浆啤酒、天冬面条、天冬陈皮膏等产品4个，成功转化天冬护肤、洗护系列产品12个。

（六）品牌营销

获评"中国天冬之乡""内江天冬"成功注册国家地理标志证明商标，入选四川品牌培育工程、新华社民族品牌工程，收录进全国名特优新农产品名录并获名特优新农产品对接活动最受欢迎产品奖。天冬膏熬制技艺纳入内江市第九批非物质文化遗产代表性项目名录、天冬蜜饯制作工艺被列入四川省非物质文化遗产。开展中医药文化进社区、进农村、进校园、进家庭、进机关、进企业活动，全社会营造良好氛围。

（七）康养旅游

打造了东兴老街中医药文化特色街区，"天冬之乡"主题展馆、冠德堂国医馆、川科先创药膳店、绝三张理疗馆等均已入驻开馆。成功创建1个省级中医药文化宣传教育基地、2个市级中医药健康旅游示范基地和郭北镇天冬药谷AA级旅游景区，接待游客50余万人次。

二、主要做法

一是积极争取省级政策支持与定位。四川省旗帜鲜明支持内江打造"中国天冬之乡"，在《四川省中药材产业发展规划（2018—2025年）》中明确东兴区是天冬重要产区，"支持天冬全产业链发展"写入省委、省政府《关于支持川中丘陵地区四市打造产业发展新高地加快成渝地区中部崛起的意见》，天冬产业发展纳入四川省重点研发项目、省级重点建设项目，并给予省级重点科研项目经费支持。

二是强化人才技术支撑。招募天冬"特聘专家""招商顾问"7名，建成市级专家工作站1个，帮助企业开展人才培训和技术服务。利用四川省专家智力服务基地、四川省中医药科学院内江产业技术分院、省级科技小院等平台，聚集中国中医科学院等专家人才50余人，引进中医药产业专家团队7个，天冬纳入中国工程院陈士林院士团队的"千种本草基因组计划"项目。

三是提供资金支持。每年整合资金4 000余万元，用于天冬产业的育苗、种植补贴、技术研发、市场推广等关键环节，为产业发展提供稳定的资金保障。制定《中医药产业发展规划（2020—2030）》《天冬规模种植奖补方案》等系列奖补政策，对积极参与天冬产业各环节的企业、合作社和农户给予奖励补贴，激发产业发展活力。与农行、平安财险等金融保险机构合作，开发"天冬贷""天冬保"等金融产品，发放贷款3 050万元；成功发行专项债3.17亿元、获得农发行融资6.5亿元，多渠道筹集资金，有效解决产业发展过程中的资金难题。

三、问题挑战

(一) 缺少龙头企业

目前内江市天冬产业发展如火如荼，一产种植发展较快，但天冬只是中药材里面的小品种，还未形成有影响力的特色天冬品牌体系，对知名企业缺乏吸引力。随着种植面积不断增加，产量不断提高，急需引进天冬精深加工企业生产精深加工产品，尤其是头部企业和链主企业，提高产品附加值，完善产业链。

(二) 机械化水平低，食品领域研发不足

东兴区为典型丘陵地区，天冬种植、采收、去皮、抽芯以人工作业为主，生产效率低、成本较高。同时，随着天冬纳入"药食同源"，天冬在食品领域赛道开发上还有较大不足。

(三) 缺少资金和人才支持

天冬种植园区需求的基础设施配套在农机化改造、道路建设、水利灌溉等方面需投入巨大财力，虽区财政已尽力保障支持，但依然经费紧张；东兴区中医药科研投入较大，造成本级财政压力大。同时随着产业纵深发展，细分领域逐渐增多，对专业人才需求也随之增加，但东兴区在天冬研究、企业管理、市场营销、文旅融合等领域还缺少大量人才。

四、对策措施

(一) 培育龙头企业和特色品牌

营造良好的营商环境，吸引外地中医药企业入驻，并在本地扶持、培养一批特色中医药企业，以龙头企业带动市场，提升内江市天冬产业核心竞争力。结合互联网大数据，完善中医药冷链、仓储、物流等配套设施建设，拓展营销渠道，延伸产业链。鼓励和支持农民合作社和企业创建优质品牌和认证产品，构建特色天冬品牌体系。

发展天冬产业与休闲旅游、健康养老、科普教育、生态保护等结合的新产业、新业态、新模式，开展田园旅游、康养保健、天冬药膳体验、中医药研学等活动，打造科普教育基地和文化传承项目，推动传统产业升级，建立天冬一二三产业齐头并进、融合发展的新型产业发展模式。

（二）持续强化科技赋能

一是引导企业与科研院校积极合作，开展种植技术研究、种苗繁育、绿色生产等优质高产技术的研发工作，推动产业快速发展。以科研为纽带，加快科学技术和产业相结合，建立健全天冬产业科技创新高质量发展体系。二是联合大户种植业主，与科研院所一起研究开发天冬种植、采挖及加工机械，提高效率，节省人力物力。以技术带动天冬种植的发展，形成规范化种植。三是坚持绿色生态的发展理念，坚持安全健康的发展路径，坚持品质上乘的发展策略，针对市场细分领域，开发天冬食品，抢占市场高地。

（三）整合资金和培引人才

一是积极争取省级资金支持，整合财政资金，积极引导金融、保险部门加大支持力度，开展中药材生产、加工企业和购销大户的评级授信和中药材种植保险工作，帮助解决中药材种植、收购、加工环节的资金不足和产值保障问题。二是通过政策引导和市场机制，吸引社会资本投资天冬产业，形成多元化的投资格局；加强合作与联盟，天冬产业可以与其他相关行业或企业建立合作关系，共同投资、共同开发市场，实现资源共享和互利共赢。三是通过加强品牌建设、提高产品质量和附加值等方式，提升天冬产业的整体价值，吸引更多投资者的关注和资金投入。四是通过"项目+合作"方式招募专家，引进团队，与多所科研院校合作，搭建科研创新创业平台。

苍溪县中药材产业发展报告

罗晓燕　仲青山　何仕银　周郁菊　苟铭川

(苍溪县经济作物技术指导站，四川广元　628400)

摘　要：报告基于县域经济发展情况，立足秦巴山道地中药材资源优势，围绕产业发展进行深入研究，深刻分析了苍溪县中药材产业的发展现状及存在问题，并提出针对性对策建议，以期为相关工作者提供参考。

关键词：苍溪县；中药材；现状；问题；建议

苍溪县位于四川省东北部，地处四川盆地北缘，大巴山南麓之低、中山丘陵地带，广元市南端，海拔高度352~1 377m，气候属亚热带湿润季风气候区，热量丰富、雨水充沛、无霜期长、气候温和，四季分明，冬长夏短，春长于秋，土地肥沃，境内有植物性中药材237种，林下珍稀药用植物10余种，动物性中药材20种，菌藻类性中药材3种，矿物性中药材2种。其中，银杏、山楂、油桐、白蜡、黄柏、杜仲等有极高开发价值的植物30多种。近年来，龙王、龙山、歧坪、岳东、亭子等乡镇中药材种植初具规模，奠定了良好的群众基础，积累了丰富的栽培管理经验，制定了一套适合苍溪自然气候及种植特点的中药材种植技术规程，发展中药材产业不仅有着丰富的人才资源，而且具有雄厚的技术优势。中药材产业的发展，不但使苍溪县步入了四川省中草药产业种植大县行列，而且为增加农民收入，振兴农村经济，加快脱贫致富步伐发挥了重要作用。本报告通过对苍溪县中药材产业的种植发展趋势的分析，为苍溪县特色中药材产业的进一步发展提供决策参考。

一、发展现状

(一) 产业发展规模

中药材产业是苍溪三大百亿产业之一，近年来成功创建为四川省中医药产业示范县。"苍溪川明参"已成功申报为国家地理证明商标，苍溪县是名副其实的中药材种植大县,境内有植物性中药材 237 种,林下珍稀药用植物 10 余种,动物性中药材 20 种,菌藻类性中药材 3 种,矿物性中药材 2 种。2023 年,全县中药材种植面积 15.6 万亩,改造提升面积 2.3 万亩,产量 14.4 万 t,综合产值 13.5 亿元,具体见表 1。

表 1 2023 年苍溪县中药材产业生产情况

品种	全年种植面积(亩)	全年总产量(t)	全年一产总产值(万元)	全年种植面积(亩)	全年总产量(t)
川明参	60 700	14 850	49 005	60 700	14 850
银杏	17 500	18 270	3 654	17 500	18 270
瓜蒌	15 000	53 000	7 780	15 000	53 000
丹参	12 000	11 500	4 600	12 000	11 500
白及	4 300	2 300	13 800	4 300	2 300
黄精	1 300	6 200	8 680	1 300	6 200
天麻	1 100	1 650	5 940	1 100	1 650
白芍	3 000	1 500	1 200	3 000	1 500
郁金	5 000	0	0	5 000	0
山药	3 800	4 500	2 700	3 800	4 500
前胡	8 000	4 000	12 800	8 000	4 000
当归	2 000	600	3 600	2 000	600
杜仲	2 000	500	600	2 000	500
金果兰	1 000	250	1 500	1 000	250
菊花	3 700	1 850	1 620	3 700	1 850
淫羊藿	200	30	18	200	30
其他	15 000	23 200	17 939	15 000	23 200
合计	155 600	144 200	135 436	155 600	144 200

(二)产业分布及品种结构

全县制定了中药材发展中长期规划,近年来,苍溪县不断种植摸索,反复试验,因地制宜,探索出适宜当地生长习性品种,划分区域重点建设,即建设以歧坪、永宁、漓江、元坝、龙山、龙王、高坡等乡镇为主的白及、黄精种植基地;以龙山、龙王、东溪、运山、河地等乡镇为主的川明参种植基地;以岳东、歧坪、元坝等乡镇为主的丹参种植基地；以陵江、云峰、唤马、东青、白鹤等乡镇为主的瓜蒌种植基地；以龙山、文昌、黄猫、东溪等乡镇为主的银杏种植基地；以东青、白桥、龙王、三川、元坝等乡镇为主的罗汉果种植基地；以龙王、三川、东溪等乡镇为主的天麻种植基地；以白桥、百利、白鹤、五龙等乡镇为主的白芍、郁金、菊花的种植基地。通过"以点带面"方式，带动全县建成中药材基地15.5万亩，实现中药材年产量达到14.4万t。

二、主要做法

（一）产业政策层面

苍溪县先后出台了《苍溪县人民政府关于加快推进中药材产业发展的意见》，《苍溪县"三大百亿产业"发展奖补办法的通知》等文件鼓励发展中药材，根据苍府办发〔2023〕16号文件精神，关于苍溪县"三大百亿产业"发展奖补办法，奖补品种为瓜蒌、丹参、黄精、白及、天麻、淫羊藿共6个品种。一是药材种植基地奖补标准为散户补助200元/亩，规模种植户补助500元/亩，水肥一体化补助500元/亩。二是种苗繁育基地奖补标准，按照棚内面积每亩补助500元。三是烘干房建设奖补标准，热泵加热式热风烘房，规格1t/批补助2.5万元，最高补助10t。以上均为当年验收合格，一次性给予补助，奖补政策的出台，大力提升企业、业主大户、个体户的种植积极性，推动苍溪县中药材高质量发展。

（二）经营主体层面

苍溪县积极引导中药材产业龙头企业、专合社、家庭农场，大力推广"龙头企业+基地+专业大户""龙头企业+专业合作社+基地""专业合作社+基地""家庭农场+基地"等基地发展模式，实行"利益兜底""利润返还"等利润分配方式，建立良性的利益联结机制，保障中药材基地可持续发展。引进四川苍药有限公司、四川金瑞中药材有限公司、四川华仁本草农业科技有限公司、四川清和药业有限公司生产加工企业4家，培育川明参、淫羊藿、黄精、白及、天麻、瓜蒌等中药材生产专业合作社20个（其中省级示范合作社3个），大力发展中药材种植家庭农场53家，带动1.8万户农户人均年增收500元以上。

（三）精深加工层面

苍溪县中药材是当地重要的特色产业，其加工是推动产业发展的关键环节。一是中药材加工技术和方法。中药材加工技术和方法不仅是保证中药材质量和药效重要环节，也是提高加工效率和降低成本的关键。苍溪县中药材加工技术和方法主要包括烘干、炮制、研磨、提取等，主要是以初加工为主。二是中药材加工企业概况。苍溪县中药材加工企业众多，大部分为小规模企业主要从事中药材初加工、深加工和制剂加工。初加工企业主要负责中药材的烘干、炮制等基本加工工序；深加工企业主要负责制作中药材的工制品；制剂加工企业主要负责各类中药制剂的生产。企业在保证中药材质量和药效的前提下，通过规模化生产和加强技术创新，提高加工效率和产品质量。

（四）科技创新层面

苍溪县积极建立、完善联接市场的电子网络平台，依托中药材专业网站，抓电子交易规格标准和储藏设施的标准。依托中药材天地网等专业网站，建立以收集、分析、发布全国中药材产销信息为主的中药材产地信息中心，通过信息中心提供及时、准确的中药材产销信息和预警信息，指导药农有序生产，提高中药材的信息化和市场化水平。

（五）品牌培育层面

苍溪县坚持品牌立业，强化龙头带动，鼓励中药材企业注册品牌，打造中药材产业品牌是苍溪县中药材产业发展的重要举措。在市场竞争日益激烈的情况下，品牌成为企业的核心竞争力。苍溪县积极开展品牌建设和推广工作，创造具有品牌特色和区域文化特色的中药材产品，提高中药材产品的附加值和品牌溢价能力。打造道地中药材"苍溪川明参"公共品牌，"苍溪川明参"已形成品牌优势，而且规范化程度高，被省农业农村厅、省特产协会命名为"四川省川明参之乡"。苍溪川明参于2007年被认定为"四川名牌农产品"，2010年取得地理标识产品，2016年初取得国家地理证明商标。

（六）市场营销层面

苍溪县坚持品牌立业，强化龙头带动，鼓励中药材企业注册品牌，打造道地中药材"苍溪川明参"公共品牌，拓宽销售渠道是苍溪县中药材产业发展的关键，苍溪县中药材企业应积极探索新的销售渠道，线上线下相结合，拓展中药材的市场空间。如苍溪县在龙山镇建有西南地区最大的中药材、苗木交易市场，不但苍溪生产的川明参、黄精、天麻、山药等中药材在该市场交易，而且吸引了阆中、巴中等周边市县生产的川明参等中药材也到此交易,该市场的川明参交易价格是全国价格的风向标。

(七) 产业融合层面

苍溪县持续做大康养产业,发挥传统中药养生保健作用,结合现代农业发展、美丽乡村建设、生态环境保护、道地药材产区统筹谋划,加快培育一批以中医药养生为特色的养生基地、养生山庄、养生文化体验馆和乡村休闲度假旅游区,发掘一批各具特色的、营养健康的中药材药膳,推广一批有观赏和保健价值的中药材产品,促进中药材产业与旅游产业融合,积极探索中医药大健康消费新模式。大力发展休闲农业,推进基地"景区化"建设,开发推广一批以特色中药材基地为主的旅游路线,推动中药材产业与旅游、教育、文化、康养产业融合,拓展中药材产业的生态、生活和文化功能。

三、问题挑战

一是产业规划布局较为分散,规范化种植水平低。苍溪县中药材种植大部分以农户为单位组织生产,种植布局零星,增产方式不科学,在药材种植生长过程中,仅进行除草、施肥等简单操作,导致土壤板结、肥力下降、产量不高。二是龙头带动作用不够凸显,产品附加值较低。药材加工和种植企业少,龙头药材企业屈指可数,以烘干、切片等初加工为主,缺乏深加工企业,加工层面科技含量低,资源优势尚未转化为经济效益。三是产地大部分中药材以原材料形式外销。苍溪县以小规模农户种植为主,缺乏大型加工企业,仅有加工企业难以消化本地产品,一系列因素制约了龙头企业壮大,导致企业和农民的利润空间小,综合效益差。四是市场信息获取途径单一,销售渠道不畅通,种植户对中药材价格信息、中药材知识、中药材供求信息等有强烈需求,但是本地种植户受通信、文化程度等限制,从朋友、乡邻口中了解获取中药材相关信息的种植户占85%以上。五是中药材专业技术人才少,受规模化、产业化等因素影响,苍溪难以吸引高学历、高水平中药材人才,缺乏从事高新技术和新产品开发研究人才,制约中药材产业在本地发展。

四、对策措施

(一) 强化扶持引导,扩大产业发展规模

充分发挥苍溪县道地药材资源优势,按照规范化、标准化、安全化要求,加快

建设一批优质的中药材生产基地，做到基础设施建设标准化、生产过程操作规范化、基地产出高效化、产品质量安全化。以培育知名的道地药材川明参、瓜蒌、丹参、黄精、白及、天麻等大品种为重点，按照生态条件，进一步优化生产布局，集中规模建设一批资源优势突出、特色鲜明、市场前景广阔的优质道地药材生产区。充分利用好县域优势森林资源做好林下种植，具有观赏性的品种重点在房前屋后种植，大力发展庭院经济模式，实现"户成园、组成片、村成带"独特风景。

（二）加强组织建设，提高产业化经营水平

充分利用中药材资源优势，坚持以企业为主体，整合所有力量，走企业、专合社、科研实验室中药材生产联合发展之路。制定优惠政策，加大招商引资力度，大力实施产业发展战略，壮大培育中药材专合社、家庭农场等生产主体，积极引进精深加工龙头企业和扶持本地加工企业。形成集繁育、种植、生产、加工、销售于一体的完整产业链，真正把中药材产业打造成独具特色优势的主要产业。

（三）打造中药材产业品牌，增强核心竞争力

在市场竞争日益激烈的情况下，品牌成为企业的核心竞争力。积极开展品牌建设和推广工作，创造具有品牌特色和区域文化特色的中药材产品，提高中药材产品的附加值和品牌溢价能力。积极开展有机产品认证，鼓励企业创建有机品牌，重点支持企业和专业合作社建立产品质量安全可追溯体系；加大道地中药材品种国家地理证明商标的创建和规范使用工作，积极开展道地药材重点品种申报国家地标、证明商标，组织参加全国展销会，加大宣传力度，提升苍溪中药材的品牌知名度和美誉度。

（四）拓宽销售渠道，拓展市场空间

拓宽销售渠道是中药材产业发展的关键。当前市场需求和消费方式发生了巨大变化，苍溪县中药材企业应积极探索新的销售渠道，鼓励企业、专业合作社与生产企业签订合同种植中药材，如金瑞药业种植的白及、黄精就与云南白药集团、葵花药业等企业签订长期回收协议。应用中药材天地网的现代物流配送系统，引导产销双方无缝对接成都荷花池及国内中药材交易市场和大型药企，促进中药材快速发展。培育本地中药材交易市场。苍溪县培育的龙山苗木、药材交易市场，带动周边阆中市、巴中市生产的川明参都到市场交易，形成产业集群效应。

（五）强化队伍建设，提供产业人才支撑

以省内外中药材科研知名单位和权威专家为支撑，以龙头企业、科技示范户为基础，建立苍溪中药材"产学研"发展联盟。积极开展产业发展技能人才培训，形成三级培训网络，定期、不定期对农技人员、产业带头人及药农进行培训、指导，提升种植技能。集聚和整合技术创新要素，促进产业技术创新链的形成，提升苍溪中药材的核心竞争力。组建"苍溪道地中药材标准化生产技术指导小组"，每月至少深入一线开展1次技术服务，各乡镇也要组织本乡镇的"土专家"开展技术培训，全县培训药农不少于2万人次。

参考文献

黄天添，2017. 太白县中药材产业发展报告 [J]. 经贸实践（16）：163.

马正忠，2017. 康乐县中药材产业发展调研报告 [J]. 农业科技与信息（15）：5-8.

雪飞，2023. 华亭市中药材产业发展情况调研报告 [J]. 山西农经（16）：96-98，177.

筠连县中药材产业发展报告

廖茜[1] 黄娟[1] 潘丽[1] 刘付彭[2] 沈华[2]

(1. 宜宾市经济作物产业发展中心,四川宜宾 644000;
2. 筠连县农业农村局,四川宜宾 645254)

摘 要:中药材产业是宜宾市筠连县特色优势产业,在促进农业经济稳增长、助农增收、推动乡村振兴等方面发挥着重要作用。报告综合分析了筠连县中药材产业发展现状、主要经验做法,总结了产业发展过程中存在的主要问题,提出要通过加强规划引领、培优扶强龙头企业、完善机制保障、推动产业融合等对策来促进宜宾市筠连县中药材产业高质量发展。

关键词:宜宾市筠连县;中药材;发展现状;发展对策

一、发展现状

宜宾市筠连县地处四川盆地南缘、川滇两省结合部,是全国中药区划版图中的西南北亚热带和中亚热带野生、家生中药区,冬暖春早,夏长秋短,霜雪较少,光热水资源丰富,得天独厚的自然环境非常适宜药用植物及药食同源植物生长、培育。

2020年2月,宜宾市委、市政府印发《宜宾市产业园区(经开区、高新区、工业园区)产业布局定位目录》,将筠连县经济开发区主导产业确定为现代中医药产业。现代中医药(药食同源)产业被列为筠连县"4+6"现代产业体系之一,中药材产业作为生态健康产业集群被列为筠连县"3+3"现代产业体系之一。以黄精、筠姜等为代表的中药材产业和药食同源健康食品产业在筠连县蓬勃发展,先后荣获全国中药材溯源体系建设试点县、全省4个首批"四川省中医药产业发展示范县""全省32个四川省中药材产业重点县"等称号。

目前,全县主要种植的中药材品种共40余种,主要品种为黄精、黄柏、砂仁、鱼腥草、佛手、栀子、淡竹叶、筠姜等，其中道地中药材品种共10种，占全省的11.6%，中药材加工产品畅销山东、广东、安徽、云南等地，其中获得国家地理标志证明商标产品——筠连筠姜，曾是唯一符合日本汉方要求的出口级药用干姜。据业务统计，2023年筠连县中药材面积达7.16万亩，产量（鲜重）达2.4万t，一产产值1.98亿元，其中黄精、黄柏等大品种中药材种植面积超1万亩，预计2024年筠连县中药材种植面积达7.19万亩。

近年来，筠连县中药材产业坚持二产联动一三产业协同发展，积极培优扶强本地龙头企业，积极发挥示范带动作用。据统计，截至目前，全县共有医药企业7家，其中筠连县筠隆顺中药材发展有限公司、宜宾市筠连县腾达圣奇农业有限公司规上企业2家，四川省圣土中药材种植有限公司、宜宾傅氏中医药科技有限公司、筠连县民康种植专业合作社、四川德馨堂中药科技有限公司、宜宾市兴硕农业科技有限公司规下企业5家，2023年产值总达4 900万元。共有宜宾市筠连县腾达圣奇农业有限公司和四川省圣土中药材种植有限公司市级中药材龙头企业2家，省级中药材专合社6家。

二、主要做法

（一）政策支撑有力，推动一二三产业融合发展

近年来，筠连县委、县政府高度重视筠姜产业的高质量发展，组建筠连县药食同源和现代中医药产业专班，并相继出台了一系列产业发展政策。如2020年筠连县委、县政府出台《关于扶持中药材产业发展意见》，以政策支持和重点项目建设为抓手，加大筠连中药材品种资源的保护和开发应用，建设标准化种植示范基地，统筹"一二三产业融合发展"开展全产业链建设，培育壮大四川省圣土中药材种植有限公司等龙头企业加强筠姜精深加工，开发黄精酒、黄精月饼、筠姜糖等衍生品，建立公共服务体系，全面提升客户"走进来"、中药材"走出去"的物流交通体系，为筠连中药材全产业链高质量发展保驾护航。

（二）强化基地建设，创新种植模式

按照"一县、一乡、两园、两主导、八特色"的发展目标，采取"公司牵头建基地+农业部门抓技术+乡镇配合促发展"的运作模式及"公司+基地+农户"的发展方式，积极探索"粮—药""果—药""桑—药""茶—药""药—药"等高矮

搭配、长短结合、宽窄相济的间（套）种植模式，在镇舟镇景阳村、丰乐乡卜好村、沐爱镇金銮村等地，建立了"李子树下套种黄精""桑园地套种金荞麦""水稻川芎轮作"等复合模式种植基地，建立育苗基地和标准化种植基地。

（三）同向发力，加强区域合作

认真落实川、滇、黔三省中医药发展战略合作框架协议，抢抓成渝地区双城经济圈跨区域合作先行示范区建设机遇，牵头组建乌蒙山中医药传承创新发展联盟，先后组织召开首届乌蒙山中医药发展大会、2020年乌蒙山中医药发展推进会和2021年首届乌蒙山中医药大健康产业论坛暨博览会筹备会。与成都中医药大学、浙江农林大学等院校签订战略合作协议，与省中药行业协会达成种植及招商战略合作协议，在人才培养培训、种植技术研究、指导和产品研发推广等方面开展广泛合作，全面推动筠连现代中医药（药食同源）产业发展。

（四）强化品牌建设和市场营销

依托国内各种经贸洽谈、商务会展、合作论坛和媒体，适时组织开展系列推介活动，不断提升筠连中药材知名度。积极制定筠连黄精、筠姜中药材的栽培技术标准，目前已成功申报"筠连筠姜"农产品地理标志证明商标，正在申报"筠连黄精"地理标志保护产品。

三、问题挑战

（一）基础产业支撑不足

一方面，中药材种植品种虽然多，总体规模也不小，但基本都是各乡镇零星种植，连片种植较少，以农民自发的个体种植为主，生产分散，没有形成规模效应，呈现出小而杂的生产局面。另一方面，筠连县财政收入低，扶持政策保障不足，中医药产业基地建设、精深加工等方面缺乏大项目支撑。

（二）药材加工能力不足

中医药产业刚刚起步，基础相对薄弱，仅有4家微小的作坊式中药材加工企业，但并不能满足筠连县中医药产业发展需要，缺乏精深加工能力，未形成完整的产业链，培育和引进企业难。产业化进程缓慢，严重制约了筠链县中医药产业的发展。

（三）关键要素支撑不足

一是基础设施支撑不足。生产用水、产业路等基础设施在部分村还需进一步夯实，如丰乐乡中心村黄精种植基地还不同程度存在季节性缺水问题；镇舟镇景阳村黄精育苗基地的村级道路狭窄，新修道路未完成硬化，增加企业运输成本。二是政策支撑不足。筠链县中药材种植补贴政策已废止，药食同源产业化建设投入基本以小微民营企业自有资金为主，无政府持续的资金扶持，只靠小微企业本身的财力后劲不足。

四、对策措施

（一）完善规划，突出重点，规范建设种植基地

一是加强规划引领。抓住当前现代中医药发展的契机，充分认识筠链县现代中医药产业发展在地理及区位等方面的优势，以及国家、省、市政府在产业发展支持等方面的有利条件，进一步明确和完善目标定位、主要任务、区域布局、重点项目等，并藉此获得国家、省、市政府在产业发展方面更多的政策和资金支持，让各乡镇更加明确地引导农户、企业种植，推动产业更好更快发展。

二是明确发展重点。根据中药材对气候地理条件的要求，选择适宜的有优势具特色的中药材优良品种重点扶持、大规模种植。建议集中发展黄精、筠姜，全力打造筠连黄精、筠姜品牌，改善品种多、种植散的情况。大力鼓励镇村集体经济组织、新型经营主体（企业、专业合作社、专业大户）结合国家土地政策，因地制宜利用林下种植等方式高效发展规模化、集约化、标准化的中药材产业基地。针对主要发展的适宜种植品种，加快制定种植的标准化技术规程等，用科技规范引领种植，提升效益和品质。

（二）培育龙头，推动产业链延伸

围绕筠链县中药材种植和药食同源产业发展，有选择性地招引重点品种的饮片加工类企业、药材提取物加工类企业、精深加工类企业、资源化和再利用类企业等。培育壮大筠链县现有的四川省圣土中药材种植有限公司、宜宾蜀戎康科技有限公司等中药材种植企业，四川德馨堂中药科技有限公司、宜宾傅氏中医药科技有限公司等药食同源研发制作企业，以及筠连县民康种植专业合作社、筠连县筠隆顺中药材发展有限公司等中药材收购及初加工企业，不断完善药食同源健康产业链。

（三）完善机制，强化保障，提供产业发展支撑

一是完善配套基础设施。加大对水、电、路、土地等产业发展基础设施建设力度，在水利设施建设、产业路配套建设、土地租赁和建设用地指标等方面抓好统筹协调，为中药材基地建设和药食同源健康产业发展、招商引资奠定坚实基础。

二是完善政策配套支撑体系。基地建设和产业发展需要政策和资金的引导支持。建议在废止原有的扶持政策同时，学习借鉴中药材产业和药食同源健康产业先进地区经验，研究制定从"种苗繁育、生产种植、订单收购、初级加工、药食同源健康产品研发、品牌建设"等方面给予奖补扶持的政策，加大对本土道地药材筇姜的保护推广力度，有效激发农户、合作社、企业参与产业开发的活力。

三是强化人才培养。与中医高等学校、科研院所联合培养高层次复合型中医药人才，建设本土化的区域性中医药产业高层次人才培养基地。加大本土名中医培养力度，引导本土中医用本土中药材，对研制调配本土药膳配方的中医给予一定的奖励。培养中药材种植、中药炮制、中医药健康服务等方面技能人才，促进中医药产业专业人才的本土化。积极打造中医药文化示范校园，构建中医药传承创新发展核心支撑。

四是强化科技支撑引领。推进园区企业、科研院所、高等学校、医疗机构等产学研用一体化协同创新。研究制定中药材加工标准及体系，制定黄精酒、黄精面条、黄精月饼等药食同源产品生产标准。

（四）产业融合，协同推进壮大药食同源健康产业

一是协同推进基地与文旅产业的融合。结合现代中药材产业园区建设，在丰乐乡规划建设百草园，与硒山湖旅游景区等协同打造，将中药材种植与文旅产业融合发展。

二是协同推进药食同源健康产业与康养旅游融合。通过引进和学习借鉴湖北先秾坛生态农业有限公司乡村振兴成功模式和成功经验，结合筠连县春风村、银星村乡村振兴示范村创建、巡司天河温泉（氡氟偏硅酸医疗天然浓热矿泉）中医药健康旅游中心、特色医养—教育基地建设、药食同源食品研发等，构建辐射乌蒙山片区的大健康产业带，发展中医药健康旅游。

三是协同推进区域药食同源健康产业发展开放合作示范建设。大力开展川南和乌蒙山区中医药宣传和筠连县药食同源健康产业发展项目推介，加大精准招商力

度，吸引行业内优秀企业家来筠投资兴业。

参考文献

黄娟，廖茜，马融，等，2024. 国家地理标志证明商标产品—筠连筠姜［J］. 长江蔬菜（22）：21-22.

马伟，刘军民，2022. 中药资源学［M］. 北京：科学出版社：30-34.

达州市达川区乌梅产业发展报告

何三健　梅国富

(达州市达川区农业农村局，四川达州　635711)

摘　要：达川区是四川省32个重点中药材发展县之一，乌梅产业具有悠久的种植历史、优良的品质和强大的产业基础。该区拥有全国最大面积的乌梅原生资源林，年产乌梅3.5万t，产值达到5.3亿元。乌梅产业与现代农业园区融合，推动了地区的农业现代化，且品牌效应逐步显现，乌梅已获得多个国家和地方的认证。然而，产业仍面临品种不规范、管理粗放、产业链短弱、发展动力不稳定等问题。未来的发展策略包括提升品种品质、扩大种植规模、加强科学管理、推动品牌建设、扶持龙头企业和科研合作等，以进一步推动乌梅产业的发展，增强其市场竞争力。

关键词：达川区；乌梅；产业发展

达川区是全省32个中药材发展重点县之一，乌梅种植历史悠久，文化底蕴深厚，拥有全国面积最大的乌梅原生资源林、全区现有乌梅种植面积6.2万亩，年产乌梅3.5万t左右，年综合产值5.3亿元。

一、产业优势突出

一是种植历史悠久。达川区是乌梅的原生资源地，境内原生乌梅资源丰富，拥有全国面积最大的乌梅原生资源林，现存百年以上树龄的乌梅古树1 500余株，其中两株树龄达600年。二是品质优良。达川乌梅基原纯正，果肉率达85.5%，是GAP标准制标品种，其枸橼酸含量达29.4%，位居全国第一，高出《中国药典》标准近一倍。三是产业融合紧密。达川区中药材（乌梅）现代农业园区是依托乌梅产业建设的园区，涵盖百节、景市、平滩三个乡镇，园区面积2.25万亩，其中核心区面积1.2万亩。园区围绕乌梅产业形成了"一轴串两核、一环引四梅、一区带一片"的格局，推动了产业融合发展。同时按照"园区引领、集中连片、生态循环、产业融合"思路，借势"一区"、打造"一带"、建设"一镇"，科学规划乌梅产业功能板块。园区规划建设了中医药博物馆、中药康养中心基地等，于2022年成功创建为省三星级现代农业园区，乌梅山也成功创建为国家AAAA级景区。四是品牌响亮。达川乌梅于2010年获得国家地理标志产品认证；2014年被授予"中国乌梅之乡"；2016年获得生态原产地产品保护证书；2019年享有中国"乌梅名县"；2020年"达梅1号""达梅2号"获得绿色食品认证；2021年11月被遴选为全国农作物十大优异种质资源之一；2022年12月被达州市人民政府认定为全市三大道地药材之一；2023年5月被四川省认定为2022年度全省十大地标道地药材之一；2024年被农业农村部列入第二批全国名特优新农产品。

二、加工现状

全区现有乌梅加工企业和专合社7家，其中精深加工企业3家，初加工企业4家（省级龙头企业1家、市级龙头企业3家），拥有乌梅新型热能源烘干设备39组。园区企业长年与西南科技大学、成都大学、成都中医药大学、达州市农业科学研究院等科研院校合作，开发出乌梅酒、饮料、果脯、乌梅牙膏、乌梅御颜膏、乌梅酱、乌梅降糖颗粒、乌梅泡腾片、乌梅果丹皮等产品20余个，注册"川来蜀往""冯山林""巴山妹子""洱宝"等商标，产品远销成都、重庆、云南、广东、上海等10余个省（直辖市）。

三、存在的问题

一是品种杂乱，优势不突出。区域内达川乌梅既有原生资源品种，又有外地引种，既有改良品种，又有传统品种，品种繁杂，良莠不齐，呈现早、中、晚三熟，果型大小差异比较大。再则，梅农销售时，好、差混在一起出售，价格偏低，优势品种没有体现优价，虽选育有"达梅1号"良种，但其在市场上的优势地位并未凸显。二是管理粗放，产能难提升。尽管很多梅农具有一定的管护能力，但总体而言，全区乌梅基本上处于一种失管状态，自然生长，自生自灭。梅农对乌梅基本上没有主动采取修枝整形、除草施肥、杀虫涂干等精细化管护，加之采摘方式粗放，造成小果、落果、伤果、病害果现象严重，产量较低，品质较差。区内亩均产量

1 000kg 左右,与福建诏安、云南洱源亩产 1 500~2 000kg 相比,差之甚远。三是链短链弱,产业缺龙头。虽然区内有 3 家乌梅精深加工企业,但其不论是加工能力、生产规模、产值,还是产品开发、市场开拓都还不足,实力不逮,影响较小,对全区乌梅产业发展的带动力有限,且产品单一。四是时紧时松,发展少恒力。达川区从 2011 年起,开始大力发展乌梅,最高峰时期全区乌梅种植面积达 10 万亩以上。由于抓乌梅发展的力度时大时小、乌梅收购价格较低、一些优惠政策未兑现等原因,影响了种植积极性,各地出现了弃管失管,甚至毁损乌梅树的现象,乌梅种植面积大幅缩减。

四、下步措施

(一) 确定方向,明确定位

根据达川乌梅枸橼酸含量全国最高等独特优势,可将达川乌梅发展定位为"一词一品",即"中国乌梅,乡在达川",把"达川乌梅"打造成"中国乌梅"的"代名词";"达川乌梅,梅中药王",把"达川乌梅"打造成"药用乌梅"的"首选品"。这样明确达川区乌梅发展定位,既充分契合了达川区乌梅的特点和独特优势,又可推动达川区强力擦亮"中国乌梅之乡"的牌子,将其打造成为达川区对外展示的一张耀眼名片。

(二) 系统布局,全面发力

一是提升品质。创建乌梅良种繁育基地、省道地药材良种繁育基地、全国乌梅绿色食品原材料标准化生产基地。利用 3~5 年时间,对乌梅老果树进行品种改良、提升品质和产量。加强品种鉴定管理,推动达川乌梅种子种苗标准化、专业化、市场化发展,擦亮达川乌梅全国农作物 10 大优异种质资源和省 10 大地理标志道地药材名片。二是提升规模。可根据产业调整和布局情况,适度扩大种植面积。创建乌梅标准化高产示范片,带动全区乌梅种植、管护、采摘等实现标准化、现代化。实行保护价收购制度,保护种植积极性。着力提高乌梅的单产和总产,以产量和价格的提升带动产值的提升,以产值和品质的提升带动规模的提升,不断扩大规模效应。三是提升管护。向管护要产量,要品质。建立科学、规范、标准的乌梅生产管理体系,大力提高管护质量和水平。切实加强产地环境和产品质量监管,积极推广有机肥替代化肥、病虫害绿色防控等生态种植技术,做好栽植初期的定干处理,加强对梅农等种植业主的技术培训和指导，改善采摘方式，尽力减少落果、小果、病果、伤果。对新引进、新栽植、新嫁接的品种，一开始就应坚持规范化、科学化管护。四是提升品牌。大力支持乌梅申请"两品一标"认证，强力擦亮"达川乌梅"金字招牌。实施产品、区域、企业三位一体品牌发展战略，提升达川乌梅及产品的知名度和竞争力。扶持一批产品品牌，扶持做强现有"川来蜀往""冯山林""乌梅山""青梅爽"等产品品牌和企业品牌，大力支持达川乌梅产品进超市、进网销、进景区、进酒店、进餐饮店、进食堂活动。可选一部分优质品牌产品，用于公务活动推介。扶持一批领军品牌，组织发展潜力大、带动作用强、市场占有率高的种植和加工企业，参加线上线下有关产业发展大会、博览会、交易会等，加强品牌营销，做好品牌推广。五是扶持龙头。将引进、培育、扶持龙头企业作为提高达川乌梅实力和竞争力的核心举措，作为发展和壮大达川乌梅产业的牵引工程。抢抓招商引资，引育龙头企业。加快培育本地企业，努力培育一批乌梅行业的"小巨人"企业和单项领军企业。支持种植大户、家庭农场、专业合作社加快发展，培养一批经营规模大、运作机制新、带动能力强的种植合作组织。六是扶持园区。建立承担园区具体事务的专门管理机构，明确发展职责、理顺管理关系、加大建设投入，确保园区正常运行，发挥作用。七是扶持科研。整合区内乌梅科研力量，形成科研"拳头"，不断提高自研能力。借助丘区现代农机装备产业园优势，开展乌梅采摘设备设施研究，着力解决乌梅采摘技术落后、伤果较多的问题。鼓励区域内企业与全国知名科研机构加强合作，开展联合攻关。

宝兴县中药材产业发展报告

王晓琴　竹建惠　杨建华

（宝兴县农业农村局，四川雅安　625700）

摘　要：宝兴县有丰富的中药材资源，种植中药材是综合调整农业产业结构，实现农民增收致富的有效途径之一。本报告介绍了宝兴县中药材产业发展现状和主要做法，分析了发展中面临的问题，针对性提出着力调整产业内部结构、加大政策和项目资金扶持、加强组织化和社会化服务体系建设等发展建议，以推进宝兴中药材产业良好发展。

关键词：宝兴县；中药材；现状；问题；对策

宝兴县中药材资源丰富，种类繁多，分布广泛，种植历史悠久，规模大，品质好，是川药的主产地之一。随着人们对健康意识的提高和对中医药的认可度不断增加，宝兴中药材产业也得到了快速发展。然而，宝兴中药材产业在发展过程中也面临着一些问题和挑战。本报告将从中药材产业的现状、做法、问题和对策四个方面进行探讨。

一、宝兴中药材产业发展现状

宝兴县素有"药材之乡、川药基地"之称，中药材产业是宝兴区域优势特色重点产业。2013年被列为四川省现代农业（中药材）建设重点县，2019年被列入四川省特色农产品（中药材）优势区，2020年被列为四川省林草中药材生产重点县。据四川大学张浩教授团队对宝兴中药材资源普查结果表明，全县有野生及家种中药材品种1 200余种，占全国中草药品种的1/3左右，其中列入重点中藏药材目录的品种达127种。传统家种药材主要包括云木香、川牛膝、白术、玄参、黄柏和厚朴等品种，其中川牛膝为宝兴地道药材。截至2023年底，全县中药材种植总面积达到24.91万亩，药材总产量1.892万t，总产值约26 210万元，其中草本药材10.91

万亩，产量1.521万t，产值2.04亿元。全县已初步建设万亩药材生产基地3个，打造了灵关片区以黄柏、厚朴为主的三木药材种植区；陇东、五龙等以云木香、川牛膝为主的草本药材种植区；硗碛乡以大黄、羌活等为主的高原中藏药材种植区，中药材产业已成为宝兴县中高山地区增收致富的主要骨干产业。

二、宝兴县发展中药材产业的主要做法

（一）持续加大中药材基础设施建设投入力度

宝兴县委、县政府历来非常重视中药材特色产业基础设施建设，持续加大产业支持力度。整合地方政府项目和争取国家、省市部门项目资金共计5 890万元，重点用于产业基地基础设施建设；加大招商引资力度工作，积极引入各类社会资本入860余万元投资宝兴县中药材产业发展。

（二）加大中药材产业基础性研究工作

与四川农业大学签订县校战略合作协议，组建宝兴县川牛膝产业技术研究院。广泛收集宝兴川牛膝地方品种和野生资源建立宝兴县药用植物资源圃，选育出宝膝1号和2号两个川牛膝新品种，获得四川省非主要农作物新品种认定，宝兴厚朴获得四川省优良林木品种认证；启动实施"川牛膝优良品系选育及种源繁育关键技术研究与示范""川渝地道药材品质保障关键技术研究与应用"项目，对宝兴川牛膝实施品质综合评价；收集整理宝兴野生山药种质资源，开展宝兴山药新品种选育工作，系统培育筛选出优良品系进入新品种申报认定程序。

（三）着力抓好品种结构调整

宝兴县高度重视中药材内部品种结构调整力度，大力引导发展附加值高，经济效益好的药材品种，特别是加强了山药、天麻、山慈菇和高山赤芍等药食同源药材和观赏药用药材品种。2024全县累计新建高山赤芍、山慈菇等高附加值药材生产示范基地3 800余亩，推广规范化种植山药5 600余亩，打造了青草坪、喇嘛坪和百里坪等一批山药规范化生产示范基地。

（四）抓好培育和规范新型经营主体工作

全县培育现有专业和兼业从事中药材生产的农民专业合作社94家、家庭农场60个，会员农户2 480余户，覆盖药材种植面积4.15万亩。涌现出齐海蒙、珑升堂、鼎润等一批具有较强带动力的新型经营主体，通过对成员提供产前、产中、产

后服务，帮助农民解决了技术、销售、资金等难题，不断增强合作社的带动能力，助农增收。

（五）进一步推进中药材品牌创建和标准化生产工作

着力加大宝兴山药、宝兴川牛膝品牌的宣传推广力度，支持和引导专业合作社积极参加全国各类中药材会节活动，提高宝兴县药材的知名度。宝兴川牛膝先后取得国家地理标志保护产品认证和国家地理标志证明商标，2023年宝兴山药成功进入全国名特优新农产品名录。2019年宝兴县被列入四川省第二批特色农产品（川牛膝）优势区，先后被确定为四川省现代农业产业基地（中药材）重点县和林草中药材重点县。强化中药材的标准化生产，宝兴县参与制定了和颁布了川牛膝、重楼和大黄等3个省级地方标准和云木香等4个区域性地方标准。

（六）推动中药产业发展与康养旅游相结合

充分利用陇东"大园包"中药材规模化发展优势和东拉山独特的旅游资源优势，着力开展特色产业经济走廊建设，突出发展中药材产业、优质果蔬产业和生态康养产业，打造了以五龙乡东风村—铁坪山村—陇东镇赶羊沟村大园包药材基地特色精品产业与农旅结合融合发展环线。

三、宝兴中药材产业发展面临的问题

（一）品种结构不合理，规范化种植程度需进一步提高

一是全县中药材产业内部结构不尽合理，低端、低效益产品多，高效益、高附加值产品少，资源优势未能形成产业优势，没有形成多元化系列产品；二是产业规模化和规范化种植程度不够，传统种植模式仍然占据主导地位，现代农业生产技术推广仍显不足，难以形成规模化种植和打造品牌中药材。

（二）药农组织化程度低，缺乏龙头企业带动

中药材产业社会化服务体系还不健全，缺乏具有较强带动能力的中药材生产、加工龙头企业，药材产品的生产与开发不配套，缺乏精深加工能力，属典型的"原料产业"，没有形成完整配套的产业链，丰富的中药材资源得不到充分的开发利用。专业合作社等新型经营主体能力普遍不强，抵御市场风险能力低，作用发挥不够。

（三）基础设施建设需进一步改善提升

宝兴的中药材产业基地生产条件受自然环境的影响较大，基础设施依然薄弱，产业基地道路、灌溉系统、产地初加工等基础设施还需进一步改造提升，由此来改善药农的生产生活条件，进一步降低劳动成本，提高群众的经济效益。

（四）服务体系不健全，技术力量薄弱

全县产业发展相配套的产前、产中和产后社会化配套服务体系需进一步完善，生产技术研发力量薄弱，专业技术人才严重缺乏，相应也制约了宝兴县的药材产业发展。

四、促进宝兴县中药材产业发展的对策和建议

（一）着力调整产业内部结构

坚持以市场为导向，突出重点和优势，加强药材品种内部结构调整，加快品种提纯复壮和新品种的引进开发工作，达到品种优化，结构布局合理的要求，推进中药材规范化种植。着力加大品种结构调整力度，重点引进推广效益好、品质优、竞争力强的药材品种，一是发展大黄、羌活等高原中藏药和重楼、黄精等高附加值药材品种。二是与休闲观光产业相结合，大力发展赤芍、菊花、石斛、黄精、白及等观赏美化环境类药材品种。三是与康养旅游产业相结合，引导发展宝兴山药、天麻、当归、毛慈菇等药食同源药材品种。合理规划中药材种植区域，建设可持续、多元化、特色化的中药材生产基地，推进中药材园区建设。

（二）加强政策和项目资金扶持

一是加大涉农项目资金整合力度，强化政策、项目、资金的投入保障机制，充分发挥财政资金的引领示范作用，促进和引导各类社会资金投入宝兴县的中药材产业发展。二是积极加强中药材产业项目的储备申报和管理工作，积极争取上级项目资金支持。

（三）加强组织化和社会化服务体系建设

推进产业化经营，培育新型经营主体，提高生产组织化程度，把培育龙头企业和专业合作社作为推进中药材产业发展的关键环节，不断创新中药材产业发展的模式，加强中药材产业组织化和社会化服务程度，采取"公司+基地+农户""公司+专业合作社+农户"等组织化形式，通过市场牵龙头、龙头带基地（专业合作社）、基地（专业合作社）连农户的生产方式和利益分配机制，结成风险共担，利益均沾的共同体，在保护和调动广大种植户积极性的同时，加快提升企业自身实力。

(四)加大技术开发力度，提升科技水平

加强与四川农业大学、四川中医药科学院、成都中医药大学等科研院校的协作，完善校地合作机制，发挥川牛膝技术研究院和基层技术骨干作用，强化科技支撑和人才培养，推动中药材产业可持续发展，加强对中药材种植的科学引导，提升中药材规范化种植、优良品种繁育等工作。加大实用技术的推广工作，重点推广林药间作、科学管理、病虫害综合防治、适时收获及加工储藏等先进实用技术。

(五)加强良种繁育和标准化生产加工体系建设

一是实施中药材良种繁育基地建设工程。建立以宝兴山药、川牛膝为主的宝兴中药材种子种苗繁育技术体系和标准化种植技术体系，解决全县传统中药材种性退化严重等问题。二是实施产业基地基础设施改造提升工程。着力提高基础设施建设水平，提升以宝兴山药、川牛膝为主的中药材标准化种植水平，实施农旅融合发展，大力发展中医药康养产业，将资源、区位优势转化为经济优势，促进山区农村经济快速稳步发展。三是实施提升建设中药材产地处理项目工程。以科技为支撑，增加山区农民收入为落脚点，进一步加大招商引资工作力度，引进和培育中药材生产加工龙头企业，同时加大对本土企业的支持力度，规范生产行为，改进生产工艺和流程，确保宝兴县中药材产品质量安全。四是实施品牌培育工程。发挥和利用好宝兴川牛膝地理标志证明商标的作用，组织引导企业使用川牛膝区域公共品牌，积极参加国际国内相关展会，进一步提高宝兴中药材的竞争力和市场知名度。五是结合实施宝兴县山药产业"三链同构"全链发展建设项目，全力推进以山药、川牛膝生产加工为主的中药材加工业和物流仓储业发展，着力延长产业链，提升宝兴中药材产业附加值。

(六)加强产业融合发展工作力度

推进中药材生产与产业扶贫、休闲旅游、美丽乡村和康养小镇建设相结合，弘扬中医药传统文化，培育和发展中药材新业态新模式。以陇东"大园包"中药材生产基地、东拉山大峡谷、兴国农庄为基础，加大宣传营销力度，以中医药为主线打造健康医旅、医养结合、养老康复等康养休闲特色旅游示范基地，构建农旅融合发展新格局。

甘洛县中药材产业发展报告

张　建　李　琦　张永忠　熊建勇

（甘洛县农业农村局，四川凉山　616850；凉山州农业农村局，四川凉山　615000）

摘　要：报告介绍甘洛县以中药材作为全县特色主导产业优先发展的步调，依托资源禀赋，锚定中药材主导产业。近年来按照"一张蓝图画到底、一届接着一届干"的原则，全力建基地、创品牌、搞加工、促融合，逐步完善园区道路、水渠、电网等基础设施，中药材耕种模式实现了"人背马驮"向"人机结合"的跨越，供销模式也实现了由"盲等商贩上门"到"就地收购烘干"的转变，实现了中药材产业"质"的飞跃，对提高当地农民收入、促进地方经济发展有重要意义。

关键词：中药材；产业发展；甘洛县

一、发展现状

甘洛县地处川西南的横断山系，地理位置独特，生态优势明显，原生中药材品类多、分布广，自然生长着800余种野生中药材。针对甘洛县地理区域特点，按照县委、县政府统一安排部署，结合甘洛县实际，形成了"五个区域，六个方向"集中连片发展的整体思路，把中药材作为全县重点发展方向之一。在2018年将中药材产业发展纳入全县"五区六业"总体布局规划，作为农业产业发展的重要方向，将海棠镇及西北部乡镇规划为甘洛县中药材重点发展区域。2022年，启动了省级中药材园区规划，将中药材规划为县域农业经济重要支柱产业。2023年把中药材作为全省39个欠发达县特色农业支柱产业进行培育支持。按照"一张蓝图画到底、一届接着一届干"的原则，全力建基地、创品牌、搞加工、促融合，实现了中药材产业"质"的飞跃。

（一）产业分布简况

全县中药材种植主栽种类有东当归、牛膝、苍术、大黄、金荞麦等，主要分布在海棠镇、沙岱乡、乌史大桥镇等高海拔地区。覆盖9个乡（镇）6 300余户农户，有41个新型经营主体、3家企业参与发展。全县现有中药材园区3个，分别为：坪坝中药材现代农业园区（州级）、黑马林下中药材现代农业园区（县级）、阿尔乡林下中药材现代农业园区（县级）。其中，坪坝中药材现代农业园区位于海棠镇，以坪坝村、松树坪村为核心，种植面积1.6万亩，入驻企业2家，辐射带动了园区周边及附近的沙岱乡、新茶乡等乡（镇）发展中药材8 000余亩。

（二）运营体系情况

全县按照"公司+村集体+合作社+农户"合作模式，入驻企业租赁厂房场地设备，开展实验试种，就地收购加工，获取稳定货源；村集体负责承接本村订单，组织种植户进行种植、采挖、销售，收取企业订单收购总金额的一定比例的费用以及药材烘干厂租赁费作为村集体收益；合作社及农户种植增收。有效整合市场、资源、资金、农户等要素，形成合作共赢的局面。

（三）设施配套情况

先后实施了松树坪现代种植基地、坪坝中药材烘干场建设、海棠万亩中药材产业园区等项目。逐步完善了各中药材园区及基地道路、水渠、电网等基础设施，中药材耕种模式实现了"人背马驮"向"人机结合"的跨越。

（四）科技推广及加工销售

将国药太极集团、中江县万生农业科技有限责任公司、安徽诚盛堂中药有限责任公司3家公司作为产业引导，引入大黄、金荞麦等9个新品种试验试种，已经将南苍术、当归等产品多次送样检测，检测数据表现优异。在海棠镇开展就地烘干加工、饮片加工等，供销模式也实现了由"盲等商贩上门"到"就地收购烘干"的转变。并通过签订当归、牛膝、木香保底订单，有效解决了销售问题。

二、主要做法

紧紧围绕全县经济社会高质量发展和"一年上台阶、三年见成效、五年呈现一个新甘洛"发展战略目标，依托资源禀赋，锚定中药材主导产业，以"蓝图规划"为总牵引，着力"生产提效、科技提质、合作促销"三环节，着眼全产业链发展，开出增收致富"新药方"，见证乡村振兴"新疗效"。

(一)绘蓝图、拓版图,构建引领"新格局"

1. 立足优势绘蓝图

甘洛县地理位置独特,生态优势明显,具备发展中药材天然优势。为抒写振兴新篇章、拓宽增收新渠道,县委、县政府将中药材产业发展纳入全县"五区六业"重点规划,将海棠镇及西北部乡(镇)规划为甘洛县中药材重点发展区域,推动中药材成为特色农业主导产业。

2. 夯实基础拓版图

按照"一张蓝图画到底、一届接着一届干"的原则,持续全力建基地、创品牌、搞加工、促融合,实现了中药材产业"质"的飞跃。全县中药材种植面积从2018年的1.5万亩增长到2022年的3万亩,年产值由2018年的2 300万元增长到2022年的1.2亿元,其中海棠镇的坪坝万亩中药材园区面积由2018年4 900亩"低、小、散"种植发展到2023年3.2万亩集中连片种植。形成坪坝中药材园区为引领,辐射带动多乡镇齐头并进的良好态势。

3. 致力目标抓发展

2022年,启动省级中药材园区规划,瞄准"省级星级园区""中药材大县"创建目标,持续完善基础设施,结合清溪峡古道本体修缮项目、海棠古镇保护打造契机,坚持走农旅融合发展道路,以产业兴旺、农民增收为目标,按照"药食同源""药花两用"的原则,发展与中药材相关的药花观赏、药品保健、药膳餐饮等第三产业,切实推进园区"产学研"一体,促进一二三产业相融,为中药材产业赋能,力争到2025年将园区建成标准规范、"三产"融合、效益明显的省级星级现代农业园区,辐射带动全县中药材产业发展壮大,成为县域经济总量大、增速快、带动强的农业支柱产业。

(二)提质效、扬优势,生产提效"强根基"

1. 大抓项目提质效

按照"以农助旅、以旅兴农,农旅共兴"的目标,采取改善基础设施、配套二产加工、奖补引导订单种植等方式,连续4年整合资金6 700余万元,先后实施了松树坪现代种植基地、坪坝中药材烘干场建设、海棠万亩中药材产业园区等项目,逐步完善园区道路、水渠、电网等基础设施。

2. 合作引领显优势

坪坝、黑马园区分别引入技术、销售支持公司,成立专业合作社,协同积极宣传动员当地群众发展种植、指导田间管理、协调销售。实现"种前、种中、种后"全过程、全方位指导服务,使农户放心生产、安心发展。

3. 奖补引导提产量

通过奖补激励,对种根种苗、肥料、农药进行奖补,引导发展订单种植,着力增强农户的抗风险力,有力激发农户的发展热情,促进农户发展扩面、增产,实现"四两拨千斤"的导向作用。

(三)强支撑、优品种,科技提质"增动能"

1. 科技支撑保成效

先后邀请四川省农业科学院、四川大学、四川农业大学、西南科技大学等科研院校到甘洛县进行相关技术服务。整合国家科技特派团、国药太极集团驻园技术人员、县农业农村局农技专家组建中药材种植技术团队,强化指导。为园区农户提供种苗选育、土壤改良、病虫害防治等技术指导,保障产业科学有序发展。投入资金470余万元采购农机具、烘干设备,开展智慧农业设施设备建设,推动机械化发展,重点解决山区机播、机收等难题;科学掌握种植环境数据,推进中药材产业数字化。园区从种植到采收和烘干全过程一条龙机械化,提高了现代化水平。

2. 种苗培育降风险

建设育种大棚20亩、育苗基地120亩,有效保障种根、种苗的质量,保障药材种苗稳定供应,降低种苗的运输成本,同时强化种苗的适应性,降低生产成本,成为农户增收新渠道。

3. 品种引入提产值

引进苍术、木香、大黄、金荞麦等10余个品种开展30亩中药材引种试验试种,新品种与种植技术成熟的当归、牛膝等轮作互补,避免重茬引起的产量下降,同时还可以实现订单保底销售,避免市场风险。

(四)强招商、延链条,合作共赢"显优势"

1. 招引提质畅销路

切实解决如何卖得出、卖得好的问题,搭建好中药材产销平台。立足优化营商环境,主动与公司洽谈、对接,目前全县入驻中药材企业3家,国药太极集团、中江县万生农业科技有限责任公司入驻坪坝中药材园区，安徽诚盛堂中药有限责任公司入驻新茶乡。按照"大园区、多业主"方式，正在和同仁堂、仁和药业等开展洽谈，招引更多优秀公司参与甘洛中药材产业发展。有效提升中药材质量、有力保障药材销售。

2. 就地加工增效益

围绕品种加工和公司需要，就地建设产地初加工厂房设备，以优惠价格承租给企业使用，助推企业发展，就地开展初加工，延伸本地产业"二产"链条。先后建成坪坝中药材烘干场承租给国药太极使用，建成田坝中药材烘干厂，承租给德阳万生农业公司使用，有效延伸了产业链条。

3. 合作共赢抗风险

通过支持国药太极在海棠镇正西村、坪坝村发展苍术、大黄、牛膝等中药材示范种植300亩，中江万生农业公司在坪坝村开展党参、芍药试种工作，并依托国药太极等公司稳定药材需求，发展订单种植、定向销售，增强了抗市场风险，切实保障农户收益，避免了市场波动对种植户收入和行业持续发展的影响，切实解决销售难的问题。按照保底种植订单，将种植订单分派给合作社、家庭农场、农户种植。村集体负责承接本村订单，负责组织种植户进行种植、采挖、销售。充分发挥了"公司+村集体+合作社+农户"合作优势，有效整合了市场、资源、资金、农户等要素，形成合作共赢的局面。

三、问题挑战

全县中药材种植发展势头良好，虽已经达到一定规模，但仍存在以下问题：一是虽建设了部分烘干设施和场所，以就地烘干加工为主，但加工能力尚不能覆盖全县中药材，精深加工刚起步尚未形成优势和产能，产业链条还需进一步延伸。二是中药材产业发展基础设施需要继续完善，现代农机装备运用需要进一步加强，产业规模有待进一步提升，种植技术水平还要进一步完善。三是当前最迫切需要解决的是对种植规模最大的东当归进行进一步的精深加工，开展烘干基础上的提取、微细粉碎，以及针对当前没有利用的当归叶进行收购加工，延展本地产业链条，应对市场波动对种植的影响。从而保障群众种植的稳定性，进一步提升产业价值，带动老百姓稳定增收和促进地方农业经济发展。

四、对策措施

着眼未来,甘洛县将以"产业兴旺、农民增收"为目标,加大新品种试验,通过奖补引导、订单种植等方式加大适宜品种的示范推广,进一步优化种植结构,将全县中药材种植面积进一步扩大。并通过、招商引资、政策扶持的方式进一步完善加工能力建设,在继续提升就地烘干加工能力的同时,规划启动精深加工建设,快速培育形成优势和产能;培育和引导完善乡村旅游、中医药大健康等第三产业加速发展,促进"三产"融合,提高产业效益。最终瞄准"省级星级园区""中药材大县"创建目标,坚持走农旅融合发展道路,促进一二三产业相融,为中药材产业赋能,积极争创省级星级现代农业园区,推进产业进一步往"大、强、优"发展。

(一)因地制宜,在全域发展上求突破

1. 加大扶持力度扩展规模

加大中药材惠农政策宣传,增加政策透明度,让更多的企业、合作社、农户了解政策,用好政策,在公开、公平、公正环境下,享受扶持政策的实惠,激发各类农业从业主体创新创业从事中药材产业发展的热情和动力。加大新品种的试验,通过奖补引导、订单种植等方式加大适宜品种的示范推广,进一步优化种植结构,扩大全县中药材种植面积。同时,鼓励支持各乡镇用好衔接资金和涉农资金,重点扶持并集中用于中药材规模生产经营大户和本地农业产业化龙头企业创办或领办农民专业合作社,调动社会、市场、农民等多方力量,引导多元投入、多方共建,支持村集体经济的发展,集中力量发展乡镇本土中药材产业。

2. 加大技术支撑

持续深化与四川省农业科学院、四川大学、四川农业大学、西南科技大学等科研单位的技术合作。优化国家科技特派团、国药太极集团驻园技术人员、县农业农村局农技专家等组建的中药材种植技术团队,强化指导、加快技术研发推广。用好扶持机制和激励政策,在中药材技术投入方面倾斜支持力度,给予一系列优惠政策,吸引一批具有劳动力的年轻人留村开展中药材产业种植,加大农技培训力度,做好入户指导、田间咨询等跟踪服务,为农民提供中药材方面政策咨询、科技指导、市场信息等帮助。发挥东西部协作等帮扶机制的优势,引进一批高水平的科技

特派员，指导中药材作业、精深加工、产品销售等环节。

（二）深挖潜力，在提升产值上求突破

1. 延伸链条

加大中药材产业招商引资力度，通过项目、招引、培育的方式进一步完善加工能力建设，加快加工端主体培育。继续提升就地烘干加工能力，同时规划启动精深加工建设，加快培育形成优势和产能。支持龙头企业、合作社对甘洛县的中药材产品进行精深加工，推进企业向初加工、精深加工、综合利用多元发展，打通中药材生产全过程，促进产品就地加工转化增值，通过中药材产品加工搭建生产与营销的"桥梁"。

2. 融合三产

坚持走农旅融合发展道路，以产业兴旺、农民增收为目标，按照"药食同源""药花两用"的原则，发展与中药材相关的药花观赏、药品保健、药膳餐饮等第三产业，切实推进园区"产学研"一体，促进一二三产业相融，促进三产融合，把乡村生态环境保护、乡村环境整治与发展中药材特色民宿经济、乡村休闲旅游、生态康养结合起来，推动一二三产业深度融合，建设运行高效的中药材产业链。

3. 拓宽销路

借力脱贫地区的各类帮扶机制，建立"点对点"的中药材产销通道，借鉴"奉甘两地仓"的合作经验，进一步拓展"产地仓"的药材覆盖面，加大直销的规模。积极与县外企业建立农特产品供给合作关系，加大甘洛县中药材产品输出，形成稳定的产品销售通道。同时，发挥自主销售的主观能动性，组织企业主体、农户主体自发出去拉订单、促销售，打开销售新路子。

参考文献

杜仲莹，2024-10-30. 药材之乡三产融合打好中药材产业牌［N］. 昆明日报（3）.

胡琼松，2024. 盘州市盘关镇林下中药材种植基地建设现状及对策［J］. 南方农业，18（14）：110-112. DOI：10.19415/j.cnki.1673-890x.2024.14.036.

潘玉颖，李更生，2024. 河南中药材产业高质量发展问题及对策研究［J］. 中医药管理杂志，32（6）：4-6. DOI：10.16690/j.cnki.1007-9203.2024.06.064.

王凯，安慧超，黄梦醒，等，2024. 商丘市中药材产业发展路径探析［J］. 现代农业科技（21）：176-180.

杨涛，张建香，2024. 乡村振兴战略背景下陇南市中药材产业发展研究 [J]. 农业科技与信息（3）：145-148. DOI：10.15979/j.cnki.cn62-1057/s.2024.03.023.

张红亮，吕蕾莉，2023. 陇西县中药材规模种植现状、问题与对策 [J]. 热带农业工程，47（6）：38-40.

德格县中药材产业发展报告

扎西称措

(德格县农牧农村和科技局,四川甘孜 627250)

摘 要:本报告旨在全面分析德格县中藏药材产业的发展现状,特别是藏医药的独特优势和丰富资源。通过深入探讨藏医药的历史渊源、药材资源、产业种植、加工、品牌建设等现状、问题挑战及对应措施,为德格县中藏药产业的可持续发展提供科学依据和策略建议。

关键词:中藏药材产业;藏医药发展历史;药材资源;产业发展现状;问题挑战;对应措施

一、发展现状

(一)藏医药发展历史悠久

德格县意为"四德十善"之地,既是"康巴文化中心",也是"南派藏医发祥地",在德格县印经院的史料记载中,其历史可追溯到公元7世纪,多种疗法和制药工艺被列入国家级非物质文化遗产名录,成为中国乃至世界的宝贵财富。藏医药有着悠久的历史,位居四大民族医药之首,历经3 800多年的发展,名医辈出,疗效显著,藏医药文化典藏十分丰富,德格印经院就收藏有典籍资料60余部,1 200余套藏医药印版。藏医人才雄厚,县藏医院建院60余年,藏区名老藏医大部分集中于该县,近年与各院校合作开展藏医药人才培养达100余名,全县拥有56名在职藏医药专业技术人员,105名从事藏医药技术非在职人员,医疗效果在藏区具有良好口碑。

(二)藏药药材资源丰厚

德格县地貌变化大,从东到西相对海拔高度相差很大,药用植物极为丰富,品种繁多。由于特殊的高海拔寒冷气候,丰富的雨水,充足的阳光,孕育了大量的中藏药材。据2013年全国第四次中药材普查，全县植物药900余种，大黄、羌活等大宗药材年产量在50t以上，冬虫夏草、川贝母、红景天等稀有名贵品种均达5t以上。尤以"八乌虫草""玉隆大黄"著名。其中，大黄的累年产量（自1949年新中国成立后至1985年有统计数据）居甘孜州各县之首，虫草、贝母、羌活等药材累计产量也居甘孜州各县前列。

（三）藏医药古籍文献丰富

德格县藏医院2016年与西藏自治区藏医院共同整理出版《雪域藏医历算大典》130卷，收藏有10世班禅大师亲笔提名"德格吉祥医学院"原文、康巴三宝之一贝叶经、甘珠尔、丹珠尔一套、藏医药大典47卷。司徒医算文集、贡珠藏医纪要、班戈洛珠秘方、藏医四部医典一套、司徒曲吉炯勒亲笔手写金粉藏文书、120本藏医古籍手抄本等藏医药经典名著。先后陆续收集整理《藏医药大典》47卷，在各种刊物和学术会议上发表或交流藏医药学术论文80余篇。展示中心收藏有1 000余种中藏药材原材料及标本。其中包括动物药、植物药、矿物药材三种，名贵药材包括藏医药常用药如：天珠、玛瑙、犀牛角、麝香、牛黄、冬虫夏草等，基地还完整保存了80幅手工画四部医典系列挂图、藏医医疗器械以及藏医药名言录挂图20余张。其中：《司徒医算文集》该书是康巴文化最具代表人物司徒·曲吉迥乃有关藏医学和天文历算的核心阐述，由德格县藏医院收集整理出版，属于国家中医药管理局"民族医药文献整理丛书"项目第二卷。《中国药典形成及藏蒙药研究》是德格县藏医院副主任医师伍金丹增同志在藏医学科研究临床实践的同时，通过阅览大量藏蒙医药文献及《中国药典》颁布标准等作为参考依据的基础上，运用藏医药学的理论体系和藏医鉴定学实践认知方式，对藏药制剂规范化管理及申报制剂品种方面的科研著作。

（四）初步形成了种植、加工、研发、销售相结合的产业体系

在金沙江沿线的麦宿镇、龚垭镇、白垭乡、岳巴、汪布顶等乡镇大力实施中藏药材种植。建成中藏药材种植面积3 000亩示范基地，人工种植中藏药材主推品种有藏木香、大黄、波棱瓜等，主推品种为藏木香。完成地理农产品标志"德格大黄"、"德格芫根"的认证。依托农业专业合作社建设中藏药材种植基地，并以县藏医院制剂中心和麦宿宗萨藏医院制剂中心为纽带，逐步完善藏药种植、产销体系。拥有麦宿镇藏药厂2家、藏香厂2家，德格县藏医院和宗萨藏医药公司2个标

准化制剂室，占甘孜州制剂总量70%。已建成7 000余平方米的藏药制剂中心、中药饮品加工中心及药材仓储中心。在成都设立了"四川省南派藏医药传承与创新产业化示范基地"，作为研发中心和产品推广窗口。在康定、理塘等地成立了南派藏医药旗舰店。

（五）品牌建设成效显著

德格县藏医院先后研发新制剂、保健产品10余种，收集整理藏医古籍文献280余部，推广藏医药适宜技术5项，近几年研发推出"佐珠达西""糖尿康""仁青差觉"等藏药疗效显著。并与成都锦欣藏医院签订了供应德格藏药和提供人撑才支的合作协议，与友谊医院合作共同推广"缺氧丸"。德格藏医院与香港中华江山药业集团有限公司联合生产的"增寿三消病"和"沉道白色"胶囊已在东南亚市场试销，藏木香和波棱瓜等藏药材种植基地的建立等一系列工作的开展，为德格藏医药产业发展打下了坚实基础。荣获四川省中医药文化宣传教育基地、全省最佳文明单位。同年，荣获2019年中国民族医药协会民族医药著作奖三等奖，四川民族医药文献暨特色诊疗技术系统挖掘与传承应用示范二等奖。

二、主要做法

（一）守正创新，人工种植和野生抚育展现发展新态势

德格县积极培育善地"药"产业，结合全县南派藏医药发祥地，利用南派藏医药品牌，在汪布顶乡、龚垭镇、白垭乡、麦宿镇、岳巴乡等乡镇大力推动藏木香、大黄等品种的人工种植基地建设。同时充分利用德格野生中藏药材资源，通过县藏医院、麦宿宗萨藏医药有限公司等制定野生药材收购标准，采用科学技术措施对生态群落进行保护与抚育，确保川贝母、羌活、大黄等珍贵中藏药材的可持续利用和生态平衡。在推进野生药材抚育工作的过程中，积极与科研机构、高校以及当地藏医专家合作，共同研究和实践科学的抚育技术和管理方法。

目前园区核心区建成中藏药材种植面积3 000亩示范基地，辐射带动全县中藏药种植和野生抚育4 068亩，积极推动订单种植模式的实施，确保当地群众种植的药材能够顺利产出并实现良好的市场销售，从而提高群众的经济收入，促进当地经济的可持续发展。

(二) 培育做大抓二产，藏药制剂实现新突破

德格县整合各项资金，累计投入上亿元，引进国内外先进设备，完成公立县藏医院和民营宗萨藏医药有限公司的制剂室标准化建设。目前，宗萨藏医药有限公司已建成1万 m^2 标准化制剂室生产车间和中药饮片生产车间，推行"传统工艺+现代生产"，引进德国干洗式洗药机、全自动高效液相色谱检测仪、超微粉碎机、全自动三位装盒机等国际先进的制药设备和检验设备，成为甘孜州藏药生产和检测技术含量最高的企业。目前已获得216个院内制剂批号，实现年产藏药制剂150t，中药饮片100t的生产能力。产品供应给省内外600余家医疗机构，产值超过2 000万元，成为四川省生产规模最大的中藏药企业之一。

中藏药二产的蓬勃发展极大激发了农牧民种植中藏药材的热情，县域内生产的药剂不仅满足本县老百姓的用药需求，还远销成都、青海、西藏、云南、广州、上海、北京等地区，为德格中藏药产业的高质量发展开辟了广阔前景。

(三) 创新传承，藏医药人才培养注入新动力

德格县致力于创新与传承藏医药文化，实施梯级人才培养战略。依托西南民族大学、省藏文学校、甘孜卫校等优质教育资源，以及全县名老藏医佐钦藏医师承培训学校，强化中藏医药职业教育体系，为藏医药事业的持续发展奠定坚实基础。至今，已成功整理藏医药古籍文献40部，有效促进了藏医药文化的传承与发扬。同时，通过系统培训，成功转化当地110余名农牧民为产业工人，为地方经济发展注入了新活力。

德格宗萨藏医药有限公司与四川省藏校合作，建立省级现代学徒制试点单位，开创了四川省藏医药师承人才教育的先河。学院已开设四年制藏医医疗与藏药学专业，每年可培养50余名藏医药专业学生。通过科班教育与师徒传承的有机结合，确保了藏医文化的连续性与创新性，为藏医药文化的传承与可持续发展注入了新的动力。

此外，德格宗萨藏医药有限公司还与西南民族大学建立了教学实习实训基地的合作关系，开启南派藏医药教育领域校企合作的新篇章，更为南派藏医药文化的传承与产业繁荣贡献了重要力量。

(四) 联合创新，对外合作呈现新亮点

德格宗萨藏医药有限公司参加中国民族医药协会"一带一路"对接活动，并与

海南博鳌乐城国际医疗旅游先行区成立的博鳌超级中医院签订合作协议，启动藏医药大健康产业中心项目，成为甘孜州首个融入"一带一路"产业发展的中藏医药企业。入驻成都高新区天府生命科技园，德格县人民政府、省中医药科学研究院、宗萨藏医药公司三方合作共建"四川省南派藏医药传承与创新产业化示范基地"，开展以国药准字号藏药申报为核心的研发工作以及食品、保健品、医疗器械等产品的创新研发。

同时，与四川省中医药科研院、西南民族大学、国家药品评审中心等科研院所合作，开展藏药新药的申报注册，以及藏医药大健康产业的技术研究、技术开发和人才培养等领域的工作，已成功研发推出"仁青差觉""觉阿差觉卡察丸""桑培洛布卡察丸"三种新药。此外，还与甘孜州唯一一家公立三级甲等医院——四川大学华西医院甘孜医院合作，成立医疗联合体，填补甘孜州及四川省藏药临床研究基地的空白，促进藏医药的临床研究和应用，为患者提供更好的医疗服务。

德格县坚持传承和创新相结合的发展模式，构建了一个"产学研"融合的藏医药发展生态闭环。通过产业带动人才培养，以人才促进研发，以研发推动产业的发展，力争为南派藏医药事业的高质量发展提供强有力的支持。

（五）特色发展抓三产，藏医康养构建文旅发展新模式

德格县积极推进"一都一园一校一群"带动藏医药产业链的建设。充分利用南派藏医药发祥地、藏医药人才汇集以及藏医药特殊疗效作用，围绕"康巴药都"建设目标，通过资源整合和资金打捆等方式，从人才培养、产业夯实、学研并举等方面着手，深度挖掘"康巴文化中心、格萨尔故里、南派藏医发祥地、藏族传统民族手工艺之乡"等文化资源，并与县域内的玉隆拉措景区、多菩沟景区的旅游开发工作紧密衔接，将藏药制剂生产、藏医药文化旅游、藏医药康养产业有机结合，构建"文化熏陶、保健康养、藏医理疗、农业观光"的特色康养旅游模式。此外，德格宗萨藏医药有限公司还积极探索"互联网+藏医康养"服务模式，推出了"宗萨康养"小程序，建立了互联网藏医院，开展远程医疗协作，并推出藏医养生视频教学等内容。同时，还设立了药浴中心，结合旅游发展研发了藏香、香包、香水、药浴粉、美颜面膜、抑菌粉、护肤品等一系列康养旅游产品，进一步提升了产业的综合竞争力，促进了大健康产业与旅游产业的深度融合，为当地经济注入了新的活力，开辟了多元化的增收渠道。

（六）二三产拉动一产，中藏药产业综合效益呈现新面貌

德格县通过中藏药加工和康养蓬勃发展的优势，跳出"以农牧业抓农牧业"模式，因地制宜，聚焦"加工"与"康养"领域，构建"第二三产业带动第一产业"新模式。通过实施订单收购、劳务合作、技术援助、药剂制造、藏医人才培养、康养旅游等多项举措，打造集"种植""加工""康养"于一体的中藏药特色产业链，极大促进中藏药种植业的高质量发展，推动中藏药产业的整体提质增效，促进一二三产业的深度融合，形成"一村一品"的特色产业格局，擦亮南派藏医药发祥地的"金字招牌"，全面助力乡村振兴的实施。

2024年，德格县中藏药现代农业园区通过订单收购的方式，积极支持中藏药材产业，德格宗藏萨医药有限公司平均每年向农牧民收购药材624万元，促进了当地农牧民的经济增收。同时，提供长期就业岗位98个，月均工资达4 000元，提供短期就业岗位2 000余个，年支付薪资494.4万元。此外，德格宗藏萨医药有限公司经营主体积极发扬人道主义精神，定期举行义诊活动，并每年为困难农牧民免除医药费约100万元，有助于解决当地老百姓的医疗需求，有效缓解了当地民众的医疗压力，确保了当地民众收入的稳定增长，也彰显了在履行社会责任方面的积极担当。

三、问题挑战

一是中藏药材种植缺乏规模化。目前中藏药种植规模、总产量都偏小，基本为农户零星种植，规模化发展欠缺，中藏药剂加工原料供应不足，限制了中藏药产业链延伸，产品开发程度和价值链提升。2020年，甘孜州中藏药材种植累计达到9.68万亩，而德格县仅3 000亩，并且利用荒坡地种植中藏药材累计面积达2 000多亩，缺乏品种引领和科学布局。

二是生态环境破坏，野生中藏药材逐渐匮乏。由于长期对野生中藏药材的采挖对生态环境造成破坏，没有开展种群资源保护和道地野生药材品种驯化，野生中藏药资源逐渐减少。生长缓慢，可持续效应有限，不能长期为藏药加工业提供原材料。

三是缺乏品牌效应和拳头产品。拥有麦宿镇藏药厂2家、藏香厂2家。建成7 000余平方米的现代化藏药制剂中心、中药饮品加工中心及药材仓储中心，取得

四川省药监局制剂备案品种 343 个。研发新制剂、保健产品 10 余种；推出"佐珠达西""糖尿康""仁青差觉"等藏药；开发有藏香、香包、香水、药浴粉等产品。但无国字号、准字号药剂，加工质量不高，多作为临床调剂使用，不能上市销售。同时缺乏知名品牌产品和龙头企业，需要加强品牌建设，提高产品知名度。

四是设施建设滞后，限制中藏药一二三产业融合发展。已启动南派藏医药康养园和麦宿中藏药产业园的建设，着力推进藏药浴发展，开发藏香、香包、香水、药浴粉等康养旅游产品，推动实现产业融合发展。但目前三产融合处于起步阶段，存在设施建设滞后，休闲农业、景观农业、产品展销交易、康养休闲等服务功能不健全的情况。藏医文化体验、医养结合等旅游功能未建立，三产融合发展的成效尚不显著。

四、对策措施

一是扩大种植规模。建立良种繁育技术体系，建设良种育苗基地。建设标准化种苗选育设施、组培实验室，进行育种研发试验，探索种苗培养，确保种苗质量。建设中藏药种植示范基地。建设中藏药材现代农业园区，在龚垭镇、岳巴乡、麦宿镇、白垭乡、俄支乡、俄南乡等乡镇建设中药材种植基地。

二是提质增效，培育主导品种，推动封山抚育和仿野生培育。依托市场需求、县域藏药企业和医院制剂需求，确定药材种植品种。推进种源基地建设，开展藏木香、大黄等优势品种种植。在野生采用封山抚育的方式生产野生川贝母、羌活等药材。建设野生药材抚育基地。采取林药混作、间作、药草混生、间作等方式，开展种植仿野生药材种植基地。

三是培育龙头企业。引进中医药企业。积极引进国内外知名企业独立或与本土企业联合开展中药种植生产、加工、物流、文旅康养等全产业链建设。培育本土企业，整合资源，加快企业改造，培育拳头产品。按照"改造提高、突出特色、壮大规模、培育品牌、抢占市场"的原则，打造重点产业和龙头企业，形成德格中藏药产业特色发展模式。

四是推进特色品牌建设。推进"准"字号、"健"字号藏药制剂品牌打造，推进成都高新区天府生命科技园藏药研发中心建设，强化藏医药研发，拓展产品市场。推动麦宿中藏药材现代农业园区加大品牌创建和产品研发、保护，开发中藏药材养生系列产品;进行"玉隆马蹄黄"品牌培育;推动德格芫根等纳入《农耕农品记忆索引名录》。

五是推进藏药康养文化建设,促进三产融合发展。完善南派藏医药康养园,提升康养服务能力,以南派藏医药康养园为核心,依托旅游线路的开发,发展旅游观光、藏医理疗、康养体验等服务项目,开发康养旅游产品(药浴中心,药浴粉、保健食品),打造南派藏医药文化展示中心、四川省极具特色的藏医药服务大健康康养中心。依托麦宿中藏药现代农业园区,打造藏医药文化传承中心以麦宿中藏药现代农业园区为核心,主要涵盖麦宿镇、岳巴乡、龚垭镇、白垭乡等乡镇,推动中藏药种苗繁育、生态种植、药剂加工、南派藏医文化宣传、藏医药产品展销、藏医药康养等中藏药全产业链融合发展,将麦宿镇打造成为康巴药都特色产业强镇,建设成为康北南派藏医药文化传承中心。

第五部分

中药材现代农业园区案例分享

峨眉山市稻药现代农业园区

曾建威[1]　吴新斌[1]　叶桂芝[2]

(1. 乐山市农业农村局，四川乐山　614000；
2. 峨眉山市农业农村局，四川峨眉山　614200)

摘　要：稻药轮作模式可高效利用有限耕地，提高土地利用率和产出效益，有效解决土地撂荒闲置、资源浪费等问题，缓解粮经争地矛盾，防止耕地"非粮化"。峨眉山市稻药现代农业园区于2023年成功创建四川省三星级现代农业园区。但距离峨眉山市依托稻药轮作产业打造乐山乃至四川高水平粮仓钱仓目标仍然存在一定短板。笔者通过调研和分析，指出该园区在统筹推进、产销服务、政策扶持等方面存在的实际问题，并以问题为导向，提出了一系列对策建议，以期为打造峨眉山市高水平天府粮仓钱仓提供对策。

关键词：园区；现状；问题；对策

一、发展现状

峨眉山市稻药现代农业园区于2023年成功创建四川省三星级现代农业园区，地处峨眉山市东南部，东与乐山市市中区平兴乡为邻，南连九里镇、罗目镇。园区覆盖8个村，占地面积40.9 km²，耕地面积2.59万亩，主导产业基地面积2.36万亩、主导产业产值约4 000万元、园区总产值1.2亿元、园区内农业人口数8 378户19 765人、带动的农户数农民人均可支配收入2.9万元。园区以水稻为主导产业，品香优为主要品种，按照大春种水稻、小春种中药材无缝衔接的方式，夯实水稻种植基础，着力围绕稻药轮作产业规模化、效益化、市场化，持续抓好稻药提质增效，为建设新时代更高水平天府粮仓打下坚实基础。

二、主要做法

(一) 以发展现代高效农业为根基

一是主导产业上规模。园区素有"峨眉粮仓"的称号，有稻药轮作面积2.3万余亩，其中核心区种植相对集中连片面积约1.3万亩。园区内通过企业、农民专业合作社、家庭农场等新型农业经营主体和种粮大户规模流转土地种植，适度规模经营2.16万亩，比重达83.47%。二是基础设施配套齐。园区配备蓄水池32个、水渠108.6km，有效灌溉面积23 990亩。铺装道路45.8km，村社主要道路均实现了硬化，形成"十里稻药"农旅观光环线。有一个10kW以上变电站，26个4G基站，7 170个宽带端口，95个村民小组已实现通电、通公路、通电话、安装了有线电视、通宽带互联网的全覆盖。三是机械智能程度高。园区机耕总面积2.359 7万亩，机播机械作业面积2.154 1万亩，机收机械作业面积2.123 8万亩，耕种收综合机械化率为92.32%。建有智慧物联网系统接入全市大数据平台，实时采集生产画面、水肥、病虫害等，对采集的数据进行分析预测并有效指导生产，信息技术在农业生产过程中的应用覆盖面积占比65%。

(二) 以打造美丽宜居乡村为路径

一是"田园变公园"。园区内打造的桂花桥农业大公园是峨眉山市首个"农业大公园"，通过彩化15km道路，将四村串联，形成了集产业、观光、休闲娱乐于一体的农旅融合综合体。园内主要设置"识稻药田园、赏稻花渔乡、品茶山果园、游古村水乡"4大核心功能区和稻药、茶叶、火龙果等13个特色园区。二是"农民变工人"。园区内加快土地流转，成功培育各类新型农业经营主体161家，其中农民专业合作社51个，家庭农场110个。稻药复合产业化渐进式发展，为当地土地流转农民和无法外出务工群众提供了务工就业机会。园区从事水稻、中药材产业的农户7 992户，占园区农户数量95%。三是"传统变绿色"。全面落实有机肥替代化肥、生物防治替代化学防治工作，落实"精调改替"施肥技术，科学控制和减少化肥用量，促进园区传统生产转变为绿色生产。据测算，园区内水稻化肥亩均施用纯量为11.88kg，比全市平均水平13.66kg下降15%。农药亩均使用量0.26kg，比全市平均水平低52.9%。园区秸秆主要通过粉碎还田和中药材覆盖等方式利用，综合利用量达7 221t，秸秆综合利用率为100%。

(三) 是以带动农民增收致富为目标

稻药复合种植在保障耕地姓"农"的前提下，为峨眉山市小农户家庭经营提供了新的农业生产优选方案，该模式产生的经济收益相较单纯种粮稻收益至少增长80%。农户可通过土地流转、就近务工、自种等多种方式实现持续稳定增收。一方面，粮药复合可显著提高农户土地流转收入。粮药复合的土地流转费用最高可达1 000~1 200元/亩，而单纯种粮的土地流转费用仅在300~500元/亩；另一方面，农户通过就近参与粮药复合产业生产务工创收，人均年收入可达2万元以上。用工包括种、管、收、运、烘等多个环节，务工收入80~100元/（人·天）；此外，农户自种还可增收4 000~5 000元/亩。以"水稻+泽泻"为例，稻谷亩产535kg，泽泻（干货）亩产250kg，亩收入5 000~6 500元。

三、问题挑战

（一）统筹推进力度不够

市乡两级政府对稻药产业发展引导不足，除符溪、桂花桥和九里三镇外，其余各地均未大力推广粮药复合种植模式。产业专项规划落地不实，产业发展存在一定无序状态，粮药复合种植基地主要以粮食为主，未充分发挥药材增值富农效益。从模式发展上看，已发展的稻药复合种植模式中，"水稻+泽泻""水稻+川芎"发展面积不稳定，两种模式抢地抢工现象时有发生。

（二）产销服务亟待提升

稻药复合种植经营业主大多规模较小，且均为初加工，加工设施设备普遍陈旧，现代化加工设施设备配备率低，对内加工能力有限。水稻和中药材的质量安全认证推进滞后，绿色食品认证少，严重限制了有机、绿色的高端产品，难以形成高、中、低多元化产品结构。稻药品牌培育和营销成效不显著，2023年"天府粮仓"精品（培育）品牌中峨眉无"粮油"类品牌入选。

（三）政策扶持有待完善

产业推进机构缺失，生产加工、产品研发、市场销售等发展的问题尚未有效解决。部门联动协作不够，政策扶持力弱。业主普遍反映粮药产地加工用电用气价格过高，工业用气开户费需20万元/户，加工厂房用地紧张，政策倾斜不够。保险、融资和信贷政策和产品尚属空白。部分乡镇未全面试验总结技术体系，粮食和药材产出数量和质量未达预期。园区在科技创新、技术研发、人才培养等方面的投入不足，县乡两级农业部门技术推广人才配备不够，技术推广和指导能力较弱。

四、对策措施

峨眉山市推广稻药轮作模式具有政策符合、条件适宜、效益明显、农户意愿强烈等优势有利条件。发展稻药轮作可高效利用有限耕地，提高土地利用率和产出效益，有效解决土地撂荒闲置、资源浪费等问题，缓解粮经争地矛盾，防止耕地"非粮化"。为大力推广稻药等粮经复合种植模式，做大稻药园区，拓展"粮经饲"发展路径，打造峨眉山市高水平天府粮仓钱仓，建议如下。

（一）做强"百、千、万"产业链

应统筹规划，按照"一市一业"产业发展思路，连片推进稻药产业带建设。乡镇政府应将该项工作纳入工作重点。鼓励支持种植大户建设百亩示范点，家庭农场和专合社建设千亩示范片，连片打造万亩示范带，科学推进粮药复合种植"百、千、万"工程建设，到十五五末，峨眉山市稻药稻菜复合种植面积达到 8 万亩。在坝区着力打造"水稻+泽泻（川芎）"稻药轮作产业带，在丘区打造"大豆（玉米）+水果"粮药间（套）作产业带，在山区打造"玉米（马铃薯）+幼龄黄柏（杜仲、黄柏、厚朴）"粮药间作产业带。

（二）做优"种、加、销"服务链

加大稻药种子种苗、农药、化肥等生产投入品质量监管和供应。充分发挥基层供销社"一社多能、一点多用"作用，形成以县生产资料公司为龙头、乡镇农资服务中心为支撑、村农资销售站为网点的"县乡村"三级农资服务体系。以"减损提质，增值富农"为导向，围绕稻药清洗、分级、烘干、包装、贮（冷）藏等初加工需求，结合实际分区域、分产业、分品种、分环节提高产地加工设施装备配备率，扩大产地初加工效能覆盖面。聚焦"规模化、标准化、品牌化、产业化"，持续培育"乡格米拉""香益"等本土品牌，做大峨眉稻米产量，做优峨眉稻米品质，促进稻药产品品牌化营销。在稻药发展核心主产区建设形成具备市场话语权的粮药产业交易市场。

（三）做实"运、管、扶"保障链

要组织相关部门建立产业发展协调机制，定期或不定期组织研究解决推广过程中遇到的各类困难和问题。加大代耕代种、统防统治、土地托管服务经营主体数量和质量的培育力度，促进稻药产业"耕—种—防—收—烘—储—销"等生产社会化全程服务。加强科技支撑，总结集成一批实用性强的稻药复合种植技术规程，提升基地标准化生产管理水平。建立和完善技术推广服务体系，培养"到田到户"技术服务人才队伍。各县（市、区）要设立专项扶持政策，整合各类涉农政策和项目资金，集中投入重点完善短板环节。探索稻药产业发展多元化的融资渠道，开发推广粮药生产保险产品，为稻药种植规模化经营提供更便利的信贷支持。

（四）做活"粮、经、饲"延伸链

坚持以稻药轮作为基点，逐步向"稳粮、优经、扩饲"粮经饲复合种植拓展延伸：一是稳粮。稳定发展以水稻为主的粮食产业，鼓励其他乡镇充分利用稻田周年土地、温光、肥水资源，进一步挖掘再生稻的综合生产能力，同时在丘山区因地制宜稳步扩大优质食用大豆和玉米、薯类等粮食作物种植面积。二是优经。支持稻田适宜区域推广"稻+菜（黄瓜、辣椒、生姜）"，旱地适宜区域推广"大豆+柑橘幼龄果园""马铃薯+桃（李）"等复合种植。办好节展、观光、体验等以"游"助"农"活动。三是扩饲。依托粮改饲项目的实施，通过引进华玉11、正大811等10余种产量高的青贮玉米品种进行品种对比试验，同时结合"大豆—玉米"带状复合种植模式，拓展粮饲互通复合种植面积。

乐山市金口河区中药材现代农业园区

曾建威[1]　吴新斌[1]　周　静[2]

（1. 乐山市农业农村局，四川乐山 614000；
2. 金口河区农业农村局，四川乐山 614700）

摘　要：川牛膝为川产道地中药材中的一张"川字号"名片，近年来，金口河区围绕做大做强川牛膝产业，成功创建省三星级现代农园区。但园区发展仍然存在规范意识不强、市场对接不畅、产业融合不深等问题，笔者以问题为导向，从产业融合、宣传营销和完善服务等三方面提出对策建议，以期为做精做优金口河区中药材现代农业园区提供对策。

关键词：园区；现状；问题；对策

一、发展现状

乐山市金口河区药材现代农业园区位于永胜乡境内，园区内主导产业以川牛膝为主，结合高山蔬菜轮作倒茬，积极开展种养结合、套种轮作、生态循环等相互联系。园区核心区连片种植规模达 4 500 亩，以永胜乡民主村为核心打造中药材基地规模达 12 000 亩，总产值 13 791.156 万元，其中主导产业产值 10 000 万元，占园区总产值 72.5%，园区土地产出效益为 2.22 万元/亩，高于全区平均土地产出效益 26.9%。园区内建有农事服务、药材展陈、智慧农业等功能为一体的中药材科普馆，配套药材储藏、加工、科研等功能一体的中药材演绎工厂、产业路、水肥一体化滴灌设施、病虫害防治设备、标准仓库、观光栈道、观景平台、停车场等设施齐全。园区建立的"五金增收"利益链接机制，助推农民人均可支配收入从 2016 年的 11 933 元增长到 2023 年的 21 751 元。

二、主要做法

(一) 强化保障，夯实园区基础

一是强化规划引领。聘请国内优秀规划设计院，先后编制了《金口河区现代农业园区建设总体规划（2020—2024年）》《金口河区川牛膝现代农业园区建设规划》《金口河区永胜川牛膝中药材现代农业园区提升规划》，找准园区建设的方向思路和工作重点。制定《金口河区永胜川牛膝中药材现代农业园区建设推进方案》，将园区建设任务细分为6大类265项，逐一分解到5名县级领导、21个行业单位，确保园区建设的稳步进行。二是强化人才支撑。出台《乐山市金口河区现代农业园区建设考评激励方案》《定向回引优秀农民工22条政策措施》，引育并招引中药材种植、加工方面人才163名，其中22人作为园区聘用人才参与园区建设。在园区挂牌成立"成都中医药大学金口河区川产道地中药材专家指导站"，与成都中医药大学、乐山市农科院建立合作关系，引进4支博士团队驻站开展道地中药材良种繁育、次级产品开发和种植技术科普。三是强化基础配套。投入省级财政培育资金1 000万元，整合东西部协作资金、农业发展工程转移支付资金和自筹资金6 000万元，并撬动社会资金、金融资金1亿余元投资园区建设，建成标准产业路47km，全覆盖完成园区水电配套基础设施建设，建成初加工厂、标准仓库等厂房3处，实现川牛膝生产、运输、初加工"三提速"。延伸园区游步道1.1km，新建观景台2处。

(二) 科技赋能，升级种植水平

一是联合攻关选育新品种。引导农业龙头企业、农民专业合作社、家庭农场等加强与高等农业院校和科研院所合作，开展川牛膝提纯复壮、良种繁育等研究。开辟新品种试验示范田100亩，聚焦良种培育，建成川牛膝提纯复壮试验示范基地20亩，并在全区推广良种种植，种植面积达1.2万亩，实现中药材良种覆盖率100%。二是精准施策提高年产量。与四川省农机研究设计院合作，研制购买川牛膝生产机械设备，在园区配置耕整地挖掘机械21台、微耕机85台、运输车83辆、烘干机13套、割草机93台、铡草机1台等，园区内的生产机械化率高出全区川牛膝综合机械化率20个百分点。园区能排能灌、旱涝保收、宜机作业的基地占园区种植面积的76%。2022年，园区川牛膝总产值1亿元，土地产出效益达到2.22万元/亩，高于全区平均水平26.9%。三是种养循环助力双丰收。通过中药材与高山蔬菜、粮食作物间作套种等形式，在川牛膝种植区轮种套种莲花白等经济作物3 000亩。与园区周边肉牛养殖场等合作，探索种养生态循环发展，带动休耕土地撂荒率降低80%、亩均增收3 000元，实现经济效益与生态效益双丰收。

（三）联农带农，促进群众增收

一是"财政投资"分股金。将5 403万元东西部协作、沙湾对口帮扶等资金委托区国有全资企业金穗农业投资公司，以10年保底收益方式投资到川牛膝园区等农业园区，每年收益用于脱贫户、监测户分红。截至2021年，累计分红1 847.5万元。二是"土地流转"收租金。鼓励群众将土地流转给园区，2019年以100元/亩标准流转30年期土地1 000亩，2021年以200元/亩标准流转6年期土地140亩，通过年付的方式兑现租金。截至2022年，165户土地流转户，累计获得土地租金36.8万元。三是"务工计价"挣薪金。根据基础建设、育苗栽种、产品加工需要，开发长期和灵活就业两类岗位，鼓励群众就近务工。2022年，355名务工人员，人均获得工资性收入1.2万元。四是"集中创收"领现金。村集体将财政产业发展资金、"一村一业"发展资金投入到腾润农业公司，每年按照6%比例进行分红。2022年，民主村等累计入股资金75万元，实现村均集体经济增收4.5万元。五是"奋进计划"拿奖金。以750元/亩、最高不超过5 000元为标准，以奖代补鼓励脱贫户、监测户种植川牛膝。目前兑现"奋进计划"奖金858.8万元，激励166户脱贫户、监测户新发展川牛膝531亩。2019年建园至2022年，4 568户群众累计总增收3 657万元，园区内农民人均可支配收入达20 383元，高出全区平均水平34.2%。

三、问题挑战

（一）规范意识不强

一是基地规模较小。川牛膝药用市场需求量不大，市场供需不稳定，基地大部分为农户自发种植，业主土地流转种植积极性不高。没有开展订单生产，产销不对路，药材卖难时有发生。二是生产不够规范。生产用种普遍为药农自留种，种子发芽率得不到保障，良种选育和推广进程明显滞后，地域内制定的川牛膝生产标准为地标产品团体标准，且内容较为传统，与当前规模化、标准化生产不配套。适宜生产采收机具研发滞后，生产劳动力成本较高。

(二) 市场对接不畅

金口河川牛膝为目前业内公认"品种最纯、品质最优"的道地产区，产品没有体现优质优价。据统计，全国川牛膝的年产量在 2 000~2 500t，年需求量在 2 000~2 200t，金口河区约占全国产出和需求量一半，主要通过大户或药贩收购卖向药市，中间商压价现象时有发生，药农自主定价权较弱，产品质量最优，但价格与湖北和重庆等地川牛膝（麻牛膝）价格一致。产品开发和市场对接滞后。川牛膝既可药用，同时也是卫生部公布的可用于保健食品的中药之一。但目前产地仅有作药用原料的初加工，保健食品和中成药等精深加工产品开发销售尚未起步。

(三) 产业融合不深

一是业态单一。园区以农田观光为主，业态单一，要素不丰满，没有精深加工产品，中医药文化体验感不强，农文旅融合不紧密。二是功能不齐全。园区虽建有中药材科普馆、观光栈道、停车场等农旅设施，但就地就近吃住接待能力和服务水平还不高，网络、通信等信息化基础设施布点较少。三是营销手段传统。目前园区观光旅游知名度不够，仅以口口相传进行宣传，缺乏高质量发展营销方式，旅游时效性差，周期性短，客源以区境周边游客为主，外地客源较少。

四、对策措施

乐山市金口河区是三线老区、边远彝区、全省中药材产业重点县。区内年平均气温 16.9℃，平均海拔 1 500m，是发展川牛膝综合条件最为适宜的地区。据记载，金口河川牛膝种植已有 300 多年历史发展，川牛膝作为川产道地中药材中"川字号"品种，是一张名片，传承和发展好川牛膝产业，金口河区有底气、有能力，有优势，有责任。为做大做强金口河区中药材现代农业园区，建议如下。

(一) 做大二产，拉动一产

一是加大供需对接。川牛膝是妙济丸，白凤饮等著名中成药的原料药之一，应持续加大与川牛膝投料相关的知名药企对接，招引来金投资建厂或签订生产销售订单，带动前端种植扩面。如同仁堂、九州通、扬子江药业、仲景宛西制药、四川新绿色药业等。二是加快精深加工。据统计，含有川牛膝成分药品的有 50 个品种，注册的保健食品有 9 个，包括同仁堂、劲元康等知名品牌。应加强与上述知名品牌企业、四川省农业科学院、成都中医药大学、乐山市农业科学研究院等科研机构、高校合作，开展"产学研"，通过共建产品研发中心、创新联合体等方式，开发应用川牛膝药食保健等系列产品。三是加强基地扩面。以市场需求和订单定生产，因地制宜，以永胜乡为核心，辐射带动区境内适宜乡镇，以及峨边、峨眉等地发展川牛膝种养循环种植，加快金口河区本地川牛膝良种选育，开展"宝膝2号"新品种试点示范和《川牛膝生产技术规程》（DB51/T 2207—2016）推广覆盖面。

（二）强化宣传，拓展营销

一是讲好故事。深入挖掘中医药文化精神内核和价值理念，系统梳理金口河中药材文化的历史渊源、发展脉络、基本走向，持续打造彝医彝药展、神农谷中药材观赏、养生药膳体验游等药旅体验项目。二是做好宣传。结合三线建设、茶马古道等历史，以大瓦山、大峡谷、五彩天池等自然资源为背景，加大《金"药"匙不简单》《川牛膝在金口河》等宣传片宣传力度，提升"金口药品"知名度。三是提升设施。引入文旅龙头企业，联合打造药旅深度融合发展的康养休闲路线和"药食同源"旅游节点，提升打造彝医彝药展、神农谷中药材观赏、养生药膳体验游等药旅体验项目，让游客真正能够"玩得乐、吃得好、住得美"。

（三）完善服务，做优园区

一是加大技术攻关。农业部门要加大"良种、良法、良技、良机、良制"系统指导，开展"院（校、科研单位）—地"技术攻关，总结集成一批"推广性强、模式科学，经济效益好"的药蔬种植模式，指导乡镇因地制宜，依技推广。二是建好服务体系。逐步建立县有技术服务队，乡有农业服务员的技术服务体系，"做给农民看，指导农民干"。同时加大基层农技人才配置和培养力度，形成一批"门内汉""土专家""种植能手"，解决基层推广"有人无技""有技无人"的尴尬局面。三是抓好全程服务。切实抓好产前、产中和产后生产全程服务供应。产前重点加大种子种苗、农药、化肥等生产品投入品质量监管和供应，产中重点提供气象信息预警、农机作业、绿色生产技术服务等，产后重点开展产品质量检验检测、产地初加工、仓储物流、市场信息等服务。

乐山市沙湾区中药材现代农业园区

曾建威[1]　吴新斌[1]　罗启忠[2]

(1. 乐山市农业农村局，四川乐山 614000；
2. 沙湾区农业农村局，四川乐山 614900)

摘　要：近年来，沙湾区把做优做强中药材产业作为全面推进乡村振兴的重要举措之一，以佛手和柔毛淫羊藿"两味药"为主导产业的沙湾区中药材现代农业园区，通过不断培育和实践，2023年成功创建四川省五星级现代农业园区。但对标国家级现代农业园区，仍然存在基地提质不足、主体培育滞后、链条延伸不够等问题，笔者以问题为导向，从科学规划，基地、加工、品牌共同发力，加大扶持等三方面提出对策建议，以期为沙湾区规划创建国家级现代农业园区提供对策。

关键词：园区；现状；问题；对策

一、发展现状

乐山市沙湾区中药材现代农业园区于2023年成功创建省五星级现代农业园区，园区位于乐山市沙湾区大渡河东岸太平道地中药材片区境内，涵盖太平镇绿化村、沫江村、永丰村、把峨村、谭坝村、罗一村和踏水镇踏水村、凉水村、柏林村、铁寨材、江红材、中桥村、连沟村、蜜蜂村共14个行政村，主导产业为中药材种植和水稻种植，主要药材品种为佛手和柔毛淫羊藿。园区规划实测面积为3.9万亩（二轮承包耕地面积为3.1万亩），农业人口数21 547人。园区内已建成高标准农田建设面积2.4万亩，主导产业目前发展规模为3.12万亩（稻田轮作中药材面积0.45万亩），核心区域1.2万亩，总产值为82 920.87万元。其中主导产业产值为67 454.35万元，经测算园区内村民人均可支配收入26 588元。园区带动农户种植中药材4 123户，带动种植面积0.76万亩，户均可增收4 200元，力争在2026年前创建为国家级产业园。

二、主要做法

近年来，沙湾区以园区创建为抓手，实施三大举措，大力发展川佛手、柔毛淫羊藿、黄连、白术等20余个中药材品种，把做优做强中药材产业作为全面推进乡村振兴的重要举措，取得显著成效。目前全区中药材发展规模达6.6万亩，种植业生产产值达5亿元。

(一) 坚持"三个强化"，筑牢产业发展"保障网"

一是强化组织领导。成立中药材产业发展领导小组，区四大班子分管领导任组长和副组长，区级相关部门和各镇（街道）负责人为成员，专班专项负责统筹协调，重点抓好规划布局、政策支持、机制创新、配套服务。二是强化规划引领。编制《沙湾区国家级粮药现代农业园区规划》等系列规划，规划项目100个，计划投资50亿元，到2025年，中药材种植面积达10万亩、其中川佛手种植面积达5万亩，柔毛淫羊藿种植面积达2万亩，积极创建国家级道地中药材产业基地和国家级粮药现代农业园区。三是强化政策扶持。在全市率先提出《关于加快建设国家现代农业园区打造更高水平"天府粮仓"的决定》，出台园区扶持20条政策，搭建中药材产业发展融资平台，助推特色产业快速发展，累计向龙头企业、合作社、中药材等种植大户等经营主体兑现各类奖补2 000余万元。

(二) 聚力"三个推动"，打造特色产业"排头兵"

一是推动产业规模化。在保障粮食安全和耕地保护前提下，发展"石缝经济"，推广运用套种、间种等办法发展优势品种，建成全国最大的川佛手标准化种植基地1.8万亩和柔毛淫羊藿采种育苗示范基地3 500亩，川佛手良种覆盖率100%，标准化种植面积100%，评为全市十大道地中药材之一，产品药物含量高，品质纯，主要药物成分橙皮苷含量0.12%，是中国药典标准0.03%的4倍。沙湾区中药材现代农业园区创建为省五星级现代农业园区。二是推动基地标准化。引进福华高科种业等龙头企业4家，整合各类资金3.9亿元，实施标准化种植、品牌创建、产品加工、主体培育、科技支撑、融合发展等6大类32个子项，建成初加工生产线2条。三是推动产销链条化。利用旅博会、西博会等大型博览会平台，积极开展川佛手等特色产品推介宣传，吸引国药集团、上药集团等大型药企下单采购，签订长期供货协议，提升品牌影响力，拓展销售市场，2023年，佛手干片订单量突破3 500t，交易额实现2.8亿元。

（三）抓实"三个突出"，探索提档升级"特色路"

一是突出科技支撑。通过校（院）地合作，引入中国医学科学院、四川省农业科学院等4所高校院所12名博士，建成佛手、柔毛淫羊藿等产业博士工作站4个，先后研发川佛手面膜、果酒等产品22个，注册商标21个，获国家专利1项。二是突出产业融合。独创推广"佛手立体种养"生态农业模式。依托生猪规模养殖龙头企业，实施畜禽粪污资源化利用和有机肥替代化肥项目，形成"种植+养殖"生态循环产业链。联动发展乡村旅游，聚力打造集喀斯特地貌观赏、特色采摘、农耕文化体验为一体的现代农业综合体，建成观佛石林、"川佛手"主题公园等景点，乡村旅游环线3条，打造劳动实践研学基地2个，实现"园区"变"景区"，2023年以来，6个新兴乡村旅游点累计接待游客10.2万人次、同比增长115%，带动消费约25万元/月。三是突出联农带农。组建集体经济"20强联盟"，以"村级集体经济接单"方式实现双方互利共赢，2023年，"20强联盟"的村均集体经济收入达85万元，超全区平均水平55万元；引导新型经营主体与农民建立紧密利益联结机制，推出"订单收购+分红"及"土地流转+优先雇用+分红"模式，同时采取提供种苗、技术培训、现场指导等方式，累计带动周边7镇农户7360人种植川佛手7000亩，农户亩均增收5000元。

三、问题挑战

（一）基地提质不足

基地主导药材良种繁育工作滞后。截至目前，佛手和柔毛淫羊藿等园区主导药材尚未选育出具备本土优良特性的良种，导致目前园区核心基地和辐射基地良种普及率较低，种业芯片技术研究和推广工作滞后。基地标准化建设缺乏统筹考量。建设中药材GAP基地是实现中药材优质优价最重要途径，也是当地中药材产业发展壮大的不二之选。自2022年3月国家药监局等四部门联合发布新版《中药材生产质量管理规范》以来，沙湾中药材园区已完成多轮基地基础设施建设，但距离建成GAP基地仍有不少差距。

（二）主体培育滞后

沙湾区中药材产业经营主体培育明显滞后，园区内现有家庭农场和专合社217

家,省级以上12家,其中,省级以上中药材产业相关经营主体少,且主体类型以规模小、带动能力有限的专合社和家庭农场为主,尚无一家中药材省级以上龙头企业,与产业发展规模明显不匹配。中药材产业龙头企业招商力度不够。沙湾区最新的招商引资政策为2019年沙湾区政府印发的《乐山市沙湾区招商引资政策》,但近年来对中药板块国内知名龙头药企招引明显不足,支持政策兑现力较弱。

(三)链条延伸不够

药旅融合不够深入。虽已建成一些农业景观点位,但距离"园区变景区"还有较大差距,公厕、游憩、餐饮、住宿等基础设施建设还比较滞后。精深加工缺位。佛手和柔毛淫羊藿是国家卫生健康委公布的药食两用品种或可用于保健品原料的物质,不仅可用于药用,还可作为保健品、饮料、果脯、中兽药等产品生产原料。目前,园区产出佛手和柔毛淫羊藿在产品加工和销售上还主要依赖于初加工中药饮片企业订单,精深加工产品开发和市场销售对接尚未起步,尤其是佛手精深加工,远远落后于浙江金华、广东肇庆等地,极大限制了前端基地规模的有序扩面。

四、对策措施

乐山市沙湾区中药材现代农业园区作为乐山市唯一一个中药材类省五星级园区,形成了独具特色"石缝经济种植模式",曾获尧斯丹副省长肯定性批示。目前该园区特色亮点鲜明、加工水平较高、产业链条完整,生产方式绿色、品牌影响突出、辐射带动明显,具备培育国家级现代农业园区条件。为做精川佛手、柔毛淫羊藿"两味药"特色产业,持续推动"两味药"扩面提质,成功培育沙湾中药材国家级现代农业园区,建议如下。

(一)科学规划,做大园区

做大沙湾中药材园区要深刻理解科学规划的三大原则:一是农田姓"农"。坚持"农田姓农、良田种粮",确保粮食面积和产量稳定。摸清弄明土地性质,严防耕地"只经不粮"的任何"非粮化"利用。二是统筹推进。根据区域内气候条件和资源禀赋,分类规划,统筹推进。逐步构建"万亩示范带、千亩示范片、百亩示范点",同步建设好园区相关的生产、市场、物流三大体系。三是摸清市场。规划的佛手、柔毛淫羊藿除要满足自然条件外,关键要符合市场应用需求,要有经济效益,确保中药材种得出,产得好,卖得畅。建立权威性、前瞻性市场信息发布平台,摸清市场供需"晴雨表"。为广大农业生产经营主体提供看得懂、用得上的信息,帮助药农根据市场需求做好生产经营决策。

(二) 多点发力,做精园区

做精沙湾中药材园区要在基地、加工、品牌等方面齐发力:一是做强基地。依托郭宝林教授团队、四川省农业科学院经济作物研究所、乐山职业技术学院博士后工作站等科技人才平台,强化品种选育、标准制定、狠抓技术推广、加强产品检测,打造GAP基地,守牢生产"质量源",夯实基地生产功能。融入当地乡村和农耕文化,打造特色化、景观化基地,提升基地生活功能。持续实施化肥农药减量增效行动,降低面源污染风险,拓展基地生态保护功能。二是拓展加工。粮药生产要向食药、饲料、能源、日化等加工领域延伸拓展。粮食加工要紧盯淀粉糖、米糠油、生物乙醇、稻壳发电等新兴市场需求,中药加工要放眼药食保健、浓缩提取、中兽药生产、化妆品等产品加工领域。持续推动沙湾区铜河农业发展有限公司与宜宾五粮液仙林生态酒业有限公司联合开发销售"铜河"牌佛手酒和佛手青梅酒等系列产品。三是创优品牌。扎实推进"三品一标"创建,建好区域品牌、育强企业品牌、壮大产品品牌,把好品牌"形象关"。持续推进"乐山佛手""沙湾淫羊藿"等区域公用品牌创建,以区域品牌打开市场,赢得知名度。加大龙头企业对外招引对内培育力度。对外,积极对接争取中国劲酒、扬子江药业、国药集团等龙头企业潜在订单;对内鼓励培育"铜河""蜀景苑""长藿"等企业品牌,重点对企业生产加工环节开展技改,着力打造标准化、规模化、清洁化、数智化加工厂。支持佛手、淫羊藿系列产品通过"走出去"等方式,积极参加省农博会、西博会、旅博会等展示展销会,广泛开展园区农产品宣传和推介活动。

(三) 加大扶持,做强园区

做强沙湾中药材园区需要加大政策和资金扶持,完善保险和信贷环节。一是整合投入。整合各类涉农政策和项目资金,集中投入重点完善生产作业道、灌溉水渠、产地加工、仓储物流等基础设施。解决生产加工用地、用电、用水、用气等实际困难。二是设立专项。要设立并实施专项扶持政策,从基地、加工、品牌、科技、要素保障等关键环节给予补贴和政策倾斜,引导产业有序发展。以内江市东兴区为例,财政每年集中投入1 000万,仅3年时间发展"玉米+天冬"粮药模式6万亩,成功打造"中国天冬之乡"。三是完善保险和信贷。完善园区主导中药材生产特色保险，设立农业灾害补偿基金，防止因自然灾害造成的药材和经济绝收，提高产业防灾减损能力。探索多元化的融资渠道，允许农户通过住房抵押、担保等方式或者用药材、生产工具等行抵押，为中药材种植规模化经营提供更便利的信贷支持。

仪陇县稻药现代农业园区

张 玉 田鑫川 谭明明 邓慧君

(南充市农业经济作物管理站,四川南充 637000;
仪陇县农技植保中心,四川南充 637600)

摘 要:园区建设引领中药材产业现代化,仪陇县通过中药材园区创建,集聚现代农业要素资源、融合科技创新、产业协同,多措并举提质增效,助力老区振兴。

关键词:园区现状;问题;对策

园区是加速产业集聚、推动产业协同、提升产业核心竞争力的主要载体和平台。仪陇县稻药现代农业园区以"保障粮食安全、推动产业富民、保护生态环境"为目标,通过创建园区融合发展,在"稳粮增粮"前提下,促进产业提质增效,实现富农增收,助力乡村振兴。

一、发展现状

仪陇县稻药现代农业园区位于仪陇县赛金镇,园区以赛金镇高家坝、王铜罐等5个村为核心,以"百花一号"金银花中药材产业为主,由好医生药业集团有限公司于2020年启动建设,按照现代园区标准规划设计,建成金银花+粮蔬(大豆、甘薯、花生、榨菜、蚕豆)套作基地5 000亩、优质粮油基地5 000亩,建成金银花初加工中心1个、面积6 000m²、日烘干能力15t。2023年1月,园区被四川省人民政府评为"四川省三星级现代农业产业园区",被南充市政府命名为"南充市三星级产业园区"。2024年,园区60%金银花植株进入盛花期,采收鲜花100万kg,产值超2 000万元。

金银花产品由好医生集团自产自销,年需求量1 000t以上,主要用于抗感颗粒、小儿咳喘灵、小儿解表颗粒等中成药生产,年产值1.5亿元,预期通过基地建设,提供优质原材料,打造金银花单品十亿级拳头产业。

二、主要做法

按照"总体规划、分工合作、效益共享"原则,制定了现代园区建设措施,实施田土改造、五网配套、粮经融合,打造现代农业园区,拓宽农民增收致富路。

(一)聚焦"三化"建园 粮经融合发展

一是规模连片化。按照"山下保肚子、山腰挣票子、山顶戴帽子"空间布局,整村成建制连片规划,二台及以上土地流转给好医生集团发展"金银花+粮蔬"产业,面积5 000亩,坝区流转或入股给本地粮油企业,发展稻油/稻麦两季轮作,面积5 000亩。

二是建园标准化。坝区全程推广机械化耕种收、绿色防控技术和社会化服务,高标准农田覆盖率100%,复种指数达1.8,2023年稻麦轮作实现"吨粮田"攻关。坡台地全覆盖宜机化改造,统一地膜覆盖,金银花垂直等高线种植、辅助定苗,行间预留空地用于套种。

三是运行规范化。采取"三联三保"运营模式,由企业、合作社、群众联合建设产业园,规范日常管理运营,企业统一建基地、合作社参与基地管理、农民入园务工,实现企业保发展、村集体经济保收益、群众得利增收,带动群众户均增收4 400元以上。

(二)聚焦"三高"兴园 产业提质增效

一是高质量管护。粮经融合产业园成立10个园区管护合作社,由企业统一提供生产物资、指导农事活动、集中采收烘干,包片对园区除草、施肥、修剪、采花、套种、改良土壤等进行管护,实现从田间到车间"一站式"服务。坝区粮油生产依托农业社会化服务机构,开展耕、种、管、防、收全程机械化作业,示范展示农业全托社会化服务。

二是高标准服务。依托经作产业人才分联盟渠道资源,建立"园区+企业+院校"科研联盟,引进金银花周年管理技术,集成"脱裙子、摘帽子、开窗子"修剪技术,招引"世科姆"开展金银花病虫害绿色防控技术攻关,加强金银花智能化采摘研究探索。定期组织专家进行现场教学指导,培养各类"土专家"60余人。

三是高效率管理。好医生集团在赛金镇成立子公司仪陇佳能达农业发展有限公司，指派专人调度管理产业发展；市县农业部门落实专业技术人员包片联系项目建设规划、技术指导、上下衔接、问题化解等；赛金镇落实分管农业副镇长联合基地村"两委"班子成员，成立产业发展专班，负责调度园区用工、解决各类纠纷。

(三) 聚焦"三金"活园 群众得利增收

一是盘活土地得现金。将多年撂荒、耕种不便的坡台地流转种植金银花，土地租金240元/亩/年，每五年上涨50元/亩。建园后，金银花行间土地免费给合作社套种大豆、蔬菜，年收益1 200元/亩，套种收益按照"1333"机制分红，即10%作为基地所在村集体经济收入，剩下的90%均分三份，分别用于合作社支付报酬、村民分红以及抗风险基金。

二是用活劳务得酬金。采用"基础管护+产出收入+企业兜底"劳务管理模式，用活劳务投入。基础管护每株1.5元，亩均收入600元；企业以20元/kg收购鲜花，合作社组织人员采花，采花费用按照7~14元/kg支付，2024年人均单日采花5kg以上，收入120元以上，企业对早期花量较少、合作社难以平衡收支地采取了"企业兜底"政策，保障了老百姓和合作社的稳定增收。

三是创新模式得股金。从2025年开始，企业将启动合作社、大户返租倒包试点，试点推广后，园区总产值1%直接分红给基地村集体，用于村集体经济发展。

三、问题挑战

园区属于好医生集团高质量建设金银花原料基地产业，园区建设从选址、土壤分析、建园规划、品种选择等均经过专业论证，产品后端亦有抗感颗粒等优质产品支撑，且金银花植株对极端天气抗性好，目前产业发展面临的问题主要有三个方面。

一是基地扩面难。金银花属于多年生中药材，根据近年来"非粮化"耕地保护政策实施，多年生药材只能在一般耕地有序新增，仪陇县规模化一般耕地资源紧缺，金银花产业扩面难。

二是人力资源紧缺。园区一线从业人员平均年龄在55周岁以上，难以承担长时间和重体力劳动。作为劳务输出大县，在家劳动力短缺，且赛金镇及其周边乡镇柑橘产业面积近2万亩，用工矛盾突出。

三是管理水平亟需提升。园区管理目前主要集中在物资供应和人员调配，缺少一线农技员和应急应季物资使用管理制度，合作社培育及利益联结不稳固等问题。

四、对策措施

一是加大政策扶持力度，培优园区主体，支持合作社培养专业技术和经济管理人才、阵地建设、设施设备补短和金融扶持。

二是开展"公司+合作社"模式建设，通过政策扶持，引导园地产业优化改造，破解用地难题。

三是引导"反租倒包"，吸引返乡创业人员加入产业发展，破解用工难问题。

参考文献

鲍旭源，2023. "双圈"背景下高质量建设涪陵优势特色产业集群研究——以榨菜、中药材产业为例［J］. 农业科学，13（12）：1130-1137.

葛子靖，2023. 乐山市道地中药材产业高质量发展的调查与思考［J］. 中共乐山市委党校学报，25（4）：52-59.

谢佳敏，黄金根，2024. 基于产业核心竞争力评价体系的粮油产业园区高质量发展研究［J］. 粮食科技与经济，49（2）：42-47.

大英县中药材现代农业园区

刘 睿

(大英县现代农业园区,四川遂宁 629308)

摘　要：中药材产业作为中国传统产业之一，承载着丰富的文化底蕴和经济价值，中药材是中医药事业传承和发展的物质基础，是关系国计民生的战略性资源，在我国农业经济中占据着重要地位。本报告对大英县中药材现代农业园区产业发展现状进行总结分析，并通过探讨园区中药材产业发展过程中存在的问题，提出加快园区中药材产业发展的建议，对大英县发展特色中药材产业，提高当地农民收入，实现乡村振兴及促进地方经济发展有重要意义。

关键词：中药材；产业发展；大英县

一、发展现状

(一) 区位优势明显

大英县位于四川盆地中部，属亚热带湿润季风气候，境内气候温和，雨量充沛，雨热同季，年均温度 16.5℃，年降水量 1 100mm，适宜中药材生长。丰富的水资源和良好的农业基础为中药材产业提供了天然优势。得天独厚的自然条件孕育丰富的中药材资源，优良的生态环境为中药材的优良品质提供保障，成为大英县发展中药材产业的天然优势，当地所产的枳壳、刺梨、金丝黄菊等中药材的品质好、产量高，在当地市场上享有很高的知名度和影响力。

(二) 产业规模形成

大英县中药材现代农业园区成立于 2013 年 2 月，核心区覆盖隆盛镇 5 个行政村（表1），辖区面积 2.32 万亩，主导产业为中药材，品种以枳壳和刺梨为主，建成标准化"渝枳 1 号"枳壳基地 5 212 亩、"贵龙 7 号"刺梨基地 2 044 亩，套种大豆、蔬菜 3 860 余亩。产量和产值逐年上升，2024 年总产值达到 1.5 亿元。

表 1　大英县中药材现代农业园区产业发展规模统计

村名	栽植品种	栽植面积（亩）
土门垭村	枳壳（渝枳一号）	1 330
	刺梨（贵龙5号、7号）	1 513
干柏树村	枳壳（渝枳一号）	952
新民村	枳壳（渝枳一号）	1 390
双龙桥村	枳壳（渝枳一号）	1 308
百盛村	枳壳（渝枳一号）	232
	刺梨（贵龙5号）	531
合计		7 256

（三）经营主体快速发展

坚持"大园区+小业主"工作理念，支持业主流转土地发展产业，目前已引进培育龙头企业、农民合作社、家庭农场等新型经营主体56家，村股份经济联合社5个，持续优化"新型经营主体+基地+农户""新型经营主体+农户""龙头企业+村集体经济组织+农户"等多种农业产业化经营模式。引进培育滋宁药业、康泉生物、德创源等中药材加工企业3家，实现了清洗、分选分级、切片烘干、包装（注册商标包装）等商品化处理功能，主导产品初加工率达100%。

（四）销售渠道畅通

一是作为农副产品在农贸市场直接销售鲜果，占比40%。二是园区内的龙头企业与种植基地建立"定制药园"订单销售，占比30%。三是长期从事药材种植的专业大户兼收购商，在乡镇等地设立长期收购点，分选、分级打包集中销售，占比20%。四是药食同源类药材，由企业自行加工产品或向养生餐饮行业销售，占比10%。

（五）产业融合不断发展

在园区内采取"药粮""药菜"等套作模式，实现产业的"高矮搭配""长短结合"，构建"中药材+粮食（蔬菜）"复合种植体系，实现产业持续发展，经济、社会、生态效益统一。同时，有序推进"中药材+产业融合"新模式，依托精品村建设，探索"中药材+康养旅游""中药材+种植园观光""中药材+文化科普"等多种经营模式，把中药材种植加工、乡村旅游、休闲度假、养生保健旅游、药材科普、中医养生体验、中医保健产品开发、中医文化宣传等融为一体，将中药材种植园建设成为中医药旅游生态园，形成跨界发展的新经济模式，形成中药材产业与一二三产业融合发展的新趋势和绿色健康养生服务的新场景。

二、主要做法

（一）做优延链补链，选准产业融合"切入点"

坚持"农文旅康科"融合发展，充分利用本地历史文化资源，高起点谋划园区产业布局，进一步补齐产业短板。借力区位优势，打破传统思维，变传统经济为"通道经济"，构建"一山、一街、一岛、一湾"四大康养区，打造"云上隆门露营基地""土门香街""三麻乡村音乐小酒馆""无动力游乐场"等四个核心片区。同时包含橘井华泉康养沙疗、红豆杉养生谷、"百宠园"等25个中医康养旅游新业态，形成"乐享土门十三景"，让游客在"药膳、药饮、药研、药疗、药浴"中体验中医康养奇效，共享乐趣天伦。

围绕以中药材为主导产业培育本土药膳主题餐厅3个，培育卓筒老酒等药饮业态5个，落地康乐养身、名医馆等康养体验业态13个，形成了集走、跑、养、疗为一体的康养体系，形成"药膳、药研、药饮、药养"等"药旅"格局。开发"时珍水饺""药膳砂锅"等四季养身药膳12个，创新开发IP文创纸灯、保温杯、"早C晚A刺梨茶"等文创产品25种，实现经营收入1 340万元。精心制定研学游览路线3条，全年常态化开展"健步走""名老中医义诊""千人大合唱""中医药研学"等系列活动36次，获得中央电视台、四川省电视台等省内外22个主流媒体关注宣传，全年共吸引游客138万人次，创造经济收入467万元。

（二）做细共建共享，把握联动带农"突破点"

围绕农民增收为出发点，按照"先由党组织做给群众看、再到组织带着群众干、最后到服务群众自己干"的思路，广泛动员村民参与"乐享土门"的规划、建设、运营工作。创新"产业建支部、跨村联党委"机制，建立土门垭联村党委，同步建立药香、果香等5个功能性产业支部，整合片区项目、产业、要素等资源，辐射带动周边14个村发展特色道地中药材。

坚持"施惠于民、让利于民"，推广"利益捆绑""合作经营""自主经营"多元模式，围绕股金、薪金、租金、基金等增收途径，创新利益链接机制，带动全村村民采用 AB 两轮双融资模式，按照村集体经济"7∶3"分红模式、业态经济"7∶2∶1"模式分红等多种分红方式，全村入股建设无动力游乐场等专业合作社13 个，成立食材供应及流动摊位合作社，围绕"三香"建设打造土门香街，成功盘活闲置房屋 42 套，形成闲置农房变精品商铺香，人才回引创业香，药膳美食双选香。依托"乐享土门"精品村商业圈，丰富"鲜珍楼""马术场""云上隆门"等业态，引导 6 名村组干部"开店创业"，120 名村民经营"小吃摊位"，带动群众就近稳定就业 350 人，群众房屋长租价格从以前的 14 万元上涨至 38 万元，集体经济从 2022 年的 347 万元增长至 568 万元，村人均收入达 2 500 元。群众由"要我干"转变成为"我要干"，从根本上激发了群众参与发展的内生动力。

三、问题挑战

（一）品种分散，缺乏规模，具有影响力的拳头产品少

全县中药材除枳壳、刺梨等少数品种规模化种植外，主要道地药材品种大多处于种植面积小、商品数量少、规范化种植程度低和产品质量参差不齐的状况。拳头产品"有而不硬""多而不精"。大多数中药材虽有产品但全无产量，在国内国际无法产生影响力，缺乏如贵州刺梨、安仁枳壳等国内市场上的拳头产品。并且目前园区内枳壳、刺梨农产品仅使用"遂宁鲜"区域农业公用品牌及"尚善花间棘""滋宁"等企业品牌，"大英枳壳""大英刺梨"地理标志认证也还在申请中，其他品种尚无著名品牌，全县中药材还无一例省级著名商标，还未在行业内打造出具有本地域特色优势的品牌。

（二）精深加工不强，产品附加值不高

大英县中药材具有丰富的种类和优质的品质，虽然在当地具有一定的知名度，但由于中药材产业的精深加工能力不强，其在产品附加值、产业链及技术含量方面的优势较小，园区产品大部分以初加工产品中药饮片形式对外销售，精深加工不足，综合利用水平不高，高附加值产品少。如园区内枳壳多数以生产初级原料为主，针对枳壳成分深入研究成果不够，针对中药材有效成分提取、萃取、提纯、蒸馏技术开发能力不足。此外，大英县的中药材产业没有形成具有影响力和知名度的品牌。即便大英县已经有一些中药材产业的龙头企业，但是与省内及国内同类行业相比，在数量及质量方面均处于较低水平，从而导致企业的竞争力与经济实力不

足，辐射带动能力较弱，在运营过程中的抗风险能力较弱，还没有形成具有一定知名度和影响力的中药材品牌。

（三）中药材种植与中药企业融合度不高，龙头企业带动引领不明显

大英县中药材现代农业园区内龙头企业均为市级龙头企业，规模不大、实力不强，又无全国知名企业涉入，本地制药企业对本地中药材的需求量有限，园区内龙头企业尚处于成长阶段，没有为中药行业提供优质中药材原料保障的产业基础，也不具备强大的引导中药材种植和消化中药材原料的能力。因此大英县中药产业整体产业链条短、产品附加值低，种植的中药材大多以原料销售。

四、对策措施

（一）加强品牌培育

面向目标市场，利用博览会、展销会等各类中药材推介展销平台，组织园区内业主展示展销中药材产品，加大宣传力度，扩大影响力和知名度。一是抢抓"药食同源"先行先试机遇，大力开发以枳壳、刺梨为原料的保健品、食品、日化产品等快销品，加快推动枳壳、刺梨产品科技成果转化，打造品种更丰富、保健功效更明确的新型产品，提高产品附加值。二是积极推进中医药文化品牌建设。坚持强化品牌意识与提升品牌价值并重，鼓励企业申报名牌产品、地理标志认证产品及申请注册商标，进一步提升大英县中药材的知名度、美誉度和影响力。

（二）提高精深加工程度

围绕园区内重点中药材品种，依托技术含量和规模化程度较高的加工企业，提高清洗、干燥、分选和包装的机械化、自动化水平。在中药材园区内合理布局加工企业，开展中药饮片、大健康产品等精深加工，避免盲目发展、重复建设。抓好产地一体化加工，支持当地企业开展中药材鲜切片加工，引导饮片企业使用产地切片，在加工规模及产值上实现突破。依托当地成药生产龙头企业，做大做强一批中药材基地，保证龙头企业原料供应和种植户的药材销售渠道畅通。

参考文献

兰青山，付春梅，2019. 中药资源产业发展现状及其投资策略分析［J］. 中国现代中药，21（7）：965-970.

罗俊，刘宇，刘波，等，2023.四川中药材产业发展现状及建议［J］.四川农业与农机（5）：18-19.

杨家颖，2024.乡村振兴视域下陕西省安康市镇坪县中药材产业发展探究［J］.智慧农业导刊，4（20）：100-103.